As origens democráticas de Atenas

MNĒMA | ESTUDOS CLÁSSICOS

G.E.M. de Ste. Croix

AS ORIGENS DEMOCRÁTICAS DE ATENAS

E OUTROS ENSAIOS SOBRE HISTÓRIA GREGA

Organização de David Harvey e Robert Parker
com a colaboração de Peter Thonemann

Tradução de Felipe Campos e Félix Jácome Neto

Apresentação de Félix Jácome Neto

MNĒMA

1ª edição em inglês, Oxford University Press, 2004
1ª edição em português, Editora Mnēma, 2025
Título original: *Athenian Democratic Origins and other essays*

Editor	Marcelo Azevedo
Direção da coleção	Alexandre Hasegawa
Edição e produção	Felipe Campos
Direção de arte	Jonas de Azevedo
Projeto gráfico e capa	Caio Geraldes
Preparação	Caio Geraldes
Revisão técnica	Jonathan Faustino de Jesus
Diagramação e Índice	Caio Geraldes

Capa: The Met Museum. *Fragmentary marble inscription*. Grécia, Ática. *ca.* 450 AEC. AN.: 26.60.6.

Dados Internacionais de Catalogação na Publicação (CIP)
(Câmara Brasileira do Livro, SP, Brasil)

Croix, G.E.M de Ste., 1910-2000,
As origens democráticas de Atenas / G.E.M de Ste. Croix ; organização David Harvey , Robert Parker ; tradução Felipe Campos, Félix Jácome Neto ; apresentação de Félix Jácome Neto. — 1. ed. — Araçoiaba da Serra, SP : Editora Mnēma, 2025. — (Estudos clássicos)

Título original: Athenian Democratic Origins and other essays.
ISBN 978-65-85066-19-8

1. Atenas (Grécia) - Civilização 2. Atenas (Grécia) - História 3. Atenas (Grécia) - Vida social e costumes 4. Democracia - Aspectos morais e éticos 5. Democracia - História I. Harvey, David. II. Parker, Robert. III. Jácome, Félix. IV. Título. V. Série.

25-261324 CDD-321.8

Aline Graziele Benitez - Bibliotecária - CRB-1/3129
Índice para catálogo sistemático:
1. Democracia : História : Ciência política 321.8

Editora Mnēma
Alameda Antares, nº 45
Condomínio Lago Azul — Bairro Barreiro
CEP: 18190-000 — Araçoiaba da Serra/SP
www.editoramnema.com.br

Sumário

Apresentação 7
Félix Jácome Neto
Introdução dos organizadores 29
1 As classes do censo soloniano e as qualificações para o serviço de cavalaria e hoplita 35
2 Cinco notas sobre a constituição de Sólon 119
3 Sólon, os *Horoi* e os *Hektemoroi* 163
4 Clístenes I: a constituição 187
5 Clístenes II: ostracismo, arcontes e estrategos 249
6 As leis sobre a cidadania ateniense 313
7 A *Constituição dos Atenienses* e a história ateniense 339
8 Os *metra* em Aristóteles, *Ética a Nicômaco* V vii 5, $1134^b35–1135^a3$ 429
9 Em que medida o comércio foi uma causa da colonização grega no período arcaico? 455
10 Mas e quanto a Egina? 481
11 Heródoto e o Rei Cleômenes I de Esparta 541
Abreviações e Bibliografia 565
Índice 573

Apresentação

Félix Jácome Neto
(Universidade Federal da Paraíba)

Em 20 de junho de 1932, Geoffrey de Ste. Croix, um jovem de 22 anos, disputava a primeira rodada do prestigioso *Grand Slam* de Wimbledon. A derrota por três sets a zero (6/2, 6/1, 6/2) para o britânico Frank Wilde marcou a última das três tentativas de Ste. Croix de passar da primeira fase no torneio de simples de Wimbledon. Frank Wilde se tornaria três vezes finalista neste torneio em duplas, ao passo que Ste. Croix parou de competir em 1932, talvez por falta de condições de conciliar seu trabalho com os treinos. Quando Ste. Croix volta-se para a vida acadêmica, anos mais tarde, ele manterá, como veremos, o espírito competitivo do tênis e o vigor em tentar desestabilizar e derrotar o oponente, como observou, num belíssimo obituário, um antigo colega de Ste. Croix e eminente historiador da religião grega: "poucos escritos acadêmicos se igualam aos dele em termos de energia, competitividade e determinação em rebater cada argumento contrário" (Parker 2001, p. 451).

Geoffrey Ernest Maurice de Ste. Croix nasceu em 8 de fevereiro de 1910 em Macau. O pai de Ste. Croix foi um funcionário da alfândega chinesa, que havia sido colocada sob controle estrangeiro após a Rebelião dos Boxers (1899-1901). Ele morreu de tuberculose quando Ste. Croix tinha quatro anos e sua mãe, agora viúva, decide regressar para a Inglaterra. Sua mãe era membro dos Israelitas Britânicos, uma seita cristã fundamentalista que acreditava ser descendente das tribos perdidas do norte de Israel. Sendo filho único de uma mãe viúva, pode-se imaginar a influência que a religião da sua mãe trouxe para a educação inicial de Ste. Croix, como ele próprio certa vez afirmou: "Minha mãe aceitava a Bíblia, cada palavra dela, como sendo em todos os aspectos a Palavra inspirada de Deus, e por muitos anos nunca me foi permitido entrar em contato com qualquer outra visão" (*apud* Parker 2001, p. 448).

Diante de tal cenário, é digno de nota que Ste. Croix se considerava um "ardente ateísta". A presença materna, todavia, pode-se claramente perceber no interesse do historiador britânico pelo cristianismo antigo como objeto de estudo acadêmico, especialmente pelo aspecto mais intransigente e intolerante do cristianismo face a outras religiões e sistema de ideias: "Para Ste. Croix, a característica mais marcante do cristianismo foi a intolerância, e essa intolerância é o aspecto central em seu relato das perseguições cristãs" (Streeter 2006, p. 4). Curiosamente, boa parte dos últimos escritos de Ste. Croix relaciona-se com temas bíblicos, numa espécie de retorno à sua primeira educação.

Como informa Parker (2001), o jovem Ste. Croix, uma vez na Inglaterra, estudou no *Clifton College* em Bristol, onde recebeu uma educação clássica tradicional até os 15 anos. Neste momento, restrições financeiras forçaram Ste. Croix a deixar Clifton e iniciar um estágio em um escritório de advocacia. Posteriormente, em 1932, no mesmo ano em que disputou sua partida de *Gram Slam* contra Frank Wilde, Ste. Croix foi admitido como advogado e trabalhou nesta profissão, primeiro em Worthing e depois em Londres, até a eclosão da Segunda Guerra Mundial. Embora ele tenha então abandonado a advocacia, essa experiência jurídica provou ser inestimável em seus estudos históricos posteriores, proporcionando-lhe um domínio de textos legais, familiaridade com a argumentação jurídica e uma capacidade admirável para formular cenários históricos a partir de indícios encontrados em evidências fragmentadas ou incompletas.

A turbulenta década de 1930, marcada pela emergência do nazifascismo na Europa, também foi responsável por estimular uma outra grande linha de força da carreira acadêmica de Ste. Croix, o ativismo político e o contato com o socialismo. Ele iniciou a sua militância no *Labour Party* (Partido Trabalhista) e chegou mesmo a visitar a União Soviética por seis semanas entre 1935 e 1936 (Parker 2001, p. 452).

Então veio a Segunda Guerra Mundial. Ste. Croix foi alistado como um "oficial de filtragem", cuja "função era tirar conclusões a partir de sinais de radar confusos sobre a localização e o destino de aeronaves inimigas e repassá-las para a sala de Operações" (Parker 2001, pp. 452-3). Segundo Parker (2001, p. 453), foi durante a Guerra que Ste. Croix tomou a decisão de abandonar o direito e obter um diploma universitário, com o objetivo de mover a sua profissão para a área da educação.

Em 1946, Ste. Croix, já com 33 ou 34 anos, retorna para Londres para iniciar a graduação na *University College*. A entrada tardia de Ste. Croix na vida acadêmica contou, na altura, com o suporte de A. H. M. Jones, renomado historiador da Antiguidade que tinha feito importantes contribuições sobre os estudos da democracia grega e da queda do Império Romano. Logo após a conclusão da graduação, Ste. Croix, por influência de Jones, foi escolhido para o cargo de Professor Assistente de História Econômica Antiga na *London School of Economics*. Durante os anos seguintes, Ste. Croix escreveu artigos de História econômica dos mundos grego e romano e ministrou um curso sobre "As Razões para o Declínio da Civilização Greco-Romana", um tema herdado de seu professor A. H. M. Jones e que retornará em publicações posteriores.

Em 1953, Ste. Croix é assinalado Professor de História Antiga do *New College* em Oxford, tendo permanecido nesta função até a sua aposentadoria em 1977. Em 1954, quando já estava no *New College*, é publicado "The Character of the Athenian Empire". Quem quer que tenha lido razoavelmente a *História da Guerra do Peloponeso* de Tucídides terá observado determinadas passagens da obra nas quais encontramos vozes extremamente críticas ao comportamento de Atenas diante das outras cidades gregas no contexto da Guerra do Peloponeso. Particularmente expressivas são duas passagens do Livro 1 nas quais os embaixadores de Corinto, diante dos espartanos, qualificam Atenas de uma polis tirânica (1. 122.3; 124.3). De maneira ainda mais significativa, dois atenienses, dentro da obra de Tucídides, parecem aceitar a crítica dos coríntios. O próprio Péricles, em seu discurso após a epidemia de Atenas, alerta aos seus concidadãos da necessidade de manter o poder sobre as cidades aliadas, dado que Atenas possuía, em seu juízo, algo parecido a uma tirania (2. 63.1-2). Cléon, por sua vez, alerta aos atenienses que eles não esqueçam que seu império é uma tirania (3. 37. 3).

Se a essa caracterização juntarmos os relatos de Tucídides das cidades aliadas ou subjugadas que se rebelaram contra Atenas: Naxos, Melos, Mitilene, por exemplo, passamos a ter, aparentemente, um relato coerente e já visto em outras paisagens históricas em que uma cidade – ou nação – explora os recursos de cidades menores, interferindo na sua autonomia política e econômica, numa dinâmica histórica que costumamos qualificar de "imperialismo".

No entanto, "o império ateniense foi um despotismo egoísta, detestado pelos sujeitados que ela oprimia e explorava?". Ste. Croix (1954) inicia com essa questão. O problema de pesquisa nessa altura foi o seguinte: ao lado das passagens supramencionadas que realçam o caráter coercitivo do império ateniense, existem outras passagens na obra de Tucídides que apontam claramente que o império ateniense seria popular – e visto favoravelmente – pelos grupos de fora da elite das cidades gregas. Em outros termos, Ste. Croix, neste artigo, traz à luz um conjunto de evidências presentes em Tucídides que apontam na perspectiva de que, para o *demos* de uma determinada cidade grega, poderia ser mais benéfico o domínio de Atenas do que o poder exercido pela classe dominante de sua própria cidade.

O exemplo paradigmático é o discurso de Diódoto à assembleia dos atenienses elaborado por Tucídides (3. 47), no qual Diódoto diferencia os grupos sociais dentro da revoltosa Mitilene: a revolta não teria sido levada a cabo pela cidade como um tudo, mas pelos aristocratas, portanto o *demos* da cidade é inocente e seria mesmo favorável aos atenienses. Assim, de repente, o que parecia ser um conflito entre cidades (Atenas, a mais forte, Mitilene, a mais frágil), surge como um conflito com evidentes filiações político-ideológicas: o *demos* de Mitilene seria favorável a Atenas, pois isto significaria ser a favor da democracia contra os oligarcas da sua própria cidade. Se isso é assim, o império ateniense seria, então, popular entre o povo das cidades aliadas e impopular entre as classes dominantes destas mesmas cidades.

Ste. Croix resolve esse dilema ao argumentar que a imagem dada por Tucídides de um poder ateniense profundamente impopular entre os aliados seria originária de seus próprios pressupostos políticos e ideológicos. Entretanto, "Tucídides foi um historiador tão notavelmente objetivo que ele mesmo forneceu material suficiente para sua própria refutação" (Ste. Croix 1954, p. 3), de sorte que dentro do mesmo Tucídides podemos encontrar as passagens que mostram que o povo das cidades aliadas poderia ativamente aspirar a participar do império ateniense como um meio para lutar contra suas próprias elites locais, estabelecendo constituições democráticas similares a Atenas em suas cidades.

Robert Parker tratou desta maneira a repercussão deste artigo de Ste. Croix: "*The Character of the Athenian Empire* talvez seja o mais discutido e mais atacado dentre todos os artigos de Ste. Croix" (Parker 2001, p. 458). De fato, um conjunto considerável de artigos foram redigidos, sobretudo nas décadas de 60 e 70, com o objetivo expresso de contradizer a tese de Ste. Croix, sendo o de Romilly (1966) um dos mais influentes.

Um dos pontos nodais da controvérsia remete a como o(a) investigador(a) concebe os principais vínculos de lealdade dos indivíduos livres na Grécia Clássica: eles se enxergariam sobretudo como membros de uma pólis ou como parte de um grupo unido por uma experiência similar do ponto de vista do lugar de cada um nas relações sociais de produção? Em outros termos, a lealdade era direcionada prioritariamente para a cidade-estado ou para a classe social? O debate incide, igualmente, acerca da história econômica da Liga de Delos, isto é, até que ponto Atenas explorou recursos das cidades aliadas para o seu próprio benefício e, ainda, com qual eficácia Atenas interferiu nos assuntos políticos dessas cidades? O recente artigo de Canevaro e Lewis (2024) reabre a discussão, mostrando a atual pertinência da interpretação de Ste. Croix.

Fruto de uma série de cursos em Oxford sobre as origens da Guerra do Peloponeso, Ste. Croix (1972) publica o livro *The Origins of the Peloponnesian War*. O objetivo dessa obra é rediscutir as causas e as origens da Guerra do Peloponeso que assolou as cidades gregas entre 431 e 404 a.C. A maneira tradicional de se contar os eventos imediatos que levaram à Guerra do Peloponeso podem ser assim resumidos: um conflito regional na costa da Grécia continental entre Epidamo e Corcira escalou para uma grande crise quando os litigantes buscaram apoio externo. Enquanto Epidamo se aproximou de Corinto, uma cidade da Liga do Peloponeso, Corcira, até então neutra, estabeleceu uma aliança com Atenas. O conflito adquire uma nova dimensão quando Atenas interfere na política interna de Potideia, uma cidade envolta numa situação ambígua de ser ao mesmo tempo uma antiga colônia de Corinto e aliada atual de Atenas. Atenas então ordenou que os habitantes de Potideia expulsassem seus magistrados coríntios e minassem suas defesas.

Diante da negativa de Potideia, a cidade é duramente sitiada pelos atenienses. A este ponto, Tucídides (1. 66) deixa claro que o acordo de paz entre Atenas e Esparta em 446/445 não tinha sido rompido, em que pese as acusações de Corinto (Tucídides 1. 67) de que as intervenções de Atenas significavam a quebra do acordo. Além disso, há também a insatisfação de Mégara, que tinha visto a Assembleia ateniense, em 433/2 a.C., aprovar a proibição de megarenses na Ágora e nos portos controlados por Atenas. Essa ação é então costumeiramente interpretada pelos estudiosos como um embargo comercial que provavelmente visava forçar Mégara a romper sua aliança com Esparta e se juntar à Liga de Delos.

Tucídides, com efeito, delineia, no primeiro livro da sua obra, um vívido debate sobre a atuação recente de Atenas e se isso configuraria o rompimento do tratado de trinta anos e, possivelmente, uma renovação das hostilidades entre as duas cidades e suas respectivas aliadas. Pressionados pelos aliados, especialmente Corinto, os espartanos reconhecem que o tratado está rompido (Tucídides 1. 86-87) e, em seguida, a reunião oficial dos aliados da Liga do Peloponeso decide, por maioria, a necessidade de empreender uma guerra contra Atenas. Diante desta narrativa, parte considerável dos historiadores responsabiliza Atenas pelos eventos que culminaram na Guerra do Peloponeso, mesmo que tenha sido Esparta a primeira a iniciar as operações militares com a invasão da Ática em 431.

Ste. Croix propõe uma tese diferente em *The Origins of the Peloponnesian War*. Segundo ele, a responsabilidade principal para o início da guerra recairia sobre Esparta. Ste. Croix diminui a relevância do decreto de Mégara ao aceitar o que Tucídides (1. 139) afirma ter sido a posição pública dos embaixadores atenienses: uma matéria religiosa, como um protesto contra os megarenses por eles terem ocupado terras sagradas na fronteira entre a Ática e seu próprio território. Como resultado, os atenienses, consoante Ste. Croix, reagiram excluindo os megarenses da Ágora entendida não como centro econômico, mas como centro político e religioso de Atenas. Não se trataria, portanto, de um bloqueio econômico a Mégara por parte de Atenas e isso não teria contribuído significativamente para a decisão de Esparta de entrar em guerra. Como observa Fox (2024, p. 36), essa linha de raciocínio aproxima Ste. Croix dos chamados "primitivistas" em matéria de economia antiga, como Hasebroek e Finley, que minimizam a importância do comércio e do desenvolvimento econômico nas sociedades antigas.

Muito mais significativo para se entender o comportamento de Esparta, segundo Ste. Croix, é a ameaça de Corinto, a segunda cidade mais poderosa da Liga, de abandonar a sua aliança com Esparta caso esta não agisse de maneira ativa contra Atenas (Tucídides 1. 71). Ora, os espartanos temiam que, se Corinto e Mégara partissem, ela perderia o controle do Istmo e poderia não ser suficientemente poderosa para impedir uma invasão do Peloponeso. E, ainda mais grave, se isso acontecesse, os hilotas poderiam se rebelar, e se tornassem a Messênia independente, Esparta perderia o seu papel hegemônico na Liga do Peloponeso e o controle sobre a mão de obra dos hilotas. A guerra era preferível a tamanho risco.

Ste. Croix (1972) articula, nessas linhas, o perfil da cidade e a responsabilidade pelo início da Guerra do Peloponeso:

> Esparta era um poder fortemente conservador, interessado principalmente em manter o Peloponeso sob controle, e não se aventurava com frequência para fora dessa região até o final do século V e início do século IV [a.C.]. Podemos muito bem nos perguntar por que os espartanos precisavam romper a Paz e lutar em 432/1; e poderíamos então ser tentados a responder que a única razão convincente era a posição singularmente perigosa de Esparta como senhora dos hilotas messênios: ela era o único Estado grego que mantinha em uma condição servil degradante um número muito grande de companheiros gregos (...). Esparta não podia correr os riscos que um Estado grego comum poderia se permitir: ela não podia autorizar que outra cidade alcançasse uma posição de poder a partir da qual pudesse ameaçar a si mesma ou mesmo seus aliados. É provável que, no verão de 432, algo como uma maioria dos espartanos já tivesse decidido atacar Atenas, apesar da forte oposição do rei Arquidamo. E quando em 432 os aliados de Esparta, liderados por Corinto, exigiram ação de Esparta contra Atenas, com ameaça de deserção caso isso não ocorresse, a grande maioria dos espartanos não precisou de persuasão adicional (...). O perigo hilota foi a maldição que Esparta carregou para si mesma, uma ilustração admirável da máxima segundo a qual um povo que oprime outro não pode ele próprio ser livre (p. 291).

Os longos quarto e quinto capítulos de *The Origins of the Peloponnesian War* são construídos precisamente para sustentar essa vinculação entre o receio da revolta dos hilotas e a política externa espartana, o que justifica, aos olhos de Ste. Croix, recuar, de certa maneira, as origens da Guerra do Peloponeso aos primórdios do controle dos hilotas pelos espartanos nos séculos VIII e VII a.C.! "O fato nuclear sobre Esparta é sua posição única como mestre de hilotas" (Ste Croix 1972, p. 89). A necessidade de controlar esses servos estatais, como Ste. Croix qualifica os hilotas, teve, portanto, o efeito de condicionar a atuação externa de Esparta por séculos e quando um perigo iminente e real surgiu para o seu controle da região do Peloponeso, seus cidadãos optaram pela guerra. Tivesse os espartanos se abstido de explorar os hilotas, a Guerra do Peloponeso não teria tido lugar. Por esse viés, Esparta seria a grande responsável pela guerra.

Ainda que certos argumentos avançados por Ste. Croix em *The Origins of the Peloponnesian War* não tenham persuadido a comunidade acadêmica, a exemplo da sua leitura do tratado de Mégara, a proposta geral de rediscutir as responsabilidades espartanas e atenienses pelo início da Guerra do Peloponeso permanece atual. A parte do seu livro que se mostrou mais influente, curiosamente, era a que parecia mais distante dos acontecimentos de 432/1 a.C.: a longa história política e constitucional de Esparta delineada, como referido acima, como justificativa do receio de Esparta frente a qualquer ajuda que uma potência estrangeira pudesse oferecer aos hilotas. Hodkinson (2024) explora em detalhes o impacto do capítulo 4 do livro de Ste. Croix sobre os estudos acerca de Esparta. Cartledge (2018), um dos mais eminentes antigos estudantes de Ste. Croix, recentemente proclamou que o editor do monumental *A Companion to Sparta,* Anton Powell, qualifica Ste. Croix de "o fundador moderno do estudo acadêmico da antiga Esparta" (p. xii).

A forma vigorosa e intrépida com a qual Ste. Croix sustenta a tese da responsabilidade de Esparta pela guerra em *The Origins of the Peloponnesian War* rendeu a seguinte criativa imagem de um dos resenhadores do seu livro, que serve de ilustração para toda a sua produção acadêmica: "ele está lutando suas batalhas não apenas com a clareza de uma mente jurídica treinada, mas como um verdadeiro cavaleiro andante, que não pode ser contido em sua luta pelo que ele acredita ser a verdade" (Ehrenberg 1975, p. 242).

O fôlego do cavaleiro andante, todavia, não se esgotou com *The Origins of the Peloponnesian War*. Em 1975, Ste. Croix publica o seu primeiro texto, inserido num número temático da revista *Arethusa* sobre Karl Marx e a História Antiga, em que há uma reivindicação explícita da teoria de classe social de Marx para a análise das sociedades do mundo antigo. Ste. Croix (1975), além de lamentar a ignorância dos seus colegas historiadores da Antiguidade sobre o tema e denunciar, com seu estilo sempre polêmico, utilizações incorretas do conceito de classe de Marx para a Antiguidade, anuncia que no ano seguinte sairá um livro que abordará de maneira muito mais completa esse tópico.

O referido livro, o seu *magnum opus, The Class Struggle in the Ancient Greek World: From the Archaic Age to the Arab Conquests,* seria publicado apenas em 1981, fruto, portanto, de pelo menos uma década de trabalho. Poucas obras históricas dedicadas à Antiguidade receberam tantas resenhas, eu conto pelo menos dezesseis entre as principais revistas acadêmicas em língua inglesa, algo que pressuporia uma influência duradoura na área. Isso, aliás, era o que alguns resenhadores previam como, por exemplo, Eder (1984): "Nos próximos anos, *Class Struggle* será uma das publicações mais importantes, talvez também a mais controversa, mas certamente uma das mais empolgantes no campo de Estudos Clássicos e História Antiga" (p. 349).

O livro, contudo, possui certos problemas de estruturação. De início, o título: "o mundo grego" aqui inclui todo o mundo grego e depois romano entre cerca de 700 a.C. e 700 d.C. Assim, a maior parte da obra é, na verdade, dedicada ao mundo romano. Encontramos, nas 732 páginas do livro, uma variedade desconcertante de tópicos sendo tratados aos mínimos detalhes: o que seria o conceito de classe e luta de classe em Marx, como Aristóteles entendeu a dinâmica do conflito social no seu tempo, a categoria das mulheres como uma classe social, a diferença da escravidão para outras formas de trabalho compulsório, se a sociedade greco-romana deveria ser chamada de "sociedade escravista", como a democracia grega limitava a exploração exercida pelas classes dominantes sobre os camponeses e os homens livres, as evidências para a discriminação judaica contra as mulheres com base na impureza vinda da menstruação, como se deu a passagem, em tempos romanos, do escravo para o *colonus* e, como fim desta lista, porém não, obviamente, dos tópicos analisados em *Class Struggle,* o longo capítulo oitavo no qual Ste. Croix sustenta a sua tese para as razões da queda do Império Romano do Ocidente.

Ste. Croix procurou imprimir a todos esses assuntos a "luta de classes" e, com isso, a defesa da aplicabilidade do conceito marxiano de classes para o mundo antigo. No entanto, como observa Shaw (1984), "Ste. Croix então se depara com a tarefa imponente de analisar as relações de classe em uma área imensa (...) e através de um vasto número de culturas e sociedades completamente distintas que estão incluídas sob a rubrica do 'mundo grego'" (p. 212). De fato, trata-se de uma meta hercúlea e que deixa naturalmente o leitor cético acerca da validade de uma explicação geral que confira unidade à luta de classes de grupos de diferentes tipos, de lugares díspares e de tempos históricos distanciados por vários séculos.

A forma pela qual Ste. Croix (1981) busca resolver essa questão é por meio de uma definição estrutural e econômica de classe social como "a expressão social coletiva do fato da exploração" (p. 43), sendo que exploração envolveria sobretudo os proprietários contra os escravizados, uma vez que seria sobre os escravizados que, consoante Ste. Croix, os proprietários extraíam, durante o período coberto pelo livro, a maior parte do excedente que tornava possível seu próprio estilo de vida afastado do mundo do trabalho. O historiador britânico parece supor que o processo de produção baseado na exploração do trabalho principalmente dos escravizados é já em si a luta de classes. Ste. Croix é enfático que o seu conceito de classe social, que seria também o de Karl Marx, não necessita obrigatoriamente de consciência de classe e de ação coletiva e consequência política (ver, por exemplo, Ste. Croix 1984, p. 100).

Há, no entanto, uma dificuldade significativa nessa unidade, pois, ao lado da definição acima de classe e luta de classes, um outro conceito de classe emerge de maneira menos refletida no decorrer das análises empíricas da luta de classes levadas a cabo pelo historiador britânico do quinto ao oitavo capítulo. Nesta parte, a luta de classes é travada, muitas vezes, entre cidadãos, o que, portanto, traz o conceito de cidadania e de controle político do Estado para dentro da definição de classe social. Assim, por exemplo, afirma Ste. Croix (1981):

> A linha divisória mais importante que podemos traçar entre diferentes grupos de homens livres no mundo grego é, em minha

> opinião, aquela que separava da massa comum aqueles que estou chamando de 'classe proprietária' (p. 114).

ou ainda:

> 'O conflito das ordens' era tanto um conflito entre 'ordens' como uma luta de classes, na qual—excepcionalmente, no que diz respeito à história romana—as classes mais baixas, ou pelo menos a seção superior das classes mais baixas, desempenharam por vezes um papel vigoroso (p. 336).

O leitor pergunta-se onde estão os escravizados ao ler as poucas páginas (pp. 281-326) que o autor dedica à luta de classes durante a época de ouro da democracia grega, séculos V e IV a.C. Nestas laudas, surge com mais frequência a expressão "*political class struggle*", que Ste. Croix usa para se referir à luta de classes no plano político, isto é, pelo controle do Estado. A inteligente relação estabelecida por Ste. Croix (p. 336) entre a luta de classes e o conflito das ordens entre patrícios e plebeus durante o período republicano de Roma também negligencia o tema dos escravizados.

Há, portanto, ao menos duas manifestações de luta de classes no livro em questão: a "luta de classes política", protagonizada pelos homens livres e cuja expressão é mais visível nas fontes, e a "luta de classes econômica", que é o próprio ato de a classe dominante extrair um excedente de trabalho das classes dominadas, especialmente dos escravizados. Essa dupla possibilidade do conceito, é preciso reconhecer, não foi propriamente teorizada por Ste. Croix, ainda que apareça aplicada em várias partes do livro. Nesse sentido, a conferência que o autor ministrou no Memorial Isaac Deutscher e publicada na *New Left Review* de 1984 é elucidativa. Nessa ocasião, Ste. Croix (1984, p. 104) fala explicitamente em lutas de classes que ocorrem no plano político e lutas que ocorrem no plano econômico.

Ao lado dessas questões intrínsecas, deve-se notar que o livro apareceu na mesma década em que a História Social começava a dar adeus ao seu apogeu e os estudos históricos abraçavam a "História Cultural retrospectiva" (Casanova 2003 [1991], p. 160) que marcou as décadas de 80 e 90, com sua desconfiança de grandes narrativas e falta de interesse em denunciar a lógica exploratória que sustentava a exuberância cultural das sociedades do passado.

Além desse quadro mais amplo, Vlassopoulos (2018) argumenta que uma grande razão para que *Class Struggle* não tivesse obtido o impacto que prometera inicialmente reside na constatação de que os trabalhos de História Social do mundo clássico caminharam, nas últimas décadas, numa direção diferente daquela seguida por Ste. Croix: ao passo que o historiador britânico baseou-se quase exclusivamente em Karl Marx, descurando a própria tradição marxista do século XX, e teria se concentrado no modo como a classe dominante oprimia os pobres ou os escravizados (concebidos meramente como objetos de exploração ou dominação), os estudos mais recentes utilizam um conjunto vasto de teorias, desde as correntes marxistas gramscianas aos estudos do subalterno advindos da Ásia, preferindo realçar a ação dos agentes subalternizados e suas consequências históricas.

Pensando além dos problemas estruturais do livro e dos novos contornos teóricos surgidos nas últimas décadas, talvez seja oportuno voltarmos ao que constitui o motor que movimenta este gigante de mais de 700 páginas: a defesa de que um conjunto de processos históricos do mundo grego (e romano) resulta mais inteligível quando concebido como expressão da luta de classes. Ste. Croix (1984) considerava, com efeito, "todo o complexo de pensamento do qual a classe é o próprio núcleo como a contribuição mais útil e eficaz já feita para a análise da sociedade humana acima do nível mais primitivo" (p. 99). Um exercício frutífero, mas que excede os objetivos deste texto de apresentação, seria rediscutir certos temas abordados em *Class Struggle* e reavaliar se o uso do conceito de classe, seja "econômico" ou "político", efetivamente fornece uma explicação mais convincente do que outras baseadas sejam em outros conceitos forjados em análises weberianas, como status social, sejam em estudos que limitam a História Social a uma disputa política entre elites. Para tanto, faz-se mister abordar o problema do poder como algo mais do que meramente a repressão e coerção da classe dominante contra as classes dominadas. É importante, como se tem feito recentemente, por exemplo no volume organizado por Courrier e Oliveira (2022), a partir do aporte teórico de Antonio Gramsci, restituir as experiências cotidianas e formas de consciência das classes subalternas em seu caminho ativo de construção da consciência crítica sobre si mesmo.

Seja como for, os estudos que se preocupam em iluminar a vida e as lutas dos pobres, escravos, mulheres são, de uma maneira ou outra, tributários de Ste. Croix (1981), cujo propósito foi, entre outras coisas, "revelar as realidades da vida no mundo grego (e romano), principalmente como elas afetavam a vasta maioria da população, em vez dos aspectos muito mais agradáveis de tal vida que as classes dominantes comumente percebiam ou imaginavam" (p. 374).

Nós temos, ainda, dois livros de Ste. Croix publicados postumamente que reúnem ensaios escritos em diferentes momentos da sua carreira: *Christian Persecution, Martyrdom, and Orthodoxy* (Ste. Croix 2006), que explora temas ligados ao cristianismo que ocupou parte considerável do início e do final da carreira de Ste. Croix; e a obra *Athenian Democratic Origins: and Other Essays* (Ste. Croix 2004), que é justamente o livro que agora apresentamos a sua tradução inédita em língua portuguesa.

Ste. Croix nunca chegou a escrever um livro sobre a democracia grega, e o que foi dedicado a esse assunto em *Class Struggle* foi, como vimos, insuficiente. É, portanto, nas *Origens Democráticas de Atenas* que podemos encontrar os seus principais pensamentos acerca dessa questão. Como observado na Introdução dos Organizadores presente neste volume, esta obra consiste em ensaios escritos por Ste. Croix, cuja maioria data da década de 60, durante um período no qual ele estaria trabalhando precisamente em um livro sobre a democracia grega. Devido a obrigações posteriores, sobretudo seus livros sobre as origens da Guerra do Peloponeso e a luta de classes na Grécia Antiga, ele nunca finalizou tal projeto.

Origens Democráticas de Atenas é formado, na sua maior parte, precisamente destes materiais que integrariam um volume sobre a democracia grega. Os sete primeiros capítulos são tematicamente conectados e exploram aspectos da democracia grega e de suas origens na política da Grécia Arcaica e da Clássica. Os capítulos 9 e 10 discutem a mesma problemática, o lugar limitado do comércio na economia grega antiga, a partir de diferentes exemplos. Os capítulos 8 e 11 mostram tópicos independentes: o oitavo discute critérios de medida de produtos líquidos e sólidos a partir de uma passagem da *Ética a Nicômaco* de Aristóteles, enquanto o décimo primeiro versa sobre a caracterização do rei espartano Cleômenes I nas *Histórias* de Heródoto.

Ober (2005) desaconselha, em sua resenha a *Athenian Democratic Origins*, que o leitor inicie seus estudos dos trabalhos de Ste. Croix por este livro. Para Ober, falta a este volume o projeto mais amplo que caracterizou seus livros anteriormente publicados: "as grandes batalhas sobre classe, exploração e luta histórica" (p. 317). O próprio autor reconhece, contudo, que temas de classe e exploração aparecem nos ensaios, ainda que em pano de fundo.

Eu daria um conselho diverso: a primeira obra de Ste. Croix traduzida em língua portuguesa é, também, o melhor texto para ser introduzido ao universo acadêmico tão característico de Ste. Croix. O interessado encontrará no volume, para começar, temas clássicos da história política de Atenas que são, de uma maneira ou outra, familiares: as reformas de Sólon, as reformas de Clístenes, a lei de cidadania de Péricles de 451/450 a.C., a relação das instituições democráticas com aquelas mais antigas originadas na Atenas do período arcaico, entre outros. O tratamento que Ste. Croix oferece a estas questões é característico de sua notória erudição que informa seus demais livros: conhecimento profundo das fontes antigas com citação de toda evidência antiga relevante para o problema que se tenta elucidar, argumentos bem estruturados, não raras vezes polêmicos e, muitas vezes, convincentes. Como observa Ober (2005), "a paixão pela importância da verdade histórica e a crença de que uma análise suficientemente rigorosa das fontes pode revelá-la transparecem em cada capítulo" (p. 316). Adicionalmente, o fato de os capítulos procederem de materiais que foram feitos pensando em audiências distintas, desde estudantes universitários como no caso do capítulo 11, a colegas especialistas em história política de

Atenas, a exemplo do capítulo 3, assegura uma visão de conjunto de Ste. Croix como acadêmico almejando defender suas posições diante de públicos diversos.

A ausência de tradução dos textos de Ste. Croix no Brasil tem, claro, dificultado o diálogo dos pesquisadores brasileiros com suas ideias. Houve certos engajamentos com o trabalho de Ste. Croix, entretanto, que merecem ser mencionados. Chevitarese (2000/2001) dialoga com a definição de camponês e campesinato presente em *Class Struggle*. Joly (2003, p. 29) critica a pouca teorização da relação entre base econômica e superestrutura na seção teórica de *Class Struggle*. Morales (2008) comenta o papel do estrangeiro (meteco) na luta de classes em Atenas segundo Ste. Croix. Compreensivelmente, dada a rigidez estrutural do conceito de classes de Ste. Croix, Morales qualifica, implicitamente, a posição do historiador britânico como insatisfatória. Morales também discute a questão, cara a Ste. Croix, se o mundo grego seria uma economia escravista. Barros (2009), por sua vez, debate a interpretação de Ste. Croix da queda do Império Romano do Ocidente, ao passo que Jácome Neto (2009), em texto que nunca foi publicado, mas que está disponível online, estabelece um panorama acerca da relação entre marxismo e História Antiga no qual *Class Struggle* é discutido de forma proeminente, conferindo relevância aos seus conceitos de classe e exploração e como estes se diferenciam de noções utilizadas por outros autores, como status.

Silva (2016), por seu turno, engaja com a definição de classe de Ste. Croix e lida particularmente com o lugar do campesinato no interior da explicação para a queda do império romano contida no último capítulo de *Class Struggle*. Silva corretamente argumenta que "a posição estrutural de classe é importantíssima como um ponto de partida da análise, mas o entendimento dos objetivos e das ações das classes sociais não se resume a uma compreensão abstrata e ideal dessa posição" (p. 232). Temos aqui, novamente, a tensão entre a percepção que o estudioso possa ter do lugar nas relações de produção de certo grupo no passado e as ações e as lutas empreendidas por esses grupos consoante podemos interpretar a partir das fontes históricas disponíveis.

Para concluir esta breve e incompleta recepção da obra de Ste. Croix no Brasil, é digna de registro a presença de trabalhos recentes advindos dos programas de pós-graduação que discutem Ste. Croix, o que demonstra a pertinência da sua obra. Carvalhar (2022) incorpora na sua tese de Doutorado da Universidade da Bahia um lúcido tópico acerca de marxismo e História Antiga na qual o trabalho de Ste. Croix surge com destaque ao lado de influentes helenistas marxistas da Itália. Por fim, Bruno Santrovitsch, mestrando do Programa de Pós-Graduação em História pela Universidade Federal da Paraíba, está prestes a publicar um artigo intitulado "O mundo grego sob a ótica da luta de classes: o legado intelectual de G. E. M. de Ste. Croix".

A primeira tradução de Ste. Croix em língua portuguesa, aqui oferecida, terá o grande mérito de atrair a atenção dos estudantes, pesquisadores, professores e interessados em geral à obra de um dos mais relevantes historiadores da Antiguidade do século XX, cujas teses e interpretações das fontes antigas ainda são atuais. Junto a um intelectual, uma ideia: apresentar um autor é, igualmente, realçar os combates intelectuais em que ele se engajou e, com isso, inspirar novos defensores das suas ideias e causas.

Não é raro encontrar, nos dias de hoje, filmes, séries, documentários e mesmo textos acadêmicos que igualam, implicitamente, a vida das elites do passado com a totalidade da experiência histórica do que há de relevante a ser aprendido acerca do mundo greco-romano. De maneira muito distinta, Ste. Croix via as classes dominantes dessas sociedades como se fossem personagens trágicas que contribuem, com sua ação, para ruína (a sua própria e a da sua sociedade): a elite espartana, exploradora da mão de obra dos hilotas, temia tanto perder a sua condição social que precipitou a Grécia na sangrenta Guerra do Peloponeso; as classes governantes da Macedônia e de Roma que entre os séculos IV e II a.C. destruíram a democracia grega; a classe governante no período Imperial Romano, que face à diminuição das guerras que produziam escravizados, passou a aumentar a exploração sobre os homens livres e restringir sua participação política, a tal medida que, quando os períodos críticos dos séculos III a V d.C. chegaram, uma larga porcentagem da população já não via grande interesse na manutenção do Império Romano. Podemos aceitar ou rejeitar as relações causais específicas estabelecidas por Ste. Croix para a consequência das ações das elites, o que permanece, contudo, é o intuito do historiador britânico, que é urgente também no nosso tempo, de "revelar as realidades da vida no mundo grego (e romano), principalmente no que diz respeito à vasta maioria da população" (Ste. Croix 1981, p. 374).

A principal experiência de organização política dessa "vasta maioria da população" foi, para o historiador britânico, a democracia grega. Essa outra grande paixão que marcou a trajetória desse ex-tenista que se tornou professor do *New College* em Oxford foi bem ilustrada no prefácio que o autor, já octagenário, dedicou à tradução grega moderna de *The Class Struggle:*

> Como espero mostrar neste livro, um dos temas que pode ser particularmente importante é o exemplo mais antigo de democracia no mundo – embora o tipo de democracia conhecida melhor em sua versão ateniense, tinha suas limitações, pois era privilégio exclusivo dos cidadãos. A democracia da Grécia clássica perdeu-se porque foi destruída por forças maiores e superiores, mas por mais limitada que fosse, deixou-nos como herança algumas das mais brilhantes criações do espírito humano (Ste Croix 1997, p. 16).

Em seus textos, e particularmente em *Origens Democráticas de Atenas*, podemos testemunhar o exercício intelectual de Ste. Croix em desvelar o processo pelo qual o *demos* alterou o cenário do que era até então concebível de forma a forjar suas próprias instituições que permitissem espelhar, para o plano político, a lógica da maioria.

Bibliografia:

Barros, J. A. "Fronteiras da Antiguidade: algumas leituras e discussões historiográficas sobre o período que medeia a Antiguidade e a Idade Média". *Anos 90,* vol. 16, n. 30, 2009, pp. 109-140.

Canevaro, M. e Lewis, D. "Between 'The Character of the Athenian Empire' and The Origins of the Peloponnesian War (and beyond): The Popularity of the Athenian Empire Revisited". *Polis: The Journal for Ancient Greek and Roman Political Thought,* vol. 41, n. 1, 2024, pp. 176–202.

Cartledge , P. "Foreword". In: Powell, A. (org). *A Companion to Sparta.* Hoboken, NJ: Wiley Blackwell, 2018.

Carvalhar, C. A. O. *Tópicos de filosofia política em Platão: um enfoque contemporâneo.* Tese apresentada ao Programa de Pós-Graduação em Filosofia, Faculdade de Filosofia e Ciências Humanas, Universidade Federal da Bahia, como requisito para obtenção do grau de Doutor em Filosofia. Salvador, 2022.

Casanova, J. *La historia social y los historiadores.* Barcelona: Booket, 2003 [1991].

Chevitarese, A. L. "Pastores e trabalhadores agrícolas na Ática nos períodos arcaico e clássico". *Classica,* vol. 13/14, n. 13/14, 2000/2001, p. 123-144.

Courrier, C.; Oliveira, J. C. M. (orgs). *Ancient History from Below: Subaltern Experiences and Actions in Context.* New York: Routledge, 2022.

Eder, W. "Review of *The Class Struggle in the Ancient Greek World from the Archaic Age to the Arab Conquests* by G. E. M. de Ste. Croix". *Classical Philology,* vol. 79, n. 4, 1984, pp. 341-349.

Ehrenberg, V. Review of *The Origins of the Peloponnesian War* by G. E. M. de Ste Croix. *The Journal of Hellenic Studies,* vol. 95, 1975, p. 242.

Fox, R. L. "OPW and de Ste. Croix: the Past and Present Views of a Pupil". *Polis: The Journal for Ancient Greek and Roman Political Thought*, vol. 41, n. 1, 2024, pp. 9–50.

Hodkinson, S. "The Origins of the Peloponnesian War, Chapter IV, and the Development of Spartan Historical Studies". *Polis: The Journal for Ancient Greek and Roman Political Thought*, vol. 41, n. 1, 2024, pp. 141–175.

Jácome Neto, F. "História Antiga e Marxismo: considerações em torno de classe e luta de classes na Grécia antiga". Material não publicado. Acessível em: https://www.academia.edu/8506041/Hist%C3%B3ria_Antiga_e_Marxismo_considera%C3%A7%C3%B5es_em_torno_de_classe_e_luta_de_classes_na_Gr%C3%A9cia_antiga. Acesso em outubro de 2024.

Joly, F. D. *Tácito e a Metáfora da escravidão: um estudo de cultural política romana*. São Paulo, EDUSP, 2003.

Morales, F. A. "A polis e seus outros: os metecos atenienses e a historiografia sobre a polis". *Revista do Museu de Arqueologia e Etnologia*, vol. 18, 2008, pp. 183-197.

Ober, J. "A judicious study of discernible reality: review of *Athenian Democratic Origins and Other Essays* by G.E.M. de Ste. Croix". *Polis: The Journal for Ancient Greek and Roman Political Thought*, vol. 22, n. 2, 2005, p. 309-318.

Parker, R. C. T. "Geoffrey Ernest Maurice de Ste. Croix". *Proceedings of the British Academy*, vol. 111, 2001, pp. 447–478.

Romilly, J. de. "Thucydides and the cities of the Athenian Empire". *Bulletin of the Institute of Classical Studies*, vol. 13, 1966, pp. 1–12.

Shaw, B. D. "Anatomy of the Vampire bat: Review of *The Class Struggle in the Ancient Greek World from the Archaic Age to the Arab Conquests* by G. E. M. de Ste. Croix". *Economy and Society*, vol. 13, n. 2, 1984, pp. 208-249.

Silva, U. G. *Rebeldes contra o Mediterrâneo: revoltas rurais e a escrita da história das classes subalternas na antiguidade tardia*. Humanitas/FAPESP. São Paulo, 2016.

Ste. Croix, G. E. M. "The Character of the Athenian Empire". *Historia: Zeitschrift* für Alte *Geschichte*, vol. 3, n. 1, 1954, pp. 1-41.

Ste. Croix, G. E. M. *The Origins of the Peloponnesian War.* London: Duckworth, 1972.

Ste. Croix, G. E. M. "Class in Marx's Conception of History, Ancient and Modern". *New Left Review*, n. 146, July-August 1984, pp. 94-111.

Ste. Croix, G. E. M. Ο ταξικός αγώνας στον αρχαίο ελληνικό κόσμο, από την αρχαϊκή εποχή ως την αραβική κατάκτηση. Ράππα. Atenas, 1997.

Ste. Croix, G. E. M. *Athenian Democratic Origins: and Other Essays*. Edited by D. Harvey and R. Parker. Oxford: Oxford University Press, 2004.

Ste. Croix, G. E. M. *Christian Persecution, Martyrdom, and Orthodoxy*. Edited by M. Whitby and J. Streeter. Oxford University Press: Oxford, 2006.

Streeter, J. "Introduction: de Ste. Croix on Persecution". In: Ste. Croix, G. E. M. *Christian Persecution, Martyrdom, and Orthodoxy*. Edited by M. Whitby and J. Streeter. Oxford University Press: Oxford, 2006.

Vlassopoulos, K. "Marxism and Ancient History". In: Allen, D. *et alli* (orgs). *How to Do Things with History: New Approaches to Ancient Greece*. Oxford: Oxford University Press, 2018.

Introdução dos Organizadores

O núcleo deste livro é uma coleção de ensaios sobre os quais Geoffrey de Ste. Croix estava trabalhando na década de 1960. Eles estavam interligados por tema e, como mostram inúmeras referências cruzadas, foram concebidos como um único livro. Um colega referiu-se precipitadamente a eles, em 1966, como ensaios "a serem publicados em breve";[1] e os ensaios que agora aparecem como capítulos 1–2, 4–5 e 7 já existiam naquela época como manuscritos datilografados com notas completas. O capítulo 8 também foi muito provavelmente concebido para o mesmo volume, uma vez que se conecta tematicamente com o capítulo 1. A publicação foi atrasada pelas circunstâncias, já que um capítulo, intitulado "As Causas da Guerra do Peloponeso", acabou crescendo e se transformado no livro *The Origins of Peloponesian War* (1972). Ste. Croix provavelmente teria retornado aos ensaios após a conclusão da obra *As Origens da Guerra do Peloponeso*, se não tivesse intervindo um convite, de J. H. Gray, para dar as palestras nos anos 1972-3 em Cambridge. Desse ciclo de palestras emergiu a gigantesca obra *Class Strugle in Ancient Greek World* (1981), e os interesses passados do autor, no Cristianismo e no Império Romano tardio, foram retomados no processo de escrita de outro livro (que conta com um título enganoso) e tomaram toda a atenção de Ste. Croix pelo resto de sua vida.[2]

Os ensaios, no entanto, ainda aparecem como "no prelo" na bibliografia autorizada incluída no *Festschrift* dedicado a Ste. Croix.[3] Nessa lista, aos ensaios acima mencionados juntaram-se dois que

1 Forrest, *EGD* 245.

2 Para um esboço biográfico, com uma lista de obituários publicados, ver Parker em *PBA* 111, *2000 Lectures and Memoirs*, 447–78, ou mais brevemente no *Oxford Dictionary of National Biography*.

3 *Crux*, xii.

existem apenas como rascunhos de trabalho, mas que podem, dados os seus temas, ter sido considerados como parte do mesmo livro (capítulos 3 e 6), e por quatro outros ensaios em tópicos diferentes. Publicamos aqui todos eles, exceto um, que é bastante diferente dos outros em período e tema (uma palestra com o título "Some Greek views on the origin of man and civilisation". Agrupamos no início, e na ordem pretendida, aqueles que certamente ou possivelmente tiveram lugar no volume previsto na década de 1960.[4] Os capítulos 4 e 5 foram criados pela divisão daquele que Ste. Croix concebeu como um enorme capítulo intitulado "Cleisthenes, Ostracism, Archons and Strategoi". O título do volume também é nosso: para Ste. Croix, estes eram apenas "Essays on Greek History".

O assunto desses capítulos foi de grande importância para Ste. Croix, o mais democrático dos marxistas. Ele costumava falar com divertida frustração de um aluno indiano que regularmente concluía suas redações de graduação com o pensamento: "E então vemos que tudo deu certo no final". Essa não era a atitude de Ste. Croix. O leitor encontrará regularmente nestes capítulos a linguagem não apenas da mudança, mas até do progresso: as reformas de Clístenes, por exemplo, trouxeram "três mudanças bastante diferentes, para melhor, operando desde o início". E as coisas melhoraram intencionalmente, não por acaso. Um segundo *leitmotiv* dos ensaios é uma defesa da inteligência política dos atenienses contra os seus muitos críticos antigos e modernos. "Mais uma vez, o bom senso dos atenienses do século VI mostra-se visivelmente", lemos, ou ainda "mais uma vez justificamos o bom senso dos atenienses". A influência em tudo isto do grande historiador da Grécia, George Grote, é óbvia e explícita.

Mas se o objetivo final dos ensaios é educar a inteligência política dos seus leitores, o seu método é um estudo de tipo detalhado e

4 É de fato possível que os capítulos 9 e 10 também tenham sido considerados, mesmo na década de 60, como parte dos *Greek Essays*, porque se ligam tematicamente ao capítulo originalmente planejado sobre as causas da guerra do Peloponeso. No entanto, a ordem prevista em 1985, com o que hoje é o capítulo 10 aparecendo primeiro, certamente não era a pretendida em 1965.

rigoroso. São, em grande parte, exercícios de "crítica das fontes" (*Quellenkritik*) nos seus ramos gêmeos: estudo das evidências antigas com vista a estabelecer quem disse o quê e com que autoridade; e críticas aos dados, assim assegurados, à luz do comportamento político observável dos atores humanos. Grande parte da genialidade de Ste. Croix residia na energia, no rigor e no realismo com que aplicou este segundo critério até mesmo a tópicos técnicos que oferecem pouco apoio a imaginações mais preguiçosas. Repetidas vezes, os pressupostos atuais são expostos, uma vez tornados explícitos, como vagos e implausíveis. Mommsen escreveu certa vez em tom um tanto apocalíptico sobre o grande Niebuhr, sempre considerado o fundador da "crítica das fontes" nos Estudos Clássicos: "Ele foi o primeiro a ter a coragem de testar a tradição histórica pela lógica dos fatos; de excluir o que é em si impossível dos sombrios restos da tradição, incompreendida e incompreensível; de postular o que é exigido pelas leis necessárias do desenvolvimento, mesmo onde na tradição isso aparece de forma confusa ou simplesmente desapareceu".[5] É nessa tradição crítica que Ste. Croix se coloca. Poderíamos também dizer dele o que Wilamowitz disse de Grote: "Aqui, finalmente, a história política foi conduzida por um homem que entendia de política".[6]

Os outros ensaios são de origem diversa, mas exibem as mesmas virtudes. A palestra sobre o comércio e a colonização grega (cap. 9), proferida a uma sociedade estudantil, destrói suposições fáceis sobre a natureza do comércio grego e o seu papel nos primeiros assentamentos gregos no exterior. Ele continua a ser valioso, apesar dos – ou em vista dos – debates e pesquisas subsequentes, que vão desde a reavaliação de conceitos até a publicação de novas escavações. O ensaio sobre Egina (cap. 10) lança um ataque multifacetado à visão de que a classe dominante de Egina era – exclusivamente – uma aristocracia mercantil. Essa continua a ser a visão padrão e raramente foi contestada ou examinada tão minuciosamente como

5 Citação de K. Christ, *Von Gibbon zu Rostovtzeff*, 3ª ed. (1989), 49.

6 U. von Wilamowitz-Moellendorff, *History of Classical Scholarship*, trad. A. Harris (1921/1982), 153.

aqui. Finalmente, a palestra sobre Cleômenes (cap. 11) apresenta um argumento poderoso para atribuir uma política anti-persa coerente ao difamado rei espartano. Foi escrito para o público escolar e chega mais perto de captar o tom de voz característico de seu autor do que qualquer outra parte deste volume.

O *Nachlass* de Ste. Croix foi-nos transmitido por sua viúva Margaret, após a sua morte em Fevereiro de 2000.[7] Ficou imediatamente claro que os ensaios gregos deveriam ser publicados e que não deveriam ser atualizados, exceto em detalhes triviais. Somente uma pessoa muito temerária tentaria prever que novo argumento ou nova evidência poderia, ou não, ter persuadido Geoffrey de Ste. Croix a mudar de ideia. Mas indicamos nos "Posfácios dos organizadores" as principais contribuições que surgiram desde que ele deixou os ensaios de lado. Estes são necessariamente incompletos; as omissões indicam as limitações de conhecimento dos organizadores, e não uma condenação silenciosa. Modernizar as notas de rodapé teria sido menos exagerado, mas, também aqui, a vantagem para o leitor de saber quem tomou as decisões parecia superar os ganhos que a revisão poderia ter trazido. Tudo o que fizemos silenciosamente (além de algumas trivialidades) foi substituir as referências a edições desatualizadas por aquelas que estão agora em uso. Omitimos uma ou duas "Notas Longas" já ultrapassadas, de caráter meramente bibliográfico, ou que atacavam novas teorias dos anos 50 e 60 que ninguém adotou. Também adicionamos traduções. Outras intervenções são indicadas por colchetes e, em sua maioria, ocasionadas por uma nota como "checar" ou "mais" presente no texto datilografado de Ste. Croix.

Nossa tarefa editorial foi muito facilitada pelas respostas rápidas e especializadas a diversas perguntas do Dr. J. Black, do Professor J. K. Davies, do Dr. R. P. Duncan-Jones, do Dr. P. Haarer, do Professor G. A. Holmes, do Dr. C. J. Howgego e do Professor R. G. Osborne. Em

7 O material sobre o cristianismo primitivo foi posteriormente repassado por nós ao Professor L. M. Whitby, da Universidade de Warwick. Esperamos que seja lançado um volume dos escritos de Ste.Croix sobre o cristianismo primitivo, incluindo algumas peças inéditas.

nome de Ste. Croix, também agradecemos ao Dr. Duncan-Jones pelo conselho citado no posfácio do capítulo 8. Devemos uma gratidão especial aos professores P. J. Rhodes e C. M. Reed por fornecerem os posfácios aos capítulos 7 e 9, e ao professor P. A. Cartledge pela boa vontade e conselhos criteriosos. Pela assistência de secretariado, agradecemos à Sra. Mary Lale. O entusiasmo de Hilary O'Shea pelo projeto da OUP tem sido muito encorajador, e somos gratos também a Lavinia Porter, Enid Barker e Dorothy McCarthy, membros da editora; também ao nosso excelente editor (John Cordy) e nossa indexadora (Rosemary Dear). Uma bolsa de pesquisa da Faculdade de Clássicos de Oxford, permitiu a transcrição profissional da maior parte do texto datilografado de Ste.Croix em disquete e a contratação de um assistente graduado para inserir e traduzir o grego, além de realizar milhares de outras tarefas para organizar o resultado. Peter Thonemann (então no Lady Margaret Hall; agora no All Souls College) cumpriu essa função com cuidado e acuidade exemplares, e alguns adendos ou retificações por ele fornecidos são distinguidos por suas iniciais PJT.

1
As classes do censo soloniano e as qualificações para o serviço de cavalaria e hoplita

Em 1893, Eduard Meyer observou que os problemas referentes às classes do censo soloniano parecem simples, mas são, na realidade, muito complicados e difíceis de resolver.[1] O próprio Meyer parece não ter feito nenhum estudo especial sobre o assunto, e desde então não houve tentativa de abordá-lo de forma abrangente, embora muitos estudiosos tenham dado opiniões gerais sobre o tópico e vários tenham escrito sobre pontos específicos. Não estou satisfeito com nenhuma solução oferecida até agora, e desejo propor uma reinterpretação radical das evidências, que também tratará das qualificações para o serviço de cavalaria e hoplita, uma matéria que não foi tratada em detalhe ou devidamente relacionada com as classes do censo.

Como ficará claro em vários pontos desses ensaios, sinto que muitos estudiosos modernos concebem a situação econômica, mesmo na Grécia do quinto e do quarto século, e ainda mais na era arcaica, de maneira completamente anacrônica, em grande parte em termos de categorias derivadas do mundo moderno ou medieval que não têm aplicação à antiga Grécia. Eu consideraria, por exemplo, qualquer teoria de que as classes do censo ateniense pudessem ter sido definidas em termos de renda monetária como um sinal de um sério mal-entendido sobre a economia grega antiga. Se neste primeiro ensaio eu dedico muito mais espaço aos problemas das classes do censo do que muitas pessoas poderiam ter pensado necessário, é, em parte, porque acredito que uma compreensão ade-

1 *GdA* II[1] 656, repetido em III[2] (1937) 608 n. 1.

quada das classes do censo (τέλη) pode tornar possível eliminar alguns equívocos básicos sobre a economia da Atenas clássica.

Não é necessário que eu tente justificar detalhadamente nestes ensaios minha concepção geral sobre o caráter das reformas constitucionais de Sólon, uma vez que minha visão é muito próxima à de um grupo inteiro de estudiosos, entre os quais eu destacaria Jacoby e Wade-Gery, e, para a defesa de minha atitude geral em relação a Sólon, posso contar com o trabalho deles. O ponto fundamental foi bem colocado por ambos os estudiosos. Como disse Wade-Gery,[2] "a mudança política mais drástica de Sólon foi ignorar a Ordem Eupátrida". Jacoby, em um artigo intitulado "ΓΕΝΕΣΙΑ",[3] que tem atraído menos atenção dos historiadores concentrados na Ática arcaica do que seu *Atthis* e seu grande comentário sobre os Atidógrafos, tem um parágrafo que me parece profundamente verdadeiro: "Vistos historicamente", ele diz, "as classes fiscais da constituição de Sólon... são obviamente um passo adiante no desenvolvimento do Estado ateniense: elas significam a emancipação da *plebs* (esta palavra ainda sendo a melhor tradução de πλῆθος, que não é um proletariado nem em Atenas nem em Roma do século IV a.C.),... e são a condição preliminar para a formação de uma cidadania homogênea... Não acredito em uma timocracia pré-soloniana,[4] embora confesse que não sei se o Estado de Clã do século VII a.C. fez a propriedade móvel, em vez da propriedade imóvel, servir aos propósitos do Estado; nem se concedeu uma participação no governo a algumas famílias 'plebeias'. Considero essas duas suposições improváveis. A fórmula ἀριστίνδην καὶ πλουτίνδην ['de acordo com nascimento e riqueza'] (Aristóteles, *Constituição dos Atenienses* 3.1; 6) não prova nada; ela não é antiga e riqueza é apenas outro aspecto da aristocracia;[5] são os genuínos παλαιόπλουτοι ['homens de ancestral riqueza'] que ocupam os cargos e formam o Estado na ἀρχαία πολιτεία ['antiga constituição']. Mesmo se em casos isolados as famílias plebeias fos-

2 *EGH* 86 ss., p. 101.
3 Em *CQ* 38 (1944) 65 ss., p. 74.
4 Jacoby refere aqui a Busolt-Swoboda, *GS* II 824, e Adcock em *CAH* IV 47.
5 Ver também a opinião semelhante expressa por Wade-Gery, *EGH* 100–1.

sem recebidas nas classes dominantes antes de 594/3 a.C.,[6] isso não mudaria o fato que, em minha opinião, foi Sólon quem alcançou a mudança fundamental ao fazer da propriedade, em vez do sangue, o critério dos direitos políticos. Os princípios sempre têm uma história prévia, real ou ideal, sendo que o passo decisivo é o reconhecimento público deles: a mudança do 'Patriciado' para a 'Nobreza' começa com Sólon. Durante o sexto século, a classe dominante se torna cada vez mais o que na França e na Alsácia chama-se um grupo de *Notables* que absorve a aristocracia sem destruí-la".

Nos últimos anos, um número de historiadores tem demonstrado desconfiança em relação às fontes da história da Atenas arcaica, o que me parece excessivo. Em um ensaio posterior,[7] examinarei algumas dessas fontes em detalhes. Neste momento, preciso apenas dizer duas coisas. Primeiro, acredito que existem boas razões para dar mais peso às declarações sobre a história constitucional ateniense feitas por Aristóteles do que por qualquer um dos Atidógrafos que o precederam; no entanto, Aristóteles não deve ser seguido cegamente: cada declaração na *Política* ou na *Constituição dos Atenienses* deve ser examinada separadamente em seus próprios méritos. Em segundo lugar, não há absolutamente nenhuma razão para negar, como vários estudiosos fizeram nos últimos anos, que as νόμοι de Sólon incluíram mudanças que materialmente alteravam a constituição, a πολιτεία, coexistentes a leis que não afetavam o arcabouço constitucional, mas funcionavam dentro dela.[8] Temos todo o direito de falar de uma *politeia* soloniana.

As quatro *telē*: πεντακοσιομέδιμνοι, ἱππεῖς, ζευγῖται e θῆτες (termos que, como regra geral, transliterarei simplesmente como *Pentakosiomedimnoi*, *Hippeis*, *Zeugitai* e *Thetes*), foram criadas como tal por Sólon, cuja constituição foi promulgada em 594/3, o ano de seu arcontado.[9] Alguns estudiosos recuariam as *telē* para o século VII, até Draco ou mesmo antes; mas isso me parece de certo errado. Con-

6 Ver as Notas Finais i (p. 105 abaixo).

7 Cap. 7.

8 Sobre esse ponto, ver esp. pp. 407-416 abaixo.

9 Ver cap. 2 (ii).

ceber a origem das *telē como tal* a uma época pré-soloniana é depender inteiramente de conjecturas ou da falsa[10] constituição de Draco inserida no capítulo 4 da *Constituição dos Atenienses* de Aristóteles e da adição puramente protocolar das palavras "assim como foram divididos antes" em *Constituição dos Atenienses* 7.3. Como ficará claro mais adiante, acredito que, com exceção dos *Pentakosiomedimnoi*, cujo nome é de um tipo diferente dos outros, as *telē* já existiam enquanto grupos militares e sociais reconhecíveis.

Até os últimos dias da democracia ateniense como a conhecemos (isto é, até 322 a.C.) as quatro classes censitárias permaneceram em existência, pelo menos teoricamente, como base de *qualificação para certos cargos políticos*: essa certamente era sua principal função original, mas, no século IV, e talvez antes, as regras eram pouco respeitadas. As classes também entraram em certas *regulamentações administrativas*, como veremos. Em tempos mais recuados, elas podem ter tido algo a ver com o *sistema de tributação*. Muitas pessoas acreditam que elas também forneceram — sempre, ou apenas no início ou mais tarde — a base do *sistema militar*, de modo que os *Hippeis* (e *Pentakosiomedimnoi*) forneciam a cavalaria do Estado, ao passo que os *Zeugitai* eram os hoplitas, e os *Thetes* serviam como soldados leves (ψιλοί) ou como marinheiros na frota.

No final do século V e no século IV, para os quais temos informações muito mais abundantes do que para o VI e início do V, há algumas referências às classes censitárias em relação aos assuntos contemporâneos. Será bom examinar essas evidências primeiro, pois são naturalmente mais confiáveis do que as afirmações sobre a origem das classes, que, como veremos, não poderiam ter sido baseadas em um fundamento muito seguro. Podemos dividir essas passagens em quatro grupos distintos: (1) aquelas relacionadas às qualificações para cargos políticos, (2) aquelas relacionadas a colônias ou clerúquias; (3) outras que mencionam regulamentações ad-

10 O fato de a "constituição de Draco" ser uma falsificação foi tão amplamente provado, e é agora tão geralmente admitido, que posso considerá-lo como um fato. Basta remeter para a admirável análise de Fuks, *AC* 84-101, onde é fornecida uma bibliografia completa.

ministrativas que distinguem entre as respectivas *telē*, e (4) aquelas que se referem — ou podem se referir — às *telē* em relação ao serviço militar ou naval. Reavaliarei cada uma dessas por vez.

(I) A EVIDÊNCIA DA ÚLTIMA PARTE DO SÉCULO V E DO SÉCULO IV

1. (a) De acordo com Aristóteles,[11] quando a pergunta ποῖον τέλος τελεῖ; ["de qual classe censitária você é membro?"][12] era feita em seu tempo para "um candidato para preenchimento de um cargo", ninguém diria que ele era um *Thes*. Isso pode sugerir que muitos cargos ainda estavam teoricamente abertos apenas para as três classes mais altas; mas apenas concernente aos nove arcontes podemos dizer que isso é parcialmente confirmado por outras evidências,[13] e apenas em um caso Aristóteles menciona especificamente a filiação à *telos* como uma qualificação: os tesoureiros de Atena, diz Aristóteles,[14] ainda tinham, teoricamente, que ser *Pentakosiomedimnoi*, embora na prática ἄρχει δ' ὁ λαχὼν κἂν πάνυ πένης ᾖ ["o homem designado ocupe o cargo mesmo que seja extremamente pobre"] (*Constituição dos Atenienses* 47.1). Iseu, VII 39, discutido na seção (b) abaixo, sugere que na primeira metade do século IV certos cargos eram limitados aos *Pentakosiomedimnoi* e *Hippeis*. Aristóteles, *Constituição dos Atenienses* 7.3, também fala das classes censitárias sendo relevantes na constituição de Sólon para a qualificação dos *Poletai*, dos Onze e dos *Kolakretai*, assim como dos arcontes e tesoureiros, mas não há evidências de quanto tempo essa situação durou. Minha opinião é que, muito antes do tempo de Aristóteles, a necessidade

11 *Constituição dos Atenienses* 7.4 *fin.*; cf. Pólux VIII 86.

12 Ver Notas Finais ii (p. 106 abaixo).

13 I.e. o fato de Aristóteles (*Constituição dos Atenienses* 26.2) registrar a abertura do cargo de arconte aos *Zeugitai* em 457/6 e não mencionar a admissão dos *Thetes*.

14 *Constituição dos Atenienses* 8.1; 47.1.

desses magistrados pertencerem a uma das classes mais altas havia sido legalmente removida.[15]

As declarações de Aristóteles sobre a situação em seu próprio tempo são frequentemente interpretadas erroneamente. Assim, Busolt[16] acreditava que ele dizia, em *Constituição dos Atenienses* 47.1, que até mesmo homens muito pobres eram capazes de "pertencer à classe dos *Pentakosiomedimnoi*" ["*gehören zu den Pentakosiomedimnoi*"], e a mesma visão foi adotada por muitos outros estudiosos, ao passo que, na verdade, Aristóteles certamente está dizendo que os homens pobres em questão são aceitos mesmo que claramente não sejam *Pentakosiomedimnoi*. Em *Constituição dos Atenienses* 7.4, citado acima, ele sugere que o candidato a um arcontado poderia dar uma resposta falsa à pergunta ποῖον τέλος τελεῖ; ["de qual classe censitária você é membro?"]; e, por analogia, um candidato a tesoureiro de Atena diria que era um *Pentakosiomedimnos*, mesmo que na realidade estivesse longe de ser um. A única alternativa é supor que as violações da lei eram abertamente toleradas e que o tesoureiro aspirante admitia ser apenas um *Zeugites*, por exemplo, mas era aceito mesmo assim, talvez na ausência de candidatos devidamente qualificados. De qualquer forma, a posição de Busolt é patentemente indefensável. Em meados do quarto século, como veremos em seguida, um rico ateniense, Pronapes, poderia ser acusado em tribunal de se atribuir uma avaliação de propriedade baixa[17] e ainda assim aspirar a ocupar um cargo como se pertencesse à classe dos *Hippeis*;[18] e isso claramente implica que naquela época um *Hippeus* ainda poderia ser um homem de propriedade considerável. Não sabemos quão

15 Baseio este ponto de vista no fato de Aristóteles não mencionar a questão do pertencimento à *telos* em *Constituição dos Atenienses* 47.2 e 52.1 (classificação dos *Poletai* e dos Onze, respectivamente), e nas suas referências específicas em 8.1 e 47.1 à necessidade hipotética de os tesoureiros de Atena serem *Pentakosiomedimnoi*. (Os *Kolakretai* tinham desaparecido no final do século V).

16 Busolt-Swoboda, *GS* II 838 n. 1 — duas vezes, no início e no fim do primeiro parágrafo da nota.

17 A palavra μικρόν ["baixo"] em ἀπεργάψατο ... τίμημα μικρόν deve ser entendida em sentido relativo, sendo Pronapes obviamente um homem de posses.

18 Iseu VII 39.

cedo a situação descrita em *Constituição dos Atenienses* 7.4 e 47.1 teria surgido. A única outra evidência que consigo pensar que pode ser relevante é a declaração do Velho Oligarca de que em seu tempo todos os atenienses achavam que deveriam τῶν ἀρχῶν μετεῖναι ἔν τε τῷ κλήρῳ καὶ ἐν τῇ χειροτονίᾳ "ter uma parcela nos cargos por sorteio e por eleição".[19] Isso certamente sugere que a situação descrita por Aristóteles já poderia ter surgido ou pelo menos começado a se desenvolver.

(b) Em Iseu VII 39 (um discurso proferido por volta de 354 a.C.), encontramos a alegação de que "Apolodoro não estimou, como Pronapes, seu τίμημα em um valor baixo e ainda aspirava a ocupar um cargo como se fosse membro da classe dos *Hippeis*" (este trecho, como expliquei em outra ocasião,[20] é frequentemente mal traduzido, como por exemplo nas edições Budé e Loeb). Veremos mais adiante que devemos distinguir entre o que chamo "*timēma* fiscal", o retorno da propriedade sobre o qual a *eisphora* era calculada, e "*timēma* político", qualquer avaliação de propriedade que determinava a *telos* de alguém,[21] de sorte que o *timēma* que Pronapes é acusado de subvalorizar é um de tipo fiscal. E, de qualquer forma, não há uma implicação necessária de que Pronapes tenha realmente declarado um "*timēma* político" suficientemente alto para colocá-lo na classe dos *Hippeis*: o orador simplesmente diz ὡς ἱππάδα δὲ τελῶν ἄρχειν ἠξίου τὰς ἀρχάς ["ele aspirou a ocupar um cargo como se fosse membro da classe dos *Hippeis*"], e isso não precisa significar mais do que Pronapes, ao se candidatar a um cargo, representou a si próprio como um *Hippeus* — compare a seção (a) acima, onde vimos que a falsa representação de suas *telē* por candidatos a cargos aparentemente ocorria.

19 Pseudo-Xenofonte, *Constituição dos Atenienses* I 2. Eu dataria esta obra ou durante a primeira metade da guerra de Arquidamas ou nos anos que se seguiram à Paz de Nícias [ver Ste.Croix, *OPW*, 308-10].

20 DTAEFC 43–4.

21 De fato, esta distinção é puramente nocional, uma vez que não admito a existência do "*timēma* político", mas é útil ainda assim.

(c) Platão, *Leis* III 698B,[22] usa, em relação à constituição de Atenas durante as guerras persas, a frase ἐκ τιμημάτων ἀρχαί τινες τεττάρων ["certos cargos eram preenchidos com base nos quatro *timēmata*"]. É interessante que encontremos *timēmata* (ou seja, o sistema de *telē*) mencionado apenas como qualificação para cargos.

(d) É possível que precisemos restaurar ἐκ τôν [*hιππέον*] ["dos [*Hippeis*]"] em *IG* I³ 82.18, uma inscrição do ano 421/0.

Os Hiparcos e Filarcos que comandavam a cavalaria ateniense teriam que ser, é claro, cavaleiros eles mesmos, mas nunca ouvimos falar de qualquer conexão entre eles ou os estrategos (ou qualquer outro oficial militar) e as classes censitárias, ou de qualquer qualificação de propriedade para ocupar qualquer um desses cargos militares, exceto na pouco histórica "constituição de Draco".[23] O fato de nunca ouvirmos falar de qualquer regra que os estrategos — criados pela primeira vez em 501/0, acredito eu, como um cargo de generais e não como comandantes tribais[24] — tivessem que ser nomeados a partir de uma das classes superiores pode talvez fornecer uma pequena indicação de que as classes censitárias já estavam se tornando menos importantes no final do século VI. Os estrategos pertenceriam, evidentemente, ao menos à classe *Zeugites*.[25]

2. (a) O adendo de Fantoclo para o decreto de Brea, de meados do século V,[26] permite que colonos, "desde *Thetes* e *Zeugitai*" possam ir para Brea. O objetivo deste adendo não pode ter sido excluir os *Pentakosiomedimnoi* e os *Hippeis*, como muitas vezes se supôs. Nenhum membro de uma das duas classes mais altas quereria emigrar, especialmente para uma área tão incivilizada como a Trácia, e perder sua cidadania ateniense — a menos que, é claro, ele fosse na condição de *oikistēs*, caso em que poderia esperar por honras heroicas após sua morte. Só podemos supor que a parte inicial perdida do decreto principal previa que apenas os *Thetes* participassem da

22 Cf. V 744B–5A.

23 Aristóteles, *Constituição dos Atenienses* 4.2: ver n. 10 acima.

24 Ver pp. 302-304 abaixo.

25 Ver também Dinarco I (*contra Demóstenes*) 71.

26 M/L 49 = Fornara 100. 39–42 (=*IG* I³ 46. 43–6).

colônia:[27] a ordem das palavras no adendo, mencionando os *Zeugitai* após os *Thetes*, vai nesta direção. Ou talvez os colonos em algum outro caso ou casos recentes tivessem sido escolhidos apenas entre os *Thetes*, de maneira que Fantoclo teria desejado deixar claro que isso não era um precedente a ser seguido.

(b) Em um decreto ateniense, que parece ser do ano 387/6, preservado apenas em fragmentos lamentavelmente mutilados que não fornecem um texto contínuo, a palavra πεντακοσιομεδίμνων ocorre em um contexto irrecuperável.[28] Por analogia com o decreto de Brea, Luria sugeriu plausivelmente que devemos ler [-πλὴν ἱππέων κα]ὶ πεντακοσιομεδίμνων ["[exceto *Hippeis* e] *Pentakosiomedimnoi*"].[29] O decreto evidentemente diz respeito a Lemnos, concedido a Atenas pela Paz do Rei, e há várias referências a clerúquias.[30] Esta é a última peça de evidência que temos para o uso real das classes censitárias para práticas que não sejam qualificações para cargos ou (ver os exemplos no parágrafo 3 abaixo) sob o âmbito de uma certa lei administrativa antiga.

3. (a) Demóstenes XXIV 144 (um discurso datado por volta de 353/2 a.C.) cita uma lei que proíbe (ainda que com certas exceções) a prisão de um ateniense ὃς ἂν ἐγγυντὰς τρεῖς καθαστῇ τὸ αὐτὸ τέλος τελοῦντας ["que apresenta três fiadores da mesma *telos* (que ele próprio)"]. (É evidente que esta lei se refere a fiadores da mesma classe do censo, conforme suportado por *Constituição dos Atenienses* 4.2, apesar desta "constituição de Draco" ser fictícia). É interessante notar que a nova lei de Timócrates, contra a qual Demóstenes

27 Este ponto de vista é apoiado por Jones, *AD* 168. Verifico agora que foi expresso por Jac., ii 379 n. 25.

28 *IG* II² 30 [=*Ágora* XIX L3] *a*. 12. A data é de *b*. 5: [-ῶ]νος μηνὸ τὸ μετὰ Θεό[δοτον ἄρχντα-]. Kirchner e outros tomaram 386/5 como a data do decreto, mas certamente a fórmula citada implica que o ano de Teódoto (387/6) ainda não terminou e Místenes (386/5) provavelmente ainda não foi eleito. [R. S. Stroud data o decreto de 387/6 na sua reedição, *Hesp*. XL (1971) 169].

29 Ver *SEG* III.73. [O suplemento de Luria foi amplamente, se não universalmente, aceito: ver J. Cargill, *Athenian Settlements of the Fourth Century B.C.* (1995), 192 n. 27].

30 Fr. *a*. 13, 20, 22; *b*. 6; *c*. 5 [Numeração contínua em edições posteriores: *b*. 33, *c*. 42; add *e*. 47].

está falando, claramente não tinha uma disposição correspondente. Poderíamos não nos sentir seguros sobre isso se não tivéssemos mais do que as passagens que Demóstenes cita da nova lei,[31] mas a expectativa expressa no cap. 85 de que homens sem muitos recursos (φαύλους ἀνθρώπους) seriam invariavelmente oferecidos como fiadores sob a nova lei situa o assunto além de qualquer dúvida.

(b) Pseudo-Demóstenes XLIII 54 (um discurso aparentemente proferido no final dos anos 340) cita uma lei que prescreve o dote, o qual deveria ser fornecido para uma *epikleros* com status de *Thetes* por um parente próximo que não desejasse casar com ela: se ele fosse um *Pentakosiomedimnos*, ele teria que facultar 500 *drachmae*, se um *Hippeus*, 300 *drachmae*, se um *Zeugites*, 150 *drachmae*. Acredito que seja muito provavelmente uma referência a esta lei que tenha sido a ocasião para o uso da palavra πεντακοσιομέδιμνον por Lísias[32] em um discurso aparentemente proferido em um caso de herança envolvendo uma *epikleros*.[33]

Posidipo, um poeta da Nova Comédia, que escreveu no terceiro século (após a queda da democracia ateniense), a partir de uma citação de Harpocrácio, diz que era obrigatório para γένους τὰς θήσσας ἢ λαμβάνειν πρὸς γάμον ἢ έ μνᾶς ["o parente mais próximo das jovens de status de *Thetes* se casar com elas ou dar-lhes cinco *minae*"];[34] e Diodoro[35] atribui a Carondas uma lei περὶ τῶν ἐπικλῆρων, ὁ καὶ παρὰ Σόλωνι κείμενος ["sobre herdeiras, que também se encontra nas leis de Sólon"]: na qual o parente mais próximo deve se casar com ἡ πενιχρὰ ἐπίκληρος ["a herdeira pobre"] ou fornecer 500 *drachmae* para o seu dote.

4. As seguintes são todas as fontes que conheço que mencionam qualquer uma das quatro classes de censo em um contexto militar:

31 §§ 41, 72, 79, 82–87, 89, 93, 100 e 122, mesmo se nós rejeitarmos 39–40 como espúrios.

32 Fr. 207 Sauppe, ap. Harpocrácio, s.v. πεντακοσιομέδιμνον.

33 O título é Περὶ τῆς 'Ονομακλέους θυγατρός ["Sobre a filha de Onomacles"].

34 Posidipo, *Fragmentos cômicos* 38 K/A, ap. Harpocrácio s.v. Θῆτες καὶ θητικόν.

35 XII 18.3.

(a) Harpocrácio (cf. Hesíquio, Fócio, Suidas), s.v. θῆτες καὶ θητικόν cita dois escritores da parte final do século V:

(i) Aristófanes, fr. 248,[36] das *Daitaleis* de 427. Harpocrácio simplesmente diz, ὅτι δὲ οὐκ ἐστρατεύοντο (sc. οἱ θῆτες) εἴρηκε καὶ Ἀριστοφάνης ἐν Δαιταλεῦσιν ["Aristófanes em os 'Convivas' diz que eles (ou seja, os *Thetes*) não serviram no exército"]. Infelizmente, as palavras reais de Aristófanes não estão preservadas.

(ii) Antifonte, fr. 61 (Thalheim):[37] Ἀντιφῶν ἐν τῷ Κατὰ Φιλίνου φησί: "τούς τε θῆτας ἅπαντας ὁπλίτας ποιῆσαι" ["Antifonte no 'Contra Filino' diz '... e para fazer todos os *Thetes* hoplitas'"].

Por si só, a citação de Antifonte pode significar apenas que nem todos os *Thetes* serviram como hoplitas no final do século V; mas a menos que Harpocrácio tenha feito uma inferência errada de Aristófanes, a única conclusão que podemos honestamente tirar das duas afirmações juntas é que os *Thetes* como classe não participavam do serviço de hoplita — isto é, eles formavam uma categoria totalmente abaixo da classe hoplita.

(b) Tucídides III 16.1: todos os atenienses embarcaram nos navios de emergência em 428, exceto os *Hippeis* e *Pentakosiomedimnoi*.

(c) Tucídides VI 43 (linhas 15–18 OCT): do número total de 5,100 ὁπλῖται ["hoplitas"] na grande expedição ateniense à Sicília em 415, havia "dos próprios atenienses, 1.500 ἐκ καταλόγου ["do *katalogos*"], e 600 *Thetes* ἐπιβάται τῶν νεῶν ["como marinheiros"]",[38] sendo o resto aliados e mercenários. Compare Tucídides VIII 24.2, onde Leão e Diomedão em 412 têm ἐπιβάτας τῶν ὁπλιτῶν ἐκ καταλόγου ἀναγκαστούς ["hoplitas do *katalogos* servindo como marinheiros sob compulsão"]; também VII 16.1; 20.2, onde os ὁπλῖται ἐκ καταλόγου ["hoplitas do *katalogos*"] aparecem novamente.

36 248 K/A.

37 = fr. 63 Sauppe = fr. B 6 Maidment.

38 Esses serão os 60 ταχεῖαι. Para 60 navios, esperaríamos 600 marinheiros e, embora a maioria dos MSS tenha ἑπτακόσιοι, a verdadeira leitura é provavelmente ἑξακόσιοι, como no bom MS, H[S1] — que, por si só, como K. J. Dover gentilmente me chamou a atenção, também preservou em VI 96.3 a leitura correta (cf. 97.3; VII 43.4) ἑξακοσίους, sendo que todos os outros MSS estão corrompidos para ἑπτακοσίους.

Voltarei à interpretação dessas passagens em breve.

Depois disso, parece haver apenas uma passagem na qual qualquer uma das *telē* pode aparecer em um contexto militar. Esta é Xenofonte *Helênicas* I vi 24: quando os atenienses embarcaram τοὺς ἐν τῇ ἡλικίᾳ ὄντας ἅπαντας καὶ δούλους καὶ ἐλευθέρους ["todos aqueles em idade militar, tanto escravos quanto homens livres"], para a campanha das Arginusas em 406, εἰσέβησαν δὲ καὶ τῶν ἱππέων πολλοί ["e muitos *Hippeis* também embarcaram"]. E aqui não vejo motivo algum para supor que os ἱππεῖς em questão seja qualquer coisa senão a cavalaria do Estado. Este texto é, portanto, irrelevante para nossa consideração das *telē.*

(II) CATEGORIAS MILITARES NOS SÉCULOS QUINTO E QUARTO

Vou falar de três categorias militares:

1. "Cavalaria", geralmente referindo-se àqueles que realmente servem na cavalaria do Estado. Eles são, claro, ἱππεῖς, mas para evitar confusão com a *telos* de *Hippeis*, vou sempre chamá-los de "cavalaria".
2. "Hoplitas", referindo-se àqueles no registro (κατάλογος) do Estado de infantaria pesada. Às vezes vou me referir à "classe hoplita", uma expressão que geralmente uso para incluir também aqueles que já foram hoplitas, mas ultrapassaram o limite de idade de 60[39] e se tornaram ὑπὲρ τὸν κατάλογον ["além do *katalogos*"][40] e aqueles ἀδύνατοι ["incapacitados"] que tinham propriedade suficiente para se qualificar para o serviço hoplita.[41]
3. "Aqueles abaixo da classe hoplita", uma expressão que fala por si mesma.

39 Ver Aristóteles, *Constituição dos Atenienses* 53.4; Pólux II 11; Plutarco, *Fócio* 24.

40 Ver Demóstenes XIII 4; Pólux II 11.

41 Suponho que não terão sido uma classe numerosa: neste ponto concordo com Jones, *AD* 162-3.

Agora passo à reavaliação de cada uma dessas categorias em ordem.

1. É geralmente aceito que não havia uma força de cavalaria *organizada* em Atenas até meados do século V. Nossa evidência mais antiga e conclusiva da existência de uma *força militar* ateniense conhecida como οἱ ἱππεῖς é uma dedicação na Acrópole por *hοι hιππῆς* (com seus três Hiparcos nomeados),[42] datada por suas formas de letras "n" nos anos 450 ou talvez início dos anos 440: *IG* I³ 511 = *DAA* 135, 135a, 135b.[43] Vale a pena mencionar que Esparta aparentemente não tinha cavalaria organizada até 424.[44]

No entanto, não há a menor razão para duvidar que sempre houve — antes e depois de Sólon[45] — atenienses individuais que possuíam cavalos de guerra e os usavam em campanha, como "infantaria montada": ao menos eles podiam chegar ao campo de batalha mais descansados do que um hoplita[46] comum e, uma vez que o inimigo estivesse em fuga, eles podiam montar seus cavalos novamente e liderar a perseguição — a cavalaria era inestimável para esse propósito, como os gregos bem sabiam.[47] O cavalo era o grande "símbolo

42 Cf. Andócides III 5 = Ésquines II 173: 300 ἱππεῖς no início. Contraste com Escólios a Aristófanes, *Cavaleiros* 627b: "a cavalaria ateniense era, no início, em número de 600". Mas o escoliasta é muito pouco inteligente. [Ste.Croix está a traduzir πρῶτον "no início", mas a última *edd.* dos escólios lê corretamente πρότερον "anteriormente", com melhor suporte MSS. PJT].

43 Cf. *IG* I³ 512 = *DAA* 141, que deve referir-se a um hiparco ou hiparcas, e vem do início da segunda metade do século V. Basta consultar as notas em *DAA*, *ad loc.*, também Gomme, *HCT* I 316, 328; II 77, 101-2; Busolt-Swoboda, *GS* I 344; II 824 e n. 1, 978, 1128. Paus. I 29.6 e *IG* I³ 1181 podem referir-se a 431; mas ver Wade-Gery em *JHS* 53 (1933), nas pp. 78-9 [cf. D. L. Page, *Further Greek Epigrams* (1981), 274 n. 1].

44 Tucídides IV 55.2; cf. Xenofonte, *O comandante da cavalaria* IX 4. Os 300 chamados ἱππεῖς em Esparta eram meramente um corpo de elite e lutavam como hoplitas: ver Tucídides V 72.4; Estrabão X 4.18, pp. 481-2; Hesíquio, s.v. ἱππαγρέτας. Eles são conhecidos desde, pelo menos, 480 (Heródoto VIII 124), e são, sem dúvida, muito mais antigos.

45 Ver Notas Finais iii (p. 106 abaixo).

46 Cf. o conselho de Enéas, o Tático, XII 13-15, a um exército hoplita: para chegar descansado a um combate, ir por mar ou em carroças.

47 Ver, por exemplo, Xenofonte, *Anábase* II iv 6; III i 2. Repare também na anedota contada por Heródoto (I 63.2) de como Pisístrato montou os seus filhos *após* a batalha de Palene e os enviou atrás do inimigo em fuga, fazendo com isso alguma propaganda útil. E ver Notas Finais iv (p. 107).

de status" do mundo grego, sobretudo talvez no período arcaico, porque na Grécia antiga, como todos sabiam, apenas um homem realmente rico podia se dar ao luxo de ἱπποτροφεῖν ["manter/criar cavalos"]. Ouvimos falar de vários Estados gregos neste período inicial em que aristocracias de ἱππεῖς formavam uma oligarquia dominante, a mais conhecida sendo os *Hippobotai* da Cálquida.[48] Aristóteles ficou muito impressionado com os exemplos que conhecia, dos quais menciona Cálquida, Erétria, Magnésia καὶ τῶν ἄλλων πολλοὶ περὶ τὴν Ἀσίαν ["e muitos outros na Ásia"], e proclama como princípio geral que as primeiras monarquias gregas foram sucedidas por πολιτεία... ἐκ τῶν ἱππέων ["constituição... baseada na cavalaria"].[49] O caráter militar do uso da cavalaria não pode ser duvidado.

Para a lista oficial de alistados da cavalaria ateniense, pelo menos no final do século IV, o termo técnico parece ter sido πίναξ.[50] Aristóteles, *Constituição dos Atenienses* 49.2, dá uma descrição clara e precisa de como a cavalaria foi formada em seus dias e as informações que possuímos sobre tempos anteriores[51] sugerem que, substancialmente, o mesmo procedimento foi seguido pelo menos no final do século V e início do século IV.[52] Um padrão mais alto de aptidão física era necessário para a cavalaria do que para a infantaria e o serviço de cavalaria provavelmente terminava bem antes dos 60

48 Heródoto V 77.2; VI 100.1; Aristóteles, *Política* IV 1289ᵇ39, e ap. Estrabão X 1.8, p. 447; Plutarco, *Per.* 23.4. Ver também Busolt, *GS* I 210–11.

49 *Política* IV 1297ᵇ16–22; cf. 1289ᵇ35–40; VI 1321ᵃ8–11.

50 Aristóteles, *Constituição dos Atenienses* 49.2, linhas 7 e 14 OCT. Para o rol de cavalaria sob os Trinta parece ter sido usado o termo σανίδες (Lísias XXVI 10; cf. σανίδιον em Lísias XVI 6). Em uma ou duas ocasiões, κατάλογος é usado para uma lista particular de cavaleiros, por exemplo, aqueles selecionados para uma expedição (como em Lísias XVI 13) ou de novos recrutas (Aristóteles, *Constituição dos Atenienses* 49.2; os que estão neste κατάλογος e que não conseguem isenção são inscritos εἰς τὸν πίνακα).

51 Por exemplo, Xenofonte, *Econômico* IX 15; Lísias XIV 8, 10 (onde ὑφ' ὑμῶν deve ser entendido de acordo com Sandys, *ACA*² 192 n.); XVI 13 (onde ἀδοκιμάστων apenas é relevante, o alistamento por Ortobulo sendo obviamente para a expedição particular, não para o serviço de cavalaria em geral).

52 Sobre a questão de saber o que qualificava um homem para o serviço de cavalaria, ver pp. 59-60 e pp. 87-88 abaixo.

anos para a maioria dos homens, idade em que o hoplita entrava na lista de aposentadoria. O cavaleiro aposentado, a menos que estivesse totalmente incapacitado, certamente teria sido adicionado ao *katalogos* hoplita, permanecendo nele até atingir 60 anos.

2. Os hoplitas eram aqueles inscritos no registro oficial, o *katalogos*, e são consequentemente referidos na linguagem técnica como (ὁπλῖται) ἐκ καταλόγου ["(hoplitas) do *katalogos*"].[53] A palavra *katalogos* também pode ser usada (a) para uma lista de hoplitas alistados para uma campanha particular;[54] (b) para uma lista correspondente de cavalaria;[55] (c) para listas compiladas pela primeira vez (como penso) em 362, com o objetivo de tornar aqueles abaixo da classe hoplita sujeitos a serviço naval obrigatório;[56] e (d) de várias outras maneiras;[57] mas ὁ κατάλογος propriamente significa o registro estatal de hoplitas, e a expressão ἐκ κατάλογου normalmente refere-se a esse registro. Embora estejamos bem-informados sobre o método de inscrição na cavalaria,[58] não temos informações positivas sobre a maneira pela qual um homem era registrado no *katalogos* hoplita,[59] ou sobre as qualificações que o habilitavam ou o obrigavam a ser assim registrados. Esta última questão será discutida posteriormente.

Gostaria de ressaltar um ponto geral que é comumente ignorado por aqueles que falam da necessidade de o hoplita ser capaz

53 Tucídides VI 43; VII 16.1; 20.2; VIII 24.2; Xenofonte, *Memoráveis* III iv 1; Aristóteles, *Política* V 1303ª9–10; *Constituição dos Atenienses* 26.1; Pólux II 11. Cf. Lísias XV 5. Encontramos também a expressão ὁπλῖται ἐκ τῶν τάξεων ["hoplitas das fileiras"] em Tucídides III 87.3. Foi sugerido por Beloch e Busolt (ver *GS* I 572 n. 1) que esta expressão difere de ὁπλῖται ἐκ καταλόγου apenas por excluir os efebos.

54 Como em Tucídides VI 26.2; 31.3; Aristófanes, *Cavaleiros* 1369–71; cf. *Acarnenses* 1065; *Paz* 1179–84 etc. Eu mesmo penso que Lísias XIV 6-7 e provavelmente XV 7, talvez 11 (mas não 5), também se enquadram nesta categoria. E ver a Nota Final v (p. 108).

55 Lísias XVI 13.

56 Pseudo-Demóstenes L 6 ss.: ver parágrafo 3 abaixo.

57 Veja e.g. Aristóteles, *Constituição dos Atenienses* 49.2 e n. 50 acima.

58 Veja p. 48 acima.

59 De acordo com Lísias XV 5, era o taxiarca que lhe apagaria o nome, de modo que podemos supor que era o taxiarca que os matriculava.

de prover a si mesmo com a armadura padrão. Um hoplita de fato precisava de muito mais que o desembolso inicial necessário para comprar sua armadura (que sem dúvida duraria muito tempo em circunstâncias normais e poderia ser passada de pai para filho): ele precisava de propriedade suficiente para ser capaz de sustentar a si mesmo e seus agregados domésticos se, como poderia acontecer, ele tivesse de estar longe de casa por longos períodos em serviço — provavelmente não remunerado até cerca do meio do século V. E os "agregados domésticos" normalmente teriam de incluir um escravo que lhe acompanhasse durante a campanha e, certamente, mais um ou dois escravos pelo menos para fazer o trabalho da propriedade rural.[60] Eu de fato ficaria muito surpreso se algum hoplita ateniense não possuísse escravos.[61]

3. Aqueles abaixo da classe hoplita são frequentemente referidos hoje em dia como *Thetes*, às vezes como ψιλοί ["tropas leves"] ou como marinheiros; mas ainda não decidimos até que ponto aqueles abaixo da classe hoplita correspondiam aos *Thetes*, e na minha opinião é enganoso chamá-los de ψιλοί ou marinheiros porque eles não eram sujeitos a conscrição regular em nenhuma dessas formas até o ano de 362 (ou um pouco antes).[62] Tucídides diz expressamente que os atenienses nunca tiveram formações regulares de ψιλοί.[63] Além disso, nos séculos V e início do IV, a conscrição não era usada para a frota naval, pelo que posso ver, exceto em emergências, quando poderia ocorrer algo como uma conscrição em massa.[64] Acredito

60 Veja minha resenha de W. L. Westermann, *The Slave Systems of Greek and Roman Antiquity*, em *CR* 71 = n.s. 7 (1957) 54 ss., em p. 58.

61 Existe apenas um único texto, Demóstenes XXIV 197, que Jones (*AD* 84) pode citar a favor da sua opinião de que os pagadores de *eisphora* e, por conseguinte, *a fortiori* os hoplitas, podiam não possuir escravos, o que não é compatível com a interpretação que ele lhe dá — ver Nota Final v i (p. 108 abaixo).

62 Não até c. 337, de acordo com Kahrstedt, *SSA* 249 n. 1; *UMA* 21.

63 Tucídides IV 94.1: ψιλοὶ... ἐκ παρακευῆς... ὡπλισμένοι οὔτε τότε [424 a.C.] παρῆσαν οὔτε ἐγένοντο τῇ πόλει ["eles não dispunham de tropas regulares de armas ligeiras nesta ocasião, nem nunca Atenas teve uma força organizada deste tipo"].

64 Como talvez em Tucídides III 16.1 (428); Xenofonte, *Helênicas* I vi 24 (406); V iv 61 (376). O simples uso da expressão πανδημεί ["em pleno vigor"] (Tucídides II 31.1;

que a conscrição regular para a frota foi introduzida pela primeira vez pelo decreto de Aristofonte no outono de 362 (Pseudo-Demóstenes L 6–7, 16).[65] Todas as passagens que se referem à conscrição naval, pelo que sei, são sem exceção subsequentes a isso: isto é, Isócrates VIII 48 (c. 355); Demóstenes III 4 (referindo-se ao final de 352); IV 36 (proferido em 351 ou logo após);[66] Ésquines II 133 (referindo-se a 346). Compare Demóstenes XXI 154–5, com Tucídides VI 31.3 e Lísias XXI 6. Reconheço que a visão que expressei não é a aceita, mas ela me parece muito provável.[67] Nunca ouvimos falar de *katalogoi* (ou um *katalogos*) para aqueles abaixo da classe hoplita antes de 362, e certamente o que é descrito em Pseudo-Demóstenes L 6–7 não é apenas a extração de listas de tripulações[68] de registros já existentes, mas a compilação de tais registros em primeiro lugar, em todos os *demoi* individuais, sob a supervisão do demarca e dos conselheiros de cada *demos*. Mesmo que eu esteja errado sobre isso, a conscrição naval de 362 terá sido a mais antiga realmente registrada, e não precisamos supor que o procedimento havia sido instituído muito antes dessa data.[69]

III 91.4; IV 90.1; Xenofonte, *Helênicas* II iv 43; IV iv 18) ou πανστρατᾷ ["com todo o exército"] (Tucídides II 31.1; IV 66.1; 94.1) não precisam de implicar que existia um tributo universal, que se estendia abaixo dos hoplitas (mesmo que números de tropas ligeiras — e mesmo trabalhadores manuais — estejam por vezes envolvidos): cf. Xenofonte, *Helênicas* I iii 10; vi 18; II ii 7; IV vi 3; V iv 42.

65 Note, em particular, as palavras καταλόγους ποιεῖσθαι τῶν δημοτῶν καὶ ἀποφέρειν ναύτας ["fazer *katalogoi* dos homens do *demos* e devolver (uma lista de) marinheiros"] no § 6.

66 Veja G. L. Cawkwell em *CQ* 56 = n.s. 12 (1962) 122–7, que tem um bom argumento para 351.

67 A existência de um delito de ἀναυμαχίου (sobre o qual ver Lipsius, *ARR* 454 & n. 7, com referências) não tem de implicar mais do que o que é entendido por LSJ^9, s.v.: "acusação de um taxiarca por manter o seu navio fora de ação".

68 Correspondendo a κατάλογοι mencionado na n. 54 acima.

69 Suponho que o ano de 378/7 seja possível. Cf. o meu DTAEFC, nas pp. 59-62, para comentários sobre o procedimento peculiar adotado em 362 para a cobrança de uma *proeisphora* através dos *demoi*, apesar do fato de uma maquinaria bastante diferente, envolvendo os *symmoriēs*, ter sido concebida em 378/7, embora provavelmente nunca tenha sido usada neste intervalo. [G. L. Cawkwell, *CQ* 34 (1984)

É precisamente porque não havia sequer um registro de *Thetes* correspondente ao *katalogos* hoplita que Tucídides se abstém de dar estatísticas para o número de soldados em serviço[70] ou as perdas em batalha[71] ou pela epidemia[72] daqueles abaixo da classe hoplita, e se contenta com expressões vagas e atípicas como ὁ ἄλλος ὅμιλος ψιλῶν οὐκ ὀλίγος ["uma multidão substancial de tropas leves além disso"], ou τοῦ δὲ ἄλλου ὄχλου ἀνεξεύρετος ἀριθμός ["um grande e indeterminado número do resto da população"], ou ψιλῶν δὲ καὶ σκευοφόρων πολὺς ἀριθμός ["um grande número de tropas leves e carregadores de bagagem"].[73]

(III) *TELĒ* E CATEGORIAS MILITARES NOS SÉCULOS V E IV

Qual relação, se é que alguma, existia entre as categorias militares e as *telē* no final do século V e IV a.C.? Os *Pentakosiomedimnoi*, para qualquer outro propósito que não a elegibilidade para o cargo, certamente podem ser considerados apenas como a seção superior dos *Hippeis* e, para os propósitos desse texto, quando falo de *Hippeis*, deve-se entender que eu incluo os *Pentakosiomedimnoi* dentro dessa categoria. O que temos que decidir é até que ponto os *Hippeis* correspondiam à cavalaria, os *Zeugitai* aos hoplitas e os *Thetes* àqueles abaixo da classe dos hoplitas. Que deva ter havido pelo menos uma equivalência a grosso modo em todos os três níveis[74] é claro pelo nome da *telos* dos *Hippeis* e os trechos citados nas páginas 44–45 acima de Aristófanes, Antifonte e Tucídides. A questão é se a

338, e V. Gabrielsen, *Financing the Athenian Fleet* (1994) 107, concebe o alistamento enquanto algo excepcional mesmo após 362].

70 Tucídides II 31.2 (a invasão de Megáride, 431); IV 94.1 (Délio, 424).

71 IV 101.2 (Délio).

72 III 87.3.

73 II 31.2; III 87.3; IV 101.2.

74 Mesmo Hignett (*HAC* 101), ao rejeitar, com uma referência a De Sanctis e Busolt-Swoboda (que, aliás, não apresentam *argumentos* reais), "a opinião de que as classes tinham uma origem militar", considera "possível que, depois de terem sido criadas, as classes de propriedade tenham passado a ser utilizadas para decidir a incidência das obrigações militares". Compare com as pp. 87-88 abaixo.

equivalência era completa. Se não era, teremos de ver se podemos estabelecer conjuntos separados de qualificações para as *telē* de um lado e para a cavalaria e hoplitas do outro.

A maioria dos estudiosos ou assumiu a identificação descrita acima como certa ou se esquivou. Encontrei apenas uma apresentação do argumento contrária à identificação que vale a pena ser levada a sério: a de Kahrstedt,[75] que acredita que o serviço militar esteve em tempos anteriores atrelado às *telē*, mas que se tornara desvinculado quando as *telē* se tornaram sem sentido ("*gegenstandlos*"), à medida que Atenas saiu de uma economia natural.[76] As *telē* foram superadas na prática para fins militares, Kahrstedt acredita, por uma classificação dos cidadãos "οἱ ἐκ καταλὸγου *(Landdienstpflichtige) und* θῆτες *im neuen Sinn (Ruderdienstpflichtige)*" ["aqueles do *katalogos* (ligados ao serviço em terra) e *Thetes* no novo sentido (ligados ao serviço no mar)"].[77] Na verdade, não há evidências de que o termo *Thetes* jamais tenha sido usado em algum "novo sentido", nem, como já mostrei, há evidência alguma de que os *Thetes* estivessem sob qualquer obrigação, exceto em emergências, de servir na frota, como os hoplitas deviam servir no exército terrestre. A teoria de Kahrstedt é baseada em uma concepção que acredito ser falsa e que, de qualquer forma, permanece a ser investigada: a crença de que as classes censitárias sempre foram definidas da maneira que Aristóteles diz que eram quando foram criadas pela primeira vez por Sólon, em termos de riqueza advinda de propriedade fundiária. Se de fato foram originalmente e sempre assim definidas, então os atenienses abastados que não possuíam terras, ou possuíam muito pouca, necessariamente seriam *Thetes*, ainda assim tais homens certamente seriam obrigados ao serviço hoplita,[78] e isso destruiria qualquer equação entre *Zeugitai* e hoplitas.

---

75 *SSA* 251-5; *UMA* 20-1, cf. 55, 61.

76 Ver esp. *SSA* 251.

77 *UMA* 21.

78 Seria absurdo fingir que não existiam tais homens, ou que eram uma classe insignificante, pois, por volta de 431, pelo menos 3.000 hoplitas (ver Tucídides II

Vamos retornar às fontes que citei nas páginas 44–45 acima. Tucídides VI 43, usando linguagem técnica, faz uma distinção clara entre hoplitas propriamente ditos, ἐκ καταλόγου ["do *katalogos*"], e θῆτες ἐπιβάται ["*Thetes* servindo como marinheiros"]. Esta é a única ocasião em que a palavra θῆτες aparece em Tucídides. Em tempos históricos, pelo que sabemos, a palavra foi usada em Atenas em apenas dois sentidos diferentes: poderia significar a mais baixa das quatro classes censitárias, ou poderia ser aplicada aos μισθωτοί, homens que trabalhavam por salários. Ninguém suporá que Tucídides está usando-a no último sentido aqui. Não consigo imaginar por que ele iria querer chamar esses homens pelo termo técnico *Thetes* se eles não fossem exatamente isso, pois seria completamente confuso. Todo o ponto de sua declaração é explicar o *status* dos dois diferentes grupos que juntos compunham aqueles armados como hoplitas na expedição em questão. Ele define um grupo, os hoplitas, por um termo técnico, ἐκ καταλόγου, e a palavra θῆτες precisa ser igualmente técnica: se não fosse, não nos diria nada sobre o status dos homens em questão. E estes "*Thetes*", em contraste com o outro grupo, não são ἐκ καταλόγου, não estão registrados no catálogo de hoplitas, não são membros da classe hoplita. Isso reforça fortemente a conclusão provisória que tiramos das passagens citadas por Harpocrácio, de que os *Thetes* não eram hoplitas, mas formavam uma classe abaixo deles. Mas, se os hoplitas eram a classe acima dos *Thetes*, então é uma inferência irresistível que a linha (qualquer que tenha sido) que dividia os *Thetes* dos *Zeugitai* era a mesma que dividia os *Thetes* dos hoplitas, de modo que *Zeugitai* e hoplitas (ou a classe hoplita)[79] eram idênticos — pois, no próximo nível, *Hippeis* e cavalaria dificilmente podem ser separados.

Também é evidenciado por Tucídides VI 43 e VIII 24.2[80] que os hoplitas regulares normalmente não serviam como marinheiros (ἐπιβάται) na frota ateniense, pelo menos no final do século

31.2) e possivelmente muitos mais vieram dos metecos e, portanto, com poucas ou nenhumas exceções, teriam sido inteiramente sem terras.

79 Veja p. 46 acima e cf. pp. 57-57 abaixo.

80 Veja p. 45 acima.

V e provavelmente em todos os tempos, embora ocasionalmente pudessem ser obrigados a fazê-lo, mas que os marinheiros eram costumeiramente recrutados tanto de *Thetes* atenienses ou (como muitos dentre os remadores)[81] de outros voluntários — sem dúvida principalmente dos aliados. É bem possível que tais homens tenham recebido sua armadura pelo Estado.

Não é possível falar de uma "equivalência a grosso modo" entre *Zeugitai* e hoplitas, e entre *Thetes* e aqueles abaixo da classe hoplita: qualquer tentativa de ofuscar a questão é excluída pela linguagem bastante explícita de Tucídides. Mais uma vez, foi-me sugerido que "chamar esses homens de *Thetes* é apenas uma referência ao seu status financeiro, homens que o Estado tinha que armar como hoplitas". A resposta óbvia é que ser um *Zeugites* ou um *Thes*, ou ser um hoplita ou abaixo da classe hoplita, era de fato uma questão de "status financeiro", e qualquer um que não pudesse pagar para servir como um hoplita, e tinha que ser armado pelo Estado, não era um hoplita e é corretamente chamado de *Thes*.

A importância de Tucídides III 16.1 é que ele nos apresenta duas classes censitárias, *Hippeis* e *Pentakosiomedimnoi*, introduzidas em um contexto militar: elas recebem isenção do serviço em uma emergência na qual todos os demais são mobilizados. Sem a adição de καὶ πεντακοσιομεδίμνων ["e os *Pentakosiomedimnoi*"], as palavras πλὴν ἱππέων neste trecho seriam mais naturalmente tomadas como referindo-se à cavalaria em serviço ativo, sendo necessária alguma expressão como πλὴν τῶν ἱππάδα τελούντων ["exceto aqueles avaliados como *Hippeis*"] para significar claramente a classe censitária de *Hippeis*, enquanto, se ἱππεῖς estão unidos com *Pentakosiomedimnoi*, eles dificilmente poderiam ser outra coisa senão a classe censitária. (Percebendo isso, Kahrstedt[82] foi levado ao expediente desesperado de considerar καὶ πεντακοσιομεδίμνων uma interpolação). À primeira vista, pode-se pensar que teria sido suficiente dar isenção

81 Veja o recente artigo de M. Amit, "The Sailors of the Athenian Fleet", em *Athenaeum* 40 (1962) 157–78.

82 *SSA* 253 n. 5. A extrema raridade de referências aos *Pentakosiomedimnoi* torna muito improvável a interpolação do seu nome.

apenas aos ἱππεῖς (à cavalaria). A exclusão da cavalaria não deveria ser entendida de modo a cobrir tanto os *Hippeis* quanto os *Pentakosiomedimnoi*? Seria realmente necessário, portanto, mencionar os *Pentakosiomedimnoi*? Na verdade, o decreto respondeu exatamente às necessidades da situação. Ter dito apenas πλὴν ἱππέων teria sido ambíguo: à primeira vista, a expressão poderia muito bem ser interpretada como se estivesse excluindo apenas a cavalaria em serviço ativo de fato e isso teoricamente tornaria passíveis de serviço nos navios um número considerável de atenienses ricos que eram membros da classe censitária de *Hippeis* (ou *Pentakosiomedimnoi*), mas que já não estavam fisicamente aptos para o serviço de cavalaria e, portanto, haviam sido registrados no *katalogos* hoplita.[83] Tais homens provavelmente não seriam de muita utilidade como remadores. Dizer "exceto os *Hippeis* e *Pentakosiomedimnoi*" tornaria bastante claro que eles também estariam excluídos. A formulação de Tucídides, técnica e precisa, sem dúvida reproduz a do próprio decreto.

Um fator que parece ter influenciado Kahrstedt em sua tentativa de separar as *telē* das categorias militares é que as *telē* não são mencionadas em relação ao serviço militar por nenhuma fonte antiga, exceto Tucídides. Mas por que deveríamos esperar que mais alguém as mencionasse nesse contexto? Vejamos precisamente o que foram os *Thetes*, *Zeugitai* e *Hippeis*. Sugiro que a chave para todo o problema é a constatação de que devemos começar com, e tratar como primordial, as categorias militares e não as classes censitárias. Os estudiosos que identificaram *telē* e classes militares começaram com as *telē* e assumiram que um homem era convocado para a cavalaria ou para os hoplitas ou isento do serviço militar de acordo com a sua avaliação de propriedade como um *Hippeus*, um *Zeugites* ou um *Thes*. Isso naturalmente tornaria a filiação a uma *telos* particular um fator muito importante na posição de cada homem. Torna-se então muito intrigante que não temos nenhuma informação sobre a natureza das qualificações para as respectivas *telē* — ou mesmo uma alusão de que tais qualificações existiram nos séculos V e IV.

83 Veja p. 48 acima.

Reservando para tratamento posterior a posição sob a constituição soloniana original, vou argumentar que nos séculos V e IV a filiação a todas as *telē*, exceto a mais alta, era inteiramente dependente da classificação militar de um homem. Podemos adiar por ora a questão de como um homem era inserido em uma categoria militar em vez de outra — se, em outros termos, o hoplita era (como acredito) um homem que podia pagar os seus custos para servir na infantaria e um cavaleiro alguém que podia pagar os seus custos para servir a cavalo, ou se havia qualificações quantitativas precisas, em termos de produção das terras ou de dinheiro (capital ou renda), e no último caso, quais teriam sido os números.

1. Os *Thetes*, segundo a minha hipótese, terão sido aqueles que eram demasiado pobres (no sentido que será posteriormente definido) para se tornarem hoplitas.

2. O núcleo dos *Zeugitai* terá sido οἱ ἐκ καταλόγου. Destes hoplitas em serviço, devemos subtrair (a) aqueles homens, quer *Hippeis* ou *Pentakosiomedimnoi*, que tinham servido na cavalaria quando mais jovens, mas que se retiraram por não estarem suficientemente aptos fisicamente e foram então inscritos no *katalogos* de hoplitas, e (b) quaisquer homens com riqueza suficiente para manter cavalos de guerra cujos serviços não eram na altura necessários na cavalaria porque o "contingente" (de 1.000 ou qualquer outro número) podia ser completado sem eles, e que estavam consequentemente servindo como hoplitas. E devemos adicionar (a) οἱ ὑπὲρ τὸν κατάλογον ["aqueles acima/além do *katalogos*"] e (b) os incapacitados (ἀδύνατοι) — os coxos e os cegos e assim por diante — que tinham propriedade suficiente para os tornar financeiramente capazes de serviço hoplita.[84]

3. Os *Hippeis*—mais estritamente, οἱ ἱππάδα τελοῦτες ["aqueles avaliados como *Hippeis*"]—terão consistido na cavalaria realmente em serviço, menos os *Pentakosiomedimnoi*, e mais (a) ex-cavaleiros, quer agora servindo como hoplitas ou na lista de aposentadoria, (b)

84 [Ste.Croix aqui se perguntou em uma nota "será que οἱ ἐκ καταλ. incluíam hoplitas metecos?"].

quaisquer daqueles homens já mencionados que eram ricos o suficiente para serem cavaleiros, mas estavam servindo como hoplitas porque estavam "excedendo o contingente", e (c) os incapacitados (ἀδύνατοι) com riqueza suficiente para terem servido na cavalaria, que não estavam à altura do esforço físico envolvido e que ou lutavam com os hoplitas ou estavam dispensados do serviço militar por completo.

4. Os *Pentakosiomedimnoi* eram a camada superior dos *Hippeis*. A natureza da qualificação para esta classe não pode ser determinada até termos considerado a sua posição sob Sólon.

As classes censitárias, assim definidas, manter-se-iam importantes apenas enquanto fossem efetivamente usadas para o propósito para o qual foram pensadas: qualificação para cargos, fornecimento de uma garantia ou de um dote para uma *epikleros* da classe dos *Thetes* ou semelhante e talvez classificação para a cobrança de impostos.[85] À parte disto, não vejo que terá havido alguma ocasião para alguém se referir a "*Zeugitai*" ou a "*Hippeis*" (no sentido de οἱ ἱππάδα τελοῦντες ["aqueles avaliados como *Hippeis*"]) ou a "*Pentakosiomedimnoi*". Em contextos militares, os termos usados seriam "hoplitas" e "cavalaria", e para a "classe hoplita" e "classe de cavalaria" em conjunto existia outra expressão, οἱ ὅπλα παρεχόμενοι ["aqueles que possuem (as suas próprias) armas"]. Caracteristicamente, é em Tucídides, menos avesso do que a maioria dos historiadores a usar termos técnicos, que encontramos a nossa única referência aos que estão abaixo da classe de hoplita como "*Thetes*".

***

Vamos agora tentar ver o que pode ser dito sobre as qualificações para o pertencimento às classes militares e às *telē* nos séculos V e IV. Nenhuma informação direta sobrevive e é claro que não há informações anteriores de qualquer tipo, exceto para as *telē* no tempo do próprio Sólon. Nesta fase, vou fazer algumas sugestões provisórias às quais voltarei em uma fase posterior. Por enquanto, podemos

85 Veja p. 38 acima e seção abaixo.

ignorar principalmente os *Pentakosiomedimnoi* e os *Thetes* e nos concentrar nos cavaleiros/*Hippeis* e nos hoplitas/*Zeugitai*.

Começo com os cavaleiros e a *telos* dos *Hippeis*. Em primeiro lugar, nunca temos uma pista em qualquer fonte de que a palavra ἱππεῖς possa significar duas coisas completamente diferentes: a *telos* dos *Hippeis* e a própria cavalaria de serviço. Xenofonte, nossa principal autoridade, pode ocasionalmente falar de τὸ ἱππικόν,[86] mas ele normalmente chama a cavalaria de ἱππεῖς.[87] Ἱππῆς da peça homônima de Aristófanes são certamente a cavalaria do Estado.[88] A *telos* de *Hippeis* evidentemente desempenhava pouco ou nenhum papel na consciência de qualquer pessoa. Que se tornar um cavaleiro, pelo menos no século IV, dependesse de alguma maneira de ser membro da *telos* de ἱππεῖς ou ἱππάδα τελοῦντες, ou, por assim dizer, da posse de qualquer *timēma* expresso em termos quantitativos, parece-me totalmente excluído pelas evidências negativas, acima de tudo as de Xenofonte, *O comandante da cavalaria* I 9–12; IX 5, e Aristóteles, *Constituição dos Atenienses* 49.2. Vale a pena analisar em pormenor essas evidências.

(a) Xenofonte (*O comandante da cavalaria* I 9) apenas aconselha seu Hiparco τοὺς μὲν τοίνυν ἱππέας... καθιστάναι... κατὰ τὸν νόμον τοὺς δυνατωτάτους καὶ χρήμασι καὶ σώμασιν ἢ εἰσάγοντα εἰς δικαστήριον ["a arregimentar... seus cavaleiros... de acordo com a lei, aqueles mais qualificados pela riqueza e força, seja trazendo-os perante o tribunal ou por persuasão"]. Se houvesse alguma qualificação específica, em termos de dinheiro ou de "medidas" solonianas, certamente teria sido mencionada aqui.

(b) De acordo com Aristóteles (*Constituição dos Atenienses* 49.2), qualquer pessoa recém-colocada na lista (κατάλογος) de cavaleiros compilada a cada ano pelos *Katalogeis* estava isenta se estivesse disposta a prestar um juramento (ἐξόμνυσθαι) μὴ δύνασθαι τῷ σώματι

86 E.g. em *As rendas* II 5; *O comandante da cavalaria* I 2, 3 etc.

87 Como em *O comandante da cavalaria* I 2, 5, 6 etc.

88 Note as linhas 242 ss., nas quais Simão e Panécio são os hiparcos; cf. *Escólios a* 242.

ἱππεύειν ἢ τῇ οὐσίᾳ,[89] ou seja, que não poderia servir porque não estava apta fisicamente para fazê-lo ou porque possuía propriedade insuficiente. Se houvesse uma qualificação quantitativa fixa, a classe de cada homem teria sido estabelecida automaticamente e ἐξωμοσία ["juramento"] teria se referido especificamente ao *timēma* qualificatório ou teria sido limitado à incapacidade física.

Portanto, o cavaleiro se tornava tal simplesmente por ser financeiramente capaz de servir na cavalaria. Ele se voluntariava para isso, ou era persuadido ou compelido a servir,[90] ou obtinha isenção como ἀδύνατος ["incapacitado"]; e isso também o tornava membro da classe censitária dos *Hippeis*. Pode parecer menos surpreendente que não houvesse posse quantitativa do *timēma* que envolvesse o serviço de cavalaria quando nos lembramos de que também não havia qualificações fixas que tornassem os homens responsáveis pela realização das liturgias.[91] Manter um cavalo de guerra era uma espécie de liturgia — e uma bastante cara.

Agora volto-me para os hoplitas e *Zeugitai*. Acredito que um homem se registrava no *katalogos* hoplita se tivesse condições de arcar com as armas e armaduras e fosse financeiramente capaz de suportar o ônus de ir para uma campanha militar quando necessário (ver p. 49 acima). É verdade que alguns homens hesitavam em servir na cavalaria;[92] mas acredito que todos os que pudessem se qualificar como hoplitas gostariam de ter seus nomes colocados no *katalogos*, por causa do prestígio social que obteriam assim; e se houvesse alguém notoriamente capaz de servir que não se registrasse, o Taxiarca de sua tribo certamente inseriria seu nome e a pressão social para aceitar o fato consumado seria irresistível.

89 Cf. Xenofonte, *O comandante da cavalaria* IX 5.

90 Veja esp. Xenofonte, *O comandante da cavalaria* I 9–12

91 Isto parece bastante certo e é agora, penso eu, geralmente aceito, apesar da opinião de Busolt-Swoboda, *GS* II² 271 n. 1. [J. K. Davies (comunicação pessoal) subscreve a opinião de Ste.Croix].

92 Ver, por exemplo, Xenofonte, *O comandante da cavalaria* I 9-12; IX 5. Contraste com Lísias XVI 13; mas a afirmação de que o serviço na infantaria era mais perigoso *na ocasião em questão* do que o serviço de cavalaria pode ser considerada tendo recebido alguma confirmação de Lísias XIV, esp. 7, 14.

Acredito, então, que não havia posse quantitativa fixa do *timēma* que tornasse um homem um hoplita. A favor dessa visão, eu apresento as seguintes considerações:[93]

(1) No movimento revolucionário de 412-11, nunca ouvimos falar nem das *telē* nem de uma qualificação monetária ou outra para os ὅπλα παρεχόμενοι ["aqueles que possuem (suas próprias) armas"]. Isso é compreensível nas primeiras etapas do movimento, pois as principais lideranças queriam uma *politeuma* com menos de 5.000,[94] o que era muito menor do que a classe dos hoplitas; mas poderia se esperar que o *timēma* quantitativo fosse estabelecido no outono de 411 para "os Cinco Mil" que foram definidos como a classe hoplita.[95]

(2) Ainda mais impressionante é a "constituição de Draco" em Aristóteles, *Constituição dos Atenienses* 4, que acredito ter origem no século IV.[96] Aqui encontramos qualificações de propriedade precisas para arcontes e tesourciros (1.000 *drachmae*) e para generais e hiparcos (10.000 *drachmae*), mas nenhuma para os ὅπλα παρεχόμενοι que desfrutavam de plenos direitos de cidadão e ocupavam os cargos menores. Por que não, já que esta é de longe a categoria mais importante — a menos que tenha sido intencionalmente pretendida (de acordo com a prática ateniense, como eu diria) que não houvesse uma qualificação financeira fixa para os ὅπλα παρεχόμενοι?

(3) Certamente, em alguns Estados, havia *timēmata* políticos quantitativos: veja, por exemplo, Aristóteles, *Política* IV 1297^{b}1–6; V 1306^{b}9–16; *Helênicas de Oxirrinco* XI 2 (as cidades da Liga Beócia); Platão, *República* VIII 550C, 553A; cf. *Leis* V 744B–5A. Mas não me lembro de ter encontrado um exemplo claro de fixação de um valor

93 Recuso-me a tirar quaisquer conclusões das declarações contraditórias feitas sobre os bens de um hoplita ilustre, Sócrates: contraste Xenofonte, *Econômico* II 3, com Demétrio de Falero, *FGrH* II B 228 F 43.9 (ap. Plutarco, *Aristides* 1.9), e outras fontes discutidas por Böckh, *SA* I^{3} 142–4.

94 Tucídides VIII 65.3.

95 Tucídides VIII 97.1. Provavelmente eram agora cerca do dobro desse número, se é que podemos confiar em Pseudo-Lísias. XX 13.

96 Veja n. 10 acima.

monetário como qualificação hoplita (ou de cavalaria), embora isso possa ter acontecido em alguns Estados.[97]

(4) Se minha teoria estiver correta, a situação seria muito mais flexível relativamente à morte de um dos hoplitas mais pobres que deixasse mais de um filho: obviamente, o *timēma* monetário fixo criaria dificuldades nessa situação.

Mesmo antes do final do quinto século, as classes do censo como tais haviam se tornado evidentemente irrelevantes. Sua principal função sempre foi determinar a elegibilidade para cargos políticos, e no meio século entre 508/7 e 457/6, a maioria dos cargos provavelmente foi aberta a todas as classes que pudessem aspirar a eles — até mesmo o arcontado para os *Zeugitai* em 457/6.[98] (Não consigo acreditar que qualquer *Thes* tenha pensado em se apresentar como candidato a um arcontado por pelo menos uma geração após essa data). No meio do quinto século, portanto, é provável que os candidatos a cargos sempre fossem pelo menos do status necessário, e, portanto, o pertencimento à *telos* seria algo que raramente passaria pela mente de alguém. Ocasionalmente, como quando lotes de terra estavam sendo distribuídos em uma colônia ou clerúquia, poderia ser conveniente fazer uso de uma ou mais das classes do censo, porque, afinal de contas, as quatro classes incluíam todos os cidadãos e para nenhuma delas havia uma expressão precisamente equivalente.

(IV) AS QUALIFICAÇÕES ORIGINAIS DAS *TELĒ*

Não é necessário detalhar todas as numerosas fontes que pretendem fornecer informações sobre as qualificações originais das quatro *telē*, uma vez que as versões posteriores em sua maioria copiam

97 [Numa nota à margem, Ste.Croix exprime o seu desejo de acrescentar aqui "algo sobre Roma"].

98 Outros cargos, para os quais Sólon pode ter prescrito o pertencimento a uma das duas *telē* mais elevadas, terão certamente sido abertos pelo menos aos *Zeugitai* num tempo não posterior à abertura do cargo de arconte — exceto talvez os financeiros.

das anteriores. Todos os detalhes podem ser encontrados nas obras padrão.[99] Discutirei apenas as fontes mais importantes aqui.

1. A primeira narrativa explícita que temos é a de Aristóteles, *Constituição dos Atenienses* 7.4 (cf. *Política* II 1274ª15–21). Com exceção de Pólux VIII 130, que será mencionada abaixo e examinada separadamente adiante, todas as versões subsequentes são diretamente ou indiretamente derivadas dessa passagem ou de algum representante independente da mesma tradição,[100] e as variantes que introduzem são devidas a mal-entendido ou erro. As declarações de Aristóteles podem ser resumidas da seguinte forma. O *Pentakosiomedimnos* era um homem que obtinha de sua própria terra (ἐκ τῆς οἰκείας, sc. γῆς, ou οὐσίας no sentido da γῆς) 500 medidas, secas e líquidas juntas (μέτρα τὰ συνάμφω ξηρὰ καὶ ὑγρά), anualmente, é claro. O *Hippeus* era um homem que tinha 300 dessas medidas. Uma teoria alternativa, defendida por "algumas pessoas", de que era a habilidade de ἱπποτροφεῖν ["cuidar/criar um cavalo"] que fazia um homem ser um *Hippeus*, é mencionada apenas para ser rejeitada em favor da qualificação em termos de "medidas". (Reservo para discussão posterior[101] a referência de Aristóteles à estátua e ao epigrama de Antemião, apresentados pelos ἔνιοι ["certas pessoas"] como evidência para a teoria que Aristóteles rejeita). Um *Zeugites* era um homem que tinha 200 medidas; e "os outros", ou seja, aqueles que tinham menos de 200 medidas, ou nenhuma, pertenciam à classe dos *Thetes*.

2. A próxima fonte em ordem de valor é Plutarco, *Sólon* 18.1–2. Aqui encontramos a mesma narrativa,[102] exceto em relação aos *Hippeis*, que segundo Plutarco eram τοὺς ἵππον τρέφειν δυναμένους ἢ μέτρα ποιεῖν τριακόσια ["aqueles capazes de cuidar/criar um cavalo

99 E.g. Böckh, *SA* I³ 578 ss., esp. 580a ; Kahrstedt, *SSA* 250 ss.; Busolt-Swoboda, *GS* II 821–4, 836–8; Sandys, *ACA*² 26–30 nn.

100 Digo "a mesma tradição" para admitir a possibilidade de a afirmação de Aristóteles ter sido retirada de um antigo Atidógrafo. Cf. pp. 379-404 abaixo.

101 Veja o Apêndice deste capítulo.

102 As μέτρα ["medidas"] são ἐν ξηροῖς ὁκοῦ καῖ ὑγροῖς [igualmente em seco e líquido"].

ou produzir 300 medidas"]. (Não está claro se Plutarco pensava que um homem poderia se qualificar como *Hippeus* de qualquer uma dessas maneiras, ou se estava incerto qual alternativa estava correta).

3. Entre muitas passagens de autores tardios, principalmente lexicógrafos,[103] apenas Pólux VIII 130–1[104] (parcialmente repetido quase com as mesmas palavras por Escólios a Platão, *República* VIII 550C) precisa ser mencionado separadamente. Pólux dá as mesmas qualificações que Aristóteles e Platão para *Pentakosiomedimnoi* e *Zeugitai.* Dos *Hippeis*, ele diz que eles parecem ter obtido seu nome devido à sua habilidade de cuidar de cavalos, ἐποίουν δὲ μέτρα τριακόσια ["e eles produziram 300 medidas"]—em outras palavras, ele está do lado de Aristóteles contra os ἔνιοι ["certas pessoas"] contestadas em *Constituição dos Atenienses* 7.4. Segue-se uma referência ao epigrama de Antemião, que discutirei com a passagem correspondente em *Constituição dos Atenienses*[105] Pólux também tem um conjunto de afirmações que é totalmente independente da tradição principal: ele afirma que os *Pentakosiomedimnoi* "pagavam um talento ao tesouro", os *Hippeis* meio talento, os *Zeugitai* dez *minae* e os *Thetes* nada. Examinarei essas afirmações posteriormente, apenas obser-

103 Incluindo Harpocrácio, Hesíquio, Fócio, Suidas e *Etymologicum Magnum*, s.v. Θῆτες καὶ θητικόν (etc.) e ἱππάς, ἱππάδα, ἱππεῖς; Harpocrácio, Fócio e Suidas s.v. πεντακοσιομέδιμνον; Hesíquio e Suidas s.v. ἐκ τιμημάτων; Hesíquio s.v. ζευγίσιον; e veja Bekker, *Anecd. Gr.* I 260.33, 261.29, 264.19, 267.13, 298.20.

104 Pólux inicia τιμήματα δ' ἦν τέτταρα, πεντακοσιομεδίμνων ἱππέων ζευγιτῶν θητῶν. οἱ μὲν ἐκ τοῦ πεντακόσια μέτρα ξηρὰ καὶ ὑγρὰ ποιεῖν κληθέντες· ἀνήλισκον δ' εἰς τὸ δημόσιον τάλαντον· οἱ δὲ τὴν ἱππάδα τελοῦντες ἐκ μὲν τοῦ δύνασθαι τρέφειν ἵππους κεκλῆσθαι δοκοῦσιν, ἐποίουν δὲ μέτρα τριακόσια, ἀνήλισκον δὲ ἡμιτάλαντον. οἱ δὲ τὸ ζευγήσιον τελοῦντες ἀπὸ διακοσίων μέτρων κατελέγοντο, ἀνήλισκον δὲ μνᾶς δέκα· οἱ δὲ τὸ θητικὸν οὐδεμίαν ἀρχὴν ἦρχον, οὐδὲ ἀνήλισκον οὐδέν. ["Havia quatro *timēmata, Pentakosiomedimnoi, Hippeis, Zeugites* e *Thetes.* Os *Pentakosiomedimnoi* eram assim designados porque produziam 500 medidas, secas e líquidas, e pagavam um talento ao tesouro público. Os avaliados como *Hippeis* parecem ter o seu nome devido à sua capacidade de criar/manter cavalos; e pagavam meio talento. Os avaliados como *Zeugitai* eram inscritos a partir de 200 medidas (ou seja, entre os que podiam produzir, etc.) e pagavam 10 *minae*. Os que eram avaliados como *Thetes* não exerciam nenhum cargo, nem pagavam nada"].

105 Veja o Apêndice deste capítulo.

vando aqui que certamente não podem ser aceitas como estão, mas que podem preservar de forma distorcida algumas informações válidas sobre o uso das *telē* como uma classificação aproximada para a cobrança de impostos.

4. Apenas mais uma passagem precisa ser mencionada aqui: Pseudo-Demóstenes XLIII 54 (como já observamos) especifica o valor do dote a ser dado a uma *epikleros* pertencente à classe dos *Thetes* por um parente próximo que não a despose, sendo as quantias de 500 *drachmae* para um *Pentakosiomedimnos*, 300 para um *Hippeus* e 150 para um *Zeugites*. É a quantia para o *Zeugites* que é interessante aqui, pois há uma correspondência exata entre as "medidas" exigidas (de acordo com o relato de Aristóteles) como qualificação para membro das duas classes mais altas e o valor do dote em *drachmae*, e a questão é se essa correspondência também vale para os *Zeugites*. Böckh,[106] escrevendo antes da descoberta do papiro londrino da *Constituição dos Atenienses*, baseou-se nessa passagem para concluir que a qualificação para *Zeugites* era de 150 e não 200 medidas, e a mesma visão foi defendida até mesmo por vários estudiosos que tinham acesso à *Constituição dos Atenienses*,[107] geralmente com a adição de que a quantia foi aumentada após o tempo de Sólon de 150 para 200 medidas (e às vezes até com uma data para essa alteração!). Nesse ponto, só precisamos observar que a lei de Demóstenes nem mesmo pretende fornecer as *qualificações* das três classes mais altas.

Uma questão importante permanece: até que ponto temos motivos para confiar no relato da classificação política de Sólon dado por Aristóteles? Discuto em um capítulo posterior deste livro todo o problema da confiabilidade da *Constituição dos Atenienses*, e neste momento só preciso fazer algumas breves observações.

Há dois fatores que podem nos deixar incertos sobre o valor dos detalhes fornecidos por Aristóteles. Primeiro, não sabemos até que ponto as leis contidas nos próprios *Axones* de Sólon ainda poderiam ser lidas no final do século IV, e em que medida Aristóteles (e os Ati-

106 *SA* I³ 581.

107 Incluindo Cavaignac, Beloch, Lehmann-Haupt e Busolt-Swoboda: veja *GS* II 822 n. 1.

dógrafos) tiveram que se basear em cópias — que, é claro, podem ou não ter sido confiáveis e podem ou não ter incorporado alterações e adições posteriores ao corpus soloniano original.[108] Em segundo lugar, as qualificações das classes censitárias eram, sem dúvida, parte da constituição de Sólon (πολιτεία), e não de suas leis (νόμοι) em sentido restrito, e, portanto, não devem ser necessariamente concebidas como partes integrantes dos *nomoi* nos *Axones*.[109] A definição fundamental das *telē* provavelmente nem mesmo aparecia nos *Axones*. Devemos examinar cuidadosamente (e sem desprezo) o relato de Aristóteles e não recusar antecipadamente a conclusão que Aristóteles pode estar pelo menos parcialmente equivocado.

Que Aristóteles pode de fato ter cometido erros em alguns pontos importantes, porque ele não tinha fontes completas e confiáveis de informação, é fortemente sugerido por dois argumentos. Primeiro, a descrição das qualificações das três classes superiores como tantas medidas τὰ συνάμφω ξηρὰ καὶ ὑγρά ["secas e líquidas juntas"] torna as disposições de Sólon ridículas, como mostrarei a seguir. Uma alternativa perfeitamente sensata pode ser encontrada, pelo menos para os *Pentakosiomedimnoi*. Devemos então supor que Aristóteles tirou inferências equivocadas dos *nomoi* solonianos ou foi enganado por uma tradição já estabelecida, talvez, pelos Atidógrafos. Em segundo lugar, a própria maneira como Aristóteles formula a qualificação dos *Hippeis* em *Constituição dos Atenienses* 7.4 é uma clara indicação da ausência de um conhecimento seguro. Parece-me praticamente impossível que, ao definir as quatro *telē* em *Constituição dos Atenienses* 7.4, ele pudesse sequer ter pensado que tinha diante de si o texto real da disposição de Sólon. Os *Hippeis*, ele

108 Veja pp. 416-421 abaixo.

109 Veja pp. 416-421 abaixo. Alguns estudiosos oferecem uma outra explicação: que as leis de Sólon não continham disposições relativas às qualificações das classes de recenseamento porque Sólon as considerou existentes e as deixou inalteradas — ver, por exemplo, Busolt, *GG* II² 47 n. 2; Busolt-Swoboda, *GS* II 820-1 (esp. 821 n. 1), 836-7. Considero isto impossível de acreditar, pelas razões explicadas nas pp. 87-88 e 95 abaixo. No entanto, gostaria de salientar que a minha reconstrução das qualificações das *telē* dificilmente seria afetada se elas fossem, de fato, de origem pré-soloniana.

diz, eram τοὺς τριακόσια [μέτρα] ποιοῦντας, ὡς δ' ἔνοί φασι τοὺς ἱπποτροφεῖν δυναμένους ["aqueles que produziam 300 [medidas], ou como algumas pessoas dizem, aqueles capazes de manter/criar cavalos"]; e então ele segue dando o argumento bastante fraco dos ἔνοι, baseado no nome da *telos* e na estátua e epigrama de Antemião.[110] Ele então conclui, οὐ μὴν ἀλλ' εὐλογώτερον τοῖς μέτροις διῃρῆσθαι καθάπερ τοὺς πεντακοσιομεδίμνους ["no entanto, é mais provável que eles tenham sido definidos por medidas, assim como no caso dos *Pentakosiomedimnoi*"]. Não há dúvida do que Aristóteles quer dizer com εὐλογώτερον: mais razoável, mais provável, mais crível.[111] Seja traduzido como (com Mathieu) "é mais lógico que", ou (com Kenyon) "parece razoável supor que", ou (com von Fritz e Kapp) "é mais provável que", ou de alguma outra forma ("era mais razoável que eles fossem classificados de acordo com medidas"?), a suposição natural é que Aristóteles não tinha evidências robustas, assim como as pessoas contra as quais ele estava argumentando. Se ele tivesse tido o texto da lei, não precisaria ter desperdiçado várias linhas em especulações que ele sabia com certeza estarem erradas, apenas para terminar com um apelo fraco à razoabilidade ou à probabilidade: ele poderia ter citado as palavras reais — "Mas o próprio Sólon diz..." — e isso teria resolvido a questão.

Aristóteles, então, parece não ter conhecido com certeza qual era a qualificação original dos *Hippeis*; e isso nos faz duvidar se ele necessariamente tinha informações confiáveis sobre as qualificações das outras classes.

(V) AS QUALIFICAÇÕES ORIGINAIS DOS *PENTAKOSIOMEDIMNOI*

De acordo com Aristóteles, *Constituição dos Atenienses* 7.4 ἔδει... τελεῖν πεντακοσιομέδιμνον... ὃς ἂν ἐκ τῆς οἰκείας ποιῇ πεντακόσια μέτρα τὰ συνάμφω ξηρὰ καὶ ὑγρά ["um homem deveria ser

110 Sobre isso veja o apêndice deste capítulo.

111 Cf. *Da geração dos animais* I 18, 725^{a}24; *Ética a Nicômaco* I 13, 1102^{b}2; *Da Alma* I 4, 408^{a}34; *Poética* 24, 1460^{a}34; *Do Céu* II 4, 286^{b}34; 7, 289^{a}22.

classificado como um *Pentakosiomedimnos* se ele produzisse em sua própria terra 500 medidas, tanto secas quanto líquidas"]. Dois problemas principais surgem aqui: (1) É πεντακόσια μέτρα τὰ συνάνφω ξηρὰ καὶ ὑγρά uma descrição correta do método de avaliação? (2) É verdade que a única renda que contava era aquela ἐκ τῆς οἰκείας "de sua própria terra", de modo que somente a produção da terra contava, dispensando rendas advindas de manufatura, comércio ou habilidades pessoais?

Vamos primeiro considerar a primeira pergunta (nos parágrafos 1 a 7 abaixo) e depois abordaremos a segunda (parágrafos 8 a 12).

1.(a) As 500 medidas τὰ συνάμφω ξηρὰ καὶ ὑγρά ["tanto secas quanto líquidas"] levantam problemas que muito poucos estudiosos enfrentaram deliberadamente. Aristóteles evidentemente pensava que um *medimnos* de trigo, um *medimnos* de cevada, um *metretes* de azeite e um *metretes* de vinho contavam cada um o mesmo. Mas certamente eles não tinham o mesmo valor. Ao longo da maior parte da história grega e romana, pelo menos a partir do século IV (e sem dúvida mesmo antes disso), o preço do trigo era normalmente cerca de duas vezes o da cevada;[112] e como o trigo era sempre preferido para consumo humano, e o solo de Atenas é muito mais adequado para cevada,[113] o valor do trigo na Atenas de Sólon provavelmente não era muito menos que o dobro do da cevada. Não sabemos nada sobre os preços do azeite e do vinho nessa época inicial, e ambos, é claro, variam muito em qualidade e quantidade de lugar para lugar e de ano para ano. Mas na maioria dos anos, certamente seria possível produzir consideravelmente mais *metretai* de vinho do que *medimnoi* de trigo ou mesmo cevada em um determinado lote de terra,[114] e o preço de um *metretes* de vinho de qualidade média di-

112 Ver Jardé, *CAG* I 164–83; F. Heichelheim em *RE* Suppl. VI, cols. 886–90; *Econ. Survey of Anc. Rome* (ed. Tenney Frank), I 195–7, 402–3; II 310–12; III 264–9; IV 347–8, 383–6; V 318. Em *Apocalipse* VI 6, trigo custa três vezes mais do que cevada.

113 Ver Teofrasto, *História das Plantas* VIII 8.2, onde a Ática é na verdade descrita como κριθοφόρος ἀρίστη ["terra excelente para produzir cevada"], um texto ao qual se deu pouca atenção.

114 Isso invalida os argumentos de Kahrstedt, *SSA* 251 n. 2.

ficilmente seria inferior ao de um *medimnos* de cevada e poderia, em verdade, ter sido bem maior.[115] Por outro lado, uma determinada área de terra provavelmente teria produzido menos *metretai* de azeite do que *medimnoi* de grãos, ao menos de cevada,[116] embora um *metretes* de azeite provavelmente valeria apreciavelmente mais que um *medimnos* de cevada, ou mesmo trigo.[117] Muitas tentativas desacertadas foram feitas por estudiosos para calcular as respectivas áreas de terra que um homem teria que possuir para se qualificar como um *Pentakosiomedimnos*, *Hippeus* ou *Zeugites*.[118] Comentando sobre isso, Glotz e Cohen[119] observaram sabiamente: "*Au fond, ces calculs, qui auraient un grand intérêt si les bases en étaient suffisantes, ne mènent pas à grand chose, parce que le remplacement des matières sèches par des liquides en bouleverse les données et se prête à toutes les combinaisons*" ["Na verdade, esses cálculos, que seriam de grande interesse se estivessem baseados em fundamentos suficientes, não têm significado algum, uma vez que a substituição de matéria seca por líquidos inverte as premissas e permite inúmeras combinações"]. As cifras que o próprio Glotz fornece em outro lugar[120] (permitindo margens amplas) para vinhedos, terras cultivadas com grãos e propriedades mistas provavelmente estão próximas do que podemos esperar. Jardé[121] também tentou, independentemente, fornecer uma estimativa dos rendimentos obtidos a partir de um hectare de terra na Grécia antiga em trigo, cevada, vinho e azeite, respectiva-

115 Veja Notas Finais vii (p. 109 abaixo).

116 Ver Jardé, *CAG* I 186–7.

117 A única evidência que conheço de Atenas que fornece preços de grãos e azeite simultaneamente é uma tarifa de sacrifício do início do século IV a.C.: *IG* II^2 1356. 7-8, 13-14, 17-18, 21-2. Os valores equivalem a 3 dr. por med. de trigo e 12 dr. por metr. de azeite. Veja também Jardé, *CAG* I 185-6; W. K. Pritchett em *Hesp.* 25 (1956), p. 184.

118 E.g. B. Büchsenschütz, *Besitz u. Erwerb im griech. Alt.* (1869), 54–6; De Sanctis, *A*^{2} 235–6; Beloch, *GG* II^2 I 302–3; Ed. Meyer, *GdA* III^2 605–6. Contraste com os comentários de K. H. Waters, em *JHS* 80 (1960), na p. 183, e A. French, em *Historia* 10 (1961) 510–12. E veja a próxima nota.

119 *HG* I 415 n. 151.Ver também A. French, *loc. cit.*

120 *AGW* 246–7 (=*TGA* 296–7).

121 *CAG* I 186–7, esp. 186 nn. 3–4.

mente, e os valores monetários comparativos dessas colheitas em vários momentos entre os séculos IV e II a.C. No geral, este é o guia mais útil disponível, exceto que Jarde, infelizmente, cometeu uma omissão muito comum entre os estudiosos modernos: ele não levou em conta os anos alternados de descanso para as terras dedicadas à produção de cereais.[122] Isso, é claro, fez com que suas cifras para cevada e trigo parecessem duas vezes maiores do que deveriam ser em comparação com as cifras para oliveiras e videiras.

(b) O nome *Pentakosiomedimnos* é surpreendente se *metretes* e *medimnos* forem automaticamente equiparados — por que não era *Pentakosiometros*? Alguns têm suposto que o cultivo de oliveiras ainda estava pouco desenvolvido,[123] porém isso não resolve completamente a dificuldade que surge da aplicação do nome *Pentakosiomedimnos* a um homem que produzia 500 medidas secas ou líquidas.

(c) Neste sistema, não há provisão para o homem que dedicou uma parte considerável de sua terra para cultivar produtos que não podiam ser medidos em *medimnoi* ou *metretai*, ou pelo menos não sobre a mesma base: isso inclui o homem que vendia seus figos, nozes, azeitonas ou uvas da árvore (ele dificilmente poderia ser autorizado a calcular esse tipo de produção de acordo com o número de *medimnoi* de frutos!), assim como o homem que pastoreava cavalos, gado, ovelhas, cabras ou porcos. No entanto, já nos tempos de Sólon, ouvimos falar de um rico ateniense, o primeiro Alcmeão, que venceu uma corrida na Olimpíada com uma quadriga.[124] A criação de cavalos, como vimos antes,[125] era o sinal de um homem muito rico (em Atenas, Alcmeão, Miltíades ἐὼν οἰκίης τεθριπποτρόφου ["sendo de uma família que poderia criar equipes de carruagens"],[126]

122 Isso foi observado por C. M. A. Van den Oudenrijn, em *Mnemos.*, 4e sér., 5 (1952) 19–27, pp. 22–3.

123 E.g. E. Cavaignac, *Population et capital dans le monde médit. ant.* (1923), 51.

124 Heródoto VI 125.5

125 Ver acima, p. 48.

126 Heródoto VI 35.1; 36.1; 103.2.

Címon[127] e mais tarde Alcibíades),[128] e isso deve ter implicado o uso de uma certa quantidade de terra como pastagem.

2. Num breve artigo que apareceu há pouco mais de trinta anos, a Srta. K. M. T. Chrimes,[129] atacando o que ela chamou de "o problema das 'medidas líquidas e secas'", começou com uma exposição astuta das dificuldades da explicação aristotélica. Como ela observa corretamente, "a suposição de que um proprietário de terras poderia produzir suas medidas apenas em cevada, apenas em vinho, ou em qualquer combinação desses produtos que ele escolhesse, resulta em um esquema impossível". Em seguida, ela resume as figuras de Jardé: "Uma determinada área na Ática", diz ela, "renderia cerca de duas vezes mais vinho do que cevada, enquanto a proporção de azeite de oliva para cevada da mesma área seria de cerca de um terço". Isso é um resumo justo do que Jardé diz; mas, pelas razões indicadas no parágrafo 1 (a) acima, devemos reduzir pela metade a quantidade de cevada, e ver a proporção de produção de vinho para cevada como da ordem de 4:1, e de cevada para azeite de oliva 4:3 ou um pouco mais – ambos esses números, é claro, sendo apenas aproximações vagas. Quando a Srta. Chrimes acrescenta: "praticamente não se cultivava trigo em Atenas", ela está exagerando.[130] A Srta. Chrimes prossegue inferindo (evidentemente adotando, deve-se admitir, figuras um tanto extremas) que "um homem poderia ser tanto *Pentakosiomedimnos* quanto *Thes* com a mesma parcela, de acordo com o que ele escolhesse cultivar" (se tomarmos a declaração de Aristóteles literalmente, é claro); e ela expressa a opinião de que "não apenas teria sido uma política ilógica, irritante e desconcertante, mas também suicida, ao admitir vários privilégios políticos elevados aos produtores de vinho, enquanto excluía os produtores de cereais, dos quais a própria vida do país dependia". Embora tudo isso também seja exagerado, certamente há algo importante nisso. Eu poderia acrescentar que outro elemento bizarro

127 Heródoto VI 103.2–3.

128 Tucídides VI 16.2; cf. 12.2.

129 "On Solon's Property Classes", em *CR* 46 (1932) 2–4.

130 Veja Notas Finais viii (p. 110 abaixo).

é introduzido se admitirmos que uma determinada área de terra teria sido provavelmente capaz de produzir menos *metretai* de azeite de oliva do que *metretai* de vinho ou *medimnoi* de cereais. A proibição de Sólon de exportação de produtos naturais que não fosse azeite de oliva[131] sugere que ele queria incentivar a produção de azeite. Por que, então, ele classificaria o possuidor de uma determinada área de terra em um nível inferior se ele cultivasse oliveiras em vez de videiras ou cereais?

As propostas positivas da Srta. Chrimes não encontraram nenhum apoio, pelo que eu saiba; e isso não é surpreendente, pois elas pressupõem um levantamento completamente desnecessário (sobre princípios que nunca foram conhecidos por terem sido adotados na Grécia antiga)[132] de toda a terra cultivada da Ática, sendo o objetivo final desse levantamento "expressar a área de qualquer propriedade em termos do rendimento médio de cevada de uma parcela desse tamanho, mesmo que apenas uma parte, ou mesmo nenhuma parte, da propriedade tenha sido realmente usada para cultivar cevada".[133] Contudo, mesmo aqui há um passo na direção certa, como ficará evidente mais adiante.

3. George Thomson, em um artigo publicado em 1953,[134] fez uma sugestão em duas frases que nos coloca no caminho certo; mas ele não a desenvolveu nem forneceu qualquer evidência direta em seu favor, e parece ter sido largamente ignorada.[135] Na classificação de Sólon, diz Thomson, "o rendimento anual de cereal, azeite e vi-

131 Plutarco, *Sólon* 24.1-2.

132 Nem Jardé, *CAG* I 314, ao qual a Srta. Chrimes se refere, nem o artigo de Jardé, "Πεντηκοντάχους", em *REA* 12 (1910) 373-6, fornece qualquer fundamento que eu possa ver para sua afirmação de que "o lote de terra na Ática do século IV era expresso em termos da quantidade de cevada necessária para semeá-lo".

133 *Op. cit.* (n. 129 acima) 4. Cf. *id.* 3: "Qualquer área específica de terra ática poderia ser traduzida em termos da quantidade de cevada que ela produziria".

134 "On Greek Land-Tenure", em *Stud. Pres. to D. M. Robinson* II (1953) 840-50, p. 848.

135 Estou grato à Srta. L. H. Jeffery por conduzir a minha atenção a este artigo.

nho foi *avaliado em termos de grão*".[136] Por "grão", devemos, é claro, ler "cevada". Se, então, o trigo fosse considerado duas vezes mais valioso que a cevada, e o valor de um *metretes* de azeite fosse, digamos, também duas vezes maior, um homem poderia se qualificar como *Pentakosiomedimnoi* se produzisse 500 *medimnoi* de cevada ou 250 *medimnoi* de trigo ou 125 *metretai* de azeite — ou, digamos, 200 *medimnoi* de cevada, 50 *medimnoi* de trigo e 50 *metretai* de azeite no total. (É claro que não quero insinuar que existiria uma tarifa fixa). O fato de que uma área de terra específica produziria menos *medimnoi* de trigo do que de cevada, e provavelmente ainda menos *metretai* de azeite, seria compensado pelo valor relativamente mais alto do trigo e do azeite, e uma situação razoavelmente satisfatória seria estabelecida. Esse cenário também justifica o nome *Pentakosiomedimnoi.*

4. Um ponto essencial é que a valoração em termos de cevada e não de dinheiro, ou mesmo de prata por peso, seria um fenômeno muito natural no início do sexto século na Ática. A drástica redução da datação da primeira introdução da cunhagem, na Lídia e na Jônia, para uma data por volta de meados da segunda metade do século VII,[137] tem tido repercussões duradouras. Já em 1950, W. L. Brown[138] mostrou que um Fédon do século VIII ou VII não pode ter cunhado moedas em Egina e que as primeiras moedas coríntias provavelmente não são anteriores ao segundo quarto do sexto século. Em 1956, C. M. Kraay[139] apresentou uma demonstração magistral, por meio de

136 Thomson refere-se à situação na Síria moderna, onde, segundo ele, "uma carga de grãos de um camelo" serve o mesmo propósito que uma "medida soloniana".

137 E. S. G. Robinson, "The Coins from the Ephesian Atemision Reconsidered", em *JHS* 71 (1951) 156–67, com P. Jacobsthal, "The Date of the Ephesian Foundation-Deposit", *ibid.* 85–95.

138 "Pheidon's Alleged Aeginetan Coinage", em *NC* Ser. VI 10 (1950) 177–204, corretamente descrito como um "artigo excelente" por Robinson, *op. cit.* 166 n. 65.

139 "The Archaic Owls of Athens: Classification and Chronology", em *NC* Ser. VI 16 (1956) 43–68, Recentemente endossado por E. S. G. Robinson, em *NC* Ser. VII 1 (1961) 107 ss., p. 109. É uma grande pena que Hammond, em seu *HG*, especialmente p. 659, não tenha dado atenção aos argumentos convincentes de Robinson, Brown e Kraay. (Nisto ele foi aparentemente influenciado por C. Seltman, que na segunda edição de seu *Greek Coins* [1955] também se recusou a levar em conta as novas evidências).

uma série de argumentos convergentes, de que agora devemos datar as primeiras moedas atenienses, as "*Wappenmünzen*", por volta de 575-525 a.C., e que as primeiras "corujas" só começam a aparecer nos anos 520 a.C. A antiga noção de que as moedas mais antigas de Egina devem ser anteriores às de Atenas ou Corinto ainda pode ser verdadeira, mas não há evidências para tanto. E. S. G. Robinson, em 1951, estava disposto a considerar a cunhagem mais antiga de Egina como a primeira em terra grega, mas não a datar antes do último quarto do século VII. Kraay agora me diz que não há evidências para mostrar que Egina começou a cunhar muito antes de Atenas e Corinto, e que, embora as primeiras "tartarugas" possam ser do final do século VII, é igualmente provável que sejam por volta de 575 ou até um pouco mais tarde.[140] É possível, portanto, que a cunhagem fosse praticamente desconhecida na Ática de Sólon, exceto para aqueles que tinham viajado para a Ásia Menor ocidental.

Na data da legislação de Sólon, então, nem Atenas nem qualquer outro Estado grego no lado oeste do Mar Egeu estavam cunhando moedas, com a possível exceção de Egina, de sorte que na Ática dos anos 590 a moeda pode ter sido pouco usada para transações diárias, se é que foi usada. A cevada havia sido utilizada por séculos na área da Mesopotâmia e em outros lugares como um padrão de valor, ao lado da prata,[141] e, uma vez que nessa época a cevada era a cultura principal na Ática, resulta bastante natural que a produção dos agricultores atenienses fosse avaliada em termos de cevada para os propósitos das *telē* de Sólon. O boi dificilmente era uma alternativa

---

Posso acrescentar que as conclusões que Hammond procura extrair da inscrição da *drachma* de Peracora, que ele data antes dos anos 640, são deveras injustificadas: de acordo com a principal autoridade em escritas gregas antigas, a caligrafia dessa inscrição "não parece ser anterior a 600 a.C. e possivelmente é tão tardia quanto 550 a.C.". (Srta. L. H. Jeffery, ap. R. M. Cook, em *Historia* 7 [1958] 258 n. 12).

140 [C. J. Howgego afirma que as afirmações neste parágrafo são ainda válidas: cf. pp. 532-535 abaixo].

141 [Veja A. L. Slotsky, *The Bourse of Babylon: Market Quotations in the Astronomical Diaries of Babylon* (1997), 24–8].

viável, especialmente porque Sólon estava legislando em termos de produção anual.[142]

Tudo isso pode nos levar a ser céticos quando nos são apresentadas as alegadas "leis de Sólon" nas quais os valores são dados em *drachmae*. Claro, um "*drachma*" era uma medida antes de se tornar uma moeda, e é bastante possível que Sólon tenha expressado alguns valores em termos de prata por peso, mesmo que a prata *cunhada* dificilmente circulasse em Atenas em seu tempo. Sustentar que qualquer lei "soloniana" que avalie em termos de *drachmae* deva ser uma revisão ou invenção posterior seria ir longe demais. Onde Sólon não declarou valores em *drachmae*, sua omissão poderia às vezes ser corrigida mais tarde, depois que o uso de moedas se tornou generalizado, e suas leis então certamente seriam citadas, ainda como "leis de Sólon", com os valores inseridos em *drachmae*. Isso pode mesmo ser verdade até onde um *Axon* soloniano é citado por número, como em Plutarco, *Sólon* 23.3–4. No século IV, até atenienses bem informados como Androcião[143] e Aristóteles[144] acreditavam que a própria Atenas havia cunhado dinheiro mesmo antes do tempo de Sólon.

5. A teoria de um "padrão de cevada" para a avaliação das qualificações dos *Pentakosiomedimnoi* (pois não estamos preocupados no momento com as outras classes) torna-se muito mais forte quando observamos uma lei de Sólon que, acredito, ainda não foi utilizada nesse contexto. Uma lei ateniense mencionada em Iseu e outras

142 Pólux IX 61 refere-se a uma lei de Draco na qual é prescrita uma multa de 20 bois; mas, como a Srta. L. H. Jeffery apontou-me, as leis de homicídio eram, em certo sentido, leis sagradas, cujo conservadorismo sobre este ponto tem outra testemunha na última parte da mesma passagem (IX 61): καὶ ἐν τῇ παρὰ Δηλίοις θεωρίᾳ τὸν κήρυκα κηρύττειν φασίν, ὁπότε δωρεά τινι δίδοται, ὅτι βόες τοσοῦτοι δοθήσονται αὐτῷ, καὶ δίδοσθαι καθ' ἕκαστον βοῦν δύο δραχμὰς Ἀττικάς ["e na *teoria* délica, dizem que o arauto anuncia, quando um presente é dado a alguém, que tantos bois lhe serão dados, e duas *drachmae* áticas são dadas por cada boi"]. É absurdo argumentar, como Gilbert fez (*CASA* 122 n. 1), que εἰκοσάβοιον ["20 bois"] era "apenas uma expressão antiquada para 40 *drachmae*" nos dias de Draco.

143 *FGrH* III B 324 F 34, ap. Plutarco, *Sólon* 15.3–4.

144 *Constituição dos Atenienses* 10.

fontes[145] estipulava que uma mulher[146] não poderia συμβάλλειν πέρα μεδίμνου κριθῶν, o que eu entendo como "celebrar qualquer tipo de contrato envolvendo o valor de mais do que um *medimnos* de cevada".[147] Essa lei deve datar de antes do período em que a cunhagem se tornou de uso comum em Atenas, pois certamente teria expressado o valor limitante em *drachmae*; e há uma grande probabilidade de que seja soloniana. Desde que nessa lei "um *medimnos* de cevada" *deve* significar "um *medimnos* de cevada ou seu equivalente em valor", estamos justificados em supor que ela *possa* ter o mesmo significado, em casos adequados, em outras leis de Sólon — em particular a lei relativa às qualificações das *telē*, onde essa interpretação faz muito mais sentido do que a de Aristóteles.

6. Um argumento adicional a favor de aceitar o *medimnos* como, por assim dizer, a unidade de um "padrão de cevada", é fornecido pelas palavras de Plutarco, *Sólon* 23.3: εἰς μέν γε τὰ τιμήματα τῶν θυσιῶν[148] λογίζεται πρόβατον καὶ δραχμὴν ἀντὶ μεδίμνου, "na avaliação dos sacrifícios ele considera uma ovelha (ou cabra) e uma *dra-*

145 Iseu X 10; Aristófanes, *Assembleia das mulheres* 1024–5, com escólios; Dião Crisóstomo LXXIV 9; Harpocrácio (Fócio e Suidas), s.v. ὅτι παιδί.

146 E possivelmente também um menor, como Harpocrácio etc. acreditaram: veja Wyse, *SI* 659-60. Mas a maioria dos outros escritores recentes pensou que Harpocrácio fez uma falsa inferência a partir da redação ambígua da passagem em Iseu: ὁ γὰρ νόμος διαρρήδην κωλύει παιδὶ μὴ ἐξεῖναι συμβάλλειν μηδὲ γυναικὶ πέρα μεδίμνου κριθῶν ["pois a lei expressamente proíbe uma criança de entrar em qualquer tipo de contrato [sc. sob quaisquer circunstâncias], e proíbe uma mulher de fazê-lo quando envolve o valor de mais de um *medimnos* de cevada"] — veja, por exemplo, Lipsius, *ARR* 502 n. 12, que apela para a versão de Dião.

147 LSJ^9, s.v. συμβάλλω I 8, apresenta a passagem de Iseu com a interpretação "avançar, emprestar"; mas isso certamente estreita o escopo da provisão sem qualquer justificativa. A palavra συμβάλλειν tem uma gama muito ampla de significados, assim como o substantivo correspondente, συμβόλαιον — LSJ^9, s.v., I, fornece exemplos suficientes (acrescente Isócrates XVIII 18, onde a palavra poderia ser traduzida como "negociação"). Veja também minhas observações sobre esta palavra em meu *NJAE* I, nas pp. 101-104, esp. 101 n. 6. Paralelos próximos são συναλλάττειν e συνάλλαγμα, e é συναλλάττειν que Dião usa em sua versão da lei em questão.

148 Sobre a emenda de Wilcken, οὐσιῶν, veja p. 83 abaixo.

chma como equivalente(s)[149] de um *medimnos*" — não "uma ovelha e um *medimnos* como equivalente(s) de uma *drachma*". A unidade básica é o *medimnos*. A *drachma*[150] pode não ter sido adicionada à lei até um momento em que a cunhagem se tornou um meio de troca estabelecido, e multas, recompensas e valores nos Códigos escritos foram então alterados de acordo com a cunhagem — se Sólon ele mesmo tivesse usado a expressão, ele não poderia ter falado de δραχμὴν ἀργύρου ["*drachma* de prata"]?

7. A teoria do "padrão da cevada" até nos permite explicar a dificuldade mencionada no parágrafo 1 (c) acima, sobre o homem que vendia seu fruto de árvores ou possuía uma quantidade considerável de terra para pastagem. O primeiro caso não precisa de explicação. No segundo caso, a "renda" ἐκ τῆς οἰκείας ["da sua própria terra"] presumivelmente seriam os potros, bezerros, cordeiros, cabritos e leitões nascidos no ano, avaliados em *medimnoi* de cevada.

8. Parece, então, que Aristóteles estava equivocado em sua afirmação sobre a qualificação original dos *Pentakosiomedimnoi*: μέτρα τὰ συνάμφω ξηρὰ καὶ ὑγρά ["medidas combinadas de produtos secos e líquidos"]. Isso não deve nos surpreender, pois já vimos razões para concluir que ele não tinha o texto da lei que define as *telē*. Mas ele também estava errado sobre a necessidade de a renda dos *Pentakosiomedimnoi* (assim como das outras classes) ser derivada "de sua própria *terra*"? Essa questão é importante para a nossa compreensão da natureza da constituição de Sólon. Neste momento, não estamos preocupados com a questão se a qualificação dos *Pentakosiomedimnoi* (assim como das outras classes censitárias) foi posteriormente alterada, seja para incluir outras rendas além das provenientes da terra, ou seu equivalente em capital monetário. Tudo o que temos que decidir agora é se a qualificação original era ou não puramente

149 A questão é se πρόβατον καὶ δραχμήν significa "uma ovelha e uma *drachma*" ou "uma ovelha ou uma *drachma*".

150 "Se não se refere aqui a pequenas faixas de terras sagradas", como a Srta. Jeffery observa em uma carta dirigida a mim.

em termos de produtos agrícolas. Alguns, incluindo Eduard Meyer,[151] pensaram ser "óbvio" que outras rendas foram incluídas desde o início na qualificação de cada uma das classes, sendo uma *drachma* considerada equivalente a um *medimnos*. Não há evidências concretas a favor dessa visão, a menos que aceitemos (o que eu, é claro, não faço) a emenda de Wilcken, οὐσιῶν ["propriedade"] por θυσιῶν ["sacrifícios"], em Plutarco, *Sólon* 23.3, que discutirei posteriormente. Alguns estudiosos modernos que deram como certo que Sólon introduziu a classificação por renda monetária tiraram conclusões de grande alcance a partir de sua suposição. Heichelheim,[152] por exemplo, pode dizer que a lei de Sólon "segundo a qual a pertença dos atenienses às quatro novas classes políticas da *pólis* não seria decidida apenas pela colheita de trigo deles,[153] como era o caso antes de Sólon, mas também pela renda proveniente de gado, azeite e dinheiro, deve ter levado proprietários de terras da classe média, ricos comerciantes e artesãos às classes mais altas".

---

151 *GdA* III² 607: "*Die reichen Fabrikanten und Kaufleute, die keinen Grundbesitz hatten..., sind offenbar nach ihrem Einkommen den Klassen zugewiesen worden, wobei man nach damaligem Marktpreis* (Plut. *Sol.* 23) *den Scheffel zu 1 Drachme rechnete*". Outros estudiosos defenderam basicamente a mesma visão, por exemplo, Bruno Keil, *SVA-VA* 68-70 (cf. n. 189 abaixo). Entre os autores mais recentes, K. Freeman, *The Work and Life of Solon* (1926), 58-9, apresenta uma discussão muito insatisfatória, que pode ser melhor resumida em suas próprias palavras: "É mais seguro ater-se à tradição de que Sólon avaliou as classes em termos de produtos da terra; e conjecturar que ele não insistiu expressamente em uma qualificação fundiária, de modo que o caminho ficou aberto para a substituição da renda monetária pela renda em produtos". J. Johnston, em *JHS* 54 (1934), pp. 180-1, e K. H. Waters, em *JHS* 80 (1960), pp. 182-3, assumem que Sólon permitiu o cálculo da renda monetária. Waters é criticado, mas de forma inadequada, por A. French, em *Historia* 10 (1961) 510-12. Hammond, *HG* 160, diz criticamente que o censo de Sólon foi baseado "na renda anual avaliada em termos de produção agrícola — cereais, azeite e vinho — com os quais outras formas de renda foram integradas".

152 *AEH* I 285. É interessante encontrar "proprietários de terras da classe média, ricos comerciantes e artesãos" substituídos por "*die kleinen und mittleren Bauern*" da edição alemã original (*WA* I 286).

153 Se isso ainda se destina a representar "*Getreideproduktion*", como na edição alemã original, é uma tradução incorreta: em vez de "trigo", leia-se "cereal".

9. Existem dois argumentos que me parecem excluir completamente qualquer teoria que suponha que a produção anual em espécie possa *sempre* ter sido equacionada, para fins de censo, com seu equivalente aproximado em renda monetária.

(a) Uma renda anual em *medimnoi/metretai* representa (e garante a posse de) *capital*, em terras, enquanto a renda em dinheiro não precisa – e, se for renda obtida, não irá – representar capital algum. Portanto, a renda em dinheiro não pode ser diretamente equiparada à renda em espécie proveniente da terra para fins de estimativa. Esse argumento, sozinho, é decisivo. Seria ridículo equiparar um homem que recebia 500 ou mais medidas de cevada (ou seu equivalente) de suas próprias terras, e que necessariamente seria um grande proprietário de terras de acordo com os padrões atenienses, a um homem que apenas ganhava 500 *drachmae* ou até mesmo muito mais com sua própria habilidade *e poderia não ter um centavo de capital*. A estimação em termos de renda em espécie proveniente da terra era uma maneira simples, mas eficaz, de avaliar *a propriedade da terra*. A valoração da terra, em uma época em que raramente era comprada e vendida e não possuía nada que pudesse ser legitimamente chamado de "valor de mercado" no sentido moderno, dificilmente teria sido praticável, exceto talvez ao tomar o valor da produção anual e multiplicá-lo por algum número arbitrário (10 ou 12, por exemplo), a fim de atribuir a ele um valor fictício em prata – uma atividade sem sentido, dadas as condições econômicas da época de Sólon, e nem seria algo que eu possa imaginar que Sólon desejasse realizar. O valor das terras de um homem poderia ser averiguado de maneira mais fácil em termos de sua produção anual, calculada de acordo com o que chamei de "padrão da cevada". O *Pentakosiomedimnos*, nesse sentido, seria um homem com bastante capital na forma mais segura, terras – e isso era o que o Estado queria acima de tudo: a principal razão pela qual os tesoureiros de Atenas tinham que ser escolhidos da classe de propriedade mais alta era que o Estado tinha que ter certeza de poder se ressarcir com a própria propriedade do tesoureiro se ele desviasse algum dos objetos de valor que passavam por suas mãos.

(b) Seria impossível avaliar, com justiça, fabricantes, comerciantes e proprietários de navios com base em rendimentos, por duas razões diferentes. Primeiro, na economia ainda não monetária da Atenas do século VI a.C., uma certa quantidade de comércio poderia ser feita através de vendas com "preços" expressos em quantidades de cevada ou prata por peso, mas grande parte seria pura troca: isso não permite que o "lucro" de uma única transação seja avaliado em termos quantitativos, muito menos ao longo de um ano de negociação. Um comerciante ateniense dos tempos de Sólon (ou, tanto faz, do século V ou IV) não poderia conceber um "lucro líquido anual" no sentido moderno, nem nada parecido. E, em segundo lugar, o sistema contábil da Antiguidade, mesmo no auge da civilização grega e romana, de forma alguma era tão eficiente quanto a contabilidade moderna e, em particular, não conseguia distinguir corretamente entre capital e renda. (Já descrevi os principais aspectos da contabilidade antiga em outro lugar[154] e não preciso dizer mais nada sobre o assunto aqui). Um fabricante ou comerciante, mesmo quando o uso do dinheiro se tornou comum, simplesmente não saberia qual era o seu "rendimento" ou "lucro" expresso em *drachmae*. Esse é um dos fatos básicos sobre a economia do mundo grego (e do mundo romano) que muitos historiadores modernos têm totalmente ignorado, pois persistem, de forma inconsciente, em conceber os sistemas econômicos antigos com base diretamente no mundo moderno ou medieval. Nenhuma característica da economia da Europa moderna ou mesmo medieval pode ser seguramente assumida como presente na da Grécia antiga até que evidências concretas de sua existência sejam encontradas.

10. No final do quinto século, como sabemos pelos registros do *Erechtheum*,[155] as taxas salariais de uma *drachma* por dia eram comuns. A remuneração diária dos marinheiros na frota também era

154 "Greek and Roman Accounting", em *Stud. in the Hist. of Accounting*, ed. A. C. Littleton e B. S. Yamey (1956) 14–74.

155 *IG* I³ 474–9; L. D. Caskey em *The Erechtheum* (1927), ch. iv. Ver R. H. Randall, "The Erechtheum Workmen", em *AJA* 57 (1953) 199–210.

de uma *drachma* por dia (como nas campanhas de Potideia e Sicília)[156] e meia *drachma* (como na guerra jônica),[157] e a remuneração diária dos dicastas era de meia *drachma* a partir de 425.[158] Um homem sem um centavo, portanto, poderia ganhar mais de 300 *drachmae* por ano e se qualificar como *Hippeus*, se, no arranjo de Sólon, o dinheiro fosse permitido contar da mesma maneira que os produtos agrícolas a uma taxa de uma *drachma* por *medimnos*, ou se essa equivalência fosse posteriormente introduzida — a menos, é claro, que as qualificações tenham sido substancialmente aumentadas antes da segunda metade do quinto século.

11. Devemos consequentemente rejeitar qualquer teoria que possa estabelecer equivalentes monetários para as "medidas" de Sólon, no tempo de Sólon ou em qualquer momento subsequente. Como o nome "*Pentakosiomedimnos*" prova, Sólon escolheu avaliar, de qualquer forma, sua classe mais alta não em termos de capital, mas de um tipo de renda que refletia precisamente a propriedade de "capital", ou seja, terra. Os lucros da manufatura e do comércio, como eu mostrei, não eram *mensuráveis*. E a renda obtida, mesmo na forma teoricamente *mensurável*, como um salário regular,[159] não era *comparável em princípio*, pelo simples motivo de não representar nenhum "capital". Não existia riqueza de capital *quantitativamente comparável na prática* além da terra: na Ática do início do século VI a.C. não poderia haver um "mercado" que permitisse atribuir um valor de capital a qualquer ativo.[160] O valor aproximado de merca-

---

156 Tucídides III 17.4; VI 8.1; 31.3.

157 Tucídides VIII 29.1; 45.2; Xenofonte, *Helênicas* I v 4-7

158 Aristófanes, *Cavaleiros* 51 etc., com Escólios a *Vespas* 88.

159 De fato, muito poucos cidadãos atenienses (e esses principalmente homens não qualificados) trabalhariam por um salário regular.

160 Aqui gostaria de mencionar um livro interessante que, em minha opinião, recebeu muito menos atenção do que merece dos historiadores gregos: *Trade and Market in the Early Empires*, editado por Karl Polanyi *et alii* (1957). Embora, como deixei claro em minha resenha em *Econ. Hist. Rev.* Ser. II 12 (1960) 510-11, algumas das opiniões expressas neste livro sobre a economia da Grécia Antiga se baseiem em conhecimento insuficiente das fontes primárias, e existam erros graves, algumas das ideias básicas são boas, e os historiadores gregos poderiam aplicá-las com proveito — em particular, o alerta de que uma "economia de mercado" plena e

dorias comuns do dia a dia seria conhecido em termos umas das outras e, provavelmente, de cevada e prata, mas itens importantes, como oficinas, minas e navios mercantes, e acima de tudo terra,[161] dificilmente poderiam ser considerados como tendo um "valor de mercado" — e, portanto, não poderiam ser equiparados em uma avaliação. Avaliações oficiais de *renda* em termos monetários nunca foram feitas na Antiguidade pré-clássica, grega ou mesmo romana, assim como impostos nunca foram cobrados sobre a renda. Ouvimos falar de uma grande variedade de impostos no mundo antigo, especialmente no Egito ptolomaico e romano, mas nunca fui capaz de descobrir algo semelhante a um imposto de renda, exceto, é claro, por um tipo de imposto que era realmente muito comum (embora não, de acordo com nossas informações, nas cidades gregas livres, exceto sob tiranos), ou seja, uma proporção da produção agrícola *em espécie* — um "tributo" no sentido amplo. Esse tributo poderia ser cobrado, porque era uma proporção direta da colheita e não precisava ser expressa em dinheiro. Um imposto de renda de qualquer outro tipo seria impossível, precisamente porque as pessoas não calculavam suas rendas em dinheiro e, de fato, dificilmente poderiam ter feito isso sem uma mudança completa nos métodos de cálculo e contabilidade, incluindo uma distinção muito mais clara entre capital e renda, algo que nunca foi feito na Antiguidade . Como eu disse anteriormente no meu artigo sobre a *eisphora* do século IV a.C.,[162] é improvável que qualquer grego tenha tido ocasião de calcular sua renda total em dinheiro, e não há evidências de que estimativas de riqueza, oficiais ou não oficiais, tenham sido feitas nesses termos. Nas *Leis* de Platão (XII 955DE), as duas formas alternativas de *eisphora* são sobre o capital total e sobre a produção agrícola. Em Atenas, a posse de 300 *drachmae* de capital desqualificava um homem de receber uma pensão estatal como um ἀδύνατος (Aristóteles, *Constituição dos Atenienses* 49.4). Se as qualificações para

---

livre, no sentido moderno, não pode ser dada como certa até que evidências disso apareçam.

161 [Nota deixada em branco por Ste. Croix].

162 DTAEFC 41.

as *telē* ateniense fossem transformadas em seus equivalentes monetários em tempos posteriores (uma possibilidade que consideraremos mais adiante), elas então deveriam ter sido capitalizadas ao mesmo tempo.

12. É conveniente lidar aqui com a brilhante, e paleograficamente plausível, mas ainda assim definitivamente errada, emenda a Plutarco, *Sólon* 23.3, por Wilcken,[163] que tem recebido bastante atenção nos últimos anos.[164] Com a alteração de θυσιῶν para οὐσιῶν, o texto diz εἰς μέν γε τὰ τιμήματα τῶν οὐσιῶν λογίζεται πρόβατον καὶ δραχμὴν ἀντὶ μεδίμνου, de modo que Plutarco não está falando sobre taxação dos sacrifícios, mas está dizendo que, com o objetivo de fixar as avaliações de propriedade, a lei soloniana "considera uma ovelha (ou cabra) e uma *drachma* em vez de um *medimnos*". Vale mencionar que o trecho continua imediatamente a dizer que um vencedor dos jogos ístmicos recebeu 100 *drachmae* e um vencedor olímpico 500 *drachmae*, e que um homem que trouxe um lobo recebeu 5 *drachmae*, um lobo filhote 1 *drachma*; e Plutarco acrescenta que, de acordo com Demétrio de Falero, 5 *drachmae* era o preço (τιμή) de um boi, 1 *drachma* de uma ovelha. Também é relevante que Plutarco continua dizendo que as τιμαί que Sólon fixa em seu Décimo Sexto *Axon* são para animais sacrificiais de escolha, naturalmente muitas vezes mais altas do que o normal, mas ainda assim baixas em comparação com os preços no próprio tempo de Plutarco.[165]

---

163 "Zu Solons Schatzungsklassen", em *Hermes* 63 (1928) 236–8.

164 A emenda de Wilcken foi aceita por vários estudiosos, incluindo Heichelheim, *AEH* I 253-4 (=WA I 255-6), Bengtson, *GG*² 121 n. 3, e (com uma interpretação bastante diferente) por J. H. Thiel, em *Mnemos.*, 4ᵉ sér. 3 (1950) 1-11; cf. Van Groningen conforme citado na n. 167 abaixo. Wilcken e Thiel foram criticados por C. M. A. Van den Oudenrijn, em *Mnemos.*, 4ᵉ sér. 5 (1952) 19-27; e Thiel aceitou suas críticas em *ibid.* 27. Cf. também E. Will, em *Annales* 9 (1954) 21; Kahrstedt, *SSA* 255-6.

165 Para uma coletânea útil de todo o material relevante sobre preços, veja W. K. Pritchett, em *Hesp.* 25 (1956) 255-8 (bois), 259-60 (ovelhas): os preços mais bem atestados para animais, que provêm do século IV, são cerca de 70-90 dr. para bois e 12-15 dr. para ovelhas, todos animais sacrificiais. [F. van Straten, em T. Linders e G. Nordquist (eds.) *Gifts to the Gods* (1987), 159-70.].

Posso observar que, se a emenda de Wilcken fosse justificada, então Aristóteles — sem mencionar Plutarco — teria deixado de nos fornecer uma informação não desimportante; pois há uma diferença real em nossa imagem da constituição de Sólon se ele fez suas três classes superiores, ou pelo menos a mais alta de todas, dependerem inteiramente da posse de terras ou se permitiu que outras formas de riqueza contassem igualmente. Para absolver Aristóteles e Plutarco desse equívoco, seria necessário supor que a regra que igualava ovelhas, *drachma* e *medimnos* para avaliações de propriedades fosse uma adição pós-soloniana à lei original.

Será imediatamente óbvio que a emenda de Wilcken é completamente incompatível com o que eu estava dizendo acima; e se eu provei que nunca pode ter havido uma avaliação em termos de renda em dinheiro, então a teoria de Wilcken cai por terra.[166] Eu não acho que preciso discuti-la mais.

A posição de Wilcken foi reformulada por van Groningen[167] de uma forma que não a deixa tão aberta a objeções tão decisivas quanto as descritas acima; mas mesmo assim, parece-me impossível. Como não acho que muitas pessoas serão convencidas pela hipótese de van Groningen, releguei minha discussão sobre ela para uma nota de fim de capítulo.[168]

(VI) AS QUALIFICAÇÕES ORIGINAIS DOS *HIPPEIS* E *ZEUGITAI*

1. Vimos que Aristóteles (*Constituição dos Atenienses* 7.4) parece não ter conhecido com certeza qual era a qualificação original dos *Hippeis*, e que ele provavelmente está errado sobre a dos *Pentakosiomedimnoi*. Agora, quando ele descreve a qualificação dos *Zeugitai*[169], ele

166 Eu não vejo objeção para θυσιῶν. Cf. Van den Oudenrijn, *op. cit.* (n. 164 acima) 24–7.

167 B. A. Van Groningen, *Aristote, Le second Livre de l'Économique* (1933) 51 n. 2.

168 Notas Finais ix (p. 111 abaixo).

169 Nenhuma fonte de valor, que eu saiba, além de Aristóteles e Plutarco (*Sólon* 18.1), e Pólux VIII 132 (ver n. 195 abaixo), pretende dar a qualificação original dos

usa a mesma frase que acabou de usar acerca dos *Pentakosiomedimnoi*, τοὺς διακόσια τὰ συνάμφω ποιοῦντας ["aqueles que produzem 200 juntos"] que deve representar τοὺς διακόσια μέτρα τὰ συνάμφω ξηρὰ καὶ ὑγρὰ ποιοῦντας ["aqueles que produzem 200 medidas, tanto secas quanto líquidas"]. E se acreditarmos que as "medidas" de Sólon representavam um "padrão de cevada",[170] não podemos aceitar a fórmula de Aristóteles, que então trataremos como evidência de que ele igualmente não tinha a lei que dava a qualificação dos *Zeugitai*. E não podemos dizer aqui, como poderíamos no caso dos *Pentakosiomedimnoi*, que o próprio nome da *telos* mostra que o número de medidas é, de qualquer forma, correto. A suspeita então crescerá em nós de que Aristóteles pode ter baseado suas conclusões em alguma lei ou leis semelhantes àquela citada em Pseudo-Demóstenes XLIII 54, que dava figuras de 500, 300 e (em vez de 150, como em Pseudo-Demóstenes XLIII 54) 200 *drachmae* para algo que tinha que ser feito pelos membros das respectivas *telē*. Aristóteles tinha cópias, precisas ou não, de algumas leis obsoletas que eram, ou acreditava-se ser, leis de Sólon, e algumas delas certamente lidavam com matérias financeiras: Aristóteles (*Constituição dos Atenienses* 8.3) realmente cita delas as expressões τοὺς ναυκράρους εἰσπράττειν ["os *naukraroi* devem cobrar"] e ἀναλίσκειν ἐκ τοῦ ναυκραρικοῦ ἀργυρίου ["pagar com a prata dos *naukraroi*"]. Se em tal lei uma quantia de 500 *drachmae* para um *Pentakosiomedimnos* ocorresse em conjunto com 300 para um *Hippeus* e 200 para um *Zeugites*, Aristóteles pode muito bem ter saltado para a conclusão não irracional de que o membro de cada classe (e não apenas o *Pentakosiomedimnos*) estava sendo definido proporcionalmente ao valor de contribuição que os qualificava. Ou, ainda mais plausível, alguma falsa inferência já havia sido feita por um dos primeiros Atidógrafos e se tornou geralmente aceita, de modo que Aristóteles estava simplesmente repetindo o que todos acreditavam.

Zeugitai. O único outro texto possivelmente relevante é a lei citada em Pseudo-Demóstenes XLIII 54; e esta lei nada diz sobre as *qualificações* das classes.

170 Ver pp. 72-77 acima.

2. Independentemente de termos razões para questionar a autoridade de Aristóteles como fonte neste caso, eu mesmo acho impossível acreditar que a relação entre a qualificação mínima dos *Zeugites* e do *Hippeus* possa ter sido de 200 : 300. Existem dois argumentos separados aqui:

(a) Não posso duvidar, em vista do nome da segunda classe de Sólon, que eles eram homens que pelo menos poderiam estar aptos a ἱπποτροφεῖν ["criar/manter cavalos"], mesmo que esse não fosse o motivo original de qualificação (como eu acredito, com os ἔνιοι contraditos por Aristóteles, *Constituição dos Atenienses* 7.4).[171] Mas manter um cavalo de guerra sempre foi considerado uma atividade muito cara que apenas um homem realmente rico poderia assumir.[172] Se, então, a posse de uma renda anual de 300 *medimnoi* colocava um homem na classe dos *Hippeis*, é crível que dois terços dessa quantia (dois terços da renda de um homem bastante rico) fossem a quantia *mínima* necessária para se qualificar como um hoplita? Para mim, isso não parece crível.

(b) A classe dos *Hippeis*, como a dos *Pentakosiomedimnoi*, deve ter sido pequena no início do século VI. É impossível estimar seus números, mas acho que a maioria das pessoas ficaria satisfeita com uma figura máxima de duas ou três centenas. A classe *Zeugites* deve ter sido muito maior: se os *Zeugitai* eram os hoplitas (uma questão que abordaremos em breve), eles provavelmente somavam de três a cinco mil,[173] e, portanto, devem ter sido pelo menos dez vezes mais numerosos do que as duas classes superiores juntas. É possível acreditar que a curva demográfica caiu tão acentuadamente

---

171 Ver pp. 87 ss. abaixo.

172 Ver pp. 49 e 71 acima.

173 Como Jones (*AD* 8) diz, nossos primeiros números, que são de um século após o tempo de Sólon, sugerem uma população total de cidadãos de cerca de 30.000, divididos em 1:2 entre hoplitas e aqueles abaixo do status de hoplita. Nossos primeiros números de hoplitas, pelo que valem, são os 9.000? para Maratona, em Cornélio Nepos, *Miltíades* 5.1; cf. Pausânias X 20.2 e Justino II 9.9; e os 8.000 para Plateia em Heródoto IX 28.6. Devemos, claro, permitir um considerável crescimento populacional durante o século VI, e um aumento na riqueza geral que faria os homens abaixo do status de hoplita subirem para a classe de hoplita.

em um ponto correspondente à posse de 300 "medidas" que alguns milhares de atenienses tiveram rendas na faixa estreita entre 200 e 300 "medidas", mas apenas algumas centenas poderiam ter mais de 300 "medidas" — especialmente quando um número significativo (suficiente para formar uma *telos* inteira para eles mesmos) certamente tinha mais de 500 "medidas"? Novamente, eu não posso acreditar nisso.

3. A teoria que, na minha opinião, se ajusta melhor do que qualquer outra a todos os fatos históricos, especialmente o silêncio intrigante das fontes sobre qualquer mudança nas qualificações das classes do censo, é que as qualificações de *Hippeis* e *Zeugitai* sempre foram exatamente o que vimos ter sido nos séculos V e IV: os *Hippeis* eram, em termos gerais, aqueles que podiam manter cavalos para uso militar, e os *Zeugitai* eram a classe hoplita,[174] e não havia nenhum *timema* quantitativo em qualquer dos casos. Novamente, a relação entre as classes do censo e as categorias militares geralmente foi concebida da maneira errada, para o dia de Sólon assim como para o período posterior: um homem não se tornava um cavaleiro (ou "infantaria montada") ou um hoplita porque ele estava qualificado como membro de uma das duas classes do censo médio de acordo com uma avaliação numérica fixa (em "medidas" ou dinheiro); era o fato de ser um cavaleiro ou um hoplita que o fazia um *Hippeus* ou um *Zeugites*. De acordo com a minha interpretação, *Hippeis* e *Zeugitai* (e, portanto, *Thetes*) correspondiam a grupos militares e sociais que já existiam no tempo de Sólon, e apenas os *Pentakosiomedimnoi* de Sólon (em realidade, a camada superior dos *Hippeis*) eram uma criação totalmente nova, e artificial. Esse fato é refletido na nomenclatura das classes do censo: os *Pentakosiomedimnoi* tinham um nome de um tipo diferente do resto.

Eu não consigo ver que qualquer qualificação mínima formal em termos de propriedade seria necessária ou mesmo desejável para qualquer categoria militar, e sugiro que fixar uma de qualquer forma teria desvantagens óbvias. O máximo que Sólon poderia esperar

174 Eu tentei definições mais precisas acima, pp. 57-58.

fazer era discernir a qualificação "certa" em cada caso, no sentido de que aqueles que a possuíam coincidiriam com aqueles que eram financeiramente capazes de desempenhar os deveres associados à participação nas classes em questão. Se a qualificação não estava "certa" neste sentido, ou a categoria militar em questão seria desnecessariamente confinada ou homens seriam forçados a entrar nela que não eram realmente capazes de sustentar seus encargos. (Aristóteles — que não conecta especificamente os *Hippeis* de Sólon com a cavalaria e os *Zeugitai* com os hoplitas — pode ter suposto que os *timēmata* que ele diz que Sólon teria fixado em 300 e 200 "medidas", representariam aproximadamente as quantidades de propriedade necessárias para que os homens pudessem servir como cavalaria e hoplitas respectivamente). Agora, o *timēma* quantitativo para o exercício de direitos políticos em uma oligarquia, ou como uma condição de elegibilidade para determinadas magistraturas em uma democracia ou oligarquia, pode ser suficientemente apropriado; mas fixar tal *timēma* me parece absurdo se o que se quer — como em nosso caso — é o maior número possível de homens que podem ser responsabilizados pelo serviço militar. Como a participação em cada *telos* era um privilégio desde o início, dando acesso a cargos, Sólon poderia razoavelmente esperar que não faltassem voluntários adequados; e, como argumentei anteriormente, a participação na classe hoplita em particular era algo que todos desejariam.

4. Ninguém pode duvidar da significância militar da palavra ἱππεύς, mas há uma disputa sobre ζευγίτης. Alguns,[175] mesmo em tempos recentes, aderiram à visão mais antiga, de que a palavra é derivada de ζεῦγος no sentido de um "jugo de bois", e que o ζευγίτης era o "carreiro", o homem capaz de manter um jugo de bois.[176] Ou-

175 E.g. Busolt, *GG* II^2 182 n. 3; Busolt-Swoboda, *GS* II 823 e nn. 1 & 2 (Ver também 820 n. 2); Gilbert, *CASA* 116 e n. 2; De Sanctis, *A*^{2} 231 n. 1; Hignett, *HAC* 101 n. 1.

176 Cf. Pólux VIII 132: καὶ ζευγήσιόν τι τέλος οἱ ζευγοτροφνοῦντες ἐτέλπυν ["e os homens que podiam manter um jugo (sc. de bois) foram avaliados na chamada classe *Zeugites*"].

tros[177] têm pensado que ζευγίτης aqui deve ter o significado que às vezes possui em tempos posteriores:[178] o homem na linha de batalha, o ζεῦγος (embora ζυγός, seja muito mais comum neste sentido). Embora eu não considere a questão como finalmente resolvida, as evidências linguísticas produzidas até agora[179] são muito a favor da segunda interpretação, pois, como Beloch colocou,[180] "ζευγίτης *ist der Ochse, der in Joch geht, nicht dessen Herr*" ["ζευγίτης é o boi, que vai sob o jugo, não o seu dono"], e se isso é verdade em todos os contextos, pode-se considerar que o assunto está resolvido. Ainda não encontrei um único texto em que a palavra ζευγίτης é usada no sentido de "carreiro". Duvido muito se a posse de um jugo de bois necessariamente tornaria um homem capaz de prestar serviço de hoplita, mesmo no início do século VII, quando, provavelmente, Atenas começou a criar um exército de hoplitas.[181] E vale a pena notar que nenhuma fonte antiga sugere que a *qualificação legal* de hoplita ou de *Zeugites* fosse a posse de um jugo de bois.

5. A analogia com os *Hippeis*, se faz sentido,[182] também sugere um caráter militar para os *Zeugitai*. E há argumentos adicionais para tratar os *Zeugitai* como a "classe hoplita", no sentido em que já defini esse termo. Primeiro, vimos que essa era a situação, pelo me-

177 E.g. Cichorius (1894), Lehmann-Haupt (1914) e Beloch (1924): ver Busolt-Swoboda, *loc. cit.* (n. 175 acima); e veja também Andrewes, *GT* 87; Bengtson, *GG*² 108 e n. 2. É interessante notar que Ed. Meyer, que na primeira edição de seu *GdA* (II 653) havia adotado a teoria mais antiga, foi convencido por Cichorius, e em *GdA* III² 605 e *FAG* II 523 aceitou a explicação militar.

178 E.g. em Plutarco, *Pelópidas* 23.4.

179 Calímaco, *Hino II a Apolo* 48; Diodoro XVII 71.2.

180 *GG* I² i 303 n. 1.

181 Para a data da introdução do combate hoplita, veja H. L. Lorimer, "The Hoplite Phalanx", em *BSA* 42 (1947) 76–138; cf. S. Benton, em *BSA* 48 (1953) 338–9; J. M. Cook e J. Boardman, em *JHS* 74 (1954) 153 e pr. VIII 5–6. [K. A. Raaflaub, 'Soldiers, citizens, and the evolution of the early Greek polis', in Mitchell/Rhodes, DPAG, 49–59; P. Cartledge, Spartan Reflections (2001), 153–68].

182 A analogia de forma alguma é completa, pois embora o nome *Hippeis* implique que os membros desta classe possuiriam cavalos, é duvidoso se poderia haver algum *dever* de manter um cavalo de guerra até que uma força de cavalaria fosse criada no meio do século V, enquanto a responsabilidade pela conscrição (de ambas as classes) como hoplitas deve ter existido mesmo antes do tempo de Sólon.

nos, no final do quinto e no quarto séculos, momento em que não havia uma qualificação quantitativa que tornasse um homem apto ao serviço hoplita. E acho difícil ver como os *Zeugitai* poderiam ter se tornado a classe hoplita se não fossem isso desde o início sob Sólon. E em segundo lugar, os hoplitas no tempo de Sólon já deviam ser um grupo distinguível dentro do Estado. Eles eram um corpo óbvio para designar para os cargos políticos mais baixos, que não precisavam ser reservados para *Pentakosiomedimnoi* ou *Hippeis*. Por que Sólon teria desejado criar outro grupo — que, como muitos daqueles que não aceitam a identificação completa dos *Zeugitai* com a classe hoplita têm admitido,[183] não poderia ter sido muito diferente dos hoplitas?[184]

6. Existe outra conclusão importante que não devemos deixar de tirar: que enquanto os *Pentakosiomedimnoi* eram qualificados como tal apenas em termos de propriedade de terra (digo "como tal" porque a maioria, se não todos eles, deve ter sido qualificada independentemente como *Hippeis*), os *Hippeis* e *Zeugitai* teriam sido qualificados, por meio do seu status como cavalaria ou hoplitas, pela sua riqueza total, em qualquer forma. Sem dúvida, a grande maioria dos *Zeugitai* e todos os *Hippeis* teriam sido, acima de tudo, proprietários de terras; mas o grande mérito da ausência de qualquer *timēma* específico para o status de cavalaria ou hoplita era que um homem não precisava depender apenas de sua propriedade de terra, e os homens podiam servir no exército (e ocupar os cargos apropriados para a sua classe de censo) cuja riqueza puramente fundiária por si só não teria sido suficiente para lhes dar o status financeiro necessário. Os metecos não podiam possuir terras (embora pudessem arrendá-la),[185] mas podiam servir como hoplitas, e fizeram isso em grande número na época da Guerra do Peloponeso[186] e provavelmente também antes da guerra.

183 Veja e.g. Andrewes, *GT* 37, 88, onde os *Zeugitai* são "aproximadamente" os hoplitas ou classe hoplítica; Hignett, *HAC* 101 (ver n. 74 acima).

184 E ver parágrafo 3, p. 87 acima.

185 Ver Lísias VII 9–10.

186 Ver Tucídides II 13.7; 31.2; cf. Xenofonte, *As rendas* II 2–5.

(VII) AS QUALIFICAÇÕES DAS *TELĒ* SOFRERAM MUDANÇAS?

Já vimos que não há evidência alguma de qualificações quantitativas fixas, seja para as *telē* no século V e IV a.C., seja para as classes militares (a cavalaria e os hoplitas) em qualquer momento, e que também não há evidência de qualquer mudança nas qualificações de qualquer categoria. É este último ponto que agora desejo enfatizar, e particularmente a ausência de qualquer indício de mudança nas qualificações das classes do censo.[187] Gostaria de salientar que, se houve, como a maioria dos estudiosos supôs, uma mudança da avaliação por "medidas" para a avaliação em termos monetários, então — especialmente se isso aconteceu antes do século V a.C., numa época em que a adesão à *telos* deve ter sido muito mais importante do que foi mais tarde — a mudança representou uma grande alteração do sistema político, pois destruiu o direito exclusivo dos proprietários de terras de ocupar cargos. Se a mudança ocorreu após o tempo de Clístenes, e especialmente após 458/7, seria menos significativa, mas teríamos todo o direito de esperar que alguma referência a ela tivesse sobrevivido.

Duas tentativas diferentes foram feitas para explicar a intrigante ausência de evidências dessa mudança nas qualificações das *telē* que a maioria dos estudiosos dão como certa; mas ambas devem ser rejeitadas.

(a) Alguns historiadores, Eduard Meyer por exemplo,[188] e Bruno Keil,[189] usaram essa ausência de evidências como argumento para

187 Conforme eu mostrei, Plutarco, *Sólon* 23.3, não pode ser lido como foi emendado por Wilcken e então apresentado como evidência de uma emenda posterior da lei de Sólon, tanto quanto não pode ser considerado representativo da lei original.

188 Ver pp. 77-78 e n. 151 acima.

189 *SVAVA* 68–70: "*So folgt, dass die Klasseneinteilung von Solon nicht nach dem Ertrag des Bodens normiert worden ist, sondern dass das ganze Vermögen oder richtiger der Nutzwert des Vermögens der Einteilung zu Grunde gelegt war... Wenn erst in späterer Zeit die Umwandlung des Censustarifes aus Produktion-zu Geldsätzen erfolgt wäre, sollte die Überlieferung wirklich keine Spur von dieser einschneidenden, demokratischen Massnahme bewahrt haben?*".

a hipótese de que as classes de Sólon devem ter sido definidas em termos de renda monetária desde o início; mas esta é uma posição impossível, como já mostrei.

(b) No outro extremo, Kahrstedt[190] negou ousadamente que as qualificações tenham sido alteradas desde a época de Sólon, conforme definido por Aristóteles, *Constituição dos Atenienses* 7.4; mas toda a visão de Kahrstedt depende de dissociar completamente as *telē* das classes militares no quinto e quarto séculos, e isso também vimos ser uma posição insustentável. Agora posso acrescentar outro argumento contra a teoria de Kahrstedt: o fato de que Aristóteles nunca recorre à situação que ocorria nos seus próprios dias para sustentar suas afirmações em *Constituição dos Atenienses* 7.4 sobre as qualificações das *telē*, embora pelo menos uma delas fosse controversa. Quando Aristóteles diz ἔδεο δὲ τελεῖν... ἱππάδα δὲ τοὺς τριακόσια [sc. μέτρα τὰ συνάμφω ξηρὰ καὶ ὑργὰ] ποιοῦντας ["aqueles que produziram 300 [sc. medidas: tanto secas quanto líquidas] foram classificados como *Hippeis*"], por que ele não adicionou alguma frase como ὥσπερ καὶ νῦν ["como ainda é o caso"], antes de continuar ὡς δ' ἔνιοί φασι τοὺς ἱπποτροφεῖν δυναμένους ["ou como algumas pessoas dizem, aqueles capazes de criar/manter cavalos"] ou quando voltou para dar sua opinião de que οὐ μὴν ἀλλ' εὐλογώτερον τοῖς μέτροις διῃρῆσθαι καθάπερ τοῦς πεντακοσιομεδίμνους ["no entanto, é mais provável que tenham sido definidos por medidas, assim como no caso dos *Pentakosiomedimnoi*"]? É fácil, na minha teoria, ver por que Aristóteles não queria mencionar a prática contemporânea: teria significado dizer, ὡς δ' ἔνιοί φασι τοὺς ἱπποτροφεῖν δυναμένος, ὥσπερ καὶ νῦν ["ou como algumas pessoas dizem, aqueles capazes de criar/manter cavalos, como ainda é o caso"]; e se você não tem nada melhor do que um εὐλογώτερον ["mais provável"] para terminar, é imprudente fazer

190 *SSA* 249–55; cf. *UMA* 20. De acordo com Hignett, *HAC* 226, "essa hipótese é refutada pelos fatos, que mostram que os cidadãos atenienses na segunda metade do século V ainda estavam agrupados nas classes de propriedade às quais pertenciam". Eu não consigo ver que isso ofereça alguma resposta a Kahrstedt: veja seu *SSA* 252–5.

qualquer concessão desnecessária aos seus oponentes. Ainda outro argumento contra a posição de Kahrstedt pode talvez ser tirado de certos trechos da *Política* de Aristóteles; mas isso relegarei para uma nota de fim de capítulo.[191]

A maioria dos estudiosos modernos não teve nenhuma explicação para oferecer sobre o silêncio de todas as nossas fontes em relação a qualquer mudança nas qualificações das classes de censo; mas essa própria ausência de fontes levou a maioria deles a datar a mudança, que eles dão como certa, o mais cedo possível,[192] e em nenhum caso mais tarde do que cerca do meio do século V.[193] Penso que é apenas Hignett que está disposto a ir até tão tarde assim. Depois de primeiro recusar a se comprometer,[194] ele eventualmente parece se inclinar a favor de uma mudança para avaliação em termos de renda em dinheiro não mais tarde do que 462.[195] As classes de censo,

---

191 Notas Finais x (p. 112 abaixo).

192 Uma interpretação de Aristóteles, *Constituição dos Atenienses* 13.2, que certamente é excessivamente confiante e pode ser totalmente injustificada, e que levou Keil (*SVAVA* 60 ss., esp. 68–70) a datar a suposta classificação por renda monetária no tempo do próprio Sólon, induziu Glotz e Cohen (*HG* I 443) a imaginar uma mudança para classificação por renda monetária antes de 581. W. Aly, em *RE*, 2te Reihe, III (1927) col. 972, s.v. "Solon (1)", diz meramente, "*Später, wahrscheinlich sehr bald, hat man die Zensussätze in Geld umgesetzt*"; mas não está claro se ele acredita que eles foram agora avaliados em termos de renda ou capital.

193 Böckh (*SA* I³ 589), é verdade, parece ter pensado no sistema de avaliação soloniano apenas em termos de terra como existente até a guerra do Peloponeso, quando foram introduzidos os "*Vermögensteuern*" devido à impossibilidade de continuar a taxar apenas os proprietários de terras — mas Böckh estava confuso por seu próprio equívoco das classes de censo soloniano como acima de tudo a base para um sistema elaborado de tributação em escala progressiva (cf. p. 98 abaixo).

194 *HAC* 143: "Mas, embora geralmente se assuma que em alguma data entre Sólon e o quarto século, a renda de propriedade móvel, bem como imóvel, foi incluída no cálculo da *telos* de um homem, as evidências em que essa suposição se baseia são inconclusivas, e mesmo se a alegada inovação for aceita como um fato, é mais provável que tenha sido introduzida por Péricles do que por Clístenes."

195 *HAC* 225–6, concluindo, "É, no entanto, possível que a classificação mais antiga, que restringia cargos a detentores de terras na Ática, fosse mantida com sucesso pelos conservadores até 462." Cf. 226, onde Hignett parece aceitar uma mudança no século V para "posse de uma renda de 500 *drachmae*" como a qualificação de um *Pentakosiomedimnos*.

no entanto, nunca podem ter sido avaliadas em termos de renda em dinheiro,[196] e alguns estudiosos—De Sanctis, Busolt e Beloch, por exemplo[197]—, que aceitaram uma mudança após o tempo de Sólon para um método de avaliação em termos de dinheiro, admitiram pelo menos a necessidade de uma capitalização, com uma estimativa em capital monetário substituindo o método soloniano de avaliação em termos de renda em espécie. Isso é uma melhoria em princípio, porém não é suficiente.

Tenho mostrado que *Hippeis* e *Zeugitai* não eram qualificados por "medidas" de forma alguma, seja na constituição original de Sólon ou nos séculos V e IV, mas que a posição de um homem como membro de uma dessas classes era determinada por seu status militar, que por sua vez dependia unicamente de sua capacidade de prestar serviço de cavalaria ou hoplita. Nunca houve, portanto, necessidade de alterar as qualificações legais dessas duas classes.

Restam apenas os *Pentakosiomedimnoi*. Embora fossem a classe mais alta, também devem ter sido a menor, e, como não devem ser identificados com nenhuma seção particular da comunidade com significado social ou militar, mas eram realmente pouco mais que a camada superior dos *Hippeis* e, no século V, não tinham acesso exclusivo a qualquer cargo de grande importância política, a natureza de sua qualificação em tempos posteriores é de pouco interesse. Na ausência de qualquer evidência, não podemos fazer mais do que especular. Meu palpite é que a qualificação dos *Pentakosiomedimnoi* nunca foi legalmente alterada, mas que aos poucos, à medida que a economia de Atenas se tornava cada vez mais monetária, o fato de que as 500 "medidas" originalmente haviam sido um "padrão de cevada" foi gradualmente esquecido, e *medimnoi* e *metretai* de todos os tipos passaram a ser equiparados para esse propósito, de modo que o *Pentakosiomedimnos* era agora um homem que, como diz Aristóteles, desfrutava de ἐκ τῆς οἰκείας... πεντακόσια μέτρα τὰ

196 Ver pp. 79-83 acima.

197 De Sanctis, *A*² 236–9, também Busolt, *GG* II² 269 e Busolt-Swoboda, *GS* II 837 (provavelmente sob Clístenes); Beloch, *GG* II² i 89 e n. 2 (não depois do período das guerras Pérsicas).

συνάμφω ξηρὰ καὶ ὑργά ["de sua própria terra,... 500 medidas, tanto secas quanto líquidas"]. Nunca deve ter havido um registro de qualquer uma das quatro classes como tal, e um homem simplesmente anunciaria seu status como membro da classe apropriada nas raras ocasiões em que estava se candidatando a um cargo aberto apenas a uma ou mais das classes superiores, ou oferecendo-se como garantia, ou dando um dote a uma *epikleros* como parente mais próxima, ou realizando algum outro ato para o qual sua classe de censo era relevante. Exceto na medida em que era, ou tinha sido, um cavaleiro ou um hoplita, ou, embora apto, nunca havia prestado nenhum dos dois serviços, nenhum homem seria, por assim dizer, rotulado permanentemente e visivelmente como *Pentakosiomedimnos*, *Hippeus*, *Zeugites* ou *Thes*: certamente não havia uma lista na qual ele tinha que ser assim descrito.

Não há dificuldade em acreditar que os *Pentakosiomedimnoi, e apenas eles*, foram sempre qualificados em termos de produção agrícola. Era necessária *a riqueza segura e disponível*, na melhor forma possível, ou seja, propriedade fundiária considerável, que era exigida deles, e por razões muito boas. Um *Hippeus* pertencente a uma família nobre, que sentia que sua distinta ascendência e posição social faziam com que fosse imperativo que ele fosse um criador de cavalos, poderia muito bem dedicar uma grande parte de suas terras e de sua substância para esse fim, e não deixar muito em termos de ativos *disponíveis*. Ele poderia ocupar os cargos mais *importantes* do Estado, até mesmo arconte epônimo, polemarco ou arconte basileu, mas ele não seria um tesoureiro muito adequado de Atena, porque, se ele convertesse os objetos de valor da deusa para seu próprio uso, talvez ele não tivesse ativos que pudessem ser apreendidos e confiscados. Daí a necessidade de os aspirantes a tesoureiros terem propriedade fundiária produzindo um grande volume de colheitas anualmente: somente esse tipo de ativo era a melhor forma de garantia. Não se tem percebido, eu acredito, que a própria existência de uma classe de censo superior à chamada "*Hippeis*" é um fenômeno curioso que requer explicação; e não vejo outra explicação. Claro, um ou dois outros cargos, o dos *Kolakretai* por exemplo, podem ter sido limitados aos *Pentakosiomedimnoi*, mas temos evidências apenas para os tesoureiros de Atena; e se houvesse outros cargos desse tipo, estou convencido de que teriam sido de natureza financeira.[198]

O arcontado, penso, provavelmente foi aberto aos *Hippeis* desde o início.[199] Se a repetição dos arcontados fosse totalmente excluída, de modo que ser um *Thesmothetes* desqualificava um homem de ser um arconte epônimo, por exemplo, parece-me que dificilmente haveria *Pentakosiomedimnoi* suficientes para preencher todos esses cargos, em adição aos tesoureiros. E mesmo que os vários arcontados fossem tratados separadamente, de modo que um homem pudesse ser arconte epônimo e também *Thesmothetes*, ou até mesmo polemarco, não acho que os atenienses gostariam de limitar seus cargos políticos mais altos (diferentemente dos puramente financeiros) a uma classe ainda mais estreita do que os *Hippeis* — eles estariam se privando desnecessariamente de alguns dos potenciais candidatos mais qualificados pela criação e conexões familiares para fornecer o tipo de liderança de que precisavam naquela época aristocrática. Se as histórias que nos contam sobre a modesta riqueza de Sólon são verdadeiras,[200] é improvável que ele tenha sido um *Pentakosiomedimnos*; mas eu ficaria surpreso se ele não fosse um *Hippeus*.[201]

198 É uma pena que não temos informações sobre qualquer status de qualificação para *Hellenotamiai*.

199 Percebo que no final do século IV até um ateniense bem informado, Demétrio de Falero (*FGrH* II B 228 F 43, ap. Plutarco, *Aristides* 1.2), poderia afirmar que o arcontado anteriormente era aberto somente aos *Pentakosiomedimnoi*. Mas a afirmação de Demétrio é de qualquer forma inconfiável e imprecisa: é feita em relação a Aristides, que ele concebeu como escolhido por sorteio após 479 (*loc. cit.*, também F 44, ap. Plutarco, *Aristides* 5.9–10), enquanto na verdade Aristides foi eleito, e seu ano foi 489/8 — imagino que Demétrio estava escrevendo de memória e confundindo o ano após Maratona com o ano após Plateia.

200 [Veja Aristóteles, *Constituição dos Atenienses* 5.3, com Rhodes, *CAAP* 123.]

201 Especialmente se fr. 23 (West) for realmente de sua autoria.

(VIII) PÓLUX VIII 130

Ainda não lidei com a declaração de Pólux VIII 130 (cf. Escólios a Platão, *República* VIII 550C) de que (a) os *Pentakosiomedimnoi* ἀνήλισκον εἰς τὸ δημόσσιον τάλαντον ["pagaram um talento para o *demosion* (tesouro público)"], (b) οἱ δὲ τὴν ἱππάδα τελοῦντες ["e aqueles avaliados como *Hippeis*"] meio talento, (c) οἱ δὲ τὸ ζευγήσιον τελοῦντες ["e aqueles avaliados como *Zeugites*"] dez *minae*, (d) οἱ δὲ τὸ θητικὸν [sc. τελοῦντες] ["e aqueles [sc. avaliados como] *Thetes*"] nada.[202] Não está imediatamente claro o que isso pretende significar: presumivelmente a responsabilidade especificada é a de cada membro da *telos* concebido individualmente, mas em quais ocasiões e com que frequência ele fez o pagamento? Em qualquer caso, a declaração não pode ser aceita em qualquer sentido literal.

Sugiro que devemos negar toda autoridade a este texto (como Lipsius e outros fizeram, e como eu fiz na minha discussão sobre a *eisphora* do século IV)[203] e supor que seja devido a alguma invenção ou equívoco, ou então, como agora me inclino a pensar, interpretá-lo como um mal-entendido de Pólux ou sua fonte de uma regra genuína de que quando uma *eisphora* seria cobrada, todos os *Pentakosiomedimnoi* deviam pagar igualmente, à taxa fixada para a ocasião (provavelmente 1% seria o mais provável),[204] sobre uma avaliação teórica de um talento, todos os *Hippeis* igualmente em meio talento e todos os *Zeugitai* em dez minas.[205]

---

202 Para o texto completo, ver n. 104 acima.

203 DTAEFC 42–43.

204 Cf. meu DTAEFC 34, 35, 49–50.

205 Eu pondero se algo assim estava na mente de Ed. Meyer quando ele disse (*GdA* III² 607) "*Später scheinen die Einkommensätze der einzelnen Klassen kapitalisiert und dabei herabgesetzt zu sein; eine durch ihre knappe Fassung fast unverständliche Notiz (Poll. VIII 130) scheint zu besagen, dass die Pentakosiomedimnen 1 Talent, die Ritter 3000, die Zeugiten 1000 Drachmen (= 10 Minen) versteuerten*" (A primeira parte desta frase, até o ponto e vírgula, pode obviamente ser ignorada: ela deriva da teoria errônea de Meyer de que as classes solonianas devem ter sido qualificadas desde o início em termos de renda monetária: cf. pp. 72 ss. acima). Cf. 608 n. 1; "*Auch ist es ja unzweifelhaft, dass die τέλη zugleich Steuerklassen waren*"—uma declaração que é precedida por uma rejeição explícita da teoria de Böckh sobre o ponto.

Ainda acredito, como acreditava em 1953, que seria muito errado adotar qualquer forma da teoria de Böckh,[206] que as enigmáticas declarações de Pólux indicam a existência de uma escala de impostos progressivos, com os membros das três maiores *telē* pagando *em três taxas diferentes, mas de acordo com suas qualificações individuais.*[207] O conceito todo é muito avançado e intrincado para a Atenas do século VI ou mesmo do século V/IV, e em nenhum lugar do mundo antigo encontramos tributação direta imposta numa escala progressiva detalhada de forma semelhante à requerida pela teoria de Böckh. Agora eu aceitaria a passagem em Pólux como provável evidência de que as classes do censo eram destinadas a serem usadas como base de avaliação para a tributação direta, de tal forma que as três classes superiores pagavam *na mesma taxa* (seja ela qual fosse em cada ocasião), mas *numa qualificação teórica que era diferente para cada classe*, de forma que se a taxa da cobrança fosse de 1%, por exemplo, cada *Pentakosiomedimnos* pagaria 60 *drachmae*, cada *Hippeus* 30 *drachmae* e cada *Zeugites* 10 *drachmae*. Se o imposto foi de fato cobrado de acordo com este método é outra questão: não há nenhuma evidência, e não podemos ter certeza de que o sistema foi realmente posto em operação. Mas pelo menos, ao contrário das complexidades que a teoria de Böckh envolve, tal sistema seria admiravelmente simples, bem adequado às condições políticas da Atenas antiga, onde não havia nada semelhante a um serviço civil para administrar um esquema de tributação envolvido; e teria tido a grande vantagem de permitir aos atenienses saber antecipadamente mais ou menos quanto uma cobrança percentual dada iria arrecadar, desde que eles conhecessem os números aproximados em cada classe. Claro que eu daria por certo que os atenienses nunca tiveram a intenção de cobrar *eisphora* regularmente, mas ape-

206 *SA* I³ 571–628.

207 É o que acontece na prática, embora Böckh tenha concebido a própria avaliação variando de acordo com a classe de cada homem, de modo que quanto mais alta a classe, maior a proporção do seu *timēma* sobre o qual um homem pagava imposto.

nas em uma emergência — quase certamente apenas em tempo de guerra, como no final do século V e IV.[208]

Não é possível dizer com qualquer confiança quando este esquema de tributação foi introduzido — ou quando foi abandonado. Poderia ter sido obra de Sólon: mesmo antes que o dinheiro cunhado se tornasse de uso comum, uma forma de tributação, com pagamentos em prata por peso, não é impossível, e uma inovação fiscal impressionante como a primeira introdução de uma forma de tributação direta talvez não seja incompatível com o perfil de reformador radical de Sólon, que não tinha medo de cancelar dívidas, proibir a escravidão por dívida para o futuro e tornar o acesso ao cargo político dependente de avaliações de propriedade. Suponho que uma data no segundo quartel do século VI, pouco antes da tirania de Pisístrato, seja possível, mas durante esse período perturbado a introdução de uma inovação tão grande me parece improvável. Os Pisistrátidas introduziram uma tributação direta regular da produção em produtos agrícolas,[209] mas isso certamente não teria continuado após a sua expulsão em 510. Na minha opinião, talvez o momento mais provável para a invenção do sistema de tributação que acredito estar por trás do trecho de Pólux seja 508/7, quando a constituição de Clístenes foi promulgada. No entanto, não posso acreditar que este sistema muito rudimentar tenha permanecido em uso por muito tempo durante o século V. Não temos detalhes sobre o método de cobrança de *eisphora* em Atenas antes da introdução do sistema de *symmoria* em 378/7,[210] mas sabemos que uma cobrança ocorreu na última parte de 428,[211] e que houve pelo menos outras duas durante

208 Cf. meu DTAEFC.

209 Tucídides VI 54-5; Aristóteles, *Constituição dos Atenienses* 16.4, 6; e outras fontes citadas por Sandys, *ACA*² 66 n.

210 Cf. meu DTAEFC 44–5.

211 Tucídides III 19.1. Cf. meu DTAEFC 34 n. 20.

a guerra jônica,[212] e a evidência epigráfica[213] prova que uma *eisphora* era pelo menos uma possibilidade que poderia ser seriamente contemplada no terceiro quartel do século V.[214] Acredito que devemos supor que os arranjos rudimentares refletidos em Pólux VIII 130 foram substituídos durante o século V por um método mais sofisticado e mais rentável[215] no qual todo homem rico o suficiente para estar sujeito a *eisphora* era obrigado a pagar imposto (a qualquer taxa que fosse decretada em cada cobrança) sobre o valor total de sua propriedade, seu *timēma*, conforme avaliado por ele mesmo.[216] A existência do tributo pode ter tornado desnecessárias as cobranças reais até 428.[217]

---

212 Na minha opinião, Lísias XXI 3 torna provável que tenham sido cobradas duas *eisphorae*, e não mais do que duas, entre 411/10 (*ibid.* § 1) e o fim da guerra em 404; e acho difícil acreditar que tenham existido quaisquer taxas entre 425 (quando a avaliação do tributo devido pelo Império foi aproximadamente triplicada) e o desastre da Sicília em 413. Neste ponto, estou de acordo com K. J. Dover (em *CQ* 44 (1950) 44–60, pp. 58–9) contra Gomme, *HCT* II 278–9. Contraste, contudo, as referências para πολλαὶ εἰσφοραί ["muitas *eisphorae*"] em Lísias XII 20 e XXV 12, e para πολλαὶ καὶ μεγάλαι εἰσφοραὶ ["muitas *eisphorae* grandiosas"] em Antifonte II ii 12; e cf. Pseudo-Lísias XX 23; Lísias VII 31; XVIII 7, 21; XIX 29, 57; XXX 26.

213 M/L 58 = Fornara 119 (= *IG* I³ 52 *B*) 17, 19; *IG* I³ 41 *c* 38; *IG* I³ 21 = Fornara 92 *h* 56.

214 Penso que isto é tudo o que precisamos de inferir das provas citadas na n. 213 acima. Se uma *eisphora* foi efetivamente cobrada antes de 428, então ou Tucídides (III 19.1) está errado ou, contra a interpretação natural das suas palavras, devemos supor que quando ele fala dos atenienses em 428 como ἐσεναγκόντες τότε πρῶτον ἐσφορὰν διακόσια τάλαντα ["contribuindo então pela primeira vez com uma *eisphora* de 200 talentos"] quer dizer que (a) esta foi a primeira *eisphora* durante a guerra (cf. Gomme, *HCT* II 278), ou (b) que esta foi a primeira *eisphora* tão grande como 200 talentos. [A hipótese a favor de (b) é defendida por J. G. Griffith, *AJAH* 2, 1977, 3-7].

215 Os dois pagamentos de *eisphora* feitos pelo orador muito rico de Lísias XXI (ver § 5) foram de 3.000 e 4.000 dr. respetivamente. *Se* cada pagamento não foi (como é bem possível) maior do que o montante compulsoriamente devido, *e* foi feito em virtude de uma *eisphora* de 1% (no *timēma* de 50 tal. no primeiro caso e 66 2/3 no segundo), então o homem estava sendo obrigado a mais de um talento (6.880 dr.) a mais do que ele teria que pagar em duas taxas de 1% sob o antigo sistema, como eu o concebi. (Apresento estes números *exempli gratia*).

216 Veja meu DTAEFC 33–4.

217 No DTAEFC 45, observei que Aristófanes, *Cavaleiros* 923-6, não implica necessariamente que os ricos pagavam então uma *taxa* mais elevada. Acrescento que

Como indiquei acima, no entanto, todas essas tentativas de datar a introdução ou o abandono do sistema de tributação que supus estar por trás de Pólux VIII 130 são conjecturais.

(IX) MISCELÂNEA

1. A primeira evidência que conheço da existência de uma avaliação detalhada da propriedade de cada homem remonta ao final dos anos 390: em Isócrates XVII 49,[218] é dito de um homem chamado Cito que Pasião "o retornou em sua(s) avaliação(ões)[219] como um escravo entre seus outros serventes" (τὸν αὐτὸν δὲ τοῦτον ἀπεγράψατο... ἐν τοῖς τιμήμασιν ὡς δοῦλον μετὰ τῶν οἰκετῶν τῶν ἄλλων). Nenhuma evidência é apresentada em apoio a essas afirmações, e minha própria impressão é que Pasião provavelmente insistiu o tempo todo que Cito era realmente um homem livre, provavelmente seu próprio liberto; mas as palavras citadas, mesmo que sejam falsas, fornecem evidências incontestáveis de que os escravos poderiam ser (e, portanto, presumivelmente, tinham que ser) incluídos no *timēma* de um homem — e se escravos, então muito provavelmente (se não com certeza) toda outra propriedade móvel, bem como terra. Por mais repleto de deturpações que o discurso possa ser, não vejo como a conclusão que afirmei possa ser evitada.

Infelizmente, não é certo se Pasião, no momento em questão, ainda era um liberto, ou seja, uma espécie de meteco, ou já se tornara um cidadão. Pasião morreu como cidadão em 370/69,[220] e parece-me

---

esta passagem é coerente com a utilização de qualquer um dos dois sistemas de avaliação acima referidos. Estou agora convencido de que Pseudo-Aristóteles, *Economia* II ii 5, 1347ᵃ18-24 (cf. DTAEFC 44), se refere à clerúquia em Potideia do séc. IV — que pode ter gozado de uma maior autonomia do que a que hoje se atribui às clerúquias do séc. V/IV: ver *CQ* 56 = n.s. 13 (1963) 110-19, p. 111 n. 1.

218 As datas externas ao discurso parecem ser 393 e 387. Os acontecimentos nele descritos terão ocorrido no final da década de 390.

219 Plural para singular, eu suspeito.

220 Pseudo-Demóstenes XLVI 13.

improvável que ele fosse um cidadão já nos anos 390.[221] Se ele ainda não era um cidadão, seu *timēma* não poderia ter nada a ver com o registro em conexão com as classes do censo, que obviamente eram relevantes apenas para os cidadãos. E, em qualquer caso, se minha imagem das qualificações das *telē* no quinto e quarto séculos estiver correta, nenhum retorno especial de propriedade seria necessário para os fins das *telē*. Em ambos os casos, o *timēma* de Pasião teria sido aquele que ele retornou para que sua responsabilidade pela *eisphora* pudesse ser avaliada — sabemos que os metecos (provavelmente apenas os metecos mais ricos) eram de fato responsáveis pela *eisphora* no início do quarto século.[222]

Nós podemos, por conveniência, dizer que há evidências em Isócrates XVII 49 para o que pode ser chamado de "*timēma*-fiscal" apenas, em contraste com o "*timēma*-político", qualquer avaliação necessária para decidir a qual das quatro *telē* um cidadão pertencia. (Eu, é claro, acredito que na realidade não existia tal coisa como "*timēma*-político", não sendo necessária nenhuma *inscrição* ou *devolução* para estabelecer a *telos* de um homem).[223]

2. A distinção entre "*timēma*-fiscal" e "*timēma*-político" torna-se importante em conexão com Iseu VII 39, que foi reivindicado por A. H. M. Jones como prova de que "as classes solonianas eram ba-

221 [*vacat* em Ste.Croix. Isto está certamente correto: a passagem decisiva é Isócrates XVII 33.1, Πυθόδωρον... ὃς ὑπὲρ Πασίωνος ἅπαντα καὶ λέγει καὶ πράττει, i.e. no momento do discurso Pasião ainda exigia um cidadão προστάτης: cf. e.g. Davies, *APF* 429-30. PJT].

222 Veja Isócrates XVII 41; também Lísias XXII 13, com 5 (c. 385 a.C).

223 No caso de alguém ainda querer defender a ideia de que os cidadãos tinham de fazer declarações sobre os seus bens ("*timēmata* políticos") para que a *telos* de cada homem pudesse ser atribuída, gostaria de observar que o fato (que parece certo a partir de Isócrates XVII 49) de os bens móveis (pelo menos os escravos) terem de ser incluídos nos *timēmata* fiscais de uma pessoa não fornece qualquer prova de que outros bens para além da terra teriam de ser incluídos nos *timēmata* políticos, caso existissem. O registro para a *eisphora* ("*timēmata* fiscais") pode, em todo o caso, ter sido algo muito diferente do registro para as classes de recenseamento ("*timēmata* políticos"), e o fato de os escravos fazerem parte da avaliação do capital sobre o qual a *eisphora* era paga não prova nada sobre a base ou a avaliação das *telē*, mesmo que tal coisa existisse.

seadas em propriedade, não em renda" no século IV.[224] Não posso aceitar a inferência de Jones a partir desta passagem. Acabei de mostrar que *timēma*-fiscal e *timēma*-político poderiam ser duas coisas muito diferentes; e o que Pronapes (em Iseu VII 39) é acusado de ter avaliado em um valor baixo é o seu *timēma*-fiscal. Na verdade, a teoria geral que ofereci se encaixa muito melhor na passagem, pois se a adesão à *telos* não fosse regulada de acordo com o *timēma* quantitativo, a ação de Pronapes em dar a si mesmo um baixo *timēma*-fiscal e ainda assim reivindicar estar qualificado para cargos "como se fosse um *Hippeus*" seria muito mais facilmente realizada. (Não que eu pudesse prestar muita relevância a alegações oratórias não comprovadas desse tipo).

3. Também não posso aceitar a sugestão de Jones[225] de que, em qualquer caso, no século IV, havia uma qualificação para o status de *Zeugites*/hoplita de 2.000 *drachmae*, o valor mínimo de capital exigido pela constituição de Antípatro em 322, no final da Guerra Lamiaca, para o gozo de plenos direitos de cidadania.[226] É muito provável *a priori* que Antípatro quisesse que os direitos políticos fossem restritos aproximadamente à classe hoplita; mas, claro, 2.000 *drachmae* já não precisavam ser a qualificação, e na interpretação das evidências sobre *telē* e classes militares adotadas neste ensaio, não poderiam ter sido. Sugiro que a figura de 2.000 *drachmae* foi simplesmente a tentativa de Antípatro de fixar um limite definitivo que resultaria em um corpo de cidadãos plenos, consistindo aproximadamente dos παρεχόμενοι ["aqueles que fornecem (suas próprias) armas"] — como aparentemente ele fez, pois tais números de hoplitas como temos após a grande peste em Atenas[227] são

224 *AD* 142 n. 50. Por "propriedade", é claro, significa capital.

225 *AD* 142 n. 50; cf. 76 e 149 n. 3.

226 Diodoro XVIII 18.4-5. O mesmo número, 2.000 dr. (desta vez *drachmae* alexandrinas), aparece em Cirene como qualificação para a πολίτευμα, o corpo de cidadãos com plenos direitos políticos na constituição estabelecida sob a égide de Ptolomeu no final do século IV: *SEG* IX 1 § 1.

227 Tucídides IV 90.1, com 93.3 & 94.1 (a.C. 424); Pseudo-Lísias XX 13 (411); Xenofonte, *Helênicas* IV ii 17 (394); Diodoro XV 84.2 (362); XVI 37.3 (352); e esp. XVIII 10.2 & 11.3 (323–2): ver Jones, *AD* 30–31 e 142 n. 42; 81 e 150 nn. 25–6. Os números

razoavelmente consistentes com uma quantidade total de cidadãos hoplitas de cerca de 9.000, que também era o tamanho do πολίτευμα de Antípatro, de acordo com Diodoro e Plutarco.[228]

É interessante — e apoia minha tese geral — que devemos ouvir falar do *timēma* quantitativo fixo apenas no momento preciso em que, pela primeira vez em Atenas, uma qualificação foi introduzida para o exercício de direitos políticos básicos. Para esse fim, em uma oligarquia, o *timēma* monetário preciso era natural e necessário: era algo completamente diferente de fixar o limite inferior de uma classe de hoplitas, que a cidade naturalmente queria que fosse o mais amplo possível. É evidente a partir de muitas declarações na *Política* de Aristóteles[229] que tais *timēma* quantitativos existiam amplamente no século IV. Devo mencionar que a linguagem usada nestes e outros extratos[230] sugere que a maioria das cidades permitia não apenas a terra, mas também outras formas de propriedade a serem incluídas no *timēma* de um homem.

4. Jones[231] diz sobre os 2.000 *drachmae* de Antípatro, "O número provavelmente foi alcançado multiplicando por dez a renda soloniana de 200 *metra*... , convertido na escala de valores soloniana (Plutarco, *Sólon* 23) em 200 *drachmae*; essa estatística é levemente confirmada pelo valor dos κλῆροι ["lotes"] (Tucídides III 50.2), que provavelmente se destinavam a elevar os ocupantes *Thetes* ao status de *Zeugites*". Como não acredito que qualquer qualificação oficial

---

relativos à Guerra Lamiaca de 323-2 sugerem, como diz Jones, um total geral não muito distante de 9.000 cidadãos hoplitas — se nos lembrarmos que alguns metecos também serviram como hoplitas (ver n. 186 acima).

228 Diodoro XVIII 18.5 (22,000 privados de direitos políticos); Plutarco, *Fócio* 28.7 (12,000 privados de direitos políticos, assim eu poderia preferir). Cf. Jac. ii 377 n. 16, aparentemente igualando (a) *Zeugitai*, (b) ὅπλα παρεχόμενοι, e (c) os 9,000 de Antípatro.

229 E.g. 1266^{b}21–4; 1274^{a}15–21; 1278^{a}21–3; 1282^{a}29–32; 1283^{a}17–19; 1291^{a}39–41; 1292^{a}39–^{b}2; 1292^{b}25–30; 1294^{b}2–13; 1297^{b}1–3; 1298^{a}35–9; 1303^{a}21–5; 1305^{b}30–4; 1306^{b}6–16; 1307^{a}27–9; 1308^{a}35–^{b}10; 1317^{b}22–3; 1318^{b}27–32; 1320^{b}21–8; 1321^{a}26–8. Cf. Platão, *República* VIII 550c, 553a.

230 E.g. *Helênicas de Oxirrinco* XI 2.

231 *AD* 142 n. 50.

possa ter sido expressa em termos de renda financeira,[232] é claro que não acredito que a renda anual de 200 dr. recebida por cada um dos clérucos de Lesbos de 427 possa ter transformado ele em um hoplita *per se*,[233] embora se (como eu penso) os hoplitas se tornassem tais pela capacidade de prestar serviço de hoplita, a posse de uma renda de 200 dr. em adição ao que o cléruco já tinha, poderia muito bem tornar possível para ele alcançar o status de hoplita.

NOTAS FINAIS

i (de n. 6). O monopólio eupátrida do arcontado

Posteriormente (em A 247-8 n. 49), Jacoby argumentou de forma convincente que Plutarco, *Teseu* 25.1–2 (formando a parte inicial de *Constituição dos Atenienses* fr. 2 na edição de Sandys e na OCT, ed. Kenyon, mas omitido do texto Teubner de H. Oppermann, fr. 4), a única fonte principal a afirmar explicitamente um monopólio original eupátrida do arcontado, com as palavras Εὐπατρίδαις δὲ... παρέχειν ἄρχοντας ἀποδοὺς [ὁ Θησεύς] κτλ. ["(Teseu) confiou aos eupátridas... a provisão de arcontes"], provavelmente não vem do próprio Aristóteles, mas de "um autor que, historicamente sem importância nenhuma, descreveu o Estado de Teseu obviamente sob a influência do Estado Platônico": Jacoby sugere Teofrasto, mas a fonte poderia ser um Atidógrafo ou um panfletário político. Cf. F. R. Wüst, em *Historia* 6 (1957), nas pp. 181-2. Ruschenbusch, *PP*, na p. 415 n. 64, acredita que a passagem em Plutarco remonta a Androcião, mas sem dar as suas razões.

Não podemos afirmar com qualquer confiança a autoridade de Aristóteles para a visão de que no Estado aristocrático apenas os eupátridas poderiam ser arcontes. No entanto, provavelmente representa o que Aristóteles acreditava (não vejo motivo para ele

---

232 Ver pp. 79 ss. acima.

233 Como acreditam Jones, loc. cit.; Glotz-Cohen, *HG* II 201; e outros. Não posso entrar aqui nos números, mas creio que se pode provar, sem margem para dúvidas, que um rendimento de 200 dr. por ano estava muito aquém do que era necessário para manter o estatuto de hoplita mesmo no século V, e ainda mais no século IV.

não ter continuado a acreditar nisso para o período antes de Draco mesmo depois que o cap. 4 foi inserido na *Constituição dos Atenienses*), e aparece em fontes posteriores: Dionísio de Halicarnasso., *Das antiguidades romanas* II 8.2; Eusébio, *Crônicas* II (ed. A Schoene, 1866) 84, s. *ab Abraham* 1333 = Olimpiodoro XXIV 1 [Jerônimo] ou 2 [Armênida] (veja esp. Sync., p. 399.21); cf. Platão, *Crítias* 110CD. [A realidade de uma "Ordem Eupátrida" é duvidada, por exemplo, por Welwei, *Athen*, 108-9; aceitação cautelosa em J. K. Davies, *OCD*³, s.v. Eupatridai; Parker, *AR*, 63-5.]

ii (de n. 12). Aristóteles, *Constituição dos Atenienses* 7.4 e 55.3

Há uma discrepância óbvia entre as formas da pergunta feita ao candidato à função pública em Aristóteles, *Constituição dos Atenienses* 7.4 (linha 16 OCT) e 55.3 (linha 14 *OCT*): na primeira passagem é efetivamente "A qual das *telē* você pertence?" e na segunda "Você paga seus impostos?". Conectado com a última estão o εἰ τὰ τέλη τελεῖ ["ele paga seus impostos?"] em Dinarco II (c. *Aristó*teles) 17 e o τὰ τέλη τελῶ ["Eu pago meus impostos"] de Cratino Junior fr. 9 K/A = 9 K, linha 5, ap. Ateneu, *Deipnosofistas* XI 460F. A solução é que havia duas perguntas diferentes, feitas em duas ocasiões diferentes, a primeira ("Qual é a sua *telos*?") na ἀνάκρισις preliminar, quando o candidato ainda era μέλλοντα κληροῦσθαι ["um candidato para sorteio"] (*Constituição dos Atenienses* 7.4), e a segunda ("Você paga seus impostos?") na δοκιμασία subsequente (*Constituição dos Atenienses* 55.2–3) à eleição. Pólux VIII 85–6 está confuso: apenas o último item em sua lista, καὶ εἰ τὸ τίμημα ἔστιν αὐτοῖς [intraduzível: leia καὶ τί τὸ τίμημά ἐστιν, "qual é a classe de censo deles?" PJT], pertence à *anakrisis* a qual ele atribui; todas as outras perguntas (veja *Constituição dos Atenienses* 55.3) foram feitas na *dokimasia* posterior. [Assim também Rhodes, *CAAP* 145].

iii (de n. 45). Antiguidade dos *Hippeis* Atenienses

Na descrição de Aristóteles sobre as classes de censos, tanto em *Política* II 1274ª5–21 quanto em *Constituição dos Atenienses* 7.4, os *Hippeis* são ἡ ἱππάς, uma forma adjetival feminina (presumivelmente com τάξις entendida) usada como substantivo e presente no ático clássico apenas em sobrevivências, como (a) o nome da classe de censo dos *Hippeis*; (b) o Ἱππάδες πύλαι ["Portão equestre"], um dos portões da cidade (Heliodoro ap. Plutarco, *Moralia* 849C); (c) βοῦς ἱππάς ["boi equestre"], explicado por Hesíquio, s.v. ἱππάς, como usado para um sacrifício no θυσίαι ἱππάδες ["sacrifícios equestres"], no qual os *Hippeis* estavam envolvidos; e (d) ἡ ἱππὰς παιδιά ["o jogo equestre"], um jogo infantil mencionado por Pólux IX 122. Agradeço à Srta. L. H. Jeffery por chamar minha atenção para isso.

iv (de n. 47). Infantaria montada arcaica

A Srta. Jeffery gentilmente chamou minha atenção para a predela da estela de hoplita no Metropolitan Museum, Nova York (G. M. A. Richter, *The Archaic Gravestones of Attica*, nº 45 e fig. 126, c. 530 a.C.), mostrando um carro com ἡνίοχος ["cocheiro"] e ἀποβάτης ["apóbata"]: isso demonstraria a riqueza e alta posição social do homem entre os criadores de cavalos, mas evidentemente ele serviu como um hoplita. Como a Srta. Jeffery observa, ele pode muito bem ter sido um daqueles hoplitas que cavalgavam até o campo de batalha com seus escudeiros e depois desmontavam; cf. J. K. Anderson, *Ancient Greek Horsemanship*, 146 e pl. 29; e veja os capítulos xi–xii, pp. 128–54, especialmente 129, para uma boa descrição do papel desempenhado pelos guerreiros montados atenienses no século VI, como ilustrado por pinturas em vasos. Este monumento, a estela de c. 550–30 de Lamptra (Richter, *op. cit.* nº 20 e fig. 68: o cavaleiro deve ser o escudeiro, que carrega dois escudos e uma lança — certamente não um simples dardo de caça), e a estela de c. 525 no Museu Barracco em Roma (Richter, *op. cit.* nº 64 e fig. 154: observe a espada, bem como as duas lanças), todos parecem testemunhar atividades especificamente militares, e vários outros monumentos do mesmo tipo que eu não preciso mencionar aqui podem muito bem ter um significado militar.

v (de n. 54). *Katalogoi*

Jones, *AD* 163, dá uma explicação breve e clara do mecanismo do alistamento. Eu poderia acrescentar que a expressão κατάλογος ocorre neste sentido (alistamento para uma expedição particular) tanto no singular quanto no plural (ver Aristófanes, *Cavaleiros* 1369). Lísias XIV 6–7 pode parecer à primeira vista ser uma referência à compilação do principal *katalogos* hoplita, mas a pergunta feita é, "Quem são aqueles que devem *aparecer* nas fileiras da infantaria (ἐν τῇ πεζῇ στρατιᾷ)?", e a resposta, "Não são aqueles que são da idade apropriada [uma referência ao alistamento ἐν τοῖς ἐπωνύμοις ['por faixas etárias']: ver Jones, *loc. cit.*], aqueles que os generais alistam?", deve portanto referir-se à inscrição pelos generais para a expedição particular. (O registro no principal *katalogos* hoplita em si era assunto do taxiarca da tribo: ver Lísias XV 5; cf. XIII 79). O orador então parece dizer (em uma passagem cujo texto não é muito satisfatório) que Alcibíades é culpado de ἀστρατεία ["evasão de serviço militar"] porque, embora alistado, ele não marchou.

vi (de n. 61). Demóstenes XXIV 197

Jones, *AD* 84, traduz θύρας ἀφαιρεῖν καὶ στρώμαθ' ὑποσπᾶν καὶ διάκονον, εἴ τις ἐχρῆτο, ταύτην ἐνεχυράζειν por "remover portas e apreender leitos e confiscar uma serva, se alguém empregasse uma", e acrescenta, "se Demóstenes está dizendo a verdade, alguns dos 6.000 contribuintes de *eisphora* nem sequer podiam comprar uma única escrava para ajudar em casa". Existem três argumentos contra essa interpretação:

1. Isso faz parte do caso de um orador. O discurso está cheio de declarações tendenciosas e, mesmo que Demóstenes estivesse *fingindo* que algumas das vítimas de Timócrates poderiam ser tão pobres que não possuíam nenhuma escrava, não estaríamos justificados em supor que talvez alguns deles realmente não tinham.

2. A cláusula εἴ τις não suportará a interpretação que Jones dá a ela. Certamente não há nenhuma implicação necessária de que realmente possa haver pessoas entre as vítimas de Timócrates que não tinham uma διάκονος de todo. Para usos de εἴ τις nos quais

nenhuma dúvida correspondente está presente, veja, por exemplo, Tucídides VII 10; VIII 76.2; Demóstenes XIV 16, e alguns textos citados por R. Kühner e B. Gerth, *Ausf. Gramm. d. griech. Sprache*, II³ ii 573–4 (em suporte da sua afirmação, "*so kommt es, dass* εἴ τις... *u.s.w. geradezu statt* τὶς... *u.s.w. stehen*"), por exemplo, Tucídides I 14.3; 17; IV 26.5; VII 21.5; Xenofonte, *Helênicas* IV ii 21; V iii 3.

3. Aqui ἐχρῆτο ["servia-se de"] significa ἐπλησίαζε ["tinha relações sexuais com"]: isso foi percebido por W. Wayte, em sua edição do Demóstenes XXII e XXIV, *ad loc.* (Note a retenção do gênero do escravo até as duas últimas palavras). O sentido é, "sempre que ele encontrava uma serva *favorita*, por que, ele também *a* levava". E veja o Escólio (ed. Dindorf, IX 801–2). Segundo Wayte, "a autoridade do MS. é decisiva a favor do ᾗ τις ἐχρῆτο [impresso por Wayte, seguindo Benseler], que produz exatamente o mesmo sentido que εἴ τις".

vii (de n. 115). Preços relativos de vinho e cevada

Os únicos valores simultâneos comparáveis que parecemos ter que são de alguma forma confiáveis são vindos da contabilidade de Eleusis de 329/8, onde 16 dr. foram aparentemente gastos em 2 *metretai* de vinho (a 8 dr. por metr., portanto) para os escravos públicos (provavelmente não o melhor vinho, portanto) no festival das Choes (*IG* II² 1672. 204–5). No mesmo ano, os primeiros frutos de cevada (ἀπαρχαί) foram vendidos a 3 (para 3 5/6) dr. por *medimnos*, e o trigo ἀπαρχαί a 5–6 dr. por med. (*ibid.* 281–3, 297–8).

Alega-se que Fenipo, nos anos 320 (Pseudo-Demóstenes XLII 20), produzia mais de 1.000 med. de grão (na verdade cevada, como o contexto mostra) e 800 metr. de vinho em sua propriedade, e vendendo a cevada a 18 dr. por med. e o vinho a 12 dr. (aparentemente por metr.), mas não podemos confiar em nada nestes números — cf. minha contribuição para *ASI* (Ehrenberg), 109-14. O discurso em seu conjunto dá todos os sinais de ser completamente desonesto, e a partir de § 24, parece que Fenipo admitiu produzir apenas um décimo do que o orador alega. Em § 31, diz-se que Fenipo estava a obter uma τριπλασία τιμὴ ἢ πρότερον ["preço três vezes maior do que antes"]. Embora o valor da cevada de 18 dr. possa ser um grande exagero, o preço que Fenipo vinha recebendo pode muito bem ter sido o triplo do de alguns anos antes, pois um discurso quase contemporâneo (Pseudo-Demóstenes XXXIV 39) menciona que, num ano de preços altos, provavelmente 330, σῖτος (que no contexto significa trigo) subiu do seu preço habitual (καθεστηκυῖα τιμή) de 5 dr. por med. para 16 dr.; e uma inscrição (*IG* II² 408. 12-14), também de cerca da mesma data, homenageia dois *Heracliotes* por venderem em Atenas (evidentemente num ano de grande escassez) trigo siciliano a 9 dr. por med. e cevada a 5 dr.

Para outros materiais sobre preços de trigo, cevada, vinho e azeite, veja Jardé, *CAG* I 164–86; W. K. Pritchett em *Hesp.* 25 (1956), pp. 184–6, 196–203; F. Heichelheim, *Wirtschaftliche Schwankungen* (1930), 51–2, 57–72, 118–22, 128–35. [Para discussões mais recentes, ver P. Garnsey, "Grain for Athens", em *Crux*, atualizado em seu *Cities, Peasants and Food in Classical Antiquity* (1998) 183–200].

viii (de n. 130). Trigo Ático

É possível que a proporção de cevada para trigo fosse da ordem de doze para um, mas parece que no ano 329, pelo menos, a quantidade de trigo cultivada em Ática, excluindo Oropo, era de cerca de 27.500 med. ou mais, e não se pode chamar isso de "praticamente nenhum trigo". Os números são, claro, obtidos de *IG* II² 1672: veja a interpretação de Jardé, *CAG* I 36–57, 95–98. Estou levando em conta apenas a produção das dez tribos atenienses, que, se fizermos todas as suposições necessárias, nos dão 27.487 1/2 med. de trigo e 340.575 de cevada, ou 371.062 1/2 med. no total. (Devo talvez mencionar que quem utiliza a tabela na p. 41 do livro de Jardé deve estar atento a um erro de impressão: a produção total da tribo Acamantis deve ser 44.700, não 47.700). A mais importante das várias "suposições necessárias" é que as respectivas taxas de ἀπαρχή ["primeiros frutos"] ainda eram 1/1200 para o trigo e 1/600 para a cevada, conforme estabelecido por M/L 73 = Fornara 140 e alterado por *IG* II² 140.

ix (de n. 168). A versão de Van Groningen da interpretação de Wilcken de Plutarco, *Sólon* 23.3

Van Groningen, que aceita οὐσιῶν, mas acredita que bens móveis não eram avaliáveis no tempo de Sólon, sugeriu que "*medimnos*, ovelhas e *drachma*" pretendiam corresponder às três principais maneiras pelas quais a terra poderia ser utilizada: para agricultura, para pastagem, ou para arrendamento. Isso me parece excessivamente engenhoso, e eu o criticaria da seguinte maneira:

1. A forma das palavras usada por Plutarco (εἰς... τὰ τιμήματα τῶν οὐσιῶν λογίζεται πρόβατον καὶ δραχμὴν ἀντὶ μεδίμνου) ["para o propósito de fixar as avaliações de propriedade, (a lei soloniana) considera uma ovelha (ou cabra) e uma *drachma* em vez de um *medimnos*"], embora na interpretação de van Groningen coloque a ênfase correta em μεδίμνου, seria uma maneira extremamente estranha de dizer o que van Groningen quer que a passagem signifique, e ninguém jamais a entendeu dessa maneira. A responsabilidade pela redação enigmática presumivelmente não seria de Plutarco. Mas por que Sólon se expressaria com tal obscuridade desnecessária?

2. Se no tempo de Sólon um *medimnos* de cevada realmente valesse uma *drachma*, então um pedaço de terra arrendado por um valor anual de tantas *drachmae* deve ter sido muito mais valioso do que um pedaço de terra produzindo apenas uma certa quantidade de *medimnoi* de cevada, pois o locatário teria que se manter e a sua família além de pagar o arrendamento. Terra arrendada, portanto, seria seriamente subvalorizada.

3. Parece improvável que o arrendamento por "dinheiro" (mesmo em prata por peso) fosse muito praticado no tempo de Sólon.

4. Também parece improvável que nessa época mais do que uma pequena fração da terra da Ática fosse usada para pastorear ovelhas, ou mesmo ovelhas e cabras.

5. Avaliar a terra de pastagem da maneira sugerida por van Groningen certamente seria um método absurdo de avaliação. Um homem poderia ter contado suas ovelhas, para esse propósito, de uma entre duas maneiras. Ou (a) ele incluía todas as suas ovelhas a cada ano, ou (b) ele incluía apenas aquelas recém adquiridas, por nasci-

mento (e talvez compra?), no ano de avaliação, ou em um ano típico. Mas se (a), então as unidades de capital teriam sido equiparadas, muito inadequadamente, com unidades de renda, como até mesmo um grego do século VI dificilmente teria deixado de perceber. E se (b), então a subvalorização de uma ovelha (veja p. 77 e n. 149 acima), em comparação com uma *drachma* e um *medimnos* de cevada, resultaria em uma avaliação injustamente baixa da terra. Pelo método de avaliação da terra de pastagem que sugeri acima, por outro lado, não surgiria tal injustiça.

x (de n. 191). Uma objeção adicional à teoria de Kahrstedt sobre as qualificações das *telē*

Contra qualquer teoria de que as qualificações das classes do censo sempre foram avaliadas em termos de produção agrícola contabilizada em espécie, vejo outra objeção que não acredito ter sido notada por Kahrstedt e aqueles que, como ele, aceitam o relato de Aristóteles e negam uma mudança subsequente no método de avaliação. Esta objeção deriva de uma discussão mais inteligente de Aristóteles, em dois lugares na *Política* (V 1306^{b}6-16; 1308^{a}35-^{b}10), sobre as consequências das mudanças econômicas que resultaram em uma maior proporção de cidadãos (em 1306^{b}13-14, Aristóteles realmente diz "todos" os cidadãos) que excediam o *timēma* monetário fixo que conferia qualificação para direitos políticos importantes. Aristóteles está falando não apenas de oligarquias, mas também de πολιτεῖαι no sentido especial em que ele às vezes usa esse termo, ou seja, constituições mistas; e a frase que ele usa no início do primeiro trecho, ἐν ὅσαις ἀπὸ τιμήματος βουλεύουσι καὶ τὰς ἄλλας ἀρχὰς ἄρχουσιν ["(oligarquias) nas quais as pessoas servem como conselheiros e jurados e preenchem as outras magistraturas com base em seu *timēma*"], se aplicaria, mas para a palavra δικάζουσι ["servir como jurados"], à constituição de Sólon como o próprio Aristóteles a retrata tanto na *Constituição dos Atenienses* como na *Política* (ver esp. II 1273^{b}35-74^{a}21; III 1281^{b}25-38). Na segunda passagem explicitamente (nota νομίσματος ["dinheiro"] em 1308^{a}38), e na primeira com certeza, por implicação, os *timēmata* são concebidos em termos unicamente de capital monetário — note *Política* 1306ᵇ12-13: não é apenas que muitos cidadãos têm *maiores* posses, mas que as *mesmas* posses, τὰς αὐτὰς κτήσεις, torna-se πολλαπλασίου... τιμήματος ἀξίας ["vale muitas vezes o *timēma*"]. O único remédio que Aristóteles pode sugerir (*Política* 1307ᵃ8-ᵇ6) é revisar frequentemente as avaliações, e aumentar ou diminuir as qualificações, se necessário. Mas se em um caso muito evidente, Atenas, o suposto sistema soloniano de avaliações em espécie, em termos de produção agrícola, ainda existisse, por que Aristóteles não se referiu a ele? Isto teria fornecido um método seguro de prevenir o mesmo tipo de μεταβολή ["mudança (constitucional)"] com a qual Aristóteles está preocupado nesses trechos! A situação que ele está pensando, ou seja, uma queda no valor do *dinheiro*, não teria afetado a distribuição de cidadãos no que Aristóteles representa como a base soloniana, mesmo que houvesse uma certa tendência para as pessoas subirem para classes superiores simplesmente porque se tornaram absolutamente mais ricas.

Eu percebo muito bem que nas duas passagens da *Política* que eu trouxe aqui estamos lidando não com qualificações para o serviço militar, ou graduações dentro de um sistema democrático (como as *telē* solonianas) dando acesso a cargos, mas com a qualificação básica para exercer direitos políticos — comparável, na medida em que diz respeito a Atenas, somente com o *timēma* de 2.000 dr. estabelecido por Antípatro, ao qual eu já aludi. O princípio, no entanto, é exatamente o mesmo. Se a situação em Atenas fosse como Kahrstedt a retrata, Aristóteles poderia muito bem ter recorrido a ela como uma alternativa ao tipo de *timēma* que ele está discutindo, uma alternativa não sujeita aos defeitos do método usual que ele enfatiza.

APÊNDICE

A Dedicação de Antemião (Aristóteles, *Constituição dos Atenienses* 7.4)

A Sra. L. H. Jeffery, com característica bondade, comunicou-me uma interpretação ousada e altamente original da dedicação de Antemião, registrada por Aristóteles, *Constituição dos Atenienses* 7.4, que acompanha uma estátua (εἰκών) de um homem com um cavalo ao lado dele,[1] na qual ἀνάκειται ἐν ἀκροπόλει ["está dedicado na Acrópole"]:

> Διφίλου Ἀνθεμίων τήνδ' ἀνέθηκε θεοῖς,
> Θητικοῦ ἀντὶ τέλους ἱππάδ' ἀμειψάμενος.
>
> ["Antemião, filho de Difílo, dedicou esta (estátua) aos deuses,
> ao trocar a sua filiação da *telos* de *Hippeus* pela de *Thes*"].

Estas linhas também são citadas, com uma referência à estátua, por Pólux VIII 131. Editores e comentaristas desde a *Aldine editio princeps* (1502) geralmente imprimem a primeira linha de Pólux em alguma forma como Διφίλου Ἀνθεμίων τόνδ' ἵππον θεοῖς ἀνέθηκεν (assim Dindorf, 1824, e Bekker, 1846). E. Bethe. em sua edição de 1931, tem Διφίλου Ἀνθεμίων τόνδ' ἵππον ἀνέθηκεν θεοῖς (Ἀνθεμίων ἵππον τόνδ' ACL ἀνέθηκεν θεοῖς Ed. pr.). Dindorf, no comentário à sua edição de Pólux (V i 815), indicou uma preferência por ἀνέθηκεν ἵππον τόνδ' ἀνέθηκεν θεοῖς. Acredito que Pólux escreveu Διφίλου Ἀνθεμίων τόνδ' ἀνέθηκεν θεοῖς, que eu entendo aparecer em pelo menos um MS (veja Sandys, *ACA*[2] 29, aparato para *Constituição dos Atenienses* 7.3)[2], e que ἵππον é uma glossa intrusiva.

Esta dedicação, embora presumivelmente posterior a 480, deve ser bem anterior aos tempos de Aristóteles, pois é dada como um

1 No papiro londrino da *Constituição dos Atenienses* a estátua é dita, sem dúvida por um lapso, como sendo "de Dífilo".

2 [A afirmação de Sandys não tem qualquer autoridade independente. Vem da nota de Dindorf "*Falckenburgii Codex habet* etc.", ou seja, o MS em questão é o F de Bethe. Mas Bethe não relata esta variante, embora seja normalmente diligente no registro das leituras desta importante família (o seu II). PJT].

exemplo de τὰ ἀναθήματα τῶν ἀρχαίων ["dedicações de pessoas antigas"].[3] Entre as dificuldades que surgem aqui estão as seguintes:

1. Embora existam precedentes possíveis para um único pentâmetro em epigramas áticos antes do século IV[4], não existem para dois pentâmetros.
2. Nenhum epigrama sobrevivente na Acrópole tem o plural θεοῖς ["para os deuses"]. Esperaríamos τῇ θεῷ ["para a deusa"], ou seja, Atena,[5] exceto em algumas circunstâncias muito especiais, por exemplo, uma grande campanha em que votos foram feitos a todos os deuses protetores.
3. É muito estranho encontrar um ateniense anunciando gratuitamente sua antiga condição de *Thes* ao comemorar sua elevação ao status de *Hippeus.*
4. Difílo talvez não seja um nome muito provável para um *Thes* em tempos antigos. A primeira objeção sozinha é quase intransponível e nos instiga a procurar alguma interpretação que não envolva a aceitação do duplo pentâmetro como uma dedicação real.

A interpretação alternativa oferecida por Srta. Jeffery, que acho muito sedutora, foi sugerida a ela por Plutarco, *Címon* 5.2–3, uma anedota sobre Címon que pode muito bem ter vindo de seu amigo Íon de Quios, a quem Plutarco cita na frase seguinte.[6] Durante a invasão persa de 480, nos é dito, Címon, seguido por seus companheiros (ἑταῖροι), passou em procissão pelo Cerâmico até a Acrópole, e lá dedicou a brida de seu cavalo a Atena, "sob o argumento de que o que a cidade precisava agora não era ἱππικὴ ἀλκή ['poder da cavalaria'] mas ναυμάχοι ἄνδρες ['homens lutando no mar']"; ele então pegou um escudo hoplita entre as oferendas do templo, orou à deusa, e desceu até o mar, um encorajamento para todos.

3 Raubitschek (DAA, p. 206, n.º 174) sugeriu que o Antemião em causa é o pai de Anito, que sabemos ter enriquecido por conta própria: ver Xenofonte, *Apologia de Sócrates* 29–31; Plato, *Mênon* 90AB; Escólios a Platão, *Apologia* 18B.

4 *IG* I³ 1227 é quase certamente um único pentâmetro e II² 3123 (= *DAA* 174), que, tal como a dedicatória de Antemião, é claramente a oferta de um *Hippeus*, pode muito bem ser.

5 Como em *IG* I³ 603, 647, 817 = *DAA* 2, 90, 31.

6 *FGrH* III B 392 F 12.

Ele iria servir, então, como um marinheiro, um ἐπιβάτης — e, como vimos antes,[7] os ἐπιβάται da frota ateniense eram tirados dos *Thetes* no final do século V, e provavelmente, eram da mesma classe na época das guerras persas, de modo que Címon estava efetivamente trocando seu status de *Hippeus* pelo de um *Thes*. Antemião, sugere Srta. Jeffery, pode ter sido outro ateniense como Címon, talvez um de seus ἑταῖροι, que dedicou uma estátua aos deuses — talvez o conjunto dos deuses a quem, nos é dito, a cidade rezou pela vitória[8] — e a dedicou em agradecimento após a vitória com um simples pentâmetro. A segunda linha, tomada por escritores posteriores como parte da dedicação, da fonte de Aristóteles em diante, pode ser simplesmente uma adição ou comentário de alguém, talvez do próprio Íon, registrando o fato de que Antemião, como Címon, havia abandonado seu status de *Hippeus* pelo de um *Thes*. A voz média de ἀμείβειν poderia evidentemente ser usada para significar "dar A (acusativo) em troca de B (genitivo)", como em Píndaro, Peãs IV 16; Pseudo-Plutarco, *Moralia* 607E, bem como "obter A (acusativo) em troca de B (genitivo)", como em Sólon fr. 2.2 (West); Sófocles, *Traquínias* 737. LSJ⁹, s.v. ἀμείβω B II 1, pode ser enganoso aqui.

POSFÁCIO DOS ORGANIZADORES

Não houve, ao nosso conhecimento, nenhum tratamento substancial dos principais tópicos discutidos por Ste.Croix. Rhodes, para quem Ste.Croix havia mostrado seu artigo, cita as visões de Ste.Croix extensivamente e, em sua maioria, sem discordância em suas notas em CAAP sobre o texto chave, Aristóteles, *Constituição dos Atenienses* 7.4; mas na página 143 ele observa que "é difícil acreditar que a responsabilidade para o serviço de cavalaria e hoplita nunca foram definidas". Whitehead reforça o caso (aceito por Ste.Croix) para uma interpretação militar, não agrícola, do termo ζευγῖται. Rosivach, por outro lado, busca dissociar completamente ζευγῖται dos hoplitas. Connor sugere que Sólon estava reutilizando para no-

7 p. 54 acima.

8 Ver as linhas 4-6 e 38-40 do decreto de Temístocles, M/L 23 = Fornara 55.

vos propósitos um conjunto existente de divisões que se relacionavam com a participação, de acordo com a escala de itens que alguém podia prover em procissões cívicas: "os *Pentakosiomedimnoi* no início do período arcaico conduziriam seus carros na procissão do festival; os *Hippeis* cavalgariam; os *Zeugitai* marchariam". Foxhall discute as implicações das classificações para o tamanho das propriedades; sobre as questões discutidas por Ste.Croix, ela é majoritariamente agnóstica. Bugh, 20–34, nega toda a conexão entre a segunda classe soloniana e o serviço militar; ele não é seguido por Spence, 180–2. Ambos acadêmicos acreditam (contra Ste.Croix, mas de uma maneira que não prejudica seu argumento) que já havia verdadeira cavalaria em Atenas no século 6 a.C. (Bugh, 1–19; Spence, 9–17; também Worley, 63–6).

A teoria de Jeffery sobre a dedicação de Antemião (Apêndice) é brevemente discutida por Rhodes, CAAP, 143–5. Ele questiona se o verbo ἀμείβομαι pode carregar o significado requerido pela teoria, e com razão: dos textos citados por Ste.Croix em apoio a Jeffery, o contexto do fragmento de Píndaro está muito danificado para que as leituras sejam seguras, e a passagem de Pseudo-Plutarco na verdade vai no sentido contrário.

Bugh, G.R., *The Horsemen of Athens* (1988)

Connor, W.R., "Tribes, Festivals and Processions; Civic Ceremonial and Political Manipulation in' Archaic Greece", *JHS* 107 (1987), 40–51, 47–9

Foxhall, L., "A View from the Top. Evaluating the Solonian Property Classes", in Mitchell/Rhodes, *DPAG*, 113–36

Rosivach, V., "Zeugitai and Hoplites", *Ancient History Bulletin* 16 (2002) 33–43

Spence, I.G., *The Cavalry of Classical Greece* (1993)

Whitehead, D., "The Archaic Athenian ZEUGITAI", *CQ* 31 (1981) 282–6

Worley, L.P., *Hippeis* (1994)

2
Cinco notas sobre a constituição de Sólon

(I) A INTRODUÇÃO DO VOTO MAJORITÁRIO EM ATENAS

De longe, o passo mais importante no desenvolvimento da democracia foi a decisão de resolver questões políticas importantes contando realmente as cabeças, ou melhor, as mãos (ou pedras), e permitindo que a maioria numérica tivesse o que queria — *tomando decisões políticas por voto majoritário*.[1] Quando isto começou na Grécia, pode ter sido a primeira vez na história humana que tal coisa aconteceu regularmente, pelo menos em uma sociedade civilizada. É muito estranho, de fato, que todos os autores conhecidos por mim, tanto antigos quanto modernos, com a única exceção de Larsen,[2] ignoraram este desenvolvimento extraordinariamente significativo. Outros escritores, enquanto dão atenção cuidadosa ao surgimento de características relativamente menores da democracia, como o Conselho e sua *probouleusis*, estranhamente negligenciaram essa inovação fundamental, que é igualmente negligenciada por todos os escritores antigos, até mesmo Aristóteles.

Muitas vezes, dá-se como certo que em sociedades como as da Grécia da "Idade Obscura", o "poder soberano" provavelmente residia nas mãos do "*demos*" de alguma forma, seja como o povo reunido em

1 [Grande parte do conteúdo das duas páginas seguintes reaparece no Apêndice xxiv, "By shouting and not by vote", da *OPW*. Mantivemos o texto aqui por uma questão de continuidade, mas para as notas de rodapé completas remete o leitor para *OPW*].

2 J.A.O.Larsen, "The Origin and Significance of the Counting of Votes", em *CP* 44 (1949) 164-81. Este artigo é de enorme importância e tem recebido muito menos atenção do que merece.

comunidade, ou como o corpo coletivo de guerreiros, em campanha e talvez também em sua comunidade. Isso, acredito, possivelmente seja verdade apenas no sentido de que os governantes, sejam reis ou aristocratas, não podiam se dar ao luxo de se opor demais à vontade da grande maioria de seus subjugados, e poderiam — embora caso sentissem que eram fortes demais poderiam não o fazer — consultar o povo comum, ou pelo menos o exército, antes de tomarem alguma medida que talvez não fosse eficaz sem sua cooperação. O pensamento legalista à maneira moderna, que exige um reconhecimento explícito de "soberania" em algum órgão do Estado sejam reis ou nobres ou assembleia do povo ou os guerreiros,[3] não deve ser forçado a tais sociedades, onde o poder provavelmente seria exercido por quem o possuía em um dado momento, acima de tudo em períodos em que as instituições são instáveis e em processo de mudança, como na "Idade Obscura" grega. Em Homero, o *demos* não decide nada: é o rei quem decide; o exército ou o povo em assembleia simplesmente expressam sua aprovação ou desaprovação com gritos ou silêncio ou — em uma crise — motim. Da mesma forma, a etimologia mais provável da palavra latina para "voto", *suffragium*, sugere que as primeiras assembleias em Roma manifestaram sua vontade via demonstrações barulhentas. Entre os israelitas, o povo (não em qualquer assembleia formal) sinalizava sua aprovação gritando: na eleição de Saul como rei, "todo o povo gritou e disse, 'Deus salve o rei'"; e a *seisachtheia* de Neemias foi ratificada quando "toda a congregação disse 'Amém' e louvou o Senhor" — nunca ouvimos falar de um voto sendo contado. No que foi descrito como a "democracia primitiva" de algumas das antigas cidades mesopotâmicas não há igualmente nenhum sinal claro de qualquer votação, na forma de contar "aqueles a favor" e "aqueles contra", nem é tal procedimento visível em nossos registros de outras sociedades do Oriente Médio "pré-Clássicas" como as dos hititas ou dos fenícios.

3 Contra este tipo de teorização excessiva aplicada à Roma do período régio, ver o tratamento sensato de G.W.Botsford, *The Roman Assemblies* (1909), 168 e seguintes, especialmente 173-7.

Não sabemos quando ou em qual contexto ou por quais etapas o *demos* como um todo ganhou pela primeira vez o poder de decisão constitucional em uma cidade grega. No meio do século VII, o *damos* espartano o tinha;[4] mas o exercia então e depois "por grito e não por voto",[5] o magistrado presidente — um éforo, no período histórico — sem dúvida decidia qual grito era o mais alto.

Atenas, como outros Estados gregos, foi primeiro governada por um rei.[6] Durante a Idade Obscura, a monarquia foi sucedida por uma forma de governo aristocrático. Onde o poder supremo residia neste período, em teoria ou na prática, não podemos dizer: talvez nenhum princípio constitucional firme tenha se cristalizado nesta fase. Eventualmente — não mais tarde, certamente, do que Sólon — o poder soberano foi concebido residindo na Assembleia e foi exercido por maioria de votos, contando-se as mãos. Como eu indiquei, este desenvolvimento é de enorme interesse e importância, como o *sine qua non* indispensável da democracia política. Como e quando isso aconteceu? Deve ter havido uma ocasião particular em que, pela primeira vez, uma decisão política foi tomada pelo "*demos* dos atenienses" após uma contagem de votos, na qual o voto de cada homem contava igualmente — um princípio calculado para fazer um aristocrata estremecer. Quando isso aconteceu? Essas decisões foram tomadas *de facto* antes de serem aceitas como constitucionalmente adequadas? A prática foi copiada de outro Estado grego? De qualquer forma, se algum ato singular tomado por qualquer Estado grego, incluindo Atenas, em todo o campo das instituições sociais deve ser considerado o mais frutífero, certamente deve ser este.

Gostaria de deixar em aberto a possibilidade de que o reconhecimento formal da tomada de decisões políticas por maioria de votos

---

4 Ver Plutarco, *Licurgo* 6.2-8. Concordo com Wade-Gery, *EGH* 37-80, que a "Grande Retra" deve ser datada de algum tempo depois da segunda guerra messênia (ou seja, a primeira revolta messênia), e não antes dela, como afirma G.L.Huxley, *Early Sparta* (1962), 49.

5 Tucídides I 87.2: βοῇ καὶ οὐ ψήφῳ.

6 [Esta afirmação é agora controversa: ver as obras citadas em Welwei, *Athen*, 80 n. 9].

em Atenas tenha sido dado pela primeira vez, expressa ou implicitamente, pela constituição de Sólon. Não acho que uma data posterior seja possível, mas é claro que este passo fundamental para a democracia pode ter sido dado em algum momento durante o século VII.

(II) A DATA DA *NOMOTHESIA* DE SÓLON

Concentrar-me-ei aqui em provar que a *Nomothesia* de Sólon deve ser datada no mesmo ano que seu arcontado. A grande maioria dos historiadores, eu diria, agora aceita 594/3 como o ano do arcontado. Esta data não é absolutamente segura, mas é a melhor com base nas evidências que temos, e vou considerá-la como certa e ignorar as variantes propostas por Beloch (592/1) e Kirchner (591/0).[7]

1. Existem três principais visões alternativas que eu rejeitaria: (a) Primeiro, existe a teoria de Hammond[8] de que a *Nomothesia* ocorreu em 592/1, dois anos depois do arcontado de Sólon e da *Seisachtheia.* Eu não preciso despender tempo com essa visão, pois já foi suficientemente refutada por Cadoux.[9]

(b) Em segundo lugar, eu expressaria total desacordo com a posição recentemente adotada por Raubitschek,[10] que inventa para Sólon uma ἀρχή ["governo"] que teria durado dezesseis ou dezoito anos, começando em "592/1 (594/3)", evidentemente concebido como o ano do real arcontado de Sólon, e terminando em 576/5: a legislação de Sólon, assim, é aparentemente para ser tomada como distribuída ao longo de todo o período. Na verdade, não há justificativa para a afirmação de Raubitschek de que as atividades legis-

7 Será suficiente referir Cadoux, AAKH 93-103 (com 104-6; 83 e n. 50), onde são dadas referências completas à literatura anterior. [Ver agora Rhodes, *CAP* 120–1]. Menos satisfatório, na minha opinião, é G.V.Sumner, em *CQ* 55 = n.s. XI (1961) nas pp. 49-54 (com o primeiro parágrafo completo na p. 38), que pensa que a data de Aristóteles era 592/1, mas que é mais provável que 594/3 esteja correto.

8 N.G.L.Hammond, "The Seisachtheia and Nomothesia of Solon", em *JHS* 60 (1940) 72–83.

9 AAKH 93–9 (com 99–103).

10 A.E.Raubitschek, em sua resenha de A.Masaracchia, *Solone*(1958), em *CP* 58 (1963) 137–40, p. 139.

lativas de Sólon são descritas por Aristóteles, *Constituição dos Atenienses* 10.1, "como se estivessem espalhadas por alguns anos". E a posição de Raubitschek envolve uma série de absurdos. (i) Primeiro, teríamos que aceitar a noção extraordinária de que em Aristóteles, *Constituição dos Atenienses* 13.1, datando a primeira "anarquia" no quinto ano μετὰ τὴν Σόλωνος ἀρχήν ["depois da *archē* de Sólon"], a palavra ἀρχή significa "período de poder". Raubitschek tenta em vão justificar isso com base no fato de que a mesma palavra também é usada para significar "*período de poder*" em *Constituição dos Atenienses* 17.1 (Πεισίστρατος ...ἐγκατεγήρασε τῇ ἀρχῇ ["Pisístrato envelheceu em sua *archē*"]). Na verdade, não há paralelo real. Em 17.1, o leitor da *Constituição dos Atenienses* sabe muito bem o que é a *archē* de Pisístrato: sua *archē* em 14.3; 15.1; 16.7 não é um *cargo* anual, mas um *governo* é explicitamente uma tirania (τυραννίς) em 16.1, 7. Da mesma forma, o leitor sabe de 5.2 que a *archē* de Sólon é algo completamente diferente, a saber, um *arcontado*: nada foi dito para conectar Sólon com qualquer outro tipo de *archē*. (ii) Em segundo lugar, qual seria o ponto de datar da maneira curiosa que Raubitschek propõe, sem primeiro definir o comprimento da suposta *archē*? A menos que isso seja dado (e não é), a fórmula é inútil. (iii) Em terceiro lugar, Aristóteles usa duas fórmulas sucessivas para datar a partir de Sólon: μετὰ τὴν Σόλωνος ἀρχήν ["depois da *archē* de Sólon"] em 13.1, e logo em seguida, em 14.1, μετὰ τὴν τῶν νόμων θέσιν ["depois da promulgação das leis"]. Raubitschek, que acredita que o νόμων θέσις ["promulgação das leis"] cobriu um período de dezesseis ou dezoito anos, no entanto, quer que acreditemos que Aristóteles usaria a expressão "em tal e tal ano após o νόμων θέσις" como fórmula de datação — e de maneira oposta à fórmula μετὰ τὴν Σόλωνος ἀρχήν ["depois da *archē* de Sólon"]: naquela, a datação é do *final* da *archē* indefinida, enquanto aqui, por nenhuma razão discernível, é do *início* do νόμων θέσις! Em vista de 5.2; 6.1; 7.1; 10.1; 11.1, é claro, o leitor natural e corretamente aceita essas fórmulas de datação como equivalentes, ambas referindo-se a um ano específico, o do arcontado de Sólon. É perverso insistir, em favor de uma teoria preconcebida, em forçar uma interpretação no texto de Aristóteles que nenhum leitor antigo poderia concebivelmente ter dado a ele. Posso acrescentar que o argumento[11] de que Platão, *Timeu* 21C, data o retorno de Sólon do Egito pouco antes da chegada ao poder de Pisístrato também é infundado: cf. *Constituição dos Atenienses* 13 (especialmente a primeira frase do §3), a partir da qual é evidente que os distúrbios foram prolongados. Não adianta fingir que não há erros nos intervalos de datação do nosso texto da *Constituição dos Atenienses.* Onde um dos números dados não pode ser conciliado com afirmações claras na narrativa, é provável que esteja errado.[12]

(c) A terceira teoria que desejo contestar é a de Hignett,[13] que colocaria todas as reformas de Sólon no final dos anos 570. Não vejo força em nenhum de seus argumentos, nem qualquer razão para abandonar a tradição cronológica estabelecida. Por exemplo: (i) mesmo que haja alguma base para a tradição (que no tempo de Heródoto recebeu acréscimos fictícios, trazendo Amásis e até Creso) de um período de dez anos de viagens de Sólon logo após sua legislação, não vejo razão para supor que o poema que ele dirigiu a Filocipro (fr. 19 West) foi escrito durante aquele conjunto particular de viagens. Se Aristocipro, morto em 497,[14] era de fato o filho do Filocipro de Sólon, seria perfeitamente possível para ele ter nascido nos anos 550 e para Sólon ter visitado seu pai nos anos 560 ou até 570. E (ii) quanto à aparição nas "leis de Sólon" citadas por Plutarco (*Sólon* 23.3) de prêmios de 100 *drachmae* para vencedores atenienses nos Jogos Ístmicos, que dificilmente constituía um festival panhelênico antes do final dos anos 580, certamente Corinto era um vizinho

11 Raubitschek, *op. cit.* 138, 139.

12 A este respeito, vale a pena notar que o papiro londrino da *Constituição dos Atenienses*, ao contrário de alguns outros MSS antigos, utiliza ocasionalmente algarismos (na escrita alfabética, claro) para os números ordinais: ver Gomme em *JHS* 46 (1926), na p. 176 n. 12; Cadoux, AAKH 83 n. 50; Jacoby, A 379 n. 141. E, como diz Cadoux, "o fato de a maioria dos números no nosso texto atual estarem escritos por extenso não significa que não tenham sido cifrados em cópias anteriores". Isto torna ainda mais fácil acreditar na corrupção de um número como o de 14.1, onde eu leria τετάρτῳ ["quarto"] em vez de δευτέρῳ ["segundo"] (cf. Cadoux, AAKH 98-9).

13 *HAC* 316–21; seguido por R.Sealey, em *Historia* 9 (1960), pp. 159, 171, 177.

14 Heródoto V 113.2.

tão próximo que os atenienses poderiam mostrar interesse especial em seus Jogos mesmo antes do início do registro cronológico dos Jogos. Em qualquer caso, no entanto, estou perfeitamente disposto a admitir[15] que algumas das que foram chamadas em tempos posteriores "as leis de Sólon", eram de fato adições pós-solonianas, ou alterações dos originais solonianos. Se, por exemplo, Sólon providenciou apenas prêmios para os vencedores olímpicos e uma regra semelhante foi feita pouco tempo depois em favor dos vencedores ístmicos, as duas disposições poderiam muito bem vir a ser citadas juntas eventualmente como "leis de Sólon". (Posso acrescentar que não se diz realmente que os prêmios aos vencedores ístmicos e olímpicos tenham figurado no "décimo sexto *Axon*" de Sólon: essa descrição se aplica apenas aos "valores das vítimas animais escolhidas" em *Sólon* 23.4).

Evidentemente, não podemos excluir totalmente a possibilidade (sugerida por Cadoux)[16] de que Sólon foi responsável por mais leis, fora de sua principal "*Nomothesia*"; mas não conheço nenhuma evidência de algo desse tipo, e ir além daqui seria confiar em pura conjectura.

2. Eu não acho muito provável que, como Jacoby acreditava,[17] a lista de arcontes atenienses continha "anotações muito breves referentes à própria lista", por exemplo, que Sólon era διαλλαλτὴς καὶ ἄρχων ["mediador e arconte"], embora isso seja certamente possível. No entanto, em minha opinião, existem dois argumentos incontestáveis, um negativo e outro positivo, a favor de datar a *Nomothesia* no mesmo ano que o arcontado de Sólon:

(a) O argumento negativo é que nunca encontramos nem sequer uma sugestão em qualquer fonte de que qualquer parte da atividade legislativa de Sólon tenha sido realizada durante o arcontado de outra pessoa — como ouvimos, por exemplo, que Draco publicou suas leis durante o arcontado de Aristecmo (Aristóteles, *Constituição dos Atenienses* 4.1). Em Aristóteles, *Constituição dos Atenienses*

15 Ver pp. 416-421 abaixo.

16 AAKH 98 & n. 140.

17 A 185, cf. 96–7, 175–6, 177, 185 etc.

5.2, os atenienses εἵλοντο κοινῇ διαλλακτὴν καὶ ἄρχοντα Σόλωνα, καὶ τὴν πολιτείαν ἐπέτρεψαν αὐτῷ ["por consentimento comum escolheram Sólon como mediador e arconte, entregando-lhe a constituição"], e, apesar da ambiguidade de 10.1, parece claro a partir de 13.1 e 14.1 que Aristóteles concebeu que toda a atividade legislativa de Sólon ocorreu no ano de seu arcontado. Sosícrates, de acordo com Diógenes Laércio I 2, e a maioria dos MSS da versão de Jerônimo da *Crônica* de Eusébio,[18] datam a legislação de Sólon em Olimpíada 46.3 = 594/3 a.C. Mesmo na tradição discrepante registrada em Plutarco, *Sólon* 16.5, o sacrifício e a nomeação de Sólon como *nomothētēs* ocorrem em breve (ταχύ) após o cancelamento das dívidas, e certamente não se pensa que ocorram em um ano de arcontado posterior. (Contraste com Plutarco, *Sólon* 14.3, onde Sólon é *nomothētēs*, bem como *diallaktēs,* desde o início). Como vimos, as expressões μετὰ τὴν Σόλωνος ἀρχήν ["após a *archē* de Sólon"] em *Constituição dos Atenienses* 13.1 e μετὰ τὴν τῶν νόμων θέσιν ["após a promulgação das leis"] em 14.1 são mais naturalmente aceitas como equivalentes.

(b) O argumento positivo, ainda mais decisivo, é fornecido por duas leis diferentes cujas redações provam que foram aprovadas durante o arcontado de Sólon:

(i) A primeira é a lei de anistia de Sólon, especificamente citada por Plutarco (*Sólon* 19.3) como a oitava lei no "Décimo Terceiro *Axon*" de Sólon. Começa, em ἀτίμων ὅσοι ἄτιμοι ἦσαν πρὶν ἢ Σόλωνα ἄρξαι ἐπιτίμους εἶναι πλὴν ὅσοι κτλ. ["todos aqueles que foram privados de direitos cívicos antes da *archē* de Sólon devem gozar dos direitos cívicos, exceto aqueles que etc."]. Hignett[19] duvida da autenticidade deste texto, e acha que possivelmente Plutarco ou sua autoridade "obteve de Demétrio de Falero, que pode ter traduzido a linguagem arcaica do original para a terminologia de sua própria época. A alternativa é supor que a lei foi retirada de uma revisão posterior do código de Sólon, e que a referência a Sólon

18 Eusébio, *Crônica* (ed. Helm), p. 99b.

19 *HAC* 313, 318–19.

era uma interpolação editorial" — embora seja difícil imaginar que razão um editor (ou Demétrio) poderia ter para querer interpolar uma referência ao arcontado de Sólon neste ponto. Hignett tem uma segunda carta na manga: ele também sugere que as palavras πρὶν ἢ Σόλωνα ἄρξαι ["antes da *archē* de Sólon"] podem se referir não ao arcontado de Sólon, mas à "nomeação especial em virtude da qual ele estava legislando; o fato de ele ter ocupado outro ἀρχή anteriormente não precisa ter causado nenhuma dificuldade prática na aplicação da lei". Esse é outro argumento curioso e mostra a situação desesperada a que são levados os defensores de uma data tardia para a *Nomothesia* de Sólon. Qualquer um naturalmente interpretaria as palavras que citei como uma referência ao arcontado de Sólon. Se a lei tivesse sido aprovada em um ano posterior, a frase em questão teria sido desnecessariamente enganosa.

(ii) A segunda lei, que tem um caráter bem diferente, parece ter passado despercebida nesse contexto; e certamente resolve a questão além de qualquer dúvida. Citada em termos ligeiramente diferentes por Pseudo-Demóstenes XLIV 68 e XLVI 14, essa lei permite a elaboração de testamentos em certas circunstâncias. Em ambos os casos, a citação da lei (especificamente chamada de "a lei de Sólon" em XLIV 67) começa com as palavras ὅσοι μὴ ἐπεποίηντο... ὅτε Σόλων εἰσῄει εἰς τὴν ἀρχήν ["Quem não havia sido adotado ... no momento em que Sólon entrou em sua *archē*"]. Aqui, certamente é impossível acreditar que a forma das palavras usadas, ὅτε Σόλων εἰσῄει εἰς τὴν ἀρχήν ["no momento em que Sólon entrou em sua *archē*"], possa se referir a qualquer coisa senão o início do arcontado de Sólon. E não há razão para que a lei devesse ter se referido a esse momento a não ser que tenha sido aprovada durante o ano em questão.

As expressões que citei das duas leis, embora formuladas de maneira diferente, reforçam uma à outra: é impossível explicá-las de outro modo. Não seria razoável fingir que essas leis poderiam ter sido aprovadas em qualquer ano que não fosse aquele em que Sólon era arconte. A *Nomothesia*, então, ocorreu durante o arcontado de Sólon.

***

Como já indiquei e demonstrarei em detalhe em um ensaio posterior,[20] é errado imaginar que a *Nomothesia* de Sólon deixou a estrutura constitucional inalterada e apenas aprovou leis destinadas a operar dentro de uma constituição que existia antes de Sólon e continuou com pouca mudança depois dele. Entre as leis de Sólon estavam importantes inovações constitucionais, incluindo a introdução de qualificações de propriedade para cargos, possibilidade de apelo à *Heliaia*, e, muito provavelmente, a criação de um Conselho de Quatrocentos e o reconhecimento formal do direito do *demos* para eleger os magistrados.

(III) O MONOPÓLIO EUPÁTRIDA DO "MAQUINÁRIO DO ESTADO"

Já expressei a opinião de que a reforma política mais importante de Sólon foi a destruição do monopólio eupátrida (ou monopólio virtual) do cargo de Estado[21] e a base da qualificação para tal cargo nas quatro classes de propriedade. Agora nós mesmos estamos acostumados a Estados que têm uma maquinaria de governo elaborada, um aparato que em muitos casos continuará a funcionar independentemente de quais indivíduos ou grupos detêm as rédeas do poder, e muitas vezes pode ficar mais ou menos intacto até mesmo por um regime revolucionário. Esquecemos facilmente, portanto, que no momento em que a constituição soloniana começou a operar, praticamente todo o "maquinário estatal" rudimentar que existia em Atenas deve ter estado inteiramente nas mãos dos eupátridas, e que não havia *outro* aparato que pudesse ser usado para coagir os eupátridas se — como seria natural — eles se recusassem a fazer funcionar a nova constituição, ou sabotassem-na discretamente. (Há uma óbvia analogia na "Luta das Ordens" em Roma, onde a simples aprovação de *plebiscita* ou *leges* muitas vezes

20 Pp. 416-421 abaixo.

21 Ver pp. 6–7 acima.

era claramente insuficiente para garantir a observância de inovações constitucionais que desagradassem aos patrícios). O desprezo e a amargura com que os aristocratas gregos podiam ver novos ricos que os privavam de seu monopólio de privilégio político, ou simplesmente casavam-se com famílias nobres, é bem ilustrado pela poesia de Téognis, um cidadão da vizinha mais próxima de Atenas, Mégara, não muito depois do tempo de Sólon.[22]

A meu ver, a apreciação deste fato é fundamental para a compreensão do curso dos eventos entre o arcontado de Sólon e a tirania de Pisístrato. Foram apenas os eupátridas que, como classe, perderam com as reformas constitucionais de Sólon; e a explicação mais provável para as ἀναρχίαι ["anos em que não houve arconte"] de (provavelmente) 590/89 e 586/5 e o episódio de Damásias de cerca de 582-0[23] é certamente que os eupátridas se recusaram, tanto quanto podiam, a permitir a eleição de arcontes não-eupátridas. Não vejo como podemos decidir se a configuração descrita por Aristóteles, *Constituição dos Atenienses* 13.2 (cinco dos dez arcontes dos eupátridas, três dos *agroikoi* e dois dos demiurgos), representou uma reação direta, na qual os eupátridas conseguiram reivindicar uma participação igualitária no arcontado, ou foi um revés relativo para eles, um comprometimento realista pelo qual os eupátridas, que vinham monopolizando os arcontes eleitos, foram forçados a recuar e reivindicar apenas uma participação igualitária, mas pelo menos receberam esse reconhecimento de sua posição especial no Estado que Sólon lhes havia negado. (Acho que a última explicação é provavelmente verdadeira, mesmo porque um Damásias havia sido arconte em 639/8,[24] e não é improvável que o Damásias posterior fosse um parente dele — ele poderia facilmente ter sido seu neto — e, portanto, um eupátrida. Mas tudo isso é incerto). Podemos simpatizar com a aversão de Sólon à tirania e sua recusa em assumir o papel de tirano que o *demos* insatisfeito teria imposto a ele. Ao

22 [Ver *CSAGW* 278–9].

23 Sobre a cronologia e outros problemas da lista dos primeiros arcontes atenienses, ver Cadoux, AAKH.

24 Dionísio de Halicarnasso, *Antiguidades Romanas* III 36.1.

mesmo tempo, devemos admitir que o grande trabalho de Sólon poderia ter sido em grande parte anulado se não fosse por Pisístrato, que usara a violência para superar a resistência aristocrática, tendo *implementado* a constituição de Sólon — para o qual há uma notável unanimidade nas melhores fontes de que Pisístrato preservou as leis de Sólon, além de manter o controle dos cargos.[25]

No momento em que a constituição de Sólon entrou em vigor, a administração do Estado parece ter ficado principalmente nas mãos dos nove arcontes,[26] acima de tudo o *arconte epônimo*.[27] Sem dúvida o Areópago desempenhou um papel importante, mas infelizmente somos totalmente incapazes de definir a maneira como a suposta νομοφυλακία "tutela das leis" era exercida pelo Areópago, ou identificar qualquer ação única de sua parte em qualquer momento que pudesse ilustrar essa tutela. Aristóteles[28] acreditava que o Areópago sempre consistiu de ex-arcontes; e, embora esta afirmação tenha sido posta em causa para o período pré-soloniano,[29] nós certamente devemos aceitá-la como um fato pelo menos a partir do tempo

25 Ver Tucídides VI 54.6; Heródoto I 59.6; Aristóteles, *Constituição dos Atenienses* 14.3; 16.2,8; *Plutarco, Sólon* 31.3. *Constituição dos Atenienses* 22.1 deve ser explicado, resumidamente, à luz do final de 16.7 (συνέβη γὰρ ὕστερον διαδεξαμένων τῶν υἱέων πολλῷ γενέσθαι τραχυτέραν τὴν ἀρχήν) ["pois aconteceu que, mais tarde, quando os seus filhos lhe sucederam, o regime tornou-se muito mais severo"]), como uma referência ao governo de Hípias.

26 Ver Tucídides I 126.8: no século VII τὰ πόλλα τῶν πολιτικῶν οἱ ἐννέα ἄρχοντες ἔπρασσον ["os nove arcontes administravam a maior parte dos assuntos do Estado"].

27 Ver Aristóteles, *Constituição dos Atenienses* 13.2: ᾧ καὶ δῆλον ὅτι μεγίστην εἶχεν δύναμιν ὁ ἄρχων· φαίνονται γὰρ αἰεὶ στασιάζοντες περὶ ταύτης τῆς ἀρχῆς ["pelo que se torna claro que o arconte detinha o maior poder; pois é evidente que havia sempre disputas em torno deste cargo"].

28 *Constituição dos Atenienses* 3.6.

29 E.g. por Jacoby (ii 108 n. 33) e Ehrenberg (GS 61). Neste caso, muito depende de aceitarmos ou não a afirmação de Aristóteles, *Constituição dos Atenienses* 8.2, de que os arcontes antes do tempo de Sólon eram eleitos pelo Areópago (cf. Busolt, GG II² 143 n. 2), o que — quer aceitemos κλήρωσις ἐκ προκρίτων ["sorteio a partir dos *prokritoi*"] de *Constituição dos Atenienses* 8.1 ou acreditemos que Sólon previu a eleição simples (ver pp. 139ss. abaixo) — entra em conflito com a afirmação em *Política* II 1273ᵇ41-74ᵃ2 de que Sólon não fez qualquer alteração na ἡ τῶν ἀρχῶν αἵρεσις ["nomeação para o cargo"].

de Sólon. Uma vez que arcontes não-eupátridas começaram a ser eleitos, a composição do Areópago começaria a mudar; mas deve ter permanecido predominantemente eupátrida por muitos anos. Além dos arcontes e do Areópago, sem dúvida havia outros funcionários, como os reis de tribo (φυλοβασιλεῖς), que se diz terem sido eupátridas,[30] e os *Kolakretai*, cujo próprio nome atesta sua antiguidade; mas não há evidências de quais poderes qualquer um desses magistrados desfrutava.[31]

Uma apreciação do monopólio eupátrida da maquinaria do Estado no tempo de Sólon é importante não só para a compreensão do período entre Sólon e Pisístrato, mas também em conexão com o problema do Conselho soloniano dos Quatrocentos, para o qual agora me volto.

(IV) O CONSELHO SOLONIANO DOS QUATROCENTOS

Muitos escritores modernos expressaram suas opiniões sobre a questão de se Sólon criou o Conselho dos Quatrocentos, afirmado por Aristóteles (*Constituição dos Atenienses* 8.4) na concisa frase βουλὴν δ' ἐποίησε τετρακοσίους, ἑκατὸν ἐξ ἑκάστης φυλῆς ["e ele criou um Conselho dos Quatrocentos, cem de cada tribo"]. A única outra fonte importante a mencionar tal Conselho soloniano, a saber, Plutarco (*Sólon* 19.1–2), não se presta a mostrar que possua qualquer autoridade anterior a Aristóteles, embora, é claro, ele possa estar usando um Atidógrafo mais antigo, direta ou indiretamente. Aristóteles não dá detalhes sobre a composição ou método de eleição ou funções deste conselho, e alguns estudiosos, incluindo De Sanctis[32]

30 Pólux VIII 111.

31 Heródoto V 71.2 fala de οἱ τῶν ναυκράρων, οἵ περ ἔνεμον τότε τὰς Ἀθήνας ["os prítanes dos *naukraroi*, que governavam Atenas naquele tempo"]; mas isso, é claro, é contradito por Tucídides I 126.8. A opinião geral dos acadêmicos modernos está bem expressa nas palavras de Gomme (HCT I 426): "Heródoto *pode estar seguindo* uma versão favorável aos Alcmeônidas que diria que os *naukraroi* e não os arcontes (dos quais Mégacles talvez fosse o arconte epônimo) teriam sido responsáveis pelo sacrilégio pelo qual os Alcmeônidas foram, todavia, culpados".

32 A^2 251.

e Beloch,[33] o trataram como uma ficção. Recentemente, Hignett o descreveu como uma fabricação de propaganda oligárquica em 411 a.C.,[34] e Jacoby, no Adendo ao seu comentário sobre os Atidógrafos, estava "mais inclinado a concordar com ele".[35] Por outro lado, há muitos historiadores que não duvidaram seriamente da existência de um Conselho soloniano.[36] O leitor dos *Ensaios* de Wade-Gery[37] nem mesmo se tornaria ciente, imagino, que a existência do Conselho de Sólon havia sido questionada a não ser pela afirmação na p. 199 de que "a *Boulē* de Quios é certamente proboulêutica e é uma boa evidência para a realidade dos 400 de Sólon".

Tratei em outro lugar neste livro,[38] o problema geral da credibilidade do relato de Aristóteles sobre a história ateniense do período arcaico e algumas partes específicas desse relato. À luz das conclusões que surgem, eu sustentaria que não podemos dizer com certeza se Aristóteles tinha ou não boa autoridade para sua afirmação. Alguns consideram suspeito que ele não explique as funções do Conselho soloniano nem como foi eleito ou de quem; mas isso é totalmente injustificado, pois — para não mencionar outras omissões inexplicáveis no *Constituição dos Atenienses* — Aristóteles é igualmente silencioso sobre o Conselho de Clístenes. Quer tenha tido autoridade confiável ou não, Aristóteles pode estar reportando uma tradição correta.

Na minha opinião, alguns dos argumentos que têm sido usados nesta controvérsia são inúteis. Por exemplo, como podemos decidir

33 GG I² i 366 n. 2.

34 *HAC* 92–6, cf. 273 etc.

35 Jac. ii 530. Jacoby é um dos poucos estudiosos que não se pronunciou fortemente a favor ou contra o Conselho de Sólon; cf. o seu ii 107 n. 25.

36 Incluindo Busolt, Cloché, Ehrenberg, Gilbert, Ledl, Meyer e Wilamowitz: ver em particular Ledl, *SAAV* 275-85; Busolt-Swoboda, *GS* II 845-6 (esp. 845 n. 3), 1586. Para uma defesa mais recente de um Conselho de Sólon, ver Kahrstedt, BGRF, esp. 6-8. É interessante que, quatro anos antes (em *UMA* 49 n. 7), Kahrstedt tinha declarado que o Conselho era "*wohl erheblich jünger als Solon*" ("sensivelmente mais tardio que Sólon").

37 *EGH*, esp. 145–8.

38 Cap. 7.

se os oligarcas em 411 primeiro concordaram sobre o número 400 porque esse era o tamanho do Conselho que eles queriam, e então fingiram que havia precedente ancestral para isso,[39] ou se eles escolheram o número 400 porque já existia uma tradição de que este tinha sido o número do Conselho de Sólon? Para mim, a segunda alternativa parece muito mais provável, mas isso provavelmente é assim porque acredito em um Conselho soloniano por outros motivos. Novamente, como podemos ter certeza se as "duas âncoras" de Plutarco, *Sólon* 19.2, vêm de um dos poemas de Sólon ou não?[40]

Eu apenas vou mencionar as considerações que, na minha opinião, têm alguma força real:

1. O principal argumento que me leva a aceitar a existência de um Conselho soloniano de Quatrocentos é o seguinte:

(a) Como acabamos de ver, toda a "maquinaria do Estado" que existia no momento em que a constituição soloniana começou a operar deve ter estado inteiramente nas mãos dos eupátridas, a única classe que politicamente sofreu com as reformas de Sólon; e claro, era muito provável que pelo menos durante algum tempo uma alta proporção de arcontes — e portanto novos Areopagitas — também seria eupátrida. Isso não podia ser evitado. Sólon deve ter sabido muito bem que (como de fato, eu acho, os eventos prova-

39 Ver Aristóteles, *Constituição dos Atenienses* 31.1. Esta é a evidência mais recuada para um Conselho dos Quatrocentos.

40 Jac., ii 107 n. 25, "não pode acreditar" que as duas âncoras tenham aparecido nos poemas de Sólon; mas não diz porquê. Penso que podem muito bem ter aparecido, mas não há certeza disso, e não vejo maneira de resolver a questão. Miss Freeman, *WLS* 79 n. 1, vê uso poético: diz que "partes da passagem parecem cair em troqueus", e dá um exemplo. Wade-Gery, *EGH* 146 n. 2, considera que as palavras de Plutarco, "como Miss Freeman salientou, ... provêm evidentemente dos poemas de Sólon, provavelmente o poema iâmbico de defesa, citado Ἀθ. πολ. 12.4-5"; e passa a fornecer a maior parte das duas linhas possíveis. J.M.Edmonds, em Loeb *Elegy and Iambus*, I 154, aventura-se numa reconstrução em iâmbicos. F.Stähelin, em *Hermes* 68 (1933) 343 ss., na p. 345, reforçou ligeiramente o argumento a favor da atribuição da metáfora ao próprio Sólon, salientando que a ideia do "navio de Estado", assolado pela tempestade ocorre noutros poetas dos séculos VII/VI: Alcaeu fr. 6, 326 (L/P); Teógnis 671 ss. (Stähelin acrescentaria Píndaro, *Ístmicas* I 36 ss.; mas não vejo que isso seja relevante).

ram)[41] os eupátridas não renunciariam voluntariamente ao poder; e, na ausência de qualquer maquinaria do Estado para obrigá-los, a única maneira possível de dar à nova constituição uma chance real de funcionar era dando uma medida de poder real ao *demos* como um todo: ou seja, em última análise, à Assembleia.

(b) No entanto, Sólon não poderia ter desejado dar tal poder diretamente à Assembleia, uma reunião em massa de todos os cidadãos, a grande maioria dos quais ainda carecia de maturidade política.[42] Na amarga luta de classes que levou à sua nomeação como διαλλακτὴς καὶ ἄρχων ["mediador e arconte"], ele concebeu seu próprio papel como sendo essencialmente o de um árbitro, dando a cada lado exatamente o que merecia: para o *demos*, ele diz, deu tal privilégio como era adequado, nem mais nem menos;[43] e ao mesmo tempo ele providenciou para que os ricos e poderosos não sofressem nada indecoroso.[44] Ele se descreve como estando com um escudo forte diante de ambos os lados, não permitindo que nenhum ganhasse uma vitória injusta.[45] O que ele queria era que o *demos* pudesse "*seguir seus líderes da melhor forma*, nem sob muito

41 Ver pp. 129-130 acima.

42 Sólon fr. 11.5–6 (West) é relevante aqui: ὑμέων δ' εἷς μὲν ἕκαστος ἀλώπεκος ἴχνεσι βαίνει, σύμπασιν δ' ὑμῖν χαῦνος ἔνεστι νόος ["cada um de vós, sozinho, com passos de raposa caminha, mas a todos juntos assiste um espírito vão" (tr. Delfim Leão)].

43 Sólon fr. 5.1–2 (West): δήμωι μὲν γὰρ ἔδωκα τόσο γέρας ὅσσον ἐπαρκεῖν, τιμῆς οὔτ' ἐπορεξάμενος ["Ao povo, portanto, concedi privilégio bastante e honra não lhe retirei nem acrescentei" (tr. Delfim Leão)]. Ele não pode querer dizer que não acrescentou nem retirou nada a algo que o *demos* já tinha: a sua referência é o que pensa que ele *deve ter*. Num poema posterior em iâmbicos (fr. 37.1-3), Sólon pode dizer que o *demos* têm agora (depois das suas reformas) aquilo com que nunca sonharam.

44 *Ibid.* 5.3–4: οἳ δ' εἶχον δυναμιν καὶ χρήμασιν ἦσαν ἀγητοί, καὶ τοῖς ἐφρασάμην μηδὲν ἀεικὲς ἔχειν ["aos que detinham força e as riquezas granjeavam respeito, também a esses garanti que nenhuma afronta sofressem" (tr. Delfim Leão)].

45 *Ibid.* 5–6: ἔστην δ' ἀμφιβαλὼν κρατερὸν σάκος ἀμφοτέροισι, νικᾶν δ' οὐκ εἴασ' οὐδετέρους ἀδίκως ["De pé, lançei um forte escudo sobre ambos: vencer com injustiça, não o permiti, a nenhum deles" (tr. Delfim Leão)].

pouco controle nem sob compulsão".[46] No entanto, dos "líderes" de seu tempo, ele falou em severa repreensão em um poema elegíaco aparentemente escrito antes de seu arcontado: eles tinham uma "mente injusta" e eram arrogantes e gananciosos, e não prestavam atenção às "terríveis fundações da Justiça".[47] O que poderia ser mais natural do que ele facultar ao *demos* um corpo que poderia orientar e informar suas deliberações, independente dos órgãos mais antigos do Estado e ao mesmo tempo atuar como um freio à desordem espontânea ἐν συνόδοις τοῖς ἀδικέουσι φίλαις ["em conspirações amadas por malfeitores"],[48]como ocorreu durante a crise precedendo seu arcontado?[49]

(c) A menos que um Conselho especial fosse criado para fornecê-lo, a *probouleusis* inevitavelmente permaneceria uma prerrogativa do Areópago; e isso poderia ser desastroso, tanto por causa da dominação eupátrida do Areópago quanto por causa do prestígio desse corpo — quaisquer propostas que ele pudesse trazer teriam sido investidas de grande autoridade, e a Assembleia poderia muito bem ter tendido a se tornar um mero carimbo de confirmação. Por outro lado, um novo Conselho proboulêutico eleito de todas as três classes de propriedade superior, sendo composto por até 400 homens (grande o suficiente, especialmente se a iteração fosse proibida ou restrita,[50] para garantir a presença de um bom número, certamente uma maioria real, de não-eupátridas), não teria a influência do prestígio e a autoridade do Areópago, e a Assembleia poderia desempenhar sua função própria.

---

46 *Ibid.* 6.1–2: δῆμος δ' ὧδ' ἂν ἄριστα σὺν ἡγεμόνεσσιν ἕποιτο, μήτε λίην ἀνεθεὶς μήτε βιαζόμενος ["E assim o povo melhor os seus chefes seguirá, se não for nem muito soerguido nem rebaixado" (tr. Delfim Leão)].

47 *Ibid.* 4.7–16.

48 *Ibid.* 4.22. [φίλαις Bergk, aceito pela edição de Dieh usada por Ste.Croix; φίλους West].

49 Sobre esse último motivo, cf. Plutarco, *Sólon* 19.1.

50 Não podemos dizer, evidentemente, se o Conselho de Sólon era regido pela regra conhecida na democracia plenamente desenvolvida, que proibia que alguém fosse conselheiro mais de duas vezes (Aristóteles, *Constituição dos Atenienses* 62.3)

(d) E não era apenas um corpo proboulêutico que era necessário: um órgão de Estado que pudesse atuar em uma capacidade administrativa, mesmo que apenas em questões de rotina, também era necessário, a menos que os arcontes e o Areópago, ainda inteiramente ou principalmente eupátridas, continuassem como o único corpo executivo.

(e) Há boas razões para supor que o Conselho também recebeu consideráveis poderes judiciais. De acordo com Aristóteles, *Constituição dos Atenienses* 45.1, ἡ δὲ βουλὴ πρότερον μὲν ἦ κυρία καὶ χρήμασιν ζημιῶσαι καὶ δῆσαι καὶ ἀποκτεῖναι ["Antigamente, o Conselho tinha o poder de impor multas, prisão e a pena de morte"] (cf. 45.2–3; também 41.2: καὶ γὰρ αἱ τῆς βουλῆς κρίσεις εἰς τὸν δῆμον ἐληλύθασιν ["pois a jurisdição do Conselho passou para as mãos do *demos*"]). A data em que os poderes do Conselho foram restringidos é disputada;[51] mas mesmo se Aristóteles está pensando aqui (como provavelmente está) apenas no Conselho de Clístenes, podemos certamente inferir que o Conselho de Sólon também provavelmente tinha muito mais autoridade na esfera judicial do que o Conselho que conhecemos no final do quinto e quarto séculos. O Conselho descrito como o βολὴ ἡ δημοσίη ["Conselho do Povo"] em Quios no segundo quartel do século VI, ao qual me referirei em breve,[52] tinha funções judiciais importantes.

Nas circunstâncias com as quais Sólon foi confrontado, portanto, um novo Conselho, proboulêutico e executivo e provavelmente possuindo poderes judiciais, certamente foi uma inovação sábia, e Sólon poderia ter razões para esperar que isso impediria que a nova constituição fosse arruinada pela hostilidade dos eupátridas.

2. O segundo argumento que acho atraente é que o Conselho que Cleômenes, segundo Heródoto[53] e Aristóteles,[54] teria almejado dis-

---

51 Ver P.Cloché, "Le Conseil Athénien des Cinq Cents et la peine de mort", *REG* 33 (1920) 1–50; Busolt-Swoboda, *GS* II 1046–7; Lipsius, *ARR* 45–7 (esp. n. 142); Hignett, *HAC* 240–1, com 152–5; Bonner and Smith, *AJHA* I 336–45, com 195–209.

52 p. 138 com n. 59 abaixo.

53 V 72.2,3.

54 *Constituição dos Atenienses* 20.3.

solver e tereia feito resistência a ele, certamente deve ter sido os Quatrocentos de Sólon. Em primeiro lugar, certamente não pode ter sido o Areópago, como alguns estudiosos supuseram.[55] Tanto Heródoto quanto (seguindo-o) Aristóteles falam de ἡ βουλή "o Conselho", não de ἡ βουλή ἡ ἐν Ἀρείῳ πάγῳ ["o Conselho no Areópago"] ou qualquer frase semelhante; e eu não vejo como ἡ βουλή *tout court*, nesse contexto, possa possivelmente significar o Areópago. (Existe algum paralelo em todas as nossas fontes que sobreviveram?). Nem, pode-se pensar, seria muito provável que o Areópago tivesse sido a principal fonte de resistência ao aliado de Iságoras. Que ἡ βουλή em questão são os Quinhentos de Clístenes tem sido sustentado por alguns historiadores.[56] No entanto, parece-me (como, acredito, para a maioria das pessoas) muito improvável que a intervenção de Cleômenes possa ter chegado tão tarde assim, quando a nova constituição estaria já realmente funcionando — o Conselho não poderia ter entrado em vigor até que a composição dos *demoi*, trítias e tribos fosse estabelecida (um processo demorado), e as eleições tivessem ocorrido.[57] Que Clístenes "possa ter garantido a nomeação de um Conselho provisório de Quinhentos para exercer o cargo até que os preparativos necessários para sua nova constituição fossem concluídos"[58] parece-me uma conjectura desnecessária e extremamente improvável, inspirada por nada além de uma determinação em rejeitar um Conselho soloniano. Heródoto, concluo, estava certamente pensando nos Quatrocentos. Havia, então, em seu tempo, uma tradição de um Conselho anterior a Clístenes, conhecido por nós em um contexto que nada tem a ver com a atividade constitucional do Conselho, e, portanto, menos

---

55 Por exemplo, Hignett, *HAC* 94. Uma passagem como Aristóteles, *Política* II 1274ª1-2, em que τὴν βουλήν é certamente o Areópago, não fornece uma comparação justa, pois apenas três linhas antes (1273ᵇ39-40) Aristóteles escreveu τὴν ἐν Ἀρείῳ πάγῳ βουλήν ["o Conselho no Areópago"].

56 Mais recentemente, Kahrstedt, BGRF, esp. 2–6; F.Schachermeyr, em *Klio* 25 (1932) 334–47. Contraste P.Cloché, em *REG* 37 (1924) 1–26; Wade-Gery, *EGH* 147; Cadoux, AAKH 115 n. 249.

57 Ver esp. Ledl, *SAAV* 275–85; Eliot, *CDA* 145–6.

58 Hignett, *HAC* 94. Contraste Cloché, *op. cit.* (n. 56 acima) 21–3.

provável de ter sido inventado para um propósito propagandista, por exemplo, ao atribuir o maior número possível das instituições da democracia desenvolvida ao grande legislador.

3. Um terceiro argumento que parece ter algum peso é que a constituição de Clístenes funcionou bastante bem desde o momento em que foi instituída; e seria muito mais fácil entender isso se o Conselho, uma parte vital de todo o tecido, não fosse uma invenção totalmente nova e não testada. Ninguém supõe hoje que foram os tiranos que criaram o Conselho e, se acreditamos que é provável que ele seja mais antigo que Clístenes, não temos razão para duvidar de uma origem soloniana.

4. O Conselho descrito como o βολὴ ἡ δημοσίη ["Conselho do Povo"] que existiu em Quios no segundo quarto do século VI[59] fornece evidências de que, dentro de uma geração após Sólon, uma cidade grega poderia ter um corpo eleito dessa natureza. Talvez, como Tod acreditava, "o epíteto δημοσίη duas vezes adicionado ao βολή sugere que outro Conselho continuou a existir em Quios, assim como em Atenas o Areópago conviveu lado a lado com o soloniano, e mais tarde com o de Clístenes".

5. Diógenes Laércio I 49 usa a frase ἡ βουλὴ, Πεισιστρατίδαι ὄντες ["o Conselho, sendo Pisistrátidas"], em relação ao Conselho existente pouco antes do momento em que Pisístrato tomou o poder. Não tenho certeza se esta passagem vale alguma coisa; mas, tal como está, só pode referir-se ao Conselho dos Quatrocentos e não ao Areópago.

Consequentemente, embora eu pense que talvez seja errado afirmar a existência de um Conselho soloniano como um fato histórico

59 Tod 1 = M/L 8 = Fornara 19. Na parte preservada do decreto de Quios, os deveres do βολὴ ἡ δημοσίη ["Conselho do Povo"] são principalmente judiciais: ver linhas C1-15. Sealey, em *Historia* 9 (1960), na p. 161 n. 36, faz a surpreendente sugestão de que "βολὴ δημοσίη" pode significar algo bastante diferente, nomeadamente "conselho de aldeia": ele evidentemente não reparou que o Conselho devia ser composto por até 50 pessoas de cada tribo; e δημόσιος nunca é, tanto quanto sei, usado no sentido de "pertencer a um *demos*". [Mas para outras dúvidas sobre a interpretação de Tod de δημοσίη ver H. van Effenterre e F.Ruzé, Nomima, *Recueil d'inscriptions politiques et juridiques de l'archaisme grec*, I (1994), no. 62].

positivo, os argumentos a favor me parecem muito mais fortes do que qualquer outro que possa ser apontado contra ele: os argumentos contrários são pouco mais do que a ideia de que não haveria necessidade de tal Conselho no tempo de Sólon, quando a importância da Assembleia mal começara a se desenvolver, e o fato de que Aristóteles pode não ter tido detalhes de sua composição e assim por diante — argumentos que já tratei.

(V) κλήρωσις ἐκ προκρίτων ["SORTEIO DE CANDIDATOS PRÉ-SELECIONADOS"] (*CONSTITUIÇÃO DOS ATENIENSES* 8.1)

A única fonte explícita para o uso de κλέρωσις ἐκ προκρίτων ["sorteio de candidatos pré-selecionados"] na constituição de Sólon é Aristóteles, *Constituição dos Atenienses* 8.1 que, como é bem conhecido, é irreconciliável com a afirmação em *Política* II 1273^{b}41–74^{a}2, 1274^{a}15–17, segundo a qual Sólon parece não ter mudado τὴν τῶν αἵρεσιν ["a eleição para magistraturas"].[60] Existem três ou quatro outros textos que podem refletir a mesma visão de *Constituição dos Atenienses* 8.1,[61] mas eles são vagos e insatisfatórios e não têm peso: é a afirmação de Aristóteles que merece ser levada a sério. Algumas passagens em Isócrates que são comumente trazidas para este

60 Ver Hignett, HAC 322-3, que refuta adequadamente a tentativa de Wilamowitz (AuA I 64-73) e Ehrenberg (em RE XIII ii 1469, 1472-3) de se livrarem da contradição entre *Constituição dos Atenienses* e *Política.*

61 Plutarco, *Péricles* 9.3 (os arcontes em Atenas eram κληρωταὶ ἐκ παλαιοῦ ["atribuídos desde tempos antigos"]); Pausânias IV v 10 (na década de 740 a.C. em Atenas οὐκ ἦσαν πω τότε οἱ τῷ κλήρῳ κατ' ἐνιαυτὸν ἄρχοντες ["ainda não existiam os arcontes anuais designados por sorteio"]); Demóstenes XX 90 (falando de Sólon em conexão com τοὺς θεσμοθέτας τοὺς ἐπὶ τοὺς νόμους κλερομένους ["os *Thesmothetai*, nomeados por sorteio para administrar as leis"]); e Pseudo-Demóstenes LIX 75 (referindo-se a Teseu como tendo efectuado um sinecismo e instaurado uma democracia, continua, τὸν μὲν βασιλέα οὐδὲν ἧττον ὁ δῆμος ᾑρεῖτο ἐκ προκρίτων κατ' ἀνδραγαθίαν χειροτονῶν ["tal como antes, o povo continuou a escolher o *Basileus* entre os *prokritoi*, depositando seus votos de acordo com a excelência dos candidatos"]).

contexto são totalmente irrelevantes, como eu vou demonstrar em breve.[62]

Constituição dos Atenienses 8.1 pode ser dividida por conveniência em quatro seções: (1) os magistrados (ἀρχαί) foram escolhidos por sorteio entre *prokritoi* ("candidatos pré-selecionados") de acordo com as tribos; (2) na *prokrisis* ("pré-seleção") para os nove arcontes, cada tribo escolhia dez homens, e entre eles o sorteio era realizado; (3) a partir disso, o costume ainda sobrevive (ὅθεν ἔτι διαμένει), de que cada tribo escolha dez homens por sorteio e então se faz uma escolha adicional por sorteio entre estes; e (4) a evidência (σημεῖον) de que Sólon tinha os magistrados escolhidos por sorteio de acordo com sua qualificação de propriedade é fornecida pela lei relativa aos tesoureiros (de Atena), que ainda está em uso: pois ordena a seleção dos tesoureiros por sorteio entre os *Pentakosiomedimnoi*.

A questão agora surge: as afirmações em minhas seções 3 e 4[63] são argumentos, provas, são elas a base da crença de Aristóteles de que κλήρωσις ἐκ προκρίτων remonta a Sólon; ou são, por assim dizer, meras notas de rodapé, ilustrações? Que o que foi afirmado sejam "argumentos" é frequentemente assumido, a exemplo de Hignett;[64] mas um bom caso pode ser feito supondo que Aristóteles pelo menos acreditava que sabia independentemente o que Sólon havia promulgado, e, nas seções 3 e 4, estava simplesmente adicionando algumas informações para o benefício daqueles que não compartilhavam de seu próprio conhecimento especial das leis solonianas.[65] Sobre isso, apenas observarei que mesmo se Aristóteles acreditasse que tinha boa informação sobre a lei soloniana em questão, ele pode ter se enganado nessa crença, como fez em algumas de suas outras declarações na *Constituição dos Atenienses* (por exemplo, aque-

62 Nas pp. 153-155 abaixo.

63 Tal como as similares, baseadas em evidências circunstanciais de reminiscências, em *Constituição dos Atenienses* 3.3 (linhas 4-7 e 9-11 PTU); 3.5 (linhas 19-21); 7.1 (linha 20); 7.4 (linhas 5 e seguintes); 13.2 (linhas 25-7); 13.5 (linhas 11-13).

64 *HAC* 323–4.

65 O Prof. Andrewes teve a amabilidade de me mostrar um material, ainda não publicado e escrito de forma persuasiva, defendendo esta posição.

las sobre a "constituição de Draco" e as qualificações das classes do censo soloniano);[66] e aqueles que são céticos sobre as afirmações de Aristóteles nas seções 1 e 2 certamente não ficarão impressionados com as adições em 3 e 4, quer sejam tomadas como provas ou notas de rodapé. Em vista de *Constituição dos Atenienses* 22.5, o costume mencionado na seção 3 obviamente não é evidência alguma para qualquer período antes de 487.

Sobre a minha seção 4, duas coisas precisam ser ditas. (a) Não é tão ilógica quanto parece. À primeira vista, é-se levado a objetar que não há referência à *prokrisis* na eleição de tesoureiros. Mas isso seria dar muita atenção à divisão moderna em capítulos das obras clássicas, que colocou a minha seção 4 (a última parte de 8.1) em um capítulo diferente de 7.3 (descrevendo a eleição de magistrados de acordo com as qualificações de propriedade). Na verdade, os capítulos 7 e 8.1 formam um único conjunto, e é 7.3 (especialmente as palavras ἑκάστοις ἀνάλογον τῷ μεγέθει τοῦ τιμήματος ἀποδιδοὺς τὴν ἀρχήν ["atribuindo cargos a cada [sc. das classes de propriedade] de acordo com o tamanho de sua classificação de propriedade"]) ao qual a última parte de 8.1 (minha seção 4) remete, não a parte anterior de 8.1 (minhas seções 1 e 2). (b) Por outro lado, mesmo que a lei que ordena que os *tesoureiros* sejam escolhidos por sorteio remonte a Sólon, nenhuma inferência seria justificada sobre o método de eleição de *arcontes*, cujo cargo nesta época era muito mais responsável e oneroso. (Como Aristóteles observa em *Política* V 1309^{b}4–8, o cargo de tesoureiro exige mais do que a virtude média (ἀρετή), mas todos possuem o conhecimento necessário (ἐπιστήμη).

A afirmação de Aristóteles que estamos considerando tem sido rejeitada pela grande maioria dos historiadores recentes, incluindo Beloch, Bengston, Busolt, De Sanctis, Hignett, Kahrstedt ("*diese groteske Vorstellung*"), Ledl, Meyer ("*undenkbar*") e, aparentemente, Jacoby.[67] Que não há nada inerentemente absurdo na ideia de

66 Ver pp. 62-67 com 7 n. 10 acima.

67 Beloch, *GG* I^{2} ii 319; Bengtson, *GG*^{2} 122; Busolt, *GG* II^{2} 274–7; *GS* II 842–4; De Sanctis, *A*^{2} 243; Hignett, *HAC* 228–9, 321–6; Kahrstedt, *SSA* 48–9; Ledl, *SAAV* 344–78; Meyer, *GdA* III^{2} 608 & n. 2; Jac. ii 116 n. 17.

eleição de arcontes por sorteio, pelo menos se precedido por uma *prokrisis*, foi defendido por uma minoria de estudiosos, incluindo Ehrenberg, Heisterbergk, Lécrivain, e mais recentemente Wade-Gery.[68] Na minha opinião, a explicação mais provável é que, em resposta à prática de escolha de magistrados por sorteio, algum autor democrático do século IV inventou um precedente soloniano, que Aristóteles aceitou erroneamente, fortalecendo esta teoria à sua maneira característica de estender ao passado mais distante características que sobreviviam no seu presente. Hignett acredita que "nada pode ser decidido de uma maneira ou de outra por argumentos *a priori*; portanto, é inútil argumentar... que um sorteio parcial não poderia ter sido empregado na nomeação dos principais magistrados do Estado".[69] Ele afirma que "o problema só pode ser resolvido por um exame das evidências antigas, e o resultado desse exame é fatal para a suposta reforma". Ele apresenta um caso bastante robusto, mas não sinto que os resultados de sua análise sejam tão conclusivos quanto ele imagina. Para mim, são os argumentos mais gerais que são decisivos. Por causa do que parece para muitos de nós a extrema implausibilidade da afirmação de Aristóteles, a maioria daqueles que a rejeitaram não achou que valesse a pena apresentar esses argumentos mais gerais; e é principalmente isso que eu proponho fazer agora, embora eu pretenda sempre ficar o mais próximo possível do que há de evidência.

***

1. Dizer que é "impossível que Sólon permitisse que o sorteio escolhesse os nove arcontes, um dos quais deveria ser polemarco, e portanto comandar na guerra", afirma Wade-Gery,[70] é "demonstra-

68 Ehrenberg, em *RE* XIII ii 1451 ff., em cols. 1468–74, s.v. *Losung*; C.Lécrivain, *DS* IV ii 1401 ss., em pp. 1403–6, s.v. *Sortitio*; Wade-Gery, *EGH* 110 ss., esp. 113–14. Mais do que Aristóteles, Glotz e Cohen (*HG* I 437-8, com 398) afirmam que Sólon se limitou a acrescentar a *prokrisis* das quatro tribos à "*tirage au sort des magistrats, vieux mode de nomination qu'il conserva scrupuleusement*".

69 *HAC* 324–5.

70 *EGH* 113–14.

velmente errado" — mas ele não evidencia isso; ele simplesmente afirma que "qualquer bom homem poderia comandar na guerra, assim como qualquer bom homem poderia governar, ou conduzir sacrifícios, ou dar julgamento; a noção de que a condução da guerra é mais provável de levar a erros, ou exigir mais habilidade especial, é uma noção posterior: a marca de seu reconhecimento é quando um estratego dispensa, por volta de 490 a.C., o polemarco então eleito anualmente. Até então a mudança anual de polemarco é a prova de que, entre um punhado grande de homens competentes (um tolo ou covarde não estaria entre os quarenta *prokritoi*), é indiferente quem comande. Os grandes estrategos profissionais do século IV tinham seu auge militar de cerca de vinte e cinco anos: neste ritmo, durante o auge militar de um grande soldado, a Atenas do século VI consentiu a vinte e cinco comandantes diferentes. Isso é suficiente para mostrar o quão pouco eles se preocupavam em ter o único homem experimentado, um Napoleão ou um Cabrias no comando."

Agora, Aristóteles, pelo menos, não concordaria de forma alguma com Wade-Gery que no período arcaico "qualquer bom homem poderia comandar na guerra, assim como qualquer bom homem poderia governar". Não só ele observa em *Política* V 1309ª33–b6, ao discutir as qualidades necessárias para os candidatos a altos cargos (αἱ κύριαι ἀρχαί), que para um general o primeiro requisito é a experiência (ἐμπειρία) em vez da virtude (ἀρετή), já que a habilidade militar é uma qualidade mais rara do que a bondade moral (ἐπιείκεια); em *Constituição dos Atenienses* 3.2, acertadamente ou não, ele atribui a instituição do cargo de polemarco *na Atenas arcaica* ao fato de que alguns dos basileus eram fracos na esfera militar (τὰ πολέμια μαλακούς)! Mesmo que a habilidade militar fosse relativamente menos importante no século VI do que no IV,[71] a bravura excepcional era uma qualidade tão desejável em um comandante no início do período quanto era mais tarde, pois os generais hoplitas

71 Mesmo no século V, ser um estratego implicava, provavelmente, ser almirante e também general, sendo que comandar uma frota era uma tarefa mais qualificada.

geralmente levavam seus homens para a batalha no sentido mais literal possível.

2. O argumento, contudo, pode ser colocado de maneira muito mais robusta. Aqueles que aceitam *Constituição dos Atenienses* 8.1 devem ser solicitados a produzir evidências da escolha por sorteio em algum momento do que vou chamar de "magistrados *importantes*", ou seja, aqueles que *exerciam grandes poderes políticos ou ocupavam altos comandos militares*, em Estados não democráticos, ou mesmo em quaisquer Estados na Grécia antiga[72] — pois até mesmo as democracias não são conhecidas por terem escolhido por sorteio seus magistrados que foram "importantes" no meu sentido, da maneira em que os estrategos do século quinto/quarto e os arcontes do século sexto foram e os arcontes do século quinto/quarto não foram. Até onde eu sei, não existe tal evidência, exceto talvez para uma cidade: Heréia, mencionada por Aristóteles em *Política* V 1303ª13-16, onde a implicação pode ser que o sorteio era aplicado para as magistraturas mais importantes — e aqui, devo apontar, a consequência de introduzir o sorteio foi uma mudança de constituição, evidentemente não era de todo o resultado desejado! A *Retórica a Alexandre* 2[73] de fato foi citada por Schömann e Headlam[74] como evidência de que o sorteio era usado até mesmo nas oligarquias. Na verdade, a passagem em questão não descreve uma situação existente, mas dá conselhos sobre a prática que deveria ser seguida pelos oligarcas[75] e distingue cuidadosamente entre dois tipos de

72 Penso que não vale a pena discutir a prática dos Estados não gregos, porque há tantos fatores diferentes que dificilmente é possível uma comparação frutuosa. No entanto, no apêndice do presente capítulo, já digo algo sobre este assunto.

73 P. 22, ed. L.Spengel and C.Hammer = Anaxímenes, *Arte Retórica* II 18, ed. M.Fuhrmann (1966).

74 *ELA*² 80 & n. 1, com a nota de Macgregor, pp. 201-2, onde a passagem é dada na íntegra.

75 Como Macgregor salientou na sua segunda edição do livro de Headlam, pp. 201-2. Os outros textos que Macgregor cita em apoio da sua afirmação, "Ainda assim, não pode haver dúvidas de que a sorte era de fato usada nas oligarquias", são todos inúteis para o seu objetivo, exceto talvez Aristóteles, *Política* V 1303ª13–16 (Heréia), sobre o qual veja minhas observações acima. Em Tucídides VIII 70.1 e Aristóteles, *Constituição dos Atenienses* 30.3, o sorteio é apenas utilizado para decidir

magistraturas: τὰς μὲν πλείστας κληρωτάς, τὰς δὲ μεγίστας κρυπτῇ ψήφῳ μεθ' ὅρκων καὶ πλείστης ἀκριβείας διαψησιστάς ["a maioria deles nomeados por sorteio, mas os mais importantes votados em votação secreta, sob juramento e com as maiores precauções"]. Um pouco antes na mesma obra[76] encontramos a afirmação de que nas democracias δεῖ ... τὰς μικρὰς ἀρχὰς καὶ τὰς πολλὰς κληρωτὰς ποιεῖν· ἀστασίαστον γὰρ τοῦτο· τὰς δὲ μεγίστας χειροτονητὰς ἀπὸ τοῦ πλήθους ["a maioria das magistraturas, sendo menores, deveriam ser nomeadas por sorteio, pois desta forma se evita a facção; mas as mais importantes devem ser votadas pelas massas"].

3. Aqueles que acreditam no sorteio dos magistrados atenienses na Grécia Arcaica geralmente se referem aos escritos de Fustel de Coulanges, que, é claro, escreveu antes da redescoberta da *Constituição dos Atenienses.* Fustel acreditava profundamente na natureza "religiosa" do sorteio e não via motivo para rejeitar a possibilidade de seu uso na Grécia Arcaica. Infelizmente, ele deixou de levar em conta a distinção essencial que tracei acima, entre magistraturas "importantes" e menores; e o seu manuseio das fontes foi insatisfatório. "Os atenienses", diz ele,[77] "como muitos povos gregos, não viam melhor maneira [de eleger magistrados] do que sortear... Pois a sorte não era por acaso; era a revelação da vontade divina... Acreditava-se que os deuses designavam o mais digno fazendo seu nome saltar da urna. Essa era a opinião do próprio Platão, que diz,[78] 'Aquele sobre quem a sorte cai é o governante, e é querido pelos deuses; e isso aprovamos como sendo bastante justo. Os oficiais do templo

---

a ordem pela qual os homens em causa devem desempenhar as suas funções, e o mesmo se aplica ao Conselho Federal Beócio. Em *Constituição dos Atenienses* 30.2 são os magistrados menores que devem ser nomeados por sorteio e, em 30.5 (OCT) o sorteio limita-se a escolher o presidente do Conselho. Plutarco, *Moralia* 597A não precisa de se referir a um funcionário importante.

76 P. 21, ed. Spengel-Hammer = Anaxímenes, *Arte Retórica* II 14, ed. Fuhrmann.

77 *The Ancient City* (Eng. tr. by W.Small, 1916), pp. 182–3, do livro III, ch.10 de *La Cité Antique* (1864). E veja o artigo de Fustel, "Sur le tirage au sort appliqué à la nomination des archontes athéniens", em *Nouv. rev. hist. de droit français et étr.* 12 (1878) 613–43.

78 *Leis* VI 759; cf. III 690.

serão nomeados por sorteio; desta forma, a eleição deles será entregue a Deus, que fará o que lhe agrada'. A cidade acreditava que desta maneira recebia seus magistrados dos deuses". (Segue-se uma conta das eleições consulares na República Romana primitiva que poucos historiadores aceitariam agora). A única fonte que Fustel cita entrega completamente o seu caso. É tão claro das instituições imaginárias apresentadas nas *Leis* de Platão quanto é das instituições reais das cidades gregas que todos os magistrados *importantes*, bem como muitos dos menores, devem ser eleitos por voto. Os únicos magistrados que eu consigo encontrar, em uma rápida olhada pela obra platônica das *Leis*, que devem ser nomeados por sorteio são de fato aqueles encarregados dos templos.[79] E a frase que segue mostra a razão para isso: o princípio desejável para esses oficiais é a pureza ritual em vez de qualquer competência especial! Eu não diria que Fustel de Coulanges estava sendo desonesto; mas ele certamente esconde do leitor inocente que não conhece as *Leis* de primeira mão que até mesmo Platão, com toda a sua visão religiosa, não estava preparado para confiar quaisquer magistraturas importantes àquela expressão da vontade divina, a sorte. Fustel não apresenta evidências em nenhum lugar para apoiar suas generalizações sobre o uso do sorteio na Grécia Arcaica.

4. Wade-Gery[80] não pode fazer melhor. Ele se refere a *Leis* 757B, E[81] como "a declaração de um homem religioso", que "mostra como o sorteio perdeu completamente sua autoridade religiosa no século IV e se tornou uma arma da democracia". (É uma pena que ele não tenha citado a frase de *Leis* 757E que imediatamente segue a que ele cita na p. 113 n. 1: ambos os tipos de igualdade devem ser necessariamente utilizados, mas devemos usar o mínimo possível daquilo que *depende do acaso*[82] — ou seja, o sorteio.) A frase questionável

79 *Leis* VI 759BC. O sorteio também deve ser utilizado na escolha dos βουλευταί ["conselheiros"], mas apenas para reduzir 720 candidatos eleitos ao número final de 360: ver VI 756E.

80 *EGH* 112–14.

81 Cf. III 690C; V 741B; VI 759BC.

82 Cf. Xenofonte, *Ciropédia* I vi 46.

"perdeu sua autoridade religiosa" esconde o fato de que nenhuma evidência foi produzida para provar que o sorteio foi alguma vez acreditado para ter tal autoridade em questões políticas ou militares realmente importantes. Nem Wade-Gery apresenta qualquer evidência que possa explicar essa curiosa "perda de autoridade religiosa". O reconhecimento de que o sorteio *poderia* ser usado na Grécia em contextos religiosos em época arcaica não justifica de forma alguma a conclusão de que, sempre que o sorteio fosse usado, acreditava-se que tinha autoridade religiosa.

De fato, Wade-Gery só consegue encontrar uma única frase para citar em apoio ao seu argumento para a suposta "autoridade religiosa" do sorteio no tempo de Sólon, nomeadamente *Ilíada* VII 170-80, onde o sorteio teve que ser usado para escolher entre um número de guerreiros arrogantes, nenhum dos quais estaria disposto a admitir que qualquer um dos outros seria um homem melhor do que ele mesmo. Wade-Gery tem que admitir que o uso do sorteio neste caso era "em parte talvez para evitar ressentimentos"; mas ele continua a afirmar que foi "mais para que Zeus pudesse escolher seu próprio homem" — uma inferência para a qual não há justificativa alguma em Homero. Da mesma forma, outro eminente defensor do uso do sorteio na época arcaica sustenta (em um artigo não publicado que tive o privilégio de ver) que "os participantes sabiam qual campeão queriam, e oravam a Zeus para dirigir o sorteio corretamente; e isso ilustra o que é frequente e corretamente enfatizado, que há um elemento religioso no sorteio".[83] Não se prova nada dessa sorte. Concluir, a partir do fato de que *os participantes* oraram a Zeus, que a escolha havia sido de alguma forma delegada a Zeus ou era considerada sua decisão é um *non sequitur*. Zeus podia fazer quase tudo, e as orações eram dirigidas a ele em inúmeras ocasiões: era bastante natural que os participantes orassem a ele para influenciar a maneira como o sorteio decidiria — assim como oraram a ele imediatamente depois, a pedido de Ájax, que seu campeão

83 [Ste.Croix não identifica o "eminente defensor". RP acredita que, numa conferência em Oxford, Ste.Croix ouviu esta opinião sendo atribuída a A.R.W.Harrison.]

deveria ser vitorioso.[84] Mas não há a menor sugestão de que confiar a escolha ao sorteio fosse um encargo deliberado à vontade divina, ou que a decisão do sorteio fosse aceita como divina. Exatamente a mesma situação é encontrada na *Ilíada* III 314-325, onde os sorteios são feitos no duelo singular de Páris e Menelau, para decidir qual deles deveria lançar sua lança primeiro: são novamente os exércitos que assistem quem ora a Zeus, e sua oração é que o homem culpado deveria perecer e a paz prevalecer. E em qualquer caso, como Wade-Gery admite, "coisas são feitas na poesia que não são na vida real". Além disso, o exército grego em Troia, uma aliança vaga sob a soberania precária de um chefe admitidamente apenas *primus inter pares*, não fornece a melhor das comparações com uma cidade grega que administrava seus assuntos internos. O apelo vão à *Ilíada* VII 170-80 apenas mostra o quão difícil é para os defensores de *Constituição dos Atenienses* 8.1 encontrar qualquer vestígio de evidência para apoiar sua crença na "autoridade religiosa" do sorteio na Grécia arcaica. Headlam,[85] que não duvidava da origem religiosa do sorteio, teve que admitir que "em Atenas, onde o uso do sorteio era mais comum, a evidência de seu significado religioso é menor... Nas tragédias muitas vezes é feita menção a sorteio; é ocasionalmente em tais palavras que somos lembrados de que o sorteio tinha uma origem religiosa. Mas este é o único caso em que o sorteio é mencionado em conexão direta com os serviços de algum templo.[86] Em nenhum outro caso é qualificado como religioso, e nunca encontramos anexado ao seu uso o temor e o mistério que pertencem a outros meios mais impressionantes de expressão divina".

5. Pode ser verdade, como diz Wade-Gery, que "qualquer bom homem poderia comandar na guerra, assim como qualquer bom homem poderia governar, ou conduzir sacrifícios, ou dar julgamento"; mas alguns poderiam claramente fazer isso muito melhor do que outros, e a comunidade normalmente queria escolher o melhor deles, sujeito apenas, no caso de aristocracias, ao princípio geral

---

84 *Ilíada* VII 190–6, 200–6.

85 *ELA*^{2} 8–9. Veja o conjunto da passagem, 4–12.

86 Headlam cita Eurípides, *Íon* 416; Ésquilo, *Eumênides* 32.

(visível também na República Romana) de que a iteração deve ser proibida ou drasticamente restrita, para permitir a rotação do cargo em torno do círculo da nobreza — uma regra frequentemente encontrada em sociedades aristocráticas, que pode ajudar a prevenir a desestruturação da constituição e ordem social por homens ávidos por poder pessoal. Tal arranjo pode levar a uma perda de eficiência militar e, no entanto, ser sentido como uma necessidade primordial. Certamente não se pode afirmar que a não iteração do arcontado na Atenas soloniana[87] provaria que os atenienses estavam "pouco preocupados" com a capacidade de seus potenciais magistrados e, portanto, poderiam ter estado dispostos a escolhê-los em parte por sorteio: a não iteração era *um princípio aristocrático comum* e não prova de *indiferença* quanto a quem deveria ocupar o cargo. Isso invalida o argumento de Wade-Gery citado acima (p. 142). Os cônsules romanos também mudavam anualmente, e os romanos, por causa de suas restrições à iteração do cargo, poderiam "aceitar um bom número de diferentes comandantes durante o auge militar de um grande soldado"; mas isso está muito longe de implicar que "é indiferente quem comanda": os romanos *elegiam* aqueles que lhes pareciam (às vezes por motivos que podem nos parecer muito inadequados) os melhores homens disponíveis em cada ano, fora do número daqueles desqualificados pelas *leges annales*, e permitiam que a sorte decidisse apenas assuntos como a distribuição de um número fixo de governadores provinciais entre um número igual de homens qualificados.

Em muitas sociedades aristocráticas, tem sido uma crença comum que qualquer membro de uma família nobre tem uma capacidade herdada para governar e até mesmo para comandar na guerra. Isso é particularmente verdadeiro nos níveis mais baixos, e às vezes tem sido aplicável aos cargos mais altos. Lord Howard de Effingham foi

87 Suponho que não é *necessariamente* verdade *a priori*, assim como certamente não é *demonstrável*, que mesmo no tempo de Sólon a eleição para qualquer um dos nove arcontes desqualificava permanentemente um homem de ocupar o mesmo ou qualquer outro cargo de arconte; mas isto parece-me muito provável, e penso que é o que a maioria dos historiadores acredita. Cf. pp. 302ss. abaixo.

escolhido pela Rainha Elizabete I para ser o almirante da frota que iria se opor à Armada Espanhola "menos por qualquer aptidão demonstrada para o comando no mar do que porque ele vinha de uma linhagem ilustre — três de sua casa tinham servido aos Tudors como Lordes Almirantes — e porque ele era um protestante ardente de lealdade inquestionável".[88] Da mesma forma, na nomeação do Duque de Medina Sidonia para comandar a Armada "o que certamente contava mais era que ele era o chefe da casa de Guzman el Bueno, uma das mais antigas e ilustres de Castela, um grande senhor de eminência tão deslumbrante que nenhum oficial da frota poderia se sentir insultado por sua promoção, ou achar que era indigno obedecê-lo".[89] Certamente, em sociedades aristocráticas, a competência técnica para o trabalho muitas vezes está longe de ser a qualificação decisiva para um cargo, mesmo um militar. No entanto, é um salto enorme da Grécia do século VI para a Europa do século XVI e sociedades similares para as quais poderiam ser dados exemplos do mesmo tipo.[90]

6. E há mais um argumento poderoso. Duvido que aqueles que defendem a possibilidade de apontamento de magistrados importantes por sorteio tenham percebido suficientemente que a escolha, antes de 487, de, por exemplo, um polemarco ateniense, não representaria apenas colocar ao acaso a escolha de um homem entre os quarenta melhores comandantes possíveis, mesmo que possamos assumir que os melhores candidatos se apresentassem ano após ano até serem escolhidos para um arcontado. Em qualquer momento dado, era provável que a *maioria dos homens mais qualificados* já tivessem sido nomeados como polemarco ou algum outro arconte e, portanto, seriam *inelegíveis* — e isso faz toda a diferença. Escolher por sorteio entre os quarenta melhores homens seria tolo, mas talvez não totalmente inconcebível. Escolher por sorteio entre quarenta homens, quando provavelmente uma alta proporção dos melhores

88 Garrett Mattingly, *The Defeat of the Spanish Armada* (Pelican, 1962), 215.
89 *Ibid.* 221–2.
90 Cf. o Apêndice deste capítulo.

quarenta homens estão desqualificados por terem ocupado um arcontado antes seria insano.

7. Novamente, se aqueles que estão supervisionando uma eleição não são desinteressados, a eleição pode ser "manipulada", com maior ou menor facilidade de acordo com o modo de eleição em questão. A maioria das eleições modernas é por voto secreto; na antiga Atenas, todavia, as eleições que não eram feitas por sorteio parecem sempre ter sido abertas, conduzidas da maneira indicada por seu nome, χειροτονία [literalmente, "estender as mãos"]. E eleições abertas desse tipo são obviamente muito mais difíceis para magistrados desonestos "manipularem" do que eleições por voto secreto, porque uma má contagem deliberada se torna muito mais difícil. A escolha por sorteio, por outro lado, é absolutamente dependente da honestidade daqueles que tiram os lotes. Nenhum tipo de eleição é mais fácil de "manipular" do que o sorteio.[91] Sólon deve ter sabido muito bem que a administração das eleições estaria por muitos anos inteiramente ou principalmente nas mãos dos eupátridas, que provavelmente relutariam em admitir "*novi homines*" para o arcontado. Podemos realmente acreditar que ele teria sido suficientemente ingênuo a ponto de criar uma instituição que daria aos oponentes de sua nova timocracia a melhor oportunidade possível de sabotagem?

8. Um argumento adicional contra o sorteio de arcontes na maneira descrita por *Constituição dos Atenienses* 8.1 é que os cargos a serem preenchidos de forma tão indiscriminada eram muito diferentes em caráter. O arconte epônimo parece ter sido muito mais importante politicamente do que os outros. Havia um, e apenas um, posto militar, mas esse era o mais alto de todos. Os *Thesmothētai*, que tinham funções judiciais, devem ter tido menor relevância. O basileu agora atuava principalmente nas esferas religiosa e judicial; mas — um

91 Platão, *República* V 460A, com a eufemística frase κλῆροι δέ τινες οἶμαι ποιητέοι κομψοί ["suponho que teremos que inventar alguns métodos sutis de sorteio"], contempla uma "manipulação" total do sorteio. E veja Aristóteles, *Constituição dos Atenienses* 62.1, para a "venda" da eleição por sorteio nos *demoi* atenienses. Para o sorteio "*a mano*" em Florença sob Cosimo de Medici, veja o Apêndice deste capítulo.

ponto importante — apenas ele estava sujeito a uma regra muito antiga[92] de que sua esposa deveria ser virgem na altura do casamento. Quando estavam elegendo seus *prokritoi*, os homens de cada tribo não poderiam saber qual cargo cada homem ocuparia. Argumenta-se seriamente que este é um arranjo digno do bom senso de um Sólon? Se ele realmente quisesse fazer bom uso do sorteio, não seria o curso óbvio ter eleições *separadas* para arconte, polemarco, basileu e *Thesmothētai*? (Na democracia desenvolvida, com sua rotação tribal, isso era o que acontecia na prática: o cargo que cada candidato ocuparia se o lote caísse sobre ele era decidido antecipadamente pelo fato de ele ser membro de uma tribo específica.) Quando aqueles que estão determinados a justificar o κλήρωσις ἐκ προκρίτων soloniano procuram por paralelos, eles fariam melhor em tentar encontrar algo análogo à situação peculiar que acabei de descrever, pois dificilmente ficaremos satisfeitos com um exemplo de escolha por sorteio para um único posto, ou um colégio cujos todos os membros estão praticamente na mesma situação.

9. Até onde eu posso ver, existem dois argumentos, e somente dois, a favor da aceitação da instituição por Sólon da κλήρωσις ἐκ προκρίτων dos arcontes, além do fato de que Aristóteles afirma isso em *Constituição dos Atenienses* 8.1. (a) Os "dez arcontes" (cinco eupatridas, três *agroikoi* e dois demiurgos) que, de acordo com *Constituição dos Atenienses* 13.2, funcionaram no ano após Damásias, provavelmente 580/79 (ou os dez meses que restaram dele), sempre foram um enigma. Um defensor do κλέρωσις ἐκ προκρίτων soloniano, Cavaignac,[93] sugeriu que os dez "arcontes" de Aristóteles são realmente os dez *prokritoi* de cada tribo, que tinham que ser escolhidos nas proporções indicadas. Isso certamente faz mais sentido do que qualquer outra explicação alternativa oferecida até agora — embora, como Wade-Gery observou,[94] "Isso não é realmente o que

92 *Vide* Pseudo-Demóstenes LIX 74–6.

93 "La désignation des archontes athéniens jusqu'en 487", em *Rev. de philol.*, n.s. 48 (1924) 144–8, pp. 145–6.

94 *EGH* 103. Wade-Gery pensa (com Cavaignac) que "o arranjo pode ter existido durante um bom número de anos". Aristóteles o refere como tendo durado apenas

Aristóteles diz, nem vejo como emendá-lo (se alguém quiser) para tal significado". E (b) o uso do sorteio foi indubitavelmente reconhecido na Antiguidade, pelo menos no século quarto, como um expediente útil para aplacar o descontentamento ou evitar intrigas e distúrbios eleitorais.[95] Nenhum desses argumentos, parece-me, tem peso suficiente para contrabalançar aqueles que desenvolvi acima.

10. Concluirei discutindo o uso por Isócrates da palavra προκρίνειν, já que geralmente — mas erroneamente — acredita-se que em certos trechos ele está se referindo à prática de κλήρωσις ἐκ προκρίτων descrita em *Constituição dos Atenienses* 8.1. Mesmo Hignett diz,[96] "É verdade que Isócrates em uma passagem (vii.22) considera κλήρωσις ἐκ προκρίτων como uma característica marcante da 'democracia estabelecida por Sólon e restaurada por Clístenes'", embora ele então continue "mas em outro lugar (xii.145, cf. 130 e 148) ele atribui isso a um período mítico de bom governo que se presume ter durado de Teseu μέχρι τῆς Σόλωνος μὲν ἡλικίας Πεισιστράτου δὲ δυναστείας ['até o tempo de Sólon e o governo de Pisístrato']". Hignett acrescenta, com alguma justiça, "A existência da segunda passagem... obviamente desconta a evidência da primeira. Provavelmente Isócrates não tinha justificativa para nenhuma das afirmações".

Eu mesmo não tenho dúvida alguma de que Isócrates está empregando προκρίνειν, mesmo em VII 22-3 e XII 145, não no sentido raro de "fazer uma seleção *preliminar*" (veja LSJ^9, s.v. προκρίνω, I b), mas no sentido muito mais usual de "escolher *antes dos outros*, preferir, selecionar". A palavra é usada por muitos outros autores desde Tucídides (IV 80.4) neste sentido — veja LSJ^9, *ibid.*, I a; e podemos adicionar dois exemplos do quarto século em que certamente

---

um ano.

95 Ver Platão, *Leis* VI 757E (δυσκολίας τῶν πολλῶν ἕνεκα ["por causa do descontentamento das massas"]); Aristóteles, *Política* V 1303^{a}13-16 (διά τε τὰς ἐριθείας... ὅτι ᾑροῦντο τοὺς ἐριθευομένους ["devido a intrigas eleitorais... pois costumavam eleger candidatos que faziam campanha para o cargo" — mas ver a p. 151 acima); *Retória a Alexandre*, como citado na p. 145 & n. 76 acima (ἀστασίαστον γὰρ τοῦτο ["pois assim se evita a facção"] — mas aqui são apenas as μικραὶ ἀρχαί ["magistraturas menores"] para as quais o sorteio era recomendado)

96 *HAC* 323.

se refere a uma eleição direta: Iseu VIII 19, onde as esposas dos membros de um *demos* específico προὔκριναν a mãe do orador para presidir a *Thesmophoria*, e Demóstenes XXIII 197, onde os atenienses προὔκρινον como líderes Temístocles e Miltíades, como estrategos, claro.

Isócrates emprega a palavra προκρίνειν cerca de 17 vezes no total. Em 14 casos (III 26; IV 4; V 113; IX 13, 35, 74; X 46; XI 11; XII 114, 204; XIV 12; XV 120, 250, 302) todos devem reconhecer nada além do significado normal, e nos três casos restantes (VII 22 e 23 e XII 145) não há a mínima razão para supor que a palavra é usada de qualquer outra maneira. Em VII 22-3, parte de uma disquisição sobre a democracia ancestral de Sólon e Clístenes (§§ 16, 20), Isócrates está fazendo uma clara contraposição entre a eleição por votação e a escolha por sorteio: κλήρωσις ἐκ προκρίτων simplesmente não está presente de forma alguma. Em § 22 a distinção é entre (a) *escolher por sorteio dentre todos* os cidadãos (ἐξ ἁπάντων τὰς ἀρχὰς κληροῦντες), e (b) *eleger* (προκρίνοντες) *os melhores e mais adequados homens* para cada trabalho. É verdade que nesta seção, considerada isoladamente, poderíamos argumentar a favor de tomar προκρίνοντες no sentido técnico ("fazer uma seleção preliminar por votação"), enfatizando na primeira parte da frase não ἐξ ἁπάντων... κληροῦντες mas apenas ἐξ ἁπάντων, de modo que (a) torna-se "escolher por sorteio *dentre todos os cidadãos*", e (b) torna-se "*fazer uma seleção preliminar dos melhores e mais adequados homens* para cada trabalho". A Seção 23, no entanto, resolve a questão a favor de tomar tanto προκρίνοντες quanto προκρίνειν no sentido mais usual e não técnico. Isócrates aqui faz duas séries sucessivas de distinções: primeiro entre (a) *este* arranjo (ταύτην τὴν κατάστασιν) ou seja, *prokrisis* dos melhores homens, e (b) escolha *por sorteio* (τὴν διὰ τοῦ λαγχάνειν γιγνομένην [*sc.* κατάστασιν]), não explicitamente por sorteio "dentre todos"; e em segundo lugar, entre (a) escolha *por sorteio* (ἐν τῇ κληρώσει), sob a qual os atenienses notaram que o acaso decidiria, e (b) *prokrisis* dos melhores homens, sob a qual eles perceberam que o povo teria poder para eleger aqueles que eram mais dedicados à constituição existente. Em nenhum ponto há a mínima sugestão de que a *prokrisis* seria seguida por um sorteio. Tudo isso mostra, sem dúvida, que προκρίνοντες (§ 22) e προκρίνειν (§ 23) não significam "fazer uma seleção *preliminar* por votação", mas "escolher por votação *em preferência a outros*", ou seja, "eleger por votação". Isso é o que deveríamos esperar de qualquer maneira de Isócrates, que raramente usa termos técnicos.

No restante da passagem, XII 145, Isócrates está falando abertamente sobre a antiga constituição de Atenas por um longo período, desde cerca do tempo de Teseu até o de Pisístrato (veja §§ 119– 20, 126–9, 130–1, 134, 144, 148). Aqui lemos que nos bons velhos tempos os atenienses καθίστασαν ἐπὶ τὰς ἀρχὰς προκριθέντας ὑπὸ τῶν φυλετῶν καὶ δημοτῶν ["eles nomearam para cargos aqueles que foram selecionados por seus companheiros de tribo e de *demoi*"]. A palavra imprecisa καθίστασαν é infeliz, mas novamente não há indicação de um subsequente sorteio (κλήρωσις) do προκριθέντες. Eu sugiro que, embora se esperasse que προκριθέντας neste caso particular tivesse o sentido técnico de uma seleção *preliminar* (porque as escolhas são feitas por tribos e *demoi*), Isócrates ainda está pensando principalmente em termos da eleição do melhor homem *em preferência a outros*. Ele teria em mente os cargos (ἀρχαί) no sentido mais amplo, incluindo o Conselho, nas eleições para o qual ele sem dúvida teria preferido χειροτονία ["estender as mãos"] ao sorteio de seus próprios dias, ainda feita por *demoi* (Aristóteles, *Constituição dos Atenienses* 62.1); e ele provavelmente estava pensando sobretudo no contraste entre a escolha contemporânea de conselheiros por sorteio nos *demoi* e o bom e velho sistema sob o qual "os melhores homens" poderiam ser eleitos por voto.

***

O caso contra o κλήρωσις ἐκ προκρίτων soloniano é de fato muito robusto. Pode parecer praticamente conclusivo quando lembramos que, contra o único testemunho explícito a favor desta instituição, o de Aristóteles na *Constituição dos Atenienses*, podemos trazer outra voz de pelo menos igual poder: o Aristóteles da *Política*.[97] Como eu defenderei em um ensaio posterior neste livro,[98] este é um dos três principais exemplos de conflito entre *Constituição dos Atenienses* e *Política*; e ao decidir entre as duas visões de Aristóteles neste caso, é um material de consideração que em ambos os outros dois exemplos é indubitavelmente a *Constituição dos Atenienses* a ser rejeitada. A *Constituição dos Atenienses* pode muito bem representar em cada caso a visão posterior de Aristóteles; mas se assim for, sua opinião foi alterada para pior, provavelmente por algum documento falso que o enganou, ou por uma declaração falsa feita por uma fonte literária que ele respeitava. No caso de se argumentar que *Constituição dos Atenienses* 8.1 pode vir, em última análise, dos *Axones* de Sólon, eu responderia que se Aristóteles pudesse estar errado, como mostrei que ele deve estar, sobre as qualificações das classes do censo, ele pode igualmente ter estado equivocado sobre o método de eleição de magistrados: ambos assuntos fariam parte do que no final do século IV era chamado de *politeia* de Sólon, distinta de suas *nomoi*, e argumentarei em um ensaio subsequente[99] que grande parte da *politeia* de Sólon neste sentido do século IV pode não aparecer entre as *nomoi* registradas nos *Axones*.

Caso eu pareça ter dedicado uma quantidade desproporcional de espaço para refutar *Constituição dos Atenienses* 8.1, é porque um dos objetivos destes ensaios é demonstrar que os atenienses não eram as pessoas excêntricas e um tanto irracionais tão frequentemente retratadas em livros modernos, que teriam criado instituições políticas excêntricas: classes de censo fixadas em uma base altamente inadequada, ostracismo como um dispositivo para se livrar de potenciais tiranos (um propósito para tanto era bastante inadequado) e eleição parcialmente por sorteio de seus principais magistrados, primeiro sob Sólon e novamente em 487. Κλήρωσις ἐκ προκρίτων foi introduzido para a seleção de arcontes em 487; mas até então,

97 pp. 362-367 abaixo.
98 pp. 362-367 abaixo.
99 pp. 416-421 abaixo.

como eu mostrarei, os arcontes já haviam deixado de ter importância política e militar.

APÊNDICE

Eleição para altos cargos por sorteio em locais fora da Grécia

Eu não vou discutir as repúblicas suíças, nas quais acredito que o sorteio raramente, se é que alguma vez, foi usado para a escolha de magistrados de importância comparável ao arconte epônimo e o polemarco ateniense. Nos estados italianos, a sorte era usada de muitas maneiras diferentes. Alguns deles não têm comparação alguma com a κλήρωσις ateniense: em Veneza, por exemplo, a seleção fazia parte do procedimento extremamente elaborado usado para eleger o *Doge* a partir de 1268; mas eram apenas os eleitores, não o próprio *Doge*, que eram escolhidos em parte por sorteio. Embora os próprios magistrados fossem de fato escolhidos por sorteio em mais de uma cidade, há pouco sentido em multiplicar exemplos, e podemos nos contentar com o único exemplo que certamente parece o mais promissor à primeira vista: a escolha em Florença[100] a partir de 1328 dos *priori delle arti* (seis em número até 1343 e depois oito), quc, com o *gonfaloniere di giustizia*, compunham a *signoria* que era simultaneamente "o Conselho da cidade e o governo do Estado".[101] Por um processo conhecido como *imborsamento*, os nomes dos candidatos, que eram sorteados em proporções fixas das *arti*

100 Aqui, achei mais útil Ferdinand Schevill, *Hist. de Florença* (1936), esp. 209–10, 338–40, 355–6, 372; G.A.Brucker, *Florentine Politics and Society 1343-1378* (Princeton, 1962), esp. 64–71, 76; C.S.Gutkind, *Cosimo de' Medici* (1938), esp. 108–10, 124 ff., e 292–301 (Apêndice 8: "The Florentine Constitution"); R.Davidsohn, *Gesch. von Florenz* III (1912) 862–5; IV (*Die Frühzeit der Florentiner Kultur*) i (1922) 54–204 ("Verfassung u. Verwaltung"), esp. 95–100, e veja Index, s.v. "Ämterauslosung".

101 Gutkind, *op. cit.* 294. ["O Professor G.A.Holmes comenta que Gutkind exagera aqui o poder dos *priori*. Os seus verdadeiros poderes consistiam no fato de controlarem em grande medida as relações diplomáticas com outros Estados e de, a nível interno, poderem propor legislação, mas não aprová-la. Ver J.M.Najemy, *Corporation and Consensens in Florentine Electoral Politics* 1280–1400 (1982) and N.Rubinstein, *The Government of Florence under the Medici* (1434 to 1494), ed. 2 (1997)"].

maggiori, medie e minori, eram colocados em bolsas de couro, *borse*, e os lotes eram então sorteados, todo o procedimento sendo cercado de salvaguardas extraordinárias. Depois de várias mudanças, Cosimo de' Medici e sua facção em 1434 conseguiram a nomeação de um comitê de dez *accoppiatori*, que foram encarregados de escolher os novos *priori* a partir dos nomes nas *borse*, ainda em teoria por sorteio: o resultante sorteio *a mano*, como era chamado ironicamente, causou uma corrupção de todo o procedimento de sorteio. No entanto, "enquanto os *accoppiatori* representam o toque final aplicado a um sistema de controle mais antigo, é absurdo sustentar que só com a nomeação deles a constituição florentina foi desnaturada."[102] Na verdade, a oligarquia mercantil, ou melhor, série de oligarquias, sempre manteve um grande controle sobre as eleições, precedidas como eram por um *scrutınio* complicado projetado em parte, através do *divieto*, para evitar que qualquer indivíduo ou família obtivesse reeleição frequente para um alto cargo, e em parte (em muito maior medida do que a teoria constitucional revelava) para excluir oponentes do regime. Este procedimento de qualificação foi ajustado em 1387, quando o *borsellino* também foi introduzido, uma pequena *borsa* especial contendo os nomes dos fiéis adeptos da oligarquia, dos quais dois dos oito *priori* foram agora selecionados, e novamente em 1393, quando a reintrodução em uma nova forma de *ammonizione* (anteriormente exercida pela *Parte Guelfa*) tornou mais fácil para os oligarcas desqualificar para o cargo qualquer oponente suspeito sob o pretexto de que eles eram gibelinos — anátema em quase todos os tempos em Florença.

O sistema florentino de eleger os *priori* mostrou-se ruim e tem sido geralmente condenado por historiadores modernos. Ele "colocava pouco prêmio na habilidade política ou estadismo", diz Brucker,[103] "mas tendia a exaltar a mediocridade". O veredito de Schevill é ainda mais severo. A constituição de Florença, ele diz,[104] era "mais ou menos flagrantemente manipulada desde o seu nascimento e in-

102 Schevill, op. cit. 355–6.
103 Brucker, *op. cit.* 70.
104 Schevill, *loc. cit.*

discutivelmente desde o tempo da adoção da prática de escolher a *signoria* por sorteio. Desde o início deste sistema, um mal inseparável de recorrer à sorte como método de nomear magistrados se fez sentir. Esta era a eleição para o cargo de uma alta porcentagem de flagrantes incompetentes. Se a isso adicionarmos o perigoso fluxo infligido ao departamento executivo pelo breve mandato de dois meses, estaremos dispostos a concordar que qualquer coisa que se aproxime de uma política geral ponderada e consistente se tornou impossível... Um sistema político, tão ofensivo às demandas mais rudimentares do bom senso como este de Florença, não pode ser mantido e..., se não pode ser ajustado por meios legais às necessidades mais imediatas da sociedade, um caminho será invariavelmente encontrado para contorná-lo".

Aqueles que desejam atribuir a Sólon, como o inventor do κλήρωσις ἐκ προκρίτων, um grau meramente igual de loucura política, devem ser informados, no entanto, que o complicado e intrincado sistema florentino de nomeação mista, eleição e sorteio de *priori* tem na realidade apenas uma semelhança superficial com a instituição ateniense que parece ser análoga a ela. Mesmo à parte das características mencionadas acima, uma série inteira de fatores tornou a posição dos *priori* florentinos relativamente muito menos importante e responsável do que a dos arcontes atenienses. Para começar, duas principais esferas de atividade foram totalmente retiradas: eles não estavam de forma alguma preocupados com a jurisdição, que era responsabilidade do *podestà*, nem exerciam qualquer comando militar. Eles serviam apenas por dois meses de cada vez. Ao contrário dos arcontes atenienses do século VI, que diferiam muito entre si em poderes e funções, todos eram teoricamente iguais e sempre atuavam juntos como um colegiado, de modo que a iniciativa individual não era exigida. "O *priorado* era uma forma de governo por comissão e todas as dificuldades concebíveis eram colocadas de modo que qualquer *prior* poderia exercer uma autoridade maior do que seus colegas".[105] Pelo século XIV em

105 Schevill, *op. cit.* 210–11.

Florença, novamente ao contrário da antiga Atenas, "a rotina diária do governo estava em grande parte nas mãos de servidores civis profissionais. As atividades desses homens deram à administração algum grau de continuidade e estabilidade que compensava em parte a fraqueza inerente a um sistema de governo amador e de meio período".[106] E então havia as guildas, que regulavam muitas características da vida cotidiana do cidadão e exerciam uma grande influência sobre a política do Estado: essa era uma característica das cidades italianas que não tinha paralelo na Grécia. Por fim, embora não houvesse nada em Florença correspondente à Assembleia ateniense (pois embora um *parlamento* tivesse total soberania teórica, o governo não tinha obrigação de convocar um e só o fazia para dar um ar de respeitabilidade constitucional a um golpe de Estado), a liberdade de decisão dos *priori* era, no entanto, muito menor na prática do que na teoria constitucional pura: debates importantes ocorreram nas *consulte* e *pratiche* (registros dos quais sobrevivem desde o final do século XIII, e em grande número dos séculos XIV e XV), aos quais os *priori* tinham que prestar grande atenção. "Esses debates eram apenas consultivos, e tecnicamente a *signoria* poderia ignorar as opiniões desses Conselhos. Mas raramente, se é que alguma vez, os *priori* desafiaram o consenso de opinião expresso nessas assembleias consultivas. Este procedimento tornou-se parte do código não escrito da vida política da cidade".[107] É muito duvidoso se mesmo o Areópago e o Conselho juntos forneciam o mesmo tipo de orientação aos arcontes atenienses.

Embora o sorteio tenha entrado na seleção dos *priori* na Florença do final da Idade Média, estava muito longe, portanto, de assumir a posição decisiva que teria se aplicado à escolha de arcontes (mesmo ἐκ προκρίτων) na constituição dos atenienses do século VI.

106 Brucker, *op. cit.* 60.
107 Brucker, *op. cit.* 76.

POSFÁCIO DOS ORGANIZADORES

1. Ste.Croix não discute a mecânica dos procedimentos de votação. Hansen tornou muito plausível que, em uma votação comum por estender as mãos (ἐπιχειροτονία) na Assembleia, os magistrados que presidiam a sessão avaliavam qual lado tinha a maioria, e os votos na verdade não eram contados. Nos tribunais, e para votações na Assembleia sobre questões que exigiam um quórum de 6.000, a votação era por pequenas pedras que eram contadas. Essa era a situação sob a democracia desenvolvida, mas Ste.Croix poderia ter resgatado seu argumento com a ideia de que "as decisões da Assembleia eram chamadas de *psephismata* e o procedimento em si muitas vezes *psephizesthai* — ambas vêm de *psephos* ("pequena pedra"), o que mostra que, em algum momento anterior, a Assembleia havia votado da mesma maneira que os tribunais" (Hansen, *AD*, 147 com referência a Staveley, 84–6). Note, no entanto, o argumento de Spivey de que cenas (mitológicas) mostravam votação com pequenas pedras, aparecendo pela primeira vez em um grupo de vasos áticos no início do século V.

2. Rhodes, *CAAP* 121–2, e Wallace argumentam pela mesma conclusão que Ste.Croix. Mas Develin (em *LCM*, e *Athenian Officials*, 37) busca reviver a posição de Hammond brevemente descartada por Ste.Croix (nota 8).

3. A existência de uma ordem eupátrida que dominou a Atenas arcaica tornou-se controversa nos últimos anos: veja e.g. Welwei, *Athen*, 108–9; J.K.Davies, *OCD*[3], s.v. Eupatridai; Parker, *AR* 63–5.

4. Rhodes, *CAAP* 153, defende brevemente a *boulē* soloniana (veja também AB, índice s.v. Sólon); também é aceito por Welwei, *Athen*, 190–2, e outros.

5. Hansen, *AD* 49–52 ("Selection of magistrates by lot") está muito próximo de Ste.Croix em espírito e conclusões. A visão oposta é defendida por Rhodes, *CAAP* 146–8.

Develin, R., "Solon's First Laws", *LCM* 9 (1984) 155–6

__________, *Athenian Officials* 684–321 B.C. (1989)

Hansen, M. H., *The Athenian Ecclesia* (1983), 103–21 (from *GRBS* 18 (1977) 123–37)

Spivey, N., "Psephological heroes", em Osborne/Hornblower, *RFP* 39–52

Wallace, R. W., "The Date of Solon's Reforms", *AJAH* 8 (1983) 81–95

3
Sólon, os *Horoi* e os *Hektemoroi*

O capítulo rascunhado sobre este assunto nunca foi escrito. O que segue deriva de duas longas cartas enviadas por Ste. Croix ao seu amigo Antony Andrewes. Em 1962, Andrewes desenvolveu uma nova teoria sobre a famosa *Seisachtheia* ou "alijar os fardos" de Sólon: segundo Andrewes, o que Aristóteles viu como um cancelamento de dívidas não era isso, mas a abolição de um estado tradicional e duradouro de dependência, o dos *Hektemoroi* ou "pagadores de sexta parte". A teoria é brevemente apresentada por Forrest, *EGD*, 147–50 e pelo próprio Andrewes em Greek Society (1971 [primeiro publicado como *The Greeks*, 1967]), 115–19; uma versão modificada aparece no capítulo de Andrewes em *The Cambridge Ancient History*, ed. 2, III.3 (1982), 377–82. Em 1962, Ste. Croix foi convidado por Andrewes para comentar um rascunho preliminar e enviou uma longa carta em resposta; em 1968, Andrewes novamente consultou Ste. Croix, tendo recebido uma resposta ainda mais longa. O que segue é um extrato editado da carta de 1962, seguido pela de 1968. Andrewes modificou substancialmente a sua posição em resposta às críticas de Ste. Croix e de outros; partes da carta de 1962 relacionadas a afirmações que Andrewes posteriormente abandonou foram omitidas sempre que isso poderia ser feito sem perder a continuidade.

A CARTA DE 1962

A. Ao julgar que os *Hektemoroi* eram arrendatários que pagavam um sexto de sua produção aos proprietários de terras (ou seus senhores), você considera o próprio sistema como o principal mal: você o chama de "uma forma muito mortificante de servidão", e você diz que Sólon "eventualmente aboliu o sistema sob o qual eles [os *Hektemoroi*] sofriam" por "um ato administrativo único": esta foi a *Seisachtheia*, posteriormente mal interpretada por Aristóteles e todos os outros (exceto Androcião, que estava ainda mais longe da verdade) como um cancelamento de dívidas. A abolição da escravidão por dívida é para você uma mera "legislação colateral".

B. Antes de começar a sério, quero enfatizar qual seria o efeito totalmente desastroso de sua teoria, se fosse verdade, sobre nossa confiança em nossas duas principais autoridades, Aristóteles e Plutarco — não precisamos nos preocupar com Androcião, que ninguém agora leva a sério. A parte da teoria com a qual estou agora preocupado é que a *Seisachtheia* estaria principalmente (talvez inteiramente) preocupada com os *Hektemoro*i e que eles não seriam devedores.

Quanto a Aristóteles, você nos pede para acreditar que ele estava obcecado com dívidas, e "esqueceu os *Hektemoroi* assim que os mencionou em seu esboço introdutório". Então Aristóteles "esqueceu" o fator realmente essencial na situação! E essa curiosa falha de memória levou (em sua teoria) Aristóteles a dar uma imagem totalmente falsa da *Seisachtheia*. Isso, se verdadeiro, seria extremamente desacreditável para Aristóteles, que em inúmeras ocasiões apresenta o cancelamento de dívidas como o recurso essencial da reforma de Sólon. Em sua interpretação, somos forçados a conceber Aristóteles como um historiador imperdoavelmente ruim e descuidado, não que (como muitos de nós acreditamos) apenas tinha fontes incompletas, mas nem mesmo conseguiu usar as boas que tinha, e, ao "esquecer" o elemento mais importante na situação, produziu uma imagem completamente falsa da primeira (*Constituição dos Atenienses* 10.1) e mais importante reforma de Sólon. Acredito que, em geral, tenho muito menos confiança do que você tem na *Constituição dos Atenienses*; mas eu acharia muito difícil acreditar que Aristóteles poderia "esquecer" as mesmas pessoas que ele sabia serem o centro de todo o assunto — e se eu pudesse, acho que então consideraria a *Constituição dos Atenienses*, à parte das citações de Sólon, como uma fonte quase inútil para o período, porque como poderíamos saber o que mais Aristóteles haveria esquecido e interpretado erroneamente?

Plutarco, em *Sólon* 13–16, parece (em sua interpretação) cometer o mesmo tipo de erro que Aristóteles. Primeiro ele "distingue entre *Hektemoroi* e devedores" e ele faz isso "firmemente" e "nitidamente". Então, como Aristóteles, ele esquece completamente a distinção, apresenta a *Seisachtheia* como um cancelamento de dívidas e assim por diante. Isto não é totalmente improvável? Certamente seria melhor procurar uma explicação que não faça Aristóteles e Plutarco se contradizerem e "esquecerem" o recurso essencial da situação com a qual estão lidando?

C. 1. O equívoco na raiz da sua teoria, como eu vejo, é a criação de uma distinção rígida, artificial e desnecessária — que não existe nem nas fontes para Sólon nem na vida real — entre (a) dever uma renda (ou seja, o que os meeiros pagavam) e (b) dever uma dívida. Na verdade, claro, dever uma renda é uma das formas mais comuns de dívida, e a maioria dos sistemas legais tratará a renda não paga aproximadamente da mesma forma (às vezes exatamente da mesma maneira) que qualquer outro tipo de dívida que seja devida e não paga. Eles podem dar a um homem melhores soluções para recuperar rendas não pagas do que outras dívidas, como o direito inglês costumava fazer, e ainda pode fazer; no meu tempo como advogado, você poderia "penhorar", cobrar um "arresto", por renda não paga sem a permissão do tribunal, enquanto você não poderia cobrar "execução" por uma dívida comum sem primeiro obter julgamento em tribunal. Por outro lado, é concebível que outro sistema legal possa colocar um proprietário em uma posição pior do que um credor comum, especialmente, por exemplo, se ele tivesse direitos irrestritos de despejo — embora se essa fosse a situação, a lei provavelmente seria evitada: um inquilino desesperado muitas vezes estaria disposto a aceitar um empréstimo de seu senhorio em vez de ser despejado e então é claro que quando a dívida vencesse, o senhorio poderia colocar o procedimento mais rigoroso em vigor contra ele.

2. Em arrendamentos agrícolas, renda e dívida muitas vezes se misturam inextricavelmente. Vou citar apenas uma declaração, de I.Mendelsohn, *Slavery in the Ancient Near East* (1949), 109. Os grandes proprietários de terras, incluindo os templos e reis, ele diz, em vez de cultivarem diretamente com escravos, "preferiam arrendar partes de suas terras para agricultores arrendatários" (incluindo, no período Neo-Babilônico, até mesmo escravos), que "recebiam sementes, animais e implementos para o cultivo da terra, principalmente na forma de empréstimos dos proprietários, que por sua vez recebiam uma proporção definida da produção no final da colheita". (Esses empréstimos eram geralmente "sem juros", mas se não fossem pontualmente reembolsados, muitas vezes então se tornavam sujeitos a taxas de juros tremendamente altas — às vezes bem acima de 100% a.a.). Então, por exemplo, é muito comum no período Babilônico Antigo encontrar "um adiantamento de semente de grão ou de dinheiro com juros para comprá-lo, sendo pagável a partir dos rendimentos da colheita" (G.R.Driver e J.C.Miles, *The Babylonian Laws I* (1955), 144 e n. 2, no Código de Hamurabi, seção 48). Tal adiantamento poderia muito bem ser chamado em grego de δανεισμός. Aristóteles na *Constituição dos Atenienses* usa as expressões δανείζειν ἐπί (6.1; 9.1) e δανεισμοὶ ἐπί (2.2; 4.5) no sentido de "(criar) dívidas com juros sobre a garantia de" em vez de, mais estreitamente "(fazer) empréstimos com juros sobre a garantia de": não encontro nenhuma dificuldade nisso, mas se você encontrar, pode aplicar a analogia babilônica que acabei de dar — tais práticas são comuns e muito provavelmente ocorreram na Ática do século VII, seja por renda atrasada ou por não pagamento de empréstimos, e muitas vezes os dois serão indistinguíveis. Mendelsohn (p. 111) continua a falar da situação na Síria e na Palestina "nos períodos El-Amarna e Israelita". "Temos evidências da existência de uma grande classe de pessoas sem terra", ele diz, das quais "a maioria permaneceu em suas comunidades agrícolas e se tornou inquilinos na terra que anteriormente era deles... os camponeses despossuídos permaneceram na terra como inquilinos; eram meeiros trabalhadores manuais e pobres, mas não escravos". De fato, "a base da

sociedade do Oriente Próximo era o agricultor livre, arrendatário e meeiro" (pp. 121–2).

3. Isso conduz ao meu próximo ponto. Embora esses meeiros não sejam inicialmente escravos, eles podem se tornar escravos: até os tempos modernos, a maioria dos sistemas legais deu aos credores o poder de tomar medidas muito fortes contra os devedores inadimplentes, às vezes chegando à escravidão total, às vezes a uma condição de "servidão" temporária, aproximando-se da escravidão enquanto fosse o caso; e tais poderes sempre se estenderão à renda não paga, como uma das formas mais características de dívida. No decorrer de uma discussão informativa sobre as origens da escravidão, o antropólogo finlandês G.Landtman (*The Origin of the Inequality of the Social Classes* (1938), 239) a descreve corretamente como "uma regra muito geral que os devedores penhorados [como ele os chama] se encontram numa situação impossível de serem redimidos". No Oriente Próximo, ao contrário dos mundos grego e romano, de longe a fonte mais importante de escravidão nos tempos pré-clássicos era a escravidão de devedores inadimplentes, ou a chamada "venda voluntária de si mesmo" ou a venda de crianças por devedores; e provavelmente muitos desses eram arrendatários que tinham ficado com problemas para pagar as suas rendas. No direito romano, a posição do devedor inadimplente (incluindo o arrendatário) sempre foi muito pior do que a maioria dos estudiosos admite: seja lá o que fez com o *nexum*, a *Lex Poetelia*[1] certamente não aboliu a execução pessoal por dívida totalmente, e o homem contra quem seu credor havia exercido com sucesso a *manus iniectio* ["agarrar pelas mãos"] poderia muito bem ser descrito, como os devedores na imagem de Aristóteles da Atenas pré-soloniana, como ἀγώγιμος, "passível de apreensão".

D. Certamente, se adotarmos a interpretação natural de Aristóteles e Plutarco à luz do que foi dito anteriormente, obtemos uma

1 [Sobre a tendência dos historiadores modernos para exagerar os efeitos desta lei, provavelmente de 326 a.C., ver *CSAGW* 165–6].

imagem perfeitamente satisfatória, mesmo que não tenhamos todos os detalhes que gostaríamos.

1. Sem dúvida, diferentes pessoas sempre acreditarão (como eu não acredito) que podem adivinhar — de maneira diferente, é claro! — como a população da Ática de Sólon foi dividida entre o que chamaríamos de proprietários camponeses (ou seja, proprietários livres) e meeiros agrícolas (ou seja, algo na natureza de arrendatários, ou suponho que você até poderia chamá-los de "trabalhadores sem terra"). Tudo o que direi é que seria muito imprudente excluir um número substancial de qualquer categoria. Se as concepções gregas de "propriedade" sempre foram relativamente vagas, como Vinogradoff[2] e outros sugeriram, bem como A. R. W. H[arrison] (eu entendo) concorda, elas podem muito bem ter sido muito fluidas nesse período inicial. Mas até ideias jurídicas bastante primitivas podem facilmente distinguir a "propriedade" de A, o homem que chamamos de proprietário livre, que, por exemplo, tomou empréstimo sob hipoteca e está pagando juros, seja em dinheiro ou em produtos ou uma parte de sua safra, da de B, o homem que chamamos de arrendatário, que paga uma renda; porque, assim que A pagar a sua dívida, ele tem direito à posse sem mais pagamentos ao hipotecário, enquanto os pagamentos de B ao seu senhorio continuam indefinidamente, independentemente do fato de que seu senhorio provavelmente terá o direito de expulsá-lo quando quiser.

2. Os *Hektemoroi*, concordo, provavelmente eram arrendatários, pagando um sexto. (Não acho que isso seja seguro, mas esta carta já está tão enormemente longa que não me atrevo a embarcar nisso!).[3] Muitos deles, como tantos de seus equivalentes do Oriente Próximo, e mais tarde romanos e outros, podem ter sido proprietários camponeses originalmente e tiveram suas terras furtadas deles ou foram induzidos a entregá-las. Destes *Hektemoroi*, uma grande proporção, talvez praticamente todos, haviam ficado em atraso com seus arrendamentos, ou com o pagamento de empréstimos feitos a eles

2 P. Vinogradoff, *Outlines of Historical Jurisprudence* II, *The Jurisprudence of the Greek City* (1922), 198 e em outros textos.

3 [A referência é à teoria exposta na carta de 1968].

por seus proprietários, e assim haviam se endividado, ὑπόχρεως como Plutarco (*Sólon* 13.4) concebe isso, e portanto eram ἀγώγιμοι, "passíveis de apreensão" (*Constituição dos Atenienses* 2.2).

3. Também deve ter existido muitos "proprietários camponeses", como havia em todos os momentos nos mundos grego e romano e no Oriente Pré-Clássico, exceto, claro, no Egito, onde a terra de certa forma pertencia ao rei. A.H.M.Jones, em um esplêndido artigo (que poucas pessoas parecem conhecer) em *Past and Present* 13 (1958) 1–13 sobre "O Colonato Romano",[4] mostrou que mesmo no século VI d.C. deve ter havido muito mais proprietários camponeses do que a maioria dos estudiosos e historiadores do direito têm admitido. Nossa "analogia" mais próxima para a Ática do século VII consiste em Hesíodo, e diante de sua informação não podemos desconsiderar a probabilidade de um número bastante grande de proprietários camponeses. Muitos desses homens também se endividaram e ficaram sujeitos a apreensão por inadimplência.

4. Indivíduos de cada uma das nossas duas classes tinham sido vendidos no exterior, alguns ilegalmente, mas outros de maneira legal (*Constituição dos Atenienses* 12.4 = Sólon fr. 36 (West), linhas 9–10) — isso me parece muito significativo e vale a pena mencionar, pois mostra que a lei ateniense permitia a escravização e venda no exterior de devedores e, também, que homens poderosos em Atenas poderiam fazer a lei com suas próprias mãos. Muitos desses devedores foram libertados por Sólon, que os trouxe para casa, embora, é claro, como ele conseguiu o dinheiro para comprá-los de volta seja uma questão em aberto. Outros também tinham fugido para o exterior em desespero (*ibid.*, linhas 10–12): esses também foram trazidos para casa.

Se os atenienses haviam sido legalmente escravizados dentro da Ática (*ibid.*, linhas 13–15) é incerto, em minha opinião — *se* a lei ateniense insistiu em algo correspondente à venda romana de um cidadão *trans Tiberim* ("além do Tibre"), então a δουλίη de Sólon

4 [= Jones, *The Roman Economy* (1974), 293–307, também reimpresso com *addenda* por D.Crawford em M.I.Finley, ed., *Studies in Ancient Society* (1974), 288–303].

(literalmente "escravidão"), será usada em um sentido amplo, para "uma condição de servidão".

5. A parte principal da *Seisachtheia* é corretamente representada por Aristóteles e Plutarco como um cancelamento de dívidas e uma proibição contra "empréstimos sobre o corpo" — como explicarei em breve, foi esta última disposição que foi a mais importante, como Aristóteles e Plutarco insistem — Aristóteles com ênfase especial em 6.1, onde ele coloca isso à frente do χρεῶν ἀποκοπή ["cancelamento de dívidas"], e em 9.1, onde ele dá isso como o πρῶτον καὶ μέγιστον ["primeiro e mais importante"] dos τρία δημοτικώτατα ["três elementos mais favoráveis ao *demos*"], excluindo o cancelamento de dívidas. Concordo com você que a retirada dos *Horoi* deve ter lidado com "o núcleo central do problema de Sólon" — ou pelo menos com parte dele. Quanto aos proprietários de terras camponesas (segundo meu palpite, a maioria dos devedores em dificuldades), não há problema: os *Horoi* eram pilares de madeira que registravam o fato de que as terras em que estavam eram o que chamaríamos de "hipotecadas" e é claro que a destruição dos *Horoi* acompanha e simboliza o cancelamento das hipotecas.

6. Mas e quanto aos *Hektemoroi*? Você diz que podemos ter "quase certeza" de que a remoção dos *Horoi* "resgatou os *Hektemoroi*". Por que? Espero que você agora concorde que dificilmente não haveria proprietários de camponeses endividados (ou mesmo muito poucos) entre os πένητες/δῆμος ["os pobres/o povo"] e, consequentemente, que nem todos eles poderiam ter sido *Hektemoroi*. Aristóteles não poderia ter sabido qual proporção dos pobres eram *Hektemoroi*. Seu καὶ ἐκαλοῦντο πελάται καὶ ἑκτήμοροι ["e eles foram chamados *pelatai* e *hektemoroi*"] pode ser naturalmente entendido como referindo-se à substancial classe de meeiros. Depois disso, ele evita usar o termo novamente, provavelmente porque percebeu que nem todos os devedores eram *Hektemoroi*. Pessoalmente, por conta deste motivo, acho bastante improvável que os *Horoi* tivessem algo a ver com os *Hektemoroi*. *Horoi* no mundo grego tinha uma das duas funções: serem marcos de fronteira ou registrar ônus. A razão para o primeiro não precisa de discussão. A razão para o segundo também é clara,

mas talvez precise ser enunciada: porque o "devedor hipotecário" normalmente permanecia na posse, o credor colocava um *Horos* para dar aviso de que a terra já estava onerada, para evitar que o devedor hipotecário pegasse emprestado novamente com a mesma garantia, representando-a como desonerada — credores gregos (em empréstimos e hipoteca) sempre parecem ter querido evitar novos empréstimos sob a mesma garantia. Ouso dizer que a maioria dos Estados gregos usava esses *Horoi* hipotecários, embora os de pedra sejam conhecidos apenas da Ática e quatro das ilhas nos séculos IV e III. Mas por que afinal um *Horos* seria desejável em um caso de arrendamento de meeiros? Poder-se-ia facilmente descobrir se um homem era proprietário ou arrendatário, e o fato de que ele era um ou outro não precisava de publicidade, nem os termos de seu arrendamento, especialmente se fossem de uma variedade padrão. Não vejo réplica para isso.

Você diz que Plutarco (*Sólon* 13) "fala com uma voz incerta" e "se contradiz"; mas isso é um produto de sua própria distinção artificial entre renda atrasada e outros tipos de dívidas. O trecho relevante se lê como segue: "Todo o *demos* estava em dívida com os ricos. Pois ou trabalhavam a terra para eles, pagando-lhes um sexto de sua produção, sendo chamados *Hektemoroi* e *Thetes*, ou, contraindo dívidas em suas próprias pessoas, tornavam-se passíveis de apreensão por seus credores, alguns deles sendo escravizados no local e outros sendo vendidos no exterior".[5] Agora, o que Plutarco deixa claro desde o início é que ele considera os *Hektemoroi* como uma classe de devedores: como todos os outros, eles são ὑπόχρεως, endividados. É característico de Plutarco ser impreciso no uso de termos técnicos e ficar um pouco confuso ao tentar desenhar uma antítese, mas se levarmos isso em consideração, é fácil ver o que ele está tentando dizer. Todo o *demos* estava em um estado de endividamento com os ricos, seja como *Hektemoroi* ou (sem ser *Hektemoroi*) como esses que ofereceram seus corpos como garantia. A partir de "eles se tor-

5 ἅπας μὲν γὰρ ὁ δῆμος ἦν ὑπόχρεως τῶν πλουσίων. ἢ γὰρ ἐγεώργουν ἐκείνοις ἕκτα τῶν γιγνομένων τελοῦντες, ἑκτημόριοι προσαγορευόμενοι καὶ θῆτες, ἢ χρέα λαμβάνοντες ἐπὶ τοῖς σώμασιν ἀγώγιμοι τοῖς δανείζουσιν ἦσαν, οἱ μὲν αὐτοῦ δουλεύοντες, οἱ δ' ἐπὶ τὴν ξένην πιπρασκόμενοι.

naram passíveis de..." em diante, ele está se referindo a ambos os grupos. Isso é certo: Plutarco tinha Aristóteles à sua frente e em *Constituição dos Atenienses* 2.2 são as pessoas que não pagaram suas rendas (μισθώσεις), ou seja, os *Hektemoroi*, que se tornaram passíveis de apreensão.

F. Você dá como certo que havia algo inerentemente ruim no próprio status dos *Hektemoroi* por serem apenas meeiros pagando um sexto, de sorte que Sólon deve ter aprovado uma lei "abolindo o sistema". Não há o menor suporte para isso em qualquer fonte antiga e a probabilidade inerente parece-me totalmente contra isso. Não há nada necessariamente desagradável em ser um meeiro (tudo depende dos termos precisos) e um sexto seria uma taxa excepcionalmente baixa! A parceria existe em muitos lugares do mundo moderno e há muitas evidências da Antiguidade, tanto do Oriente Próximo quanto do mundo romano — não apenas o Império Tardio: note, por exemplo, Plínio, *Epístola* IX 37.1-4, e a inscrição de Henchir Mettich de A.D. 116-17 (*FIRA*^{2} I 100, p. 486, I 19-31: um terço da maioria dos produtos a ser encaminhado para o arrendador, além das *operae* mencionadas em IV 23–7). E veja a inscrição de Souk el-Khmis: *FIRA*^{2}I 103, p. 497, III 8.[6] Mesmo em terras que estão longe de serem férteis, uma proporção de um terço a metade ou mais para o proprietário é muito comum e muitas vezes é de dois terços ou mais: conheço casos de 80% e acima. Em apenas uma proporção insignificante dos casos que encontrei a proporção devida ao proprietário foi inferior a um terço, exceto talvez para culturas agrícolas especiais. Além disso, mesmo em torno da modalidade de metade por metade, o sistema pode funcionar bem. Há algumas evidências de que a parceria é considerada desejável pelos arrendatários e indesejável pelos proprietários em algumas condições, como no caso de Plínio. A parceria rural é particularmente comum quando o proprietário fornece parte do que os advogados romanos chamavam de *instrumentum* (como ele geralmente faz em *métayage*):[7]

6 [Ver também *CSAGW*, 214–17, 257].

7 [*Métayage*: "um sistema de posse da terra na Europa Ocidental e nos EUA, em que o arrendatário paga uma parte (geralmente metade) da produção (como renda) ao

aqui, de fato, é uma instituição socialmente valiosa, especialmente onde animais de arado ou ferramentas são escassos, ou houve várias colheitas ruins em sucessão, ou irrigação ou obras semelhantes são necessárias — os arrendatários então precisam de ajuda para viver, de forma que a consequência natural é a parceria. Note especialmente Gaio em *Digestas* XIX 2.25.6: *partiarius colonus quasi societatis iure et damnum et lucrum cum domino fundi partitur*, "o meeiro compartilha tanto o lucro quanto a perda com o proprietário por uma espécie de princípio de parceria". Não há nada de errado, assim, com a parceria rural em si; e se os *Hektemoroi* de Ática mantinham a proporção muito alta de cinco sextos do que produziam, mesmo que seus proprietários não fornecessem nenhum *instrumentum*, eles deveriam ter estado melhor do que a maioria dos meeiros. Sólon teria sido realmente tolo em proibir tal instituição e não vejo motivo para acreditar que ele o fez, especialmente porque ninguém diz que ele o fez. O fato de não haver evidências de parceria rural na Ática depois disso significa pouco. Não há evidência alguma sobre a natureza dos arrendamentos na Ática por (acho) bem mais de dois séculos após Sólon — e quando a evidência se torna disponível, encontramos arrendamentos monetários praticamente em todo o mundo grego, sem haver motivo para pensar que a parceria rural tenha sido proibida. O desenvolvimento de parcerias para arrendamentos monetários parece ser natural em uma economia saudável, assim como o desenvolvimento inverso, que vemos acontecer na Itália e em outros lugares no início do Principado, é um sinal de declínio econômico.

O que *estava* errado com os *Hektemoroi* é claramente explicado por Aristóteles: qualquer inadimplência levava o meeiro-devedor a ficar suscetível à apreensão física. E — um ponto que é constantemente ignorado — isso significava que qualquer contrato entre proprietário e meeiro realmente terminava, porque agora não havia limite para o que o proprietário poderia extorquir do meeiro com a ameaça de escravidão, exceto, claro, o perigo do arrendatário fugir!

---

proprietário, que fornece o gado e as sementes ou parte deles" (*OED*)].

O proprietário poderia dizer: "Você vai me pagar não um sexto agora, mas o que eu escolher: metade ou até dois terços" — e o meeiro teria que cumprir ou ser vendido. Portanto, o que era necessário para libertar os *Hektemoroi* era exatamente o que era necessário para libertar outros devedores: (a) proibir o elemento mais vicioso na situação existente, ou seja, a possibilidade de escravidão ("garantir empréstimos sobre corpos"), e (b) cancelar o endividamento existente (em "renda" ou "empréstimos"). E isso é exatamente o que Sólon fez: observe a redação de *Constituição dos Atenienses* 6.1 e 9.1. Ele pode ter mencionado o arrendamento; mas isso é o máximo que você tem direito de concluir de Pólux VII 151.

O paralelo mais esclarecedor para a *Seisachtheia* ainda é *Neemias* V 1-13, embora eu ainda não tenha encontrado um historiador antigo de Oxford que o use e alguns nunca ouviram falar dele. Quase tudo na situação soloniana está lá e o único elemento extrínseco em *Neemias* é o tributo em v. 4. Cf. também II *Reis* iv 1, para escravidão por dívida. Outro texto vital do Antigo Testamento é I *Reis* xxi 1-3, que mostra como se pode desmontar a teoria de que os camponeses áticos nunca teriam hipotecado suas terras e empenhado seus corpos se pudessem vender suas terras — uma noção que eu lembro ter sido a base original da teoria da "inalienabilidade".

Tenho certeza, a propósito, de que você gostaria de T.H.Aston, "The Origins of the Manor in England", em *TRHS*, Série. 5, Vol. 8 (1958) 59-83, onde você encontrará argumentos poderosos contra a visão predominante sobre o "*ceorl* livre" como a base da sociedade inglesa medieval, assim como uma ênfase em um grau considerável de dependência camponesa desde o início. Como ele diz, "uma grande proporção do conhecido inquilinato da Inglaterra medieval não mostra nenhum sinal de ter sido, como um todo, camponeses proprietários de terras desvinculados". E o que precisamos é de mais "reconhecimento da ideia senhorial como uma força primitiva na organização da sociedade rural". Quase suas próprias palavras sobre a Ática arcaica — com a qual, sujeito às discordâncias expostas acima, peço para concordar!

A CARTA DE 1968

O problema é, na minha opinião, que não podemos fazer uma imagem consistente e plausível a partir das evidências exatamente como as temos: tenho certeza de que algo está errado em algum lugar! Meu instinto é tentar encontrar algum ponto em que nossas fontes (e aqui isso realmente significa Aristóteles) possam ter errado, inadvertidamente e por algum motivo plausível. Acredito que encontrei um desses pontos e que, se assumirmos que Aristóteles fez apenas uma suposição equivocada (bastante natural com base nas evidências disponíveis para ele), todos os nós se desenrolam.

Na minha carta anterior (veja **D** 2 init.), eu ainda não ousava mencionar esta teoria: naquela época era não mais do que uma intuição, que eu ocasionalmente testava com meus melhores alunos. Posso explicar brevemente como vejo agora a situação agrária em 594, aderindo o mais de perto possível a Sólon e Aristóteles. Perdoe-me se eu passar por um terreno muito familiar — quero dar uma imagem que seja completa tanto quanto as evidências permitem.

A. O grande mal do sistema existente surge da lei muito severa de dívida: o fato de que os devedores inadimplentes se tornam passíveis de apreensão e podem ser escravizados. O remédio de Sólon (adaptado precisamente a esta situação) é triplo: (i) cancelar as dívidas existentes, (ii) libertar aqueles já vendidos como escravos (até mesmo trazendo de volta aqueles vendidos no exterior, embora como isso foi feito seja um problema real — talvez apenas alguns tenham sido trazidos de volta, por uma contribuição pública?), e (iii) proibir o penhor do corpo no futuro. Gostaria de enfatizar que todos os remédios conhecidos de Sólon se referem especificamente à dívida.

Esta é certamente a parte básica da imagem de Aristóteles. É parcialmente confirmada, e não contradita, pelos fragmentos de Sólon, dos quais os mais relevantes são os fragmentos 4.23–25 e 36.8–10, 10–15 de West. Vale a pena notar que temos 11 linhas dedicadas à situação da dívida: a escravização dos pobres, a fuga de alguns e a venda no exterior de outros, a volta destes e a libertação deles e daqueles em escravidão (δουλίη) em sua terra natal.

B. O próprio Sólon começa os iâmbicos nos quais celebra suas próprias realizações apelando à Terra Negra em apoio à sua reivindicação de que, ao remover os muitos *Horoi*, libertou a terra que até então estava "em servidão" (πρόσθεν... δουλεύουσα, fr. 36.5–7). Aristóteles (*Constituição dos Atenienses* 12.4) cita este trecho como sendo "sobre o cancelamento das dívidas e sobre aqueles que anteriormente estavam em servidão, mas foram libertados pela *Seisachtheia*" (ou seja, ele interpretou que Sólon escreveu também aqui sobre a questão da dívida); e Plutarco (*Sólon* 15.3– 6) também apela para isso em apoio à visão adotada pela "maioria dos escritores", de que a *Seisachtheia* era um cancelamento de dívidas, contra a teoria de Androcião de que Sólon apenas reduziu a taxa de juros. (Claro que eu seria o último a defender a imagem fantasiosa de Androcião, mas vale a pena notar que para ele também o problema estava inteiramente na dívida e na usura).

C. Em Aristóteles, *Constituição dos Atenienses* 2.2 (e Plutarco, *Sólon* 13.4), mas em nenhum outro lugar, exceto nos lexicógrafos (se eu puder incluir Pólux entre eles), encontramos aqueles que eram "chamados *Pelatai* (=clientes) e *Hektemoroi*" ("*Hektemorioi* e *Thetes*", em Plutarco). Os *Hektemoroi*, de acordo com Aristóteles e Plutarco, são arrendatários de meeira pagando uma renda (μίσθωσις) de um sexto de sua produção para seus proprietários, que possuem o que chamaríamos de propriedade de fato — este último ponto é claro, por causa de ὀλίγων ἦν ["(a terra) estava nas mãos de poucos"] em *Constituição dos Atenienses* 2.2 e 4.5 e τῶν πλουσίων τοὺς ἀγρούς ["os campos dos ricos"] em 2.2, que juntos tornam certo que para Aristóteles (com ou sem razão) os ricos possuíam a terra arrendada para os *Hektemoroi*.

De acordo com Aristóteles (*Constituição dos Atenienses* 2.2, linhas 11–12 OCT: não há passagem correspondente em Plutarco) os *Hektemoroi*, quando não conseguiam pagar suas rendas, tornavam-se passíveis de apreensão (como todos os devedores inadimplentes). Infelizmente, nem Aristóteles nem Plutarco têm uma única palavra a mais para dizer sobre os *Hektemoroi*, nem qualquer autor diz precisamente como eles foram afetados pela *Seisachtheia*. Um cancelamento de dívida, é claro, eliminaria quaisquer atrasos de renda, mas, presume-se, não afetaria por si só o pagamento da renda futura, a menos que talvez a "renda" fosse uma forma disfarçada de juros sobre um empréstimo, como encontramos em Pseudo-Demóstenes XXXVII (*Contra Pantaneto*) 5 ss.: aqui Pantaneto, que devia a Nicóbulo e Evergo 105 *minae* em uma refinaria de prata e 30 escravos, assumiu o arrendamento da propriedade deles a uma renda equivalente a juros de 12% a.a. sobre a dívida (que parece ter sido aproximadamente metade do valor total da propriedade: cf. §31) — as palavras usadas são μισθοῦται... μίσθωσις... ἐμισθώσατο. (Evergo posteriormente tomou posse da propriedade, alegando evidentemente o não pagamento da renda/juros).

D. Mas Aristóteles, com as palavras καὶ οἱ δανεισμοί ["e empréstimos..."] em *Constituição dos Atenienses* 2.2 (como Plutarco *Sólon* 13.4 em ἢ χρέα λαμβάνοντες ["ou contraindo dívidas"]), introduz dívidas com uma origem *diferente* da dos *Hektemoroi*, em empréstimos diretos em vez de inadimplência de renda. Suponho que os *Hektemoroi* de Aristóteles poderiam ter tomado empréstimo de alguém diferente de seus proprietários, para pagar a seus proprietários; mas certamente ele está pensando aqui em pessoas diferentes: pequenos proprietários e/ou homens sem terra. (Plutarco, *Sólon* 13.4, que não terá tido fontes melhores que Aristóteles, é um pouco mais claro sobre as duas maneiras pelas quais o *demos* se tornou ὑπόχρεως, embora ele não mostre especificamente como os *Hektemoroi*, sua primeira categoria, se tornaram "endividados"; sem dúvida ele aceitou a explicação de Aristóteles como certa).

Isso parece ser toda a evidência que importa, além de uma ou duas passagens que é mais conveniente mencionar mais tarde. Agora passo a explicar a questão.

1. Temos que começar enfrentando uma séria dificuldade. Tem sido comum conectar os *Horoi* com os *Hektemoroi*. Mas se devemos aceitar os *Hektemoroi* como meeiros (porque isso é o que Aristóteles realmente diz e porque é a explicação mais "natural" do termo), então não posso aceitar a associação de *Horoi* e *Hektemoroi*, por dois motivos:

(a) Os *Horoi* seriam bastante inúteis no caso de arrendatários, pagando ou não a renda integralmente. Como eu disse em minha outra carta, **D** §6, o fato de um homem ser um meeiro não precisava ser anunciado, nem os termos de seu arrendamento, especialmente se fossem de um padrão comum. Também não consigo ver nenhum ponto em montar um *Horos* para indicar que o *Hektemoros* tinha atrasado sua renda e se tornado passível de apreensão. Um *Horos*, no entanto, seria útil como um aviso de que a terra de um proprietário camponês estava sujeita a algum tipo de cobrança (ὑποθήκη ["hipoteca"], πρᾶσις ἐπὶ λύσει ["venda sujeita a resgate"] ou algo mais primitivo) — uma forma real de "servidão" da terra.

(b) Que o *Hektemoros* fosse um meeiro pagando um sexto de sua produção como renda ao seu senhorio não poderia ser um motivo para considerar a terra como estando "em servidão". Novamente, isso é verdade, esteja ou não o *Hektemoros* em atraso com a renda e, portanto, na condição de um "devedor".

Poderíamos tentar enfraquecer a força dessa objeção alegando que Sólon poderia legitimamente falar de "servidão" porque a terra "realmente" pertencia ao *Hektemoros*: ele e seus ancestrais a possuíam, como proprietários camponeses, mas ele então contraiu dívidas e pegou empréstimos com garantia da terra e foi só quando ele caiu em inadimplência que "o credor hipotecário executou" (como poderíamos dizer) e se tornou o proprietário, e o camponês então teria se tornado um *Hektemoros*; daí a "servidão" da terra, sobrecarregada com pesados pagamentos ao rico credor, agora na posição de proprietário da terra. (E você mesmo pode querer acrescentar que Sólon removeu essa "servidão" devolvendo a posse da terra ao seu proprietário original, agora o *Hektemoros*). Contra isso, eu argumentaria que um sexto é uma taxa inimaginavelmente baixa de *métayage* para uma situação como eu acabei de descrever (cf. minha carta anterior). Um credor que executasse seria louco de dar ao seu devedor inadimplente termos tão fáceis. Também não consigo acreditar que Draco, ou qualquer outro legislador na sociedade aristocrática da Ática pré-soloniana poderia ter escolhido uma taxa tão baixa quanto um sexto como a *métayage* máxima permitida. Se o

Hektemoros fosse um pagador de um sexto de sua produção, a terra deveria genuinamente pertencer ao senhorio (a taxa surpreendentemente baixa de *métayage* sendo atribuível, talvez, à falta geral de mão de obra agrícola, forçando os senhorios a concederem termos muito favoráveis aos arrendatários).

Para este argumento, uma possível contraposição pode ser que Aristóteles (*Constituição dos Atenienses* 2.2: implicação clara) e Plutarco (*Sólon*, 13.4: afirmação definitiva) estão simplesmente equivocados ao dizerem que os *Hektemoroi* pagavam um sexto e que na verdade eles eram meeiros que recebiam um sexto — nesse caso, suponho, os termos bem severos de *métayage* poderiam ter surgido como resultado de endividamento, inadimplência e "execução hipotecária". Mas cinco sextos é uma taxa de *métayage* surpreendentemente alta, assim como um sexto é uma taxa baixa, e eu não acho que muitas pessoas gostariam de aceitar essa solução.

2. A conclusão a que o argumento aponta até agora é que (a) os *Horoi* têm a ver, não com os *Hektemoroi*, mas com nosso povo em **D** 4 acima, os pequenos proprietários livres, ou (b) que os *Hektemoroi* não eram meeiros. Suponho que (a) seja bastante possível e até recentemente tem sido minha maneira usual de resolver as dificuldades. Mas (i) Sólon começa seu relato de suas realizações com a remoção dos *Horoi* e parece dar grande ênfase a isso, e (ii) Aristóteles parece estar concebendo pelo menos uma alta proporção de seus devedores como *Hektemoroi*. Por isso, reluto em aceitar (a), que envolve tratar os *Hektemoroi* como uma classe não muito importante. Como alternativa, vamos explorar (b).

3. Aristóteles não mostra grande conhecimento ou interesse nos *Hektemoroi*. Como você diz, "ele esqueceu os *Hektemoroi* assim que os mencionou em seu esboço introdutório"! E Plutarco não acrescenta nada, nem os lexicógrafos. Isso seguramente resulta de que não havia nenhuma evidência sobre eles? Em particular, acho que podemos dizer com confiança que Sólon nunca deve ter dito nada sobre eles — ou pelo menos nada esclarecedor, nada que valesse a pena citar — em seus poemas ou suas leis. Provavelmente, apenas o nome deles era lembrado na tradição.

Agora gostaria de enfatizar que, exceto por apenas três linhas em Aristóteles (*Constituição dos Atenienses* 2.2, linhas 9–11 OCT) e menos de duas linhas em Plutarco (*Sólon* 13.4, linhas 16–17 Teubner), não há, em todos os lugares possíveis, absolutamente nada além de dívida. Aristóteles não poderia estar simplesmente equivocado sobre o significado do nome *Hektemoroi* — e assim avançando para uma conclusão "óbvia" mas falsa? Eu sugeriria que o *hekt-* de onde a palavra *Hektemoroi* veio não tinha nada a ver com o arrendamento de terras, mas se referia a *uma taxa de juros sobre empréstimos*. Na Antiguidade, é claro, o pagamento de juros a uma taxa percentual ao ano é praticamente desconhecido: em termos gerais ou se pagava (a) a uma taxa calculada por mês (como normalmente com hipotecas, etc.) ou (b) com um incremento especificado, independentemente do período do empréstimo (como normalmente, acho, com empréstimos de contratos marítimos). Na Ática do século VII e VI, então, você pega emprestado grãos de um magnata local, mais comumente quando seu próprio grão se esgota antes da colheita, e você paga τὸ ἕκτον μέρος = um juros de um *hekteus* por *medimnos* (daí a curiosa sexta parte), seja (a) por mês ou (b) pelo período total durante o qual o empréstimo durar, ou seja, normalmente até a colheita. Se (a), então (porque 12 × 16 2/3 = 200) você está pagando o que chamaríamos de "200% a.a."; e se você reembolsou em, digamos, 3 meses, você teria que pagar de volta o empréstimo mais 50%; se, em 6 meses, o empréstimo sobrasse. Se (b), então nossa noção de uma taxa percentual ao ano não é aplicável — a "taxa" variaria de acordo com o período do empréstimo. Se você reembolsasse em 3 meses, mais um sexto, você estaria pagando o que chamaríamos de "uma taxa de 66 2/3% a.a." (quatro vezes 16 2/3%); se em 6 meses, a "33 2/3% a.a." (duas vezes os 16 2/3%); se em 12 meses, a "16 2/3%". Em qualquer caso, temos uma "dívida" direta. Claro, você dá tudo o que tem como garantia: sua terra, seu corpo e os de sua família (note καὶ τέκνα καὶ αἱ γυναῖκες ["e seus filhos e suas esposas"] em *Constituição dos Atenienses* 2.2; cf. II *Reis* iv 1; *Neemias* v 1–13). Se você não pagar o principal e os juros na data de vencimento, você se torna, junto com a sua família, passível de apreensão.

Se você adotar essa teoria sobre a natureza da *Hektemorage*, você não tem nada além de dívidas, como vimos — e então os remédios de Sólon, seus únicos remédios conhecidos, são exatamente corretos: cancelar dívidas existentes, libertar aqueles já escravizados por dívida e proibir a escravidão por dívida no futuro. Sugiro que, no quarto século a.C., de onde vem nossa primeira evidência, provavelmente haveria melhores evidências do que Sólon fez, as reformas que ele realmente implementou, do que para a situação com a qual ele teve que lidar, que teria que ser reconstruída por inferência, dos poemas e leis de Sólon e da tradição.

4. Há apenas um par de textos que você pode querer trazer contra essa teoria:

(a) Pólux VII 151: ἐπίμορτος δὲ γῆ παρὰ Σόλωνι ἡ ἐπὶ μέρει γεωργουμένη, καὶ μορτὴ τὸ ἀπὸ τῶν γεωργῶν ["Em Sólon, a terra arrendada é chamada de *epimortos*, e a parte paga pelos agricultores é chamada de *mortē*"]. Pólux, eu gostaria de enfatizar, não menciona os *Hektemoroi* aqui, embora em IV 165 ele tenha ἑκτήμοροι δ' οἱ πελάται παρὰ τοῖς Ἀττικοῖς ["entre os atenienses os *pelatai* são chamados de *Hektemoroi*"]. Isso sugere para mim que se Pólux encontrou ἐπίμορτος/μορτή nas leis de Sólon, ele não encontrou os *Hektemoroi* no mesmo contexto — ou mesmo suas palavras em IV 165 poderiam facilmente derivar de Aristóteles.

(b) Hesíquio, *s.v.* ἐπίμορτος (nº 4985 Latte): λέγεται οὕτω καὶ ὁ {ἐπὶ} μέρει ἐργαζόμενος. μορτὴ γὰρ τὸ μέρος ἐκλεῖτο καὶ ἑκτήμοροι οἱ τὸ ἕκτον τελοῦντες ["*epimortos*: este também é o nome para o homem que trabalha por uma participação. Pois a porção era chamada de *mortē*, e aqueles que pagam um sexto *Hektemoroi*"].

Esses textos são muito interessantes, devido à raridade de referências ao compartilhamento de terras na Grécia. Eu gostaria muito de saber os contextos em que Pólux encontrou *epimortos* e *mortē*, especialmente porque essas palavras não parecem ter continuado em uso — talvez por que a prática de compartilhamento de terras logo desapareceu? Estou feliz que você agora concorda que Sólon não passou, ou de qualquer forma não necessariamente passou, "uma lei que aboliu o sistema". O compartilhamento de culturas pode, em circunstâncias apropriadas, ser do interesse dos meeiros em geral: veja **F** em minha carta anterior, especialmente a citação de Gaio. Tudo depende do tamanho da participação do proprietário e das penalidades por inadimplência.

5. Mas não sinto nenhuma compulsão em supor que os *Hektemoroi* possuíam terras arrendadas. Aristóteles, e talvez outros antes dele, pensavam que sim, e claro que os lexicógrafos seguiram o mesmo raciocínio. Mas que evidências Aristóteles tinha? Se os *Hektemoroi* eram de fato pequenos proprietários camponeses endividados do tipo que sugeri, não seria a coisa mais fácil do mundo para Aristóteles assumir, erroneamente, a partir do nome deles, que eram meeiros que possuíam terras arrendadas e pagavam um sexto de sua produção total? Os textos de Pólux e Hesíquio que citei realmente me ajudam, porque mostram como seria fácil para Aristóteles ter cometido seu erro — ele saberia que o regime de partilha com meeiros existiu na Ática soloniana!

6. Eu afirmaria que minha teoria se encaixa muito bem a todas as evidências, se me for permitido assumir um erro perfeitamente natural de Aristóteles. Agora podemos pensar inteiramente em termos de dívida, como todas as nossas evidências sugerem que deveríamos. Aristóteles estava totalmente justificado em "esquecer" os *Hektemoroi* depois de mencioná-los no início, porque eles eram apenas uma classe particular de devedor — mas uma classe muito numerosa e importante, como queremos que sejam. Não há problema sobre os *Horoi*: eles podem estar nas terras dos *Hektemoroi* (novamente, como queremos que sejam), como um aviso para os compradores em potencial de que as terras estavam com restrições. E os remédios de Sólon são exatamente os que eram necessários.

Além disso, não temos que enfrentar seu problema muito incômodo se os *Hektemoroi* agora tiveram seus antigos "arrendamentos" transformados em "propriedades livres" (como você quer que tenham sido), porque eles sempre foram proprietários livres. Em sua visão, acho que você está em um verdadeiro dilema: certamente haveria muitos pequenos proprietários de terras atenienses nos séculos V e IV, então você precisa transformar seus *Hektemoroi* em proprietários livres; mas não há um vestígio de evidência para isso, embora, se fosse real, teria sido uma reforma tremendamente importante, um grande ato de confisco e redistribuição. Isso está totalmente fora do caráter de Sólon? E na minha opinião Sólon fr. 34 (West) oferece alguma evidência contra isso. Seguramente (contra o que você diz) "os personagens gananciosos endereçados em tetrâmetros" (esp. fr. 34) *são* o *demos*, no sentido das classes mais pobres em geral? É em resposta aos "personagens gananciosos" de fr. 34.1–3, que estavam irritados com o que ele não fez (fr. 34.4–5), que Sólon diz que não queria que os ἐσθλοί tivessem uma parte igual (ἰσομοιρίη) da terra com os κακοί (onde ἐσθλοί/κακοί = "bom/ ruim" deve ser usado no sentido social em vez do moral, assim como em fr. 36.18 (West): ἀγαθός/κακός). Então, certamente foram os κακοί = as classes baixas que estavam em vão exigindo uma redistribuição de terras (γῆς ἀναδασμός: cf. *Constituição dos Atenienses* 11.2; Plutarco *Sólon* 16.3). Veja também Sólon fr. 37 (West), onde (após as reformas de Sólon) há dois lados (linhas 9–10), o "maior e mais forte" da linha 4, e o *demos* das linhas 1 e 7, a quem Sólon afirma ter contido, e que estavam evidentemente reclamando, embora agora tivessem "mais do que poderiam ter sonhado" (linhas 1–3).

Portanto, eu digo que assim tudo se encaixa! Alguns pontos soltos, todavia, permanecem.

7. A partir do uso das palavras *epimortos* e *mortē*, presumivelmente nas leis de Sólon, podemos inferir a existência de uma classe de meeiros; mas estes não precisam ter sido nem muito numerosos nem muito afligidos. Embora ser um meeiro não seja tão bom em tempos de abundância quanto ser um arrendatário com pagamento fixado, porque o tamanho absoluto da parcela do proprietário aumenta proporcionalmente à colheita, ainda em tempos muito ruins o meeiro provavelmente estará melhor, porque o tamanho absoluto da parcela do proprietário é reduzido proporcionalmente à má colheita — as pessoas tendem a esquecer isso. Se a situação dos pobres atenienses em 594 foi devida em parte a uma sucessão de más colheitas, como é tão frequentemente suposto, então os proprietários camponeses endividados poderiam estar pior do que

os meeiros. Portanto, não nos deve surpreender se encontrarmos meeiros no tempo de Sólon, mas não desempenhando um papel notável na crise.

8. Quanto ao seu ponto sobre os *Thetes*, concordo que o nome deve indicar uma classe em que pelo menos a maioria não são proprietários de terras; mas eu iria mais longe e sugeriria que os *Thetes* do período pós-594/3 eram na maioria ainda não proprietários de terras — afinal, o nome certamente deveria ter algum significado para a condição da classe não antes de sua criação mas depois que ela veio à existência. Como eu vejo, os *Thetes* solonianos incluiriam alguns proprietários de terras pobres (ex-*Hektemoroi* talvez), mas seriam principalmente arrendatários (incluindo inicialmente alguns meeiros), trabalhadores agrícolas, artesãos e comerciantes. Eu veria evidências de uma classe de trabalhadores agrícolas na Ática (que dificilmente aparecem, aliás, nos séculos V e IV) em Sólon fr. 13.47-48 (West), onde há uma referência interessante ao homem que "serve (λατρεύει) aqueles que lidam com arados curvos, cortando a terra muito arborizada εἰς ἐνιαυτόν (para o ano, ou ano após ano?)": isso faz parte da longa lista de ocupações nas linhas 43-62 — onde o agricultor proprietário livre (αὐτουργός), a propósito, não aparece em seu próprio direito! Para mim, muitos *Hektemoroi*, uma vez que suas dívidas foram canceladas, poderiam ascender imediatamente, ou muito em breve, à classe *Zeugitai*. Na verdade, eu me pergunto se a necessidade de conseguir mais hoplitas pode não ter sido uma das principais razões pelas quais as classes superiores de Atenas concordaram em deixar Sólon reformar o Estado; cf. a situação na Roma republicana arcaica, onde os plebeus exploraram tal necessidade para seu próprio proveito.

9. Finalmente, gostaria de enfatizar que apresentei apenas uma teoria exploratória, para a qual pode haver uma alternativa melhor. Especialmente depois de ler aquele artigo de Trevor Aston que mencionei perto do final da minha carta anterior, estaria perfeitamente disposto a considerar uma teoria alternativa que começasse com "a ideia senhorial" e atribuísse aos *Hektemoroi* algum *status* dependente peculiar sobrevivente da Idade Obscura. Mas, no momento, não

vejo como isso pode ser feito sem fazer suposições que estão em conflito muito mais sério com as evidências de Sólon e Aristóteles do que aquelas que esbocei acima.

POSFÁCIO DOS ORGANIZADORES

Várias teorias inovadoras sobre os *Hektemoroi* foram publicadas recentemente: que eram pequenos proprietários livres obrigados a prestar serviço de trabalho periódico a grandes proprietários de terras em troca de um sexto da produção (Gallant, 123–4); que "a terra que foi escravizada e marcada com ὅροι e trabalhada por ἑκτήμοροι era terra pública" (Rihll); que o "sexto" era uma forma de "presente" ou dinheiro de proteção exigido dos agricultores pobres pelos ricos (Harris); que os *Hektemoroi* eram "agricultores arrendatários, que arrendavam a terra a um valor fixo e pagavam um sexto do arrendamento em prata, quando o contrato era feito e o resto, seja em prata ou em espécie, na época da colheita" (Stanley, 203). Mas essas são vozes isoladas e na erudição em língua inglesa (contrastando com Welwei, *Athen* 155–6), a posição defendida por Andrewes tornou-se muito amplamente aceita (por exemplo, Rhodes, *CAAP* 94–5; Osborne, *GM* 223; Murray, *EG* 192, aponta que a tese central remonta a Fustel de Coulanges). Assim, o ponto de vista contra o qual Ste.Croix está argumentando permanece um alvo real.

Quanto à nova teoria específica de Ste.Croix sobre os *Hektemoroi*, a seguinte frase em Andrewes, 379, aparentemente é uma resposta a ela: "a baixa taxa de um sexto vai contra o empréstimo, e também a taxa uniforme; é difícil entender por que algum homem rico emprestaria para os pobres por um retorno tão pequeno, e é ainda mais difícil entender por que tantos adotaram uma taxa idêntica de sorte que seus devedores adquiriram essa designação específica".

Andrewes, A., "Solon", in *The Cambridge Ancient History*[2], III.3 (1982), 375–91.

Fustel de Coulanges, *La cité antique* (1864).

Gallant, T. W., "Agricultural Systems, Land Tenure, and the Reforms of Solon", *BSA* 77 (1982) 111–24.
Harris, E. M., "A New Solution to the Riddle of the *Seisactheia*", in Mitchell/ Rhodes, *DPAG* 103–12.
Rihll, T. E., "EKTHMOROI: Partners in Crime?", *JHS* 111 (1991) 101–27.
Stanley, P. V., *The Economic Reforms of Solon* (Pharos, Studien zur griechischrömischen Antike, XI, St. Katharinen 1999), 174–203.

4
Clístenes I: A constituição

(I) CLÍSTENES EM HERÓDOTO E ARISTÓTELES

São as reformas de Clístenes, não o homem, que têm o direito de reivindicar uma importância histórica duradoura; mas pode-se, naturalmente, sentir interesse pela figura obscura cujo nome se tornou permanentemente ligado à constituição sob a qual Atenas floresceu por quase duzentos anos. Como Wade-Gery observou,[1] "Clístenes não dominava a imaginação popular. O fundador da Democracia, no pensamento do povo, não era Clístenes, mas Sólon: o destruidor da tirania, não Clístenes, mas Harmódio". Depois do Atidógrafo, Clístenes raramente é mencionado e nunca é tratado como uma figura importante, exceto uma ou duas vezes pelo culto Plutarco. "*De tous les grands personnages de l'histoire athénien, il est sans doute le moins souvent évoqué*" ["De todos as grandes figuras da história ateniense, ele é sem dúvida o menos frequentemente mencionado"].[2] O que realmente sabemos sobre a atitude política do homem Clístenes?

A imagem de Clístenes que é invariavelmente apresentada por escritores modernos — ou seja, o de um homem que se transforma em um líder popular em um estágio tardio, a fim de alcançar o poder pessoal — deriva, em última análise, de uma fonte: Heródoto

1 *EGH* 135. Mas Clístenes foi o fundador da democracia para Heródoto (VI 131.1) e Clitofonte (Aristóteles, *Constituição dos Atenienses* 29.3), e o fundador ou segundo fundador para Aristóteles (ver especialmente *Constituição dos Atenienses* 22.1; *Política* VI 4, 1319^{b}21-2) e Isócrates (VII 16, 20; XV 232, 306; XVI 26-7).

2 Lévêque e Vidal-Naquet, *CA* 122. (Veja toda a passagem em "Le destin posthume de Clisthène", *CA* 119-22.)

(V 66-72). Aristóteles, obviamente, tinha outras fontes[3] para seu relato da constituição de Clístenes, mas sua declaração em *Constituição dos Atenienses* 20.1, ἡττώμενος δὲ ταῖς ἑταιρείαις ὁ Κλεισθένης, προσηγάγετο τὸν δῆμον, ἀποδιδοὺς τῷ πλήθει τὴν πολιτείαν ["desde que ele tinha sido derrotado nas alianças políticas, Clístenes trouxe o povo para o seu lado, entregando a *politeia* para as massas"], deve ser uma elaboração tirada diretamente de Heródoto: Clístenes e Iságoras, os dois homens que naquela época ἐδυνάστευον ["ocuparam as posições de liderança no Estado"] (V 66.1), ἐστασίασαν περὶ δυνάμιος, ἑσσούμενος δὲ ὁ Κλεισθένης τὸν δῆμον προσεταιρίζεται ["eram rivais pelo poder (político); e já que ele estava sendo derrotado, Clístenes fez do seu povo aliado"] (66.2). Aqui eu concordo inteiramente com Wade-Gery:[4] Aristóteles não tinha nenhuma fonte narrativa, exceto Heródoto. E veja Heródoto V 69.2: ὡς γὰρ δὴ τὸν Ἀθηναίων δῆμον πρότερον ἀπωσμένον τότε πάντως πρὸς τὴν ἑωυτοῦ μοῖραν προσεθήκατο (sc. ὁ Κλεισθένης) ["então ele trouxe completamente para o seu lado o povo ateniense, que anteriormente havia sido desprezado"], introduzindo suas reformas, após o que ἦν τε τὸν δῆμον προσθέμενος πολλῷ κατύπερθε τῶν ἀντιστασιωτέων ["tendo conquistado o apoio das pessoas, ele era muito mais poderoso que seus rivais"]. Toda a imagem conhecida de Clístenes, o político astuto que, para servir aos seus próprios fins, de repente (por assim dizer) se torna demagogo, deriva inteiramente dessas passagens. Esta imagem pode ser verdadeira; mas não satisfez Grote,[5] e não deve ser aceita de forma submissa e sem exame.

Heródoto aparentemente não estava muito interessado na constituição de Clístenes, embora sua referência a Κλεισθένης... ὁ τὰς φυλὰς καὶ τὴν δημοκρατίην Ἀθηναίοισι καταστήσας ["Clístenes ... que estabeleceu as tribos e a democracia para os atenienses] (VI

3 No mínimo as instituições de Atenas em sua época e inferências inteligentes: ver pp. 197-198 abaixo.

4 *EGH* 136-8. Contra a visão de Wade-Gery de uma correção de Heródoto por Aristóteles, eu aceitaria a de Lévêque e Vidal-Naquet, *CA* 7 n. 3.

5 *HG* III 348–50, cap. xxxi.

131.1) mostra que ele o considerava o fundador daquela democracia ateniense que ele evidentemente admirava. De qualquer forma, seu relato das reformas de Clístenes (V 66-67.1; 69) é — para dizer o mínimo — muito pouco esclarecedor. Na primeira das duas passagens nas quais ele alude às reformas (V 66.2) ele menciona *apenas* a mudança no *número e* nos *nomes* das tribos. Como acabamos de ver, o motivo que Heródoto atribui a Clístenes para introduzir suas reformas em geral é a rivalidade entre facções com Iságoras pelo poder político; mas em relação a uma característica particular da nova constituição, a mudança nos nomes das tribos, ele oferece como sua opinião (δοκέειν ἐμοί, V 69.1) que Clístenes estava motivado por um desprezo pelos jônios: foi para que os atenienses não devessem "ter as mesmas tribos que os jônios", na opinião de Heródoto (δοκέειν ἐμοί, 67.1), que o legislador ateniense "imitou seu avô materno, Clístenes de Sícion" (67.1; 69.1), reorganizando as tribos atenienses e abandonando os antigos nomes jônicos, assim como o tirano Clístenes renomeou as tribos dóricas de Sícion. Esse é um argumento tão fraco que um dos maiores admiradores de Heródoto foi levado a se perguntar se ele estaria falando ironicamente![6] Mas Heródoto alude ao ateniense Clístenes imitando o sicioniano duas vezes, e é pouco provável que um escritor tão habilidoso trabalhasse tanto com a ironia. Em sua comparação entre os dois estadistas, evidentemente, Heródoto não está relatando o motivo para a reformas das tribos por Clístenes como um todo, mas apenas para a mudança de nomes. No entanto, a nossa queixa contra Heródoto é precisamente que ele escolheu colocar todas as ênfases na mudança de *nomes*, pois esta era uma parte trivial de todo a reforma; concentrando-se nela, Heródoto, que "às vezes escreve para crianças e às vezes para filósofos",[7] dificilmente estava escrevendo para filósofos.

Na segunda passagem (V 69.2) Heródoto diz, τὰς φυλὰς μετωνόμασε καὶ ἐποίησε πλεῦνας ἐξ ἐλασσόνων. δέκα τε δὴ φυλάρχους ἀντὶ τεσσέρων ἐποίησε, δέκα (?δέκαχα) δὲ καὶ τοὺς δήμους κατένειμε ἐς

6 J.L.Myres, *Herodotus Father of History* (1953) 84: "ironicamente ou não".

7 Edward Gibbon, *The Decline and Fall of the Roman Empire* (ed. J.B.Bury, 1935) II 495 n. 54 (cap. xxiv).

τὰς φυλάς ["ele renomeou as tribos e aumentou o seu número; Ele também estabeleceu dez filarcos ao invés de quatro, e distribuiu os dez *demoi* em cada tribo (*ou*: entre as tribos em dez grupos)"]. Aqui novamente ele começa com os *nomes e* o *número* das tribos. Então temos uma referência à mudança do *número* dos filarcos — uma afirmação que é tão trivial, tomada literalmente, que alguns comentaristas quiseram fazê-lo referir-se à criação dos *Strategoi*.[8] A novidade essencial da constituição de Clístenes evidentemente era basear a cidadania, pela primeira vez, nos membros de um *demos*;[9] mas apenas no final do relato de Heródoto os *demoi* são mencionados, e então tudo o que nos ele nos diz é que Clístenes "distribuiu os *demoi* entre as tribos em dez grupos", ou "distribuíram os *demoi* em dez em cada tribo", de acordo com a leitura dos manuscritos que adotamos em V 69.2, δέκαχα ou δέκα.[10] Seria difícil pensar em qualquer declaração sobre os *demoi* que poderia dizer algo menos significativo do que isso. E as trítias, uma característica particularmente engenhosa e incomum do sistema tribal clistênico, não são tão mencionadas quanto. Heródoto não estava escrevendo uma história constitucional, e não havia nenhuma razão convincente para ele incluir quaisquer detalhes sobre essas reformas constitucionais específicas, mais do que sobre as reformas de Sólon, sobre as quais ele se cala inteiramente, embora ele se refira a Sólon várias vezes. Mas já que ele nos dá um breve relato das reformas, temos o direito de examiná-lo, para ver se ele compreendeu a natureza e o significado do trabalho de Clístenes. Certamente a superficialidade de sua imagem e sua concentração quase frívola sobre o que não é essencial sugerem que ele nunca recebeu um relato completo sobre as reformas e não as compreendeu devidamente. E se não o fez, dificilmente será uma testemunha confiável para a personalidade do homem que nos apresentou.

Heródoto pode ou não ter acreditado que entre os eventos que precipitaram a "conversão" de Clístenes à causa democrática estava

8 Isso eu não consigo aceitar: ver pp. 300-303 abaixo.

9 Ver pp. 198-200 abaixo.

10 Ver Nota final i (p. 239 abaixo).

a eleição de Iságoras para o arcontado em 508/7. Não é Heródoto, mas Aristóteles (*Constituição dos Atenienses* 21.1), que nos diz que o arconte no ano das reformas de Clístenes foi Iságoras, e se Heródoto sabia ou não desse fato, não podemos dizer. Acreditando, como ele, que os Alcmeônidas estiveram no exílio durante todo a tirania dos Pisistrátidas,[11] Heródoto evidentemente não percebeu[12] que Clístenes tinha sido um arconte epônimo em 525/4 e, portanto, não poderia ter sido candidato a arconte em 508. Antes da publicação da lista de arcontes (M/L 6 = Fornara 23) revelar este fato interessante pela primeira vez, os leitores modernos de Heródoto frequentemente assumiram — apesar da frase de Aristóteles, ἡττώμενος ... ταῖς ἑταιρείαις ["derrotado ... nas alianças políticas"] — que a luta entre Clístenes e Iságoras περὶ δυνάμιος ["pelo poder (político)"] era de fato para o cargo de arconte.[13] Eu não acredito que Aristóteles pensava assim, e as palavras que citei sugerem que ele não entendia Heródoto naquele sentido. O arcontado era, naturalmente, um prêmio político, e Clístenes pode muito bem tê-lo cobiçado para um parente ou associado, Alcméon, por exemplo. Especialmente naquele tempo, quando algum clã ou família que tinha alguma liderança poderia ter maior influência política do que qualquer grupo comparável no final do quinto ou quarto século, cada facção naturalmente tentaria obter os cargos principais, especialmente o de arconte epônimo,[14] para seus próprios membros. Heródoto certamente tinha em mente um fracasso de Clístenes em garantir essa posição política de liderança nos círculos aristocráticos à qual ele teria razão para aspirar, como chefe da casa Alcmeônida; mas ele pode ter visto a eleição de Iságoras (se é que ele sabia disso) como a gota d'água, fato que finalmente deixou claro para Clístenes que uma mudança de tática era necessária se ele quisesse garantir a predominância política.

---

11 Heródoto VI 123.1; cf. μισοτύραννοι ["odiadores de tiranos"] em 121.2

12 Ver Wade-Gery, *EGH* 164–5.

13 Ver How e Wells, *CH* II 32.

14 Cf. Aristóteles, *Constituição dos Atenienses* 13.2 (fin.).

Em certo aspecto, muitos de seus leitores modernos podem ter entendido mal o que disse Heródoto. Pelas palavras πρότερον ἀπωσμένον em V 69.2 Heródoto não precisa denotar "anteriormente rejeitado *por ele mesmo*", como às vezes se supõe.[15] Acredito que Heródoto provavelmente queria dizer que os *demoi* tinham sido até agora geralmente desprezados, mantidos fora do poder político. Mas mesmo que Heródoto quisesse dizer "desprezado por Clístenes" eu não daria muito peso a sua declaração, porque não há razão para pensar que ele tinha informações confiáveis sobre a atitude política de Clístenes anteriormente ou seus motivos ao introduzir suas reformas.

Existe uma evidência circunstancial muito forte que deve nos fazer desconfiar do retrato de Clístenes como um homem que torna-se um líder popular apenas para promover o seu próprio poder político. A evidencia está no fato de que *a constituição de Clístenes não reservou nenhum lugar especial para Clístenes* (que já havia sido arconte epônimo e, portanto, presumivelmente não poderia ocupar nenhum dos nove cargos principais do Estado) e, de fato, parece que foi *deliberadamente projetada para evitar qualquer indivíduo de alcançar o poder pessoal*! Se Clístenes realmente estivesse interessado apenas no poder pessoal, ele teria defendido uma constituição como esta? O Clístenes de Heródoto não seria, ao contrário, exatamente o tipo de retrato que se poderia esperar que emanasse de aristocratas atenienses informantes do historiador, os quais compartilhavam as opiniões cínicas sobre o comportamento adequado dos homens de sua classe em uma democracia, que são colocadas por Tucídides (VI 89.4-6) na boca de Alcibíades — "Ah, sim, Clístenes certamente se tornou um προστάτης τοῦ δήμου ['campeão do povo']; no entanto, é claro que ele desempenhou esse papel não por amor à democracia, mas porque as circunstâncias o obrigaram a fazê-lo, e por motivos perfeitamente respeitáveis: o avanço de sua própria influência política e a de sua família". Devem ter sido os Alcmeônidas os respon-

15 Qualquer leitor naturalmente consideraria πρότερον ἀπωσμένον aqui como voz passiva, e eu, portanto, acho que seria perverso vê-lo (com Krüger) como uma voz média, significando "que anteriormente *o havia rejeitado*".

sáveis pela falsa declaração de Heródoto, de que a família esteve em exílio por toda a tirania de Pisistrátidas, e certamente ele também obteve deles as informações que ele dá sobre Clístenes. Já que eles podem ser tão enganosos em uma questão de fato, seria tolice depositar qualquer confiança em seus relatos sobre os motivos que inspiraram as reformas de Clístenes.

Não podemos *saber* quais foram os motivos de Clístenes em 508, já que a evidência é tão pouco confiável; mas sugiro que deva ser atribuída à evidência circunstancial, sobre natureza das reformas, pelo menos tanto peso quanto às declarações de Heródoto, que provavelmente não são muito bem fundamentadas. Acho que devemos manter abertas duas diferentes possibilidades. Uma é que Heródoto pode ter sido mal informado, e Clístenes pode ter sido o líder de um grupo de verdadeiros reformadores que desejavam uma verdadeira democratização, no sentido da participação efetiva de um grupo proporcionalmente muito maior da população cidadã na administração do Estado (incluindo suas unidades locais constituintes), bem como, provavelmente, ampliando o próprio corpo de cidadãos. Sem dúvida, agora δημοτικωτέρα πολὺ τῆς Σόλωνος ἐγένετο ἡ πολιτεία ["a constituição se tornou muito mais democrática que a de Sólon"] (*Constituição dos Atenienses* 22.1).[16] Não é necessário supor que Clístenes era um "idealista", exceto talvez no mesmo sentido que Sólon — talvez Clístenes, como Sólon, não estivesse fazendo o que pensava ser melhor para Atenas, bem como para si mesmo? Além de um punhado de aristocratas que podem ter desejado retornar a algo como a constituição pré-soloniana, não havia razão para qualquer ateniense desaprovar a excelente nova constituição de Clístenes.

A possibilidade alternativa é que, no principal, Heródoto estava certo sobre o próprio Clístenes: *sua* atitude pode ter sido puramente ou em grande parte egoísta, e *ele* pode ter visto a introdução da nova constituição inteiramente, ou pelo menos principalmente, como um meio para a consolidação de seu próprio poder político e

16 Muitas vezes é enganoso traduzir δημοτικός por "democrático": ver CAE 22-4. Mas, neste caso, acho que podemos dizer com segurança que "a constituição se tornou mais democrática que a de Sólon".

o de sua família. Se adotarmos esta segunda alternativa, no entanto, devemos fazer algumas qualificações. A nova constituição traz todas as marcas de ter sido cuidadosamente pensada e projetada com notável habilidade e brilhantismo para, pelo menos, atingir os fins imediatos que sabemos que ela alcançou— é quase impossível que alguém nesta fase tenha previsto as reformas futuras do século V. Esta constituição não foi arquitetada de forma improvisada, às pressas, elaborada por um indivíduo para seu próprio benefício. Se o próprio Clístenes não foi um reformador sincero, interessado em criar uma "unidade nacional" e em fornecer a Atenas uma nova constituição que asseguraria um amplo e entusiástico apoio para permitir que, naquele momento, suas grandes potencialidades se desenvolvessem livremente, então ele não foi o verdadeiro arquiteto da constituição que chegou até nós com seu nome, mas apenas forneceu seu suporte, poderoso e sem dúvida essencial, a uma construção produzida por outros, os quais poderiam estar trabalhando há alguns anos em que tipo de regime tentariam instaurar quando a tirania terminasse.

Ao assumir a liderança da causa progressista, Clístenes poderia se colocar em condições de estipular certas vantagens para ele mesmo ou sua família; mas não se deve presumir que ele poderia fazer o que quisesse e "violar" os arranjos constitucionais da forma que ele desejasse. É essencial lembrar que ele não era um Sólon, pessoalmente incumbido por uma comissão especial da tarefa de promulgar leis, com carta branca, e poder aprovar, dentro dos limites que eram praticáveis, todas as leis que ele próprio julgasse melhor, mas Clístenes era apenas o líder de uma facção, que tinha liberdade para agir como quisesse *apenas na medida em que ele pudesse induzir a maioria dos atenienses a apoiá-lo.* É, sem dúvida, devido ao retrato herodoteano de Clístenes, o político astuto, visando principalmente, se não apenas, o poder para si mesmo, que tantos escritores modernos quiseram procurar "violações" em sua constituição. Esta constituição, eles sentem, não pode ser tão simples quanto parece; deve ter existido algo especial nela para Clístenes ou os Alcmeônidas. O resultado tem sido toda uma série de especulações engenhosas, que agora é hora de descartar. Uma vez que deixemos de considerar a constituição como tendo sido projetada, acima de tudo, para trazer maior poder pessoal para Clístenes, é claro que não fecharemos os olhos para a possibilidade de haver certas "violações" clistênicas, mas não vamos mais exigir uma explicação das principais características da constituição nestes termos. A indulgência em tais fantasias provavelmente levará à nossa negligência quanto à verdadeira natureza e propósito das reformas de Clístenes, τὴν δημοκρατίην Ἀθηναίοισι καταστήσας ["que estabeleceu a democracia para os atenienses"].[17]

Por conveniência, vou me referir às reformas de 508/7 como as de Clístenes e às vezes posso falar delas como se ele fosse seu único autor; mas quando digo que "Clístenes" fez ou pretendia isso ou aquilo, geralmente devo ser entendido como me referindo a Clístenes e seus associados, que redigiram a nova constituição e obtiveram sua aceitação pelos *demoi*.

(II) A CONSTITUIÇÃO DE CLÍSTENES

A constituição votada em 508/7 a.C. que conhecemos como a constituição de Clístenes[18] já foi descrita muitas vezes, mas geralmente de tal maneira que enfatiza-se demais o elementos particulares dela em detrimento das características principais, e é sobretudo estas últimas que desejo esclarecer. Duas obras valiosa recentes, de C.W.J.Eliot e D.M.Lewis[19] (escrevendo de pontos de vista muito

17 Heródoto VI 131.1.

18 Para os detalhes factuais, será suficiente consultar Busolt-Swoboda, *GS* II 868-87; Hignett, *HAC* 124-58. Para a cronologia eu seguiria Cadoux, AAKH 113-16, ao invés de C.W.Fornara, em *CQ* 57 = n.s. 13 (1963) 101 e s.; G.V.Sumner, AF6 84–6; e em *CQ* 55 = n.s. 11 (1961) 35-7; Eliot, *CDA* 145–7; ou R.Sealey, em *Historia* 9 (1960) 175-7. (Por último, concordo com Lévêque & Vidal Naquet, *CA* 46 n. 1).

19 Eliot, *CDA*, esp. 136-58; Lewis, CA. Essas obras repousam sobre toda uma série de investigações minuciosas, de sítios arqueológicos, bem como de fontes literárias e epigráficas, que começou a tomar forma no final do século XIX, na obra de Loeper, Milchhöfer, von Schoeffer, Szanto e outros: veja a bibliografia em Eliot, *CDA* 160-9; adicionar V. von Schoeffer, em *RE* V I (1903) 1-33, 35-122, s.v. δῆμοι; B.Haussoullier, *La vie municipale en Attique* (1884). Durante a geração atual, novos avanços feito no estudo dos *demoi* e das trítias: os trabalhos mais úteis, além dos

diferentes), têm tornado mais fácil entendermos a essência natural das reformas, eliminando alguns equívocos amplamente difundidos sobre o arranjo de *demoi* e tritías no sistema clistênico[20] — equívocos sobre os quais escritores anteriores forjaram uma variedade de falsas inferências sobre a natureza e o propósito das reformas.

Se estamos razoavelmente bem informados sobre a nova constituição, mesmo nos detalhes, é porque podemos usar, para complementar as evidências das fontes literárias, os resquícios da constituição ateniense como a conhecemos no final do quinto e quarto séculos a partir de inscrições, mais do que de fontes literárias. Muitas vezes existe o perigo de deixarmos de lado alterações não registradas feitas entre 508/7 e a época de que nossa evidência principalmente advém. No entanto, eu acredito que as principais conclusões a que chegarei aqui não são passíveis de falsificação pela existência de tais alterações: os pontos essenciais me parecem claros e certos, embora existam muitas questões individuais de detalhes que, por enquanto, permanecem em aberto.

---

de Eliot e Lewis, já citados, são A.W.Gomme, *The Population of Athens in the Fifth and Fourth Centuries B. C.* (1933), 37-66 (com um mapa no final do livro); H.Hommel, *"Die dreissig Trittyen des Kleisthenes"*, em *Klio* 33 (1940) 181–200 (com mapa, p. 197, e nomes das trítias, pp. 198–9; cf. Eliot, *CDA* 147-58, esp. Tabela I, p. 157); Hommel, em *RE*, 2te Reihe, VII I (1939) 330-70, s.v. *Trittyes*; A.Philippson (& E.Kirsten), *Die griech. Landschaften*, I iii (1952), com o mapa no final de I ii (1951: explicação dos números neste mapa em iii 1065-8); E.Kirsten, *"Der gegenwärtige Stand der attischen Demenforschung"*, em *Atti del III* [Roma, 1957] *congr. internaz. di epigr. gr. e lat.* (Roma, 1959) 155-71 & Tav. XXVI. Entre outros estudos, ver S.Dow, *"The Attic Demes OA and OE"*, em *AJP* 84 (1963) 166-81; W.E.Thompson, "Τριττὺς τῶν πρυτάνεων", em *Historia* 15 (1966) 1-10.

20 Os mapas essenciais para uso comum são os admiravelmente feitos por Kirsten em *WAW* I de Stier (1956): o principal na p. 13 (cujo conteúdo essencial é reproduzido com poucas alterações por Lévêque & Vidal Naquet, *CA* 15, Fig. 1) e três menores (com mais detalhes dos *demoi* nas trítias da cidade) na p. 12. O mapa de contorno mais recente feito por Eliot, *CDA* 139, é descrito pelo autor como "uma representação cautelosa da opinião atual com base em Gomme e Kirsten, mas incorporando pequenas correções deles". E ver o mapa (baseado no de Eliot) em Forrest, *EGD* 192. (Este último trabalho só apareceu depois que este ensaio foi concluído, e só pude fazer uma ou duas referências a ele).

***

A única fonte literária que se ocupa em dar detalhes da nova constituição é Aristóteles, *Constituição dos Atenienses* 21.[21] Não vejo como podemos decidir com segurança se as leis reais de Clístenes estavam disponíveis para Aristóteles e se foram consultadas por ele.[22] O muito discutido "cavaleiro de Clitofonte" de 411 é inconclusivo.[23] Mesmo se (como é possível) a proposta de Clitofonte fosse sincera, tudo o que ela prova é que os homens então pensavam que uma busca[24] poderia revelar as leis de Clístenes e as tornar disponíveis para exame, não que as leis estivessem realmente disponíveis e devidamente examinadas. E não há outra referência em qualquer lugar à consulta das "leis de Clístenes". Embora eu não vá tão longe quanto Hignett, que insiste que a descrição das reformas de Clístenes na *Constituição dos Atenienses* "*não poderiam* ser consultadas em um registro oficial",[25] não vejo nada na *Constituição dos Atenienses* 21 que *precise* ser baseado, ou que seja *provavelmente* baseado, em qualquer fonte que não seja a inferência inteligente a partir da constituição existente no próprio tempo de Aristóteles.[26] Aristóteles sabia que

21 Deixo a questão do ostracismo, tratada por Aristóteles, *Constituição dos Atenienses* 22.1, para uma seção posterior deste ensaio.

22 Meu próprio sentimento é que elas provavelmente não estavam. Aqui (assim como sobre sua crença de que Clitofonte estava interessado nos *procedimentos* de Clístenes) discordo de Wade-Gery, cuja discussão sobre a constituição de Clístenes (*EGH* 135-54) é um dos poucos tratamentos esclarecedores do assunto como um todo.

23 Aristóteles, *Constituição dos Atenienses* 29.3: προσαναζητῆσαικαὶ τοὺς πατρίους νόμους οὓς Κλεισθένης ἔθηκεν ὅτε καθίστη τὴν δημοκρατίαν ["buscar, além disso, as leis ancestrais que Clístenes promulgou quando estabeleceu a democracia"] (as palavras restantes são presumivelmente de Aristóteles ou sua fonte).

24 As implicações precisas de προσαναζητῆσαι são difíceis de definir; mas certamente as palavras ἀναζητεῖν, ἀναζήτησις sempre contêm um elemento de "busca por" ou "descoberta". Cf. Aristófanes, *Lisístrata* 26; Tucídides II 8.3; VIII 33.4; Heródoto I 137.2; Platão, *Crítias* 110a; *Apologia* 18b; *Leis* III 693a; II *Alcibíades* 140d; *OGIS* 267.9. De qualquer forma, não me deparei com caso algum em que essas palavras sejam usadas em referência ao exame de algo que já é conhecido ou facilmente disponível.

25 *HAC* 130 (itálicos meus).

26 Não se pode presumir que os *Átides* pré-aristotélicos continham muitas informações sobre questões constitucionais: ver pp. 379-404.

um certo número de elementos na constituição ateniense só foi desenvolvido após Clístenes, e que o resto poderia ser atribuído com segurança a Clístenes. O método histórico de Aristóteles era perfeitamente válido neste caso, e sua imagem será substancialmente verdadeira, a menos que tenham acontecido importantes reformas que ele não conhecia. Qualquer um hoje em dia, eu acredito, aceitará quase todos os detalhes constitucionais dados por Aristóteles, e a questão de saber se ele tinha fontes documentais é, portanto, sem muita importância. O impasse poderia ser visto em perspectiva negativa se decidíssemos a favor da alegação de Eliot de que as trítias não poderiam ter sido atribuídas às tribos por sorteio,[27] como Aristóteles diz que eram;[28] pois, se Aristóteles pudesse ler as leis de Clístenes, ele dificilmente poderia estar errado neste ponto. Mas o argumento de Eliot ainda não pode ser considerado provado,[29] e a questão ainda deve ser tratada como aberta.

***

O primeiro e mais importante fato é que a constituição de Clístenes representa uma mudança de classificação por parentesco (em grande parte um parentesco fictício) por meio das fratrias e das quatro antigas tribos "jônicas", para uma classificação territorial baseada em dez novas tribos, compostas de *demoi*. Falamos da reforma "tribal" de Clístenes e das tribos como sendo "divididas em *demoi*"; mas nunca devemos esquecer que era o *demos* a unidade básica, e que na realidade as tribos não foram "divididas em", mas construídas a partir dos *demoi*, em unidades conhecidas como trítias — ou terços [*thirdings*]. Um homem se tornava cidadão de Atenas, e membro de uma tribo particular, ao ser inscrito em um registro de determinado *demos*, seu ληξιαρχικὸν γραμματεῖον, e (sujeito a apelação a um dicastério) ele perdia sua cidadania se seu *demos* decidisse apagar seu nome do registro. Não havia registro geral de

27 *CDA* 140–5. Ver p. 219 abaixo.

28 *Constituição dos Atenienses* 21.4. 12.

29 Ver p. 219 abaixo.

cidadãos, nem (até onde sabemos) registros tribais:[30] havia simplesmente os registros coletivos dos vários *demoi*.

Parece certo, e é geralmente aceito hoje em dia (penso eu), que os *demoi* foram criados, tanto quanto possível, a partir de *unidades naturais de habitação*, que, no entanto, antes possuíam uma existência apenas como tal, e não formavam unidades *políticas* reconhecidas antes de Clístenes, que teve, em alguns casos, de traçar fronteiras definidas onde apenas existiam vagas demarcações, em alguns casos nenhuma, e de até mesmo criar alguns dos *demoi*, especialmente na própria cidade.[31] No início do século II a.C. existiam 170-174 *demoi*,[32] provavelmente quase o mesmo número desde a época de Clístenes.[33]

A mudança para um sistema de organização territorial em vez de grupos de parentesco — em tribos (φυλαί) que eram τοπικαί ["por localização"] em vez de γενικαί ["por descendência"], para usar a linguagem conveniente de Dionísio de Halicarnasso[34] — ocorreu em outras partes do mundo grego, e há razões para se supor que tal passo era uma parte característica do processo de democratização,[35] mesmo que seja verdade que não havia nada necessariamente democrático nisso.[36] (Também é possível traçar um paralelo entre a

30 Como aparentemente em Siracusa no final do século V a. C.: ver Plutarco, *Nícias* 14.6.

31 Ver Aristóteles, *Constituição dos Atenienses* 21.5.

32 Polemo, *ap.* Estrabo IX I 16, p. 396. Sobre Heródoto V 69.2, ver Nota de fim I (p. 172 abaixo).

33 [Pesquisadores recentes são favoráveis a um total ligeiramente inferior, de 139 mais ou menos: cf. Whitehead, *DA*, 21.]

34 *Antiguidades Romanas* IV xiv 2, tratando das "reformas de Sérvio" em Roma.

35 Ver Busolt, *GS* I 256 s., esp. 257, 264, 272 ("*Massgebend waren für die Einteilung der ganzen Bürgerschaft nach rein territorialen Prinzip ohne Rücksicht auf den gentilizischen Zusammenhang meist die Grundsätze der Demo*kratie"); também A.Andrewes, "The *Patrai* of Kamiros", em *BSA* 52 (1957) 30-7, esp. 31-2, 36-7; W.G.Forrest, "The Tribal Organization of Chios", em *BSA* 55 (1960) 172-89, esp. 180-1.

36 Ver Busolt-Swoboda, *GS* I 264; II 877. Que uma mudança da classificação política em termos de descendência para uma em termos de localidade é uma característica comum das primeiras sociedades era um fato bem conhecido por Niebuhr e Marx.

reforma clistênica e a instituição das tribos territoriais em Roma).[37] Muitos daqueles que reconheceram este aspecto das reformas como básico não deixaram claro por que aquela foi uma grande melhoria em relação ao sistema anterior ou por que Clístenes o introduziu, e outros deram explicações insatisfatórias. Recentemente, por exemplo, D.W.Bradeen,[38] expressando opiniões que parecem ter sido amplamente difundidas, atribuiu a reforma fundamental ao "desejo de Clístenes de facilitar a admissão de novos cidadãos e enfraquecer o poder político dos Eupátridas nas fratrias". Veremos que as fratrias devem ter controlado as admissões à cidadania, mas que não há evidência de qualquer tipo de que outras atividades, que possam ser descritas como "políticas", tenham sido realizadas por ou através das fratrias.

Ninguém duvidará que em 508 as principais famílias políticas atenienses possuíam grande poder e influência. Sabemos pouco sobre elas, mas parece muito provável que no final da tirania elas não tenham sido de forma alguma exclusivamente eupátridas, como eram no início do século VI, pois sob a timocracia de Sólon alguns não-eupátridas ricos almejaram desempenhar seu papel no palco político, e a poderosa influência de Pisístrato e seus filhos teria levado alguns deles a posições de liderança, mesmo que apenas para reforçar a tirania contra o ressentimento eupátrida.[39] Seria um erro conceber a situação em 508 nos mesmos termos que em 594.

As "famílias políticas dirigentes" de 508, embora sem dúvida tenham tido um forte núcleo eupátrida, não eram idênticas aos eupátridas pré-solonianos. Não há mal nenhum em chamá-los de "a aristocracia". Aristóteles define εὐγένεια ["nobreza"] como ἀρχαῖος πλοῦτος καὶ ἀρετή ["riqueza e excelência antigas"].[40] A posição de

37 Ver H.Last, "The Servian Reforms", em *JRS* 35 (1945) 30-48, esp. 38-9, 48. Acho que Last enfatiza demais a ampliação do corpo de cidadãos efetuada pelas reformas tribais "servianas", à custa de outros fatores; mas o artigo é valioso.

38 TCR 22.

39 Ver pp. 128-131 acima.

40 *Política* IV 8, 1294ª21–2; cf. V 1, 1301ᵇ3-4, e Eurip., fr. 22 (Nauck); contrastar com *Política* III 13, 1283ª37.

liderança da aristocracia ateniense do final do século VI em todas as esferas de atividade social e política deveu-se, de fato, à sua riqueza herdada e ao fato de terem acesso muito mais fácil a ἀρετή do que outros atenienses, pois somente eles recebiam de suas famílias, a partir da sua juventude, o único tipo de formação para a liderança política que estava então disponível: esta, quando bem sucedida, produzia ἀρετή. (Conexões estrangeiras com "as pessoas certas" em outros estados, um requisito essencial do aspirante a estadista, eram naturalmente transmitidas com πλοῦτος e ἀρετή. A *xenia* e *proxenia*,[41] em particular, eram normalmente hereditárias). Essas famílias dirigentes, sem dúvida, "controlavam as fratrias", assim como "controlavam os principais cultos" monopolizando os sacerdócios; mas não há razão para pensar que elas exerceram seu poder político *por meio* das fratrias ou *por meio* das associações de culto: seu poder político, baseado em seu ἀρχαῖος πλοῦτος καὶ ἀρετή ["riqueza e excelência antigas"], foi exercido diretamente através da posse de altos cargos (incluindo membros do Areópago) e predominância na Assembleia e no Conselho dos Quatrocentos. Foi em parte a *ausência* de corpos políticos em níveis inferiores, acredito, que tornou tão fácil para as famílias aristocráticas (οἶκοι) e associações (ἑταιρεῖαι) exercerem o poder político — sujeito, é claro, ao controle dominante da casa Pisistrátida durante a tirania. Para um reformador como Clístenes, não havia nada intrinsecamente censurável sobre as fratrias: devemos reconhecer isso, e não pular para a conclusão, para a qual não vejo apoio na evidência antiga, de que as reformas de Clístenes "devem ter sido" concebidas de alguma forma *contra* as fratrias ou as associações de culto, ou pelo menos contra a posição dos aristocratas nessas organizações.[42] Todos estes, com exceção da remoção das fratrias de seu único grande privilégio político (controle de admissão à cidadania), foram deixados intei-

41 A *xenia* é geralmente traduzida como "amizade entre hóspedes". Para a *proxenia* (o direito credenciado de representação de outra cidade na sua), ver S.Perlman, "A Note on the Political Implications of Proxenia in the Fourth Century BC", em *CQ* 52 = n.s. 8 (1958) 185–91, com referências a trabalhos anteriores; incluir ainda Busolt-Swoboda, *GS* II 1246-9.

42 Cf. pp. 202-203 e 224 a seguir.

ramente intocados por Clístenes: τὰ δὲ γένη καὶ τὰς φρατρίας καὶ τὰς ἱερωσύνας εἴασεν ἔχειν ἑκάστους κατὰ τὰ πάτρια ["ele permitiu que todos mantivessem seus clãs e fratrias e sacerdócios de acordo com a tradição"] como Aristóteles (*Constituição dos Atenienses* 21.6) diz explicitamente. O que Clístenes fez acima de tudo foi estabelecer um novo tipo de classificação, funcionando em mais de um nível, que imediatamente proporcionou uma nova esfera de atividade política — para a aristocracia, é claro, como as pessoas mais competentes na época para fornecer a liderança necessária, mas também (e isso era algo bastante novo) para o cidadão comum que tinha o lazer necessário. A natureza das unidades nas quais isso acontecia e por meio das quais isso acontecia era muito importante: como veremos a seguir, em níveis inferiores (*demos* e talvez assembleias tribais) elas favoreciam a participação, e davam margem para a iniciativa, dos não-aristocratas; e nos níveis mais altos (a Assembleia, as magistraturas do Estado, a *Heliaia* e sobretudo o Conselho), embora a liderança permanecesse em grande parte nas mãos dos aristocratas, toda a atmosfera mudou gradualmente de modo a permitir que a massa dos cidadãos expressasse sua vontade. Até que ponto alguns desses desenvolvimentos foram previstos em 508, evidentemente, é discutível.

Sugiro que, independentemente de qualquer democratização que possa ter surgido através da reorganização do Conselho, devemos enxergar no novo sistema três mudanças bastante diferentes, para melhor, operando desde o início:

1. A política e a guerra foram as duas esferas nas quais a nova classificação foi mais importante. (Não é razoável que esqueçamos o aspecto político das reformas constitucionais; mas é fácil para nós ignorar o seu significado militar, e devemos lembrar-nos do conselho de Aristóteles:[43] "É essencial que uma constituição seja construída tendo em vista a força militar"). Quando os atenienses partiam para a luta eles eram dispostos em brigadas segundo divisões tribais, e o Conselho, aquele órgão essencial do Estado, foi dividido em pri-

43 *Política* II 7, 1267ª20-1.

tanias tribais — pelo menos desde o tempo de Clístenes, na minha opinião,[44] e talvez até o de Sólon. Agora, as antigas tribos "jônicas", no final do sexto século (e de fato muito antes) devem ter se espalhado mais ou menos indiscriminadamente em toda a Ática. Mesmo muitos dos clãs mais antigos já haviam se constituído em unidades amplamente separadas[45] — um fato (muitas vezes esquecido) que leva à importante conclusão de que as fratrias, *a fortiori*, na maioria das vezes foram espalhadas por diferentes partes da Ática. Isso teria tornado sem sentido o antigo sistema de classificações: em cada localidade haveria membros de todas as quatro tribos, e as divisões tribais se tornariam assim bastante arbitrárias; e as fratrias, que podem ter tido alguma importância como unidades políticas, e mesmo como formações militares,[46] certamente teriam perdido todo o seu significado real, exceto como organizações que celebravam cultos religiosos em comum e que controlavam o acesso à cidadania. A conturbada situação do século VII, que culminou com as reformas de Sólon em 594/3, e a grande mudança que evidentemente ocorreu na região da Ática durante a tirania, sem dúvida, provocaram uma considerável redistribuição da população, com a difusão de muitas fratrias em diferentes áreas da Ática. Já no segundo quarto do século VI, os agrupamentos políticos de que ouvimos falar receberam nomes de caráter local.[47]

Sob o novo sistema, baseado em "unidades locais que, com poucas exceções, eram naturais e bem estabelecidas" (como Hignett coloca

44 Ver p. 233 e n. 172 a seguir.

45 Ver Wade-Gery, *EGH* 107, em Brítidas e Amynandridai: a ampla distribuição entre os *demoi*, como aponta Wade-Gery, deve ter existido no tempo de Clístenes. A situação é a mesma com muitos outros clãs, por exemplo, os Eumolpidas e os Cerices. É possível, suponho, que a participação em alguns desses clãs tenha sido adquirida mais tarde por homens cujos ancestrais não eram membros na época de Clístenes; mas não é provável que tais privilégios tenham sido concedidos com frequência.

46 Ver A.Andrewes, "Phratries in Homer", em *Hermes* 89 (1961) 129-40.

47 Ver pp. 216-218 e n. 100 abaixo; e cf. pp. 224–226 abaixo.

a questão),[48] um homem lutaria e faria política — pelo menos em sua pritania, em seu *demos* e nas assembleias tribais — com seus próprios vizinhos imediatos, que ele geralmente conhecia por um contato quase diário, para que pudesse dizer em quem confiar, a quem ouvir (ou a quem silenciar) e quem escolher como seu comandante ou porta-voz. Os gregos sabiam bem como era desejável, dada a sua forma de sociedade, que os membros de cada área habitada dentro do Estado se conhecessem.[49] (Na verdade, alguns teriam estendido este princípio para todo o Estado, e teriam limitado o número de cidadãos com essa finalidade em vista).[50] É verdade que, uma vez que os homens foram registrados em definitivo nos *demoi* e tribos das quais seus ancestrais haviam sido membros no tempo de Clístenes, o princípio que eu estabeleci aqui gradualmente se tornou cada vez menos aplicável, uma vez que os habitantes de um *demos* mudaram de local de residência. Isso, no entanto, foi em parte uma consequência necessária de um princípio central, o qual a maioria, se não todos os gregos, e incidentalmente os romanos, defendiam tão firmemente quanto os atenienses: que um homem deve pertencer à mesma divisão do Estado que seu pai e seus ancestrais mais remotos. Também pode ter sido, em parte, devido ao desejo de preservar a igualdade aproximada entre as tribos, no caso de futuros movimentos da população entre *demoi* em diferentes tribos: isso

48 *HAC* 142. Trabalhos recentes sobre os *demoi* (e trítias: ver pp. 210-216 abaixo) deram mais provas disso: ver esp. Eliot, *CDA*. R.S.Young, em *Hesp.* 20 (1951) 135 e s., nas pp. 140-3, sugeriu que os limites até mesmo dos *demoi* da cidade eram determinados até certo ponto por estradas importantes.

49 Ver Platão, *Leis* V 738de: οὗ μεῖζον οὐδὲν πόλει ἀγαθὸν ἢ γνωρίμους αὐτοὺς αὑτοῖς εἶναι. ["não há maior benefício para o Estado do que o povo ser conhecedor um do outro"]. (Platão esperava que a associação desejada fosse alcançada por meio de cultos). Cf. VI 771de; também Aristóteles, *Política* VII 4, 1326^{b}14-18, onde Aristóteles mostra que ele acreditava não apenas que os cidadãos deveriam conhecer pessoalmente os candidatos que elegeram para o cargo, mas também que os dicastas deveriam ter conhecimento pessoal dos litigantes cujos casos eles julgavam. (Aristóteles, é claro, está pensando na cidade como um todo, não apenas na tribo individual).

50 e.g. Plato, *Leis* V 737e etc.; Aristóteles, *Política* VII 4, 1326^{a}25–^{b}25.

não afetaria os números incluídos nas tribos com base no princípio ancestral adotado por Clístenes.

Estou assumindo aqui que a intenção de Clístenes foi estabelecer tribos aproximadamente equitativas, o que provavelmente preservaria sua igualdade, no que era central, em um futuro próximo, devido à natureza hereditária de seus membros. Não vejo como provar tal suposição, mas acho perverso duvidar disso,[51] mesmo porque as eleições de numerosos magistrados, assim como dos conselheiros, devem sempre ter sido feitas com base em um ou mais por tribo, e isso certamente implica igualdade aproximada de membros entre as tribos. Mas, na prática, é claro, seria extremamente difícil (na ausência de bons mapas ou listas precisas de cidadãos) garantir algo como uma igualdade adequada, e pode ter havido diferenças significativas de tamanho desde o início. "As tribos obviamente pretendiam ser aproximadamente iguais em população, mas naturalmente não podiam ser e não eram exatamente iguais".[52]

2. Antes da época de Clístenes, a cidadania deve ter sido reivindicada por meio de pertencimento a uma fratria, embora não tenhamos evidências de quais eram os critérios de admissão às fratrias, e parece-me que fratrias diferentes provavelmente tiveram regras diferentes — uma possibilidade que é muitas vezes negligenciada.[53] A admissão à cidadania por meio das fratrias, estaria então, em grande medida, nas mãos dos membros mais proeminentes das fratrias,

51 W.E.Thompson, TTAH 402-8, parece ter uma visão muito diferente, mas isso ocorre principalmente porque ele exagera a posição de seus oponentes (principalmente Eliot, *CDA* 140-5): ver p. 219 e n. 105 abaixo.

52 Larsen, *RGGRH* 6.

53 Desde o magistral artigo de A.Andrewes, PP, tornou-se mais do que nunca verdade que a evidência de pertencimento a uma fratria como qualificação para a cidadania nos primórdios de Atenas é principalmente negativa: o fato de que realmente não há alternativa. Mas acho que agora é universalmente aceito. Jac., ii 142 n. 14, pensa que podemos ter "certeza... que antes de Clístenes aqueles que não pertenciam a uma fratria não eram cidadãos". Talvez valha a pena observar aqui que, em alguns outros Estados, a admissão como membro de algumas fratrias poderia evidentemente ser obtida mais facilmente do que em outras: ver *IG* XII v 716. 8-9; 717. 7–8; 720. 3–5 (Andros); cf. viii 267. 9–10 (Thasos, πάτρη).

provavelmente os chefes dos principais clãs dentro delas,[54] que em um primeiro momento terão sido esmagadoramente eupátridas e podem tê-lo sido predominantemente mesmo no final do século VI. Como as fratrias eram, em teoria, organizações de parentesco e, mais ainda, religiosas, no sentido de que seus membros participavam de cultos, alguns deles sem dúvida muito antigos, podiam existir sentimentos de antipatia para com os recém-chegados que conseguiram ganhar a admissão, especialmente em relação àqueles que talvez tenham se tornado membros sem um patrocínio aristocrático,[55] mas pela intervenção dos tiranos em seu nome. Após a queda dos Pisistrátidas, a posição desses recém-chegados se tornaria precária, e sem dúvida alguma muitos foram expulsos por suas fratrias e, portanto, perderam sua cidadania em 510/09 ou logo após. Isso pode ter ocorrido como resultado de um διαψηφισμός ["revisão do registro de cidadão"] formal, como afirma Aristóteles (*Constituição dos Atenienses* 13.5);[56] mas se tal ordem foi emitida pelo Estado, dificilmente poderia ter sido algo mais do que uma instrução para as fratrias (análoga àquela dada aos *demoi* em 346/5) para fazer um escrutínio de suas listas e expulsar os intrusos que obtiveram uma entrada irregular — o poder de decisão em casos individuais certamente teria permanecido com as fratrias.

---

54 Mais esclarecedora aqui é a famosa inscrição, *SIG*³ 921 = *IG* II² 1237 [reeditada com comentários completos de C.W.Hedrick Jr., *The Decrees of the Demotionidai* (1990)], contendo resoluções dos *Dekeleieis*, uma fratria dentro da qual os Demotionidas (um *genos* constituinte) teve uma posição de especial importância — aqui eu sigo Wade-Gery (*EGH* 116–34) e Andrewes (PP, esp. 3–5), contra a interpretação de Wilamowitz (*AuA* II 259-79), que costumava ser geralmente aceita. [A visão aceita por Ste.Croix foi recentemente defendida por P.J.Rhodes, *CQ* 47 (1997) 109-20 e contestada por S.J.Lambert, *CQ* 49 (1999) 484-9].

55 Ver, por exemplo, *FGrH* 323 (Cleidemus) F 14; 356 (Εὐπατριδῶν πάτρια) F 1; Jac., ii 142 n. 14.

56 Jac., i 158–60 (em Androcião F 52), argumenta que nenhum διαψηφισμός provavelmente ocorrereu em 510-8, e que tanto ele quanto o suposto aumento de elementos no corpo de cidadãos referido na *Política* III 2, 1275ᵇ34–7 (ver p. 234ss abaixo) são "invenções políticas e contra-invenções do final do século V e do século IV". Contrastar com Wade-Gery, *EGH* 148-9, 151.

Quando nos voltamos para o que aconteceu de 508/7 em diante, devemos distinguir duas situações sucessivas: em primeiro lugar, aquela sob a própria legislação de Clístenes, que deve ter contido alguma definição de quem teria direito a se tornar um habitante do *demos ab initio* e votar na primeira assembleia do *demos*; em segundo lugar, aquela criada pelas decisões dos habitantes do *demos* assim constituído — que poderiam, de uma só vez ou posteriormente, alterar sua própria composição, admitindo alguns pretendentes cujo título de cidadania pudesse ser contestado e rejeitando outros. É claro que não podemos dizer com certeza qual foi a ordem dos eventos; mas, certamente, antes da primeira Assembleia Geral do Estado ateniense sob a nova constituição, cada *demos* teria se reunido pelo menos uma vez, e em sua primeira reunião, presumivelmente como o primeiro item da agenda, estabelecido a lista de membros do *demos*; seria então um coletivo de habitantes do *demos* que teria direito a assistir à primeira Assembleia Geral de Atenas. No estágio inicial (da criação real dos *demoi*) é difícil acreditar que a definição daqueles com direito a serem registrados como habitantes do *demos* pudesse incluir alguém que não fosse um cidadão, ou seja, membros de fratrias. (Não vejo nenhuma alternativa real para isso. Suponho que seja concebível que a lei que promulga a nova constituição preveja que os primeiros registros no *demos* incluam todos aqueles que *eram ou já foram* membros de fratrias; mas mesmo isso é muito improvável, e qualquer medida mais ampla — incluindo, por exemplo, "todos os residentes livres na Ática" — me parece impossível).[57] É seguramente na segunda fase, pelos votos das *novas assembleias dos demoi já constituídos*, que terão sido admitidos quaisquer "novos cidadãos", sejam aqueles que foram cassados desde 510 ou aqueles que nunca obtiveram a cidadania. É muito provável que os *demoi* tenham sido mais liberais em conceder admissão às suas fileiras do que a maioria das fratrias, pois eram desprovidos de quaisquer elementos de parentesco ou culto antigo, e seus votos

57 Jac., i 160 (linhas 17-24) é confuso: ele não distingue suficientemente entre "o corpo de cidadãos existente", ou seja, os membros das fratrias, e "a população livre da Ática" — ele parece tratar o último meramente como "um termo mais neutro".

seriam menos facilmente controlados por famílias aristocráticas. Pode-se imaginar que aqueles que ajudaram a resistir a Iságoras e Cleômenes poderiam ser tratados com favores especiais.[58] E há um ponto importante a acrescentar: teria sido inútil Clístenes emancipar um número de novos cidadãos que não eram aceitáveis para seus *demoi*, ou para o corpo de cidadãos em geral,[59] pois eles poderiam facilmente ter sido excluídos em um momento posterior, mesmo que fosse possível tê-los matriculados no estágio inicial. É claro, então, que se falarmos de "Clístenes" como tendo admitido novos cidadãos, devemos lembrar que isso aconteceu, certamente, como resultado de suas reformas, mas provavelmente não de forma direta (em qualquer medida apreciável, pelo menos) por sua própria legislação. Tratarei mais adiante[60] da questão de saber se Clístenes tinha um plano deliberado de alistar um número substancial de novos cidadãos.

3. A terceira grande mudança introduzida por Clístenes pode parecer-nos mais obviamente de caráter "democrático", embora seja difícil dizer até que ponto isso teria sido aparente em 508. Ela consistia na provisão de uma organização política inteiramente nova em nível local,[61] por meio dos *demoi*, que tinham suas próprias assembleias e nomeavam seus próprios demarcos e outros funcionários. Até onde sabemos, não havia nenhuma organização explicitamente política antes de 508 em que o cidadão comum pudesse ter alguma chance de fazer sua voz ser ouvida e receber treinamento em matéria de política e autogoverno. Clãs e fratrias não eram (pelo que podemos dizer de nossa evidência) organizações especificamente políticas,[62] exceto na medida em que era por meio da fratria que um

58 Cf. o que aconteceu no retorno da democracia em 403: ver Tod II 100 = Harding 3 (= *IG* II²10); P.Cloché, *La restaur. démocr. à Ath. en 403 av. J.-C.* (1915), 447-68.

59 Não sabemos se o direito a apelação a um tribunal contra a remoção de um registro do *demos*, ou a recusa de entrada nele (como em Aristóteles, *Constituição dos Atenienses* 42.1), existia desde o início. Não existem evidências anteriores.

60 p. 234ss abaixo.

61 Ver p. 201 acima sobre a ausência de qualquer coisa desse tipo antes de Clístenes.

62 Ver pp. 200-202 acima e pp. 224-224 a seguir.

homem obtinha admissão no corpo de cidadãos; e com seu caráter fortemente tradicional, elas seriam inevitavelmente dominadas por seus membros mais aristocráticos. As velhas tribos, cada uma aproximadamente um quarto de toda a população cidadã, não poderiam ter oferecido nenhum campo para a atividade pública, exceto para aqueles eupátridas que pudessem aspirar a ser seus *Phylobasileis*. Em certo sentido, o lugar dos *demoi* antes de Clístenes foi ocupado pelas naucrarias.[63] Destas não sabemos quase nada, e explicações muito diferentes de suas funções foram dadas nos tempos modernos.[64] Elas certamente tinham deveres financeiros, e talvez navais e até militares, e seus *Naukraroi*, tratados por Aristóteles (*Constituição dos Atenienses* 21.5) como análogos aos demarcos na constituição clistênica, podem ter sido figuras importantes;[65] mas o ponto essencial é que não há nada que sugira que as naucrarias, uma criação do Estado aristocrático, se assemelhassem aos *demoi* em termos de assembleias populares tomando decisões por maioria de votos, nas quais o cidadão comum poderia desempenhar um papel, nem é provável que os *Naukraroi* tenham sido eleitos a partir de baixo, como os demarcos certamente devem ter sido desde o início[66] — certamente durante um ano a cada vez,[67] e talvez (embora isso possa ter ocorrido mais

63 Aristóteles, *Constituição dos Atenienses* 21.5.

64 [Uma Nota final projetada sobre naucrarias parece não ter sido escrita].

65 São sem dúvida eles, sob a distinção de πρυτάνιες τῶν ναυκράρων ["prítanes das naucrarias"], que são entendidos por Heródoto (V 71.2) como "administradores de Atenas" no final do século VI.

66 Parece que não sabemos se os demarcos do final dos século V e do século IV foram nomeados em geral por voto ou por sorteio: ver Busolt-Swoboda, *GS* II 966-7, esp. 966 n. 4. Em c. 300 Elêusis teve um demarco escolhido por sorteio (*IG* II² 1194. 3); e na década de 320 o demarco do Pireu também foi nomeado por sorteio (Aristóteles, *Constituição dos Atenienses* 54.8), mas ele era um magistrado do Estado, bem como um oficial do *demos* [Whitehead, *DA* 115, considera o sorteio como certo para o século IV; ainda não há evidência para o V]. É interessante notar que Euxiteu, o orador em Demóstenes LVII, embora aparentemente não fosse de uma família distinta, tinha sido tanto demarco (§§ 63-64) quanto fratriarca (§ 23) — mas isso, é claro, foi em meados do século IV, e a situação pode ter sido diferente no final do VI.

67 Não conheço nenhuma evidência anterior ao século IV (ver Busolt-Swoboda, *GS* II 966 n. 4); mas isso não é surpreendente, pois dificilmente se poderia esperar por evidências.

tarde) com restrição de reeleição. Sem dúvida, muitos dos demarcos eram homens que possuíam berço e riqueza, especialmente nos primeiros momentos; mas um princípio democrático fundamental que podemos ver em ação posteriormente em todos os cantos e brechas do sistema político ateniense deve certamente ter sido aplicado desde o início ao cargo de demarco (e cargos menores do *demos*), ainda que com menos rigor do que em épocas seguintes: *prestação de contas*, responsabilidade com a εὔθυνα ["exame da conduta de um funcionário ao fim do seu serviço público"].[68]

***

O sistema de trítias foi outra característica essencial das reformas. Cada tribo era composta por três τριττύες, uma de cada um dos três distritos em que a Ática foi dividida: ἄστυ, παραλία, μεσόγειος, a que me referirei como Cidade, Litoral e Interior, com a advertência de que o grupo de trítias chamado de "Cidade" era muitas vezes maior do que a área dentro das muralhas — estendia-se tão longe quanto Alimunte ao sul, Himeto ao leste, Quolargo ao norte, e Egaleu e o promontório oposto a Salamina ao oeste.[69] Cada trítia era constituída de um grupo de *demoi*, que eram contíguos na grande maioria das trítias do Litoral e do Interior — mas muito menos naquelas localizadas no distrito da Cidade.[70] Em alguns casos, um único *demos*

68 Há evidências muito antigas de εὔθυναι e εὔθυνοι em um *demos*: *IG* I³ 244 (*Scambonidai*), linhas A 5-7, B 7 s., B 17 s., uma inscrição que data da primeira metade do século V, provavelmente antes das reformas de Efialtes. Para o século IV, veja *IG* II² 1174 (367/6 a.C.); 1183 (após 340 a.C.), linhas 16–27; adicionar ainda 1216 (século III), linhas 7, 10.

69 Ver o excelente mapa em *WAW* I 13.

70 As linhas divisórias "se desorganizam notoriamente na cidade. Por que a cidade está organizada como está, não podemos dizer, e nossas perguntas produzirão poucas respostas esclarecedoras" (Lewis, CA 30). De fato, para a cidade "ainda estamos quase sem evidências para determinar os princípios sobre os quais o sistema de *demoi* foi organizado" (CA 27). Mas certamente para as trítias da costa e do interior a afirmação de Hammond, *HG* 189, de que "os *demoi* de uma única trítia eram na maior parte não contíguos um com o outro" é o inverso da verdade — que é conhecida desde o tempo de Loeper e Milchhöfer (ver Eliot, *CDA* 47-9). As exceções à regra que afirmei no texto, que todos devem admitir hoje em dia, de que os *demoi*

constituía uma trítia.[71] Até que ponto as trítias foram destinadas desde o início a ter qualquer importância real por si mesmas, e até que ponto elas chegaram, são questões que não preciso examinar agora. Alguns historiadores as tratariam como pouco mais do que elos de ligações entre *demoi* e tribos. Lewis,[72] por outro lado, argumentou que elas foram desenvolvidas desde o início para ter uma importância independente: ele cita a maioria dos textos, aos quais eu acrescentaria Ésquines III 30, mostrando que as trítias (como os *demoi* e as tribos) podiam eleger homens dentre seus membros, aparentemente para administrar fundos públicos em conexão com o trabalho atribuído às tribos, como cavar valas ou construir trirremes; mas o texto é insatisfatório neste ponto. Para meus propósitos atuais, entretanto, preciso apenas considerar as trítias como um meio de agrupar os *demoi* para inclusão nas tribos. Esta função é declarada por Aristóteles (*Constituição dos Atenienses* 21.4) nos termos mais claros possíveis: Clístenes criou as trítias ὅπως ἑκάστη

de uma trítia são normalmente contíguos, são as seguintes: as trítias da costa (chamadas Mirrinunte) de III Pandionis incluíam o *demos* de Probalinto, bem ao norte, além das trítias da costa de II Egeide. (2) Alimunte, na costa sudeste de Falero, está muito distante do restante do território da tribo IV Leontide à qual foi anexado: de acordo com Kirsten, *op. cit.* (na n. 2 acima) 161, e em Philippson, *op. cit.* (na n. 2 acima) I iii 984, estas eram as trítias do interior; mas Lewis, CA 32, certamente está certo ao seguir Loeper e atribuí-lo às trítias da cidade (Escambônidas), uma posição aparentemente tomada também por Eliot, *CDA* 137. Kirsten, em seu mapa na obra de Stier *WAW* I 13, mostra Alimunte como parte da área da cidade. Há outras irregularidades possíveis, algumas das quais podem ser consideradas por algumas pessoas como prováveis ou mesmo certas: por exemplo, (a) Eliot vê as trítias da costa de Leontide divididas em duas partes bem separadas (ver n. 75 a seguir); e (b) alguns podem estar dispostos a aceitar a probabilidade de uma lacuna em vez de assumir uma trítia de forma muito peculiar, como aquela que Kirsten dá às trítias do interior de Leontide (com uma extensão para o leste para fazê-las encontrar o *demos* de Hécale que certamente lhe pertencia).

71 Há dois exemplos que são absolutamente certos (Acarnas e Falero) e um que o é virtualmente (Afidna: sabe-se que os outros dois *demoi* associados a ele existiram antes do final do século IV): ver S.Dow, in *TAPA* 92 (1961) 66 e s., na p. 71; Eliot, *CDA* 151–3, 155, 158 n. 62.

72 CA 35. Ver também A.E.Raubitschek, "The Gates in the Agora", em *AJA* n.s. 60 (1956) 279-82.

[sc. φυλή] μετέχῃ πάντων τῶν τόπων, "para que cada tribo possa compartilhar todas as regiões (da Ática)".[73]

Alguns estudiosos modernos prestaram pouca atenção a essa afirmação: Bradeen a ignora completamente[74] e outros não estão dispostos a acreditar que ela significava exatamente o que diz. Levando muito a sério (como afirmei)[75] a imagem herodoteana de Clístenes — o político sedento de poder, pensando apenas em si mesmo — os historiadores mais recentes quiseram procurar "violações" em sua constituição, em seus próprios interesses ou nos do Alcmeônidas, casa à qual pertencia.[76] O sistema de trítias tem sido um ponto de ataque predileto. Um bom exemplo dessa atitude é fornecido por Walker, que acreditava, sem uma boa razão, que "um sistema mais artificial do que as tribos e trítias de Clístenes poderia muito bem ser inventado pela inteligência de um homem",[77] e inventou um engenhosa explicação do sistema de trítias como uma tentativa astuta de Clístenes para assegurar "que em cada uma das dez tribos deveria haver um corpo compacto de eleitores que fossem seus próprios adeptos, e devessem sua posição no corpo político às suas reformas" — isto é, os membros das trítias da cidade, onde Walker tinha certeza de que a maioria dos partidários de Clístenes seria encontrada.[78] A falácia do argumento, que o invalida completamente, é que tal dispositivo só poderia estar disponível se os atenienses tivessem um sistema de votação em grupo, comparável ao romano.[79] Na

---

73 Cf. a frase muito semelhante em Aristóteles, *Política* VII 10, 1330ª15-16.

74 *TCR*, esp. 23 e n. 7 e 28.

75 Ver seção (i) deste ensaio.

76 A melhor explicação do que era a "casa" (οἰκίη) alcmeônida, a meu ver, é aquele dada por Wade-Gery, *EGH* 106-8; mas também pode ter havido um clã conhecido como os Alcmeônidas. [Veja agora Parker, *AR* 318–19.]

77 E.M.Walker, em *CAH* IV 143. Cf. A declaração de Beloch, referida na p. 216 a seguir, e a observação em Busolt-Swoboda, *GS* II 874, feita em apoio ao ponto de vista de Heródoto, que acreditava que havia originalmente 100 *demoi*: "*Kleisthenes besass Offenbar eine Vorliebe für 'die logisch-arithmetische Konstruktion'*" — certamente o extremo oposto da verdade.

78 Walker, *ibid.* 146-8. A teoria semelhante de Sealey (ver n. 63 a seguir) é aprovada por Day & Chambers, *AHAD* 119, 179.

79 Isso já foi apontado por Hignett, *HAC* 141, cf. 135.

verdade, eles votavam não por tribos, mas individualmente, assim não importava para Clístenes onde seus apoiadores estavam registrados: seus votos teriam contado exatamente o mesmo se fossem membros de todas as dez tribos ou de apenas uma. Nas assembleias de tribos individuais, é claro, a distribuição dos eleitores poderia fazer a diferença; mas não há indicação de que assembleias tribais (ἀγοραί) tivessem alguma importância,[80] exceto em conexão com a escolha daqueles poucos oficiais (principalmente supervisores tribais, ἐπιμεληταί) que foram eleitos por suas tribos e não — como os taxiarcos e filarcos tribais, e os estrategos e outros magistrados do Estado — *por* todo o corpo de atenienses *de acordo* com as tribos (κατὰ φυλάς), ou seja, um (ou tantos) *vindos de* cada tribo.[81]

Já expressei anteriormente[82] uma desaprovação minha sobre opiniões que atribuem a Clístenes a capacidade de realizar extensas "violações" desse tipo.[83] Ele realmente pode ter sido capaz de manipular a constituição em pequena medida para seu próprio interesse e de seu clã e adeptos, mesmo que apenas por ter traçado a seu favor os limites entre *demoi*, ou entre trítias (e, portanto, tribos), ou ainda em detrimento de seus principais oponentes políticos — se é que o traçado de tais limites poderia servir a propósitos "partidários": ninguém ainda deu uma explicação satisfatória de como isso poderia ser feito, embora muitos o tenham presumido.[84] Não acredito que esteja em nosso poder decidir se um determinado clã ou uma

80 R.Sealey (em *Historia* 9 (1960), p. 173-4), que tem uma teoria parecida com a de Walker, teve que admitir que "o sistema tribal não afetou a assembleia pública", e assim foi levado a supor que as funções das assembleias tribais "podem muito bem ter sido maiores no início do que depois" — dificilmente uma base segura sobre a qual construir uma teoria sobre o propósito do sistema de trítias.

81 Ver p. 301 n. 34 a seguir sobre o significado, em Aristóteles, *Constituição dos Atenienses* 22.2, de κατὰ φυλάς ["de acordo com as tribos"].

82 pp. 192-195.

83 Uma declaração recente que exemplifica essa falha é a de Thompson, TTAH 406, onde o quadro herodoteano é aceito e usado como base para inferir que Clístenes pode ter "visado a vantagem política e o controle da *boule* por meio da distribuição injusta da população entre as *phylai* e a distribuição injusta de assentos na *boule*".

84 Cf. pp. 221-229 a seguir.

família nobre — Alcmeônidas ou Filaidas ou Buzíguidas — preferiria que as áreas em que residia na maior parte do tempo (ou possuía terras, ou exercia influência de alguma forma) fossem concentradas em uma tribo ou divididas entre duas ou mais tribos. A primeira opção geralmente é dada como certa; mas nenhum argumento válido jamais foi produzido em seu favor. Ao contrário, poderia ser mais vantajoso para uma casa distinta ter representantes em tantas tribos diferentes quanto possível, porque ela poderia esperar ter mais de um de seus membros eleitos para qualquer cargo colegiado, cujos titulares fossem escolhidos κατὰ φυλάς ["de acordo com as tribos"] — sobretudo, durante os primeiros vinte anos, o arcontado e depois a *strategia*. De qualquer forma, sobre esses pontos não há evidências, e o fato de que a esmagadora maioria dos atenienses evidentemente aprovou as reformas e agiu com notável energia e entusiasmo em defesa de sua nova constituição[85] sugere que qualquer "inserção" puramente clistênica ou alcmeônida — se existisse, além de medidas no interesse da maioria dos atenienses — provavelmente não teria sido substancial. Eu me pergunto, de fato, se toda a concepção de alocação de áreas com o objetivo deliberado de obter vantagem "partidárias" não pode ser um anacronismo grosseiro, bastante inadequado ao tempo de Clístenes.

Mais uma vez, frequentemente se supõe que a contiguidade das trítias do interior e do litoral, dentro de certas tribos, deve ter algum significado especial. Segundo Aristóteles, *Constituição dos Atenienses* 21.4, as trítias foram distribuídas por sorteio. Alguns estudiosos[86] começaram aceitando tal afirmação e fizeram inferências de acordo com ela. Outros a rejeitaram, porque não se encaixa nas concepções a que chegaram por outros motivos, seja (como Eliot)[87] com base em evidências circunstanciais, ou (como Beloch)[88] por meio de reconstruções conjecturais do propósito do sistema de trítias.

---

85 Ver Heródoto. V 72-9; Aristóteles, *Constituição dos Ateniense* 20.3-4.

86 Mais recentemente Bradeen, TCR 28; Lewis, CA 36.

87 *CDA* 136-48 (com n. 16).

88 *GG* I² ii 327–32.

Vamos primeiro entender os fatos de forma correta, tanto quanto pudermos. A contiguidade de trítias do interior e do litoral foi alegada em um momento ou outro para as tribos IX Eantide, II Egeide, V Acamantis e III Pandionis. A última podemos descartar imediatamente: as do litoral (Mirrinunte) e do interior (Paiania) de Pandionis encontram-se, se é que isso acontece,[89] apenas em um ponto;[90] e, como Lewis notou astutamente, "o centro da população das trítias do interior está em Paiania, distante a oeste".[91] A posição das trítias do litoral e do interior de Acamantis é contestada e duvidosa.[92] As trítias do litoral e do interior de Eantide e Egeide, respectivamente, são certamente contíguas, em uma determinada extensão, a cada caso; mas Lewis[93] mostrou que é fácil atribuir um significado errado a isso. No caso de Egeide, ele aponta que as duas trítias são de caráter bastante diferente, sendo a trítia do interior principalmente uma região montanhosa, enquanto a do litoral consiste em uma planície, com grandes aldeias. O território de Eantide, que aparece no mapa como "um bloco sólido da região nordeste", é também uma combinação de dois distritos de caráter muito diferente, com Afidna, o único centro populacional importante das trítias do interior, situada "bem nas colinas, uma longa e tediosa subida" da planície de Maratona, a parte principal das trítias do litoral (Tetrápolis).

89 Lewis, CA 35, concorda com o mapa de Kirsten em Stier *WAW* I 13: as duas trítias simplesmente não se encontram.

90 Assim Eliot, *CDA* 144, com o mapa na p. 139.

91 Lewis, CA 35.

92 Isso se deve à incerteza sobre a localização precisa de Frearo. Como resultado, Lewis (CA 35) concorda com Kirsten ao ver Tórico, a trítia litorânea de Acamantis, separada das trítias do interior (Esfeto) da mesma tribo por um cinturão bastante amplo das trítias litorâneas (Frearo) de IV Leontide; enquanto Eliot (*CDA* 91-2 n. 58, 144, e o mapa na p. 139) afirma que a trítia litorânea de Leontide era dividida em duas metades distintas, separadas por um quarteirão da trítia litorânea de Acamantis, com outro pedaço destas últimas trítias apenas tocando aquele quarteirão em um ponto e continuando na direção noroeste para encontrar o limite sudeste das trítias do interior de Acamantis — uma forma bem diferente de qualquer uma de suas outras trítias.

93 CA 35-6.

Numa época em que se sabia menos sobre a composição das trítias, Beloch[94] poderia realmente argumentar que toda a reforma (que ele descreveu como um exemplo de "geometria eleitoral")[95] foi obra de Pisístrato. Ele partiu dos exemplos de contiguidade (reais e supostos) que acabei de descrever e imaginou que se destinavam a criar blocos sólidos de territórios dominados por Pisístrato e seu partido. É verdade que algumas das áreas litorâneas, notadamente Brauro e Maratona (nas trítias litorâneas de Egeide e Eantide, respectivamente) eram "territórios de Pisistrátidas"; mas já vimos que as trítias do interior correspondentes eram bem diferentes em caráter geográfico, e Lewis também apontou que Afidna era o *demos* de Calímaco, o polemarco em Maratona, e dos Gefiraios, a família de Harmódio, e, portanto, não seriam todos um centro de influência pisistrátida.[96] E é claro, como já mostrei,[97] não há razão para pensar que seria uma vantagem para uma família líder estar concentrada em uma única tribo (ou no menor número possível de tribos).

Bradeen[98] conseguiu encontrar um tipo bem diferente de significado nos fenômenos que interessaram a Beloch. Ele também vê as áreas em questão como redutos de Pisistrátidas; mas, aceitando a afirmação de Aristóteles de que as trítias foram distribuídas por sorteio, ele infere que Clístenes "pouco se importou com a queda das trítias do litoral e do interior" e, portanto, deve ter se interessado principalmente não nesses dois distritos, mas no restante, a área das trítias da cidade. De qualquer maneira, evidentemente se trata de um *non sequitur*, e veremos em um momento posterior que a afirmação de Aristóteles sobre o uso do sorteio pode não estar correta.

***

Se nos abstivermos inteiramente de especulações excessivamente engenhosas e simplesmente olharmos para os fatos que nos en-

94 *GG* I^2 ii 327–32.

95 Cf. p. 212 e n. 77 acima.

96 Lewis, CA 35-6.

97 pp. 213-214 acima.

98 TCR 24, 28, cf. 30.

caram de frente, encontraremos uma explicação perfeitamente natural do sistema de trítias. Clístenes foi confrontado com dois desejos contraditórios. Por um lado, obviamente seria uma vantagem para cada tribo ser a *mais homogênea possível* e consistir em um bloco compacto de cidadãos em uma única área.[99] Por outro lado, *uma certa heterogeneidade* era altamente desejável, por duas razões. Primeiro, seria inconveniente do ponto de vista militar ter a maioria dos hoplitas concentrados em algumas tribos, e, politicamente, seria algo lamentável se sucessivos conjuntos de prítanes tribais no Conselho tivessem compleições políticas muito diferentes, com um número substancial de prósperos proprietários de terra em um, de pequenos camponeses e pastores da região montanhosa em outro, pescadores no seguinte, e assim por diante. Em segundo lugar, e talvez mais importante, era sensato reunir, dentro de cada unidade principal da população cidadã, homens de diferentes partes da Ática que, de outra forma, poderiam ter pouco contato entre si e, assim, criar laços entre eles: isso também seria uma garantia contra o desenvolvimento de rivalidades regionais como a Ática havia experimentado na primeira metade do século VI. Não sabemos se as antigas divisões dos οἱ ἐκ τοῦ πεδίου ["aqueles da planície"] (Pedieus ou Pedianos), Páralos (Parálios) e Hipercrácrios (Diácrios, Epácrios) sobreviveram à tirania até certo ponto;[100] mas é claro que sempre havia o perigo de que a Ática pudesse ser dividida mais uma

99 Cf. pp. 203-205 acima & n. 49.

100 Prefiro usar o termo dado por Heródoto. I 59.3. Até que ponto essa divisão tripla (altamente esquematizada em Aristóteles, *Constituição dos Atenienses* 13.4-5; cf. Plutarco, *Sólon* 13.2; 29.1) realmente corresponde aos fatos da vida política na Ática no segundo quartel do século VI, eu acho algo muito incerto. Na minha opinião, existe muita confiança nas reconstruções de praticamente todos os estudiosos recentes, exceto R.J.Hopper, " 'Plain", 'Shore' and 'Hill' in Early Athens", em *BSA* 56 (1961) 189-219. Foi argumentado por F.R.Wüst, "Zu den πρυτάνιες τῶν ναυκράρων und zu den alten attischen Trittyen", em *Historia* 6 (1957) 176 e s., pp. 182-9; e "Gedanken über die attischen Stände — ein Versuch", em *Historia* 8 (1959) 1-11, aceito por J.H.Oliver, "Reforms of Cleisthenes", em *Historia* 9 (1960) 503-7, que a classificação mais antiga em Eupátridas, Geomoros (Georgos, Agroicos) e Demiurgos ainda estava viva no tempo de Clístenes; mas não consigo enxergar nisto nenhuma evidência, e seu caso me parece muito pouco convincente.

vez de acordo com as lealdades locais, ou, se não com base nisso, pelo menos com algum outro critério, a menos que o sistema tribal fosse deliberadamente projetado para evitá-lo. Por meio das trítias, Clístenes introduziu *o mínimo necessário de heterogeneidade*: dessa forma, garantiu que cada tribo fosse *uma seção transversal bastante representativa de toda a população ateniense*, tanto para fins políticos quanto militares. Este, e não outro motivo escuso, foi o propósito essencial do sistema de trítias.

A heterogeneidade, no entanto, foi de fato reduzida ao mínimo. Após um exame completo e cuidadoso das evidências de três trítias do litoral (aquelas de VII Cecrópides, I Erectides e X Antióquidas, estendendo-se a sudeste da borda da cidade quase até o cabo Súnion), Eliot conclui que elas eram "entidades geográficas naturais", tendo "fronteiras que seguiam os limites naturais"; e, com base em um estudo mais geral (mas necessariamente muito mais superficial) das unidades clistênicas como um todo, ele pensa que "é justo concluir que a maioria das trítias remanescentes do litoral e do interior eram unidades naturais com limites facilmente definidos e facilmente compreendidos".[101] Neste ponto, Eliot parece-me ter provado suficientemente a sua argumentação. Além disso, ele oferece duas sugestões interessantes, que, no entanto, foram fortemente contestadas. Em primeiro lugar, ele pensa que, longe de evitar a contiguidade das trítias dentro de uma tribo, Clístenes "preferia que as trítias do litoral e do interior fossem contíguas dentro de uma *phyle* onde isso fosse topograficamente possível e onde essas combinações não fossem contrárias à criação de dez *phylai* aproximadamente iguais".[102] Em segundo lugar, ele acredita que, em razão das várias trítias — mesmo dentro de cada um dos três grupos (cidade, litoral e interior) –[103] estarem claramente longe de serem

101 *CDA* 136 e s., p. 138.

102 *CDA* 143–4.

103 Se o sorteio fosse utilizado na distribuição de trítias, não seria necessário, para garantir tribos iguais, que todas as trítias contivessem igual número de cidadãos; mas aquelas dentro de cada uma das três áreas (cidade, litoral e interior) teriam que ser aproximadamente iguais — cada trítia da cidade teria que ter apro-

iguais em área e terem sido muito desiguais em população, e como Clístenes certamente pretendia que os homens de cada tribo fossem aproximadamente iguais em número, Aristóteles deve estar errado ao afirmar que a alocação de trítias às tribos foi feita por sorteio. Eliot pensa que, pelo contrário, deve ter havido uma combinação cuidadosa de, por exemplo, algumas trítias grandes com outras pequenas e também trítias de tamanho médio com outras de tamanho semelhante.[104] Mas ambas as sugestões foram fortemente contestadas por W.E.Thompson,[105] com alguns argumentos bons e outros ruins; e, antes que qualquer um deles possa ser tratado como algo provado, muito mais trabalho terá de ser feito, para outras trítias clistênicas, do tipo que Eliot fez tão bem com suas três examinadas. Enquanto isso, acho que devemos suspender o julgamento final.

Se chegarmos à conclusão de que Aristóteles (*Constituição dos Atenienses* 21.4) estava errado sobre a maneira como o sorteio foi usado, há uma explicação fácil, se acreditarmos (como eu) que, além da narrativa de Heródoto, Aristóteles provavelmente não se baseava em nada além da tradição e da inferência, ou possivelmente nas declarações, baseadas nos mesmos recursos, de um dos primeiros Atidógrafos. Poderíamos então supor que o sorteio teria decidido a alocação a tribos particulares das *dez* divisões da Ática produzidas pelo agrupamento de trítias, ou (para colocar de outra forma) a distribuição de *nomes* de tribos às dez divisões.[106] A tradição teria preservado o uso do sorteio, mas em algum momento, quando os detalhes já não eram lembrados, isso teria sido concebido como a atribuição das trítias a tribos, em vez de combinações de trítias — um erro bastante natural.[107]

---

ximadamente o mesmo número de cidadãos que todas as outras trítias da cidade, e da mesma forma com as áreas do litoral e do interior.

104 *CDA* 140-7, esp. 145.

105 TTAH 402–8. Ver a Nota final ii (p. 239 abaixo).

106 Ver Aristóteles, *Constituição dos Atenienses* 21.6, onde não há menção à atribuição por sorteio.

107 Cf. Eliot, *CDA* 146 n. 16.

Em alguns casos, as linhas fronteiriças de uma trítia, como observa Eliot, foram desenhadas sem levar em conta as características geográficas naturais: esse era particularmente o caso "nas grandes planícies onde as áreas contidas por limites naturais eram muito grandes para serem incluídas em trítias individuais".[108]

Às vezes encontramos o que *podem ser* tentativas deliberadas de traçar os limites de trítias (isto é, de tribos) de modo a cortar certas associações religiosas bem estabelecidas entre áreas que depois se tornaram *demoi* clistênicos, ou para algum outro propósito que só podemos supor. Lewis[109] detectou o que ele acredita ser toda uma série de tais tentativas. Assim, por exemplo: (1) Probalinto, uma das quatro partes constituintes da antiga Tetrápolis (todas "territórios de Pisistrátidas"), foi colocada em um trítia diferente das outras três, que se tornaram as trítias do litoral (Tetrápolis) de Eantide; (2) o *demos* de Hecale foi colocado em uma trítia separada daquelas próximas das tribos Egeide, Cecrópide e Antióquidas, contendo οἱ πέριξ δῆμοι ["os *demoi* circundantes"] que celebravam a Hecalesia em Hecale (Plutarco, *Teseu* 14.2); e (3) os quatro *demoi* dos Tetracomos (Pireu, Falero, Xipete e Timetadas, segundo Pólux IV 105), foram divididos entre três tribos diferentes. Em cada um desses casos encontramos as linhas fronteiriças das trítias desenhadas de forma a não coincidir com unidades religiosas pré-existentes. Novamente, (4) Alimunte, mesmo que pertença à cidade e não às trítias do interior de Leontide,[110] certamente está longe de qualquer outro *demos* de Leontide; e como há "um culto de Deméter muito primitivo no Cabo Colíade", Lewis sugere que "talvez aqui também haja um desejo de separar um local de culto de sua vizinhança".[111]

108 *CDA* 138, 140.

109 CA, esp. 30-6.

110 Ver n. 75 acima.

111 Não mencionei a divisão dos *demoi* envolvidos na liga de culto de Atena Palênida, sobre a qual ver Lewis, CA 33-4 e a Nota Adicional, CA 39. Gargeto e Pito pelo menos não foram incluídas nas mesmas trítias que Palene; mas, como mostra Lewis, é muito duvidoso qual era a extensão original dessa liga e, é claro, quanto mais *demoi* houvesse, menos significativa seria a divisão entre as tribos. [Sobre a liga ver agora G.R.Stanton, *BSA* 79 (1984) 292–8].

Lewis vê nesses arranjos um propósito definido, "um *ataque* às organizações que mantinham uma localidade ligada por laços religiosos, algumas delas em áreas ligadas a oponentes políticos de Clístenes"; ele pensa que "as trítias foram construídas como uma tentativa deliberada de criar unidades que seriam suficientemente distintas das unidades locais existentes para *competir* com elas e *destruir a influência* que elas ganharam por possuírem um culto comum em uma localidade comum".[112] Lewis talvez não diga com tais palavras que, o que ele vê como um "ataque" de Clístenes às organizações de culto locais, foi também um ataque à influência obtida por certas famílias importantes, que eram oponentes políticas de Clístenes, a partir de seu controle desses cultos (um controle derivado da posse de seus sacerdócios); mas isso certamente está implícito, e ele diz explicitamente que os detalhes da divisão de assentamentos feita por Clístenes "poderiam e foram manipulados em detrimento de oponentes tradicionais".[113]

Na minha opinião, toda essa engenhosa teoria é mal explicada. À primeira vista, parece muito plausível, mas baseia-se em premissas falsas, e a lógica do argumento não foi devidamente pensada e não será examinada em detalhes.

Em primeiro lugar, assume-se silenciosamente que o "controle de um culto local" poderia ser uma base importante para o poder político de uma família líder. Lewis pode falar de "uma família cuja

---

112 Lewis, CA 37 e 34-5 (itálicos meus). Cf. CA 36: os cultos locais "sobreviviam, porque Clístenes falhou com eles". A aprovação geral da posição de Lewis parece ser dada por Lévêque e Vidal-Naquet, *CA* 17-18. Como, no que se segue, rejeito inteiramente muitas das inferências extraídas por Lewis de seu material, gostaria de enfatizar que considero sua contribuição muito valiosa, ao estabelecer claramente muitos fatos a partir de uma massa confusa de evidências.

113 Lewis, CA 39. Quando ele acrescenta, "A natureza da posição alcmeônida era tal que não poderia ser afetada por este assentamento", ele está evidentemente voltando a uma passagem anterior (CA 37) na qual ele distinguiu os Alcmeônidas de alguns de seus oponentes, alegando que eles "não possuíam nenhum culto local importante que tenhamos notícia". Uma visão muito semelhante, baseada no material produzido por Lewis, é adotada por Forrest, *EGD* 198-9.

influência dependia do controle de um culto local",[114] contrastando-a com "uma família que possuía terras e riquezas" como os Alcmeônidas.[115] Mas não consigo ver como na Ática do século VI uma família *sem* "terras e riquezas" poderia ter tido qualquer influência política, mesmo que controlassem um culto local. (Tal família dificilmente controlaria um culto de alguma importância — a menos que tivesse adquirido esse controle em um momento anterior, quando era muito mais próspera). E tal hipótese não pode simplesmente ser dada como certa, sem a produção de qualquer tipo de evidência de que o próprio controle dos cultos necessariamente deu origem ao poder político. Os sacerdócios de cultos importantes certamente teriam sido mantidos desde o início por famílias já ilustres, e elas poderiam sem dúvida aumentar seu próprio *prestígio e renome* (seus próprios ativos políticos) exercendo tais sacerdócios; mas como poderia o *poder político* ser *fundado sobre* a posse de tais sacerdócios? Tais suposições podem ter seu lugar ao lidar com a República Romana, onde a religião muitas vezes podia ser colocada diretamente a serviço da política; mas elas não são apropriadas para a cidade grega. Nenhuma evidência foi produzida sobre Atenas ou qualquer outra cidade-estado da Grécia Clássica, até onde eu saiba, de que o controle dos cultos por famílias individuais fosse uma fonte importante de seu poder político; e duvido que exista tal evidência.

Mesmo que algumas dessas evidências estivessem disponíveis, o ponto essencial que desejo mostrar permaneceria. Se as unidades

---

114 Lewis, CA 39 (meus itálicos novamente). Para tal família, ele pensa, uma divisão entre diferentes tribos "pode ser fatal". Mas o que ele vem discutindo é a divisão entre mais de uma tribo dos membros dos *demoi que celebravam* os cultos em questão, não das *famílias que controlavam* os cultos — e dividir os primeiros entre diferentes tribos, é claro, não envolve de forma alguma o divisão destes últimos!

115 Os Alcmeônidas, Lewis pensa (com bastante razão), poderiam receber a oportunidade de ter uma influência nos assuntos de várias tribos. Alcmeônidas são conhecidos em Alopece (X Antióquidas), Agrile (I Erectidas) e Xipete (VII Cecrópides). Leuconoé (IV Leontide) foi sugerido por Sealey, mas a evidência não é boa: ver Lewis, CA 23 & n. 8-11. Eliot (*CDA* 74 n. 21 e 145 n. 15) acredita que os Alcmeônidas ainda tinham "influência, embora não necessariamente residência" em Egilia (Antióquidas novamente).

que celebram o culto, ou a família que o controla, foram colocadas em uma ou várias das novas tribos, não faria nenhuma grande diferença no que diz respeito ao poder político ou influência que a família em questão estivesse (ou não estivesse) acostumada a derivar de seu controle do culto — que *continuaria exatamente como antes*, totalmente não afetado pela nova constituição! A suposição de Lewis de que Clístenes pretendia atacar tais cultos é infundada: não há nada em nenhum dos novos arranjos que possa enfraquecer quaisquer cultos locais, e é um erro ver sua sobrevivência intacta como um exemplo de "fracasso" da parte de Clístenes.[116] Imaginemos um *genos* nobre que forneça o sacerdote de um culto celebrado por quatro proto-*demoi* (se é que posso chamá-los assim) em um dos distritos rurais da Ática, e suponhamos que na reorganização clistênica cada um dos quatro *demoi* resultantes é dado a uma tribo diferente. A posição política do *genos* seria afetada? E se sim, como?

Não consigo ver por que os novos arranjos fariam alguma diferença significativa. Não é como se todos os membros de cada um de nossos grupos de *demoi* pudessem pertencer antes de 508 a.C. a uma única tribo, muito menos a uma única fratria — como ficará claro pelo que foi dito acima,[117] é muito improvável que eles pertenceriam.[118] Uma vez que podemos estar razoavelmente certos de que os primeiros regimentos atenienses eram tribais, os membros de nosso *genos* nobre (todos *ex hypothesi* membros de uma tribo jônica), não teriam sido generais hereditários, por assim dizer, de todos os homens nos quatro *demoi* ou (provavelmente) mesmo da maioria

116 Como Lewis faz, CA 35, 36, cf. 22.

117 pp. 202-203.

118 Forrest, *EGD* 198–9, evidentemente falhou em perceber isso, pois quando ele diz que sob as novas regras muitos dos afetados por um dos cultos "pertenceriam, politicamente, a uma unidade totalmente diferente daquelas pessoas que a controlavam", ou fala do homem cujo "ex-mestre agora comandava um regimento tribal diferente, e que era representado por um comitê tribal diferente no Conselho" (uma situação que ele pensa que "deve ter transformado os sentimentos que aquele já teve um dia por ele"), ele assume gratuitamente que sob o regime arcaico os homens importantes e as pessoas comuns teriam sido todos membros da mesma unidade política e militar.

deles; e se, na medida em que fossem chefes políticos hereditários da área, assim o seriam, não porque fossem membros das *mesmas unidades políticas* (tribos e fratrias), mas por causa de sua riqueza e distinção social, sem dúvida reforçada por suas funções sacerdotais, permitiu-lhes exercer influência especial *na área* — e certamente nada nas reformas clistênicas afetaria a capacidade deles de continuarem fazendo exatamente como antes. Em suma, não há razão para que uma família que dirigia um culto local tenha necessariamente perdido um átomo de sua influência (política ou outra), seja porque seus próprios membros foram divididos em diferentes tribos ou porque as unidades que compõem a associação religiosa agora pertenciam a duas ou três ou mais novas tribos, em vez de três ou quatro tribos antigas e ainda mais fratrias diferentes! De fato, a aquisição de influência por um cidadão importante sobre homens agora associados politicamente a ele pela primeira vez, nas novas unidades clistênicas, não poderia ter compensado, e às vezes mais do que compensado, qualquer rompimento de laços anteriores?

Além disso, é uma suposição necessária de qualquer teoria como a que estamos examinando (embora isso evidentemente não tenha sido percebido por seus proponentes) que, exceto para a alocação dos *demoi* de e. g. Tetrápolis a duas tribos diferentes, a família nobre que controlava o culto teria pertencido, sob a nova constituição, à mesma tribo que os membros de todos os *demoi* envolvidos. Esta suposição é obviamente falsa: a "família nobre" provavelmente residiria na área da "cidade",[119] e a menos que houvesse uma "inserção" especial, as chances seriam de cinco para um contra seu *demos* se encontrar na mesma tribo dentre as duas tribos às quais os *demoi* de Tetrápolis foram alocados.

Toda a ideia de que Clístenes desejava "persuadir os atenienses de que a filiação à fratria não tinha importância"[120] também me parece um grande exagero. Não vejo nenhuma evidência de que Clístenes tivesse qualquer desejo de "atacar" as fratrias, assim como as ou-

119 Ver pp. 228-229 e n. 137 abaixo.

120 Lewis, CA 34–5.

tras associações de culto,[121] exceto na medida em que as fratrias desempenhavam uma importante função política, a saber, controlar a admissão à cidadania: isso obviamente tinha de ser retirado delas, mas fora isso elas eram totalmente inquestionáveis.[121a] Parece ser tacitamente assumido, atualmente, que as atividades políticas eram organizadas por meio das fratrias e que os líderes exerciam sua influência por meio delas. Tirando o controle da cidadania, duvido muito disso, e antes de aceitar essa afirmação devemos pedir algumas provas específicas. A dispersão das fratrias pela Ática, que já notamos, as tornaria meios inadequados para o exercício de funções políticas. A minha impressão é que os grandes homens teriam exercido o poder político sobretudo nos distritos em que viviam ou possuíam terras e, de outra forma, principalmente por meio de suas conexões familiares e suas ἑταιρεῖαι ["associações"] — compare a situação na época de Clístenes e Iságoras, como apresentadas por Heródoto e Aristóteles.[122] Se eles fizessem uso de divisões estatais, além da Assembleia, do Conselho e das tribos, talvez fossem as naucrarias aquelas que eles mais provavelmente teriam empregado.[123] Algumas das declarações em Aristóteles, *Política* VI 4, 1319^{b}19-27, às quais Lewis apela,[124] devem se referir mais a Cirene[125] do que a Atenas, pois não há sugestão em parte alguma de que Clístenes tenha criado novas fratrias; não parece ser verdade para a Atenas de Clístenes que τὰ τῶν ἰδίων ἱερῶν ["ritos privados"] foram reduzidos εἰς ὀλίγα καὶ κοινά ["a alguns públicos"]; e no que diz respeito a Atenas, as palavras καὶ πάντα σοφιστέον ὅπως ἂν ... αἱ ... συνήθειαι διαζευχθῶσιν αἱ πρότερον ["e todo o possível deve ser inventado para ... quebrar as antigas intimidades"] os estudiosos ficam satis-

121 Cf. p. 201 e 221-9 acima.

121a [Mas para a visão de que a filiação à fratria continuou sendo um pré-requisito para a cidadania mesmo depois de Clístenes, ver S. D. Lambert, *The Phratries of Attica* (1993), cap.1].

122 pp. 187 ss. acima.

123 Tenho em mente particularmente Heródoto. V 71.2.

124 CA 39–40.

125 Ver Nota final iii (p. 240 abaixo) para uma referência à visão da Srta. L.H.Jeffery sobre Heródoto IV 161.3.

feitos com a afirmação da quebra de todos os propósitos fundamentais do antigo sistema tribal. Dos clãs, fratrias e sacerdócios, Aristóteles diz expressamente (*Constituição dos Atenienses* 21.6) que Clístenes os deixou existirem. Evidentemente, na opinião de Aristóteles, Clístenes não precisava "atacar" as fratrias.

Parece-me que a maioria das "anomalias" que Lewis apontou com tanta precisão no sistema de trítias clistênico provavelmente devem-se sobretudo, se não inteiramente, à dificuldade de igualar, mesmo que grosseiramente, os membros das tribos sem fazer uma reformulação bastante drástica dos limites mais óbvios. Para Tetrápolis, de qualquer forma, Eliot tem uma alternativa simples e plausível: ele demonstra que dividir as antigas quatro unidades teria sido necessário de qualquer maneira, pois Ramnunte, ao norte, dificilmente poderia ser deixado por conta própria, e com ele não mais do que três das antigas unidades (agora *demoi* clistênicos) podiam ser combinadas sem criar trítias indevidamente grandes:[126] de modo que Probalinto (aparentemente um *demos* de tamanho indesprezível)[127] tinha necessariamente de ser separado dos outros três *demoi* de Tetrápolis. Mesmo que julguemos que esta e outras explicações semelhantes de casos individuais, concentrando-se em fatores puramente administrativos, são insuficientes, e que precisamos encontrar alguma intenção mais séria e positiva subjacente às "anomalias" no sistema trítias, devemos ser cuidadosos em como formular nossa teoria. Tudo o que temos o direito de dizer é que algumas das linhas de fronteira parecem ter sido traçadas *de forma a não coincidir com as associações religiosas existentes* — às vezes, talvez, apenas porque parecia a melhor maneira de obter trítias do tamanho certo, e às vezes, talvez, porque era *desejável evitar a*

126 Eliot, *CDA* 144-5. Permanece um enigma o motivo pelo qual Probalinto foi colocado não nas trítias imediatamente ao sul, a de Egeide, mas nas trítias cujos outros *demoi* estão além disso, pertencentes a Pandionis. Eliot (*CDA* 144–5 & n. 14) oferece uma possível explicação. De qualquer forma, não há melhor explicação disponível sobre a tese de Lewis, que exige apenas que Probalinto seja separado dos outros três *demoi* de Tetrápolis.

127 Teve 5 conselheiros no século IV: ver Lewis, CA 31 & n. 88.

criação de unidades políticas que já tivessem algum tipo de coesão entre si (se não de caráter político) *e pudessem, portanto, tornar-se núcleos de tendências separatistas ou de facções locais.* A unidade da Ática era uma consideração primordial. Ir além disso, na minha opinião, é se entregar a meras suposições.

Lewis pode estar certo ao pensar que dar a um *demos* um nome patronímico como Butadas ou Filaidas, que já era o nome de um *genos* distinto, foi um golpe político deliberado no clã em questão, já que o *demos* certamente não seria composto inteiramente por membros do clã daquele *genos.*[128] (Em meados do século IV, pelo menos, o clã dos Butadas mudou seu nome para Eteobutadas, "os verdadeiros descendentes de Butes").[129] No entanto, isso me parece muito duvidoso. Como Lewis admite, ouvimos por Plutarco[130] que Fileu (o filho de Ájax) tradicionalmente se estabeleceu em Brauro, o local do *demos* clistênico de Filaidas; e eu preferiria estabelecer a origem do nome do *demos* nesta tradição. Outros *demoi* com nomes patronímicos podem tê-los recebido por razões semelhantes. Aristóteles certamente acreditava que alguns *demoi* receberam o nome daqueles que ali fundaram os assentamentos.[131]

Mais uma vez, duvido muito que Lewis esteja certo, exceto em uma parte muito pequena, ao dizer que Clístenes poderia organizar suas unidades geográficas de maneira a trazer "vantagens distintas para si mesmo e sua família", e que "os detalhes de seu acordo poderiam ser e foram manipulados em detrimento dos oponentes tradicionais".[132] Mesmo que Clístenes tivesse ficado contente em obter tais vantagens para si e sua família na medida do possível, devemos lembrar que ele provavelmente não estava em condições de fazer tanta manipulação desse tipo sem perder o apoio popular;[133]

---

128 CA 26–7.

129 Ver Demóstenes XXI 182.

130 *Sólon* 10.3.

131 *Constituição dos Atenienses* 21.5. [Um adendo marginal "E o nome enfraqueceria o *genos*?"].

132 Lewis, CA 39.

133 Ver pp. 192-195 acima.

e ainda mais importante, está longe de ser claro como a vantagem política poderia ser obtida desta forma.[134]

Outro ponto de vista que às vezes encontramos é que Clístenes pretendia enfraquecer a influência política dos principais clãs aristocráticos (os *gene*). Em primeiro lugar, na medida em que estes exerceram influência política através das fratrias, obtendo a exclusão ou rejeição de aspirantes à cidadania que não aprovavam, sua posição política terá sido automaticamente enfraquecida, como vimos,[135] pela retirada da alçada das fratrias do direito único de registrar novos cidadãos. Em segundo lugar, na medida em que a nova constituição *funcionou melhor* e mais democraticamente do que a antiga, a influência dos aristocratas (ou pelo menos daqueles aristocratas que não estavam dispostos a aceitar uma maior medida de democracia) certamente terá diminuído um pouco, embora aristocratas individuais — um Clístenes, um Címon ou um Péricles — ainda pudessem exercer grande autoridade enquanto mantivessem a confiança do *demos*. Caso contrário, não consigo ver que Clístenes, ele próprio um Alcmeônida e um aristocrata, pudesse ter qualquer desejo de prejudicar a posição da classe aristocrática como um todo. Bradeen,[136] de fato, afirmou exatamente o oposto disso. Percebendo que a maioria dos Eupátridas vivia na área da "cidade" de Clístenes,[137] ele viu o principal objetivo do sistema de trítias como a colocação em cada tribo de um bom número daqueles nobres que por quase um século ainda seriam as figuras de liderança em Atenas, na

134 Ver pp. 213-214 e pp. 221-224 acima.

135 Ver pp. 205-206 acima.

136 TCR 28–30.

137 Cf. Bekker, *Anecd. Gr.* I 257: εὐπατρίδαι ἐκαλοῦντο οἱ αὐτὸ τὸ ἄστυ οἰκοῦντες ["aqueles que habitam a própria cidade foram chamados de Eupátridas"], uma afirmação que é verdadeira apenas em um sentido muito vago. Pode-se esperar que as "pessoas do topo" na maioria dos Estados gregos, por razões políticas e sociais, vivam em ou perto do ἄστυ — cf. Aristóteles, fr. 558 (Rose), *apud* Ateneu VIII 348ab: a maioria dos ricos (εὔποροι) de Naxos vivia na cidade (ἄστυ), o restante nas aldeias (κατὰ κώμας).

política e na guerra.[138] Essa visão deriva em parte de suposições sobre o significado da contiguidade das trítias da costa e do interior em uma ou duas tribos, que já vimos ser algo equivocado.[139] Como tantas teorias sobre as reformas de Clístenes, ela enfatiza demasiadamente um elemento particular da constituição. Além disso, falar daqueles homens da área da cidade que certamente forneceram a grande maioria das principais figuras políticas e militares do século V como se fossem todos "eupátridas" é errado. Durante a tirania, muitos não-eupátridas ganharam destaque e, mesmo que não tenham morado originalmente na cidade ou perto dela, eles certamente teriam se mudado para lá assim que começassem a desempenhar um papel regular na política e teriam sido matriculados nos *demoi* da cidade sob a constituição de Clístenes. Mas pode muito bem ser verdade que *o grande tamanho da área da "cidade"* se deveu em parte ao fato de que era desejável ter uma forte inclusão das principais "famílias políticas" em cada tribo. Somente nessa medida a teoria de Bradeen é justificada.

***

A importância que atribuímos à criação de Clístenes do Conselho dos Quinhentos[140] depende, até certo ponto, de aceitarmos a existência de um Conselho Soloniano dos Quatrocentos.[141] De qualquer forma, o novo Conselho tinha importantes funções probulêuticas, executivas e judiciais. Sabemos que os poderes judiciais do Conselho eram originalmente mais amplos do que no final dos séculos V e IV, e é provável que o mesmo tenha acontecido com suas outras fun-

138 Para as referências dadas por Bradeen, adicione R.Sealey, em *Proc. of the African Classical Associations.* 1 (1958) 61 e ss., pp. 71–8.

139 Ver pp. 215-216 acima.

140 O tratamento mais completo do Conselho e suas múltiplas funções é o de Busolt-Swoboda, *GS* II 1021–54. Muitas informações são fornecidas de forma clara e concisa por Jones, *AD*, cap. V ("How did the Athenian Democracy Work?"), esp. pp. 105–8, 111–22. Veja também Hignett, *HAC* 148–53, 237–44, e Index, *s.v.* "Conselho dos Quinhentos (Clistênico)"; P.Cloché', em *REG* 34 (1921) 233-65; 35 (1922) 269–95; [Rhodes, *AB*].

141 Ver pp. 131-139 acima.

ções.[142] Se pensarmos que o Conselho não existia antes de Clístenes, então sua introdução certamente representa um grau considerável de democratização da Constituição. Mesmo que acreditemos em um Conselho Soloniano, como eu mesmo acredito, haverá pelo menos uma inovação para uma democratização (escolha de conselheiros por *demoi*), e provavelmente duas ou três outras:

(a) Escolha dos conselheiros de e pelos *demoi* individuais.[143] Anteriormente, as eleições eram presumivelmente feitas por tribos. Alguma subdivisão da tribo para fins eleitorais é possível, mas as únicas subdivisões de que ouvimos falar para qualquer propósito são trítias, fratrias e naucrarias,[144] e é difícil acreditar que qualquer uma delas tenha dado algum alcance a seus membros mais humildes. Agora, com os membros escolhidos nos *demoi*, pelo que parece ser o mais antigo sistema de representação proporcional do qual temos alguma evidência, haveria em muitos casos uma chance maior para homens de posição relativamente humilde obterem acesso ao Conselho.[145]

---

142 Para os poderes judiciais do Conselho, ver p. 136 acima. Em favor de uma esfera de competência geralmente maior do Conselho em seus primeiros anos, ver e. g. De Sanctis, *A*² 347 e seguintes; Hignett, *HAC* 151–3; e esp. Larsen, *RGGRH* 5–18 (e 19 para uma comparação com o conselho da inscrição Chian). Larsen (ver esp. *RGGRH* 15–17) acredita que uma grande reconstrução dos poderes do Conselho ocorreu em 501/0 a.C., ano em que ele data a promulgação original preservada para nós pela inscrição fragmentada, *IG* I³ 105. Eu não consigo ver como essa especulação pode ser provada ou refutada: ela permanece uma hipótese pura e deve ser considerada como tal até que novas evidências apareçam.

143 [Ver Whitehead, *DA* 266–70 (com algumas reservas sobre "seleção pelo *demos*", 369–73].

144 Confesso que não consigo entender essas supostas subdivisões. As trítias pré-clistênicas (ver Hignett, *HAC* 71–2) são agora conhecidas por serem tão reais quanto as fratrias e naucrarias, mas não podem ser identificadas com as fratrias, como em fontes lexicográficas tardias que afirmam derivar de Aristóteles (*Constituição dos Atenienses*, fr. 3 Kenyon, Sandys = fr. 5 Oppermann = fr. 385 Rose³: ver Hignett, *HAC* 59, 71–2), e tenho dúvidas se as naucrarias eram subdivisões das tribos ou tinham qualquer relação direta com as fratrias ou as trítias: cf. Hignett, *HAC* 67–74.

145 Outros oficiais escolhidos no século IV ἐκ τῆς φυλῆς ὅλης ["de toda a tribo"] foram selecionados anteriormente (πρότερον) nos *demoi*, de acordo com Aristóteles, *Constituição dos Atenienses* 62.1. Não sabemos quem eles eram, ou a que distância o πρότερον de Aristóteles nos leva, exceto que *Constituição dos Atenienses* 22.5

(b) Restrições à reeleição. Parece-me praticamente certo que a reeleição para o Conselho era restrita desde o início, talvez desde sempre, de acordo com o princípio segundo o qual existe evidência apenas a partir do século IV de que nenhum ateniense poderia ser um conselheiro mais de duas vezes,[146] e talvez não em anos sucessivos. No entanto, foi argumentado (por Kahrstedt, por exemplo)[147] que antes de meados do século V, quando a população cidadã aumentou muito, uma restrição tão severa teria tornado impossível encontrar homens suficientemente capazes e dispostos a serem conselheiros cada ano, especialmente se o limite mínimo de idade de trinta anos sempre existiu, como parece muito provável.[148] Kahrstedt sugeriu para o período anterior uma regra semelhante à que Atenas estabeleceu para conselheiros em Eritre em 453/2:[149] nenhuma iteração dentro de quatro anos. Seja como for, é muito provável que uma restrição à reeleição para o Conselho tenha sido introduzida pela primeira vez por Clístenes, ou tornada relativamente mais severa do que sob a constituição de Sólon; e se assim tiver sido, o efeito teria sido uma maior democratização, porque a classe de conselheiros teria sido ampliada.

---

fala da classificação dos arcontes de 487 em diante como sendo feita de πρόκριτοι ["candidatos pré-selecionados"] eleitos pelos *demoi*, e isso talvez sugira que a eleição desses outros oficiais nos *demoi*, diretamente ou de πρόκριτοι, pode remeter a Clístenes.

146 Aristóteles, *Constituição dos Atenienses* 62.3.

147 *UMA* 135–7.

148 Sabe-se agora que já existia por volta da década de 480, para homens especialmente escolhidos para supervisionar um festival de Héracles: ver *IG* I³ 3, linhas 8–10. Para o atual Conselho de Atenas, não pode ser provado antes da época de Xenofonte: ver *Memoráveis* I ii 35; também Demóstenes XXII, Hipótese i. Cfr. Aristóteles, *Constituição dos Atenienses* 4.3; 30.2; 31.1. Mas o fato de que uma idade mínima de 30 anos foi prescrita por Atenas para o conselho de Eritre em 453/2 (veja a próxima nota) sugere fortemente, mesmo que não prove, que a regra já estava em vigor em Atenas. Na época de Aristóteles, e muito provavelmente desde o início, havia um limite mínimo de idade de 30 anos para os dicastas: ver Aristóteles, *Constituição dos Atenienses* 63.3; Pólux VIII 122.

149 Ver M/L40 = Fornara 71 (*IG* I³ 14), linhas 8–12.

(c) Sorteio de conselheiros. Não se pode provar que os conselheiros eram escolhidos por sorteio já na época de Clístenes; mas não há nenhuma indicação em nenhuma fonte de que a classificação foi introduzida em uma data posterior. Apenas vinte anos após as reformas de Clístenes, os arcontes estavam sendo escolhidos por sorteio,[150] e em 453/2 Atenas ordenava o sorteio dos conselheiros em Eritre,[151] certamente de acordo com seu próprio modelo. A seleção de conselheiros por sorteio desde a época de Clístenes, portanto, parece muito provável. Alguns escritores modernos[152] assumiram que isso era uma classificação ἐκ προκρίτων ["de candidatos pré-selecionados"], de um número maior de candidatos previamente eleitos pelos *demoi*; mas isso me parece improvável e certamente não há vestígios em nenhuma fonte de ter havido dois estágios, em qualquer momento, no processo de seleção de conselheiros, como há no de arcontes (Aristóteles, *Constituição dos Atenienses* 22.5, com 8.1). Eu suponho que a seleção era feita a partir daqueles que se ofereciam para servir; mas é claro que isso permanece incerto.

(d) Admissão de *Thetes*. Não se sabe ao certo se no final dos séculos V e IV os *Thetes* eram, em teoria, elegíveis para o Conselho. Não há evidências de que não fossem, e acho que geralmente se supõe que sim. Tal suposição pode estar certa;[153] mas se assim for, se eles se tornaram elegíveis por obra de Clístenes ou em uma data posterior permanece duvidoso. O fato de não termos ouvido falar de nenhuma admissão posterior dos *Thetes* deve ser tomado como evidência — embora não muito forte — a favor de terem sido qualificados, em teoria, desde o início. A admissão dos *Thetes* não teria parecido um

150 Ver pp. 292-307 abaixo.

151 Ver n. 132 acima.

152 e.g. Hignett, *HAC* 150, 227.

153 Jones, *AD* 105-6, supõe que os conselheiros "deveriam, como outros magistrados, ser pelo menos do censo *Zeugita*". Mas não conheço nenhuma evidência de que no final dos séculos V e IV os *Thetes* eram excluídos, mesmo em teoria, de qualquer magistratura, exceto para o cargo de arconte e o cargo de Tesoureiro de Atenas: a limitação de *todas* as magistraturas às três classes superiores é especificamente soloniana (Aristóteles, *Constituição dos Atenienses* 7.3), e não ouvimos nada sobre isso posteriormente.

passo tão radical na época de Clístenes quanto pode nos parecer à primeira vista, pois até que o pagamento de funções políticas fosse introduzido, muito poucos *Thetes* poderiam ter se oferecido para a eleição, muito menos comparecido regularmente, no caso improvável de serem eleitos; e pode ter parecido desnecessário fazer qualquer regra especial excluindo-os.

Às vezes, nega-se que o Conselho de Clístenes tivesse um sistema de pritanias desde o início e Kahrstedt[154] dataria sua introdução em 462/1. Há, no entanto, evidências — que parecem ter sido amplamente ignoradas — de que o sistema existia, pelo menos, já em 490;[155] e se for assim, certamente desde o início do Concelho clistênico[156] — e mesmo concebível sob o período de Sólon.

***

Desejo tratar brevemente da opinião popular, mas equivocada, de que Clístenes estava particularmente preocupado em emancipar um número substancial de novos cidadãos e que esse era, na verdade, um de seus principais objetivos.

A única autoridade para qualquer coisa como uma emancipação em larga escala é Aristóteles, *Política* III 2, 1275^{b}34-7: πολλοὺς ἐφυλέτευσε ξένους καὶ δούλους [μετοίκους], "Ele alistou nas tribos

154 BGRF 10–12; cf. *UMA* 88, 103–5. Seus argumentos me parecem sem força.

155 Plutarco, *Moralia* 628 e-f (= *Assuntos de Mesa* I X 3): ὅτι καὶ τὸ ψήφισμα, καθ' ὃ τοὺς Ἀθηναίους ἐξήγαγεν [τὸ Μαραθῶν] τῆς Αἰαντίδος φυλῆς πρυτανευούσης γραφείη ["que o decreto pelo qual ele liderou os atenienses (para Maratona) foi passado durante a pritania da tribo Eantide"]. Acho que Plutarco pode muito bem ter lido esse decreto em Crátero, conforme sugerido há um século por Lugebil (ver pp. 647-8 da obra citada na n. 21 na 296). A autenticidade do decreto (mencionado pela primeira vez em Demóstenes XIX 303; cf. Aristóteles, *Retórica* III 10, 1411^{a}10) foi aceita por alguns e negada por outros. Vou apenas apontar que o fato de Eantide ser a tribo da pritania na época é um dos quatro pontos levantados por Plutarco em *Assuntos de Mesa* I x sobre o papel daquela tribo em Maratona, e que os outros três pontos estão corretos (ver Macan, *Heródoto IV–VI* II 218–19). [Veja agora Rhodes, *AB* 17 n.4; Rhodes se inclina a atribuir o sistema de pritanias a Efialtes].

156 Aqui concordo com os escritores mais recentes, incluindo De Sanctis (*A*^{2} 444-5), Hignett (*HAC* 150 ss.), Larsen (*RGGRH* 9) e Meritt (*AFD* 153; *AY* 203 com n. 4).

muitos estrangeiros e escravos"[157] — o que eu veria, com Jacoby,[158] como um reflexo da propaganda antidemocrática posterior. Na única outra passagem da *Política* que menciona Clístenes, a saber, VI 4 1319^{b}19-27, não há referência a novos cidadãos. Na *Constituição dos Atenienses* a primeira (e única)[159] referência explícita à introdução de novos cidadãos aparece no final do relato das reformas de Clístenes: somos informados em 21.4 que Clístenes "tornou os habitantes de cada um dos *demoi* concidadãos (δημότας ... ἀλλήλων), de modo que eles não iriam, usando patronímicos, expor os novos cidadãos (τοὺς νεοπολίτας)". Essas passagens não fornecem nenhuma autoridade para a visão de que a intenção de estender o direito de voto foi a principal inspiração das reformas de Clístenes. Heródoto não tem nada a dizer sobre este assunto. Aqueles que dão mais peso do que eu ao que Heródoto diz sobre Clístenes[160] podem achar seu silêncio, sobre esse ponto, decisivo.

A noção de que Aristóteles o considerava como uma parte importante do propósito de Clístenes, de aumentar substancialmente o círculo de cidadãos, parece derivar inteiramente[161] de um mal-entendido em *Constituição dos Atenienses* 20.1, trecho em que Clístenes é descrito como ἀποδιδοὺς τῷ πλήθει τὴν πολιτείαν ["entregando a *politeia* às massas"], e 21.2, ὅπως μετάσχωσι πλείους τῆς πολιτείας

157 A única alternativa para colocar μετοίκους entre colchetes — aceita, por exemplo, por Wüst, em *Historia* 6 (1957) 176 ss., na p. 186 — é assumir que a ordem das palavras foi alterada e ler ξένους μετοίκους καὶ δούλους. Outras modificações do texto que foram sugeridas (ver, por exemplo, Weil, *AH* 258) me parecem impossíveis.

158 Jac., i 159; ii 143. Cf. pp. 205-208 acima e ver abaixo. [Uma Nota de fim atacando o tratamento de J.H.Oliver desta passagem em *Historia* 9 (1960) 503–507 foi abolida: Oliver não encontrou seguidores].

159 A explicação que adoto da origem da expressão μὴ φυλοκρινεῖν, dada no final de *Constituição dos Atenienses* 21.2, envolve os novos cidadãos: ver Nota de fim iv (p. 241 abaixo).

160 Cf. seção (i) deste ensaio.

161 Certamente ninguém desejará tratar as palavras βουλόμενος αὐξῆσαι τὴν δημοκρατίαν em Aristóteles, *Política* VI 4, 1319^{b}21-2, como indicando um desejo da parte de Clístenes de aumentar o número de cidadãos: elas só podem significar "aumentar a força da democracia", e em todas as traduções que examinei elas são consideradas dessa forma.

[“para que mais pessoas participem da *politeia*”]. O erro está em tomar a palavra *politeia* nestas passagens como *civitas* (cidadania) e não *respublica* (no sentido de ter participação no controle e administração do Estado).[162] Em ambos os casos, a tradução por “*civitas*” torna absurda a afirmação de Aristóteles. Na primeira passagem (20.1), isso é bastante óbvio, pois ninguém poderia ter dito que τὸ πλῆθος [“as massas”] careciam da *cidadania* e a receberam de Clístenes. No segundo (21.2), toda a cláusula começando com ὅπως [“para que...”] depende de συνένειμε πάντας εἰς δέκα φυλὰς ἀντὶ τῶν τεττάρων, ἀναμεῖξαι βουλόμενος, e é evidente que “dividi-los todos em dez tribos em vez de quatro *com o objetivo de misturá-los*” não sustentará tal explicação, a de que “para que mais pessoas compartilhem da *cidadania*”. O significado é claro, “para que mais pessoas tomassem parte (efetiva) nos assuntos de Estado” — porque os poucos agora seriam menos claramente distinguidos dos muitos e, assim, teriam menos chance de exercer o tipo de controle que ocorre naturalmente com uma posição privilegiada no Estado. É extraordinário que vários estudiosos tenham se recusado a reconhecer o significado claro desta passagem.[163]

Não vejo outro motivo para acreditar que a extensão da cidadania estava entre os principais objetivos de Clístenes. Como já mostrei,[164] é muito provável que um dos resultados da nova constituição tenha sido a admissão à cidadania pelos *demoi* de muitos recém-chegados, que conseguiram se matricular em fratrias durante a tirania, mas foram eliminados dos registros das fratrias a partir da queda de Hípias, ou mesmo nunca tiveram os direitos de cidadãos plenamente. Esses homens devem ter sido tecnicamente estrangeiros (ξένοι), e alguns podem até ter sido descendentes de escravos — pode ser que exista essa pequena porção de verdade em Aristóteles, *Política* III 2,

162 Ver Wade-Gery, *EGH* 147–9; cf. Wüst, *op. cit.* (na n. 157 acima), nas pp. 184-5. Outros exemplos claros do uso de πολιτεία na *Constituição dos Atenienses* para significar “controle do Estado” estão em 5.1; 15.3; 29.1, 3; 34.1; 41.1; cf. 9.1 (*fin.*).

163 Mais recentemente, Day & Chambers, *AHAD* 111–12, e a tradução da *Constituição dos Atenienses* por von Fritz & Kapp, *ACA* 90 e 162–3 n. 47.

164 pp. 205-208 acima.

1275^b34-7, citado acima. O *resultado* das reformas teria sido (penso eu) previsto e aceito como altamente desejável por Clístenes, mas não há razão alguma para pensar que era seu *maior objetivo*: as reformas podem ser explicadas satisfatoriamente sem qualquer ênfase especial sobre esta consequência incidental, embora importante.

Mesmo que o próprio Clístenes e outros políticos progressistas fossem perspicazes o suficiente para perceber as vantagens que poderiam resultar para Atenas a partir de um aumento no número de cidadãos, é provável que a maior parte dos atenienses de 508 compartilhasse suas opiniões esclarecidas? Devemos lembrar que *apenas os cidadãos existentes* teriam o direito de votar nas propostas de alteração da constituição. Como Clístenes conseguiu persuadi-los? Foi recentemente sugerido[165] que nesta "situação revolucionária ..., quer os *neopolitai* tivessem ou não o direito legal de votar, nada os impedia de carregar porretes e ficar de pé em volta ou mesmo na Pnyx para gritar 'Todo o poder para as dez tribos' ". Isso pode muito bem ser verdade — mas certamente não seria, parece-me, se a emancipação fosse uma questão *principal*. Ninguém vai fingir que aqueles que agora não tinham o direito de voto eram numerosos e poderosos o suficiente para impor sua vontade aos que permaneceram cidadãos: era a voz dos cidadãos existentes que seria decisiva e, de minha parte, eu pensaria que a ação violenta dos desprovidos de direitos e de outros seria um ato menos provável de abonar a constituição de Clístenes aos eleitores existentes. Se houve uma "situação revolucionária" mesmo antes da intervenção de Cleômenes, ela terá sido criada pelo fato de que o principal magistrado (apoiado, sem dúvida, por outros cidadãos importantes) estava em posição de bloquear as reformas *desejadas pela grande maioria dos cidadãos existentes*, recusando-se a submetê-las a votação ou de alguma outra forma. Se colocarmos a questão dos *neopolitai* em sua verdadeira perspectiva, como uma importante questão individual, mas que dificilmente ocupava o centro do quadro, não há razão para que os *neopolitai* não devam ter se juntado ao corpo principal de cidadãos em algumas

165 Por Lewis, CA 38.

manifestações que podem ter ocorrido para pressionar um arconte hostil. Eles certamente podem ser vistos como potenciais apoiadores de Clístenes sob o novo regime, uma vez estabelecido — algo que Clístenes dificilmente teria deixado de perceber.

O fato de Clístenes ter admitido pela primeira vez a plena cidadania de homens que não possuíam terras[166] é uma teoria que me parece extremamente improvável. Como alternativa, supõe-se[167] que os sem-terra foram admitidos pela primeira vez por Sólon. Na verdade, não há evidência de que o exercício de plenos direitos políticos em Atenas sempre dependeu da propriedade da terra, e é melhor abster-se de especular sobre o assunto.[168] Somente os cidadãos, é claro, podiam possuir terras na Ática, ao menos em tempos históricos, mas não há vestígio de qualquer limitação dos direitos políticos de cidadania aos proprietários de terras.[169] Como ficará claro, e pelo que eu disse em um ensaio anterior neste livro,[170] não vejo razão para acreditar que Clístenes alterou as qualificações das classes do censo soloniano.

***

Não disse nada aqui sobre o papel desempenhado nas reformas clistênicas pelas palavras de ordem Isonomia[171] e Isegoria.[172] Se todo

166 Hignett, *HAC* 143.

167 Por exemplo por Busolt, *GG* II² 273 n. 1; Kahrstedt, *SSA* 59.

168 Embora o contrário seja afirmado com frequência (por exemplo, recentemente por Ehrenberg, *GS* 40), não creio que se possa supor com confiança que as cidades gregas nos tempos primevos, com exceção das colônias, normalmente exigissem a propriedade da terra como condição de cidadania plena. Cf. Last, *op. cit.* (na n. 20 acima) 20-2, resumindo e fortalecendo a demolição, por Fraccaro, da teoria de Mommsen, de que as tribos "servianas" em Roma originalmente continham apenas proprietários de terras.

169 Uma proposta nesse sentido, feita por Formísio, após a restauração da democracia em 403 foi derrotada: ver Dionísio de Halicarnasso, *Sobre Lísias* XXXIV.

170 pp. 91-96 acima.

171 [Uma nota de rodapé refere-se a uma nota longa que nunca foi escrita ou foi perdida].

172 Ver G.T.Griffith, "Isegoria in the Assembly at Athens", em *ASI* (Ehrenberg) 115–30.

cidadão que desejasse falar na Assembleia tinha agora permissão para fazê-lo,[173] e se provisões agora eram feitas para reuniões mais frequentes da Assembleia do que havia sido a regra sob a constituição de Sólon e durante a tirania,[174] e quem presidia a Assembleia e Conselho,[175] são questões sobre as quais não podemos fazer mais do que suposições e propor o que nos parecem ser as "probabilidades" deste ou daquele lado.

Como resultado das reformas políticas de Clístenes, δημοτικωτέρα πολὺ τῆς Σόλωνος ἐγένετο ἡ πολιτεία ["a constituição tornou-se muito mais democrática do que a de Sólon"] (Aristóteles, *Constituição dos Atenienses* 22.1).[176] Não aconteceram apenas mudanças econômicas e sociais consideráveis durante a segunda metade do século VI, que ajudaram a democracia a começar o seu amadurecimento e crescimento: o próprio fato de que a nova constituição de Clístenes era muito boa, e não — como muitas constituições gregas parecem ter sido — um freio no desenvolvimento posterior, também foi um fator essencial. A constituição de Clístenes *funcionou* e provou ser capaz de uma democratização ainda maior à medida que seções cada vez mais amplas da população cidadã se tornaram capazes de exercer atividades políticas. Para muitos dos cidadãos mais pobres, a concessão de um pagamento para funções políticas tornava realidade alguns direitos que Clístenes sem dúvida teria ficado surpreso ao descobrir que eles realmente exerciam. E nunca devemos esquecer que o cidadão comum agora tinha oportunidades para atividades de natureza amplamente política não apenas nos órgãos supremos do Estado, mas também dentro de sua tribo e — mais especialmente — de seu *demos*. Como disse Hopper,[177] "Um homem que conhecesse os assuntos de seu próprio *demos* não se

173 *Ibid.* 123 e segs.

174 *Ibid.* 124, com 136 n. 43.

175 *Ibid.* 123, com 136 n. 42.

176 Ver n. 16 na p. 195 acima.

177 Hopper, *BAD* 17. pp. 14-17 deste trabalho fornecem uma breve descrição admirável do escopo dessas atividades dos *demoi* e das tribos, que podem ter significado muito mais para o ateniense menos exaltado do que a maioria dos estudiosos percebeu.

perderia nos assuntos do Estado. Acima de tudo, um homem deve conhecer seus semelhantes".

NOTAS FINAIS

i (da p. 190 n. 10). Heródoto V 69.2, δέκα ou δέκαχα

Se lermos δέκα ["dez"] em Heródoto V 69.2, com os MSS, a interpretação óbvia é que Clístenes (na opinião de Heródoto) criou 100 *demoi*, dez para cada tribo; mas o grego é bastante desajeitado e os estudiosos há muito duvidaram (ver, por exemplo, Grote, *HG* III 351-2; cf. Busolt, *GG* II² 405 n.3) se Heródoto pretendia dizer algo tão impreciso. Então, em 1889, Lolling sugeriu a emenda δέκαχα ["em dez grupos"], que a maioria das pessoas agora aceita — há um bom testemunho epigráfico para seu uso no sentido exigido: ver e.g. M/L 94 = Fornara 166. 33–4. Em 1926, entretanto, Busolt-Swoboda, *GS* II 873, ainda queria ler δέκα e até mesmo supor que Clístenes realmente criou 100 *demoi*; e em 1954 Jacoby ainda poderia preferir δέκα (i 66, acrescentando que a passagem "só pode significar que a autoridade de Heródoto deu a ele o total de 100 *demoi*") e falar dos "100 (?) *demoi* originais" (*Id.* 313). O fato, enfatizado a esse respeito por Lewis (CA 30), de que Eantide parece nunca ter tido mais de seis *demoi* é decisivo, para mim, contra a ideia de ter havido originalmente 100 *demoi*. "É de fato teoricamente possível", como diz Lewis, que a divisão tenha aumentado o número de *demoi*, mas a posição inversa teria que se aplicar a Eantide — e acho difícil de acreditar em qualquer reorganização desse tipo. Sobre a questão subsidiária, se Heródoto escreveu δέκα ou δέκαχα, considero uma questão aberta.

ii (da p. 219 n. 105). Thompson contra Eliot

É uma pena que Thompson exagere o caso que está atacando, consistentemente falando como se atribuísse a Clístenes um desejo por tribos estritamente "iguais"; ele até diz: "Seria surpreendente se Clístenes encontrasse uma maneira de tornar a representação *exatamente* proporcional à população" (grifo meu). Eliot, ao contrário, deixa bem claro que está pensando apenas na igualdade *aproximada* (*CDA* 141, duas vezes), e diz com todas as letras que "Clístenes certamente não esperava criar dez *phylai* exatamente iguais" (*CDA* 143 n. 12). No entanto, no final, o próprio Thompson (TTAH 408), com as palavras "Se Clístenes estivesse buscando *apenas um grau razoável de igualdade*, ele poderia alcançá-lo usando o sorteio" (grifo meu), parece abandonar sua própria posição extrema por uma posição mais sensata, e pode ser considerado como discordando de Eliot essencialmente na questão factual, se "um grau razoável de igualdade" poderia ou não ser alcançado pela alocação de trítias por sorteio. A questão não me parece suscetível de decisão no estado atual das evidências.

iii (da p. 225 n. 125). Jeffery sobre Cirene

L.H.Jeffery, em *Historia* 10 (1961), pp. 142-4, faz a interessante sugestão de que as três μοῖραι ["divisões"] de Heródoto IV 161.3 (referindo-se à constituição estabelecida por Demônax em Cirene, por volta de meados do século VI) podem ter sido não as três tribos propriamente ditas, mas unidades das quais uma existia dentro de cada uma das tribos. Nesse caso, como ela diz, "Demônax seguiu o princípio adotado mais tarde por Clístenes, de fazer de cada tribo uma seção transversal da população total; mas suas três seções básicas eram sociais, enquanto as de Clístenes eram geográficas". Sua sugestão ganharia plausibilidade se a oração καὶ Κυρήνην οἱ τὸν δῆμον καθιστάντες ["e aqueles que estabeleceram a democracia em Cirene"] em Aristóteles, *Política* VI 4, 1319^{b}21-3 (onde Cirene está entre parênteses com Atenas), pudesse ser entendida como referindo-se a Demônax e não, como comumente se supõe, a uma reforma democrática posterior em Cirene, pois satisfaria perfeitamente o requisito καὶ πάντα σοφιστέον ὅπως ἂν ὅτι μάλιστα ἀναμειχθῶσι πάντες ἀλλήλοις ["e tudo o que for possível deve ser planejado para que todos possam se misturar o máximo possível"]. Não acho que as palavras de Heródoto possam suportar facilmente a interpretação de Jeffery. Mas se ela estiver certa, haveria um paralelo interessante entre as reformas de Demônax e as de Clístenes.

iv (da p. 234 n. 159). "μὴ φυλοκρινεῖν" (*Constituição dos Atenienses* 21.2)

Aristóteles continua sua afirmação de que Clístenes "dividiu todos eles em dez tribos, com o objetivo de misturá-los, para que mais pessoas pudessem tomar parte (efetiva) na política", com as palavras ὅθεν ἐλέχθη καὶ τὸ μὴ φυλοκρινεῖν πρὸς τοὺς ἐξετάζειν τὰ γένη βουλομένους. Eu traduziria, "disso veio também a frase de efeito, 'nenhuma investigação sobre as tribos', em resposta àqueles que queriam investigar a descendência das pessoas"; mas outras interpretações foram oferecidas para essa frase curiosa.

Primeiro, temos que decidir o que Aristóteles *quis dizer*. Só então podemos lidar com a questão adicional de saber se sua explicação sobre a origem da frase μὴ φυλοκρινεῖν é provavelmente *verdadeira*.

A única peça de evidência externa que tem algum valor é uma passagem em um discurso de Alcibíades, em Tucídides (VI 18.2), quando Alcibíades, presume-se, respondendo a uma referência anterior de Nícias à origem não helênica dos Egesteanos (τῶν ... Ἐγεσταίων ... ἀνδρῶν βαρβάρων: 11.7), lamenta εἰ ... φυλοκρινοῖεν οἷς χρεὼν βοηθεῖν. Isso nos dá uma conclusão firme: pelo menos no final do século V, o elemento φυλ- em φυλοκρινεῖν claramente não era interpretado no sentido técnico limitado de φυλή, uma tribo. Crawley traduziu φυλοκρινοῖεν aqui como "ser exigente"; mas isso talvez amplie e enfraqueça indevidamente o termo, pois a palavra ainda poderia transmitir pelo menos alguma noção de "descendência", e algo como "investigar a ancestralidade" é certamente melhor. A expressão também ocorre em outras fontes, convenientemente listadas por Sandys, *ACA*[2] 83 n.; mas nenhuma delas é esclarecedora.

1. *O significado em Aristóteles.* Não me parece haver dúvida de que Aristóteles está relatando o que ele pensa (com ou sem razão) ser a *origem* de um bordão, uma expressão quase proverbial usada posteriormente (como no discurso de Alcibíades) em um sentido mais amplo. Existem dois ou três problemas aqui: (a) γένη deve ser tomada (como eu acredito) no sentido geral de "descendência" ou "ancestralidade", ou tem o significado técnico limitado de "clãs", de

modo que μὴ φυλοκρινεῖν é uma resposta para algumas pessoas espiando membros do clã? (b) O elemento φυλ- no sentido original de φυλοκρινεῖν tinha (como eu acredito) o sentido técnico de "tribo", ou essa palavra foi usada desde o início no sentido mais amplo de "descendência" ou "ancestralidade", que certamente suportou no final do século V? E se esta questão for respondida da maneira que estou defendendo, então surge uma terceira questão: (c) Quais eram as tribos em questão — as antigas tribos "jônicas" ou as novas clistênicas ou ambas os conjuntos? Vou responder a essas perguntas.

(a) Espionar membros do clã é uma atividade bastante concebível para algumas pessoas pretensiosas nos anos seguintes às reformas de Clístenes. Mas alguém dificilmente responderia a tal sondagem com a palavra φυλοκρινεῖν, que dificilmente poderia se referir a outra coisa além de membros de tribos ou descendência em um sentido muito geral — certamente não membros de clãs? Um segundo argumento contra tomar γένη no sentido estrito de "clãs" é fornecido pelo contexto da observação de Aristóteles: ele acabou de falar das novas *tribos*, e aquela parte da frase em que estamos interessados continua imediatamente com ὅθεν — é *daí* que se originou a frase μὴ φυλοκρινεῖν. Devemos, portanto, dar a γένη o sentido geral de "descendência" ou "ancestralidade" em que Aristóteles às vezes o usa na *Constituição dos Atenienses* e em outros lugares: ver e.g. *Constituição dos Atenienses* 1 e 16.10; *Política* III 1276ª35. (Posso acrescentar que Day e Chambers, *AHAD* 113-14, devem estar errados ao assumir a implicação de que "depois de Clístenes pode-se dizer 'não pergunte sobre clãs: pertencer a um *demos* é a coisa importante agora'", pois os *demoi* ainda não foram sequer mencionados: eles aparecem apenas em 21.4. Eles também acreditam que o objetivo da questão é expor o νεοπολίτης ["novo cidadão"]; mas isso também não serve, pois os νεοπολῖται também não são mencionados até 21.4).

(b) O fato já mencionado, de que Aristóteles não apenas faz sua declaração sobre μὴ φυλοκρινεῖν imediatamente após sua declaração sobre a criação das novas tribos — mas, na verdade, representa essa inovação e suas consequências (a mistura dos cidadãos, para que mais pessoas pudessem tomar parte efetiva na política) como a *fonte* (ὅθεν) da expressão — parece-me conclusiva em favor da suposição de que, na mente de Aristóteles, φυλοκρινεῖν de fato se referia originalmente às tribos, ao invés da descendência em um sentido geral. E há outro argumento. Bem antes da época de Aristóteles, a expressão certamente tinha um significado muito mais amplo. Não vejo sentido para ele fornecer a *origem* da expressão da maneira que faz, a menos que exista uma referência *específica* à situação pós-Clístenes e só mais tarde tenha sido ampliada, de modo a se tornar uma espécie de frase de efeito para ser usada em várias situações. Aristóteles conhecia o bordão e imaginava, com certa razão, que ele deve ter sido usado antes de tudo para desencorajar distinções em termos de φυλαί, no sentido estrito de "tribos", antes de se estender, como uma expressão proverbial, até cobrir qualquer situação em que distinções indesejáveis estivessem sendo feitas, em razão da descendência de alguns cidadãos, ou mesmo (como mostra o discurso de Alcibíades) entre um estado e outro.

(c) A que tribos, então, φυλοκρινεῖν originalmente se referia? Não as novas tribos clistênicas, pois elas estavam desde o início em pé de igualdade e ninguém gostaria de fazer distinções entre elas. Mas as tribos clistênicas, embora fossem as únicas que contavam em algum sentido político, não eram as únicas φυλαί atenienses: as quatro tribos "jônicas" ainda sobreviviam — seus φυλοβασιλεῖς ["reis das tribos"] retinham certas funções (ver Aristóteles, *Constituição dos Atenienses* 8.3; 41.2; 57.4; com outras passagens citadas por Sandys, *ACA*², *ad loc.*), e os sacrifícios foram oferecido cem anos depois por pelo menos um deles, Geleonte, e por uma de suas trítias constituintes, Leucotênios: ver *Hesp.* 4 (1935) 21, n. 2, linhas 30-59. O ponto essencial aqui, acredito, é que apenas pessoas superiores, que poderiam aspirar a ser φυλοβασιλεῖς das tribos "jônicas" ou sacerdotes de seus cultos, teriam qualquer razão para manter viva sua participação nessas tribos.

A meu ver, a situação concebida por Aristóteles é esta. Se você é um cidadão ateniense e alguma pessoa esnobe que gosta de descobrir a descendência das pessoas lhe diz: "Você é um Geleonte ou o quê?, se responderia, μὴ φυλοκρίνει, "nenhuma investigação sobre tribos", pois sob a constituição de Clístenes as únicas tribos que importam são todas iguais, e não vale a pena fazer distinções com base tribal. Com o tempo, a expressão passa a ser usada de forma mais livre até equivaler a "não fazer distinções por descendência".

2. *Aristóteles está certo?* Não vejo como podemos afirmar se a explicação de Aristóteles é verdadeira. Certamente não há nenhum argumento forte contra isso, mas não sabemos que autoridade ele tinha para isso. Foi-me sugerido que usar o termo φυλοκρινεῖν não é de forma alguma uma maneira natural de desencorajar o estabelecimento de distinções entre *dois tipos diferentes de tribo.* A isso só posso responder que "não faça distinções de nenhum tipo entre as tribos" me parece bastante natural na situação que estamos discutindo: não é uma resposta muito *específica*, certamente, mas inclui o ponto essencial.

Se o νεοπολίτης não estivesse inscrito em uma das antigas tribos (e certamente não estaria), então, nos anos imediatamente seguintes a 507, não pertencer a uma das antigas tribos o distinguiria dos outros cidadãos. (A maioria, senão todos os novos cidadãos também seriam inscritos em fratrias, e os membros existentes de cada fratria saberiam que todos eles pertenciam a uma única das antigas tribos e que o recém-chegado não pertencia). Mais tarde, como alguns dos descendentes (os mais aristocráticos) daqueles que já eram cidadãos pré-Clístenes estavam inscritos nas antigas tribos e outros não, a prática de τὸ φυλοκρινεῖν teria resultado na distinção de uma pequena minoria dos antigos cidadãos *das classes altas*. Em ambos os períodos, acho que a resposta teria sido apropriada o suficiente.

Não vejo como podemos ter certeza de que μὴ φυλοκρινεῖν não foi usado *desde o início* no sentido mais amplo em que o encontramos no final do século V, significando "não investigar a ancestralidade". Mas acho que devemos dar a Aristóteles o benefício da dúvida. Será que ele não poderia ter conhecido um texto anterior, que não sobreviveu até nós, no qual φυλοκρινεῖν foi usado da maneira que ele descreve?

É claro que ignorei qualquer interpretação que dependa da tradução de πολιτεία em *Constituição dos Atenienses* 21.2 como "cidadania" (e não "controle do Estado"), porque tal tradução me parece absolutamente inadmissível: ver p. 234ss acima.

POSFÁCIO DOS ORGANIZADORES

Seção (i). Sobre a reputação de Clístenes, ver Hansen. As maneiras pelas quais Clístenes *poderia* ter aprovado um projeto de reforma secretamente partidário na assembleia são indicadas por Andrewes. Ste.Croix parece assumir uma curta cronologia em que o sistema de Clístenes estava pronto para ser votado em 508/7. O argumento de uma cronologia que estenda o processo ao longo de vários anos é reafirmado por Badian.

Seção (ii). Desde 1966, foram publicados muitos estudos entusiasmados sobre o sistema que Clístenes criou. As obras citadas por Ste. Cruz na p. 195 n. 19 sobre a atribuição de *demoi* a trítias e tribos são agora substituídas pelos dois estudos de Traill. No entanto, deve-se enfatizar que tal atribuição continua sendo uma ciência muito inexata, e um esquema recente publicado por um estudioso cuidadoso difere da versão mais recente de Traill "em cerca de vinte lugares" (Stanton, "Trittyes", 205 n. 163); os mapas nos dois livros de Traill também são significativamente diferentes. Por esta razão, não tentaremos encobrir essas pequenas passagens do texto de Ste.Croix (particularmente as notas 53 e 75) nas quais ele se envolve em detalhes com questões de localização de *demoi* e atribuição de trítias: uma sugestão de cautela e as indicações bibliográficas gerais que acabamos de dar devem ser suficientes. Em vários pontos Ste.Croix retoma do debate acadêmico de seu tempo a linguagem dos *demoi* e trítias "contíguos" e "não contíguos". Isso agora deve ser lido com a qualificação introduzida por Thompson e aceita (como sabemos por conversas particulares) por Ste.Croix: os *demoi* eram comunidades humanas, não extensões de território marcadas no chão ou em um mapa e a "contiguidade" não deve ser interpretada em termos geográficos restritos. A distinção de Ste.Croix entre trítias que são "contíguas em alguma distância" e "em um único ponto" não é necessariamente significativa, se, por exemplo, o ponto de contato naquele único ponto for um canal de comunicação, uma estrada (veja abaixo sobre as "trítias viárias").

Uma razão pela qual as opiniões sobre a atribuição de trítias não convergem a um acordo é a hipótese controversa de que a distribuição de *demoi* entre trítias em muitas tribos não foi determinada prioritariamente pela geografia, mas por uma preocupação em garantir que o total de conselheiros fornecidos por cada trítia fosse 16 ou 17 (já que 17 + 17 + 16 = 50, o total da tribo). Para um relato do surgimento dessa hipótese e uma crítica, ver Stanton, "Trittyes" (e mais brevemente em "Rural demes"). Ste.Croix sem dúvida a teria rejeitado vigorosamente; se aceita, no entanto, apoiaria sua tese geral de que a motivação de Clístenes não era partidária. Siewert adota a teoria das trítias equalizadas para fins administrativos e combina tal ideia com a sugestão de que o sistema visava a eficiência militar: as trítias eram organizadas de forma a permitir a convergência de contingentes de uma mesma tribo localizada na mesma rota, quando convocados para se reunir em Atenas. A explicação militar de Siewert para o fenômeno do que ele chama de "trítias viárias" (*Wegetrittys*) não foi aceita de forma generalizada: ver e.g. as resenhas de D.M.Lewis, *Gnomon* 55 (1983) 431–6; P.J.Rhodes, *JHS* 103 (1983) 203–4.

Dúvidas importantes foram levantadas, apoiando-se tanto em bases demográficas quanto arqueológicas, sobre se os arranjos entre tribo-*demos*-trítias, imperfeitamente conhecidos por nós desde o século IV, podem remontar em seus detalhes a Clístenes: ver Hansen, *AD* 46-9; Osborne, *MG* 302–3 (este último mencionando o importante caso do *demos* Atene, aparentemente quase desabitado em 508). Essas dúvidas evidentemente ajudam Ste.Croix ou pelo menos não prejudicam seus argumentos. Badian, 450, atribui todas as tentativas de voltar aos motivos de Clístenes, ao longo de um "século totalmente em branco", ao otimismo de Micawber.

Ste.Croix segue o uso de seu tempo ao falar dos grupos conhecidos como *genē* às vezes como "clãs", às vezes como famílias, e ao vê-los como sendo comparáveis em riqueza e poder ao que chamaríamos de "famílias importantes". Bourriot e Roussel argumentaram que *genē*, corporações religiosas, devem ser distinguidas de *oikoi*, casas ou famílias, e somente as últimas devem ser vistas como politicamente significativas; para um relato de seu trabalho inovador, veja Parker, *AR* 56–67. As estruturas religiosas e o poder político não estariam, então, na visão deles, tão entrelaçados de modo que Clístenes teria sido obrigado a atacar agrupamentos de cultos tradicionais a fim de minar o antigo estado aristocrático. Esta conclusão, se influencia em alguma coisa, apóia o argumento de Ste.Croix. Kearns argumenta fortemente em favor da visão de Ste.Croix de que Clístenes não estava preocupado em atacar as fratrias ou antigos agrupamentos religiosos, como a Tetrápolis Maratoniana (que de fato sobreviveu a ele).

Roussel, 269-89, aponta que Clístenes não substituiu um critério de residência para a cidadania por um de descendência, uma vez que a participação nos novos *demoi* (como o próprio Ste.Croix de fato enfatiza) era hereditária; mas seu tratamento é compatível, no espírito geral, com o de Ste.Croix. Rhodes, *AB* 209-10, tem uma visão muito mais minimalista das primeiras funções da *boule* clistênica do que Ste.Croix. O artigo de Stanton de 1984 possui um tratamento detalhado e bem-informado sobre Clístenes, incorporando a abordagem que Ste.Croix ataca; veja também seus "*demoi* rurais".

Heródoto (V 67.1) afirmou que Clístenes de Atenas modelou suas reformas nas de seu avô materno Clístenes de Sícion. A possível influência de um modelo diferente, as tribos de Corinto (estas também subdivididas), é discutida por Salmon.

Nota de fim I. A conclusão de que originalmente havia muito mais do que 100 *demoi* é agora geralmente aceita: veja Whitehead, *DA* 18–21, que adota um número de 139. A possibilidade de extrair o sentido exigido do texto transmitido de Heródoto, apelando para um sentido "distributivo" inexistente do número cardinal δέκα, prudentemente não é considerada por Ste.Croix.

Andrewes, A., 'Kleisthenes' Reform Bill', *CQ* 27 (1977) 241–8

Badian, E., 'Back to Kleisthenic Chronology', in *Polis and Politics. Studies... M.H.Hansen* (2000), 447–64

Bourriot, F., *Recherches sur la nature du génos* (1976)

Hansen, M. H., 'The 2500th Anniversary of Cleisthenes' Reforms and the Tradition of Athenian Democracy', in Osborne/Hornblower, *RFP* 25–38

Kearns, E., 'Change and Continuity in Religious Structures after Cleisthenes', in *Crux*, 189–207

Roussel, D., *Tribu et cité* (1976)

Salmon, J., 'Cleisthenes (of Athens) and Corinth', in P.Derow and R.Parker (eds.), *Herodotus and his World* (2003), 218–33

Siewert, P., *Die Trittyen Attikas und die Heeresreform des Kleisthenes* (1982)

Stanton, G. R., 'The Tribal Reform of Kleisthenes the Alkmeonid', *Chiron* 14 (1984) 1–41

_____, 'The Trittyes of Kleisthenes', *Chiron* 24 (1994), 161–207

_____, 'The Rural Demes and Athenian Politics', in W.D.E.Coulson and others, *The Archaeology of Athens and Attica under the Democracy* (1994), 217–24

Thompson, W. O, 'The Deme in Kleisthenes' Reforms', *Symbolae Osloenses* 44 (1970) 72–9

Traill, J. S., *The Political Organisation of Attica* (1975)

_____, *Demos and Trittys* (1986)

5
Clístenes II: ostracismo, arcontes e estrategos

(I) A LEI DO OSTRACISMO: DATA E PROPÓSITO

Já foi dito que "certamente não existe nenhum recurso do estadista antigo que pareça mais curioso ao leitor moderno do que o ostracismo".[1] À primeira vista, o ostracismo é realmente intrigante. Muitos estudiosos modernos o estigmatizaram como injusto, ineficiente e prejudicial ao Estado, e deram um veredito severo sobre os atenienses por inventá-lo. O ostracismo certamente era passível de abuso — como os próprios atenienses perceberam, já que, depois de usá-lo em intervalos irregulares por cerca de setenta anos, nunca mais recorreram a ele, até onde sabemos, durante a maior parte do outro século durante o qual permaneceu, por assim dizer, no livro de estatutos.[2] Vou sugerir que em várias ocasiões o ostracismo cumpriu admiravelmente, de acordo com as ideias gregas, o propósito exato para o qual acredito que ele foi originalmente concebido, que esse propósito, novamente de acordo com as ideias gregas, era razoável e sensato, e que a maioria dos historiadores modernos, interpretando erroneamente o propósito de tal instituição, deixou de levar em consideração seus méritos. Grote,[3] como tantas vezes, chegou muito perto da verdade, mas talvez não tenha defendido seu ponto de vista tão clara e eloquentemente quanto poderia ter feito e deve-se levar em conta ele que escreveu antes da descoberta do único papiro sobrevivente da *Constituição dos Atenienses* de Aristóte-

1 E.M.Walker, em *CAH* IV 151.

2 Aristóteles, *Constituição dos atenienses* 43.5, mostra que uma *ostracophoria* ainda poderia, em tese, ser mantida até os últimos dias da democracia.

3 *HG* III 368–80, cap. xxxi. Cf. também Sandys, *ACA*² 89 n.; F.Susemihl e R.D.Hicks, *The Politics of Aristotle* (1894), 415 n.

les, um fato que pode explicar, em parte, o fracasso de autores posteriores em considerar seus argumentos com seriedade suficiente. Não vou fingir que, se todos os argumentos a favor e contra o ostracismo forem pesados, mesmo que da forma que eles pudessem ter parecido para os antigos gregos, a instituição como um todo merece ser elogiada – como eu disse, ela poderia facilmente ser usada com abusos. Mas há muito mais a ser dito em sua defesa do que geralmente se percebe.

***

O objetivo da lei do ostracismo e a data de sua introdução são problemas intimamente relacionados e devem ser considerados em conjunto. Comecemos com a questão da data.

Até recentemente, a grande maioria dos historiadores, ignorando com razão algumas teorias absurdas encontradas em fontes tardias,[4] contentava-se em aceitar a atribuição da lei do ostracismo a Clístenes, como encontramos em Aristóteles, *Constituição dos Atenienses* 22.1, 3-4, apoiado talvez por Filocoro, *FGrH* III B 328 F 30,[5] e certamente pelo questionável Eliano, *Histórias Variadas* XIII 24, que, no entanto, contradiz Aristóteles ao fazer de Clístenes a primeira

4 Estes atribuem a introdução do ostracismo aos seguintes: (a) Teseu. Para as fontes em questão, ver esp. Jac. ii 116 n. 26; Raubitschek, TO 78 n. 3. Que Teofrasto foi o responsável por esta teoria foi geralmente aceito até Jac. i 311–12; ii 116 n. 26.; Raubitschek, TO 78 n. 3, sustentou que aqui a palavra ὀστρακίζω ["ostracizar"] é "evidentemente usada metaforicamente", mas isso não pode ser provado e não me parece nada evidente. (b) Um desconhecido (a não ser por esse passo) Aquiles, filho de Líson (Ptolomeu Queno, *ap.* Fócio, P. 152 [Bekker]: ver Carcopino, *OA*[2] 10 n. 2). (c) Hiparco, mas apenas em um trecho obviamente corrupto de Heraclides Lembo, Περὶ πολιτειῶν I 6–7 (ver Carcopino, *OA*[2] 7–10). O texto é emendado em *FHG* II 209. Sobre Heraclides Lembo, ver H.Bloch, "Herakleides Lembos and his Epitome of Aristotle's Politeiai", em *TAPA* 71 (1940) 27–39.

5 Sinto-me incapaz de tratar como evidência confiável que Filocoro realmente escreveu a parte final do que Jacoby imprime como seu F 30: ἀρξάμενον [sc. τὸ ἔθος] νομοθετήσαντος Κλεισθένους, ὅτε τοὺς τυράννους κατέλυσεν, ὅπως συνεκβάλοι καὶ τοὺς φίλους αὐτῶν ["(o costume) que começou com a aprovação de uma lei por Clístenes, quando ele derrubou os tiranos, para que também pudesse expulsar seus associados"]. Esta certamente não é uma citação direta de Filocoro e pode não vir dele de forma alguma.

vítima de sua própria lei.[6] Diodoro (XI 55.1) — que geralmente (e eu acho que com razão) se supõe representar Éforo,[7] mas Raubitschek[8] acredita que deve remeter em última instância a Teofrasto — fala do ostracismo como sendo introduzido μετὰ τὴν κατάλυσιν τῶν τυράννων τῶν περὶ Πεισίστρατον ["após a derrubada dos tiranos Pisistrátidas"], e isso (no que tem de valor) é mais comumente considerado como uma referência à última década do sexto século.

Beloch,[9] no entanto, e vários outros estudiosos desde sua época (incluindo De Sanctis, Kahrstedt, Lenschau, Hans Schaefer, Hammond, Hignett, Raubitschek e Werner)[10] preferiram seguir o que supuseram ser a visão de Androcião, *FGrH* III B 324 F 6, de que a lei foi aprovada na época do primeiro ostracismo registrado, o de Hiparco, filho de Quarmo, que sabemos por Aristóteles (*Constituição dos Atenienses* 22.3) ter sido condenado ao ostracismo em 488/7, ou seja, na primavera de 487. Jacoby, adotando a mesma interpretação do fragmento de Androcião e acreditando que Aristóteles estava deliberadamente corrigindo Androcião, chegou à conclusão de que "nossa tradição não permite tomar uma decisão final entre as datas de Androcião e Aristóteles";[11] mas os argumentos que ele apresenta em favor do que ele supõe ter sido a visão de Androcião são principalmente negativos e muito fracos.[12]

6 Acho que podemos desconsiderar com segurança essa ideia, apesar da surpreendente tendência de Jacoby de pensar que pode haver algo obscuro na passagem (ver Jac. i 124).

7 Ver e.g. Jac. i 120, 315, 317, ii 115 n. 10; R.Werner, "Die Quellen zur Einführung des *Ostrakismos*", em *Athenaeum* n.s. 36 (1958) 48–89; F.Schachermeyr, em *Klio* 25 (1932) 334-47.

8 TO, esp. 93–96.

9 *GG* I² ii 332–3.

10 Os quatro primeiros são citados por Jac., ii 116 n. 29. Ver também Hammond, *HG* 221; Hignett, *HAC* 130, 159–64, 185–6; Raubitschek, OO, TO etc.; Werner, *op. cit.* (na n. 7 acima), esp. 88.

11 Jac. i 124.

12 A única positiva é que "as leis sobre o ostracismo em 488/7 a.C. e sobre a nomeação dos arcontes por sorteio em 487/6 a.C. nascem da mesma atitude democrática e são bastante críveis para os primeiros anos da década de oitenta". De acordo com Jacoby (ii 117 n. 38, enfatizando "a conexão entre as duas leis"), esse argumento é "talvez o mais conclusivo". Mostrarei mais adiante neste ensaio que não havia

Acredito que podemos atribuir sem hesitação a introdução do ostracismo a Clístenes. Quando levarmos em conta o propósito da lei, a ser discutido mais tarde, encontraremos fortes evidências circunstanciais em favor de uma data clistênica. Mas o ponto essencial é que não existe nenhuma boa autoridade para outra datação. A afirmação de Hammond[13] de que uma datação em 488 "baseia-se em uma autoridade mais forte" é precisamente o contrário da verdade. Como devo mostrar agora, não há razão para pensar que mesmo Androcião aceitou uma data de *c.* 488.

***

Para decidir o que Androcião quis dizer, é essencial comparar seu relato cuidadosamente com o de Aristóteles, que obviamente foi escrito mais tarde.[14] Androcião, falando de Hiparco, filho de Quarmo, disse (de acordo com Harpocrácio) que συγγένης μὲν ἦν Πεισιστράτου τοῦ τυράννου καὶ πρῶτος ἐξωστρακίσθη, τοῦ περὶ τὸν ὀστρακισμὸν νόμου τότε πρῶτον τεθέντος διὰ τὴν ὑποψίαν τῶν περὶ Πεισίστρατον, ὅτι δημαγωγὸς ὢν καὶ στρατηγὸς ἐτυράννησεν ["ele era um parente de Pisístrato, o tirano, e foi o primeiro a ser condenado ao ostracismo, a lei relativa ao ostracismo tendo então sido introduzida pela primeira vez por conta de sua suspeita daqueles ligados a Pisístrato, desde que ele se tornou tirano por ser líder do povo e general"]. Muitos estudiosos, incluindo até mesmo Jacoby,[15] supuseram que Androcião quis dizer que a lei do ostracismo foi introduzida no exato momento em que foi usada pela primeira vez, ou seja (se sua datação para o ostracismo de Hiparco for 488/7) em 488 ou um pouco antes, um ou dois anos depois de Maratona. Argumentarei agora que a última parte de Androcião F 6, começando com o genitivo absoluto, não pode ser uma citação de Androcião ou mesmo um resumo adequado do que ele escreveu.

nada especificamente "democrático" sobre a mudança no método de eleição dos arcontes em c. 487, e que não há necessidade de procurar qualquer conexão entre essa reforma e a invenção do ostracismo.

13 *HG* 221.

14 Ver pp. 347-349, pp. 374-376 abaixo.

15 Jac. i 119–24; ii 114–18.

Aristóteles, depois de dizer (*Constituição dos Atenienses* 22.1) que Clístenes promulgou novas leis com o objetivo de agradar as massas (στοχαζόμενον τοῦ πλήθους), incluindo a lei sobre o ostracismo, descreve o primeiro ostracismo, o de Hiparco: os atenienses, ele diz (*Constituição dos Atenienses* 22.3–4), τότε πρῶτον ἐχρήσαντο τῷ νόμῳ τῷ περὶ τὸν ὀστρακισμόν, ὃς ἐτέθη διὰ τὴν ὑποψίαν τῶν ἐν ταῖς δυνάμεσιν, ὅτι Πεισίστρατος δημαγωγὸς καὶ στρατηγὸς ὢν τύραννος κατέστη. καὶ πρῶτος ὠστρακίσθη τῶν ἐκείνου συγγενῶν Ἵππαρχος Χάρμου Κολλυτεύς ["então eles usaram a lei pela primeira vez em relação ao ostracismo, que foi introduzido por causa de suas suspeitas de pessoas em posições de poder, uma vez que Pisístrato havia se tornado tirano por ser líder do povo e general. E o primeiro de seus parentes a ser condenado ao ostracismo foi Hiparco, filho de Quarmo do *demos* Colite"]. Ele então acrescenta que foi principalmente por causa de Hiparco que Clístenes, desejando afastá-lo, introduziu (ἔθηκεν) a lei.[16]

É quando colocamos a versão que Harpocrácio traz de Androcião lado a lado com Aristóteles que a iluminação aparece.

Aristóteles	*Harpocrácio*
(a) τότε πρῶτον ἐχρήσαντο τῷ νόμῳ ὃς ἐτέθη "então pela primeira vez eles usaram a lei que foi introduzida"	(a) τοῦ νόμου τότε πρῶτον τεθέντος "a lei então introduzida pela primeira vez"
(b) διὰ τὴν ὑποψίαν τῶν ἐν ταῖς δυνάμεσιν ὅτι Πεισίστρατος "por causa de sua suspeita de algumas pessoas em posições de poder, desde Pisístrato"	(b) διὰ τὴν ὑποψίαν τῶν περὶ Πεισίστρατον "por causa de sua suspeita daqueles ligados a Pisístrato"

16 Sobre a interpretação da frase que se segue (οἱ γὰρ Ἀθηναῖοι... πρᾳότητι ["Para os atenienses... leniência"]), concordo com R.Seager, em *CR* 76 = n.s. 12 (1962) 201-2: não é uma segunda razão para o intervalo entre a aprovação da lei e sua primeira aplicação, mas um esclarecimento da alegada razão de Clístenes para propor a lei — o *demos*, com sua leniência habitual, tinha permitido que Hiparco ficasse em Atenas.

(c) δημαγωγός καὶ στρατηγὸς ὢν τύραννος κατέστη "tornou-se tirano por ser líder do povo e general"	(c) ὅτι δημαγωγός ὢν καὶ στρατηγὸς ἐτυράννησεν "desde que ele se tornou tirano por ser líder do povo e general"
(d) καὶ πρῶτος ὠστρακίσθη τῶν ἐκείνου συγγενῶν Ἵππαρχος κτλ "e o primeiro de seus parentes a ser condenado ao ostracismo foi Hiparco"	(d) [no começo] συγγένης ἦν Πεισιστράτου τοῦ τυράννου καὶ πρῶτος ἐξωστρακίσθη "ele era parente de Pisístrato, o tirano, e foi o primeiro a ser condenado ao ostracismo"

Acredito que qualquer pessoa que leia essas duas passagens em conjunto, com a mente aberta, verá imediatamente que a versão da *Constituição dos Atenienses* de Aristóteles é mais legível e faz *mais sentido em todos os aspectos*. Em particular, encontramos a expressão τότε πρῶτον ["então pela primeira vez"], aplicada na suposta citação feita por Harpocrácio de Androcião não (como em Aristóteles) à primeira ocasião em que a lei foi posta em vigor, mas à lei em si, quando ela passou a valer — um evento que ocorreu apenas uma vez[17] — o que torna as palavras τότε πρῶτον inaplicáveis. Isso foi percebido logo após a redescoberta da *Constituição dos Atenienses*,[18] mas Jacoby parece ter perdido o ponto central da questão, bem como aqueles que queriam fazer Androcião dizer que o ostracismo foi introduzido c. 488. Como Bloch apontou,[19] "a descrição da lei em Harpocrácio como 'então aprovada pela primeira vez' não tem sentido (não pode significar, como Hignett, *op. cit.* 159 s., aparentemente acredita, 'aprovada somente então [isto é, não em 508/07 a.C.]')", enquanto a frase τότε πρῶτον tem um significado perfeitamente aceitável em Aristóteles, onde faz parte de uma afirmação de que a

17 Com a expressão τοῦ περὶ τὸν ὀστρακισμὸν νόμου ["a lei relativa ao ostracismo"] Androcião não pode, em minha opinião, querer indicar que a lei *ateniense* do ostracismo foi aprovada antes de leis semelhantes em outros Estados.

18 Por G.Kaibel, *Stil und Text des Pol. Ath. des Aristoteles* (1893), 174–5; Wilamowitz, *AuA* I 123 n. 3; Busolt-Swoboda, *GS* II 884 n. 2 (citando também Wendland e Pohlenz); e mais recentemente por Bloch, em sua importante revisão de Jac. i e ii, em *Gnomon* 31 (1959) 487–99, na p. 493 (ver abaixo). Kaibel pensava que o aparente fragmento de Androcião nada mais era do que um excerto mal-acabado de Aristóteles, já Wilamowitz, que a citação de Androcião foi confundida com uma de Aristóteles.

19 Ver a nota anterior.

lei foi *usada* pela primeira vez em 488/7. A crítica de Bloch foi levada adiante por Sumner,[20] que não encontra paralelo para um uso tão peculiar de τότε πρῶτον como a teoria que estamos examinando agora aceita, e mostra, além disso, que não apenas esta passagem, mas também aquelas dadas acima em (b) e (c) fazem mais sentido na versão de Aristóteles. Tudo isso cria uma séria dificuldade e é impossível acreditar que o texto de Harpocrácio transmita uma impressão acertada do que Androcião disse.[21] Androcião F 5, no qual Aristóteles e Androcião são explicitamente citados, pode nos fornecer um paralelo útil: aqui, como Jacoby mostrou,[22] Harpocrácio, ou seus excertos, tornaram o texto de Androcião absurdo — a menos que, devo acrescentar, Androcião fosse muito menos confiável como fonte para a história constitucional ateniense do que todos nós estamos acostumados a pensar e os erros em F 5 sejam substancialmente dele próprio.[23] Não é como se pudéssemos ter certeza de que Harpocrácio tivesse o texto de Androcião à sua frente — longe disso. Jacoby acreditava que todos os fragmentos de Androcião em Harpocrácio são "de segunda mão"; ele aponta que "Plutarco o cita apenas uma vez (F 34), por certo não diretamente", e declara que "não há vestígios seguros de que Androcião tenha sido lido na época romana".[24] O próprio Harpocrácio, portanto, pode ter tido apenas uma versão já abreviada e talvez imprecisa de Androcião.

É possível descobrir o que Androcião disse? Uma explicação plausível foi oferecida por Dover e por Sumner, escrevendo de forma

20 AF6 80–2.

21 Portanto, não é proveitoso (mesmo sem levar em conta o fato de que Androcião estava supostamente escrevendo em formas de anais, segundo a divisão de um ano por arconte) argumentar que, do ponto de vista de Androcião, escrevendo cerca de 150 anos depois, τότε não precise ter um significado preciso e poderia facilmente ser estendido para cobrir 20 anos, de modo que Androcião pode igualmente ter acreditado que a lei do ostracismo era clistênica: para essa visão, ver Carcopino, *OA*² 95, seguido por D.Kagan, em *Hesp*. 30 (1961), pp. 394-5; contraste com A.R.Hands, em *JHS* 79 (1959), p. 69.

22 Jac. i 117–19, seguindo Wilamowitz, *AuA* I 52 n. 19. Mas não devemos forçar a analogia entre Androcião F 5 e F 6 muito longe: ver n. 18 acima.

23 Cf. p. 381ss abaixo.

24 Jac. ii 102 n. 130.

independente, mas chegando às mesmas conclusões.[25] Essa interpretação não vê um conflito de opinião entre Androcião e Aristóteles. Pelo contrário, Aristóteles reproduziu as palavras exatas de Androcião, e podemos "considerar *Constituição dos Atenienses* 22.3 como indicando o que Androcião realmente disse sobre o ostracismo, em conexão com o ostracismo de Hiparco".[26] Ele já havia mencionado a instituição do ostracismo no lugar apropriado, ao lidar com Clístenes. Harpocrácio (ou o autor do qual ele extraiu o excerto), não tendo ocasião de voltar ao relato de Androcião sobre Clístenes, não "percebeu que um contraste entre ἐχρήσαντο e ἐτέθη foi intencional ou que ἐτέθη tinha um sentido 'mais que perfeito'" — daí sua paráfrase condensada τότε πρῶτον τεθέντος, "assumindo que o propósito da cláusula ὃς ἐτέθη κτλ. era apenas para declarar a *razão* para a lei. *Se* ele se perguntasse qual era o sentido de 'então pela primeira vez', ele poderia ter assumido que outra lei do ostracismo foi feita em uma data posterior, ou que Androcião estava contradizendo uma visão de que o ostracismo havia sido inventado muito antes; essas, no entanto, são questões que não interessariam a Harpocrácio".[27]

Acho que esta é provavelmente a melhor explicação disponível. Sua única desvantagem é a suposição de que Aristóteles seguiu Androcião muito de perto, copiando-o quase palavra por palavra. Isso pode realmente ter acontecido.[28] No entanto, acho que também podemos permitir a possibilidade (sugerida no final do século passado)[29] de que Harpocrácio ou o autor do seu excerto simplesmente cometeram um erro em sua atribuição e estão, de fato, dando um resumo bastante pobre de *Constituição dos Atenienses* 22, ou uma

25 Dover, AO; Sumner, AF6.

26 Sumner, AF6 83.

27 Dover, AO 257.

28 A teoria teria a vantagem de fornecer uma razão pela qual Aristóteles em *Constituição dos Atenienses* 22.4 restringe sua explicação usual de ostracismo ao medo de que um determinado homem possa se tornar tirano — cf. pp. 263-270 abaixo.

29 Ver n. 18 acima.

combinação condensada dessa passagem com uma passagem paralela em Androcião.[30]

É claro que é bem possível que tanto Androcião quanto Aristóteles estivessem seguindo uma fonte anterior — talvez Helânico, ou Clidemo. Mas isso é uma especulação que não nos ajudará a ir mais longe.

Não há a menor razão para supor que Aristóteles esteja deliberadamente corrigindo Androcião; mas seria errado, como Raubitschek[31] e Kagan,[32] tirar quaisquer conclusões sobre o que Androcião disse a partir do fato de que Aristóteles não o contradiz explicitamente. Não devemos esperar que Aristóteles cite autores anteriores dos quais ele discorda: mesmo quando ele sustentou uma visão muito diferente da de Androcião sobre uma questão tão importante quanto a natureza da *Seisachtheia* de Sólon, ele não se preocupou em contradizer a explicação capciosa previamente oferecida por Androcião.[33]

Uma vez que estou admitindo a possibilidade de que Androcião possa ter dito algo totalmente desconhecido para nós sobre a ori-

30 Vale a pena notar que Harpocrácio duas vezes (s.v. δήμαρχος e ναυκραρικά) cita *Constituição dos Atenienses* 21.4-5, muito perto do cap. 22 — é claro que ele (ou o autor do excerto) *pode* ter procurado isso em um momento posterior ao que estava lidando com Hiparco, ou pode ter confiado em um excerto de um autor diferente. Não posso concordar com Jacoby (ii 114-15) quando ele traça um contraste entre Androcião F 5, onde Aristóteles e Androcião foram "citados para assuntos diferentes, o primeiro para um ofício ateniense, o último para sua história", e F 6, onde o lexicógrafo "consultou apenas uma fonte histórica" e "não tinha motivos para consultar também Ἀθπ.". É uma suposição gratuita que os lexicógrafos se refeririam apenas às obras mais óbvias. Como diz Jacoby (ii 230 n. 11), Harpocrácio "muitas vezes coloca lado a lado citações de Aristóteles e outro autor (frequentemente atidográfico)". Imagino que haja pelo menos o mesmo número de citações de Harpocrácio da seção histórica da *Constituição dos Atenienses* (com ou sem outra fonte, como Androcião ou Filocoro) sobre questões que são históricas e não constitucionais — ver, por exemplo, Harpocrácio, s.v. δεκάζων e τετρακόσιοι; Escólios a Aristófanes, *Acarnenses* 234; *Lisístrata* 666, 1153; *Rãs* 1532; Escólios a Luciano, *Timário* 30 (p. 116.4 R.).

31 OO 221.

32 *Op. cit.* (na n. 21 acima) 395.

33 *FGrH* 324 F 34, *ap.* Plutarco, *Sólon* 15.3–4; Aristóteles, *Constituição dos Atenienses* 6.1: ver o excelente comentário de Jacoby, i 144-6, cf. 99.

gem do ostracismo, talvez eu deva apenas me referir à demonstração de Jacoby de que Androcião pode ter tido suas próprias razões para negar a atribuição do ostracismo a Clístenes,[34] assim como ele negou[35] que a *Seisachtheia* de Sólon fosse um cancelamento de dívidas. Androcião estava entre os atenienses mais conservadores,[36] e homens cuja perspectiva política se assemelhava à dele gostavam de assimilar a constituição de Clístenes à de Sólon, distinguindo ambas do regime democrático radical do final do século V.[37] Mas, como diz Jacoby,[38] "os historiadores antigos consideravam unanimemente o ostracismo como uma instituição tipicamente democrática, que teve sua origem na suspeita (ou na inveja) sentida pelo *Demos* [Povo] em relação às classes privilegiadas. Quem vê em Clístenes não o pai da democracia radical, mas o restaurador da democracia soloniana, o homem cuja constituição era οὐ δημοτική ἀλλὰ παραπλησία τῇ Σόλωνος ["não populista, mas semelhante à de Sólon"][39] desejaria dissociá-lo dessa instituição radicalmente democrática, como dissociou Sólon da medida revolucionária de um cancelamento completo de todas as dívidas".

Para resumir — não é certo o que Androcião disse sobre a data de introdução do ostracismo, mas, de qualquer forma, não há nenhuma razão positiva para supor que ele diferia de Aristóteles, e um argumento muito plausível pode ser dado para identificar seus pontos de vista; e mesmo que Androcião dissociasse a lei de Clístenes (o que me parece improvável), ele poderia facilmente tê-lo feito em obediência a suas próprias crenças políticas, em vez de confiar em qualquer evidência. Aqueles que se sentem tão incertos quanto Jacoby se Aristóteles tinha alguma boa autoridade para atribuir a lei a Clístenes devem pelo menos admitir que, tal como mostram

34 Jac. i 120.

35 Ver *FGrH* 324 F 34: ver n. 33 acima.

36 Ver Jac. i 86–106, esp. 96; ii 91–3 n. 86. Ver N.H.Baynes, *Byzantine Studies and Other Essays*, 144-67 (1955) (cap. viii) para uma análise admirável da perspectiva de Isócrates, que de certa forma era comparável à de Androcião.

37 Sobre Aristóteles, *Constituição dos Atenienses* 29.3, ver Jac. 120; A 206, 384 n. 30.

38 Jac. i 120.

39 Aristóteles, *Constituição dos Atenienses* 29.3.

as fontes, a autoridade antiga é fortemente a favor de uma data clistênica.

***

O único outro argumento que pude encontrar contra a atribuição da lei do ostracismo a Clístenes é aquele apresentado originalmente por Beloch[40] e repetido por vários outros autores: que "tal arma não é forjada para ser deixada vinte anos na bainha". Hignett[41] cita esta observação com aprovação, acrescentando "se a lei foi aplicada pela primeira vez no início de 487, a inferência óbvia é que ela foi aprovada não muito antes", na verdade "dentro do ano de 488". Tais declarações têm pouca força persuasiva e talvez nenhuma se decidirmos (como encontraremos boas razões para fazer mais adiante) que a lei do ostracismo não foi destinada principalmente para uso contra Hiparco, filho de Quarmo ou algum outro "tirano em perspectiva", mas para enfrentar uma situação particular que ocorrera naquele momento, mas aparentemente não surgiu outra vez, de forma aguda, até depois de Maratona. Na minha opinião, a afirmação de Beloch é totalmente injustificada e a inferência de Hignett é o inverso do que seria o óbvio. Quem pensa assim deve refletir que apenas vinte anos separam as reformas de Clístenes do primeiro ostracismo registrado e que após o lote de ostracismos na década de 480, houve períodos bastante longos durante os quais pode não ter havido nenhuma *ostracophoriai*, ou pelo menos nenhuma em que o quórum necessário de 6.000 votos[42] foi obtido — sobretudo de 443 a c. 417, um período de 26 anos. Por que motivo os atenienses não deveriam projetar uma instituição para uso em circunstâncias particulares, que eles haviam encontrado recentemente, e poderiam razoavelmente esperar encontrar novamente, mas que não existiam de forma suficientemente aguda na época ou durante os vinte anos posteriores? Paralelos podem ser encon-

40 *GG* I² ii 332.

41 *HAC* 160.

42 Cf. pp. 284ss abaixo.

trados.[43] (Evidentemente, não sabemos ao certo se não houve uma única *ostracophoria* antes de 487: pode ter havido, e o quórum de 6.000 votos pode não ter sido alcançado).

Não há outro argumento, que eu saiba, contra atribuir a Clístenes a lei do ostracismo. Hignett, de fato, não apresenta nenhum, embora possa falar do "naufrágio de todas as hipóteses que, de uma forma ou de outra, tentaram manter a atribuição de ostracismo a Clístenes".[44] Da mesma forma, não há argumento a favor de uma data c. 488, exceto o argumento sem utilidade alguma que acabamos de examinar e uma interpretação ruim de Androcião F 6. A remoção do suposto conflito entre Androcião e Aristóteles torna inadmissível alegar que as declarações de ambos os escritores devem ter sido "*baseadas em inferência* e nada mais".[45] Mesmo que não seja provável que o texto da lei tenha sido visto por Aristóteles ou pelos Atidógrafos, a afirmação de Aristóteles pode se basear em uma tradição correta e ainda unânime.

***

Passo agora a considerar o propósito da lei do ostracismo. Vários escritores antigos, cujas obras sobreviveram, expressaram suas opiniões sobre esta questão. Antes de discutir suas opiniões, no entanto, desejo mencionar uma teoria que carece totalmente de evidências antigas em sua defesa, mas foi proposta recentemente por alguns daqueles que acreditam que o ostracismo foi introduzido *c.* 488: a saber, que foi concebido desde o início como uma arma de luta "política partidária", pela qual políticos ambiciosos poderiam se livrar de seus rivais. Esta é a visão, por exemplo, de Beloch,[46] que pensava que os Alcmeônidas eram os responsáveis; de Hammond,[47] para quem a lei era essencialmente anti-Pisistrátida; e de Hignett,[48] que acreditava que a lei foi elaborada pelos "líderes anti-Persas".

43 Ver e.g. Bloch, *op. cit.* (na n. 18 acima) 493, e Busolt-Swoboda, *GS* II 884 n. 2.

44 *HAC* 164.

45 Day e Chambers, *AHAD* 13 (itálicos no original).

46 *GG* II^2 i 29–30.

47 *HG* 221.

48 *HAC* 186.

(Estou ignorando algumas variantes que me parecem muito improváveis e não foram bem aceitas, como a de Raubitschek,[49] que traria Clístenes de volta da aposentadoria após Maratona para introduzir a lei). Nenhuma forma da teoria que estamos considerando agora me parece sustentável. Depois da época de Clístenes, que provavelmente não sobreviveu por muito tempo a seu triunfo em 508/7,[50] até a de Címon nas décadas de 470 e 60, parece muito improvável que qualquer ateniense tenha estado em uma posição de predominância incontestável — Temístocles, talvez , por dois ou três anos antes da invasão de Xerxes; mas a evidência literária e a alta proporção de óstracos registrados contra Temístocles[51] entre aqueles que sobreviveram até os tempos modernos (mais de um terço do total, o dobro do número contra qualquer outro) sugerem que a posição política deste homem notável sempre foi insegura. E concordo inteiramente com Hands[52] quando diz que "quem quer que tenha sido o responsável pela instituição do ostracismo escolheu um momento em que acreditava estar fortalecido para introduzir tal procedimento".

Com toda certeza a aceitação do ostracismo como um artifício inventado por um político importante para se livrar de seus rivais dificilmente se encaixa no perfil do próprio Clístenes, cuja constituição (como já indiquei)[53] pode ter sido expressamente projetada para impedir que um único homem ganhasse supremacia do poder em Atenas. É compreensível, portanto, que aqueles que sustentam a teoria que estamos discutindo tenham preferido datar a introdução do ostracismo depois de Maratona, na época em que foi em-

---

49 OO; contraste C.A.Robinson, em *AJA* 56 (1952) 23–6.

50 Seus pais se casaram na década de 570 e, se ele era o filho mais velho, provavelmente teria 60 anos ou mais na época em que suas reformas foram aprovadas. Os estudiosos modernos às vezes falam de seu "estranho desaparecimento" ou de sua "queda". É claro que não podemos excluir tais explicações, mas parece mais simples supor que ele morreu logo após 507.

51 Ainda na década de 480: ver Hands, *op. cit.* (na n. 21 acima) 77. [Mas o novo material do Cerâmico contém 4647 óstracos lançados contra Mégacles; Temístocles vem em segundo lugar com 1696. Ver o Posfácio dos organizadores].

52 *Op. cit.* 69.

53 pp. 192-192 acima.

pregada pela primeira vez. Mas olhemos para esta teoria mais de perto. Seus proponentes falharam em perceber suas implicações. Aqueles que conceberam a instituição — os Alcmeônidas, os líderes anti-Pisistrátidas ou anti-Persas, ou quem quer que seja — devem ter conseguido convencer a Assembleia de que ela era vantajosa, e dificilmente poderiam fazê-lo apresentando falsas razões para a reforma: o ostracismo não é uma instituição que se recomenda automaticamente por quaisquer méritos óbvios. No entanto, se os inventores do ostracismo tinham apoio popular suficiente para que sua medida fosse aprovada por uma maioria considerável de votos, então eles certamente não precisavam de ajuda, pois já estavam em posição de obter o apoio da Assembleia para qualquer medida política que desejassem. E se, por outro lado, eles só conseguissem comandar uma estreita maioria na Assembleia, eles mesmos estariam em grave perigo de serem vítimas de seu próprio dispositivo, caso o equilíbrio de opiniões na Assembleia balançasse apenas ligeiramente contra eles — sempre uma possibilidade com a qual os políticos atenienses tiveram que contar, já que a composição da Assembleia podia variar muito de reunião para reunião.[54]

Muitas vezes, suspeita-se que a mão de Temístocles esteja por trás da introdução do ostracismo; mas aquele político sagaz, por mais disposto a fazer uso do ostracismo quando ele próprio estava em uma posição fortalecida, certamente teria sido o último a inventar tal perigo para si mesmo — a menos, é claro, que ele estivesse em uma posição muito mais forte do que eu imaginei; e se fosse o caso, não precisaria que seus principais oponentes fossem condenados ao ostracismo. Além disso, não existem indícios em nenhuma de nossas fontes de que Temístocles tenha alguma relação com a invenção do ostracismo; e se tivesse, certamente teria sido lembrado e os autores antigos teriam escrito sobre ele, pois era exatamente o tipo de ação que teria sido considerada característica dele. Em vez de ver os ostracismos da década de 480 como parte de um plano de Temístocles e seus aliados políticos para se livrar de seus principais inimigos, prefiro adotar uma sugestão feita por A.R.W.Harri-

54 Ver Jones, *AD* 109–10; Finley, AD 10 e ss.

son[55] e A.R.Burn[56] que as *ostracophoriai* em questão foram uma série de tentativas malsucedidas de se livrar de Temístocles, que foram arrefecendo nas cabeças de seus oponentes. O ostracismo, como Harrison aponta, era uma arma muito ardilosa e de dois gumes, muito mais provável de ser defendida pelos oponentes de um estadista promissor, com fortes opiniões pessoais, do que pelo próprio estadista. O proponente de uma *ostracophoria* teria que estar muito seguro da disciplina de seus partidários antes de embarcar em um procedimento em que, com alguns votos divididos entre dois ou mais de seus oponentes, aumentariam as chances de seu próprio ostracismo. Seria provável que Temístocles tenha se submetido voluntariamente a esse risco, cinco vezes em seis ou sete anos, quando ele próprio era o mais óbvio "candidato ao ostracismo"?

***

O consenso geral na Antiguidade sobre o propósito do ostracismo é resumido por Jacoby na declaração citada na p. 257 acima: "os historiadores antigos consideravam universalmente o ostracismo como uma instituição tipicamente democrática, que teve sua origem na suspeita (ou na inveja) sentida pelo *Demos* em relação às classes privilegiadas". Para os propósitos presentes, podemos descartar as poucas fontes que falam de inveja: elas geralmente a apresentam apenas como um motivo subsidiário.[57] E não precisamos nos preocupar com várias alegações sobre motivos específicos tidos como causas no ostracismo de um determinado indivíduo, por mais verdadeiros ou falsos que possam ser no caso em particular: por exemplo, que Hipérbolo foi condenado ao ostracismo διὰ πονηρίαν καὶ αἰσχύνην τῆς πόλεως ["por causa da sua maldade e

55 Em um artigo inédito que ele teve a gentileza de me mostrar.

56 *Persia and the Greeks* (1962) 290.

57 E.g. Plutarco, *Aristides* 7.2; *Temístocles* 22.4; *Alcibíades* 13.6; Pólux VIII 20. Demétrio de Falero, *FGrH* II B ii 228 F 43, *ap.* Plutarco, *Aristides* 1.2 (ἐπιφθόνοις), parece ter enfatizado a inveja (contraste Plutarco, *Aristides* 1.7 etc.). Este é o motivo enfatizado acima de tudo por S.Ranulf, *The Jealousy of the Gods and Criminal Law at Athens* I (1933), 132-42.

da vergonha que ele trouxe à cidade"][58] ou Aristides quando Temístocles disse que ele havia obtido uma μοναρχίαν ἀδορυφόρητον ["monarquia, exceto pela ausência de uma guarda pessoal];[59] ou Dámon ὡς μεγαλοπράγμων καὶ φιλοτύραννος ["por ser um grande conspirador e amigo de tiranos"];[60] ou Címon ὡς φιλολάκωνα καὶ μισόδημον ["por ser um amante de Esparta e odiar o povo"],[61] ou διὰ παρανομίαν, ὅτι τῇ ἀδελφῇ τῇ ἑαυτοῦ συνῴκησε ["por causa de seu comportamento irregular ao coabitar com a própria irmã"].[62]

Dois escritores antigos, cujas obras sobreviveram, escreveram repetidamente e com alguma extensão sobre o assunto do ostracismo e os fins que ele pretendia alcançar: Aristóteles e Plutarco. Além de sua inestimável descrição do procedimento do ostracismo,[63] Plutarco[64] não traz nada de essencial que não esteja também em Aristóteles, e este último pode ser tomado como o porta-voz mais representativo da Antiguidade sobre assunto — de fato, não há praticamente nada nos outros escritores antigos que não seja encontrado também nele.

É corriqueiro afirmar hoje em dia que Aristóteles (para não mencionar a maioria dos outros escritores antigos) pensava que o ostracismo foi projetado para ser usado contra um tirano em potencial; e a visão assim atribuída a ele foi aceita por um grande número de estudiosos modernos, incluindo Bengtson, Busolt, Calderini, Carcopino, Cloché, Gilbert, Glotz, Holm, Meyer, Walker e Wilamowitz.[65] Mais recente-

---

58 Tucídides VIII 73.3.

59 Plutarco, *Aristides* 7.1.

60 Plutarco, *Péricles* 4.3.

61 Plutarco, *Péricles* 9.5.

62 Pseudo-Andócides IV 33.

63 *Aristides* 7.5–6.

64 As principais passagens em que Plutarco dá suas opiniões sobre o propósito do ostracismo são *Aristides* 1.7; 7.2–3 (cf. § 4); *Temístocles* 22.4; *Nícias* 11.1 (cf. §§ 6–7); *Alcibíades* 13.6 (cf. § 9).

65 Bengston, *GG*^{4} 145; Busolt, *GG* II^2 439–41; *GS* II 884–6; Calderini, *O*, esp. V, IX; Carcopino, *OA*^{2}, esp. 15–36; P.Cloché, *La Démocratie athénienne* (1951), 27–8; Gilbert, *CASA* 151–2; Glotz, *GC* 170; *HG* I 469, 478–9; Holm, *HG* I 424; Meyer, *GdA* III^2 746; cf. IV^2 i 320; Walker, em *CAH* IV 142, 151–3: Wilamowitz, *AuA* II 87.

mente, Kagan[66] assumiu muitos aspectos da mesma posição, exceto que ele persiste em falar de um "partido tirânico", cuja existência depende inteiramente de conjecturas.[67] (Todos os autores que acabei de mencionar também aceitam a atribuição de Aristóteles da lei do ostracismo a Clístenes). De fato, a noção de que o ostracismo era principalmente, se não apenas, destinado a ser usado contra um tirano em potencial é uma simplificação infeliz da posição de Aristóteles. Faremos bem em examinar cuidadosamente tudo o que Aristóteles tem a dizer sobre o assunto.

Em seu relato sobre a origem do ostracismo na *Constituição dos Atenienses*, Aristóteles diz quatro coisas direta ou indiretamente sobre o propósito original da lei: (1) que Clístenes tinha o objetivo de agradar a massa (στοχαζόμενον τοῦ πλήθους: *Constituição dos Atenienses* 22.1);[68] (2) que a medida foi aprovada "por causa de sua suspeita sobre aqueles em posições poderosas (τῶν ἐν ταῖς δυνάμεσιν), tendo Pisístrato se tornado tirano por ser líder do povo e general" (22.3, a "suspeita", portanto , era de que outro poderia seguir o mesmo caminho); (3) que a lei era particularmente dirigida contra Hiparco, filho de Quarmo, a quem Clístenes desejava afastar (22.4); e (4) que por três anos (desde 488/7 até 486/5) os atenienses continuaram a ostracizar "os amigos dos tiranos, por conta de quem a lei foi promulgada", mas no quarto ano (485/4) eles começaram a remover "qualquer outro que parecesse ser grande demais", e Xantipo foi o primeiro a ser condenado ao ostracismo, dentre aquelas sem conexão com a tirania (22.6). A impressão que a maioria das pessoas tem dessas declarações é que Clístenes temia que Hiparco

66 *Hesperia* 30 (1961) 397–8.

67 A referência de Androcião a οἱ περὶ Πεισίστρατον não implica, é claro, a existência de algo que possa ser chamado de "*partido* tiranista"; e o ostracismo é uma instituição muito inadequada para atacar um "partido".

68 O último autor a defender a precisão do relato da origem do ostracismo na *Constituição dos Atenienses*, ou seja, Kagan, *Hesperia* 30 (1961), teve de ignorar esta afirmação, que é claramente contra sua tentativa de representar as classes mais baixas como uma provável fonte principal de apoio para um novo tirano — a própria pessoa *contra* quem a lei principal é apresentada pela *Constituição dos Atenienses* como sendo seu objetivo! Aristóteles assume que o *Demos* ficou feliz em possuir o ostracismo como meio de *prevenir* que um tirano chegasse ao poder.

e outros membros de seu círculo seguissem os passos de Pisístrato e ascendessem, por eminência política e militar, a uma posição da qual pudessem aspirar à tirania. Essa impressão foi reforçada pelo que conhecemos como Androcião F 6, que eu consideraria como a fonte da declaração de Aristóteles sobre a "suspeita daqueles em posições de poder" ou derivada dela,[69] e por Filocoro F 30, em que a última frase, nenhum pouco confiável, afirma que Hipérbolo foi o único homem a ser condenado ao ostracismo "dentre os homens sem reputação, por causa do aborrecimento com seu comportamento, não pela suspeita de tirania" (o que implica que a suspeita de tirania era a razão normal para o ostracismo), e prossegue dizendo que Clístenes introduziu o ostracismo "para expulsar também os amigos dos tiranos".[70] Alguns outros autores antigos, Diodoro por exemplo,[71] também aceitaram a visão de que a função do ostracismo era conter o surgimento de um tirano em potencial.

Mas Aristóteles pretendia realmente representar Clístenes como projetando o ostracismo para um uso específico contra um tirano em potencial? E se o fez, ele estava certo sobre o objetivo de Clístenes?

Quando nos voltamos para a *Política*, descobrimos, como seria de esperar, que a análise aristotélica do ostracismo é muito mais sutil. Ele começa (*Política* III 13, 1284^{a}17-22) dizendo que o ostracismo é o método pelo qual os Estados democráticos, em sua busca pela igualdade (ἰσότης), mantêm em seu devido lugar aqueles que parecem ter muito poder ou influência política (τοὺς δοκοῦντας ὑπερέχειν δυνάμει διὰ πλοῦτον ἢ πολυφιλίαν ἤ τινα ἄλλην πολιτικὴν ἰσχύν); e ele acrescenta (1284^{a}36-7, com 30-6) que as democracias precisam controlar esses homens superpoderosos (τοὺς ὑπερέχοντας), assim como tiranos e oligarquias fazem. Mesmo os regimes do tipo certo (καὶ τὰς ὀρθάς [sc. πολιτείας]) podem precisar agir dessa maneira (1284^{b}3-7). E assim Aristóteles chega à conclusão (1284^{b}15-22) de

69 Ver pp. 252-259 acima.

70 Isso pode ser simplesmente uma lembrança de Aristóteles, *Constituição dos Atenienses* 22.6 (citada acima).

71 Diodoro XI 55.2 (cf. § 3); 86.5; 87.1 (cf. § 2).

que "em casos de uma palpável proeminência indevida, o argumento a favor do ostracismo tem certa justiça política" (κατὰ τὰς ὁμολογουμένας ὑπεροχὰς ἔχει τι δίκαιον πολιτικὸν ὁ λόγος ὁ περὶ τὸν ὀστρακισμόν). Evidentemente seria melhor, diz ele, enquadrar a constituição desde o início para que ela não precisasse desse remédio; mas o próximo passo seria, se necessário, tentar corrigir a constituição por algum desses meios. Isso não é, no entanto, o que aconteceu na prática: os Estados gregos não se preocuparam com o que suas próprias constituições particulares precisavam, mas usaram o ostracismo στασιαστικῶς — ou seja, no que poderíamos chamar de uma maneira "política partidária", mas com aquela sugestão de desrespeito à lei que tantas vezes está presente quando a palavra στάσις e seus compostos são usados por escritores gregos.

Aristóteles retorna ao assunto do ostracismo mais tarde, quando está considerando as causas da στάσις (*Política* V 3, 1302ᵇ15-21). Uma maneira pela qual a *stasis* pode ocorrer, ele diz, é δι' ὑπεροχήν ["por meio da superioridade"]: quando um homem ou um grupo dentro do Estado é τῇ δυνάμει μείζων ... ἢ κατὰ τὴν πόλιν καὶ τὴν δύναμιν τοῦ πολιτεύματος, o que ele entende como poder ou influência indevida, desproporcional em relação ao Estado como um todo e à força do corpo geral de cidadãos. Normalmente, continua ele, o resultado é μοναρχία ἢ δυναστεία: o governo de um homem só ou uma oligarquia hereditária fechada. Esta é a razão pela qual alguns estados, como Argos e Atenas, fazem uso do ostracismo. Mas é melhor, conclui novamente Aristóteles, garantir desde o início que tais homens dominadores não possam existir (ὅπως μὴ ἐνέσονται τοσοῦτον ὑπερέχοντες) do que ter que lidar com eles depois. Mais adiante (V 8, 1308ᵇ16-19), depois de dizer mais uma vez que é melhor enquadrar a constituição de forma que ninguém possa obter uma posição de proeminência indevida por meio de seus associados ou de sua riqueza (ὥστε μηδένα ἐγγίγνεσθαι πολὺ ὑπερέχοντα δυνάμει μήτε φίλων μήτε χρημάτων), ele recomenda o banimento (ἀποδη μητικὰς ποιεῖσθαι τὰς παραστάσεις αὐτῶν) como um alívio; e sem dúvida ele tinha particularmente o ostracismo em mente.[72]

72 Como aceita o LSJ⁹, s.v. ἀποδημητικός.

Exceto em uma passagem (V 3, 1302ᵇ17-19), onde a μοναρχία (ou seja, a tirania) ἢ δυναστεία é mencionada como uma consequência usual de um homem ou um grupo no Estado se tornando muito poderoso, o argumento essencial de Aristóteles sobre o ostracismo na *Política* é que ele é dirigido não tanto contra a possibilidade de um homem se tornar tirano quanto contra ὑπεροχὴ δυνάμεως,[73] que neste contexto significa não apenas uma abundância, mas um excesso perigoso, uma superabundância de força e influência política, dando ao indivíduo ou grupo em questão uma posição poderosa demais para a segurança da constituição.[74] Em outra parte da *Política,*[75] Aristóteles observa, significativamente, que aqueles ἐν ὑπεροχαῖς εὐτυχημάτων ["com uma superabundância de vantagens"] — força, riqueza, amigos e afins — não se preocupam em obedecer a constituição nem sabem como fazê-lo. Outras fontes antigas fazendo referência ao ostracismo expressam explicitamente a mesma questão do excesso (ὑπεροχή).[76] Pseudo-Andócides IV 35 (embora, em minha opinião, seja um exercício retórico tardio e pouco confiável)[77] volta ao ponto fundamental levantado por Aristóteles, ao representar a lei do ostracismo como sendo dirigida contra τοὺς κρείττους τῶν ἀρχόντων καὶ τῶν νόμων ["aqueles que estão acima dos magistrados e das leis"], frase que expressa muito bem a ideia central da lei. Finalmente, o único autor sobrevivente que pude encontrar, antes de Aristóteles, que nos deixou uma opinião sobre o propósito do ostracismo, ou seja, Tucídides, evidentemente teve a mesma concepção, pois ao dizer que Hipérbolo foi condenado ao ostracismo οὐ διὰ δυνάμεως καὶ ἀξιώματος φόβον ["não por medo de seu poder e

---

73 As palavras ὑπεροχή, ὑπερέχειν, ocorrem repetidamente nestas passagens: *Política* III 13, 1284ᵃ20–1, 36–7; 1284ᵇ15–17; V 3, 1302ᵇ15–18, 19–21; 1308ᵇ16–19.

74 Isso é mais claro em *Política* V 3, 1302ᵇ15–18.

75 IV 11, 1295ᵇ13–16.

76 E.g. Diodoro XI 55.3, com 2 (cf. 54.5); XIX 1.1–2, com 3; Plutarco, *Temístocles* 22.4; *E.M.* 349. 15–23, s.v. ἐξοστρακισμός.

77 Aqui eu concordo inteiramente com A.R.Burn, "A Biographical Source on Phaiax and Alkibiades ([Andok.] IV and Plutarch's *Alkibiades*)", em *CQ* 48 = n.s. 4 (1954) 138–42, contra A.E.Raubitschek, "The Case against Alcibiades (Andocides IV)", em *TAPA* 79 (1948) 191–210; cf. Hignett, *HAC* 395-6.

autoridade"][78] ele sugere que a razão normal para condenar um homem ao ostracismo era de fato o medo de seu δύναμις e sua ἀξίωμα — o que os romanos chamavam de *potentia* e *auctoritas* .

Parece-me que, embora devamos prestar respeitosa atenção a tudo o que Aristóteles diz sobre a natureza e os motivos do ostracismo em geral, é extremamente improvável que ele, ou qualquer outro autor do século IV ou posterior, tivesse qualquer informação confiável sobre o propósito original da lei ateniense do ostracismo. Na *Constituição dos Atenienses,* ele está realizando uma inferência a partir da maneira como o ostracismo foi usado pela primeira vez — aqui concordo com a análise de Jacoby.[79] Se, como Dover e Sumner sugeriram,[80] a afirmação de Aristóteles sobre a origem do ostracismo segue de perto a de Androcião, seria ainda mais fácil entender por que sua explicação é reduzida a uma parte de sua própria teoria geral, pois não há razão para creditar a Androcião qualquer grande influência. Devemos, portanto, olhar particularmente para a evidência circunstancial: os fatos históricos conhecidos sobre ostracismos individuais. Até Aristóteles, como vimos, estava disposto a aprovar o uso do ostracismo como último recurso. Sugiro que devemos tentar descobrir algumas ocasiões em que o ostracismo desempenhou uma função útil em Atenas — porque se houve tais ocasiões e elas têm características comuns e revelam um propósito consistente, teremos um ponto de partida a partir do qual podemos, à luz da análise mais geral de Aristóteles, fazer inferências sobre os motivos que levaram ao emprego do ostracismo em casos particulares e, portanto, até mesmo sobre o propósito original da lei.

Foi dito que o ostracismo, "como foi praticado depois de 486 a.C., ... era, de fato, tão prejudicial aos interesses do Estado quanto injus-

78 Tucídides VIII 73.3 (cf. Platão Cômico, fr. 203, citado na n. 85 abaixo). Kagan, *op. cit.* (na n. 21 acima) 393, vai bem longe ao dizer que Tucídides atribuiu o "estabelecimento" do ostracismo ao "medo e à insegurança". Imagino que isso possa ser um eco inconsciente da afirmação de Grote (*HG* III 379, cap. xxxi) de que o ostracismo era "um produto do medo e da insegurança".

79 Jac. 123. Cfr. i 121: "Aristóteles tirou a conclusão, quase certamente errada, de que o ostracismo foi dirigido contra a ameaça da tirania".

80 Ver p. 255 e n. 25 acima.

to para o indivíduo. Para o indivíduo significava a perda de tudo o que mais lhe importava durante os melhores anos de sua vida; para o Estado, significava um impedimento fatal ao bom funcionamento do sistema partidário. Quando um partido fosse injustamente privado de seu líder em alguma grande crise — e nas democracias gregas o líder contava muito mais do que em nossos modernos governos populares — não seria improvável que recorresse a métodos inconstitucionais. A resposta ao ostracismo de Címon em 461 a.C. foi o assassinato de Efialtes".[81] O ponto levantado na última frase pode ser descartado de imediato. O assassinato de Efialtes não foi um evento típico, mas totalmente excepcional, quase sem paralelo (tanto quanto sabemos) desde a época de Harmódio e Aristógito até depois da queda da democracia em 322 a.C., exceto durante Revoluções Oligárquicas de 411 e 404-3 a.C. E, embora seja bem verdade que "nas democracias gregas o líder contava muito mais do que em nossos governos populares modernos", não havia nada parecido com um "sistema partidário" na Atenas dos séculos VI/V ou em qualquer outro estado grego: acima de tudo, os elementos de *organização* (uma lista de membros, com um presidente, secretário e tesoureiro) estavam totalmente ausentes, exceto talvez dentro das ἑταιρεῖαι ["clubes políticos"] individuais e não havia um *programa comum* correspondente aos que unem os partidos políticos modernos, com cada membro individual do partido aceitando todo o programa. Em Atenas havia, no máximo, apenas grupos de natureza mais ou menos fluida, cujos membros poderiam estar divididos de maneira diferente em diversas questões, mesmo que às vezes mostrassem uma tendência a compartilhar as mesmas opiniões em outros campos. O ostracismo de um político proeminente, que defendia uma determinada ação política, poderia não convencer seus seguidores de que sua opinião estava errada, mas, a menos que esses seguidores fossem muito numerosos, provavelmente impediria qualquer outro homem de assumir seu lugar de liderança como um defensor da mesma ação política, por medo de, assim, compartilhar seu destino como ostracizado.

81 Walker, em *CAH* IV 153.

***

Existem apenas nove ostracismos que são certos: primeiro, Hiparco, filho de Quarmo (487),
, filho de Hipócrates (486) e um terceiro "amigo dos tiranos" (485); Xantipo, o pai de Péricles (484), e Aristides (482 ou talvez 483).[82] Temos então Temístocles, condenado ao ostracismo no final da década de 470;[83] Címon (461) e Tucídides, filho de Melésias (443). Finalmente, em 417, talvez um ou dois anos depois,[84] Hipérbolo foi condenado ao ostracismo, aparentemente como resultado de um acordo entre os dois óbvios "candidatos ao ostracismo", Alcibíades e Nícias, pois cada um deles exortou seus seguidores a votar não contra seu principal rival, mas contra Hipérbolo.[85] Os atenienses aprenderam a lição e, até onde sabemos, nunca executaram outra *ostracophoria*.

Além dos nove ostracismos que mencionei, não há nenhum que seja sequer provável, e eu mesmo não aceitaria nenhum outro —

82 A principal autoridade para tudo isso é, naturalmente, Aristóteles, *Constituição dos Atenienses* 22.4–8.

83 Comparar com R.J.Lenardon, "The Chronology of Themistokles' Ostracism and Exile", em *Historia* 8 (1959) 23–48, com M.E.White, "Some Agiad Dates: Pausanias and his Sons", em *JHS* 84 (1964) 140–52.

84 A visão mais antiga, de que Hipérbolo, que foi assassinado na primavera de 411 (Tucídides VIII 73.3), foi condenado ao ostracismo na primavera de 417, baseia-se na declaração de Teopompo (*FGrH* II B 115 F 96, *ap.* Escólios a Aristófanes, *Vespas* 1007) que foi condenado ao ostracismo por seis anos (ἓξ ἔτη). Mas Teopompo é um historiador pouco confiável. Com base no que ele mesmo chama de restauração "altamente conjectural" de *IG* I^2 95 [= I^3 85], A.G.Woodhead, em *Hesp.* 18 (1949) 78–83, sugeriu que Hipérbolo não pode ter sido condenado ao ostracismo antes da primavera de 416, ou seja, que tal deve ter acontecido em 416 ou 415. A teoria de Raubitschek de que o ostracismo ocorreu na primavera de 415 depende inteiramente do que parece, ao menos para mim, uma interpretação impossível de Pseudo-Andócides IV — ver n. 77 acima. [Ver agora P.J.Rhodes, "The Ostracism of Hyperbolus", em *Ritual, Finance, Politics* (1994), 85–98, 91 n. 36; ele se coloca a favor de 415].

85 Plutarco, *Nícias* 11; *Alcibíades* 13.4–9; *Aristides* 7.3–4; e esp. a citação de Platão Cômico (fr. 203 K/A) em Plutarco, *Nícias* 11.6–7 e *Alcibíades* 13.9, terminando com οὐ γὰρ τοιούτων οὕνεκ' ὄστραχ' ηὑρέθη ["não foi por causa dessas pessoas que os óstracos foram inventados"].

mas isso levanta questões com as quais não posso lidar aqui.[86] Não devemos, é claro, negligenciar a possibilidade de que possa ter havido várias *ostracophoriai* nas quais foram alcançados menos do que o mínimo necessário de 6.000 votos.[87]

***

Não sabemos absolutamente nada sobre os motivos dos atenienses para votar contra os cinco homens condenados ao ostracismo na década de 480. Mesmo que Aristóteles estivesse certo (e eu não creio que ele estava) sobre o propósito original da lei do ostracismo e Clístenes a desejasse principalmente como uma arma a ser usada, se necessário, contra um tirano em potencial, em particular Hiparco, não se segue que a razão real para o ostracismo de Hiparco foi o medo de que ele pudesse se tornar tirano, pois toda a situação havia

86 O ostracismo de Alcibíades, avô do grande Alcibíades, é apenas possível. Mesmo isso se baseia em uma autoridade muito pobre: Pseudo-Lísias XIV 39, que declara, absurdamente, que o ancião Alcibíades e Mégacles foram condenados ao ostracismo duas vezes, e Pseudo-Andócides IV 34, que é quase inútil (cf. n. 77 acima. Sec. 34 do mesmo discurso também alega que Cálias, filho de Dídimo, foi condenado ao ostracismo). E.Vanderpool, em *Hesp.* 21 (1952) 1–8, argumenta que Alcibíades foi condenado ao ostracismo em 460. Parece-me inconcebível que Dámon, o "intelectual", tenha sido condenado ao ostracismo, apesar de Aristóteles, *Constituição dos Atenienses* 27.4; Plutarco, *Nícias* 6.1; *Aristides* 1.7: ver Carcopino, *OA*^{2} 125–42 (embora eu não aceite todos os seus argumentos). É ridículo dizer, como fazem até mesmo Glotz e Cohen (*HG* II 186 n. 77), que "*l'ostracisme de Dámon est un fait acquis ... puisqu'on a trouvé un ostracon marqué de son nom*": *IG* I^2 912. A isso Carcopino (*OA*^{2} 126) deu a resposta certa: "*Pas plus qu'une hirondelle ne fait le printemps, un ostrakon ne saurait suffire à déterminer un ostracisme*". Nem penso que Raubitschek, em *Hesp.* 24 (1955) 286-9, apresentou um argumento muito bom para o ostracismo de Mênon, filho de Menéclides, c. 457. Mesmo no início do século IV, declarações ridiculamente falsas podiam ser feitas em público por políticos atenienses bem-educados sobre a história do século V, às vezes envolvendo ostracismos que certamente nunca ocorreram — ver Andócides III, esp. 3: καὶ Μιλτιάδην τὸν Κίμωνος ὠστρακισμένον καὶ ὄντα ἐν Χερρονήσῳ καταδεξάμεθα δι' αὐτο τοῦτο, πρόξενον ὄντα Λακεδαιμονίων, ὅπως πέμψαιμεν εἰς Λακεδαίμονα προκηρυκευσόμενον περὶ σπονδῶν ["e recordamos Milcíades, filho de Címon, que havia sido condenado ao ostracismo e estava então no Quersoneso, por esta mesma razão, para que, sendo ele um *proxenos* dos espartanos, pudéssemos enviá-lo a Esparta para abrir negociações em busca de uma trégua"]. [No entanto, ver Posfácio, p. 307 abaixo].

87 Cf. p. 284 & n. 115 abaixo.

mudado muito no intervalo de vinte anos. Têm surgido muitas especulações nos últimos tempos sobre a natureza da "política partidária" em Atenas, desde Clístenes até a invasão de Xerxes,[88] mas a maior parte delas são inúteis, pois temos muito poucas evidências, nem de perto o suficiente para permitir desenhamos até mesmo os contornos gerais de uma imagem satisfatória de tal situação. Seria sóbrio ponderar que os dois homens contra os quais, depois de Temístocles, temos o maior número de óstracos preservados,[89] a saber, Calixeno e Hipócrates, filho de Alcmeônides, são praticamente desconhecidos para nós de qualquer outra fonte, assim como Mênon, o próximo na lista, que no entanto pertence a um período bastante posterior.[90] Tudo o que eu gostaria de insistir aqui é que não devemos alegar *saber* por que os atenienses condenaram ao ostracismo Hiparco, Mégacles ou o terceiro "amigo dos tiranos", ou Xantipo, ou Aristides. Em particular, pode ser "difícil dc duvidar" que o ostracismo de Aristides estava diretamente relacionado a sua oposição ao programa de construção naval de Temístocles (se é que ele se opunha a ele!), mas tais conjecturas são inofensivas apenas se não tentarmos ir mais longe e construir mais conjecturas sobre elas. Os ostracismos da década de 480, então, pouco nos ajudam quando procuramos evidências sobre os motivos de determinados ostracismos.

Sobre o pano de fundo dos últimos quatro ostracismos, temos mais informações e podemos tirar conclusões razoavelmente fir-

88 J.A.R.Munro, em *CAH* IV 230–2, 249–50; E.M.Walker, *ibid.* 154–6, 167–72, 252–3, 264–7; V 34–9, 46–9, 59–67, 68–72 (e cf. 81–2, 85–7); M.F.McGregor, "The Pro-Persian Party at Athens, 510–480 B.C.", em *Athenian Stud. Pres. to W.S.Ferguson* (*HSCP* Suppl. I, 1940), 71–95; C.A.Robinson, "The Struggle for Power at Athens in the Early Fifth Century", em *AJP* 60 (1939) 232–7; "Athenian Politics, 510–486 B.C.", em *AJP* 66 (1945) 243–54; A.W.Gomme, "Athenian Notes: I. Athenian Politics, 510–483 B.C.", em *AJP* 65 (1944) 321–31, repr. em Gomme's *MEGHL* 19–28; D.Kagan, *Hesperia* 30 (1961) 393–401.

89 Para números ver H.A.Thompson, em *Hesperia* 17 (1948) 193–4; E.Vanderpool, em *Hesp.* Supl. 8 (1949) 408–12; A.E.Raubitschek, em *Actes du IIe congr. internat. d'épigr gr. et.* (Paris, 1952) 59–74; Hands, *JHS* 79 (1959) 76–9. [Mas ver Posfácio dos organizadores, p. 307 abaixo].

90 Ver Raubitschek, *Hesperia* 24 (1955).

mes. O ostracismo de Hipérbolo apresenta características especiais: tratarei dele mais tarde. Isso nos deixa com três ocasiões, em cada uma das quais, devo sustentar, pode-se dizer que o ostracismo funcionou muito bem, do ponto de vista dos atenienses do século V, que tinham visões diferentes de nós sobre o assunto da relação entre indivíduo e Estado.[91] Por causa de cada um desses três ostracismos — os de Temístocles, Címon e Tucídides, filho de Melésias — um potencial líder de facção, cuja presença *ameaçava a unidade do Estado* no campo da política externa, se não também na política interna, foi removido da cidade por tempo suficiente para destruir a resistência que ele e seus seguidores vinham oferecendo ao grupo então dominante, liderado no primeiro caso por Címon, no segundo por Efialtes (e possivelmente Péricles) e no terceiro por Péricles. Com o ostracismo de Temístocles, Címon foi capaz de preservar a amizade ateniense com Esparta, que Temístocles vinha ameaçando,[92] e trazer toda a energia de Atenas para o fortalecimento da Liga de Delos e o prosseguimento da luta contra a Pérsia, culminando na vitória no Eurimedonte, em 469 ou logo depois.[93] Com o ostracismo de Címon, essa política foi revertida: Atenas rompeu com Esparta e seguiram-se alianças com Mégara e Argos, e a Primeira Guerra do Peloponeso. Ouvimos falar de uma única tentativa de traição em 457 (ou 458),[94] mas, fora isso, havia evidentemente uma grande unidade por trás do novo grupo de líderes democráticos radicais. Com o ostracismo de Tucídides, filho de Melésias, a oposição aberta à política imperial de Péricles parece ter cessado inteiramente;[95] e mesmo os oligarcas extremistas em 411 não desejavam acabar com o império até descobrirem que seria impossível para eles man-

91 Essa abstração cansativa, "*o* indivíduo", que tem atormentado tanto o pensamento político moderno, raramente aparece nos escritos políticos gregos, e de fato o contraste entre "o indivíduo" e "o Estado" dificilmente pode ser traduzido diretamente para o grego, exceto em algumas formas como τὸ ἴδιον / τὸ δημόσιον.

92 [Ver *OPW* 174–6, 378–9].

93 Para 469, ver *ATL* III 160. Em favor de uma data posterior, ver M.E.White, *op. cit.* (na n. 83 acima).

94 Tucídides I 107.4.

95 Ver Plutarco, *Péricles* 16.3 etc., com 11–12.

ter tanto o império e quanto seus interesses pessoais.[96] De acordo com nossas preferências individuais, podemos acreditar que um ou mais desses ostracismos representaram um erro político por parte dos atenienses. (Muitas pessoas podem pensar que o ostracismo de Címon foi um erro. Eu acredito que o erro foi o ostracismo de Temístocles). Mas, de qualquer forma, em cada caso, uma situação que poderia facilmente ter levado à *stasis* ou à traição da cidade a um inimigo estrangeiro ou pelo menos a uma divisão profunda que teria enfraquecido gravemente Atenas foi sanada, à custa de dez anos da carreira política de um homem.

Eu forneci três exemplos inquestionáveis de ostracismos que preservaram a unidade do Estado quando ela estava seriamente ameaçado. Os ostracismos da década de 480 também podem ter feito exatamente isso. Já argumentei que, como não sabemos praticamente nada sobre a situação interna em Atenas na década de 480 (ou na década de 490, nesse caso), não podemos tirar conclusões sólidas sobre as razões por trás de qualquer um dos cinco ostracismos daquela década. No entanto, ninguém contestará que, de longe, a questão mais importante enfrentada pelos atenienses nesse período era a ameaça de outra invasão persa, mais poderosa e perigosa do que aquela que os atenienses haviam derrotado em 490 em Maratona. Acho que quase todo mundo concordaria que todos, ou pelo menos a maioria dos homens condenados ao ostracismo na década de 480, provavelmente eram políticos que, de uma forma ou de outra, se opunham à facção dominante (liderada, ao menos no final da década de 480 por Temístocles), que acreditava conseguir resistir à Pérsia até o fim, sem qualquer forma de "apaziguamento", e sem dúvida tinha ideias irresolutas sobre como exatamente isso poderia ser feito da melhor maneira, por meio de ação naval e militar. Não que as vítimas particulares de ostracismo precisem necessariamente ser "a favor dos persas", no sentido de realmente desejarem submeter Atenas ao domínio persa, seja por motivos pessoais ou políticos (como Hípias) ou talvez na crença de que, sem o domínio persa, Atenas provavelmente cairia sob o domínio espar-

96 Ver Tucídides VIII 90–92.1 (especialmente 91.3); cf. 63,4; 70,2–71, com 86,3.

tano. De fato, temos provas quase conclusivas de que, com a possível exceção de Hiparco,[97] nenhum deles poderia ser seriamente suspeito de ser realmente "a favor dos persa" (ou, nesse caso, hostil à democracia): o fato é que, quando a invasão persa era iminente, os ostracizados foram chamados de volta.[98] Nesta grave crise, os atenienses certamente não teriam chamado de volta homens suspeitos de negociações traiçoeiras com a Pérsia (ou de planejar derrubar a democracia), ou mesmo quem defendeu a submissão à Pérsia. Certamente teria sido suficiente para obter seu ostracismo se alguns dos cinco homens em questão estivessem dispostos a "apaziguar" a Pérsia (como Hiparco, filho de Quarmo, pode muito bem ter sido), ou pelo menos sustentassem que a resistência deveria ser efetuada por meio de um exército hoplita, com tanto sucesso em Maratona, e não por uma grande frota, o que pode ter parecido para alguns atenienses (especialmente os mais ricos) uma extravagância tola, impossível de manter em funcionamento sem impostos onerosos. A forma precisa que a resistência à Pérsia deveria assumir deve ter sido objeto de intenso debate em Atenas na década de 480.

Ficamos com apenas um ostracismo, o de Hipérbolo, que é aparentemente anômalo, pois os motivos que encontramos nos outros casos não se aplicam. Na verdade, porém, se a *ostracophoria* nessa ocasião não tivesse sido "gerenciada" por Alcibíades e Nícias, e tivesse alcançado o fim que acredito ter sido projetada para exercer, é muito provável que a grande expedição siciliana nunca pudesse ter existido, ou pelo menos não teria sido um desastre absoluto. A *ostracophoria* de *c.* 417 só pode ter sido destinada, por aqueles que votaram a favor, a livrar-se de Nícias ou Alcibíades, os dois prin-

97 Talvez Hiparco já tivesse sido julgado e condenado *in absentia*, após seu ostracismo, mas antes de 480, sob a acusação de traição (Licurgo, *Contra Leocrates* 117–18). Alternativamente, ele não era suspeito de ser "pró-persa" e foi chamado de volta com os outros, para ser condenado mais tarde — talvez em consequência de não ter retornado.

98 Aristóteles, *Constituição dos Atenienses* 22.8 e outras fontes, incluindo o famoso "Decreto de Temístocles", M/L 23 = Fornara 55. Entre muitas discussões sobre a revogação dos ostracizados no decreto, posso me referir àquelas de D.M.Lewis, em CQ 55 = n.s. 11 (1961) 61 e ss., pp. 65-6; e A.R.Burn, *Persia and the Greeks* (1962), 351-2. [Mas contra a autenticidade do decreto, ver O.Murray, *Early Greece*[2] (1993), 295-9].

cipais políticos da época, homens que defendiam políticas diametralmente opostas em relação à guerra contra Esparta, que desde 418 havia sido apenas latente, mas poderia explodir novamente a qualquer momento. Se Alcibíades tivesse sido condenado ao ostracismo, o mais importante defensor da expedição siciliana de 415 teria sido retirado de cena, e aqueles como Nícias, que se opuseram a essa expedição, poderiam ter impedido que ela fosse iniciada, ou pelo menos limitado seus objetivos e restringido a sua escala; se Nícias tivesse sido condenado ao ostracismo, o caminho seguido pelos generais que lideraram a expedição dificilmente teria sido tão incompetente e ruinoso para Atenas.

Gostaria de chamar a atenção para uma característica interessante da *ostracophoria* da qual Hipérbolo foi vítima. Se a história do conluio entre Nícias e Alcibíades é verdadeira,[99] como certamente deve ser, então aquela *ostracophoria* pode ter sido votada contra a vontade dos dois políticos atenienses mais proeminentes e influentes de sua época.

***

Podemos agora retornar à explicação aristotélica do ostracismo e tentar formular uma teoria do propósito dessa instituição que levará em conta tanto o que Aristóteles diz, quanto as evidências circunstanciais que agora descobrimos das ocasiões históricas em que o ostracismo foi realmente usado em Atenas.

Já que Aristóteles diz que o ostracismo existe ἐνιαχοῦ ... οἷον ἐν Ἄργει καὶ Ἀθήνησιν ["em certos lugares ... como Argos e Atenas"],[100] e também ouvimos falar dele, sem quaisquer detalhes, em Mégara e Mileto,[101] e sob o nome de πεταλισμός em Siracusa,[102] e uma vez que alguns dos outros Estados podem ter usado o ostracismo no tempo de Aristóteles — enquanto Atenas havia deixado de empregá-lo por quase cem anos — a concepção de ostracismo de Aristóteles pode

99 Ver nota 85 acima.

100 *Política* V 3, 1302^{b}18–19; Escólios a Aristófanes, *Cavaleiros* 855.

101 Escólios, conforme citado na nota anterior.

102 Diodoro XI 86,5–87,2; e ver abaixo.

ter sido formada, pelo menos em parte, com base em seu funcionamento em outras cidades além de Atenas, onde pode ter assumido formas bastante diferentes daquele tipo que conhecemos. Mas certamente é provável que Aristóteles tivesse em mente sobretudo Atenas. De qualquer forma, no que segue falarei apenas do ostracismo em sua forma ateniense.

Como vimos, o que faz de um homem um "candidato ao ostracismo", na visão de Aristóteles (como na de Tucídides, Plutarco e outros), é que ele é alguém de quem se pode dizer que ὑπερέχειν δυνάμει,[103] uma expressão que temos razão para interpretar como a posse de poder político ou influência tão grande que põe em perigo a segurança da constituição — e *talvez* leve a uma tirania, mas este é apenas um caso especial. Vou sugerir que a explicação de Aristóteles não funciona como está colocada, mas que podemos aceitá-la se acrescentarmos uma simples condição.

Que a análise de Aristóteles do ostracismo não se encaixa nos fatos históricos no que diz respeito a Atenas deve ficar imediatamente claro, pelas seguintes razões:

(a) Primeiro, há o argumento extraído do exame das circunstâncias de cada ostracismo conhecido. Provavelmente nenhum dos homens conhecidos por terem sido condenados ao ostracismo possuía *na época de seu ostracismo* uma superabundância de poder político (δύναμις). Aristides pode ter sido um homem assim na época de sua famosa avaliação das cidades da recém-fundada Liga de Delos, mas não em 483-2. Temístocles pode, com toda certeza, ter sido perigosamente poderoso na época do ostracismo de Aristides e até pouco depois de 480, mas antes de ele próprio ser condenado ao ostracismo, no final dos anos 470, ele obviamente havia sido desacreditado e sem dúvida tinha muito menos influência. Nos anos seguintes a 477, Címon alcançou rapidamente uma posição de liderança no Estado: na época de sua vitória em Eurimedonte, ele era o homem mais poderoso de Atenas, e assim permaneceu até o repúdio de sua política filo-laconiana em 462.[104] Quando ele foi con-

103 Ver pp. 268-269 acima.

104 Ver *OPW* 172–3, 179.

denado ao ostracismo na primavera de 461, ele já havia "saído do poder". Em 443, não era Tucídides, filho de Melésias, mas Péricles, o homem de maior poder. (O ostracismo de Hipérbolo já foi discutido). A teoria de Aristóteles não se encaixa em nenhum desses casos. Não podemos dizer nada com confiança sobre os quatro primeiros ostracismos, mas não é provável que Hiparco e os outros tenham sido menos influentes depois de Maratona do que nos últimos anos do século VI? Aqueles que acreditam que figuras relativamente menores como Alcibíades, o velho, Dámon e Mênon foram condenados ao ostracismo, terão uma dificuldade ainda maior em explicar a teoria de Aristóteles sobre o propósito do ostracismo. A lembrança de quão importantes e influentes foram as vítimas do ostracismo pode ter influenciado Aristóteles indevidamente e o levou a afirmar que ὑπεροχὴ δυνάμεως foi a causa de seus ostracismos.

(b) Em segundo lugar, há um argumento de caráter geral: quanto maior a influência pessoal de um homem no *demos*, menos provável é que ele seja condenado ao ostracismo! Não se pode conceber Clístenes sendo condenado ao ostracismo em 507, Temístocles entre 482 e 479, Címon entre 475 e 462 ou Péricles entre, pelo menos, 442 e 432. Se aqueles que desejam condenar tal homem ao ostracismo conseguissem obter uma *ostracophoria*, a vítima mais provável não seria o próprio homem, mas seu principal oponente político. Imaginar que os atenienses forjaram uma faca de dois gumes desse tipo, tão absurdamente inadequada para seu suposto propósito de se livrar de um político superpoderoso, é atribuir-lhes um grau de inteligência muito baixo.

***

A condição que eu acrescentaria à teoria do ostracismo de Aristóteles é que o homem que possui um excesso de poder político deve, a fim de se tornar um "candidato ao ostracismo" adequado, ser aquele que não é apenas mais influente politicamente do que outros indivíduos, mas capaz de fazer sua vontade prevalecer *contra a maioria dos cidadãos*. O homem condenado ao ostracismo será aquele que *lidera a oposição contra a vontade da maioria em algum assunto vital.*

Como disse certa vez um aluno meu, em termos da política britânica moderna: "O homem que é condenado ao ostracismo é o líder da oposição". Aristóteles supõe que o homem que possui δύναμις excessiva e sua facção provavelmente tentarão tomar o poder, transformando a constituição em uma tirania ou uma oligarquia; mas, como vimos,[105] isso não é central no pensamento de Aristóteles sobre o ostracismo e aparece em apenas uma passagem da *Política*, embora ocupe um lugar importante em sua declaração dos motivos de Clístenes ao introduzir o ostracismo, na *Constituição dos Atenienses*. Como não há razão para pensar que Aristóteles tivesse fontes de informação seguras sobre esse assunto, sugiro que temos uma justificativa para atribuir ao próprio Clístenes as mesmas ideias que podem ser claramente vistas em ação nos ostracismos históricos, sobre os quais possuímos mais informação.

A meu ver, então, o ostracismo foi pensado para ser usado em um momento no qual havia uma profunda divisão dentro do Estado sobre um assunto de grande importância, uma divisão que, se continuasse, poderia enfraquecer gravemente a cidade e poderia até levar à *stasis* ou traição — uma eventualidade ainda mais provável no final do século VI ou início do século V do que mais tarde, quando o processo democrático tinha raízes mais firmes. Nesse momento, o ostracismo poderia ser empregado de maneira útil. Seu efeito foi privar por um tempo de seu líder *aquela facção que tinha menos apoio popular — um procedimento completamente democrático*! E não foram tomadas medidas severas contra a vítima do ostracismo: sua cidadania e sua propriedade não lhe foram retiradas (nem mesmo a renda de sua propriedade), e após o término de dez anos ele poderia retornar e até mesmo assumir um alto cargo novamente, como Xantipo, Aristides e Címon fizeram. Além disso, seus filhos parecem não ter sido afetados de forma alguma, mesmo durante sua ausência. Tudo isso contrasta fortemente com a posição do homem condenado ao exílio (φυγή), punição muitas vezes infligida pelos Estados gregos aos líderes sobreviventes do lado perdedor em uma *stasis*: uma sentença de exílio normalmente envolvia a perda

---

105 Ver pp. 268-269 acima.

perpétua dos direitos cívicos e confisco de bens, e frequentemente se estendia aos filhos do homem banido.[106] O ostracismo, por outro lado, limitava-se a garantir o único meio essencial de reduzir a tensão e abortar a *stasis*: a partida temporária do "líder da oposição" (se é que posso usar esse termo muito anacrônico). Com sorte, um ostracismo poderia resolver a questão por um tempo, como os de Aristides, Temístocles, Címon e Tucídides evidentemente fizeram. Mas se a divisão entre os cidadãos ainda permanecesse profunda e quase igualitária, o lugar do líder que partiu logo poderia ser ocupado por outro homem proeminente e outro recurso ao ostracismo poderia então ser necessário.

Do ponto de vista de um democrata ateniense do século V, só poderia haver dois grandes defeitos potenciais no sistema de ostracismo. Primeiro, a menos que os atenienses restringissem ao máximo os casos em que se precisava votar que uma *ostracophoria* fosse realizada, eles poderiam acabar abusando deste recurso, para o que chamaríamos de propósitos "políticos partidários": ou seja, a lei poderia ser empregada quando não houvesse divisão profunda dentro da cidade sobre qualquer assunto realmente essencial, mas sim uma rivalidade pessoal entre dois ou mais homens proeminentes pela liderança política. Mas, como veremos agora, havia uma regra de que, se menos de 6.000 votos fossem depositados, a *ostracophoria* não surtia efeito, e isso forneceria alguma garantia contra o uso indevido do ostracismo dessa forma — imagino que era exatamente isso que se pretendia fazer quando aprovaram tal medida. E, em segundo lugar, se as duas figuras principais da comunidade, em uma situação bastante equilibrada, se sentissem em perigo e fizessem uma negociação, e conseguissem incitar seus seguidores a votar contra uma terceira pessoa, o ostracismo não atingiria sua finalidade adequada. No entanto, quando isso aconteceu uma vez, em c. 417, os atenienses aprenderam a lição e aparentemente nunca mais realizaram outra *ostracophoria*.

Sugiro que, se considerarmos o propósito da lei do ostracismo, conforme discutido acima, em relação à data conhecida de sua in-

106 Ver e.g. Escólios a Aristófanes, *Vespas* 947 (Idomeneu, *FGrH* III B 338 F 1).

trodução, esse propósito se torna ainda mais compreensível, pois o próprio Clístenes acabara de passar pela mesma situação que, como sugeri, a lei do ostracismo foi projetada para prevenir: ele havia sido o líder de um lado (o lado popular) em uma *stasis* que poderia ter sido totalmente evitada, se o recurso do ostracismo já estivesse disponível.[107] Clístenes evidentemente tinha a maioria dos atenienses ao seu lado em 508/7,[108] provavelmente a esmagadora maioria, exceto por um punhado de aristocratas. Iságoras, é verdade, foi eleito arconte para 508/7; mas não há razão para pensar que as eleições para o cargo de arconte até 487, e depois para a *strategia*, eram normalmente feitas de acordo com alinhamentos "político-partidários". Devemos tomar cuidado ao admitir uma natureza muito pessoal das reivindicações de altos cargos em Atenas e em todos os outros Estados antigos. Como no caso das eleições consulares e outras em Roma, determinados homens devem ter sido eleitos para magistraturas na Atenas do século VI (e também na Atenas dos séculos V/IV) principalmente por causa de uma combinação de riqueza, nascimento, habilidade natural como líderes, e aquele treinamento na arte da política que poderia ser melhor obtido por pertencer a uma das grandes "famílias políticas", não — salvo em circunstâncias muito excepcionais — por causa de qualquer linha política particular que o candidato se comprometeu a seguir ou quaisquer medidas que prometeu introduzir. Um candidato à eleição nunca (ou praticamente nunca) faria campanha eleitoral com base em um programa de medidas pretendidas. A eleição de um determinado homem, portanto, não significa necessariamente que ele e sua facção eram politicamente dominantes. Muitas inferências infundadas sobre o curso da política ateniense no final do século V foram baseadas na noção de que as eleições para a principal magistratura, então a *strategia*, podem ser tomadas como uma indicação confiável da força dos partidos ou grupos. (O mesmo erro produziu

107 Este ponto essencial, que muitos autores recentes não perceberam, foi visto por Wilamowitz, *AuA* II 87 n. 28, e esp. F.Schachermeyr, "Zur Chronologie der kleisthenischen Reformen", em *Klio* 25 (1932) 334-47, na p. 347.

108 Veja a primeira sentença de Heródoto V 70.1.

muitas teorizações falsas sobre a política romana nos últimos dois séculos a.C.). Uma aparência "político-partidária" particular pode ser relevante em crises políticas, mas, como regra, provavelmente pesaria muito menos do que as outras características mencionadas acima. Iságoras foi um dos aristocratas mais proeminentes de sua época — talvez, como sugerem as fontes,[109] o mais proeminente, pelo menos entre aqueles que não se comprometeram aos olhos de seus semelhantes por terem ocupado cargos sob o governo dos Pisistrátidas, como Clístenes e Miltíades talvez tenham feito.[110] Iságoras, portanto, tinha quase certeza de ser eleito arconte quando se tornasse candidato, mesmo se ele fosse conhecido por ser um homem cujas visões políticas fossem muito diferentes daquelas da massa de atenienses. Tal homem, entretanto, pode ser ao mesmo tempo um óbvio "candidato ao ostracismo"! O fato de Iságoras ter sido eleito arconte em 508, portanto, não é prova de que ele não teria sido uma provável vítima do ostracismo, caso essa instituição existisse em 509/8 e os atenienses tivessem percebido que ele era o principal opositor das reformas que muitos deles estavam favoráveis, e estava preparado para criar uma *stasis* e até mesmo convocar os espartanos, em vez de se submeter à introdução das medidas de Clístenes.

A lei do ostracismo teria sido uma reação muito natural de Clístenes e dos membros de seu círculo à crise que os atenienses acabavam de superar. E Clístenes, de todos os atenienses desde a época de Pisístrato até o apogeu de Címon, era o que menos tinha a temer a sua própria lei, já que, como autor (ou pelo menos o patrono)[111]

109 Ver esp. Heródoto V 66; 72.1,2; 74.1.

110 Ver M/L 6 = Fornara 23. 5–6. É verdade que Aristóteles, *Constituição dos Atenienses* 20.1 refere-se a ele como φίλος ὢν τῶν τυράννων ["amigo dos tiranos"]; mas concordo com Sandys (*ad loc.*) que "o oponente de Clístenes, o inimigo dos tiranos, deve necessariamente ser amigo deles". Eu acrescentaria que qualquer um que não esteja preparado para aceitar este argumento deve olhar para Aristóteles, *Analíticos Posteriores* I 34, 89^{b}10–14, onde Aristóteles, dando exemplos característicos da posse de raciocínio rápido (ἀγχίνοια), aponta para o homem que vê duas pessoas conversando e adivinha "que a amizade dessas pessoas surgiu de uma inimizade comum"!

111 Cf. p. 193 acima.

da nova constituição democrática, ele obviamente poderia esperar desfrutar de grande prestígio por algum tempo; além disso, naquele tempo ele provavelmente já era um homem idoso,[112] sem um longo futuro político pela frente. O ostracismo, portanto, destinava-se a lidar exatamente com o tipo de situação a que o próprio Clístenes havia sido exposto: um conflito profundo dentro do Estado, que provavelmente levaria à estagnação ou à convocação de uma potência estrangeira; mas tal situação provavelmente não surgiu novamente até depois de Maratona.

Agora podemos ver que o ostracismo não era nem de perto uma instituição tão tola como geralmente se supõe nos dias atuais. Contanto que os atenienses pudessem abster-se de realizar uma *ostracophoria*, exceto nas circunstâncias para as quais ela foi originalmente planejada, como as descrevi, o ostracismo poderia não causar nenhum dano real e, às vezes, poderia gerar muitas coisas boas. De fato, seus efeitos nas circunstâncias certas teriam sido considerados por todos os democratas gregos como benéficos, em princípio, por mais que desaprovassem o resultado de uma determinada *ostracophoria*. Mesmo que se pense que os atenienses fizeram uma escolha errada entre os vários "candidatos ao ostracismo" em uma ou mais ocasiões, e mesmo que se admita que o ostracismo de Hipérbolo — um caso único — foi ruim em princípio, é difícil não admitir (e vários críticos do ostracismo, como Hignett,[113] virtualmente admitiram) que na década de 480 ele provavelmente ajudou a fortalecer materialmente Atenas para sua grande luta contra a Pérsia.

Talvez não tenha enfatizado suficientemente duas características do ostracismo das quais podemos agora ver todo o significado: a votação preliminar na sexta pritania, por levantamento de mãos, ἐπιχειροτονία (e, portanto, provavelmente sem debate),[114] e o *quorum* de 6.000 sem que a *ostracophoria* não poderia ter nenhum efei-

112 Ver p. 261 & n. 50 acima.

113 *HAC* 186.

114 Aristóteles, *Constituição dos Atenienses* 43.5; Filocoro, *FGrH* III B 328 F 30.

to.[115] Na ἐπιχειροτονία preliminar, os atenienses da época de Clístenes, e também posteriormente, saberiam muito bem sobre quais princípios deveriam votar para realizar uma *ostracophoria*; e se não houvesse debate, seria difícil para políticos sem escrúpulos estimular sentimentos em favor de um ostracismo injustificado, exceto por muita propaganda prévia — uma atividade para a qual a política ateniense não se prestava muito facilmente, já que a maioria dos assuntos eram decididos por debate na Assembleia e era nesses debates, não (tanto quanto sabemos) na atividade anterior a eles, que os políticos mais importantes normalmente confiavam para influenciar seus potenciais apoiadores.[116] O *quorum* de 6.000 era um número provavelmente muito acima do comparecimento normal à Assembleia no final do século VI e início do século V.[117] A razão para fixar um *quorum* tão alto foi certamente o fato de que o ostracismo deveria ser usado apenas quando havia sentimentos profundos e divergentes sobre alguma questão política importante. Se uma *ostracophoria* fosse votada quando os sentimentos não estivessem muito exaltados, os cidadãos responsáveis poderiam mostrar sua desaprovação abstendo-se: se um número substancial de atenienses fizesse isso, o *quorum* não seria alcançado e não haveria resultado. (Se uma profunda divisão na cidade realmente existisse, é claro, poderia ser perigoso para os partidários de um óbvio "candidato

---

115 Contra a visão impossível, baseada em uma condensação lexicográfica obviamente defeituosa de Filocoro (F 30), que o número de 6.000 é o número de votos contra um indivíduo, será suficiente referir-se a Jac. i 315–16; Hignett, *HAC* 165–6. Os argumentos decisivos são a dupla contagem de votos em Plutarco, *Aristides* 7.5–6, e a analogia com votos de indenização (ἄδεια).

116 Não pretendo sugerir que não houvesse uma discussão interminável de questões políticas em Atenas fora da própria Assembleia — claro que havia. Mas, na ausência de organizações partidárias parecidas com o estilo moderno (ver p. 198 acima), seria muito mais difícil do que é hoje para um grupo de políticos não apenas decidir sobre uma política comum, mas também influenciar seus potenciais apoiadores para votar a favor, exceto por meio de seus discursos no Conselho e na Assembleia.

117 Cf. Tucídides VIII 72.1. Reconhecidamente, isso se refere especificamente às condições de guerra, mas no final do século V a população de cidadãos de Atenas deve ter sido muito maior do que no final do século VI.

ao ostracismo" simplesmente se ausentarem, pois seria mais seguro em tais casos votar contra o líder da facção oposta). Se olharmos para as duas salvaguardas que acabei de discutir, com a interpretação correta do propósito do ostracismo em mente, podemos ver que elas foram engenhosas e provavelmente bastante eficazes. Mais uma vez, o bom senso dos atenienses do final do século VI se mostra claramente.

De minha parte, estou inclinado a duvidar que o uso repetido do ostracismo em anos sucessivos, à maneira da década de 480, pode ter sido contemplado originalmente. Não posso deixar de me perguntar se cinco ostracismos em cinco ou seis anos podem realmente ter sido justificados de acordo com o plano original, no sentido de que, a menos que os cinco homens fossem silenciados, o Estado continuaria profundamente dividido. Mas, como já argumentei, realmente não sabemos quase nada sobre a política ateniense nas duas primeiras décadas do século V. É bem possível que o risco da conquista persa, que começou a ameaçar Atenas seriamente logo depois de 499 e ainda mais insistentemente depois de 490, distorceu a situação em uma medida sem paralelo e de forma imprevista. Talvez, por um lado, aqueles que seguiram a agenda política que associamos particularmente a Temístocles sentiram que quaisquer táticas eram justificadas para livrar a cidade daqueles homens proeminentes, que eles consideravam muito "suaves" em sua atitude para com a Pérsia ou muito equivocados nos meios que empregariam para resistir à Pérsia; e talvez, por outro lado, existissem homens dispostos a fazer qualquer coisa para não permitir que os atenienses fossem totalmente arruinados, como os erétrios em 490, seguindo uma agenda política imprudente e nunca antes testada.

Se havia um medo generalizado de uma recorrência da tirania na última década do século VI ou nas duas primeiras do século V, é uma questão sobre a qual opiniões muito diferentes foram expressas. Não vejo como podemos resolver esta questão com alguma segurança, mas minha impressão subjetiva é que não havia nenhum perigo sério de tirania depois de 510, de uma facção Pisistrátida ou de qualquer grupo semelhante.[118] Como Hignett coloca a questão, "Não havia nenhum glamour sentimental na memória do tirano exilado, e agora não havia descontentamento político ou econômico que ele pudesse explorar em interesse próprio".[119] Atenas havia superado a necessidade de um tirano e apenas o desgoverno aristocrático — que Sólon tentou, com sucesso apenas parcial, superar pela legislação e Pisístrato pôs fim à força — poderia ter criado uma situação em que um número substancial de atenienses poderia estar disposto a suportar um tirano mais uma vez. "O povo considerava a tirania apenas como um expediente. Eles o usaram como um aríete para demolir a fortaleza política dos oligarcas e, quando seu fim foi alcançado, abandonaram apressadamente a arma que feriu suas mãos".[120] A tirania, exceto como produto de uma aguda luta de classes, era um fenômeno raro na Grécia. E, de qualquer modo, o ostracismo era um expediente extremamente inadequado para controlar um pretenso tirano. Os aristocratas gregos nunca suportaram voluntariamente a tirania: o tirano geralmente subia ao poder explorando, contra uma aristocracia opressiva ou muito exclusiva, as queixas das classes abaixo deles. Mas, se tal homem tivesse tanto apoio popular — que gerasse um perigo real de ele se tornar um tirano — e o ostracismo fosse empregado, a vítima mais provável não seria o próprio tirano em potencial, mas seu rival mais eficaz. Ou o homem não era perigoso o suficiente para precisar ser condenado ao ostracismo, ou provavelmente não seria condenado ao ostracismo.

O único perigo real de tirania em Atenas depois de 510, eu diria, veio do homem que poderia tentar impô-la por meio de um golpe armado ou após uma derrota militar, com a ajuda de uma potência externa, especialmente, é claro, Esparta ou Pérsia; e mesmo nes-

118 Ver as sensatas observações de Gomme, em *AJP* 65 (1944), p. 328, repr. em *MEGHL 25-26*.

119 *HAC* 179. Sinto menos simpatia pelo parágrafo que segue. Tudo o que Kagan diz sobre um suposto "partido tiranista", em *Hesp.* 30 (1961) 397 ss., é pura especulação e, a meu ver, extremamente improvável.

120 Glotz, *GC* 116. Esta declaração geral sobre a tirania é verdadeira, pelo menos, em alguns dos primeiros exemplos gregos e, especialmente, em Atenas.

sas circunstâncias a oligarquia era uma eventualidade muito mais provável.[121] Eu não afirmaria ser capaz de demonstrar tudo isso a alguém que duvidasse de minhas premissas; mas mesmo que pudesse ser demonstrado (e certamente não pode) que havia um número substancial de atenienses depois de 510 que desejavam um retorno à tirania, a natureza do ostracismo, como descrevi, nos proibiria de supor que era especialmente projetado para restringir este perigo particular.

***

O ostracismo também existiu — quando e por quanto tempo não sabemos — em Argos, Mégara e Mileto; e sob o nome de "petalismo" foi introduzido por um curto período em meados do século V em Siracusa.[122] Não temos nenhum detalhe sobre as formas de ostracismo argivo, megárico ou milésio, e nosso único relato sobrevivente do funcionamento do "petalismo" em Siracusa vem de Diodoro, que é vago e superficial. Segundo Diodoro, o "petalismo" foi introduzido após várias tentativas malsucedidas de tirania, por Tindáridas e outros,[123] e, assim como o ostracismo em Atenas foi dirigido contra τοῦ δοκοῦντος μάλιστα δύνασθαι τυραννεῖν τῶν πολιτῶν ["aquele entre os cidadãos que parecia mais capaz de estabelecer uma tirania"], então o "petalismo" de Siracusa pretendia atacar τὸν δυνατώτατον τῶν πολιτῶν ["o mais poderoso dos cidadãos"]: ambos os lados esperavam ταπεινώσειν τὰ φρονήματα τῶν πλεῖστον ἰσχυόντων ἐν ταῖς πατρίσι ["reduzir as ambições dos homens mais poderosos de seus territórios"].[124] Os melhores cidadãos agora se recusavam a participar da política, uma multidão de demagogos e bajuladores surgiu e a cidade caiu εἰς συνεχεῖς καὶ μεγάλας ... ταραχάς ["em distúrbios graves contínuos"], com o resultado de que a lei foi logo revogada.[125] Há pouco a ser aprendido aqui.

---

121 Cf. o que aconteceu em 508/7, 404/3 e 322.
122 Ver p. 277 e n. 100–2 acima.
123 Diodoro XI 86.4–5.
124 Diodoro XI 87.1–2.
125 Diodoro XI 87.3–5.

***

Aristóteles observou, como vimos,[126] que os Estados gregos empregavam o ostracismo στασιαστικῶς ["de maneira político-partidária"] em vez de usá-lo adequadamente. O que exatamente ele quer dizer? Tomando a palavra στάσις em seu sentido mais amplo, sem nenhuma implicação necessária de violência, poderíamos notar que Aristóteles teria razão em aplicá-la, por exemplo, ao ostracismo de Hipérbolo. Não conheço nenhum outro ostracismo ateniense ao qual as restrições de Aristóteles pudessem ser aplicadas adequadamente, mas é claro que pode ter existido, e em outras cidades (Siracusa, por exemplo) a instituição pode ter sido usada com abusos para fins "políticos partidários". O verdadeiro vício do ostracismo era o perigo de ser usado indevidamente, contra o qual dificilmente era possível tomar providências efetivas. A mera irresponsabilidade sempre seria um fator importante, mas em Atenas imagino que não tenha sido. Sem dúvida, indivíduos atenienses registraram seus óstracos irresponsavelmente. A história em Plutarco, *Aristides* 7.7-8, do homem que queria banir Aristides simplesmente porque estava cansado de ouvi-lo ser chamado de "o Justo", embora supostamente apócrifo, pode representar algo que aconteceu algumas vezes. Há também o fato de que os óstracos reais descobertos nos tempos modernos incluem alguns com nomes de homens que dificilmente podem ter sido importantes o suficiente para merecer essa forma particular de censura. E existe ainda o ostracismo de Hipérbolo. Esse tipo de comportamento irresponsável por parte dos atenienses do século V provocará o desprezo ou a surpresa apenas daqueles que nunca tomaram parte ativa na política moderna. A irresponsabilidade política é suficientemente difundida nos dias de hoje para nos fazer hesitar antes de acusar os atenienses de possuir uma medida indevida dessa qualidade.

Muitas vezes se supõe[127] que o ostracismo foi originalmente inventado para um propósito — geralmente a prevenção da tirania — e

126 pp. 268- acima.

127 Mais recentemente por Kagan, *Hesp.* 30 (1961) 396–401.

depois usado, desde o início ou depois de alguns anos, para outro: livrar-se de figuras "pró-persas" ou simplesmente de rivais. Não há razão para adotar tal opinião. Mostrei que todos os ostracismos que conhecemos podem ser satisfatoriamente justificados por um único princípio, aquele explicado por Aristóteles na *Política*, com o acréscimo de uma qualificação importante. (Devemos apenas colocar um ponto de interrogação contra os ostracismos da década de 480, sobre as circunstâncias das quais não temos informações). O ostracismo, como mostrei, era um dispositivo altamente inadequado para impedir a ascensão de um pretenso tirano e devemos nos recusar a aceitar a explicação nesses termos oferecida por Aristóteles na *Constituição dos Atenienses*— talvez generalizando a partir de uma interpretação errada do primeiro ostracismo registrado, talvez confiando muito facilmente na opinião superficial de Androcião.[128]

Em conclusão, gostaria de salientar que no final do século VI e início do século V (apesar do que possamos pensar de seu comportamento mais tarde) os atenienses mostraram a habilidade política mais notável, comportaram-se com habilidade e bom senso extraordinários, sobreviveram à hostilidade de Esparta, Egina e até mesmo da Pérsia (desempenhando inegavelmente o maior papel na repulsão das invasões persas), chegando à vanguarda do mundo grego. Muitos escritores, antigos e modernos que discutiram a origem do ostracismo atribuíram motivos para ele que envolveriam atribuir aos atenienses um grau muito baixo de inteligência e perspicácia política. A teoria que propus nos permite atribuir aos inventores do ostracismo um motivo perfeitamente sensato, como poderíamos esperar daquela brilhante geração de atenienses. O ostracismo tinha perigos latentes, é verdade; mas assim que esses perigos se tornaram aparentes, com o ostracismo de Hipérbolo, os atenienses recuaram e — οὐ γὰρ τοιούτων οὕνεκ' ὄστραχ' ηὑρέθη ["não foi por causa de tais pessoas que os óstracos foram inventados"][129] — nunca mais sofreram com a degradação da instituição do ostracismo pelo uso indevido de tal medida.

128 Cf. pp. 252-259 acima.

129 Ver n. 85 acima.

(II) ARCONTES E ESTRATEGOS

Chego agora à reforma constitucional de 487, pela qual os arcontes passaram a ser nomeados por κλήρωσις ἐκ προκρίτων ["seleção de candidatos pré-selecionados"]. Digo "487" para evitar escolher entre 488/7[1] e 487/6.[2] Esta última é a data geralmente aceita, mas há uma dúvida real se 487/6 é o ano em que a reforma foi introduzida ou aquele em que os primeiros arcontes escolhidos sob o novo sistema tomaram posse: Hignett[3] vai longe demais ao dizer que, até hoje, a reforma 488/7 está "desafiando a *Constituição dos Atenienses* 22,5". As palavras reais de Aristóteles são εὐθὺς δὲ τῷ ὑστέρῳ ἔτει ἐπὶ Τελεσίνου ἄρχοντος [487/6] ἐκυάμευσαν τοὺς ἐννέα ἄρχοντας κτλ. ["no ano imediatamente seguinte, no arcontado de Telesino (487/6), eles nomearam os nove arcontes por sorteio"]. Certamente esperaríamos que isso significasse que a primeira escolha de arcontes por sorteio ocorreu em 487/6, de modo que a reforma deve ter sido decretada naquele ano e o primeiro ano em que os arcontes escolhidos por sorteio realmente assumiram o cargo teria sido 486/5. No entanto, na *Constituição dos Atenienses* 26.2 lemos ἕκτῳ ἔτει μετὰ τὸν Ἐφιάλτου θάνατον ἔγνωσαν καὶ ἐκ ζευγιτῶν προκρίνεσθαι τοὺς κληρωσομένους τῶν ἐννέα ἀρχόντων, καὶ πρῶτος ἦρξεν ἐξ αὐτῶν Μνησιθείδης ["no sexto ano após a morte de Efialtes, eles resolveram que a pré-seleção para aqueles a serem nomeados por sorteio para os nove arcontados deveria ser aberta também aos *Zeugitai*, e Mnesitides foi o primeiro deles a ser designado como arconte"]. Efialtes foi assassinado em 462/1, e Mnesitides, o primeiro arconte que realmente ocupou o cargo sob o novo sistema, exerceu o arcontado em 457/6. De acordo com a contagem grega, este foi "o sexto ano após a morte de Efialtes". Mas o que Aristóteles diz é que *neste* mesmo ano (o sexto após a morte de Efialtes) os atenienses *aprovaram a reforma* (ἔγνωσαν). Não pode ser verdade que em 457/6 a reforma foi aprovada e que no mesmo ano os primeiros arcontes

1 Beloch, *GG II*² ii 139, e outros.

2 Ver Hignett, *HAC* 176 & n. 3 (fornecendo erroneamente a data de Beloch como 489/8); cf. 186 & n. 3.

3 *HAC* 186 n. 3.

escolhidos sob ela assumiram o cargo. Ou "o sexto ano" (ἕκτῳ ἔτει) é um erro, em lugar de "o quinto ano" (πέμπτῳ ἔτει), ou então (o mais provável, parece-me) Aristóteles escreve de uma maneira que nos pareceria imprecisa, mas que, penso eu, teria sido natural para um grego, e ele quer dizer — apesar de usar o termo ἔγνωσαν — que a reforma entrou em vigor no ano 457/6. Se esta última hipótese estiver certa, então, embora a redação da *Constituição dos Atenienses* 22.5 seja diferente, Aristóteles pode muito bem querer dizer que a escolha dos arcontes por sorteio foi feita *para* o arcontado de Telesino, e não *no* arcontado de Telesino, 487/6.

Essa reforma foi mal interpretada, em minha opinião, por quase todos os historiadores recentes. Apenas Hignett forneceu, em uma passagem,[4] uma explicação sólida e correta; mas mesmo ele não é consistente;[5] ele não apresenta um argumento realmente conclusivo do motivo pelo qual a visão usual é impossível, e seu quadro geral é prejudicado por datar a lei do ostracismo no mesmo período.

A interpretação mais comum da reforma atualmente é que foi uma medida "democrática".[6] Beloch[7] até fala anacronicamente sobre "*eine Verfassungsreform im ultrademokratischen Sinne*" ["uma reforma constitucional de intenção híper democrática"], Busolt[8] de uma reforma "*im Sinne der Radikalen*" ["no espírito dos radicais"]. Jacoby,[9] apresentando argumentos em favor da teoria de Beloch de que a lei do ostracismo foi introduzida em 488/7, acredita ser possível raciocinar que "a lei sobre o ostracismo em 488/7 e sobre a nomeação de arcontes por sorteio em 487/6 surgiram da mesma atitude de espírito democrático e são bastante críveis para os primeiros

4 *HAC* 187 n. 3, 188; contrastar com 173 ss. Vale a pena notar que Wade-Gery em 1933, em um artigo reimpresso em *EGH* (nas pp. 153-4), deu uma dica que aponta na direção certa.

5 Ver *HAC* 173 ss. (especialmente 175–6), 230–1.

6 Além dos escritores mencionados abaixo, ver Walker, em *CAH* IV 156; Macan, *Heródoto IV–VI* II 143; *Heródoto VII–IX* II 202.

7 *GG* II² ii 139.

8 *GS* II 887; cf. *GG* II² 638–9.

9 Jac., i 122–3.

anos da década de 480; e acrescenta em uma nota,[10] "Este argumento, que talvez seja o mais conclusivo, escapou a Beloch". É verdade que no "debate persa" sobre os distintos méritos da democracia, da oligarquia e da monarquia, que Heródoto[11] incorporou em sua obra, o sorteio dos magistrados é considerado um princípio caracteristicamente democrático, mencionado no mesmo trecho como uma responsabilidade soberana da Assembleia;[12] e que os teóricos políticos, pelo menos no século IV, tendiam a considerar a eleição por voto como aristocrática em princípio, e a por sorteio como democrática: ver, por exemplo, Platão, *República* VII 557a; Aristóteles, *Retórica* I 8, 1365^{b}31-4; II 20, 1393^{b}4–8 (com Xenofonte, *Memoráveis* I ii 9); Aristóteles, *Política* IV 9, 1294^{b}7–9, 12; VI 2, 1317^{b}17–21; II 11, 1273^{a}18. Mas, como mostrarei, concluir que a reforma de 487 foi particularmente "democrática" seria totalmente falacioso — assim como, por razões bem diferentes, seria a conclusão oposta, de que a reforma não foi democrática, mas oligárquica. Acho que pode ser provado que a reforma não era de natureza "político partidária": não era nem "democrática" nem "oligárquica", mas fazia parte (e de modo algum a parte mais essencial) de uma necessidade vital de melhoria na eficiência da organização do Estado.

A noção de que a reforma era "democrática" pode ser facilmente refutada. Em primeiro lugar, a eleição por sorteio pode, a princípio, ser mais "democrática" do que a eleição por voto, mas apenas quando a eleição é de todo o corpo cidadão e não apenas das classes altas, como era no início do século V, quando apenas os *Pentakosiomedimnoi* e os *Hippeis* eram elegíveis para o cargo de arconte. (Foi apenas em 457/6 que os *Zeugitai* foram admitidos).[13] Quando todo o corpo de cidadãos — no qual os *Zeugitai* e os *Thetes* juntos devem ter

10 Jac., ii 117 n. 38, onde ele se refere a Macan e Ehrenberg como tendo usado esse argumento. (Cf. pp. 252- & n. 12 acima).

11 Heródoto III 80–82. Heródoto tinha certeza de que o debate era genuíno (ver III 80.1; VI 43.3); mas isso me parece inconcebível. Minha suposição é de que Heródoto o encontrou em alguma fonte escrita em que confiava e que procede do início do século V.

12 Heródoto III 80.6.

13 Aristóteles, *Constituição dos Atenienses* 26.2.

superado em muito as duas classes superiores — elegeu os arcontes por voto, as classes mais baixas poderiam, se elas quisessem, escolher aqueles membros das duas classes superiores que eram mais amigáveis com o povo (δημοτικοί).[14] Se, por outro lado, a escolha fosse feita por sorteio, os homens eleitos forneceriam uma amostra muito mais representativa das classes altas e, portanto, provavelmente seria menos "democrática" em perspectiva. Isso seria apenas parcialmente mitigado pela pré-seleção preliminar (πρόκρισις), e apenas em uma extensão muito pequena se os *prokritoi* chegassem a 500, número encontrado no papiro londrino da *Constituição dos Atenienses* 22.5. Muitos comentaristas desconfiaram desse número,[15] e alguns o substituiriam por 100 *prokritoi*, a partir da passagem na *Constituição dos Atenienses* 8.1 (descrevendo a prática existente na época de Aristóteles); mas em 22.5 Aristóteles fala dos *prokritoi* como sendo escolhidos pelos membros do *demos*, e se as eleições a princípio ocorreram por *demoi*,[16] um grande número, da ordem de 500, parece muito mais provável.

---

14 Para o significado desta palavra, ver meu texto em *CAE*, pp. 21 ss., esp. 22–3.

15 Minha hipótese é que dificilmente poderia haver candidatos elegíveis suficientes a cada ano das duas principais classes proprietárias — cujos números são impossíveis de estimar, mas que seriam ainda menores do que a maioria das pessoas supõe, se eu estiver certo sobre a natureza da qualificação dos *Hippeis* (ver p. 59ss, p. 86ss acima). No entanto, não precisamos supor que teria que haver 500 diferentes a cada ano. Por que a maioria dos candidatos malsucedidos em algum ano não deveria tentar novamente no ano seguinte? [E.Badian, *Antichthon* 5 (1971) 17–19 calcula que havia talvez 1500–1600 *Pentakosiomedimnoi* e *Hippeis* vivos na década de 480, dos quais pelo menos metade terá sido excluída por falta de vontade de servir e cerca de 230–240 pelo fato de terem servido anteriormente (se a iteração foi proibida). Ele apoia a emenda do número para "100" de Kenyon, assim como Rhodes, *CAP* 273].

16 Quiçá com provisões para "representação proporcional" de *demoi* análogas àquelas que regulam a eleição de conselheiros (ver p. 230 acima). Isso também parece muito improvável para mim, pois haveria um grande número de *demoi* com poucos ou nenhum membro das duas classes superiores. Aliás, se Aristóteles está certo aqui, o estágio referido em *Constituição dos Atenienses* 62.1, em que a classificação dos arcontes (assim como alguns outros magistrados) ocorreu por tribos, enquanto outras classificações (αἱ ἐν Θησείῳ: "aqueles no Teseu") foram realizadas por *demoi*, deveria (na mente de Aristóteles) ser um tanto posterior, como um estágio intermediário entre o descrito em *Constituição dos Atenienses* 22.5 e a situação no final do século IV,

Este argumento contra a suposta natureza "democrática" da reforma de 487 pode ser apoiado por uma autoridade antiga: Isócrates, elogiando a democracia ancestral em uma passagem caracteristicamente desonesta (VII 23), observa que os atenienses da época da qual ele está falando consideravam a eleição de magistrados por voto mais democrática (δημοτικωτέραν) do que o uso do sorteio, "uma vez que na eleição por sorteio o acaso decidiria a questão e aqueles que desejavam a oligarquia frequentemente obteriam as magistraturas; mas pela eleição dos homens mais adequados (ἐν δὲ τῷ προκρίνειν[17] τοὺς ἐπιεικεστάτους) o povo teria o poder de eleger por voto aqueles que eram mais devotos à constituição existente". Cf. Aristóteles, *Política* IV 15, 1300^{a}9-^{b}5, uma passagem corrompida e difícil, onde (na medida em que o texto é inteligível) parece haver uma distinção entre modos de nomeação (καταστάσεις) que são δημοτικαί, com todos escolhendo entre todos por eleição ou sorteio ou ambos (1300^{a}31–4), e uma situação posteriormente descrita como πολιτικόν ou ἀριστοκρατικόν, onde a escolha por vezes é feita a partir de um número limitado (ἐκ τινῶν) (1300^{a}34–^{b}5).

É absurdo afirmar, como tantos autores têm feito, que a intenção subjacente daqueles que possibilitaram que o cargo de arconte fosse escolhido por sorteio era restringir o poder dos principais magistrados, que provavelmente seriam homens menos ilustres e gozariam de menos prestígio se eles fossem eleitos por sorteio. Defendendo essa visão, Hignett[18] afirma: "O cargo de arconte imediatamente perdeu importância e deixou de atrair os homens mais capazes do estado. O sorteio, como a rotação, era um dispositivo para proteger o *demos* soberano contra uma potencial vantagem de seus rivais, a *boulē* e os magistrados, de uma autoridade e uma influência que poderia ameaçar sua própria soberania". Essa teoria ignora um fato essencial. O próprio Hignett aponta em outro lugar[19]

quando todas as classificações eram por tribos, exceto de conselheiros e φρουροί, para os quais os sorteios ainda eram feitos por *demoi* (*Constituição dos Atenienses* 62.1).

17 Com o que Isócrates deve querer indicar simplesmente *eleição*: ver pp. 153ss acima.

18 *HAC* 230–2, p. 231.

19 *HAC* 187.

(refutando assim sua própria declaração que acabamos de citar) que "a reforma tinha apenas substituído o perigo antigo e mais insidioso por um novo": os estrategos poderiam ser reeleitos ano após ano, já que os arcontes não podiam. Os atenienses dificilmente poderiam ter sido tão estúpidos a ponto de não perceberem que um magistrado que pode ser constantemente reeleito é um perigo potencial muito maior do que aquele que pode permanecer no cargo por apenas um ano!

Os argumentos contra a concepção da reforma de 487 como "democrática" são conclusivos e não consigo entender por que não foram óbvios para autores recentes. Toda a questão foi discutida longamente nos séculos XVIII e XIX, embora, é claro, duas informações vitais reveladas pela primeira vez em 1891 na publicação do papiro londrino da *Constituição dos Atenienses* não fossem então conhecidas: a datação de 487 da lei introduzindo a classificação de arcontes e o fato de Plutarco[20] estar errado ao responsabilizar Aristides pela aprovação de uma lei segundo a qual todos os atenienses deveriam ser elegíveis para o posto de arconte. A maioria dos estudiosos recentes tendeu a ignorar a controvérsia anterior a 1891; e isso é uma pena, porque vários dos estudiosos mais antigos[21] entenderam que a abertura do cargo de arconte ao sorteio teria sido tudo menos uma reforma democrática, desde que os arcontes ainda fossem escolhidos apenas entre os cidadãos mais ricos. Depois de

20 *Aristóteles* 22.1; contraste Aristóteles, *Constituição dos Atenienses* 26.2; cf. 7,4 *fin.*
21 Acima de tudo Grote (ver abaixo), mas também Schömann (1854 e 1861), Emil Müller (1857), Duncker (1860), Lugebil (1868 e 1871) e Müller-Strübing (1873). Será suficiente referenciar os dois últimos autores, que entre eles revisam toda a controvérsia: K.Lugebil, "Zur Gesch. der Staatsverfassung von Atenas, II.Das Archontat u. die Strategie zur Zeit der Perserkriege und die hist. Bedeutung der Beamtenerloosung", em *Jahrb. f. klass. Philol.*, Supplementband V, Heft 4 (1871) 564–699 (uma versão revisada de uma publicação anterior, em russo, de 1868), esp. 567–79, 650–84, 691–2 (o trabalho é insuportavelmente longo, mas o sumário nas pp. 694–9 permitirá ao leitor encontrar o material em que está interessado); H.Müller-Strübing, *Aristophanes und die historische Kritik* (1873), esp. 200–25, 236–48, 256–9. As excentricidades de Müller-Struëbing não privam totalmente esta obra de valor. Ele também é tudo menos conciso e o sumário (p. ix) é útil.

defender esse ponto, Grote[22] concluiu (erroneamente, mas com um excelente juízo sobre as evidências então disponíveis para ele) que "estes três pontos: 1. A abertura do posto de arconte a todos os cidadãos indiscriminadamente; 2. A escolha dos arcontes por sorteio; 3. O alcance reduzido dos deveres e responsabilidades do arconte... estão todos conectados e devem ter sido simultâneos, ou quase simultâneos, nos momentos das suas introduções: a promulgação da admissibilidade universal ao cargo certamente não veio depois dos outros dois, e provavelmente veio um pouco antes deles". Contra isso, Schömann e Müller-Strübing,[23] cada um por razões diferentes, foram até o fim e concluíram que a abertura do arcontado ao sorteio era uma medida antidemocrática. Essa teoria dificilmente precisa ser refutada hoje em dia; seria ridículo conceber os atenienses votando por uma reforma oligárquica três anos depois de Maratona. Mas o que então devemos concluir?

Sugiro que a abertura do cargo de arconte ao sorteio foi apenas parte de uma reforma maior sem nenhum significado "político-partidário" e que a parte realmente essencial disso era a *promoção dos estrategos*, que acarretava um certo rebaixamento dos arcontes como consequência, pelo menos do polemarco e — na prática, se não na teoria constitucional — do arconte epônimo. Uma mera mudança na prática da Assembleia, que delegava certas funções aos estrategos ao invés do polemarco, pode explicar uma boa parte da

22 *HG* III 362, 364, cap. xxxi.

23 Schömann acreditava que a introdução do sorteio para o arconte era obra de Clístenes, enquanto Müller-Strübing a atribuía a Aristides. (Lugebil estende isso até o tempo de Efialtes.) O argumento de Müller-Strübing contra Grote é que o sorteio não poderia ser realmente democrático até que fosse realizado o pagamento aos magistrados: até então, mais homens ricos se candidatariam e, é claro, o sorteio iria favorecer a facção com maior número de candidatos (*op. cit.* 209-13). Isso, no entanto, não permite uma *prokrisis* preliminar (*Constituição dos Atenienses* 22.5 não estava disponível para M.-S.); e, claro, seria um erro supor que as classes mais pobres alguma vez pretenderam ser eleitas em grande quantidade para altos cargos — na medida em que fatores "político-partidários" entrassem nas eleições (cf. p. 282 acima), os pobres normalmente ficariam contentes se pudessem eleger membros das classes superiores que fossem razoavelmente δημοτικοί e simpatizantes de suas necessidades.

história, mas não tudo. Só podemos ter certeza que os estrategos agora assumiram as funções militares do polemarco, que permaneceu até 487 como comandante-em-chefe do exército.[24] Os estrategos podem ter recebido ao mesmo tempo alguns dos poderes que os encontramos exercendo no final dos séculos V e IV, notavelmente o de convocar a Assembléia;[25] mas sobre isso não temos informações suficientes e é melhor abster-se de tentar adivinhar. Até que ponto os arcontes, exceto o polemarco, foram legalmente "rebaixados" não podemos dizer: eles podem não ter sido privados, em teoria, de nenhum de seus poderes e privilégios, mas é claro que o próprio fato de terem sido escolhidos por sorteio os tornaria, na prática, pessoas de menor importância. O arconte epônimo , além disso, inevitavelmente perderia boa parte de sua influência, simplesmente por causa do surgimento de um novo e importante conselho de magistrados, cujas funções militares certamente envolveriam o exercício de uma certa dose de liderança política desde o início. É possível que, na mesma época, o arconte epônimo tenha sido privado da presidência da Assembleia e do Conselho, função que geralmente se supõe (e talvez com razão) que ele tenha desfrutado sob a constituição de Clístenes; e também é possível que pelo menos o primeiro passo tenha sido dado no sentido de reduzir o papel judicial dos arcontes (incluindo os Tesmotetas) ao papel muito mais modesto que os encontramos exercendo no final dos séculos V e IV. Mas sobre esses pontos não há evidências claras, e Wade-Gery[26] pode estar certo ao supor que as funções em questão continuaram até a época de Efialtes.

Foi a mudança no método de escolha dos arcontes que entrou para o registro histórico — talvez simplesmente por causa dos acidentes de sobrevivência. O que realmente importava, no entanto, não era o rebaixamento dos arcontes, mas *a promoção dos estrategos*, que, ao contrário dos arcontes, poderiam ser *reeleitos ano após ano, para que*

24 Aristóteles, *Constituição dos Atenienses* 22.2. Ver abaixo.

25 Ou pelo menos cooperando com os prítanes ao fazê-lo: ver Tucídides II 59.3; IV 118.14.

26 *EGH* 171–9, 183–6, 188–9, 195–7.

os melhores homens estivessem sempre disponíveis. O ponto de vista padrão atualmente[27] é que, como resultado da abertura do arcontado ao método do sorteio, a importância política do arconte diminuiu, enquanto a do general aumentou. Mas a conta não fecha: faz parecer que os atenienses se comportavam de uma maneira bastante estúpida. Eles estavam em uma situação muito perigosa. Há muito tempo as relações eram pouco amigáveis e frequentemente surgiam hostilidades com Egina, um estado que, até então, os atenienses estavam longe de serem capazes de subjugar. E agora havia algo infinitamente pior: eles provavelmente teriam que enfrentar, dentro de alguns anos, um ataque persa muito mais sério do que em 490. Em tais circunstâncias, teria sido pura loucura dos atenienses confiar suas magistraturas superiores, acima de tudo isso a de seu comandante-em-chefe do exército, a homens eleitos por sorteio, mesmo os *prokritoi*. (Não posso acreditar que eles tenham feito isso em algum momento, mesmo no século VI: ver pp. 142-155 acima). Não pode haver dúvida, em minha opinião, mesmo que não haja nenhuma evidência positiva para o fato, que pelo menos uma lei transferindo para os estrategos — ou, quiçá, abolindo — os poderes militares do polemarco foi aprovada *antes ou ao mesmo tempo* que a lei que mudava o método de eleição dos arcontes. Várias outras medidas podem ter acompanhado a mudança, dando aos estrategos maiores poderes; no entanto, provavelmente menos alterações da constituição teriam sido necessárias do que poderíamos pensar, uma vez que os magistrados sob a constituição de Clístenes, fossem arcontes ou estrategos, podem ter possuído pouca iniciativa e podem ter sido encarregados de atividades particulares e, ainda, receberiam instruções específicas da Assembleia, ou, nesse primeiro momento, do Conselho; e, após a reforma, essas instruções podem ter sido cada vez mais direcionadas aos estrategos, em vez dos arcontes. "Possivelmente os reformadores, tendo decidido sobre um novo executivo, aboliram a eleição popular para o cargo de arconte, a fim de evitar o perigo de um conflito entre duas juntas de funcio-

27 Ver mais recentemente Hammond, *HG* 221–2.

nários do Executivo, ambas criadas por eleição direta".[28] Ou talvez o sorteio tenha sido introduzido para evitar formas indesejáveis de competição por cargos, aos quais um círculo muito maior de atenienses poderia agora ter esperança de almejar, e que ainda não eram de modo algum sem importância e poderiam ser cobiçados por homens que desejassem lucrar com eles.[29] A esse respeito, é interessante lembrar a observação de Aristóteles[30] de que o sorteio dos magistrados foi introduzido no lugar da eleição em Heraia, ὅτι ᾑροῦντο τοὺς ἐριθευνομένους ["porque eles costumavam eleger seus próprios partidários"], e a declaração na *Retórica a Alexandre*[31] de que as democracias deveriam τὰς μικρὰς ἀρχὰς καὶ τὰς πολλὰς κληρωτὰς ποιεῖν· ἀστασίαστον γὰρ τοῦτο ["para nomear a maioria dos magistrados, de cargos menores, por sorteio, pois desta forma são evitadas as facções"]. Dali em diante, os deveres dos arcontes seriam tais que qualquer membro de uma das duas principais classes proprietárias poderia razoavelmente esperar desempenhá-las; e sempre houve a *prokrisis* preliminar, para excluir os incapazes.

A substituição dos arcontes por estrategos como detentores dos cargos políticos e militares superiores do Estado foi uma reforma que só poderia trazer maior eficiência, e não vejo por que alguém deveria querer se opor a ela. Atenas, sob a constituição de Clístenes, não tinha nada parecido com o Senado romano ou a Gerúsia espartana para aconselhar e exercer supervisão sobre seus arcontes, cujo mandato era limitado a um único ano e que aparentemente não poderiam ser eleitos para nenhum dos nove arcontados após terem exercido um deles ou qualquer outro — não conheço nenhuma prova positiva disso, mas penso que a hipótese deve estar correta e

28 Hignett, *HAC* 187 n. 3. Que o rebaixamento dos arcontes e a promoção dos estrategos pode ser entendido como um "ato concomitante necessário" da abertura do arcontado ao sorteio foi algo notado por Macan, *Heródoto VII-IX* II 202-3, que, no entanto, estava enganado sobre os motivos para a reforma, que eram mais práticos e menos doutrinários do que ele supunha (cf. Hignett, *HAC* 187).

29 [Ste.Croix refere-se a uma nota de fim perdida ou não escrita].

30 *Política* V 3, 1303^{a}13-16.

31 P. 21, ed. L.Spengel and G.Hammer = Anaximenes, *Arte Retórica* II 14, ed. Fuhrmann. Cf. p. 145 acima.

certamente não há indicação do contrário. O arconte epônimo, cujo cargo até 487 foi o mais importante de todos,[32] não poderia ser reeleito, *ex hypothesi*; mas se qualquer outro arcontado, especialmente o de polemarco, tivesse sido aberto à iteração, certamente teria se tornado um prêmio ainda maior e tenderia a ofuscar o ofício do arconte epônimo. Teria sido teoricamente possível tornar iterativo qualquer um dos arcontados, exceto o epônimo; mas suponho que os atenienses achavam que essas magistraturas, sendo muito antigas, não deveriam ser adulteradas. De qualquer forma, em 501/0, eles deram o primeiro passo no caminho que deveria ser concluído em 487: "eles começaram a eleger os estrategos κατὰ φυλάς, um de cada tribo" (Aristóteles, *Constituição dos Atenienses* 22.2). Visões muito diferentes foram formadas sobre esta declaração lacônica: por exemplo, (1) que os estrategos existiam antes, desde 508/7 (se não antes), como comandantes dos regimentos tribais, eleitos pelas tribos, e que o que aconteceu em 501 foi a transferência de sua eleição, ainda um de cada tribo, para todo o povo ateniense;[33] (2) que os estrategos foram uma nova criação em 501, mas que cada um foi eleito de e por uma tribo;[34] (3) que Aristóteles está simplesmente

32 Ver, para o início do século VI, Aristóteles, *Constituição dos Atenienses* 13.2. Não consigo ver por que essa posição deveria ter mudado muito antes de 487.

33 Assim, por exemplo, W.Schwahn, em *RE* Suppl. VI (1935) cols. 1071–3, e muitos outros, incluindo Busolt-Swoboda, *GS* II 881, que não podem acreditar na declaração de Aristóteles de que o polemarco havia permanecido como comandante-chefe e supõe que sua supremacia contínua era meramente nominal.

34 Raubitschek, OO, esp. 223; Hammond, *HG* 190; Eliot, *CDA* 146–7 n. 18. Contra essa visão, ver Kahrstedt, *UMA* 46 n. 4, referindo-se a "*die merkwürrdig weit verbreitete moderne Theorie, das Beamte, die für einzelne Phylen zuständig sind, Taxiarchen, Phylarchen, früher die Strategen, von den Phylenversammlungen gewaëhlt worden seien*", que é "in *Athen unbekannt*". (Sua referência a *Constituição dos Atenienses* 42.4 deve ser um erro, no lugar de 42.2.) Kahrstedt está certo. Uma declaração de que *os atenienses* nomearam κατὰ φυλάς, seja por sorteio (*Constituição dos Atenienses* 22.5; 48.1) ou (como aqui) por eleição, só pode significar que os magistrados envolvidos foram eleitos por toda a Assembleia, cada um de uma tribo. Se as tribos individuais tivessem feito a eleição, deveríamos ter alguma frase como em *Constituição dos Atenienses* 31.1 (onde os conselheiros, 40 de cada tribo, devem ser escolhidos ἐκ προκρίτων οὓς ἂν ἕλωνται οἱ φυλέται ["de candidatos pré-selecionados escolhidos pelos membros da tribo"]) ou 42.1 (οἱ δὲ δημόται κατηγόρους αἱροῦνται πέντε ἄνδρας ἐξ αὐτῶν ["os membros do *demos* selecionam cinco de seus próprios

errado, e que os estrategos, que devem ter sido eleitos por suas próprias tribos a partir de 508/7 em diante, não foram eleitos por todo a população até 487/6.[35] Hignett[36] afirma que Aristóteles não pode ter desejado dizer que os estrategos eram uma nova criação em 501, "já que ele acreditava que eles existiam no tempo de Draco"; mas ele acrescenta em uma nota de rodapé, "a menos que assumamos que a 'constituição de Draco' é uma adição de última hora à *Constituição dos Atenienses*, desconhecida do autor quando ele estava escrevendo esta parte (22.2)" e tal admissão muito razoável retira qualquer força da objeção. Hignett também declara que "o desvio da sentença indica que é uma mudança no método de nomeação ao qual ele [o autor da *Constituição dos Atenienses*] está se referindo". Não vejo o menor motivo para isso: acredito que Aristóteles esteja se referindo à primeira nomeação de estrategos.[37]

Foram os estrategos apenas comandantes dos regimentos tribais, como supõem a maioria dos autores modernos? Acredito que eles sempre foram, desde o início, generais dos demais oficiais, com uma esfera de competência que não se limitava ao regimento da tribo particular de cada general (embora ele sem dúvida marcharia à frente desse regimento para a batalha), mas incluía todo o exército. Dois argumentos são fortemente a favor disso: a afirmação de Heródoto (V 69.2) de que Clístenes "estabeleceu dez filarcos em vez de quatro" (o que implica que os filarcos continuaram a exercer as

---

membros como promotores']), ou Ésquines III 30 (οὓς αἱ φυλαί καὶ αἱ τριττύες καὶ οἱ δῆμοι ἐξ ἑαυτῶν αἱροῦνται ["quem as tribos, as trítias e os *demoi* selecionam entre si"]).

35 Hignett, *HAC* 170, que considera "tentador assumir isso".

36 *HAC* 169 & n. 3.

37 As palavras στρατηγός, στρατηγεῖν, στρατηγία são usadas várias vezes para homens que comandaram os exércitos atenienses no campo de batalha antes do século V: p. Heródoto I 59,4; Aristóteles, *Constituição dos Atenienses* 14.1; 17.2; 22.3, todas em relação a Pisístrato; e veja os outros exemplos citados por A.Hauvette-Besnault, *Les Stratèges athéniens* (Bibl. des ecoles fr. d'Ath. et de Rome, fasc. 41, 1885) 4-8. Mas em nenhum caso há razão para pensar que as palavras στρατηγός, e demais da mesma raiz, estão sendo usadas em sentido técnico: elas simplesmente descrevem o comandante supremo do exército, que pode ter sido o polemarco ou um homem especialmente designado para esse fim pela Assembleia ou pelo polemarco.

mesmas funções militares[38] de antes: o comando de seus regimentos tribais) e a etimologia da palavra στρατηγός. Os comandantes tribais podem ser chamados de filarcos (o nome usado no final dos séculos V e IV pelos comandantes dos esquadrões de cavalaria tribais) ou taxiarcos (os comandantes dos regimentos de infantaria tribais); mas um στρατηγός é certamente um homem que lidera, única ou conjuntamente, um exército ou uma expedição e não um mero segmento dela. O título στρατηγός é conhecido por volta de meados do século VII,[39] mas, tanto quanto sei, não há evidência de que tenha sido usado antes do período helenístico em qualquer outro sentido que não o de comandante de um exército ou de uma expedição,[40] exceto em circunstâncias especiais em Creta, onde o ofício do σταρταγέτας que aparece em uma inscrição da época romana[41] como chefe de um σταρτός (ou στάρτος) — talvez uma divisão militar da população[42] — pode remontar a tempos remotos, uma vez que o σταρτός aparece pelo menos desde o século V.[43]

A meu ver, embora os atenienses não tenham feito a mudança final até 487, eles decidiram pela primeira vez em 501 que estavam insatisfeitos com um sistema de comando no qual um polemarco, que mudava anualmente e que não podia ser reeleito, tinha sob ele apenas os comandantes de regimentos tribais — que, acredito, continuaram a ser chamados de filarcos[44] até a criação de uma força organizada de cavalaria do Estado nos anos de 450, altura em que

38 Os filarcos nunca apareceram em Atenas por nada além de sua capacidade militar. Os chefes civis das tribos clistênicas eram Epimeletas; as antigas tribos jônicas tinham os Filo-basileus.

39 Arquíloco, fr. 114.1 (West).

40 Contra a interpretação de Wilamowitz de Eurípides, *Suplicantes* 713 (παντὶ Κραναιδῶν στρατῷ), ver Hauvette-Besnault, *op. cit* (n. 37 acima) 9 n. 4.

41 *IC* IV 80 (= *SGDI* 4985) 4–5.

42 Ver Hesíquio, s.v. στάρτοι· αἱ τάξεις τοῦ πλήθους ["*Startoi*: as fileiras do povo"]. Para a visão bastante diferente de De Sanctis e Guarducci, ver *IC* IV p. 185.

43 *IC* IV 72 (*Leis de Gortina*), V 5; cf. *IC* IV 80.7 (e talvez 142.2); *IC* I xviii 11.1.

44 O termo é usado pela primeira vez por Heródoto (V 69.2). Cf. n. 48 abaixo. Os filarcos podem ter sido eleitos por suas tribos, como em tempos posteriores, ou talvez escolhidos pelo polemarco.

os taxiarcos[45] foram criados para comandar os regimentos tribais de infantaria (τάξεις),[46] e o antigo nome "filarcos" foi atribuído aos comandantes dos esquadrões tribais de cavalaria,[47] membros que tinham, naturalmente, um prestígio social superior.[48]

Na época de Maratona a situação ainda era aquela que o polemarco comandava o exército, assessorado por um grupo de dez estrategos, cada um eleito por toda a população de sua própria tribo. O relato de Heródoto sobre o comando ateniense na campanha de

45 Sobre o qual ver Busolt-Swoboda, *GS* II 891 & n. 1. A fonte sobrevivente mais antiga a usar a palavra ταξίαρχος é Ésquilo, fr. 182 (Radt), *ap.* Ateneu I 11d, do *Palamedes*; mas no sentido mais geral e não com referência a Atenas. Heródoto (por exemplo, VIII 67.2; IX 42.1) aplica o termo aos comandantes persas subordinados. Aristófanes (*Acarnenses* 569 etc.) e Tucídides (IV 4.1 etc.) são os primeiros escritores sobreviventes a usar ταξίαρχος no sentido técnico ateniense.

46 Sobre o qual ver Busolt-Swoboda, *GS* II 881 & n. 2.

47 Sobre estes e os comandantes de cavalaria superiores, os hiparcos, *ibid.* 1128–9.

48 Cf. pp. 47-49 acima. Muitas vezes se pensou que os taxiarcos existiam muito antes, desde 487/6 ou logo depois (assim Hignett, *HAC* 348, cf. 176), ou desde os anos após o grande aumento da frota em 483/2 (Busolt-Swoboda, *GS* II 890–1), ou logo após a invasão de Xerxes (Wilamowitz, *AuA* II 88); mas se assim for, é difícil ver qual era a função dos filarcos antes da existência de unidades formais de cavalaria (sobre isso verpp. 47-49 acima). A afirmação de Heródoto V 69.2 de que Clístenes "fez dez filarcos em vez de quatro" certamente deve se referir a oficiais mais importantes do que meros comandantes de esquadrões de cavalaria de sua época; sua afirmação é mais facilmente compreensível se os filarcos, antes e depois do final do século VI, permaneceram sendo os comandantes militares de suas tribos (ou seja, de infantaria e infantaria montada), mesmo que o estratego pudesse liderar pessoalmente sua própria tribo em batalha. Nesse caso, é claro, os estrategos devem ter sido mais do que meros comandantes tribais. Não consigo ver como a criação do cargo dos estrategos em *c.* 501 ou a elevação dos estrategos em 487 precisaria ter feito alguma diferença no sistema de comando dentro da tribo, enquanto a criação de uma força de cavalaria formal seria uma oportunidade óbvia para uma reorganização. O fato, surpreendente à primeira vista, de que na segunda metade do século V um homem com o elevado título de filarco comandava apenas a *cavalaria* de sua tribo (militarmente sem importância como eram) é melhor explicado, a meu ver, com base na suposição de que (como implica Heródoto V 69.2) o filarco manteve o comando de *todo* o contingente militar de sua tribo até o momento em que a unidade de cavalaria surgiu. A separação da cavalaria tribal e dos comandos de infantaria era agora necessária, e o filarco assumiu o comando da cavalaria como o cargo de maior prestígio, embora, é claro, na guerra real o comandante da infantaria, o recém-criado taxiarco, tivesse uma posição de muito maior responsabilidade e importância militar.

Maratona[49] é confuso e insatisfatório, provavelmente devido à obtenção de informações de uma fonte que enfatizou demais o papel de Miltíades.[50] Apesar das tentativas de salvar sua credibilidade,[51] Heródoto claramente acreditava que nesta data o polemarco já era escolhido por sorteio.[52] Ele parece ter concebido o polemarco como tendo um mero voto de desempate no caso de uma divisão de opinião entre os estrategos;[53] mas ele não diz claramente que os estrategos eram igualmente divididos na ocasião em questão,[54] embora talvez isso esteja implícito.

Agora, em 490, Atenas pode ter tido sorte em sua polemarquia, mas o sistema de não iteração significaria que, a qualquer momento, uma alta proporção dos homens mais qualificados para comandar o exército já teria preenchido a polemarquia ou um dos outros arcontados (especialmente o epônimo) e, consequentemente, seria inelegível para o cargo de comandante-em-chefe. As mesmas considerações, é claro, se aplicam ao principal cargo político, o do arconte epônimo. Os atenienses, portanto, tomaram uma decisão muito natural e sensata; eles elevariam os estrategos reeleitos ao comando supremo na guerra (do qual a preeminência política era dificilmente separável) e privariam completamente o polemarco de suas funções militares. A posição de Temístocles em 480 é a pri-

49 Heródoto VI 109–11.

50 Algumas interpretações modernas de Heródoto têm sido muito tolas. Lugebil, *op. cit.* (na n. 21 acima) 581-667, parece ter sido o primeiro a provar em detalhes que Calímaco, o polemarco, era "*Oberfehlshaber*" em Maratona; mas ele escreveu em extensão enorme e totalmente desnecessária, e alguns de seus argumentos eram falaciosos. O melhor tratamento é o de H.Berve, *Miltiades* (= *Hermes*, Einzelschr. 2, 1937) 75-91 (especialmente 78-87): isso me parece conclusivo. Ver também Hignett, *HAC* 170–3, esp. 171.

51 Ver e.g. J.L.Myres, *Herodotus Father of History* (1953), 208: o que foi decidido por sorteio foi apenas a atribuição dos nove candidatos aprovados aos respectivos arcontados. Essa teoria, produzida pela primeira vez por W.Oncken, atrairá apenas aqueles que estão determinados a dar a interpretação mais favorável a tudo o que Heródoto diz.

52 Heródoto VI 109.2.

53 Ver Heródoto VI 109.2,4; 110.1.

54 Ver esp. Heródoto VI 109.2: "a pior visão começou a prevalecer".

meira evidência certeira dessa mudança; mas, como mostrei, não pode ter ocorrido depois de 487, e pode até ter sido um ano antes.

Mais uma vez, justificamos o bom senso dos atenienses, que em 487 não estavam apenas cedendo a uma paixão desenfreada pela democracia, como tantos estudiosos pensaram, mas estavam dando um passo muito necessário (e há muito esperado) para reformar todo o sistema de comando militar e de liderança política. Temístocles certamente teria apoiado a medida e esta pode muito bem ter sido promovida originalmente por ele. Ele havia sido arconte em 493/2[55] e, sem dúvida, quis exercer o poder em um cargo para o qual poderia ser reeleito repetidas vezes. Seria absurdo, no entanto, conceber a reforma essencialmente como um movimento egoísta por parte de Temístocles. É muito comum para os autores modernos, que tratam da história ateniense, falar de uma medida como sendo realizada por um indivíduo, sem se perguntar como ele conseguiu persuadir os atenienses de sua conveniência.[56] É bastante provável que muitos atenienses no início dos anos 480 escolheriam Temístocles para comandar sua frota; mas o entendimento dos atenienses da necessidade de reforçar o sistema de comando provavelmente terá sido mais importante do que isso.

Finalmente, gostaria de expressar a esperança de que mesmo aqueles que aceitam (enquanto eu não) a afirmação em *Constituição dos Atenienses* 8.1 e acreditam que Sólon introduziu κλήρωσις ἐκ προκρίτων ["seleção de candidatos pré-selecionados"] estará disposto a admitir, como Wade-Gery evidentemente está,[57] que a eleição por sorteio, pelo menos para o cargo de polemarco, teria sido uma questão muito diferente na década de 480, quando Atenas estava em uma posição bem diferente e muito mais perigosa,

55 Ver R.J.Lenardon, "The Archonship of Themistocles", em *Historia* 5 (1956) 401–19.

56 Isso muitas vezes tem o efeito de obscurecer as razões para a aprovação de uma medida: um exemplo particularmente bom será encontrado em Hignett, *HAC* 284, onde a concentração na alegada "loucura egoísta" de Cleofonte impede o levantamento da questão realmente importante: o que levou *os atenienses* a votarem na proposta de Cleofonte.

57 *EGH* 114.

e ser general provavelmente envolvia também ser almirante — um posto que exigia uma gama muito maior de habilidades do que o comando de um exército hoplita.[58] O que quer que possamos pensar da situação anterior, ainda podemos dizer que introduzir o método do sorteio em 487 para um cargo de grande importância militar ou política, mesmo ἐκ προκρίτων, teria sido impensável.

POSFÁCIO DOS ORGANIZADORES

Ostracismo

A evidência que forma a base para o estudo do ostracismo foi transformada pela descoberta de quase 9.000 óstracos nas escavações alemãs no Cerâmico entre 1965 e 1968. Apenas uma minoria foi publicada até agora (alguns dos mais interessantes são discutidos e ilustrados em Brenne, "Ostrakophoria"), mas uma lista dos votos totais para cada candidato é fornecida por Willemsen e Brenne; para discussão histórica, ver Lewis, 603-6. O melhor resumo da posição anterior foi o artigo de Vanderpool. Descobertas substanciais continuam a ser feitas na Ágora, para adicionar aos 1.337 óstracos publicados por Lang em diversos lugares: ver mais recentemente J.M.Camp em *Hesperia* 68 (1999) 268–74. Os desenvolvimentos podem ser facilmente monitorados através do *SEG*: veja especialmente *SEG* xli 16 e xlvi 78–103. Siewert será agora uma obra básica de referência (observe a bibliografia recente nas pp. 518–520). A obra contém todos os testemunhos anteriores a 322 sobre o ostracismo, com comentários detalhados; todos os óstracos são listados, e todos aqueles que contêm mais do que um simples nome são discutidos. Brenne, *Ostrakismos*, é uma prosopografia de "candidatos".

Nenhum argumento substantivo de Ste.Croix foi invalidado por novas evidências, mas suas estatísticas agora estão desatualizadas. Alguns acham que a extensão do "voto disperso" revelado pelo novo material torna mais críveis as tradições descartadas por Ste.Croix na n. 86, sobre o ostracismo de várias figuras menores; ver, por

58 Cfr. Aristóteles, *Política* V 9, 1309^{b}4-8: a capacidade militar é uma qualidade mais rara do que a bondade moral (ἐπιείκεια).

exemplo, Rhodes, *CAAP*, 271, 342 e, para Dámon, Wallace. Lewis, "The Kerameikos Ostraka", usou a nova evidência para fazer uma argumentação muito embasada de que Mégacles foi condenado ao ostracismo uma segunda vez, como afirma Lísias (14.39).

Quanto a antiga tradição sobre as origens do ostracismo, Ste.Croix foi um dos primeiros a aderir a uma visão que agora é amplamente aceita: "desde [os artigos de Sumner e Dover] o consenso da opinião acadêmica aceitou o óbvio: Aristóteles e Androcião estavam dizendo a mesma coisa e ambos atribuíram a origem do ostracismo a Clístenes" (Harding, *ATA*, 96, com referências). A maioria dos estudiosos, portanto, agora aceita a atribuição a Clístenes, embora Marr e Worswick rejeitem o testemunho de Aristóteles e Androcião e datem a introdução do procedimento no início dos anos 480. O relatório descoberto em um *gnomologium* do Vaticano por Keaney e Raubitschek, segundo o qual o ostracismo originalmente ocorreu na *boulē*, com um mínimo de 200 votos exigidos contra a vítima, foi geralmente rejeitado (Harding, *ATA*, 96–7).

Stanton e Knight sugerem, cada um independentemente, que Clístenes inventou o ostracismo como uma arma para usar contra Iságoras durante a luta política de 508 (Heródoto 5.66-76); mas Iságoras convocou Cleômenes e forjou sua própria queda. Esta teoria é uma aplicação especial (Ste.Croix, sem dúvida, diria muito especial) da visão de Ste.Croix do ostracismo como uma proteção contra a *stasis*; ela foi indiretamente influenciada por Ste.Croix através de Forrest, *EGD*, 201–2. De maneira distinta, as teorias em jogo são as mesmas de quando Ste.Croix escreveu. Não se pode imaginá-lo muito atraído pela sugestão de Vernant, 124-6, de que o ostracismo tinha algo em comum com a expulsão ritual de bodes expiatórios.

Arcontes e Estrategos

Buck oferece uma revisão das teorias anteriores que mostram que o relato de Ste.Croix é bastante seletivo; mas sua própria nova teoria, de que até 487 os arcontes foram escolhidos pelo Areópago a partir de uma lista de candidatos pré-eleitos, não tem uma base sólida. Badian, como Ste.Croix, nega a interpretação "democrática" da reforma de 487, mas diverge fortemente sobre a importância dos estrategos nesta data. Badian aceita a antiga explicação atribuída a W.Oncken[a] (mencionada e rejeitada por Ste.Croix p. 261 n. 51) da descrição de Calímaco por Heródoto como "o polemarco nomeado por sorteio" em Maratona: um conselho de nove arcontes foi escolhido por eleição, mas o sorteio foi então usado para distribuir os arcontados entre os nove. Badian então faz uma inferência política: um sistema pelo qual alguém buscasse a eleição não para um arconte em particular, mas apenas para um conselho de nove, do qual alguém poderia ser designado por sorteio para um arcontado de menor importância, desvalorizaria o cargo de arconte como um alvo de ambição política, e deve ter sido projetado por seu autor hipotético, Clístenes. A reforma de 487 apenas levou a despolitização do arconte um pouco mais longe. Mas o objetivo não pode ter sido, argumenta Badian, o de desvalorizar o arcontado para elevar o generalato. "A reforma... apenas aumentou a vigilância que a constituição clistênica mantinha sobre a autoridade. Ninguém poderia ter a menor premonição da ascensão da *strategia*". Acreditamos que Ste.Croix não teria aceitado prontamente esta última afirmação em relação aos perspicazes atenienses. Tanto Badian quanto Frost, 114–15, argumentam que o arconte epônimo já tinha uma importância diminuta no período de 507–487; Rhodes, *CAAP* 273, julga que isso é algo impossível de saber.

Ste.Croix acredita que a reforma descrita laconicamente em *Constituição dos Atenienses* 22.2 foi a primeira instituição dos estrategos como um conselho regular eleito anualmente; ele também julga que eles eram "oficiais do Estado-maior" desde o início. Ambas as proposições são aceitas pelos autores mais recentes (ver Rhodes, *CAAP*, 264), embora apenas a última seja de Hammond, 112–14. Mas tais autores tendem a ver a instituição do novo conselho como tendo imediatamente corroído os poderes do polemarco, cujo "comando" já era em Maratona apenas um título,[b] enquanto para Ste.Croix, o polemarco ainda exercia o comando efetivo e teve de ser rebaixado pela reforma de 487. A diferença aqui é de ênfase, uma vez que é geralmente aceito pela autoridade de Heródoto (6.109.2, 111.1) que o polemarco ainda preservava alguma função militar em 490, que mais tarde perdeu (precisamente em 487, para Ste.Croix, embora não para Badian).

Na n. 48 Ste.Croix sugere que os filarcos atestados para a Atenas clistênica por Heródoto V 69.2 eram comandantes militares tribais e só adquiriram sua função familiar como comandantes de cavalaria tribal quando uma força de cavalaria do Estado foi organizada na década de 450. Essa sugestão evita perfeitamente as dificuldades enfrentadas por outras explicações da passagem. Filarcos dificilmente podem ter sido magistrados civis em Atenas, por razões apresentadas pelo próprio Ste.Croix na n. 38.[c] A opinião de Myres (adotada por Gschnitzer, 1088–90), de que os quatro filarcos de Heródoto são os quatro *filobasileus* antigos, enquanto seus dez filarcos eram os dez estrategos, torna-se ainda menos atraente se reconhecermos (veja acima) que os estrategos nunca foram comandantes tribais. Quanto à possibilidade de que os filarcos sempre tenham sido comandantes de cavalaria tribal, pesquisadores recentes estão dispostos a reconhecer a existência de uma "cavalaria verdadeira" anteriormente ao que Ste.Croix pensava (ver p. 116 acima). Mas tal força teria sido grande o suficiente para exigir uma organização em unidades tribais distintas?

[a] A teoria é conhecida pelos estudiosos modernos a partir de uma breve referência em Macan, *Heródoto IV-VI* (1895), ii 157.

[b] Badian, 28–9; Rodes, *CAAP*, 264–5; com alguma diferença nos detalhes Hammond, 114–123.

[c] Lísias 12. 43, o suposto exemplo de filarcos não militares apresentado por G.R.Bugh, *The Horsemen of Athens* (1988), 5 n. 14, é muito pouco convincente como um contra-argumento: estes são certamente comandantes de cavalaria de tipo familiar.

Badian, E., "Archons and Strategoi", *Antichthon* 5 (1971) 1–34
Brenne, S., "Ostraka and the Process of Ostrakophoria", em W.D.E.Coulson e outros, *The Archaeology of Athens and Attica under the Democracy* (1994), 13–24.
_________, *Ostrakismos und Prominenz in Athen* (2001).
Buck, R. J., "The Reforms of 487 B.C. in the Selection of Archons", *CP* 60 (1965) 96–101.
Frost, FJ, "Themistokles' Place in Athenian Politics", *CSCA* 1 (1968) 105–24.
Gschnitzer, F., *RE* suppl. xi (1968), 1067–90, s.v. *Phylarchos.*
Hammond, N. G. L., "Strategoi and Hegemonia in Fifth-Century Athens", *CQ* 19 (1969) 111–44 (repr. em *Studies in Greek History*, 1973).
Keaney, J. J., e Raubitschek, A. E., "A Late Byzantine Account of Ostracism", *AJP* 93 (1972) 87-91.
Knight, D. W., *Some Studies in Athenian Politics in the Fifth Century B.C* (1970), 21–4.
Lang, M. L., *The Athenian Agora 25: Ostraka* (1990).
Lewis, D. M., "The Kerameikos Ostraka", *ZPE* 14 (1974) 1–4 = *Selected Papers in Greek and Near Eastern History* (1997), 110–13
__________, posfácio da segunda edição de A.R.Burn, *Persia and the Greeks* (1984).
Marr, J.L., e Worswick, N.D., "The Institution of Ostrakophoria at Athens", *Ostraka* 3 (1994) 285–90.
Myres, J. L., "Cleistenes in Herodotus", *Mélanges Gustave Glotz* (1932), II 657–66.
Rausch, M., *Isonomia in Athen: Veränderungen des öffentlichen Lebens vom Sturz der Tyrannis bis zur zweiten Perserabwehr* (1999) (*non vidimus*).
Siewert, P. (ed.), *Ostrakismos-Testimonien* (*Historia Einzelschrift* 155, 2002).
Stanton, G. R., "The Introduction of Ostracism and Alcmeonid Propaganda", *JHS* 90 (1970) 180–3.
Vanderpool, E., "Ostracism at Athens", *in Lectures in Memory of Louise Taft Semple, II* (1973), 217–70.

Vernant, J. P., "Ambiguïté et renversement. Sur la structure énigmatique d' 'Oedipe-Roi'", in Vernant e P.Vidal-Naquet, *Mythe et tragédie en grèce ancienne* (1973), 101–31.

Wallace, R. W., "Damon: A Music Philosopher Ostracized?", a ser publicado em P.Murray e P.Wilson, eds., *Music and the Muses in Classical Athenian Culture.*

Willemsen, F., e Brenne, S., "Verzeichnis der Kerameikos-Ostraka", *AM* 106 (1991), 147–56.

6
As leis sobre a cidadania ateniense

O que sobreviveu deste texto é um artigo de trabalho informal, com aquele caráter provisório que Ste. Croix enfatiza em uma nota anexa. Certos problemas foram adiados para discussão em oito "longas notas", que aparentemente nunca foram entregues a um datilógrafo. Marcamos com um asterisco pontos onde Ste. Croix referiu-se a uma das notas projetadas.

A maior parte do que foi escrito nos tempos modernos sobre as leis que regulavam a cidadania ateniense é de péssima qualidade. Até mesmo o julgamento de Jacoby o deixa inteiramente desamparado.[1] Gomme[2] faz uma contribuição essencial, mas, em minha opinião, não chega ao cerne do problema. Para uma visão exagerada, mas não incomum, vale a pena olhar para Adcock em *CAH* V 167-8: aceitando a interpretação mais comum dos eventos de 445/4, como "a aplicação retrospectiva" da lei de cidadania de Péricles, ele fala "desta política estreita" como "um erro grave..., uma grande censura ao estadismo de Péricles, uma negação do passado de Atenas e uma ameaça ao futuro de Atenas". Uma visão que muitos historiadores modernos têm aprovado é expressa por Walker em *CAH* V 102–3, a de que "a restrição do direito político... significava a afirmação do princípio do privilégio em sua forma mais ofensiva", e embora "o pretexto para a lei de Péricles tenha sido o número excessivo de cidadãos, ... o verdadeiro motivo era aumentar o valor dos privilégios lucrativos associados à cidadania, limitando o número de pessoas

1 Jac. i 462–82; ii 372–88, sobre Filocoro 328 F 119.
2 *EGHL* cap. iv, pp. 67–88.

com direito a compartilhar deles". Cf. Hammond,[3] que acrescenta: "A discriminação contra as mães não-atenienses provavelmente se aplicava em sua maior parte às mulheres dos Estados aliados." Uma visão diferente é expressa por Hignett: os atenienses estavam tentando "preservar a pureza racial do corpo de cidadãos",[4] "preservar a pureza do corpo de cidadãos da contaminação por elementos estranhos indesejáveis".[5] A mais absurda teoria de todas, a meu ver, é apresentada no exame recente e mais detalhado da lei de Péricles e suas supostas consequências, a de Jacoby,[6] que pensa que a lei foi formulada como uma arma potencial contra Címon, o mais notável μητρόξενος ["estrangeiro por parte de mãe"] de então, caso ele se mostrasse politicamente problemático. Cf. a declaração anterior (1935) de Schwahn, em *RE* XVI ii, col. 2056: "*Vielleicht was das Gesetz des Perikles in erster Linie eine Drohung gegen Kimon*" ["Talvez a lei de Péricles fosse antes de tudo uma ameaça contra Címon"].

Começo apresentando os principais fatos.

A. Νόθοι e Μητρόξενοι [*"Bastardos" e "Estrangeiros pelo lado materno"*]

1. O νόθος, oposto do γνήσιος (Aristófanes, *Aves* 1650), era um homem cujos pais não tinham sido "legalmente casados": ver Pseudo-Demóstenes XLIV (Leocoro) 49; Pólux III 21. Na medida em que a instituição do casamento existiu em Atenas em algum sentido técnico legal, um casamento deve ter sido criado por ἐγγύη (ἐγγύησις) ou ἐπιδικασία: o último, "adjudicação", aplicado apenas para herdeiras, ἐπίκληροι, e a grande maioria dos casamentos formais foram criados por ἐγγύη (um termo para o qual nem "casamento" nem "noivado" é uma tradução adequada), a entrega da noiva por seu representante legal, seu κύριος (geralmente seu pai), e sua aceitação pelo noivo, para uma união a ser consumada imediatamente ou em uma data futura. Uma lei citada por Pseudo-Demóstenes XLVI (Estéfano) 18 (cf. Hipérides III (Atenógenes) 16, col. 7) diz:

3 *HG* 301–2.

4 *HAC* 345, cf. 346–7.

5 *Ibid.* 255.

6 Como citado acima, esp. i 478-80.

ἣν ἂν ἐγγυήσῃ ἐπὶ δικαίοις δάρματα εἶναι ἢ πατὴρ ἢ ... ἐκ ταύτης εἶναι παῖδας γνησίους ["se uma mulher for legalmente prometida/casada por seu pai ou... então seus filhos devem ser legítimos"]. O μητρόξενος (que aparentemente não é um termo técnico) era um homem cuja mãe não era ateniense. As duas classes, νόθοι e μητρόξενοι, não eram em nenhum momento idênticas: alguns νόθοι eram de ascendência ateniense de ambos os lados (embora seus pais não fossem legalmente casados) e, portanto, não eram μητρόξενοι, e até 451/0 (e aparentemente por mais um tempo de novo, na prática, no final do século V) alguns μητρόξενοι não eram νόθοι, porque seus pais, embora não fossem ambos atenienses, eram legalmente casados, como Agariste com Mégacles (ver **B** 3 abaixo). Depois de 403/2 (ver **E** 2 abaixo) todos os μητρόξενοι eram νόθοι, embora todos os νόθοι ainda não fossem μητρόξενοι.

2. Por uma lei atribuída a Sólon,[7] se houvesse filhos legítimos, παῖδες γνήσιοι, o νόθος não teria ἀγχιστεία ["direito de parentesco"] e não poderia *herdar* nada. (Se ele poderia herdar alguma parte na ausência de παῖδες γνήσιοι é incerto). Para a repromulgação da lei soloniana em 403/2, consulte **E** 3 abaixo.

3. No século IV, provavelmente a maioria das fratrias e *genē*, e talvez todas,* excluíam os νόθοι completamente: elas insistiam que todos os participantes deveriam ser filhos de um pai cidadão por meio de um casamento válido, ἐξ ἀστῆς καὶ ἐγγυητῆς (ou γαμετῆς) γυναικός (ou γεγονὼς ὀρθῶς) ["de uma mulher cidadã casada", ou "nascida apropriadamente"].[8] De Aristófanes, *Aves* 1668-70, podemos, presumo, inferir que no final do século V um νόθος não poderia ser (ou normalmente não seria) admitido na fratria. A omissão de um pai em registar um filho, ou mesmo uma filha, na sua fratria poderia permitir que surgissem dúvidas quanto à sua legitimidade: ver Iseu III (Pirro) 75–6. Não conheço nenhuma evidência certa

7 Aristófanes, *Aves* 1649–70, esp. 1660-3.

8 Ver Iseu VIII (Cirão) 19–20; VII (Apolodoro) 15–17 (cf. XII [Eufileto] 9); Pseudo-Demóstenes LIX (Neera) 60; Demóstenes LVII (Eubúlides) 54 (cf. 41, 43, 69); *SIG*³ 921 (=*IG* II² 1237). 109–11; Pólux III 21; cf. Andócides I (*Sobre os Mistérios*) 127; Iseu VI (Filoctêmon) 25.

antes do século IV, mas um texto muito intrigante,* Crátero *FGrH* III B 342 F 4 (*ap.* Harpocrácio s.v. ναυτοδίκαι), sugere-me que na primeira metade do século V, pelo menos, a admissão talvez pudesse ser obtida em uma fratria, ou em algumas fratrias, se qualquer um dos pais fosse ateniense: Crátero fala de uma acusação (antes das ναυτοδίκαι) ἐὰν... τις ἐξ ἀμφοῖν ξένοιν γεγονὼς φρατρίζῃ ["se alguém nascido de dois estrangeiros for membro de uma fratria"].

4. Os νόθοι que não eram μητρόξενοι não foram desqualificados em nenhum momento para obter a *cidadania*. O contrário é frequentemente afirmado, mas não há qualquer prova contra a hipótese que levantei e muitas provas a favor dela.*

5. Os μητρόξενοι, quer νόθοι ou não, não foram desqualificados para obter a cidadania até 451/0, e foram novamente admitidos na prática por um período no final do século V.

B. *Cidadania antes de 451/0 a.C.*

Quase não há nenhuma evidência para os anos anteriores a 451/0, que eu dividiria em três períodos:

1. *Antes de Sólon.* Sugiro que, até que as principais decisões políticas fossem tomadas constitucionalmente por maioria de votos de todo o povo, a cidadania da *polis* ateniense poderia ser algo não muito claramente definido e, de qualquer forma, bastante sem importância: o talismã seria a pertença a uma fratria, e, se possível, a um *genos* adicional. No entanto, uma vez tomada a decisão de resolver as principais questões políticas através da contagem efetiva dos votos, o pertencimento à *polis* iria se tornar algo que necessitava de uma definição cuidadosa, porque, caso contrário, não haveria nada que impedisse os não-cidadãos de penetrar a Assembleia.

2. *De Sólon a Clístenes.* Assim como a partir da época de Clístenes era a adesão a um *demos* que conferia a cidadania ateniense, também se acredita geralmente que antes de Clístenes a unidade que dava cidadania aos seus membros era a fratria. Na ausência de qualquer evidência real, esta me parece de longe a hipótese mais provável. Não tenho conhecimento até aqui de nenhuma evidência relativa

às qualificações que seriam necessárias para ser membro de uma fratria: veja, entretanto, **A** 3 acima.

3. *De Clístenes a Péricles.* Ser membro de um *demos* e nada mais torna um homem um cidadão — a menos, é claro, que ele receba a cidadania por decreto especial da Assembleia (πολίτης ποιητός ou δεμοποίητος). No entanto, em virtude de qual qualificação ele se tornou membro de um *demos*? Não podemos fingir que conhecemos todas as regras. Evidentemente, bastava ter um pai cidadão. Tanto quanto sei, não há qualquer prova de que a cidadania pudesse ser reivindicada apenas através de uma mãe ateniense: esta era a regra em algumas democracias.[9] Parece que em meados do século V a admissão a uma fratria (ou para pelo menos a algumas certas fratrias) talvez pudesse ser obtida se um dos pais fosse cidadão (ver **A** 3 acima); e se tal regra tiver sido geral antes de Clístenes, poderia ter sido assumida pelos *demoi* e até preservada até 451/0. Mas meu palpite seria que até 451/0 a cidadania dependia apenas do pai.

Às vezes, diz-se que a lei de Péricles representava apenas um retorno a um estado de coisas anterior; mas se for assim (e eu mesmo não acredito que seja), era uma circunstância muito anterior e não apenas uma situação que surgiu depois das guerras pérsicas,[10] pois nos séculos VI e V ouvimos falar de vários atenienses proeminentes que se casaram com mulheres estrangeiras, das quais tiveram filhos e não há imputações registradas de cidadania duvidosa contra estes. Dou os exemplos mais evidentes:

(a) Cílon se casou (ἐγεγαμήκει) com a filha de Teágenes, tirano de Mégara: Tucídides I 126,3; Pausânias 28.1.

(b) Em algum momento da década de 570 (Heródoto VI 126-31.1) o Alcmaeônida Mégacles casou-se com Agariste, filha de Clístenes de Sícion, com quem teve um filho Clístenes, "o legislador", que provavelmente foi o arconte em 525/4.[11] De acordo com Heródoto VI 130.2, o casamento foi anunciado pelo pai da noiva com as palavras, ... Μεγακλέι ἐγγυῶ παῖδα τὴν ἐμὴν Ἀγαρίστην νόμοισι τοῖσι

9 Aristóteles, *Política* 1278ª27–8, 32–3; 1319ᵇ6–10; 1275ᵇ22–3.

10 Como suposto, por exemplo, por Rogers, em Aristófanes, *Aves* 1650.

11 M/L 6c = Fornara 23c 3.

Ἀθηναίων ["Eu prometo minha filha Agariste a Mégacles de acordo com as leis dos atenienses"].

(c) Diz-se que Temístocles era filho de Néocles com uma mulher estrangeira, descrita como trácia, cária ou acarnanense (Plutarco, *Temístocles* 1.1; Cornélio Nepos, *Temístocles* 1.1-2; Ateneu XIII 576cd), e, ainda assim, muito provavelmente foi arconte em 493/2.[12] Temístocles também é chamado de νόθος: ver Plutarco, *Temístocles* 1.3. cf. Plutarco, *Moralia* 753d; Eliano, *Histórias Variadas* XII 43.

(d) Miltíades, vitorioso em Maratona, casou-se com uma princesa trácia, Hegesipile, filha de Óloro, e com ela tornou-se pai do grande Címon (Heródoto VI 39.2; Plutarco *Címon* 4.1). Estesímbroto (*FGrH* II B 107 F 6; cf. Plutarco, *Péricles* 29.2) alegou que a mãe dos filhos gêmeos de Címon, Lecedemônio e Eleio, era uma mulher de Clítor; mas isto é sem dúvida uma ficção.[13]

(e) Tucídides, filho de Melésias, muito provavelmente se casou com a irmã de Címon, filha do casamento de Miltíades e Hegesípile, e ainda outra filha era provavelmente a avó materna de Tucídides, o historiador: ver o *stemma* de Cavaignac e Wade-Gery, em Wade-Gery *EGH* 246. Também é dito por Marcelino, *Vida de Tucídides* 19, que o historiador Tucídides se casou com uma rica esposa trácia (cf. 17). E ver Plutarco, *Címon* 4,2-3; *P. Oxi.* XV 1800. fr. 2, 64 ss.[14]

Talvez também valha a pena mencionar que, de acordo com Aristóteles (*Constituição dos Atenienses* 17.4), Pisístrato "casou-se" (ἔγημεν, γῆμαι) com sua esposa argiva, Timonassa. No entanto, o próprio Aristóteles (*Constituição dos Atenienses* 17.3) distingue os dois filhos que teve de sua esposa (anterior) ateniense como δύο ἐκ τῆς γαμετῆς ["dois de sua esposa"] (Hípias e Hiparco), em contraste com o δύο ἐκ τῆς Ἀργείας ["dois da mulher argiva"], e, além disso, Tucídides (VI 55.1) chama Hípias e Hiparco de γνήσιοι ἀδελφοί ["irmãos legítimos"] e Heródoto (V 94.1) fala do filho Hegesístrato

12 Ver RJ Lenardon em *Historia* 5 [1956] 401-19.

13 Ver Diodoro Periegeta, *FGrH* III B 372 F 37, e também *ap.* Plutarco, *Címon* 16.1.

14 [J.K.Davies, *Athenian Proprieted Families* (1971), 233, rejeita o casamento de Tucídides com uma herdeira trácia; não está claro se Tucídides, filho de Melésias, casou-se com uma irmã de Címon ou com uma filha: *ibid.* 232.]

como νόθον ... ἐξ Ἀργείης γυναικός ["bastardo ... por sua esposa argiva"].[15]

C. *A Lei da Cidadania de Péricles, 451/0 a.C.*

1. Esta lei previa que ninguém poderia obter a cidadania a não ser que ambos os pais fossem cidadãos: Aristóteles, *Constituição dos Atenienses* 26,4; Plutarco *Péricles* 37.3; Eliano, *Histórias Variadas* VI 10; Suidas, s.v. δημοποίητος. A única fonte antiga que oferece explicitamente uma razão para a lei é *Constituição dos Atenienses* 26.4: διὰ τὸ πλῆθος τῶν πολιτῶν ["devido ao número excessivo de cidadãos"]. Esta opinião foi aceita nos últimos tempos, até onde eu saiba, apenas por Gomme e Latte.[16] Não sei por qual motivo Jacoby[17] deveria dizer, "devemos provavelmente admitir que esta foi a primeira lei, não só em Atenas, mas em toda a Hélade, a exigir que ambos os pais pertençam à mesma cidade, para que o Estado reconheça os filhos como cidadãos". Aristóteles (*Política* 1278ª28; 1319ᵇ6-12) certamente parece conceber as oligarquias como sendo menos "liberais" na sua política de cidadania do que as democracias.

2. Se combinarmos o que diz o Escólio a Aristófanes, *Vespas* 718 (citando Filocoro, 328 F 119) com Plutarco, *Péricles* 37.4, obtemos a seguinte imagem. Em 445/4, o príncipe egípcio rebelde Psamético deu a Atenas um presente de 30.000 *medimnos* de grãos (Plutarco: 40.000 med. de cevada), que foi distribuído a 14.240 atenienses, sendo 4.760 agora desqualificados (παρέγγραφοι). (Filocoro pode não ter pensado no sentido de "desqualificados *como cidadãos*": ver Jacoby i 464. Plutarco, claro, pensava que eles não eram apenas eliminados dos registros de cidadãos, mas vendidos como escravos). É duvidoso se a lei de Péricles foi posta em vigor retroativamente, contra μητρόξενοι nascidos antes de 451/0. Foi defendido que os grandes números que se diz terem sido privados de direitos em 445/4 foram retrospectivos. Eu não aceito essa suposição.*

15 [Sobre este caso problemático ver Rhodes, *CAAP*, 225-6 e D.Ogden, *Greek Bastardy* (1996), 45-6].

16 *EGHL* 86–8; *RE* XVII i 1071.

17 Jac. ii 387 n. 69.

3. Aristófanes, *Aves* 1642-70. Esta passagem, de grande interesse para a lei de herança ateniense no final do século V, aborda apenas um ponto (e indiretamente) sobre a questão da cidadania: nos versos 1651-2, Pistetero diz a Hércules que ele é um νόθος porque é o filho de uma ξένη (Alcmena, uma mortal). Como veremos em seguida (**E** 2 abaixo), a lei de Aristofonte em 403/2 declarou especificamente que qualquer pessoa cuja mãe não fosse cidadã era um νόθος. À luz da passagem das *Aves*, podemos reconhecer isto como a reconstituição de uma lei anterior, que talvez no final do século V não tenha sido rigorosamente observada. Mas é na sua capacidade de herdar do seu pai Zeus que Héracles é um νόθος: a passagem não tem realmente qualquer influência na questão da qualificação para a cidadania.

D. *O final do século V*

Existem duas razões diferentes para pensar que a lei de cidadania de Péricles não foi devidamente aplicada nos últimos anos do século V: (a) a redação da lei de Nicomenes (ver **E** 1 abaixo), que, ao reeditar a lei de Péricles, isenta aqueles nascidos antes de 403/2,[18] e (b) o fato de que existem vários exemplos (ou possíveis exemplos) de atenienses do século IV que se sabe terem tido mães estrangeiras (no sentido de que as mães não eram filhas de pais atenienses de acordo com a lei de Péricles), mas que foram, no entanto, autorizados a manter a cidadania porque eles ou as suas mães* nasceram antes de 403/2. Os exemplos mais óbvios são os seguintes:

(a) Diz-se que Timóteo, muito proeminente na primeira metade do século IV, era filho de Cónon com uma mulher trácia (Ateneu XIII 577ab). Ele sem dúvida nasceu antes de 403/2.

(b) A mãe de Demóstenes, Cleobule, era filha de Gilon, um ateniense que, enquanto estava exilado na Crimeia, no final do século V, casou-se com uma esposa rica que certamente não era ateniense: ela pode muito bem ter sido uma "grega" de Panticapeu ou de uma das outras cidades do reino Bósforo, embora, é claro, ela seja refe-

18 Ver Demóstenes LVII [Eubúlides] 30.

rida com desprezo por Ésquines (III 172) como uma cita, cuja filha se casou com o pai de Demóstenes, desafiando as leis de Atenas (cf. Ésquines II 83, onde Demóstenes é chamado de νόθος). Demóstenes nasceu no final da década de 380. Não há nenhuma evidência positiva sobre a data de nascimento de Cleobule, mas, presume-se,deve ser de antes de 403/2, ou a cidadania de Demóstenes certamente teria sido atacada.*

Ver também Isócrates VIII (*Paz*) 88.

Costuma-se dizer hoje em dia que Péricles propôs um decreto formal concedendo cidadania ao seu νόθος, Péricles, por sua *hetaira* milesiana, Aspásia, após a morte de seus filhos legítimos, Xantipo e Páralo; mas, entre as várias fontes que são relevantes,[19] apenas Plutarco (*Péricles* 37.5) menciona um decreto relativo ao jovem Péricles, e é significativo o bastante que ele se refira ao seu registro εἰς τοὺς φράτορας ["na fratria"]. Provavelmente o jovem Péricles foi aceito como cidadão após a morte de Xantipo e Páralo, mas ainda era necessário um decreto para obter a aceitação pela fratria do pai, sendo a admissão de um νόθος a uma fratria (ou a algumas fratrias) provavelmente já ilegal, como certamente era no século IV. As fratrias podem muito bem ter estado menos dispostas do que os *demoi* a flexibilizar as suas regras de admissão no final do século V.

Talvez não seja errado se eu citar aqui um trecho do artigo sobre Péricles na minha edição de Lemprière: "a parcialidade viciosa de Péricles pela célebre cortesã Aspásia o submeteu ao ridículo e à censura dos seus concidadãos; mas se ele triunfou sobre a sátira e comentários malévolos, os atenienses tiveram ocasião de execrar a memória de um homem que com seu exemplo corrompeu a pureza e a inocência de sua moral, e que tornou a licenciosidade respeitável, e a indulgência de todo desejo impuro é a qualificação do soldado e também do senador"!

19 Plutarco, *Péricles* 24; 38.5; Escólios a Platão, *Menexeno* 235e; Harpocrácio e Suidas s.v. Ἀσπασία; Suidas, s.v. δημοποίητος; cf. Eliano, *Histórias Variadas* VI 10, que fala dos νόθοι de Péricles como sendo impedidos de obter a cidadania pela lei de seu pai.

E. *A Lei de Nicomenes, 403/2 a.C.*

1. Escólio a Ésquines I 39 cita Eumelo, *FGrH* II A 77 F 2, para o texto da lei de Nicomenes. O escoliasta, e talvez Eumelo, chamou de decreto (ψήφισμα), mas certamente deve ter sido uma lei (νόμος). Presume-se que sua data seja 403/2. Exceto que especificamente exclui τοὺς πρὸ Εὐκλείδου ["aqueles antes de Euclides"], ou seja, aqueles nascidos antes do ano 403/2. A lei era uma repetição da de Péricles: "aqueles depois do arcontado de Euclides" deveriam ter ἄμφω τοὺς γονέας ἀστούς ["ambos os pais cidadãos"]. Que "aqueles nascidos antes de Euclides" e "aqueles depois do arcontado de Euclides" são os nascidos antes e depois de 403/2, respectivamente, é provado pelas referências a esta lei em Iseu VIII (Cirão) 43; Demóstenes LVII (Eubúlides) 30. Sem dúvida ter nascido no arcontado de Euclides contava como ter nascido *antes* dele!

2. A lei de Nicomenes tem sido com frequência[20] erroneamente vista como uma alteração de outra lei da mesma data, a de Aristofonte, mencionada por Caristio, *ap.* Ateneu XIII 577b (que o chama de νόμος). Na verdade, a lei de Aristofonte nada tem a ver com as qualificações para a *cidadania*. Ela previa que o homem cuja mãe não fosse cidadã (ὃς ἂν μὴ ἐξ ἀστῆς γένηται) fosse um νόθος. Mas o homem cuja mãe fosse não-cidadã, não era cidadão, a menos que ele (ou a sua mãe)* tivesse nascido antes de 403/2 e, em qualquer dos casos, o fato de ser um νόθος não fazia diferença na sua reivindicação à cidadania. O único resultado desta lei foi transformar todos os μητρόξενοι em νόθοι mais uma vez — como vimos (**C** 3 acima), a lei de Aristofonte deve ter sido uma reconstituição de uma lei anterior, que talvez tivesse sido afrouxada ou meramente desconsiderada nos últimos anos do século V.

3. Provavelmente mais ou menos na mesma época a "lei de Sólon", que negava uma ἀγχιστεία ["direito de parentesco"] aos νόθοι se houvesse filhos legítimos (παῖδες γνήσιοι) (ver A 2 acima), foi reeditada,[21] provavelmente de uma forma mais rigorosa.*

20 [Ver e.g. A.R.W.Harrison, *The Law of Athens, The Family and Property* (1968), 26 n. 1.]
21 Ver Iseu VI [Filoctêmon] 47; Pseudo-Demóstenes XLIII [Macartato] 51; cf. XLVI [Estéfano 2] 18.

F. *Duas leis do século IV*

Em alguma data desconhecida ou ainda em um momento anterior ao testemunho de Pseudo-Demóstenes LIX (Neera), no final da década de 340, foram aprovadas mais duas leis que devem ser observadas aqui:

1. A primeira, citada em Pseudo-Demóstenes LIX 16–17 (cf. 73, 124), proibia um cidadão de συνοικεῖν ["coabitar"] com um não-cidadão do sexo oposto. Em ambos os casos, o não-cidadão deveria ser vendido (como escravo), e o cidadão do sexo masculino que συνοικῇ ["co-habita"] com uma ξένη ["mulher estrangeira"] seria multado em 1.000 dr. A seção 17 acrescenta as palavras οὐδὲ παιδοποιεῖσθαι ["nem tenha filhos com ela"].

2. A segunda, em Pseudo-Demóstenes LIX 52 (cf. 53, que usa o termo técnico ἠγγυηκέναι ["dar em noivado/casamento"]) ameaçava a privação de direitos e confisco de propriedade contra qualquer pessoa que desse uma ξένη ["mulher estrangeira"] como esposa a um ateniense ὡς ἑαυτῷ προσήκουσαν ["como se ela fosse parente dele"], ou seja, presumivelmente, representando-se como seu κύριος ["representante legal"].

G. *As διαψηφίσεις ["revisões do registro dos cidadãos"] ao abrigo do decreto de Demófilo, 346/5 a.C.*

As autoridades são Harpocrácio, s.v. διαψήφισις, citando Androcião (*FGrH* III B 324 F 52) e Filocoro (*ibid.* 328 F 52); Libânio, *Hipótese a Demóstenes LVII* (Eubúlides); Ésquines I 77, com Escólios (nomeando Demófilo). Demóstenes LVII (Eubúlides) foi declamado em nome de um requerente, Euxiteu de Halimo, que havia sido retirado do registro de seu *demos* sob este decreto e estava apelando a um dicastério para sua reintegração. Libânio fala do decreto como uma lei (νόμος), mas concordo com Gomme[22] e Jacoby[23] que um decreto (ψήφισμα) seria certamente suficiente.

---

22 *EGHL* 68–9.

23 Jac. i 161 & n. 33, sobre Androcião F 52.

O decreto ordenava que cada *demos* investigasse as reivindicações de cidadania de todos os seus membros. Como resultado, "muitos foram justamente expulsos de todos os *demoi*".[24]

Segundo Libânio:

(a) A investigação daqueles que constavam nos registros do *demos* (ληξιαρχικὰ γραμματεῖα) era direcionada para determinar se eles eram γνήσιοι πολῖται ["cidadãos legítimos"] ou não. Não acredito que a palavra γνήσιοι tenha sido usada no decreto: acho que Libânio está glosando o texto. A expressão γνήσιος (como vimos) é o oposto de νόθος, e embora pudesse ser usada livremente, não creio que seria assim utilizada em um decreto ordenando διαψηφίσεις ["revisões do registro do cidadão"].

(b) Todos aqueles que não nasceram ἐξ ἀστοῦ καὶ ἐξ ἀστῆς ["de um cidadão e de uma cidadã"] se tornariam metecos, mas é perfeitamente claro em Demóstenes LVII 30 (e em Iseu VIII [Cirão]) que qualquer pessoa nascida antes de 403/2 não era desqualificada meramente porque sua mãe era uma ξένη ["estrangeira"].

(c) Os privados de direitos poderiam apelar para um dicastério para a restauração da cidadania, mas se não tivessem sucesso, seriam vendidos (como escravos). Alguns estudiosos aceitam essa hipótese e veem um reflexo disso em Demóstenes LVII 70; mas eu a rejeitaria, com Gomme[25] e Jacoby.[26]

H. *A Qualificação para a Cidadania na década de 320 a.C.*

Aristóteles, *Constituição dos Atenienses* 42.1, dá a qualificação para a cidadania: os cidadãos são οἱ ἐξ ἀμφοτέρων γεγονότες ἀστῶν ["aqueles nascidos de pais cidadãos de ambos os lados"], e são registrados aos 18 anos de idade.[27] Em cada caso os habitantes do *demos* decidem por voto sob juramento, primeiro se o candidato parece ter a idade legalmente necessária e, em segundo lugar, εἰ

24 Demóstenes LVII 2, cf. 49.

25 *EGHL* 75–86.

26 Jac. i 463–4.

27 O que deveríamos chamar de 17, segundo R.Sealey, em *CR* 71 = n.s. 7 (1957) 195–7.

ἐλεύτερός ἐστι καὶ γέγονε κατὰ τοὺς νόμους ["se ele é um homem livre e nasceu de acordo com as leis"].

[Uma longa nota do autor deveria ter atacado a opinião de que o requerente tinha também que ser fruto de um casamento válido].

I. *A Finalidade das Leis de Cidadania*

Ao considerar o propósito das leis de cidadania, devemos partir de quatro afirmações feitas por Aristóteles. Em *Constituição dos Atenienses* 26.4, como vimos, ele explica que a lei de Péricles foi aprovada διὰ τὸ πλῆθος τῶν πολιτῶν ["devido ao número excessivo de cidadãos"]. Em *Política* 1278ª26-34 ele faz uma série de declarações que eu resumiria da seguinte forma:

(a) Algumas constituições até admitem a cidadania de certos estrangeiros. Por exemplo:

(b) Em algumas democracias pode ser admitido um homem do qual apenas a mãe seja cidadã. (Tenho certeza de que Aristóteles toma como certo que qualquer cidade que permita que a cidadania seja derivada apenas de uma mãe cidadã permitirá, *a fortiori*, que ela seja derivada apenas de um pai cidadão).

(c) Em muitos Estados, da mesma forma, νόθοι são admitidos.

(d) Mas tais coisas são feitas por causa da falta de cidadãos legítimos (δι' ἔνδειαν τῶν γνησίων πολιτῶν): é por causa da escassez de homens (διὰ γὰρ ὀλιγανθρωπίαν, que deve significar "escassez de *cidadãos*") que aprovaram tais leis;

(e) E quando o número (de cidadãos) aumenta (εὐποροῦντες δὴ ὄχλου), eles desqualificam, por etapas, primeiros os filhos de pai escravo ou mãe escrava, depois os que eram filhos apenas de mães cidadãs (τοὺς ἀπὸ γυναικῶν) e, finalmente, limitam a cidadania aos com pais cidadãos de ambos os lados.

Na *Política* 1319ᵇ6-12, novamente, Aristóteles diz que os líderes populares ansiosos por fortalecer o *demos* estão acostumados a aceitar o maior número possível de homens como cidadãos, não apenas os legítimos (τοὺς γνησίους), mas também os bastardos (τοὺς νόθους) e aqueles que têm apenas um dos pais cidadão, seja pai ou mãe. Cf. *Política* 1275ᵇ23-4, onde Aristóteles também menciona a possibilidade de derivar a cidadania de qualquer um dos pais, e acrescenta que, por outro lado, alguns Estados vão mais longe, insistindo, por exemplo, em dois, três ou mais cidadãos πάπποι ["ancestrais"]. A passagem que se segue, 1275^b25-30, contando a história sobre a definição irônica de Górgias dos larisseanos como aqueles que são feitos por λαρισοποιοί ["fabricantes de panelas larisseanas / cidadãos larisseanos"], mostra a dificuldade de evitar um retorno infinito nas origens familiares para tomar a decisão de quem é cidadão. Presume-se que em Atenas não se costumava recuar além de um pai falecido, se ele tivesse realmente sido inscrito no registro do seu *demos*, embora Demóstenes LVII (Eubúlides) 18–30 prove que isso poderia acontecer. Possivelmente, por parte de mãe, em casos duvidosos alguém poderia ser obrigado a recorrer aos pais dela e mostrar que eles eram cidadãos, embora, na prática, muitas vezes seria suficiente mostrar que ela era membra da fratria, o que criaria uma presunção de cidadania, e que ela era a esposa legal reconhecida do pai.

Ordenemos agora as diversas etapas contempladas por Aristóteles em ordem cronológica, começando pela mais liberal e terminando pela mais exclusiva.

Primeiro temos uma situação de ὀλιγανθρωπία ["escassez de cidadãos"] e neste caso:

(A) A cidadania pode ser reivindicada se apenas um dos pais, pai ou mãe, for cidadão, mesmo que o outro progenitor seja escravo; e

(B) Não faz diferença se os pais não são legalmente casados, de modo que o homem em questão seja um νόθος.

A e B são condições parcialmente sobrepostas e parcialmente independentes: um homem pode ser um νόθος se seus pais forem ambos cidadãos (mas não legalmente casados) e, por outro lado, ele pode ter apenas um dos pais cidadão e ainda assim não ser um νόθος, desde que a lei de sua cidade reconheça os casamentos entre um cidadão e um não-cidadão — como deveria ser nesta fase, porque, caso contrário, todos os que não nascerem de pais cidadãos serão automaticamente νόθος.

Na *segunda* fase, quando a população cidadã aumentou, a lei ainda permite que a cidadania seja reivindicada se um dos progenitores for cidadão, mas não se o outro progenitor for escravo.

Na *terceira* fase, não basta ter uma mãe cidadã, mesmo que o pai seja livre: a cidadania passa a poder ser reivindicada apenas através do pai. Uma mãe escrava, claro, ainda é uma desqualificação, mas uma mãe livre e não cidadã não o é.

A *quarta* e última etapa é aquela em que ambos os pais devem ser cidadãos.

Atenas chegou à quarta fase com a lei de Péricles em 451/0. Tanto quanto sei (ver **B** 3 acima), não há provas de qual das outras três fases Atenas se encontrava antes de 451/0, ou durante os últimos anos do século V, quando a lei de Péricles não era rigorosamente aplicada. Imagino que durante este último período, de qualquer forma, um pai cidadão fosse essencial.

Tenho mais uma observação a fazer antes de apresentar a minha opinião sobre o propósito das leis de cidadania. Não devemos concentrar-nos inteiramente na situação jurídica, mas temos de compreender a probabilidade de haver tentativas de contornar a lei e obter o registro de crianças que não estavam legalmente qualificadas. Certas passagens nas fontes* sugerem que tais tentativas podem ter sido bastante comuns e que o registro de pessoas não qualificadas pode muitas vezes ter sido obtido por suborno,[28] ou por negligência, ou pela tendência natural dos habitantes do *demos* de aceitar a garantia do pai[29] de que o candidato estava devidamente qualificado.[30]

28 Ver e.g. Demóstenes LVIII [Eubúlides] 25, 59; Iseu XII [Eufileto] 2; Hipérides IV [Euxênipo] 3, col. 2, com Harpocrácio e Suidas, s.v. Ἀγασικλῆς, citando Hipérides [fr. LIX 5 Sauppe] e Dinarco [fr. XVI Sauppe] presumivelmente também Anaxândrides fr. 4 K/A, *ap.* Ateneu VI 263bc (Sunium).

29 Ou da mãe: ver Aristóteles, *Retórica.* II 23, 1398^{a}33-^{b}3; Pseudo-Demóstenes XXXIX [Beóto 1] 25–36.

30 Ver esp. Iseu VI 18–26; Pseudo-Demóstenes XXXIX–XL [Beóto 1 & 2].

Posso agora discutir o propósito das leis de cidadania de Péricles e Nicomenes. Farei referências o tempo todo, por conveniência, à lei de Péricles. Minhas sugestões são as seguintes:

1. A lei de Péricles não foi introduzida "para preservar a pureza do património do cidadão da contaminação por elementos estranhos indesejáveis" (ver p. 313 acima). Não consigo encontrar nenhum vestígio, em nenhuma fonte, de alguma ideia sobre a "pureza" racial dos cidadãos de uma determinada cidade que precisava ser preservada, ou poderia ser "contaminada" por elementos estranhos. Se os gregos atribuíam um valor especial à procriação pura, como fizeram alguns aristocratas,[31] tais ideias estavam ligadas a famílias ou *genē* individuais, ou, pode-se conceber, a fratrias, mas não à *polis* como um todo. A cidadania era um privilégio zelosamente resguardado na maioria dos Estados gregos, mas qualquer exclusividade que pudesse ser demonstrada em relação à admissão de novos cidadãos não se devia ao desejo de preservar a pureza do "sangue" ou da "linhagem racial". É verdade que ouvimos falar de uma tentativa dos aristocratas atenienses, na expulsão dos Pisistrátidas (Aristóteles, *Constituição dos Atenienses* 13.5), de privar alguns cidadãos do direito de voto, alegando que eles eram τῷ γένει μὴ καθαροί ["impuros em descendência"]; mas é claro que naquela época, antes de os *demoi* se tornarem as unidades através das quais a cidadania era obtida, deviam ser as fratrias que mantinham os registros dos cidadãos (ver **B** 2 acima), e eles poderiam muito bem sentir, ou pelo menos os aristocratas que controlariam a maioria delas poderiam convenientemente fingir sentir, que a linhagem era importante. Os habitantes do *demos* não reivindicavam parentesco, e não conheço nenhuma evidência de que considerassem a linhagem não-ateniense como "impura". Aliás, a cidadania era vendida por algumas cidades gregas, especialmente nos períodos helenístico e romano, quando a cidadania ainda era um privilégio, como sempre foi. Note-se também o protesto de Jacoby[32] contra a noção de que a introdução de

31 Ver esp. Teógnis 183–92, 535–8 etc.

32 Jac. ii 384 n. 59.

sangue estranho teria provavelmente um efeito deletério: "O idiota da aldeia é frequentemente um produto da consanguinidade".

2. O motivo que é especificamente atribuído à lei de Péricles, pela única fonte (Aristóteles, *Constituição dos Atenienses* 26.4) que fornece um motivo, pode ser encontrado nas seguintes palavras: "por causa do grande número de cidadãos" (διὰ τὸ πλῆθος τῶν πολιτῶν); podemos legitimamente interpretar isto como a prevenção de um novo aumento no número de cidadãos. Embora esta explicação tenha sido frequentemente atacada nos tempos modernos,[33] creio que está correta e enquadra-se bem na discussão geral da *Política*[34] de Aristóteles sobre as qualificações para a cidadania impostas pelos Estados gregos. Mas devemos ter certeza de que concebemos a situação corretamente.

3. Muitos estudiosos presumiram que a *intenção* ou o efeito da lei de Péricles era impedir casamentos entre cidadãos atenienses e mulheres estrangeiras. Sobre isto tenho três coisas a dizer:

(a) As estatísticas não estão disponíveis, mas não consigo conceber que *muitos* atenienses se casassem com ξέναι ["mulheres estrangeiras"]. Não devemos ser enganados pelos poucos exemplos que temos de atenienses ricos que se casaram com mulheres estrangeiras, sem dúvida devido aos dotes excepcionalmente elevados que trouxeram. Um certo número de cidadãos das classes mais baixas pode muito bem ter casado com mulheres metecas, embora eu não tenha conhecimento de nenhuma prova disso. Se, antes da lei de Péricles, a cidadania pudesse ser obtida apenas através da mãe, então, sem dúvida, os homens metecos teriam ficado muito satisfeitos em se casar com ἀσταί ["mulheres cidadãs"] atenienses, e assim colocar os seus filhos em condição de obter a cidadania ateniense; mas, novamente, não conheço nenhuma evidência.

(b) O segundo ponto é muito mais importante, mas é quase sempre totalmente esquecido. É verdade que a lei de Péricles pode ter tido muito sucesso em desencorajar os casamentos entre atenienses

33 e.g. por Busolt, *GG* III i 338 n. 3; Jac. ii 384 n. 61.

34 Aristóteles, Política 1278^{b}26–34; 1319^{b}6–12, citado na p. 325 acima.

e mulheres estrangeiras, pois um ateniense que soubesse que não poderia transmitir a cidadania aos seus filhos através de uma esposa estrangeira teria, sem dúvida, grande probabilidade de se casar apenas com alguém que fosse uma ἀστή ["mulher cidadã"]. *Mas o simples fato de impedir os atenienses de casarem com mulheres estrangeiras não teria qualquer efeito significativo sobre a taxa de natalidade dos cidadãos*; o ateniense que antes teria se casado com uma mulher estrangeira, agora simplesmente se casaria com uma esposa ateniense! Como Gomme percebeu, só se existissem "cidadãos que se recusassem a casar porque não podiam casar com estrangeiras"[35] é que a lei de Péricles poderia ter produzido *alguma redução* na população de cidadãos — e o número de tais cidadãos teria certamente sido muito pequeno.

(c) Se antes de 451/0 a cidade de Atenas admitia à cidadania os filhos de um ξένος com uma ἀστή ["homem estrangeiro com uma mulher cidadã"], então o efeito da lei de Péricles, ao desencorajar tais casamentos, teria sido um pouco maior. Mas não me parece provável que tais crianças tinham de fato direito à cidadania, e não posso acreditar que tais uniões fossem comuns — a única que me lembro de ter encontrado é o casamento de Arquedice, filha do tirano Hípias, com Eantides, filho de Hipóclo, tirano de Lâmpsaco (Tucídides VI 59.3), um casamento dinástico de caráter especial.

Sem dúvida, como disse acima, os metecos que viviam em Atenas poderiam ter ficado particularmente satisfeitos por terem esposas atenienses, se os seus filhos pudessem tornar-se cidadãos; mas não temos meios de descobrir até que ponto tais uniões eram comuns.

A lei de Péricles, então, pode ou não ter vislumbrado como objetivo desencorajar os *casamentos* entre cidadãos e não-cidadãos. Teria, sem dúvida, algum efeito desencorajador, mas isto não é muito importante, pois não há razão para pensar que tais casamentos fossem comuns. Na medida em que a lei visava controlar qualquer aumento adicional no *número de cidadãos*, no entanto, qualquer efeito que possa ter tido sobre os *casamentos* entre cidadãos e não cidadãos

35 *EGHL* 87 n. 1.

terá sido quase inteiramente irrelevante, a menos que a cidadania pudesse ser reivindicada somente através da mãe antes de 451/0. É também uma falácia supor que permitir que cidadãos atenienses se *casassem* com estrangeiras em vez de mulheres atenienses nos últimos anos do século V possa realmente ter sido uma forma de compensar as perdas de cidadãos durante a guerra do Peloponeso, pois certamente não houve naquela época uma escassez de mulheres cidadãs, em relação aos cidadãos do sexo masculino — entretanto, o oposto é geralmente aceito, e provavelmente é verdade.

4. O ponto fundamental é que não era o casamento com mulheres estrangeiras que esta legislação pretendia desencorajar, mas sim o que talvez possamos chamar de *uniões extraconjugais*, susceptíveis de resultar em *problemas adicionais para os filhos do casamento legal.* Naquele momento, Atenas era uma sociedade escravista. Em qualquer sociedade deste tipo, as relações sexuais entre proprietários de escravos e escravas (não apenas as suas próprias escravas) ou mulheres libertas tendem a ser muito comuns. Afirmo que a grande maioria das "uniões extraconjugais" em Atenas teria sido com escravas ou mulheres libertas, e que a maioria dos μητρόξενοι teria sido o resultado de tal união. Se fossem admitidos à cidadania, teriam naturalmente aumentado o número de cidadãos atenienses, porque todos eles (exceto os filhos gerados por atenienses solteiros — provavelmente uma classe rara) seriam *adicionais* aos filhos do casamento legal.

5. Mesmo que Atenas antes de 451/0 fosse uma daquelas cidades mencionadas por Aristóteles (*Política* 1278ª32-3) em que os filhos dos escravos eram desqualificados para receber a cidadania, seria fácil para um homem, que estivesse satisfeito com a ideia de ter um filho com uma escrava, libertar a mulher antes do nascimento da criança, ou libertá-la imediatamente depois e declarar que o fez antes do nascimento. Mas a ausência de qualquer ênfase especial na condição servil de Neera e Feno em Pseudo-Demóstenes LIX (Neera), por exemplo, ou de Alce em Iseu VI (Filoctêmon) 19–26,

sugerem-me que os filhos de mulheres escravas podem não ter sido sujeitos a nenhuma desqualificação especial.[36]

6. A objecção mais óbvia à teoria que apresentei é a seguinte: se a lei de Péricles tivesse realmente sido dirigida contra a questão das uniões extraconjugais, poderia simplesmente ter excluído os νόθοι da cidadania. Acredito que podem ter existido boas razões contra a formulação da lei com qualquer um desses termos.

7. Isto nos leva à lei do casamento ateniense, um assunto sobre o qual quase todos os aspectos são obscuros. Minhas conclusões são as seguintes:

(a) Muitas vezes pode ser muito difícil estabelecer a existência de um "casamento" adequado (ver **A** 1 acima) por ἐγγύη. Veja em particular Iseu III (Pirro) sobre se File foi casada com Xenócles por ἐγγύη. Não havia palavras técnicas no grego ático correspondentes ao nosso "casamento", "casar", "marido", "esposa". É muito significativo que em uma passagem de Pseudo-Demóstenes (Pseudo-Demóstenes LIX [Neera] 122), que parece descrever a coabitação regular e permanente, o termo usado seja συνοικεῖν ["coabitar"].

(b) Em (a) acima sugeri que o fato de ter havido um casamento por ἐγγύη pode ser muito difícil de provar em determinados casos individuais. Chego agora a uma proposta mais radical. Sugiro (i) que "ser casado legalmente" era um conceito que praticamente não tinha significado, exceto na ligação com a herança das propriedades,[37] e, portanto, (ii) que a maioria dos atenienses pertencentes às classes mais baixas, que não possuíam nenhuma propriedade valiosa que, no momento da sua morte, poderia ser importante, não saberiam e nem se importariam se eram "legalmente casados" ou não. Não quero dizer que a maioria dos atenienses de classe baixa não se casavam por ἐγγύη, tal como os seus superiores. Não duvido que sim: o que estou dizendo é que a γνησιότης ["legitimidade"] dos filhos do casamento — o único efeito essencial do casamento por ἐγγύη — era algo absolutamente sem importância, exceto nos contextos em que

36 E ver ainda G.R.Morrow, *Plato's Law of Slavery* (1939).

37 Ver e.g. Demóstenes XXXVI [Fórmio] 32.

haveria um herança de propriedade, de modo que entre as classes mais baixas não haveria nada que mantivesse viva a sua memória enquanto o casamento estivesse em vigor.

8. Podemos agora ver porque teria sido um erro tentar excluir os νόθοι da cidadania: poderia ter sido muito difícil, talvez impossível, dizer de muitos atenienses das classes baixas se eles eram νόθοι ou γνήσιοι. E a admissão no registro do *demos*, pela qual era conferida a cidadania, ocorria apenas aos 18 anos (talvez 17?: ver n. 27 acima), enquanto a admissão no κοινὸν γραμματεῖον ["registro comum"] da fratria, para o qual γνησιότης ["legitimidade"] era aparentemente um requisito geral e talvez universal,* parece geralmente ter sido efetuado logo após o nascimento, quando o ἐγγύη seria comparativamente recente e a maioria das testemunhas diante das quais ocorreu ainda estaria disponível.

9. O principal objetivo da lei de Péricles era, então, conter o rápido aumento da população cidadã, tornando impossível aos cidadãos apresentar aos seus *demoi* legalmente, como cidadãos, os seus filhos de mulheres que não fossem as suas esposas legais. É possível que um motivo adicional tenha sido o desejo de que as filhas dos cidadãos encontrassem maridos cidadãos: cf. Pseudo-Demóstenes LIX [Neera] 112–13.

10. Na Atenas do século V, antes de 451/0 e novamente pouco antes de 403/2, a grande maioria dos cidadãos atenienses teria se casado com esposas cidadãs, com quem teriam tido filhos legítimos. Mas muitos, especialmente entre os cidadãos mais ricos, também teriam tido filhos de outras formas, para além de uniões temporárias com prostitutas comuns, cujos filhos não gostariam de reconhecer, ou com mulheres cidadãs que não eram suas esposas, para cujos descendentes a cidadania nunca foi legalmente negada*. Muitas vezes ouvimos falar de atenienses ricos que mantinham relações sexuais regulares com outras mulheres que não as suas esposas:

(a) Com suas próprias escravas, que às vezes eram mantidas como παλλακαί ["concubinas"] regulares, continuando como escravas ou recebendo posteriormente sua liberdade.[38] Essas uniões muitas vezes podiam produzir filhos. E se o homem se apaixonasse pela concumbina ele poderia até ser induzido a assumir os filhos dela com um amante anterior e tentar torná-los cidadãos, representando-os como se fossem seus, como alegado (com que verdade é muito difícil dizer) em Iseu VI 21–6; Pseudo-Demóstenes LIX 13, 38, 118, cf. 119.

(b) Com *hetairai* que eram escravas pertencentes a outros ou então mulheres libertas ou já livres (até mesmo às vezes atenienses: ver Wyse, *SI* 318). Muitos atenienses proeminentes, incluindo Isócrates (Ateneu XIII 592d), Demóstenes (592e), Dêmades (591f), Aristofonte e Demétrio de Falero (577c) tiveram filhos com essas mulheres, e pode-se até afirmar que eles as tornaram cidadãs (591f, Dêmades) — ilegalmente, claro. Talvez a maioria destas histórias não seja verdadeira, mas pelo menos elas coincidem com a informação que obtemos dos oradores[39] e são passíveis de transmitir um retrato verdadeiro sobre uma parte considerável da classe alta ateniense, se não sobre os próprios indivíduos nomeados. O próprio Péricles teve pelo menos um filho com Aspásia, uma *hetaira* milesiana que se tornou sua παλλακή ["concubina"]: talvez nunca tivéssemos ouvido falar do jovem Péricles se os dois filhos legítimos de seu pai não tivessem morrido.

Uma vez que as tentativas de obter a concessão de cidadania aos filhos de tais uniões eram aparentemente comuns mesmo no século IV, embora tais concessões fossem então contrárias à lei e presumivelmente só pudessem ser obtidas através de juramentos falsos, po-

38 Para alguns exemplos, ver Antifonte I 14, cf. 20 (estas duas passagens mostram que a concumbina era certamente uma escrava); Ateneu XIII 590cd, com Pseudo-Plutarco, *Moralia* 849D (onde Hipérides compra File como escrava e depois a liberta); Iseu VI (Filoctêmon) 19–21 (onde Alce foi sem dúvida comprada e libertada por Euctemon); Pseudo-Demóstenes LIX (Neera) 18–49, esp. 21–3 (Metanira, uma escrava de quem Lísias (um meteco) gostava tanto que a iniciou em Elêusis), 31–5, com 45–8 (Neera, comprada por Frínion), 37–49 (Neera é comprada e libertada por Estéfano).

39 Ver acima, n. 38: *add* Iseu IV [Nicóstrato] 10.

de-se facilmente acreditar que elas eram de fato muito frequentes antes da lei de Péricles, quando eram perfeitamente legais.

11. A lei citada em Pseudo-Demóstenes LIX (Neera) 16–17 (ver F acima), proibindo os cidadãos atenienses de "estabelecerem casa" (*ibid.* 22) com estrangeiros, foi mais uma tentativa (talvez muitos anos depois de 403/2) de desencorajar os atenienses de gerarem filhos com estrangeiras. Essas crianças não eram apenas νόθοι: elas não podiam tornar-se legalmente cidadãos de forma alguma; mas havia sempre a possibilidade de os pais conseguirem inscrevê-los no registro do seu *demos* e considerou-se melhor, portanto, ameaçar com sanções a quem estabelecesse tais uniões.

POSFÁCIO DOS ORGANIZADORES

Muito tem sido escrito sobre assuntos remotamente ou diretamente relevantes, e este posfácio não pode ser abrangente. Humphreys, 93–4, sugere brevemente que a lei de Péricles foi dirigida contra as classes altas e a tendência de seus membros se casarem com mulheres não-atenienses. Ruschenbusch vê isso como uma defesa contra um influxo de "estrangeiros por parte do pai", os *patroxenoi*. Ste.Croix não tinha descartado totalmente a possibilidade de que os *patroxenoi* pudessem garantir a adesão à fratria em Atenas antes de 451 (**A** 3; **I** 3 c), mas ele certamente está certo ao dizer que tal categoria (quase invisível em nossas fontes) não pode ter sido significativa em Atenas; ver também as críticas de Ogden, 69. Patterson argumenta que a lei de Péricles foi a primeira regulamentação estatal dos critérios de cidadania, uma questão até então deixada para os *demoi* ou fratrias individuais resolverem "de forma tradicional e familiar". O seu principal objetivo não era mudar os padrões de escolha conjugal (embora tenha introduzido uma atuação mais severa contra os *metroxenoi*), mas colocar toda a região sob um controle efetivo de cidadania pela primeira vez; os excessos dos *demoi*, nos vinte e cinco anos anteriores, na concessão da cidadania a muitas pessoas mal qualificadas tornaram essa medida necessária. A tese de que a cidadania não era regulamentada antes de Péricles não é fácil de aceitar; Crátero F 4 parece oferecer evidências contrárias, assim como o fr. 35a de Filocoro, que agora deve ser recuado, com base em uma atribuição de livro negligenciada,[40] do livro 4 para o livro 3 e, portanto, talvez para o contexto da legislação de Sólon.

Dois autores recentemente retomaram uma antiga sugestão de Gomme (*JHS* 50 (1930) 106) de que "a lei de 451 foi uma tentativa de restaurar o que era considerado normal por muitos; estava de acordo com o sentimento médio da população." Boegehold sugere que foi através de julgamentos nos tribunais populares, então recentemente estabelecidos, que o preconceito popular foi revelado. "O povo ateniense, através das suas decisões judiciais em casos particulares, mostrou que estava pronto para uma definição bastante restrita de cidadania ... Péricles não previu nenhuma necessidade urgente: em vez disso, poderia estar confirmando um consenso manifesto". Ogden, no seu estudo aprofundado que é agora o *point de repère* sobre este tópico, tenta rastrear um preconceito contra os *metroxenoi* e uma tendência para negar a sua legitimidade na época dos Pisistrátidas; a lei de Péricles era uma expressão não-revolucionária de um "orgulho autóctone". A principal preocupação de Osborne é no impacto iconográfico da valorização adicional que a lei impôs à condição de ter uma mãe cidadã. Mas ele também enfatiza que, nas condições do império, os atenienses comuns tinham mais oportunidades e incentivos do que nunca para aceitar noivas estrangeiras. Vérilhac e Vial, 50–60, não oferecem nenhuma nova interpretação.

Em contraste com todos estes autores, Walters sugere que a lei de Péricles pretendia impedir que os atenienses assegurassem a cidadania aos seus filhos com mulheres escravas; o expediente mais simples de negar a cidadania aos filhos de escravos não teria funcionado, porque os escravos podem sempre ser alforriados (como é previsto neste contexto em Menandro *Epitrepontes* 538-40). Na verdade, esta é a teoria de Ste. Croix, exceto que ele fala de forma mais geral de "uniões extraconjugais", não apenas daquelas com

40 Ver C. Theodoridis, *ZPE* 138 (2002), 40–2, on Marcianus gr. 433 fol. 56v.

mulheres escravas. A hipótese tem a grande vantagem de permitir que a medida de Péricles se preocupe de fato, como afirma Aristóteles, em restringir o tamanho do corpo de cidadãos. Mas deve ser pensado se a hipótese permanece ou não plausível com as seguintes duas proposições interligadas:

(1) bastardos poderiam ser cidadãos atenienses, e

(2) o acesso à cidadania era controlado exclusivamente pelos *demoi*, e não também pelas fratrias.

(1) é necessário porque os filhos nascidos de uniões extraconjugais eram bastardos; se todos os bastardos fossem *ipso facto* excluídos da cidadania, não havia necessidade de excluir uma classe específica de bastardos, aqueles nascidos de mães não cidadãs, por legislação especial em 451.

(2) é necessário porque é geralmente aceito que os bastardos foram excluídos das fratrias; se a filiação à fratria era uma condição de cidadania, então (1) é falso.

Ambas as proposições são completamente controversas — a primeira é rejeitada, por exemplo, no valioso estudo de Vérilhac e Vial sobre o casamento grego, que cobre muitos tópicos discutidos por Ste.Croix —, e a ausência de uma declaração do próprio Ste.Croix sobre o caso é algo a se lamentar.

Boegehold, A. L., 'Perikles' Citizenship Law of 451/0 B.C.', in Boegehold e A.C.Scafuro, eds., *Athenian Identity and Civic Ideology* (1994), 57–66

Humphreys, S. C., 'The Nothoi of Kynosarges', *JHS* 94 (1974) 88–93

Lambert, S. D., *The Phratries of Attica* (1993)

Ogden, D., *Greek Bastardy* (1996)

Osborne, R., 'Law, the Democratic Citizen and the Representation of Women in Classical Athens', *Past and Present* 155 (Maio de 1997) 3–33

Patterson, C., *Pericles' Citizenship Law of 451-0 BC* (1981)

Ruschenbusch, E., *Athenische Innenpolitik im 5. Jahrhundert v. Chr.* (1979)

Vérilhac, A. M., e Vial, C., *Le Mariage grec* (*BCH* suppl. 32, Atenas e Paris, 1998)

Walters, K. R., 'Pericles' Citizenship Law', *Classical Antiquity* 2 (1983) 314–36

[a] Ver C.Theodoridis, *ZPE* 138 (2002), 40–2, sobre Marciano gr. 433 fol. 56v.

[b] A crítica de Ogden, 69, parece ignorar este ponto.

[c] Sobre (1) veja as muitas referências em Ogden, 151, que acrescenta argumentos contra ela; sobre (2) ver Lambert, cap. 1, que nega (para a outra visão ver seu 26 n.6).

[d] Eles escrevem "légitimité et citoyenneté sont indissociables" (55).

7
A *Constituição dos Atenienses* e a história ateniense

A *Constituição dos Atenienses* de Aristóteles é tão importante para a história política e constitucional de Atenas nos séculos VII, VI e V que qualquer pessoa que trate desse assunto deve pelo menos deixar claro qual a sua atitude em relação a este texto; e é isso que me proponho fazer agora.

Alguns historiadores de hoje — creio que uma minoria — têm tanta confiança na *Constituição dos Atenienses* que eles não hesitam em a considerar como obra do próprio Aristóteles, incorporando os resultados de pesquisas adicionais (incluindo o exame de arquivos estatais e outros documentos) feitas após a conclusão da *Política* e, portanto, tendo alguma tendência de ser preferida em relação ao trabalho anterior do filósofo, em caso de desacordo entre as obras. No outro extremo estão aqueles que desconfiam profundamente da *Constituição dos Atenienses* (especialmente quando ela entra em conflito com a *Política*), sobretudo porque tal obra pode não estar baseada em fontes confiáveis; e alguns desses estudiosos até se recusam a falar da *Constituição dos Atenienses* como obra do próprio Aristóteles, atribuindo-a antes à sua escola — tais são as opiniões, por exemplo, de Hignett, na sua obra *History of the Athenian Constitution* (1952), que é agora um "trabalho de referência". Entre os dois extremos pode existir uma variedade de atitudes.

A publicação em 1891 do papiro londrino da *Constituição dos Atenienses* deu origem imediatamente a muitos livros e artigos, nos quais os problemas levantados pela obra foram atacados sob diversos pontos de vista; mas, depois dos primeiros três ou quatro anos, a maioria dos autores decidiu reproduzir as conclusões de um ou outro dos seus antecessores,[1] sem dizer nada de novo. Só nos últimos quinze anos foram lançadas as bases para um novo avanço, por meio de pesquisas sobre a composição das obras históricas de Aristóteles, culminando na admirável monografia de Raymond Weil, *Aristote et l'histoire*,[2] e ainda mais nas magníficas obras de Jacoby sobre os *Atthides*.[3] É uma pena que Jacoby tenha sido obrigado, pelo escopo do seu assunto, a evitar uma discussão sistemática sobre a *Constituição dos Atenienses* e seus problemas e que Weil não estivesse disposto a lidar com as fontes da *Constituição dos Atenienses* e, portanto, como a maioria dos estudiosos de Aristóteles, prestou muito pouca atenção aos Atidógrafos e praticamente não fez uso do grande comentário de Jacoby sobre os fragmentos, que se refere repetidamente à *Constituição dos Atenienses* e à *Política* de Aristóteles.[4] Trabalhos recentes sobre a *Constituição dos Atenienses* parecem ter contribuído pouco para o assunto.[5] O melhor comentário continua sendo o de Sandys,[6] cuja segunda edição foi publicada há mais de cinquenta anos. Ainda precisamos de um trabalho crítico sobre a *Constituição dos Atenienses* que aproveitará os avanços recentes no conhecimento do assunto e evitará as suposições que têm sido a maldição de tantos trabalhos recentes neste campo. Um exame da maneira como os autores antigos, especialmente os lexicógrafos e os escoliastas, fizeram uso dos

1 Os trabalhos da primeira fase são discutidos por Busolt, *GG* II² 14–61, esp. 15-35; e mais detalhadamente por V.von Schoeffer em Bursian's Jahrb. 75 (1893) 1–54; 83 (1895) 181–264. Os trabalhos mais influentes foram os de Wilamowitz, *AuA* e — infelizmente — de Keil, *SVAVA*.

2 Subintitulado *Essai sur la 'Politique'* (1960). Este livro contém uma documentação elaborada e precisa e (pp. 421–49) uma bibliografia grande (embora não completa).

3 *A* (1949); e Jac. i e ii (1954) (ver a lista de abreviações, p. 569 abaixo), o comentário sobre os fragmentos dos Atidógrafos, publicado anteriormente em *FGrH* III B (1950) 323a–334.

4 Ver nota anterior. Na sua "Note préliminaire" (p. 8), descrevendo a sua própria prática, Weil pode até dizer: "*Les fragments des historiens sont tirés des F.H.G. de Müller (Didot) plutôt que des Fr. Gr. Hist. de Jacoby qui sont excellents mais difficiles à utiliser*!".

5 e.g. a mais recente tradução para o inglês, com notas e bem mais de 100 páginas de comentários, de von Fritz e Kapp (*ACA*); também Day e Chambers, *AHAD*. Para com este último trabalho não tenho simpatia alguma: ver e.g. pp. 376, 393.

6 *ACA*². [Mas ver Posfácio, p. 426].

vários Atidógrafos, bem como da *Constituição dos Atenienses*, pode fornecer algumas pistas úteis.

O que posso fazer aqui é indicar os meus próprios pontos de vista sobre alguns dos problemas principais. Um dos meus objetivos principais é desafiar certas suposições sobre a composição e as fontes da *Constituição dos Atenienses* que são comumente feitas hoje, mas que me parecem carecer de fundamento. Serei muito seletivo ao citar obras modernas e não pretendo fornecer uma documentação completa. Se me refiro com muito mais frequência a Jacoby do que a qualquer outro estudioso moderno é porque ele se eleva acima de todos os outros neste campo.

(I) A *CONSTITUIÇÃO DOS ATENIENSES* E A *POLÍTICA*

Aristóteles dificilmente pode ter escrito tantos textos, além de todas as suas outras obras conhecidas — mesmo aquelas *Politeiai* que podem, com alguma probabilidade, ser atribuídas a ele —, cerca de cinquenta a setenta ou mais, e muito menos o número total de 158 com as quais ele foi creditado na Antiguidade, com ou sem razão.[7] Para mim, há alguma força no argumento de que Aristóteles teria escrito primeiro a *Politeia ateniense*, como um padrão a ser seguido em outros casos — uma tarefa que ele poderia facilmente ter realizado, uma vez que gastou uma grande parte de sua vida adulta em Atenas, incluindo a maior parte de seus últimos treze anos, 335/4 até 322. Acho, no entanto, que este argumento não parece forte o suficiente para algumas pessoas, que retrucam que esta foi a *Politeia* que Aristóteles poderia mais facilmente confiar aos seus alunos. O fato é que não sabemos, sem uma boa dose de dúvida, (a) até que ponto o próprio Aristóteles conduziu a pesquisa sobre a qual a *Constituição dos Atenienses* foi baseada, ou (b) se ele mesmo escreveu a obra inteira ou a confiou total ou parcialmente a um aluno, ou (c), se este for o caso, até que ponto ele mesmo a revisou. No entanto, já

---

7 Para as *Politeiai* aristotélicas, ver Weil, *AH* 97 ss., 255 ss., com as obras ali referidas; também Sandys, *ACA*[2] xxiii — xxviii.

que a *Constituição dos Atenienses* foi certamente produzida durante a vida de Aristóteles e de sua escola, pois nenhum autor antigo que a menciona duvida da atribuição a ele e uma vez que a obra tem perspectiva completamente "aristotélica" e não contém nada que o próprio Aristóteles não pudesse ter escrito, devemos aceitá-la como sendo dele e falar de seu autor como Aristóteles, e não inventar um outro "autor da *Constituição dos Atenienses*". Diante da unanimidade, na Antiguidade, sobre autoria de Aristóteles, deveríamos exigir alguma evidência positiva em contrário antes de negar-lhe autoria da obra; e tal evidência não existe.

Alguns de nós podem "sentir" (como eu) que o nível intelectual de vários capítulos da parte histórica da *Constituição dos Atenienses* é inferior ao da maior parte da *Política*; mas isso dificilmente pode ser demonstrado. De qualquer forma, a maioria das partes mais tolas[8] ou mais triviais[9] da *Constituição dos Atenienses* consistem em anedotas relatadas com mais detalhes do que normalmente é permitido aparecer em passagens paralelas na *Política*. Para Hignett,[10] "a dificuldade suprema" em reconhecer a *Constituição dos Atenienses* como uma obra de Aristóteles é "a superioridade incomensurável da *Política* ... na amplitude do tratamento e na solidez do discernimento". Mas, como Day e Chambers observaram recentemente,[11] "a amplitude do tratamento é inerente às generalizações do tipo encontrado na *Política*; a sua alegada ausência na *Constituição dos Atenienses* dificilmente poderia ameaçar a autenticidade de tal tratado histórico. E, como admite Hignett, a solidez do discernimento de Aristóteles não excluiu erros factuais encontrados na *Política*". Como disse Weil,[12] "*L'élève médiocre et consciencieux à qui C.Hignett attribue la Constitution n'aurait-il pas été, d'abord, chercher des références et des renseignements dans la Politique, au lieu de la contredire sans jamais la citer?*" ["O estudante medíocre e consciencioso a quem C.Hignett

8 e.g. 22.7; 25.3–4; 26.1; 27.4–5; 28.4.

9 e.g. 14.4; 15.4; 18.2–6.

10 *HAC* 27–30, p. 29.

11 *AHAD* 3.

12 *AH* 105.

atribui a *Constituição dos Atenienses* acaso não deveria, antes de mais nada, procurar referências e informações na *Política*, em vez de contradizê-la sem nunca citá-la?"].

De minha parte, concordo com o veredito de Mathieu, na sua Introdução ao texto da Budé da *Constituição dos Atenienses*:[13] "*En effet il nous faut, pour toutes les oeuvres de Aristote, ne pas oublier que le travail en commun a été la règle à peu près absolue dans l'école péripatèticienne*[14] ... *Mais ce travail en commun suppose naturellement une surveillance et une revision attentive de la part d'Aristote; pour les oeuvres les plus importantes (et la* Constitution d'Athènes *est de celles-là), sans doute les disciples n'ont-ils fait que le travail de recherches, et la coordination et la rédaction sont à peu près certainement le fait d'Aristote seul*" ["Na verdade, no caso de todas as obras de Aristóteles, não devemos esquecer que o trabalho colaborativo era a regra quase universal na Escola Peripatética ... Mas este trabalho colaborativo pressupõe naturalmente uma supervisão e uma revisão cuidadosa por parte de Aristóteles; e para as obras mais importantes (entre as quais está a *Constituição dos Atenienses*), sem dúvida os alunos apenas realizaram a pesquisa, e a coordenação e a redação foram quase certamente trabalho exclusivo de Aristóteles"]. Posso acrescentar que as considerações estilísticas[15] são inconclusivas, especialmente porque a *Constituição dos Atenienses* é uma obra de um tipo diferente de praticamente todas as outras do *corpus* aristotélico sobrevivente. Sandys[16] chega ao ponto de chamá-lo de "o único representante da classe mais popular de escritos atribuídos a Aristóteles". Simplício[17] faz a interessante observação de que a falta de clareza de Aristóteles não se devia a

13 Aristotle, *Constitution d'Athènes*^{4}, ed. G.Mathieu & B.Haussoullier (1952), pp. I–II.

14 Mathieu refere-se aqui ao trabalho fundamental de Usener, OWA.

15 Algumas delas são examinadas por Sandys, *ACA*^{2} lvii–lxiv; e ver G.Kaibel, *Stil u. Texte des* Pol. Ath. *des Aristoteles* (1893).

16 *ACA*^{2} lx. Poucos desejarão seguir as ideias de Josef Zürcher, *Aristoteles' Werk u. Geist* (1952) 17, ao supor que temos "*ganz echte, reine, unverfälschte Aristotelica*" apenas na *Constituição dos Atenienses* ("*ein Jugendwerk des Aristoteles*") e nos "fragmentos exotéricos", tendo o resto do nosso *corpus* aristotélico sido reescrito por Teofrasto.

17 Comentário a *Categorias, Proêmio*, p. 7. 12–18 (ed. C.Kalbfleisch, 1907).

ἀσθενεία λόγου ["incapacidade linguística"]: quando ele queria ser muito claro, ele poderia ser, ὡς ἐν τοῖς Μετεώροις καὶ τοῖς Τοπικοῖς καὶ ταῖς γνησίαις αὐτοῦ Πολιτείαις ["como nas *Meteorológicas*, nos *Tópicos* e na suas genuínas *Politeiai*"].

***

Naturalmente, queremos determinar a relação cronológica entre a *Constituição dos Atenienses* e a *Política*. Aqui penso que as posições adotadas por muitos acadêmicos são seriamente equivocadas e devemos agir com muita cautela e não tomar nada como garantido. É verdade que se tendermos a datar uma determinada passagem *antes* de uma época específica, é provável que uma certa quantidade de contexto esteja envolvida; mas isso nunca precisa ser verdade para um livro inteiro da *Política* ou para toda a seção histórica da *Constituição dos Atenienses*. E, por outro lado, mesmo que aqui e ali pareça provável que alguma passagem específica tenha sido escrita *depois* de um determinado período, geralmente descobriremos que apenas uma frase ou algo assim é necessariamente datável e nunca muito mais; e se assim for, então novamente não devemos tirar conclusões sobre a data de composição do restante da obra.

Consideraremos primeiramente as evidências de datação da *Política* e depois da *Constituição dos Atenienses*.

A questão da data de composição da *Política* é complicada pelo fato de que a obra toda pode ser facilmente dividida em cinco ou seis seções separadas, ou *methodoi*,[18] que alguns acreditam terem sido escritas em épocas muito diferentes. Não creio que ainda seja possível oferecer uma solução baseada em argumentos suficientemente convincentes para garantir a aceitação geral. Atualmente, muitos adotariam alguma forma da teoria de Jaeger,[19] cuja essência é que os livros II-III e VII-VIII pertencem ao que é frequentemente chamado de "período intermediário" de Aristóteles, os anos em que esta-

18 Livros I; II; III; IV-VI; VII-VIII. Alguns, como Ernest Barker (*PA* xxxvii e ss.), separariam VI de IV-V.

19 *Aristotle*^{2} (1948) cap. x, xiii.

va ausente de Atenas (348/7 a 335/4),[20] enquanto IV-VI (os "livros empíricos") são tardios e vêm do último período (depois de 335/4), durante o qual Aristóteles lecionava no Liceu, sendo o livro I o último de todos. Weil, depois de realizar um exame minucioso de toda a questão da composição da *Política* e das *Politeiai*, estendendo-se por mais de 150 páginas,[21] endossou o esquema de Jaeger com pequenas modificações.[22] No entanto, Barker[23] e Ross,[24] que a princípio eram inclinados a concordar com Jaeger, mais tarde mudaram de ideia e afirmaram que toda a *Política* foi composta durante os últimos treze anos da vida de Aristóteles.

Ao falar da *compilação* e não da *composição* da *Política*, pretendo, na medida do possível, evitar enfrentar os problemas cronológicos da composição, que me parecem atualmente insolúveis em grande parte. Um filósofo pode "sentir" que a sua interpretação do desenvolvimento de Aristóteles necessita de um conjunto particular de datas; e ele pode estar certo — ou errado. O historiador não tem justificativa para ir muito além das evidências e, neste caso, as evidências são inconclusivas. Ao utilizar o termo "compilação", admito a possibilidade (sem realmente assumi-la) de que partes do trabalho possam ter sido escritas anteriormente, e apenas incorporadas na *Política*, ainda que com algumas revisões, tal como a temos agora. De qualquer forma, a compilação terá ocorrido durante o último período de Aristóteles, 335/4–322.

Não se pode *provar* que a *Política* se refira a um momento posterior ao assassinato de Filipe II da Macedônia, em 336.[25] Mesmo a passagem em questão, que vem do livro V, poderia facilmente ser uma inserção no material escrito anteriormente; mas isso não precisa nos preocupar, já que poucos datariam o livro V antes de *c.* 335.[26]

20 Não quero sugerir que ele não possa ter visitado Atenas durante estes anos.

21 *AH* 181–323, com 104–16, 160–2 etc.

22 Ver esp. *AH* 210, 254, 323, 337.

23 Ver sua outra obra, *Politics of Aristotle* (1906) xxxvii–xlvi, esp. xlii n. 1.

24 DAT 68–72, esp. 70–2; comparar com a obra anterior *Aristotle*^{5} 19 n. 1.

25 *Política* V 1311^{b}1–3.

26 Houve uma época em que se poderia pensar que a *Política* como um todo foi escrita em 335 ou antes de 335, ou seja, antes de Aristóteles retornar a Atenas: ver,

Muitas tentativas foram feitas para datar certas passagens (e até mesmo livros) após algumas datas específicas, posteriores a 336, por causa de supostas referências a situações ou eventos históricos posteriores, ou, por outro lado, a fim de fornecer *termini ante quos* para certas passagens (e livros) devido à falta menção por parte de Aristóteles a situações ou eventos posteriores. Não penso que algum exemplo, de qualquer um destes procedimentos, seria aceito com confiança pela maioria dos historiadores. Alguns podem achar partes destas especulações bastante plausíveis, como eu também acho, sem querer se fundamentar nelas para tirar conclusões firmes em relação às datas em que diferentes partes da *Política* foram escritas. Há alguns anos, Ross apresentou alguns pontos, já levantados por Newman e Barker, como evidência de que cinco passagens específicas foram escritas nos últimos anos da vida de Aristóteles; mas a minha impressão é que não há nada de substancial em nenhum destes pontos, e estou confiante de que muitos, se não a maioria dos historiadores, concordariam.[27] Até mesmo Weil, que é menos propenso a tirar conclusões precipitadas do que a maioria, é, na minha opinião, demasiado otimista em relação às teorias que propõe sobre supostos estratos cronológicos na *Política*:[28] ele às vezes se entrega ao desejo de uma solução organizada em detrimento do que é plausível. Todos possuem as suas teorias favoritas, mas nenhuma teoria exige um consenso unânime.

Minha conclusão é, então, que não podemos datar com certeza nenhuma parte da *Política* muito antes de *c.* 335, embora algumas partes possam ser nitidamente mais antigas (e provavelmente são), e que nenhuma datação precisa possa ser estabelecida para passagens específicas entre os anos de 335-322. Direi algo sobre as datas

---

por exemplo, Keil, *SVAVA* 122 ss., esp. 124 ("*Die* Politik *ist nicht in Athen vollendet, sondern in Kleinasien und Makedonien wesentlich wol auf Grund der Materialien, welche Aristoteles bis zum Jahre 347 in Athen gesammelt hatte*"). Duvido que alguém mantenha essa opinião ainda hoje.

27 DAT, na pág. 71. Percebo que Weil (*AH* 181-210) não ficou impressionado com nenhuma das sugestões em questão, das quais trato na Nota final I (p. 422 abaixo).

28 Trato de três exemplos na Nota final II (p. 423 abaixo).

relativas da *Política* e da *Constituição dos Atenienses* quando estiver examinando as evidências para a data deste último trabalho, ao qual passo agora.

Na forma em que a possuímos agora, a *Constituição dos Atenienses* deve ser datada entre 328 e 322, como dois extremos. A evidência é a seguinte:

(a) A *Constituição dos Atenienses* 61.1 fala de um único estratego encarregado das *symmoriai*; mas até 333/2 os estrategos ainda estavam atuando juntos nesta esfera como um conselho.[29]

(b) 61.1 também fala de dois estrategos encarregados do Pireu, mas em 333/2 parece ter havido apenas um estratego com esta competência.[30]

(c) 46.1 menciona as quadrirremes, que entraram em serviço pela primeira vez na frota ateniense no final da década de 330.[31]

(d) 54,7 menciona o arconte do ano de 329/8 (Cefisofonte).

(e) No ano de 322 (ano da morte de Aristóteles) a democracia ateniense, descrita na *Constituição dos Atenienses* como uma preocupação constante, foi destruída por Antípatro e uma oligarquia foi instalada;[32] e Samos, que na *Constituição dos Atenienses* (62.2) ainda era controlada por Atenas, foi extirpada dela.[33]

Como Aristóteles deixou Atenas após a morte de Alexandre, o Grande, em 323, para nunca mais voltar, o ano de 323 pode quiçá ser considerado um *terminus ante quem*. E provavelmente podemos reduzir o período de cinco ou seis anos dentro do qual a *Constituição dos Atenienses* deve ter sido concluída e datá-la em sua forma atual por volta de 326 ou 325, ou pelo menos entre 326/5 e 323. Meritt argumentou de forma plausível, com base em evidências epigráficas,[34]

29 *IG* II² 1623 *A. b.* 154–5. A evidência mais antiga que possuímos de um único estratego encarregado das *symmoriai* é de 325/4: *IG* II² 1629 *a.* 208–10.

30 Ver B.D.Meritt, in *Hesp.* 9 (1940) n. 8, col. II 9–10 (p. 62, cf. 65) [= O.W.Reinmuth, *The Ephebic Inscriptions of the Fourth Century B.C.* (1971), n. 9].

31 Ver Nota final III (p. 424 abaixo).

32 Ver Diodoro XVIII 18.4–5; Plutarco, *Fócio* 27.5; 28.7.

33 Ver Diodoro XVIII 18.9; Diógenes Laércio X 1.

34 B.D.Meritt, em *AJP* 61 (1940) 78. Esta breve nota permaneceu evidentemente desconhecida para Weil.

que parte (54.4) da *Constituição dos Atenienses* não foi escrita antes de 326/5. E se a obra tivesse sido escrita, ou submetida a qualquer revisão geral, em ou após 325/4, talvez pudéssemos esperar que 46.1 contivesse alguma referência a quinquerremes, bem como a trirremes e quadrirremes, pois as quinquerremes aparecem nas "listas da marinha" ateniense de 325/4 em diante.[35] (Falei deliberadamente de uma "revisão geral", pois um autor pode facilmente fazer correções ou acréscimos isolados a partes de uma obra desta natureza, sem alterar declarações em outras partes que já estavam datadas, mas que não chamaram sua atenção). Muitas vezes foi suposto, por exemplo por Nissen, H.Weil e R.Weil,[36] que a referência às Amônias na *Constituição dos Atenienses* (61.7) deve ser posterior a 324; mas isso é totalmente infundado[37] e nenhuma inferência cronológica pode ser baseada na passagem.

Eu dataria a conclusão, ou revisão final, da *Constituição dos Atenienses* por volta de 326/5, ou talvez logo depois; e não pode ser depois

---

35 Ver *IG* II² 1629 (325/4) *d.* 783 ss., na linha 811. Wilam. (*AuA* I 211 n. 43), falando da inscrição em questão como sendo datada de 325, pensava que as quiquerremes foram construídas em 326 e data o decreto que ordenava a construção em 327. Mas a inscrição se refere à situação no final de 325/4, e não há razão para que as quinquerremes não tenham sido encomendadas e construídas no mesmo ano do arcontado. Devo acrescentar que não considero forte o argumento da ausência de qualquer referência às quiquerremes: ver Busolt, *GG II*² 17 n. 1 (nas pp. 17–18).

36 Ver Weil, *AH* 104-6, que é levado a acreditar, de forma bastante desnecessária, numa "contradição" na evidência sobre a data da *Constituição dos Atenienses.* Cf. G.Mathieu, que em sua Introdução ao texto da Budé da *Constituição dos Atenienses* a princípio (p. iii) apenas menciona as opiniões de H.Weil e Nissen com um "peut-etre", mas em seguida (p. xiii) diz que a *Constituição dos Atenienses* "*date de 329 au plus tôt, plus probablement de 324 ou 323*".

37 Ver Jac. ii 235 nn. 8–9. O nome da trirreme é explicado pelo *Léxico Patmense* (K.Latte e H.Erbse, *Lexica Graeca Minora*, 160): ἡ ἀπάγουσα τὰς θυσίας Ἄμμωνι Διί ["o navio que transportava oferendas a Zeus Ámon"]. Cf. Escólios a Demóstenes *Contra Mídias* (p. 637.6 Dindorf); Harpocrácio, s.v. Ἀμμωνίς. A nomeação da trirreme não tem nenhuma relação com a deificação de Alexandre, o Grande. Ámon tinha um culto em Atenas pelo menos já na década de 360 (ver *IG* II² 1428. 73-4, conforme restaurado na p. 808 do Corpus, Vol. II-III, Pars ii, Fasc. 2; também a nota sobre p. 809) e um templo, aparentemente, de c. 334 (ver *SIG*³ 281 [= *IG* II² 378]. 14–15, & n. 3; com IG II² 1496 A. IV 95–6). E ver Sandys, *ACA*² 245 n.

de 323, ano em que Alexandre morreu e Aristóteles deixou Atenas pela última vez.

Por outro lado, isto certamente não nos permite falar da *Constituição dos Atenienses* como tendo sido *escrita* na década de 320, como tantos autores fizeram,[38] ou assumir que todas as declarações históricas, ou qualquer declaração histórica, na *Constituição dos Atenienses* seriam posteriores às declarações correspondentes na *Política*. Os argumentos são os seguintes:

(a) A *Constituição dos Atenienses* se divide em duas partes bastante diferentes, a histórica (até o capítulo 41) e a sistemática (capítulos 42 e seguintes), e é somente na segunda que encontramos alguma indicação da data de composição. Mesmo a segunda parte da obra, entretanto, poderia ter sido escrita vários anos antes, como veremos em breve, e ter recebido acréscimos e correções posteriores. Além disso, a data de composição da primeira parte é uma questão inteiramente aberta.[39]

(b) Existem apenas quatro passagens na *Constituição dos Atenienses* que indicam uma data na década de 320, e estas nem sequer trazem consigo o seu contexto. (i) Em 61.1 as referências aos dois estrategos[40] especializados poderiam facilmente ter sido alteradas após a mudança de suas funções e números. (ii) Em 46.1, as quadrirremes não aparecem na primeira parte da frase (ἐπιμελεῖται δὲ [sc. ἡ βουλὴ] καὶ τῶν πεποιημένων τριήρων καὶ τῶν σκευῶν καὶ τῶν νεωσοίκων ["a *boule* administra as trirremes que foram construídas e os equipamentos e os galpões"]), mas apenas na segunda cláusula (καὶ ποιεῖται καινὰς [δὲ] τριήρεις ἢ τετρήρεις, ὁποτέρας ἂν ὁ δῆμος χειροτονήσῃ, καὶ σκεύη ταύταις καὶ νεωσοίκους ["e constrói novas trirremes ou quadrirremes, para qualquer que seja o voto do povo, e equipamentos e galpões para eles']). Parece-me uma inferência irresistível que esta frase tenha sido revista para permitir a menção às quadrirremes, ou que tenha sido escrita pela primeira vez tal como está, precisamente no ano em que a construção das qua-

38 e.g. Jaeger (ver abaixo).
39 Cf. Weil, *AH* 115 n. 114.
40 Ver pp. 347ss. acima.

drirremes foi empreendida pela primeira vez: só assim podemos explicar o contraste entre "as *trirremes* que *foram* construídas" e "as novas trirremes *ou quadrirremes*". Isto é, a frase em questão foi escrita ou revisada o mais tardar em 330 e provavelmente um ou dois anos antes.[41] Esta frase tem sido frequentemente considerada como um *terminus post quem* para a escrita da *Constituição dos Atenienses*, mas na verdade indica uma data específica no final da década de 330 ou (se representa uma revisão de um texto anterior) nos dá um *terminus ante quem* naquela época para a versão original.[42] (iii) Na *Constituição dos Atenienses* (54.7) Aristóteles primeiro lista os cinco festivais pentetéricos e depois diz [νῦν] δὲ πρόσκειται [καὶ Ἡ]φαίσ[τια] ἐπὶ Κηφισοφῶντος ἄρχοντος ["e [agora] a Hefés[tia também] foi adicionada, no arcontado de Cefisofonte"]. Estas palavras também me parecem um acréscimo posterior a um texto escrito antes do início da Heféstia em 329/8, ainda mais porque esta é a única data de arcontado em toda a parte sistemática da *Constituição dos Atenienses*. Se Aristóteles tivesse escrito sobre esses festivais depois de 329/8, ele teria provavelmente destacado a Heféstia como fez aqui?[43] (iv) Em 54.4 as palavras ἐπὶ τοὺς νόμους ["encarregado das leis"] podem muito bem ter sido simplesmente substituídas por ἐπὶ τὰ ψηφίσματα ["responsável pelos decretos"], que aparece anteriormente.

Claramente, as quatro passagens que acabamos de examinar não se prestam a estabelecer a data em que a *Constituição dos Atenienses* como um todo foi *escrita*, e nenhuma outra evidência puramente

41 Ver pp. 347- e n. 31 acima.

42 Não penso que Tovar e Weil (ver Weil, *AH* 111-12) tenham *provado* que o presente texto seja uma revisão, embora meu "pressentimento" seja que eles estejam certos nisso, especialmente pelo fato de que o δὲ em ποιεῖται δὲ καινὰς τριήρεις parece ser uma anomalia gramatical e talvez possa ser um sinal de revisão apressada — se não for um mero erro do copista. Concordo com Weil que não podemos esperar reconstruir a versão original.

43 [A nova festa pentetérica mencionada na *Constituição dos Atenienses* provavelmente foi a Anfiareia, não a Heféstia (Parker, *AR* 149 n. 109); O argumento de Ste.Croix não é afetado por isso].

interna é mais decisiva. Pode ser verdade, como diz Jaeger,[44] que a *Constituição dos Atenienses* não foi "publicada antes de 329/8", mas certamente é ir longe demais acrescentar, como ele faz,[45] que ela "foi escrita entre 329/8 e 327/6", opinião na qual Jaeger se baseia para a conclusão adicional de que "o trabalho sobre as outras constituições ... portanto, não pode ter sido feito antes dos últimos anos de vida de Aristóteles, se é que, de fato, foi concluído durante a sua vida".[46] Quando Hignett[47] — sem apresentar quaisquer razões — declara a sua "firme convicção de que a *Constituição dos Atenienses* foi concluída em uma data não muito anterior àquela da morte de Aristóteles e, portanto, posterior à conclusão da *Política*", ele aparentemente quer dizer que a obra foi escrita não muito antes de 323/2, pois ele passa a caracterizar como "vaga" a "tentativa de encontrar um *terminus ante quem* anterior a 323/322 para a composição da *Constituição dos Atenienses*". Mathieu,[48] colocando "*la rédaction*" da *Constituição dos Atenienses* entre 329/8 e 322, diz: "*nous avons donc affaire à l'un des derniers ouvrages composés par Aristote*" ["portanto, estamos lidando com uma das últimas obras compostas por Aristóteles"]. Muitas declarações semelhantes podem ser citadas.[49]

Quando deixamos de nos concentrar inteiramente na evidência interna da *Constituição dos Atenienses*, começamos a ver toda a questão sob uma nova luz. Afirmarei que a "pesquisa" — no sentido mais amplo[50] — sobre a qual a *Constituição dos Atenienses* foi baseada, e provavelmente a versão original da obra, dificilmente pode ser da-

44 *Aristotle*^{2} (1948) 327.

45 *Ibid.* n. 1.

46 *Ibid.* 327–8. E veja a Nota final IV (p. 424 abaixo).

47 *HAC* 390..

48 *Op. cit.* (na n. 13 acima) p. iii.

49 Assim, Sandys (*ACA*^{2} xlix–l) fala da *Constituição dos Atenienses* como "não estando pronta para leitura pública até seis ou oito anos" depois de 334, e parece concebê-la como tendo sido escrita somente então. Veja também Gilbert, *CASA* xxi–ii.

50 Examinar os trabalhos dos historiadores e Atidógrafos, e atividades como questionar membros das principais famílias políticas (cf. pp. 400ss. abaixo), certamente desempenharia um papel pelo menos tão grande quanto a "pesquisa documental", no sentido atual.

tada muito depois de 335/4, quando Aristóteles retornou a Atenas e se estabeleceu como professor independente no Liceu, e inclusive a pesquisa pode muito bem ter começado antes, talvez (embora não haja nenhuma evidência clara disso) antes de 348/7, enquanto Aristóteles ainda era membro da Academia. Existem várias evidências que se destacam.

A mais decisiva são as últimas páginas da *Ética a Nicômaco*,[51] proporcionando uma introdução à *Política*, a próxima obra do *corpus* aristotélico. Estas páginas fornecem provas conclusivas, provenientes da escrita do próprio Aristóteles, de que pelo menos algumas das suas *Politeiai* já existiam — como de fato deveríamos ter esperado — antes da *Política* ser compilada.[52] Aristóteles rejeita desdenhosamente a afirmação dos "sofistas" — e está claramente se referindo a Isócrates XV (*Antídosis*) 79-83 em particular, como há muito se percebeu[53] — de que a política, e especialmente aquele ramo da política que é a legislação (νομοθεσία), está no mesmo nível ou até é considerada inferior à retórica. Isócrates diz que seria uma questão simples τοὺς νόμυς... τοὺς παρὰ τοῖς ἄλλοις εὐδοκιμοῦντας... συναγαγεῖν ["reunir as leis que são tidas em boa conta entre outros estados"].[54] Aristóteles, repudiando essa noção, ecoa as próprias palavras de Isócrates ao se referir àqueles que pensam ῥᾴδιον εἶναι τὸ νομοθετῆσαι συναγαγόντι τοὺς εὐδοκιμοῦντας τῶν νόμων ["ser fácil legislar coletando as leis que têm boa reputação"].[55] Além de capacidade intelectual e treinamento teórico, precisamos de experiência prática, ἐμπειρία, se quisermos compreender questões políticas (ἡ πολιτική) e tornarmo-nos capaz de legislar (νομοθετικοί).[56] Em analogia aos escritos médicos, tanto gerais como específicos, que são úteis para o médico experiente, Aristóteles acredita que coleções de leis e constituições (καὶ τῶν νόμων καὶ τῶν πολιτειῶν

51 *Ética a Nicômaco* X 9, 1180^{b}28 ss., esp. 1181^{b}12 até o fim.

52 Para o significado de "compilado", ver p. 345 acima.

53 Ver e.g. H.Bonitz, *Index Aristotelicus* (1870), s.v., Ἰσοκράτης.

54 Isócrates XV 83.

55 *Ética a Nicômaco* X 9, 1181^{a}15–17.

56 1181^{a}9–13, com 1180^{b}28–9.

αἱ συναγωγαὶ) provavelmente serão úteis para o estudante treinado em legislação (νομοθεσία).[57] Ele começará, diz ele, revisando trabalhos anteriores sobre o assunto e, em seguida, conduz um exame de certos problemas que ele passa a especificar *com base nas constituições que coletou*: εἶτα ἐκ τῶν συνηγμένων πολιτειῶν θεωρῆσαι κτλ.[58] Podemos comparar com uma passagem interessante na *Retórica*[59] em que Aristóteles dá ênfase especial à elaboração de leis (νομοθεσία) entre os assuntos que o orador político (ὁ συμβουλεύων)[60] precisa conhecer. Para esta atividade, ele recomenda que o orador entenda que forma de constituição é conveniente, considerando o que aconteceu no passado (ἐκ τῶν παρεληλυθότων θεωροῦντα) e conhecer as constituições de outros Estados, fazendo uso das αἱ τῆς γῆς περίοδοι[61] ... (ἐντεῦθεν γὰρ λαβεῖν ἔστιν τοὺς τῶν ἐθνῶν νόμους) ["geografias descritivas ... (pois a partir delas se pode aprender as leis das vários povos)"]. Ele também diz que para a oratória política é útil conhecer as obras daqueles que escreveram sobre acontecimentos históricos (αἱ τῶν περὶ τὰς πράξεις γραφόντων ἱστορίαι).[62]

O filósofo epicurista Filodemo (do século I a.C.), numa passagem da sua *Retórica*,[63] cuja importância neste contexto foi destacada pela primeira vez por Usener,[64] falou de Aristóteles como τούς τε νόμους συνάγων ἅμα τῶι μαθητεῖ (Teofrasto)[65] καὶ τὰς τοσαύτας πολιτείας καὶ τὰ περὶ τῶν τόπων δικαιώματα καὶ τὰ πρὸς τοὺς καιρούς ["coletando as leis junto com seu aluno (Teofrasto), as várias constituições, as reivindicações territoriais e as questões relati-

57 1181^{b}2–12.

58 1181^{b}15–20.

59 I 4, 1360^{a}18–37.

60 1359^{a}30 ss.

61 Aristóteles certamente os consultou pessoalmente: ver *Política* II 1262^{a}19; *Meteorológicas* 350^{a}16; II 362^{b}12.

62 Ver, sobre toda a passagem da qual esse trecho faz parte, Weil, *AH* 91–3; Bloch, SHLFC 365–6 (que traz à tona a conexão com *Política* V 1309^{b}14 ss.).

63 Col. 53. 7–18 (ed. S.Sudhaus, II 57) [= W.W.Fortenbaugh *et al.* (eds.) *Theophrastus of Eresus: Sources* (1992), 594].

64 OWA, p. 98.

65 Cf. Políbio XII 11,5, com 23,8, para a atribuição da *Constituição* Lócria a "Aristóteles e Teofrasto".

vas às crises"]. As referências de Filodemo às *Politeiai* e ao *Dikaiōmata Poleōn*[66] de Aristóteles, assim como aos *Nomoi* e a *Politika ta pros kairous* ("Políticas relativas às crises"), obras publicadas após a morte de Aristóteles por Teofrasto, são explícitas e inconfundíveis. Como disse Herbert Bloch num importante artigo,[67] depois de citar esta passagem, "assim, Aristóteles não só compôs as *Politeiai* juntamente aos seus alunos, especialmente a Teofrasto, mas também sugeriu e começou ativamente a trabalhar nos *Nomoi* e na Πολιτικὰ τὰ πρὸς τοὺς καιρούς, ambas concluídas e publicadas por Teofrasto após a morte do mestre".

Com base nesta evidência, somos obrigados a concluir que o que deveríamos agora chamar de pesquisa, na qual se basearam as *Politeiai* aristotélicas, e as próprias *Politeiai*, tinha sido substancialmente concluída antes da *Política* ser compilada. Eu concordo com as declarações recentes de Weil[68] no sentido de que "*il ne faut pas prendre au pied de la lettre le parfait de l'expression* ἐκ τῶν συνηγμένων πολιτειῶν. *Il n'exclut certes pas remaniements et additions ... Toutes les constitutions n'étaient assurément pas encore terminées*" ["não se deve interpretar o tempo perfeito na expressão 'com base nas constituições que coletei' de forma absolutamente literal ... Certamente nem todas as constituições estavam completas nessa altura"]. Até mesmo a *Constituição dos Atenienses* pode ter recebido acréscimos tardios — ela em especial, na verdade, uma vez que Aristóteles vivia em Atenas e seria mais provável que lá encontrasse novo material histórico ou tomasse conhecimento das mudanças constitucionais imediatamente, no exato momento em que ocorreram. No entanto, não posso acreditar que alguém aceite a afirmação de Weil de que a *Política* é "*contemporaine de plusieurs de ces travaux* [as *Politeiai*], *mais antérieure à la plupart*" ["contemporânea de algumas dessas obras,

66 Sobre o qual ver Weil, *AH* 127–30.

67 SHLFC, p. 361. Deste artigo, as Partes II ("Notas sobre a obra *Atis* de Androcião") e III ("Os *Nomoi* de Teofrasto e Aristóteles") são de especial interesse para o assunto deste ensaio e de outros neste livro.

68 *AH* 79, 308.

mas anterior à maioria"],[69] o que me parece repousar sobre o fundamento mais frágil possível – principalmente a suposição, bastante gratuita, de que uma referência vaga ou geral na *Política* a algum evento histórico em uma determinada cidade deve mostrar que os alunos de Aristóteles estavam em condições de obter informações adicionais de alguma outra fonte e, portanto (como regra) que tal *Politeia* estava completa, ou quase completa,[70] ao passo que se a referência na *Política* for bastante precisa ou detalhada, então a *Politeia* da cidade em questão ainda não poderia ter existido, ou não poderia ter sido concluída, porque se tivesse sido Aristóteles não teria necessidade de fornecer detalhes.[71] Weil até se sente capaz, em alguns casos, de dizer que a *Politeia* em questão deveria, na verdade, estar "no processo de composição".[72] Tal método de classificação é inteiramente subjetivo, para não dizer caprichoso. Devo acrescentar que Weil não leva suficientemente em conta o fato, demonstrado por Bloch[73] para o caso de Atenas em particular, que Aristóteles e seus alunos devem ter coletado um corpo de material muito maior do que o que foi realmente exibido nas várias *Politeiai*, grande parte dele sendo apresentado apenas nos *Nomoi* (e na *Politika ta pros kairous*), posteriormente publicado por Teofrasto.

E se a maior parte das *Politeiai*, ou mesmo qualquer uma delas, foi substancialmente concluída antes da compilação da *Política*, então certamente a *Constituição dos Atenienses* (exceto acréscimos tardios) deve ser sensivelmente anterior à data da *Política*. É verdade que não

69 *AH* 309 (grifo meu).

70 e.g. Cálcis (pp. 305–6), Cime (285–6), Cirene (286–7), Elis (276–7), Erétria (274); talvez também as duas Apolônias (267), Quios (306) e Cnido (282), pois de nenhuma delas possuímos evidência independente da existência de uma *Politeia* aristotélica. Em vários outros casos, Weil concebe a *Politeia* em questão como substancialmente completa ou, pelo menos, em curso de composição: e.g. Argos (267–9, 298), Cólofon (282–3), Mégara (291–2), Sícion (297–8) e Síbaris (298–9).

71 e.g. Áfitis (p. 272), Leucas (288), os Malianos (290), Massália (290–1) e Taras (303). Cf. também Egina (264), Eritre (274) e Régio (295).

72 e.g. Ambrácia (pp. 265–6), Corinto (283–5), Delfos (273), Rodes (295–6), Siracusa (299–303) e Túrio (280–1); talvez também Epidamno (261, 266) e Magnésia do Meandro (289-90).

73 SHLFC 367–76.

há nenhuma evidência explícita da prioridade temporal da *Constituição dos Atenienses* sobre as outras *Politeiai*; mas a constituição de Atenas foi (juntamente com a de Esparta) a mais famosa de todas as constituições gregas e, depois de 335/4, de qualquer forma, teria necessariamente atraído a atenção de Aristóteles em comparação a qualquer outra. Eu atribuiria, portanto, uma data o mais próxima o possível de 334 para as principais investigações em que a *Constituição dos Atenienses* foi baseada e para a redação desse trabalho, que certamente era feito concomitante à pesquisa. As revisões foram feitas posteriormente, quase certamente até 326/5.

Haverá alguma razão para recuá-la ainda mais, aos anos antes de Aristóteles finalmente se estabelecer no Liceu? Jacoby — a julgar por um daqueles *obiter dicta* enterrados nas notas ao final de seu *Atthis*,[74] que facilmente escapam à atenção do leitor — evidentemente acreditava que a coleção de constituições de Aristóteles, ou pelo menos de leis, foi parcialmente compilada antes de Platão escrever as *Leis* (provavelmente no final da década de 350), pois observa: "É absolutamente necessário tratar de saber se Platão, no seus Nόμοι, fez uso precoce do material recolhido sob a supervisão de Aristóteles. Pessoalmente, não tenho dúvidas de que sim". Infelizmente, ele então foge deste problema com a desculpa de que "estas questões levam ao problema da origem da *Política*, o qual não devo abordar aqui". Não creio que possamos ter a certeza de que Aristóteles tenha feito qualquer tentativa sistemática de compilar constituições antes de 335/4, mas não me parece de todo improvável que ele já tenha feito, ou tenha encorajado outros a fazer, algumas das pesquisas com base nas quais as *Politeiai* foram escritas; e certamente não podemos excluir nem mesmo o período de sua primeira estada em Atenas, quando passou quase vinte anos, 367/6 a 348/7, estudando com Platão na Academia. As principais considerações são as seguintes:

1. O estudo muito completo e cuidadoso de Weil mostrou que Aristóteles estava profundamente interessado na ἱστορία, no seu

74 A 386 n. 51.

sentido original de investigação principalmente empírica (no sentido mais lato), desde um estágio bastante inicial do seu desenvolvimento.[75] A conhecida teoria de Jaeger, segundo a qual Aristóteles começou sendo um platonista devoto, mas se afastou cada vez mais do platonismo, e na verdade da filosofia pura em geral, em direção à ciência natural, e tornou-se cada vez mais interessado em investigações empíricas em vez de teóricas, não pode ser aceita — não nesta forma radical em que Jaeger colocou a questão. Concordo inteiramente com Ross[76] que, embora "Aristóteles tenha passado de uma visão platônica, de outro mundo, para a qual o mundo físico era de pouco interesse e a realidade supra sensorial era tudo o que importava, para uma visão na qual os problemas do mundo físico tinham grande relevância, a mudança da sua mente não foi nem tão longe nem tão rápido como Jaeger descreve". Eu acrescentaria que há alguma evidência de um interesse nada platônico na investigação empírica desde um período bastante inicial da vida de Aristóteles. Desde o breve prefácio de D'Arcy Thompson publicado na "Tradução de Oxford" da *História dos Animais* de Aristóteles, publicada em 1910, sabe-se que Aristóteles deve ter realizado pesquisas detalhadas em história natural durante sua estada em Mitilene (c. 345-343), cerca de oito a dez anos antes de finalmente se estabelecer em Ate-

75 Weil, *AH*, esp. 87 ss. Não posso resistir a tentação de citar aqui uma observação involuntariamente cômica de Zürcher, *op. cit.* (n. 16 acima) 258. Aristóteles, pensa ele, deve ter concebido a ideia de coletar constituições num estágio inicial de seu desenvolvimento — "*es passt ja sogar besser in die vorphilosophische Periode eines Menschen*"! Em vista desta observação, talvez não seja surpreendente que Zürcher cite *Constituição dos Atenienses* 54 como argumento para uma datação por volta de "323/22". (Ele só pode estar se referindo a *Constituição dos Atenienses* 54.7, que na verdade menciona o ano do arcontado de 329/8.) Talvez o próprio "período pré-filosófico" de Zürcher pudesse ter sido prolongado, o que traria alguma vantagem. [Sobre a avaliação da História por Aristóteles, ver "Aristotle on History and Poetry (*Poetics* 9, $1451^{a}36$-$^{b}11$)" de Ste.Croix em B.Levick (ed.) *The Ancient Historian and his Materials* (Essays in honor of C.E.Stevens) (1975), 45–58, repr. em A.Oxsenberg Rorty (ed.), *Essays on Aristotle's* Poetics (1992), 23–32].

76 DAT 75.

nas.[77] Um dos muitos méritos do livro recente de Weil[78] é o fato de realçar o caráter interdependente das pesquisas de Aristóteles. "*La documentation 'historique' d'Aristote n'est en réalité qu'un aspect, qu'une partie, d'une documentation plus vaste*" ["A documentação 'histórica' de Aristóteles é na verdade apenas um aspecto, uma parte, de uma documentação maior"].[79] Heródoto, por exemplo, não é citado apenas na *Constituição dos Atenienses*, mas na *Poética*, na *Retórica*, na *Ética a Eudemo*, na *História dos Animais* e no *Sobre a geração dos animais*,[80] e também é muitas vezes referido sem menção ao seu nome.[81] Aristóteles certamente conheceu bem a sua obra desde muito cedo. Uma parte ainda maior da "documentação" histórica de Aristóteles também deve ter sido reunida numa data relativamente antiga, provavelmente enquanto ele ainda era membro da Academia[82] — o material incorporado nos *Nomima* (*barbarika*), por exemplo, uma obra que é indecifrável, mas que talvez não pertença ao último período da vida de Aristóteles.[83]

2. A participação de Aristóteles em pesquisas que necessariamente tiveram de ser realizadas, em boa parte, entre documentos e arquivos é significativa; e novamente não há razão para pensar que tudo pertença aos últimos anos de sua vida. Seu trabalho na lista dos vencedores píticos, que ele compilou em colaboração com seu sobrinho (ou primo) Calístenes,[84] deve ter começado, pelo menos, antes de 334, quando Calístenes partiu para a Ásia na companhia

77 Ver também von Fritz e Kapp, *ACA* 32ss. (esp. 40–1, 52–3), e os trabalhos citados por Weil, *AH* 81 n. 183.

78 *AH* 311 ss., cf. 87 ss., 102–4.

79 Weil, *AH* 311.

80 As referências são fornecidas por Weil, *AH* 313 n. 20.

81 Ver Weil, *AH* 312–16.

82 Weil, *AH* 211-54, apresenta algumas sugestões interessantes baseadas no tratamento dado por Aristóteles a Cartago e outros estados "bárbaros", e também Esparta e Creta.

83 Ver Weil, *AH* 116–21.

84 Ver Weil, *AH* 133–7. A inscrição délfica que menciona a obra de Aristóteles e Calístenes está em Tod II 187 = *SIG*³ 275 = *FD* III i 400. O decreto em questão terá sido votado antes que os délficos soubessem da morte (ou da derrocada?) de Calístenes, ou seja, pouco depois de 326. A publicação real em pedra das *Pythionikai* (ver *SIG*³

de Alexandre, o Grande, e muito provavelmente foi finalizada antes do regresso de Aristóteles a Atenas.[85] A lista paralela de vencedores olímpicos não pode ser datada, mas Weil[86] mostrou que se pode conceber ter sido realizada antes da lista dos vencedores píticos. As *Didaskaliai* e as *Nikai Dionysiakai*[87] poderiam igualmente ter sido compiladas antes de 347 ou depois de 335. Todos esses trabalhos envolviam pesquisa documental, tão distante da "filosofia" no sentido moderno quanto qualquer tipo de atividade histórica pode estar.

3. Embora eu admita que não há provas claras de que Aristóteles estivesse trabalhando na sua coleção de leis e constituições muito antes de *c.* 335, penso que Isócrates XV (*Antidosis*) 83, especialmente tendo em conta a resposta de Aristóteles no final da *Ética a Nicômaco*,[88] contém uma indicação muito provável de que ele tinha de fato começado a coleta já no final da década de 350.[89] Como já mencionado,[90] a repreensão de Aristóteles aos sofistas que supõem ῥᾴδιον εἶναι τὸ νομοθετῆσαι συναγαγόντι τοὺς εὐδοκιμοῦντας τῶν νόμων ["ser fácil legislar coletando aquelas leis que têm uma boa reputação"] é uma alusão clara à alegação de Isócrates na *Antidosis* de que seria fácil τοὺς νόμους ... τοὺς παρὰ τοῖς ἄλλοις εὐδοκιμοῦντας ... συναγαγεῖν ["reunir as leis que são tidas em boa contra entre

252 = *FD* III v 58, linhas 42-3) deve agora ser datada do final de 327: ver D.M.Lewis em *CR* 72 = n.s. 8 (1958) 108.

85 Esta conclusão não é afetada pela recente mudança da data da inscrição real que sobreviveu (ver nota anterior).

86 *AH* 131–3.

87 Ver Weil, *AH* 137–9.

88 Ver p. 352 acima.

89 A datação da *Antidosis* deve ser colocada um pouco depois da paz que pôs fim à Guerra Social em 355. A data mais provável, na minha opinião, é 353-2. As passagens a que me refiro foram usadas por Bloch (SHLFC 362-3) para mostrar que "naquela época [certamente a data da *Antidosis*] ambas as coleções já estavam sendo iniciadas por Aristóteles e seus alunos". VonFritz e Kapp (*ACA* 45 n. 38) falam das "coletas de constituições" de Aristóteles como "um empreendimento que, é claro, não poderia ser conhecido por Isócrates". Por que não? Sem dúvida que as próprias coletas não poderiam ser conhecidas em sua forma final, mas o fato de estarem sendo feitas poderia muito bem ser do conhecimento de Isócrates, e isso é tudo o que precisamos.

90 Ver p. 352 acima.

outras cidades-estado"].[91] Ora, nunca ouvimos dizer que alguém tenha considerado fazer uma coleção de leis ou constituições antes de Aristóteles, e ninguém acreditará que o empreendimento foi primeiro sugerido a ele pelas palavras de Isócrates. Por que deveria Isócrates contemplar uma atividade até então desconhecida, a menos que soubesse que Aristóteles havia realmente começado a trabalhar nela, ou pelo menos estava se propondo a fazê-lo? E por que deveria Aristóteles se esforçar para dar uma resposta inequívoca às palavras de Isócrates, a menos que elas fossem geralmente reconhecidas como uma referência ao seu próprio trabalho?[92]

Aristóteles frequentemente distingue entre πολιτεῖαι e νόμοι, mas em outras ocasiões ele pode usar a palavra νόμοι no sentido mais amplo, para incluir toda a estrutura da constituição, bem como os regulamentos destinados a operar dentro dela,[93] e acho impossível acreditar que ele possa ter tido a intenção de coletar apenas, ou mesmo principalmente, νόμοι no sentido mais estrito da palavra, ignorando aqueles que determinavam a "constituição" propriamente dita. Certamente o seu objetivo desde o início seria se informar sobre a estrutura de muitas cidades-estado e observar os resultados obtidos, na vida da população e no seu comportamento em cada caso. E se Aristóteles iniciou esta atividade muito fecunda durante a sua primeira estada em Atenas, antes da morte de Platão, certamente teria trabalhado desde o início nas leis e na constituição de Atenas. Nesse caso, a composição original da *Constituição dos Atenienses* pode ter ocorrido em qualquer momento, não apenas nos últimos treze, mas nos últimos trinta anos ou mais da vida de Aristóteles, embora, é claro, só tenha atingido a forma em que a possuímos hoje pouco antes de sua morte — pelo menos no que diz

91 Como disse H.Bonitz (*Index Aristotelicus*, s.v Ἰσοκράτης), "*Ex orationibus Isocratis (ac praecipue quidem vel unice ex sex orationibus:* [*inter alias*] 15 Ἀντιδ.) *saepe Ar*[*istoteles*] *vel ipsa verba affert vel omnino sententias comparat*".

92 Devo dizer que não vejo por que Keil (*SVAVA* 124) desejaria datar a passagem na *Ética a Nicômaco* logo após a composição da *Antidosis*, que sem dúvida alcançou ampla circulação por muitos anos consecutivos e ainda poderia ser considerada digna de resposta vinte anos depois, ou ainda mais tarde.

93 Ver pp. 416ss. abaixo.

respeito à seção posterior (a "sistemática"): as revisões desta não garantem absolutamente que a seção anterior (a histórica) teria sido revista de forma semelhante, embora não duvide que tenha chance de ter sido.[94]

Já que a composição de ambas as obras, *Constituição dos Atenienses* e *Política*, pode ter se estendido por um longo período, é impossível fornecer uma cronologia relativa para as duas obras, embora seja provável que uma versão original da *Constituição dos Atenienses* (quão diferente da atual, não sabemos) teria existido muito antes da compilação da *Política*. Tudo o que podemos dizer com certeza sobre a *Constituição dos Atenienses* é que pelo menos algumas seções da segunda parte (a parte sistemática, capítulos 42 e seguintes) foram revisadas até a década de 320. Como vimos, entretanto, é errado conceber a *Constituição dos Atenienses* como tendo sido necessariamente *escrita* na década de 320. Em parte, talvez, porque procedem desta suposição errônea, há quem goste de pensar que a *Constituição dos Atenienses* representa os frutos de uma pesquisa, em parte documental, realizada após a conclusão da *Política*, e aquela onde as duas obras entram em conflito, a *Constituição dos Atenienses* seria, portanto, provavelmente a mais confiável. Um argumento deste tipo tem a menor força: em cada caso de conflito devemos olhar para todas as evidências e não nos permitir ser influenciados por qualquer relação cronológica imaginada entre diferentes declarações na *Política* e na *Constituição dos Atenienses*. Em todo caso, não ajudaria muito, mesmo se pudéssemos determinar qual das duas declarações contraditórias é a mais antiga, porque existem algumas razões para pensar que as "reflexões posteriores" de Aristóteles às vezes causaram o efeito inverso de uma melhoria em seus julgamentos históricos.

94 Cf. p. 344 acima.

***

Eu reconheceria apenas três exemplos principais de conflito entre a *Constituição dos Atenienses* e a *Política*:[95] (a) a "constituição de Draco" na *Constituição dos Atenienses* (4), comparada com a *Política* (II 1274^{b}15-16), onde se diz explicitamente que Draco forneceu νόμοι para uma πολιτεία existente; (b) a descrição da "revolução dos Quatrocentos" em 412/11, na *Constituição dos Atenienses* (29–33), em comparação com a caracterização muito breve, mas totalmente diferente, da *Política* (V 1304^{b}10–15); e (c) a contradição entre a *Constituição dos Atenienses* (8.1–2) e a *Política* (II 1273^{b}39-74^{a}2, 1274^{a}15–17) a respeito do método de eleição de magistrados na constituição de Sólon. Começarei por reunir os dois primeiros exemplos: em ambos os casos, ninguém duvidará que a *Política* deve ser priorizada em relação a *Constituição dos Atenienses.*

(a) A "constituição de Draco" é para nós uma falsificação patente, uma invenção do final do século V ou (mais provavelmente) do século IV.[96] É quase universalmente aceito hoje em dia, com as consequentes adições que isso implica,[97] como uma adição tardia a *Constituição dos Atenienses* do próprio Aristóteles. Pode, é claro, ter sido acrescentada após sua morte por um membro de sua escola (Demétrio de Falero, por exemplo). Eu gostaria muito de aceitar

95 Não posso levar a sério questões menores como (a) o conflito entre a *Política* (V 1315^{b}29–34) e a *Constituição dos Atenienses* (17.1; 19.6) sobre a cronologia dos Pisistrátidas, sobre a qual ver Jacoby, *A* 188-96, e esp. 373–4 n. 107 (para bibliografia, ver 376 n. 122); (b) a menção de Temístocles como tendo ajudado Efialtes na reforma do Areópago, na *Constituição dos Atenienses* (25.3–4) comparado com a *Política* (II 1274^{a}7–8, sobre a qual ver Keil, *SVAVA* 120 n. 1), ou (c) o fato de Caricles e Frínico serem mencionados na *Política* (V 1305^{b}25–8), mas não na *Constituição dos Atenienses.* Considero todas essas divergências triviais.

96 Ver esp. Fuks, *AC* 84–101, onde são fornecidas referências completas de trabalhos anteriores. Adicione Weil, *AH* 106 ss.

97 De qualquer forma (a) as palavras τῆς πρὸ Δράκοντος ["aquele antes de Draco"] em 3.1; (b) as palavras καθάπερ διῄρητο καὶ πρότερον ["como haviam sido divididos antes"] em 7.3; e (c) a sentença μετὰ δὲ ταύτην ... πρῶτον ["e depois disso ... primeiro"] em 41.2. Embora incapaz de produzir quaisquer argumentos que satisfaçam um cético, muitas vezes me perguntei se essas inserções, com o cap. 4, não poderiam ser uma peculiaridade de uma família específica de MSS, representada para nós pelo papiro de Londres.

esta hipótese; mas não há provas disso e se a adotássemos teríamos então de admitir que o interpolador também poderia ter feito o mesmo em outras partes da obra.

(b) Não foi suficientemente observado o fato de que a única afirmação que Aristóteles faz na *Política* sobre a natureza da revolução dos Quatrocentos[98] diverge muito de sua própria descrição daquela revolução na *Constituição dos Atenienses* (29-33), mas, por outro lado, concorda perfeitamente com a imagem dessa revolução dada por Tucídides, que está sem dúvida muito mais próxima da verdade. Na *Política*, sem dúvidas sob a influência de Tucídides, Aristóteles descreve a revolução em questão como um exemplo típico de uma revolução (μεταβολή) gerada pelo logro (ἀπάτη) e mantida pela força (βία); mas nenhuma dessas qualidades é exibida pelos Quatrocentos na *Constituição dos Atenienses.*[99] Na *Constituição dos Atenienses* (33.1) o desastre naval de Erétria e a revolta da maior parte da Eubeia são apresentados como a única razão para a queda dos Quatrocentos, e não há vestígios do profundo descontentamento geral com o seu regime que encontramos em Tucídides, nem há qualquer menção às suas negociações traiçoeiras com Esparta.[100] Na verdade, o único indício de crítica aparece em 33.2: os Quatrocentos agiram inteiramente por sua própria autoridade e não reportaram nada aos Cinco Mil. No entanto, existem traços distintos do relato de Tucídides, visíveis nas próprias palavras de Aristóteles.[101] Além disso, como mostrei em outro lugar,[102] as duas constituições na *Cons-*

98 *Política* (V 1304^{b}12–15). A referência aos Quatrocentos em 1305^{b}27 é meramente secundária; mas observe que novamente a *Constituição dos Atenienses* não tem nada a dizer sobre divergências dentro dos Quatrocentos até chegarmos ao movimento arquitetado por Aristócrates e Terâmenes (33.2).

99 Notar esp. 29,1; 32,2–3; 33.1.

100 Observe aqui a segunda metade da *Constituição dos Atenienses* (32.3).

101 Não tanto a correspondência entre Tucídides (VIII 97.1) e *Constituição dos Atenienses* (33.2), que tem sido frequentemente citada, mas poderia facilmente ter vindo de uma fonte intermediária, como a referência à Eubeia na *Constituição dos Atenienses* (33.1), onde a semelhança verbal com Tucídides (VIII 96.2) está tão próxima que sugere que Aristóteles usou Tucídides diretamente — como, claramente, deveríamos esperar.

102 CFT.

tituição dos Atenienses (30–1)[103] não poderiam ter estado realmente em operação, qualquer que seja a realidade que está por trás delas. Elas certamente devem vir da *Apologia* de Antifonte ou do *Atthis* de Androcião, ou de ambas as obras: cada um destes homens teria boas razões para deturpar a revolução dos Quatrocentos e fingir que foi um caso muito menos fraudulento, violento e inconstitucional do que Tucídides mostra que foi.[104]

Nos nossos dois primeiros exemplos, portanto, encontramos boas razões para preferir a *Política* à *Constituição dos Atenienses*. Penso que não pode haver dúvida de que a "constituição de Draco" é uma

---

103 Eu aceitaria a *Constituição dos Atenienses* (29.2-3), por outro lado, como um relatório provavelmente preciso da reunião da Assembleia mencionada mais brevemente por Tucídides (VIII 67.1) e *Constituição dos Atenienses* (29.4-5) como um relato substancialmente verdadeiro, até onde cabe, da Assembleia em Colono: Tucídides (VIII 67.2-69.1) dá um relato muito diferente e muito mais realista dos mesmos procedimentos — como Jacoby observa, em uma nota excelente (Jac. ii 137-8 n. 2), "ele percebeu toda a farsa". A verdade essencial da afirmação, que não se encontra em Tucídides, é que o poder supremo foi então votado, durante a guerra, pelos "atenienses mais capazes de servir o Estado com as suas pessoas e os seus bens, não sendo menos de 5.000", o que é garantido (mesmo deixando de lado Pseudo-Lísias 13, cf. 16) pela declaração de Tucídides de que os Quatrocentos deveriam convocar os Cinco Mil quando quisessem — por que os Cinco Mil seriam convocados, se não para atuar como Assembleia do Conselho dos Quatrocentos?

104 A linha de Antifonte, a julgar pelos fragmentos sobreviventes, era fingir que não era um oligarca. Seria então necessário que ele o demonstrasse, afirmando que ele e os seus colegas estavam prestes a criar uma constituição de base mais ampla. Daí, talvez, o estado desorganizado da *Constituição dos Atenienses* (30-1), que pode ter sido remendado a partir de uma série de trechos da Antifonte. Que Aristóteles conhecia este famoso discurso de Antifonte, que Tucídides (VIII 68.2) tanto admirava, fica evidente em *EE* III 1232^b7. Não sabemos se Androcião lidou com esses eventos em detalhes (cf. *FGrH* 324 F 43), mas se o tivesse feito, provavelmente teria querido defender a memória de seu pai Andron (um membro "Teramenista" dos Quatrocentos), tentando mostrar que os Quatrocentos não eram todos oligarcas extremistas e que tinham tomado medidas para introduzir um mecanismo constitucional adequado. Suponho que Androcião seja provavelmente uma fonte imediata de Aristóteles aqui, mesmo que ambos se valessem de Antifonte. Não fiz nenhuma referência aqui a M.O.B.Caspari [Cary], em *JHS* 72 (1952) 56–61, ou Mabel Lang, em *AJP* 69 (1948) 272–89, porque acho que eles pecam completamente ao não compreender a natureza do problema das fontes por trás da *Constituição dos Atenienses* (29–33).

adição tardia à *Constituição dos Atenienses*, e que foi inserida após a compilação da *Política*. Se isto realmente representa uma mudança de opinião por parte do próprio Aristóteles, será que ele também mudou de opinião, para pior, em relação aos Quatrocentos? Não vejo como decidir com certeza se a referência crítica aos Quatrocentos na *Política* foi escrita antes ou depois dos atuais capítulos 29-33 da *Constituição dos Atenienses*. Gostaria de chamar a atenção para o fato de que toda a passagem, *Política* (1304^b7-18), pode muito bem ter sido uma nota anterior incorporada no momento da compilação como uma adição posterior. As linhas 5–7 têm uma fórmula final, καθόλου μὲν οὖν περὶ πάσας πολιτείας αἱ ἀρχαὶ καὶ αἰτίαι τῶν στάσεων καὶ τῶν μεταβολῶν τοῦτον ἔχουσι τὸν τρόπον ["assim, em geral, as origens e causas das guerras civis e das revoluções em todas as constituições assumem esta forma"], que foi certamente concebida para encerrar o capítulo; mas nossa passagem segue então, com outra fórmula final (também introduzida com μὲν οὖν, que Aristóteles tantas vezes usa em tais casos): ἁπλῶς μὲν οὖν περὶ πάσας τὰς πολιτείας ἐκ τῶν εἰρημένων συμβέβηκε γίνεσθαι τὰς μεταβολάς ["então, em uma palavra, em todas as constituições as revoluções surgem das causas mencionadas acima"]. Eu sugeriria que as linhas 7–18 podem ter sido uma nota escrita antes de Aristóteles ler Androcião (ou Antifonte) e não alterada quando foi inserida no final da *Política* (V 4), mesmo que nessa época o trecho 29–33 da *Constituição dos Atenienses* já tivesse sido escrito. Alternativamente, e (como me parece) mais provavelmente, essa parte (29-33) da *Constituição dos Atenienses*, na sua forma atual, é posterior à compilação da *Política*: pode muito bem substituir uma versão anterior baseada em Tucídides. Em qualquer dos casos, Aristóteles mudou de opinião para pior. Existe uma outra possibilidade: que Aristóteles tenha escrito *Constituição dos Atenienses* (29-33), primeiro, bem cedo e depois, sob a influência de Tucídides, percebeu a verdade e escreveu a passagem da *Política*. Acho isso mais difícil de acreditar, entretanto, porque temos evidências de mais de uma alteração na *Constituição dos Atenienses* (mesmo que apenas na parte sistemática) até a década de 320, mas nenhuma evidência clara de qualquer reescrita tardia da *Política*; e se Aristóteles tivesse mudado de ideia sobre os Quatrocentos cedo o suficiente para incorporar seu veredito na *Política* V, por qual motivo ele não corrigiu a *Constituição dos Atenienses*? Além disso, ele deve ter conhecido bem Tucídides desde a juventude.

(C) Já mostrei[105] que é extremamente improvável que a afirmação na *Constituição dos Atenienses* de que Sólon introduziu κλήρωσις ἐκ προκρίτων ["sorteio de candidatos pré-selecionados"] para a eleição de magistrados, incluindo arcontes, esteja certa, embora seja concebível que alguns magistrados, os tesoureiros em particular, possam ter sido escolhidos desta forma, ou mesmo por simples sorteio (κλήρωσις). Novamente, a *Constituição dos Atenienses* revela-se inferior à *Política* quando as duas obras entram em conflito; e novamente não podemos ter certeza de qual afirmação é posterior, embora, presumo, seja a que está na *Constituição dos Atenienses*. É completamente impossível dizer se Aristóteles chegou à sua visão errônea, como muitos estudiosos supuseram, por falsa inferência a partir dos vestígios de sua própria época, que ele descreve na *Constituição dos Atenienses* (8.1), ou se ele foi enganado por alguma fonte literária ou por uma versão forjada de uma suposta disposição de Sólon, inventada talvez naquele espírito propagandista do século IV, que adorava creditar a Sólon a invenção das instituições da democracia desenvolvida.

Não pretendo ser capaz de explicar satisfatoriamente os conflitos entre a *Política* e a *Constituição dos Atenienses*. A explicação mais provável, na minha opinião, é que, nos seus últimos anos, Aristóteles se tornou "um fanático por documentos", aceitando com demasiada facilidade o que lhe parecia ser um material documental. A peculiaridade compartilhada por todas as três declarações na *Constituição dos Atenienses*, que contradizem mais notoriamente a *Política*, é que elas vêm diretamente de documentos ou remontam, em última análise, a uma fonte de caráter documental, seja ela genuína ou não.

---

105 pp. 142ss. acima.

Tendo notado estas contradições entre os nossos dois trabalhos, podemos agora dar uma olhada em alguns casos em que eles se aproximam: (1) *Política* (VI 1319^{b}19–27) com *Constituição dos Atenienses* (21.2–4, observe especialmente ἀναμειχθῶσι/ἀναμεῖξαι) e *Política* (III 1275^{b}35–7) com *Constituição dos Atenienses* (21.4, linha 28 OCT); (2) *Política* (II 1304^{a}20–1) com *Constituição dos Atenienses* (23.1–2); (3) *Política* (II 1274^{a}18–21) com *Constituição dos Atenienses* (7.3-4) — seria fantasioso detectar na passagem de *Política* um certo desconforto em relação à classe dos "*Hippeis*"?); e talvez (4) *Política* (V 1315^{b}3–4) com *Constituição dos Atenienses* (16.9). Em todas as passagens citadas da *Política* podemos encontrar tópicos que já parecem presentes na mente de Aristóteles na *Constituição dos Atenienses*. Não duvido que outros paralelos possam ser citados: simplesmente listei alguns dos exemplos mais óbvios.

(II) AS FONTES DA *CONSTITUIÇÃO DOS ATENIENSES*

Volto-me agora para a questão das fontes do relato de Aristóteles sobre a história constitucional ateniense, na *Política* e mais particularmente na *Constituição dos Atenienses*. Embora os problemas individuais neste domínio tenham sido repetidamente discutidos nos últimos anos, parece-me que ainda há algo a dizer em termos gerais, mais particularmente porque muitos autores durante as últimas gerações deixaram a maior parte das suas premissas não examinadas, e são acima de tudo os nossos pressupostos básicos que desejo analisar. Não tenho a pretensão de fazer um relato completo: concentrarei a discussão nos pontos que me parecem mais importantes. Estou tentado a tomar como meu texto o que Wilamowitz disse sobre o tratamento que deu à segunda parte da *Constituição dos Atenienses*:[1] "*Ich kann keine sonderung seiner vorlagen vornehmen, und ich hüte mich wol mit dem namen Androtion oder anderen zu spielen*" ["Não posso fazer nenhuma separação de sua construção e tenho medo de brincar com o nome de Androcião ou outros"].

1 *AuA* I 257.

A *Quellenkritik* foi aplicada avidamente à *Constituição dos Atenienses* por vários estudiosos importantes, imediatamente após a publicação do papiro de Londres em 1891. Quando o segundo volume do influente *Griechische Geschichte* de Busolt apareceu em sua segunda edição,[2] quatro anos depois, a opinião já havia se cristalizado na forma que permanece até hoje: que para a seção histórica da *Constituição dos Atenienses* (cap. 1-41) Aristóteles derivou a maior parte de seu material — praticamente todo ele, na verdade — da tradição literária, acima de tudo de Androcião. Houve algumas vozes dissidentes. Por exemplo, Gilbert, em 1893, estava preparado para creditar a Aristóteles uma grande quantidade de exames de "documentos originais",[3] em particular uma coleção de leis, incluindo as de Sólon e Clístenes. Recentemente, Wade-Gery[4] falou "daquele exame científico da obra de Sólon (seja de Teofrasto ou de outro) cujos frutos encontramos na *Constituição dos Atenienses* de Aristóteles", e assumiu confiantemente que quando Aristóteles escreveu a *Constituição dos Atenienses* (20-1), ele extraiu suas informações "de documentos contemporâneos que sobreviveram: *especialmente as próprias Leis de Clístenes*".[5] Não muito antes de sua morte, Jacoby expressou-se como "estando confiante de que o próprio Aristóteles leu as leis de Sólon":[6] em outra passagem[7] ele acredita que Aristóteles fez isso "no original ou no Ms. da obra Νόμοι, de Teofrasto". (No entanto, como veremos, Jacoby, ao contrário de Wade-Gery, traçou uma distinção vital entre as leis (νόμοι) de Sólon, que estavam disponíveis para Aristóteles, e a sua constituição (πολιτεία), que teve de ser inferida principalmente a partir dos νόμοι).[8]

A opinião geral atualmente é que a parte histórica da *Constituição dos Atenienses* se baseia quase exclusivamente na tradição literária

2 Ver Busolt, *GG* II² 32–54; cf. *GS* I 92–6.

3 *CASA* xxiii, cf. xxxiii–ix (= *HGS* I² XII, cf. XXII–XXX).

4 *EGH* 197 n. 2.

5 *EGH* 135: os itálicos são de Wade-Gery.

6 Jac. i 147

7 Jac. ii 134 n. 8, sobre Androcião F 36.

8 Ver pp. 416-421.

disponível na época em que Aristóteles o compôs — o que é quase universalmente considerado como sendo meados da década de 320, embora (como demonstrei)[9] a maior parte da obra possa muito bem ter sido escrita alguns anos antes. Alguns historiadores admitem uma utilização ocasional ou mesmo considerável de arquivos e outras fontes documentais, mas a minha impressão é que estes historiadores são hoje em dia uma pequena minoria. A minha convicção é que, pelas razões que explicarei, devemos conceber um *desejo* muito maior por parte de Aristóteles de utilizar material documental do que a maioria dos historiadores recentes, até mesmo Jacoby, têm considerado; mas um fato continua sendo problemático: se Aristóteles tinha *à sua disposição* muito material documental anterior a *c.* 403, ou qualquer material desse tipo, que não seja "as leis de Sólon", antes da época em que a constituição de Clístenes entrou em vigor. Por enquanto, porém, deixarei de lado a questão das fontes documentais e considerarei as possíveis fontes literárias.

***

A única fonte literária que Aristóteles realmente nomeia na *Constituição dos Atenienses* é Heródoto,[10] a quem ele usou em mais de um ponto, e mais obviamente no cap. 20, descrevendo os acontecimentos de 508/7, que levaram à implementação da constituição de Clístenes. A maneira como Aristóteles reformula sua fonte aqui merece um estudo cuidadoso, pois é o melhor exemplo que possuímos de tal procedimento na *Constituição dos Atenienses*.[11] Aristóte-

9 pp. 347-361 acima.

10 Para o uso extensivo de Heródoto por Aristóteles.em suas outras obras, ver p. 358 acima.

11 As passagens paralelas em Heródoto (V 66-73) são convenientemente dadas por Sandys, *ACA*[2] 80–1 nn. Notar esp. (a) ἑσσούμενος δὲ ὁ Κλεισθένης τὸν δῆμον προσεταιρίζεται ["já que estava sendo derrotado, Clístenes fez parceria com o povo"] (Heródoto), com ἡττώμενος δὲ ταῖς ἑταιρείαις ὁ Κλ. προσηγάγετο τὸν δῆμον ["como foi derrotado em alianças políticas, Clístenes trouxe o povo para o seu lado"] (*Constituição dos Atenienses*); (b) ἐπικαλέεται Κλεομένεα γενόμενον ἑωυτῷ ξεῖνον ["ele chamou Cleômenes, que era seu *xenos*"] (Heródoto), com ἐπικαλεσάμενος τὸν Κλεομένην ὄντα ἑαυτῷ ξένον ["chamando Cleômenes, que

les também se valeu de Tucídides[12] e provavelmente Xenofonte,[13] como deveríamos esperar. Na verdade, é Tucídides (VI 58.2) o autor do relato recebido (ὁ λεγόμενος λόγος) descrito como falso (οὐκ ἀληθής) na *Constituição dos Atenienses* (18.4). Já disse[14] algo sobre o modo como Aristóteles deixa de lado as evidências de Tucídides sobre a natureza da revolução dos Quatrocentos em 411. Podemos suspeitar que Aristóteles talvez também tenha usado Teopompo, pelo menos o excurso sobre os "demagogos" atenienses[15] que formou a última parte do Livro X de seu *Philippika*.[16] Pode-se imaginar que ele também se valeu de Éforo; mas não conheço nenhuma indicação clara de que o tenha utilizado,[17] e não vejo razão para que o tenha feito. "Éforo era um leitor ávido que compôs a sua grande

---

era seu *xenos*"] (*Constituição dos Atenienses*); (c) ἀντισταθείσης δὲ τῆς βουλῆς ["a *boule* resistiu"] (Heródoto), com τῆς δὲ βουλῆς ἀντιστάσης ["a *boule* resistiu"] (*Constituição dos Atenienses*); (d) Κλεισθένεα καὶ τὰ ἑπτακόσια ἐπίστια τὰ διωχθέντα ὑπὸ Κλεομένεος μεταπεμψάμενοι ["chamaram de volta Clístenes e as 700 famílias que foram exiladas por Cleômenes"] (Heródoto), com Κλεισθένην καὶ τοὺς ἄλλους φυγάδας μετεπέμψαντο ["eles chamaram de volta Clístenes e os outros exilados"] (*Constituição dos Atenienses*).

12 Cf. p. 363 e n. 101 acima.

13 Ver Nota final v, p. 425.

14 p. 362 acima.

15 Há um excelente exame da natureza do "demagogo" grego por Finley, AD.

16 *FGrH* II B i 115 F 85–100. De acordo com Wade-Gery (*EGH* 236 & n. 1), a obra *Sobre os Demagogos Atenienses* de Teopompo (ver Teopompo F 100) foi publicada separadamente como um panfleto "no final dos anos cinquenta" do século IV. Isto parece possível. A data não pode ser anterior, por causa de F 99–100, e pode ser vários anos depois (cf. Jacoby, *FGrH* II D p. 358). Concordo com a opinião de que o insulto a Cléon na *Constituição dos Atenienses* (28.3), por exemplo, pode muito bem vir de Teopompo, embora possa ser o caso de ambas procederem de uma fonte comum (Wade-Gery, *EGH* 263 & n. 3, acredita que era Crítias). Day e Chambers (*AHAD* 11, 79) sugerem que Teopompo é a fonte das acusações contra Sólon mencionadas na *Constituição dos Atenienses* (6.2). Como os nomes na passagem correspondente de Plutarco (*Sólon* 15.7) mostram que as calúnias foram criadas muito antes, Teopompo não pode ter sido o seu inventor; mas é claro que ele pode ter repetido tais acusações.

17 O uso de Éforo por Aristóteles, ou mesmo Androcião, é obviamente possível cronologicamente: a história de Éforo talvez tenha sido publicada em partes separadas, a partir de *c.* 356 em diante (ver Jac. ii 55 n. 34; cf. II C pp. 24–5; G.L.Barber, *The Historian Ephorus* (1935), 7–14), e todos os livros, até meados do século V, podem

obra quase exclusivamente a partir de outros livros";[18] e as suas fontes para a história ateniense devem ter sido todas facilmente acessíveis ao próprio Aristóteles.[19] Se pudermos julgar pelo fato de existirem poucos fragmentos sobreviventes de Éforo tratando de Atenas, escritores posteriores aparentemente encontraram pouca coisa em sua obra sobre esse assunto que fosse de real interesse. Restam os Atidógrafos, a partir dos quais ninguém, nesta era pós-Jacoby, desejará criar fantasmas literários como o "Anônimo de 392" de Seeck ou o "Anônimo de *c.* 380" de Wilamowitz.[20]

Presumo que o notável livro de Jacoby, *Atthis*, será universalmente aceito como tendo provado (nas suas próprias palavras)[21] "que o 'Atthis', isto é, a história de Atenas, não deriva de uma crônica antiga e semioficial mantida pelo conselho sacerdotal dos Exegetas" — como Wilamowitz e seus seguidores sustentaram[22] — "mas foi criada durante a vida de Tucídides por um homem erudito, o estrangeiro Helânico de Lesbos. Ele, embora confiasse na memória viva e, até certo ponto, em documentos (entre os quais a lista dos arcontes parece, de longe, o mais importante), teve de usar sobretudo a sua imaginação para encaixar um grande número de documentos isolados, muitas vezes contraditórios, e principalmente evidências indecifráveis, na estrutura de uma história contínua". Na verdade, não pode haver dúvida de que a tradição utilizada pelos historiadores e Atidógrafos era acima de tudo uma tradição oral,[23] não escrita em obras destinadas à publicação até finais do século V, mas preservada principalmente na memória dos εἰδότες, os λόγιοι

ter sido publicados no início da década de 340 — ver Wade-Gery, *EGH* 205, cuja visão é considerada pelo menos possível por Jac. ii 55 n. 34; 97 n. 110b.

18 Jac. i 10.

19 Cf. Jac. ii 55 n. 34.

20 Sobre essas figuras imaginárias, ver Jacoby, *A* 3–8, 210, 225, 230–1 n. 25, etc.

21 Introdução dos Organizadores, p. 29.

22 Ver Wilam. *AuA*, esp. I cap. 8, pp. 260 ss. Wilamowitz acreditava que a crônica foi mantida durante muito tempo numa forma "pré-literária", mas teria sido publicada como uma obra literária por volta de 380.

23 Ver Jacoby, *A* 165 ss., esp. 169–70.

ἄνδρες ["homens instruídos"][24] — acima de tudo, os membros das principais famílias políticas.

Até onde eu sei, não há provas de que um autor grego antes de Aristóteles tenha feito qualquer investigação *sistemática* em arquivos ou outros documentos: este é um fato de alguma importância para os nossos propósitos, como ficará claro mais tarde. O máximo que podemos dizer dos antecessores de Aristóteles é que alguns deles parecem ter feito uma "pesquisa em arquivos" de um tipo muito elementar, publicando listas locais — sejam de funcionários (seculares ou sagrados) ou de vencedores nos jogos atléticos — ou usando-as como apoio para obras de história local universal. Os primeiros desses escritores são Helânico, um ἀνὴρ πολυίστωρ ["homem muito curioso"][25] (do qual a obra Ἱέρειαι τῆς Ἥρας αἱ ἐν Ἄργει ["Sacerdotisas de Hera em Argos"][26] era certamente algum tipo de crônica universal,[27] em contraste com sua obra posterior, *Atthis*, que era uma história local), e Hípias, que possivelmente compilou a primeira crônica dos vencedores olímpicos (Ὀλυμπιακῶν ἀναγραφή)[28] por volta de 400,[29] mas se ele realmente o fez[30] e se seu trabalho foi algo mais do que uma mera lista de nomes com os

---

24 Ver Jacoby, *A* 215 ss., esp. 216; cf. 169–70, 204–5.

25 *FGrH* I 4 T 13.

26 *FGrH* I 4 F 74–84.

27 Ver Jacoby, *GH* 282–4 (=*RE* VIII 143–8); *A* 357–9 n. 26; Jac. i 1 ss., esp. 2–5.

28 *FGrH* I 6 F 2, *ap*. Plutarco, *Numa* 1.6.

29 Ver Jacoby, *FGrH* I p. 477; cf. *A* 281 n. 48: Hípias era "anterior a Helânico (ao que parece, consideravelmente)".

30 A única referência sobrevivente a esta obra é a de um autor que evidentemente não a conhecia em primeira mão e não lhe deu muita importância, ou pelo menos a sua parte mais antiga: Plutarco (ver n. 26 acima) fala das Ὀλυμπιονικαί dessa forma: ὧν τὴν ἀναγραφὴν ὀψέ φασιν Ἱππίαν ἐκδοῦναι τὸν Ἠλεῖον, ἀπ' οὐδενὸς ὁρμώμενον ἀναγκαίου πρὸς πίστιν ["eles dizem que Hípias de Élis publicou a lista (dos vencedores olímpicos) tardiamente, partindo de bases que não eram confiáveis para que inspirassem confiança"]. Cf. Jacoby, *A* 88: "Nenhuma lista de vencedores começou a ser registrada antes do século VII; há sérias dúvidas sobre ... a lista das Ὀλυμπιονικαί". Comparar, no entanto, com o comentário de Jacoby sobre Hípias F 2, em *FGrH* I p. 477.

mais breves acréscimos[31] são questões que, no estado atual de nosso conhecimento, provavelmente deveriam ser deixadas sem resposta.

Helânico publicou seu *Atthis* no final do século V. Sem dúvida, Aristóteles o leu, mas não temos como dizer que uso ele fez dele. Depois de Helânico, apenas três Atidógrafos têm alguma importância real para nossos propósitos atuais: Clidemo, Androcião e Filocoro. (Como todos os outros, referir-me-ei às obras destes homens como se cada um deles tivesse o título "*Atthis*", embora em nenhum caso o título real seja conhecido com certeza.)[32] Não preciso dizer nada agora sobre Filocoro, uma vez que ele escreveu no século III, após a morte de Aristóteles, e para o nosso propósito é interessante principalmente pela maneira como ele fez uso de Androcião e Aristóteles.[33]

Clidemo, um ateniense e exegeta, é muito provavelmente o primeiro dos Atidógrafos atenienses autóctones,[34] mas sua datação é muito incerta. Jacoby, partindo da suposição — que me parece quase certamente errada — de que as cem simórias referidas em Clidemo F 8 devem ser as simórias trierárquicas e não as *eisphora*,[35] acreditava que Clidemo publicou seu *Atthis* (ou talvez *Protogonia*)[36] "entre

31 Jacoby teve dificuldade em decidir se as 'Ολυμπιονικαί de Hípias era uma história local ou universal: no seu comentário em *FGrH* I p. 477 (de 1923) ele diz que são "*eine lokale publikation* [uma referência a Dionísio de Halicarnasso, *Sobre Tucídides* 5]... *die allgemeine chronographische abzweckung der* 'Ιέρειαι *hatten sie kaum*". Em seu comentário sobre os Atidógrafos (Jac. i 381), escrito em 1940-5, embora não publicado até 1954 (ver o Prefácio de Jac. i), ele diz que a obra "talvez tenha sido mais provavelmente um livro local do que uma crônica universal". No entanto, no seu *Atthis*, publicado em 1949, mas escrito na mesma época que o comentário sobre os Atidógrafos, diz que o livro de Hípias "certamente não era uma crônica local" (*A* 297 n. 6)! Pessoalmente, não vejo como podemos afirmar de que o trabalho foi muito mais do que uma mera lista de vencedores, embora, claro, possa ter sido.

32 Ver Jacoby, *A* 83–6.

33 Cf. pp. 384-387 abaixo.

34 A única evidência parece ser Pausânias X 15.5 = Clidemo, *FGrH* III B 323 T 1. De acordo com Jacoby (Jac. i 58), "a afirmação de que ele [Clidemo] é o Atidógrafo 'mais velho' não deve ser posta em dúvida, mesmo que seja apenas uma inferência [a partir de Pausânias]".

35 [Ste.Croix se refere aqui a uma longa nota que nunca foi escrita ou foi perdida].

36 Ver Jac. i 58–9.

354 e 340, provavelmente mais próximo da data anterior, ou seja, *c.* 350".[37] Embora eu esteja bastante aberto para aceitar uma data em meados do século IV como muito provável, não creio que possamos ter certeza, exceto de um *terminus post quem* em 378/7, a data da introdução da *eisphora* simórias.[38] Não sobreviveram muitos fragmentos dele e eles contêm pouco que seja de algum interesse para a história política e constitucional de Atenas. A frase παραιβατούσης τῆς γυναικός ["com a mulher ao lado dele"] na versão de Aristóteles da história de Fié (*Constituição dos Atenienses* 14.4), onde o particípio é "um ionismo notável",[39] às vezes foi pensado como derivado diretamente de τὴν παραιβατήσασαν αὐτῶι γυναῖκα ["a mulher ao lado dele"] em Clidemo F 15.[40] No entanto, Aristóteles, que dificilmente teria deixado de ler Clidemo, ignora ou rejeita os dois fatos interessantes sobre Fié (se é que existiram) mencionados pelo Atidógrafo: que ela era Φύη ἡ Σωκράτους ["filha de Sócrates"], ou seja, filha de um cidadão,[41] e que Pisístrato a casou com seu filho Hiparco; e isso, é claro, dá uma oportunidade para trazer Androcião como uma fonte intermediária.[42] Em outro lugar, ao contar uma história (geralmente considerada proveniente de Androcião) sobre a maneira pela qual o Areópago se tornou τῆς περὶ Σαλαμῖνα ναυμαχίας αἰτία ["responsável pela batalha naval junto a Salamina"], Aristóteles (*Constituição dos Atenienses* 23.1) ignora a história totalmente diferente em Clidemo F 21, na qual Temístocles é o herói.

Ficamos com Androcião, que é universalmente creditado como uma fonte importante, na verdade a principal fonte, da *Constituição dos Atenienses*. Androcião[43] era quase certamente filho de Ândron,[44] que parece ter sido um associado político de Terâmenes em 411, e

37 *A* 1, cf. 74–6; Jac. i 58.

38 Ver meu DTAEFC, esp. 56–62.

39 Sandys, *ACA*² 60 n.

40 Sobre o qual ver Jac. i 70–2, com 60–1.

41 Ver Jac. i 71.

42 Ver Busolt, *GG* II² 33 n. 1, na p. 34.

43 Ver para todos esses detalhes os *Testimonia* em *FGrH* III B 324 (com F 72) e Jac. i 87 e ss. [e Harding, ATA].

44 Kirchner, *PA* 921.

que naquele ano propôs a resolução para o processo de Antifonte.[45] O próprio Androcião foi aluno de Isócrates e desempenhou um papel proeminente, embora não tenha sido um papel de liderança na política, pelo menos desde o início da década de 370 em diante.[46] Demóstenes (XXII 47) poderia se referir a ele, com desdém, é verdade, como ὁ καλὸς κἀγαθὸς οὗτος ["aquele belo e bom"]. Jacoby[47] data a publicação de seu *Atthis* nos anos imediatamente seguintes a 344/3, ou c. 340, e esta data parece ser geralmente aceita. De acordo com Plutarco,[48] Androcião escreveu sua obra durante o exílio em Mégara. Ele certamente esteve ativo na política em Atenas até 347/6, quando propôs um decreto em homenagem aos filhos de Leucon;[49] e alguns historiadores, incluindo Jacoby,[50] acreditam que ele não apenas relatou em seu *Atthis* o debate na Assembleia ateniense em 344/3 sobre a resposta a ser dada a uma embaixada persa, mas de fato falou durante esse debate, e talvez até tenha sido responsável pela moção então adotada.[51] O exílio de Androcião, quer tenha sido autoimposto, quer infligido como penalidade, tem sido por vezes considerado consequência direta do seu papel no debate em questão;[52] mas isto está longe de ser certo. O *Atthis* de Androcião pode ser datado, portanto, depois de 347/6, provavelmente depois de 344/3,

45 Pseudo-Plutarco, *Morália* 833D — 4B.

46 Além do discurso de Demóstenes (XXII) contra ele, ouvimos falar de outro de Lísias (Harpocrácio, s.v. Ἀρχιδάμειος πόλεμος e s.v. Σεράγγιον), que está perdido. Se o Androcião em questão for de fato o Atidógrafo (como parece muito provável), e se este era um discurso genuíno de Lísias, então provavelmente Androcião já era proeminente na década de 380.

47 A 74.

48 *Morália* 605C (= *Sobre o exílio* 14), aceito por Jac. i 92, 103.

49 Tod II 167 = Harding 82. A prescrição mostra que o decreto data do final da primavera de 346.

50 Jac. i 90–3, cf. 531–3. Veja também Glotz-Cohen, *HG* III 319–22; Bloch, SHLFC 343–4 (Jac. ii 87 n. 58 fornece uma referência errada).

51 Tudo depende da restauração do papiro de Dídimo por Diels, Ἀνδροτίων ὃς καὶ τ[ότ' εἶπε ["Androcião, que e[ntão propôs a moção"]: ver Androcião 324 T 13 e F 53 = Filocoro 328 F 157 = Anaxímenes 72 F 28. [Para ceticismo sobre a restauração de Diels, ver Harding, *ATA* 180, citando Cawkwell.]

52 Ver, por exemplo Glotz-Cohen, *HG* III 321–2; Jac. 92–3.

e como Androcião parece já ser um homem idoso nessa época, talvez não tenha sido escrito muito depois.

É claro que Aristóteles terá lido Androcião e feito uso dele. Mas até que ponto Androcião é a *principal fonte* da *Constituição dos Atenienses*? Até que ponto Aristóteles confiou nele, tomou emprestado dele, utilizou seu material sem o *verificar*?

Há muito tempo é opinião padrão que Androcião é a principal fonte de Aristóteles para a *Constituição dos Atenienses*, sua "*Hauptquelle*" ["fonte principal"]. Esta opinião é tão difundida que não preciso multiplicar citações de autores modernos, exceto Jacoby, cujo julgamento sobre tal assunto tem grande autoridade. De acordo com os últimos trabalhos sobre a *Constituição dos Atenienses*, como a obra *Aristotle's History of Athenian Democracy* (1962)[53] de Day e Chambers, Aristóteles "usou Clidemo e dependeu mais fortemente de Androcião, que é provavelmente a sua fonte mais costumeira para a narrativa dos fatos sobre a qual a *Constituição dos Atenienses* é construída. Esta visão das suas fontes é universalmente aceita". Nenhuma prova é dada. Hignett[54] pode falar dos "grandes empréstimos feitos pelo autor [da *Constituição dos Atenienses*] dos *Atthides*, especialmente os de Androcião", como se estes "grandes empréstimos" fossem um fato indubitável. Mais uma vez, nenhuma evidência detalhada é fornecida, neste momento ou em outro lugar.

Jacoby, cuja opinião sobre tal questão é muito mais importante do que a de qualquer outro estudioso, vivo ou morto, faz uma série de declarações confiantes sobre a dependência de Aristóteles de Androcião. Endossando a opinião de Wilamowitz[55] de que devemos tomar como certo, mesmo na ausência de provas, que Aristóteles teria usado Androcião, Jacoby acrescenta:[56] "este fato, ao qual voltarei repetidamente no comentário sobre Androcião, é provavelmente correto e parece ser geralmente aceito". (O "provavelmente" é significativo). Jacoby também diz isso sobre a seção histórica da

53 P. 7, com uma breve bibliografia útil no n. 25.

54 *HAC* 30, cf. 9, 12 n. 3.

55 *AuA* I 276–7.

56 *A* 234 n. 36. Toda esta longa nota merece um estudo cuidadoso.

Constituição dos Atenienses. "Aristóteles poderia aceitar... não apenas os fatos, mas também o enquadramento e a interpretação dos fatos de Androcião, que é quase universalmente aceito como sua principal fonte, seu manual, por assim dizer, para a história de Atenas";[57] que Androcião é "a fonte comum de Aristóteles na *Constituição dos Atenienses* para os fatos que tratam da história da constituição";[58] que ele é a "principal fonte atidográfica" de Aristóteles (Jacoby usa esta expressão pelo menos quatro vezes);[59] que Androcião foi a "principal fonte de Aristóteles no levantamento sobre a história, ou melhor, sobre a constituição, de Atenas: ele provavelmente tirou de Androcião todas as suas datas e a maioria dos fatos históricos";[60] que "o filósofo baseou seu trabalho no *Atthis* de Androcião";[61] que "mesmo ao eliminar tudo o que era duvidoso, podemos sustentar com segurança que A[ndrocião] permanece como uma fonte fundamental para Aristóteles ao lado, ou mesmo antes, de Heródoto e Tucídides ... O *Atthis* de Androcião é o livro que deu a Aristóteles a estrutura geral de sua obra e que foi usado na introdução histórica, principalmente para os detalhes da história e das instituições áticas, mesmo que não apenas ele".[62] Esta é certamente a visão prevalecente hoje em dia.[63]

---

57 A 213. Jacoby acrescenta: "Mas há lugares onde Aristóteles, com base em outros relatos, corrige não apenas a visão dos fatos de Androcião, mas os próprios fatos..., e nestes casos o filósofo prova ser um historiador melhor".

58 Jac. i. 160.

59 Jac. i 145, 146; ii 55 n. 3; 133 n. 17.

60 Jac. i 103–4.

61 Jac. ii 99 n. 124.

62 Jac. ii 101; cf. 91–2 n. 86; i 231. Para Androcião como a suposta fonte de passagens individuais na *Constituição dos Atenienses*, ver Jac. i 99 (com ii 95 n. 104; 107 n. 27), 460, 467 (com ii 379–80 n. 27; 384 n. 61), 566–7; ii 81–2 n. 29, 357 n. 3 com 359 n. 9, 381 n. 33.

63 Até mesmo Ledl (*SAAV* 14-17, pp. 16-17), embora objetando ao que estou chamando de "teoria de Keil" (ver pp. 391 ss. abaixo), que Androcião é a fonte de várias passagens comuns a Plutarco, *Sólon* e a *Constituição dos Atenienses*, evidentemente não quis desafiar a teoria de que Androcião era uma fonte importante da *Constituição dos Atenienses*. Veja também Bloch, SHLFC 349 n. 3 ("Que o *Atthis* de Androcião foi uma das principais fontes de Aristóteles para sua *Constituição dos Atenienses* é um fato que não deve mais ser duvidado"), declaração que parece ser a única base

No entanto, Jacoby também pode admitir, no meio de uma nota de duas páginas e meia na sua Introdução a Androcião, que "a visão geral da importância de A[ndrocião] para Aristóteles nunca foi realmente provada e um exame sistemático da conexão entre os dois escritores nunca foi feito"![64] Na verdade, como mostrarei em detalhes agora, sabemos muito pouco do que Androcião, ou qualquer outro Atidógrafo, escreveu sobre a história *constitucional* de Atenas nos séculos VI e V — o assunto com o qual Aristóteles se preocupa fundamentalmente em quase toda a parte restante da seção histórica da *Constituição dos Atenienses*. Devemos lembrar que os Atidógrafos estavam escrevendo histórias gerais de Atenas e não simplesmente, ou mesmo principalmente, histórias constitucionais;[65] e na ausência de evidências não temos o direito de presumir que eles necessariamente trataram de forma completa de questões constitucionais ou que eles fizeram um grande esforço para apurar os detalhes da história constitucional. Eu insistiria neste ponto: até que alguém tenha realizado aquele "exame sistemático da conexão" entre Androcião e Aristóteles, cuja ausência foi notada por Jacoby, devemos parar de repetir como papagaios que Androcião é a "*Hauptquelle*" ["fonte principal"] da *Constituição dos Atenienses*. Enquanto isso, ofereço algumas observações, principalmente (receio) de caráter decepcionantemente negativo, dedicadas a trazer à tona o que *sabemos* sobre a relação entre Aristóteles e os Atidógrafos, e quais são os principais *problemas*.

---

para a afirmação de von Fritz e Kapp (*ACA* 13 n. 11) de que Bloch "provou, com base em evidências incontestáveis, que Aristóteles fez uso do *Atthis* de Androcião em seu tratado sobre a constituição ateniense".

64 Jac. ii 99–102 n. 127, p. 100. No entanto, em i 146, Jacoby, admitindo que "não devemos contar F 35 entre as 'concordâncias' entre A[ndrocião] e Aristóteles, que devem provar que o primeiro foi a principal fonte atidográfica do último", acrescenta: "este fato é estabelecido de outra forma" — e fornece uma referência a esta mesma nota!

65 Ver Jacoby, *A*, esp. cap. II.

(III) ARISTÓTELES E OS ATIDÓGRAFOS

A seguir, considerarei primeiro, como um caso de teste, o que se sabe que os três principais Atidógrafos mais antigos (isto é, pré-aristotélicos) disseram sobre os dois grandes legisladores atenienses do século VI, Sólon e Clístenes. Em segundo lugar, examinarei a evidência explícita para se supor que Aristóteles se baseou fortemente em Androcião (o representante principal dos antigos Atidógrafos) como autoridade para seu material histórico apresentado na *Constituição dos Atenienses*. Descobriremos que, sob estes dois aspectos, a evidência é realmente muito escassa. Em terceiro lugar, tentarei mostrar o que, na minha opinião, é a verdadeira base da teoria sobre a estreita dependência de Aristóteles em relação a Androcião: um conjunto de inferências (que eu não estou preparado para aceitar como provavelmente verdadeiro) a partir de certas correspondências entre a *Constituição dos Atenienses*, de Aristóteles, e a *Vida de Sólon*, de Plutarco. Em quarto lugar, adiando para a próxima seção deste ensaio a questão sobre até que ponto os documentos oficiais estavam disponíveis para Aristóteles, mostrarei que há motivos para supor que é muito mais provável que Aristóteles tenha pesquisado e usado qualquer material documental disponível, incluindo arquivos oficiais, do que qualquer um de seus antecessores — especialmente Androcião. Por esta razão, a questão de saber se Aristóteles retirou ou não grande parte do seu material sem verificação de Androcião (ou de outro Atidógrafo) é significativa: envolve mais do que a mera substituição de uma obra por outra como origem de grande parte de nossas informações sobre a história constitucional ateniense.

1. Começo, então, tentando estabelecer o que os primeiros Atidógrafos disseram, além de qualquer dúvida razoável, sobre a legislação de Sólon e Clístenes. Temos apenas alguns fragmentos insignificantes de evidências.

(a) Não há nenhuma evidência nos fragmentos de Helânico que nos diga se ele sequer mencionou Sólon, embora, é claro, deva tê-lo feito.[1] Jacoby fala sobre "o *fato* de que, de acordo com os fragmentos, nos quais o nome de Sólon não aparece (talvez acidentalmente), a constituição de Clístenes foi tratada *em detalhe*";[2] mas o único fundamento para este fato alegado, até onde posso ver, é Helânico F 6, no qual nos é dado o nome e a ascendência de Hipótoo, o herói homônimo de uma das tribos Clistênicas. Disto tudo, o que podemos legitimamente inferir com razoável certeza é que Helânico deu uma explicação dos nomes das dez tribos, ou pelo menos daquelas que não eram muito familiares, de modo a necessitarem de explicação; mas se ele fez isto como parte de um relato geral das reformas de Clístenes, não podemos dizer. É provável que sim; mas se pudermos julgar pela natureza dos fragmentos sobreviventes de seu *Atthis* (um guia, talvez, não muito seguro), Helânico pode ter estado mais interessado nos heróis das tribos atenienses do que em quaisquer detalhes da constituição de Clístenes.

(b) Também de Clidemo não temos provas do que ele disse sobre Sólon.[3] A inferência de Hignett,[4] de que "a versão democrática das realizações políticas de Sólon ... certamente deve ter sido reproduzida em alguma medida por Clidemo", baseia-se no que me parece uma série de suposições duvidosas. Eberhard Ruschenbusch[5] afirmou que Clidemo deve ser responsável pela concepção de Sólon como o fundador da democracia radical; mas toda a sua posição é mal construída,[6] e a sua fixação em Clidemo como o inventor da visão em questão é arbitrária — na verdade, na cronologia de Jacoby,

1 Ver Jacoby, *A* 154; Jac. i 20; cf. 29-30, onde Jacoby pensa ser possível que "H[elânico] não conhecesse detalhes sobre" Sólon. Veja também Jac. ii 9 n. 104: "Não há nada sobre Sólon e pouco sobre os tiranos (F 9?). Isso pode ser apenas acidental, mas não tenho certeza de que seja".

2 Jac. i 20 [meu itálico]; cf. 29–30. Compare a afirmação um tanto mais cautelosa de Jac. i 28.

3 Contra a atitude de tomar o F 14 como evidência de que Clidemo "apelou para os *Kyrbeis* de Sólon", ver Jac. i 70. Jac. i 65 (a última sentença em F 7-8) parece sugerir que Clidemo ignorou Sólon deliberadamente.

4 *HAC* 7–8.

5 pp. 420 e n. 78.

6 Ver pp. 411-416 abaixo.

que o próprio Ruschenbusch aceita, Clidemo não poderia ter sido responsável por difundir essa concepção sobre Sólon.[7] Sobre Clístenes não encontramos nada seguro em Clidemo exceto o F 8, uma declaração sobre a criação feita por Clístenes de cinquenta naucrarias, fato que alguns estudiosos se recusaram a aceitar como verdadeiro.[8] A suposição de Jacoby[9] de que F 7 também pode "supostamente pertencer ao relato da organização do Estado por Clístenes" é gratuita; e o fragmento é de importância trivial de qualquer maneira.

(c) A situação não é diferente com Androcião. O número total de fragmentos certamente genuínos que sobreviveram de seu *Atthis* é 68, dos quais nada menos que 24 (cerca de um terço) são de notas puramente topográficas de Estêvão de Bizâncio. Dos 44 fragmentos restantes, no máximo 6 (F 3/4, 5, 6, 34, 36) tratam da história constitucional de Atenas antes de meados do século V. Apenas um fragmento (F 34) alude inequivocamente a Sólon, e um (F 5) a Clístenes: o primeiro é uma distorção deliberada da verdade sobre a *Seisachtheia*,[10] e contém um comentário grosseiro e estúpido sobre o efeito da alegada reforma monetária de Sólon;[11] e o último, que faz

---

7 Como vimos, a datação *mais antiga* de Jacoby para Clidemo é 354 — e, claro, esse é o ano mais antigo possível, se F 8 se refere às simórias trierárquicas e não às *eisphora* (cf. p. 379 acima), pois Demóstenes XIV, que se refere a 20 simórias navais, não pode ser anterior a 354, ano em que o próprio Ruschenbusch data a obra (*ibid.* 399). Ruschenbusch (*ibid.* 420 n. 78) cita Jacoby (*A* 74 s.) para a datação de Clidemo, mas fala em seguida sobre "*die a. 355 veroffentlichte Atthis des Kleidemos*", enquanto Jacoby se referira ao trabalho de Clidemo como tendo aparecido "não antes de 354". Ruschenbusch vê em Demóstenes XX e XXII, a primeira aparição sobrevivente da concepção de Clidemo sobre Sólon, o inventor da democracia radical; mas ele próprio data esses discursos em 355 (*ibid.* 399, 405 e 31), e de fato a datação de Demóstenes XXII é muito mais provável em 357 (ver D.M.Lewis em *BSA* 49 [1954] 39 ss., especialmente 44).

8 [e.g. Busolt, *GG* II² (1895), 418; Hignett, *HAC* 73].

9 Jac. i 65.

10 Ver Jac. 144–6; ii 356–7 n. 7; cf. 454–67.

11 Como Jacoby (ii 467) diz com razão: "Androcião espera que acreditemos que a reforma monetária de Sólon beneficiou grandemente os devedores sem prejudicar os credores, que apenas recuperaram dois terços da prata que tinham emprestado". Ele acrescenta, "é um mérito de Aristóteles ter tratado esta declaração surpreendente sobre o 'financista astuto' com o desprezo que ela merece".

Androcião dizer que os *Apodektai* foram colocadas por Clístenes no lugar dos *Kolakretai*, é um erro grave de Androcião ou uma deturpação do que ele realmente disse. Na opinião de Wilamowitz e Jacoby,[12] é "evidente" que a culpa é de Harpocrácio ou daquele que citou um excerto de sua obra; mas um erro deste tipo seria incomum em Harpocrácio, e eu prefiro suspender o meu julgamento neste caso.[13]

Eu mesmo acredito que F 6, se é que pertence realmente a Androcião (e é muito duvidoso), vem do seu relato da constituição de Clístenes: já tratei deste problema num ensaio anterior,[14] e voltarei a ele mais tarde, já que F 6 é de vital importância para a relação entre Androcião e Aristóteles, devido à sua estreita semelhança linguística com a *Constituição dos Atenienses* (22) de Aristóteles.

Jacoby[15] acreditava que F 4 devia vir da descrição de Androcião da constituição de Sólon; mas este trata inteiramente do Areópago e não menciona Sólon, enquanto toda a questão é extremamente incerta, como mostra o comentário de Jacoby.

F 36, de acordo com Jacoby,[16] provavelmente também vem da descrição da constituição feita por Androcião. "Sugiro", acrescenta ele, "que A[ndrocião] aduziu alguns fatos que nos mostrariam como Sólon trouxe Atenas para a esfera de Delfos". Isto pode ou não ser verdade. Duas observações podem ser acrescentadas. (i) O fragmento real fornece uma lei que especifica um dos deveres dos *Kolakretai* e, portanto, terá sido uma lei (νόμος) no sentido mais estrito, em vez de uma parte da constituição de Sólon (πολιτεία). (ii) A declaração na *Constituição dos Atenienses* (8.3) sobre "as leis de Sólon que eles não usam mais"[17] não é simplesmente derivada ou dependente de

12 Wilam., *AuA* I 52 n. 19; Jac. i 118–19.

13 As declarações de Jacoby em ii 113–14 n. 18 me parecem tendenciosas. Seu apelo a F 36, em i 119 (o final do comentário sobre F 5), é totalmente inútil se não aceitarmos a suposição que ele faz aqui de que Androcião supôs que a lei citada em F 36 era clistênica ou pós-clistênica — uma suposição que o próprio Jacoby negligencia em seu comentário sobre esse fragmento: ver Jac. i 147 e abaixo.

14 pp. 252-259 acima.

15 Jac. i 114–17.

16 Jac. i 146–8.

17 Cf. pp. 419 ss. abaixo.

Androcião F 36: Aristóteles diz que nessas leis πολλαχοῦ γέγραπται, 'τοὺς ναυκράρους εἰσπράττειν', καὶ 'ἀναλίσκειν ἐκ τοῦ ναυκραρικοῦ ἀργυρ[ίο]υ' ["está escrito em muitos lugares 'deixe os *Naukraroi* exigirem' e 'deixe-os pagar do tesouro *Naukrariano*' "], enquanto Androcião fornece apenas uma única passagem, na qual o os *Naukraroi* não são mencionados e são os *Kolakretai* quem pagam o dinheiro. É um exemplo característico da prontidão dos estudiosos modernos em atribuir tudo e qualquer coisa na *Constituição dos Atenienses* a Androcião, que Hignett, indo além de Wilamowitz,[18] diria, depois de mencionar F 36, "Androcião foi provavelmente a fonte da citação das 'antigas leis de Sólon' na *Constituição dos Atenienses* (8.3)".

Jacoby[19] diz que Androcião e Filocoro "por ocasião da constituição de Clístenes, não apenas forneceram as listas das dez *phylai* e dos (originalmente) cem *demoi*, ... mas também explicaram os nomes topograficamente, etimologicamente e mitologicamente; eles enumeraram os heróis de cultos oficiais com as genealogias de seus descendentes, e provavelmente acrescentaram a posição, e certamente as peculiaridades, de cada *demos*". Isso é confundir Androcião com Filocoro. A única evidência que Jacoby pode fornecer[20] de que Androcião fez tudo isso é seu F 66-8; e quando olhamos para esses fragmentos e para o comentário de Jacoby sobre eles,[21] vemos imediatamente que não há a menor razão para pensar que eles fazem parte de uma descrição da constituição clistênica como um todo, embora os fragmentos correspondentes de Filocoro (328 F 24-29, provavelmente 205-6) muito provavelmente tratam disso.[22]

Não creio que possamos sequer ter a certeza, então, de que Jacoby[23] esteja certo ao acreditar que "Androcião[24] tratou detalhadamente

18 *HAC* 12 n. 3; cf. Wilam., *AuA* I 51–2.

19 *A* 128.

20 *A* 320 n. 174.

21 Jac. i 170.

22 Ver abaixo.

23 Jac. i 30.

24 Jacoby cita "Androcião e Filocoro". Não estou diretamente preocupado com Filocoro aqui, mas gostaria de salientar que dos fragmentos desse autor aos quais Jacoby (ii 34 n. 19) apela — ou seja, F 20?, 21, 35 e 114 — nenhum oferece boas

a legislação e a constituição de Sólon" — ou também a constituição de Clístenes. Ele pode ter feito isso: ele certamente disse algo sobre esses tópicos importantes. Mas não *sabemos* o que ele disse, ou mesmo se disse muita coisa que fosse historicamente correta.

(d) Alguma luz sobre o problema que estamos agora considerando talvez possa ser obtida de Filocoro. A "estreita conexão" entre o seu *Atthis* e o de Androcião tem sido frequentemente enfatizada, por exemplo, por Jacoby,[25] que diz: "esta conexão já foi notada na Antiguidade, como é mostrado por numerosas citações que mencionam Filocoro e Androcião lado a lado, como as melhores testemunhas, ou como aqueles que concordam em algum ponto especial". Devemos, então, olhar para os fragmentos de Filocoro, para ver se há algum que se refira, ou possa referir-se, às constituições de Sólon ou Clístenes, e se há alguma conexão entre eles e os fragmentos de Androcião — ou com a *Constituição dos Atenienses*.

Além de Filocoro F 20, correspondente a Androcião F 4 (do qual já tratei acima), existem apenas três fragmentos de Filocoro que parecem vir da parte na qual ele trata sobre Sólon: provavelmente (i) F 21 e certamente (ii) F 114 e (iii) F 200. Em (i) F 21 (os juramentos feitos "perto da pedra")[26] Harpocrácio cita a *Constituição dos Atenienses* (7.1; cf. 55.5) e Filocoro juntos. (A passagem de Aristóteles está no seu relato sobre Sólon, e a de Filocoro vem do seu Livro III, no qual ele provavelmente tratou de Sólon). Jacoby[27] pensa que "Androcião pode ser a fonte comum a ambos."

---

evidências de qualquer tratamento extensivo de Sólon por Filocoro. F 20 é simplesmente a mesma coisa que Androcião F 4. Já F 21 não se refere necessariamente a Sólon. Enquanto F 35, como agora fica claro pela brilhante reinterpretação de A.Andrewes, em *JHS* 81 (1961) 1–15, não tem nada a ver com Sólon. Por fim, F 114 não nos diz quase nada.

25 Jac. i 244; e ver ainda ii 178 n. 188, listando os paralelos, viz.: Fil. F 4/Andr. F 3; Fil. 20/ Andr. 4; Fil. 47/Andr. 24; Fil. 52/Andr. 52; Fil. 125/A. 39; Andr. 136/A. 43; Fil. 147/Andr. 18; Fil. 150/Andr. 48; Fil. 155/Andr. 30; e cf. Fil. 157 e Andr. 53.

26 Além de Jac. i 312, ver Sandys, *ACA*^{2} 25 n., que trata melhor da variante em Plutarco, *Sólon* 25.3.

27 Jac. i 312.

Na verdade, Harpocrácio (que cita Androcião e Filocoro juntos cinco vezes, enquanto cita Aristóteles e Filocoro juntos quatro vezes) aqui cita Aristóteles e Filocoro, não Androcião; e não há razão para supor que Androcião tenha dito algo semelhante, embora, é claro, ele possa ter dito. (ii) Em F 114, Filocoro evidentemente concordou com Aristóteles contra Androcião (F 34) sobre a natureza da *Seisachtheia.* (iii) Sobre F 200, Jacoby[28] diz: "podemos assumir com segurança que Filocoro, ao falar sobre a cunhagem ateniense, seguiu Androcião, cujo relato da atividade de Sólon nesta província fundamenta também o famoso capítulo 10 da *Constituição dos Atenienses* de Aristóteles. Mas pela primeira vez temos o fragmento correspondente de Androcião (F 34), e certamente o fragmento de Filocoro está mais próximo de Aristóteles do que aquele que temos de Androcião[29] — embora o texto deste último possa não ter sido transmitido até nós com precisão, vindo quase certamente através de alguma fonte intermediária (Hermipo?), bem como Plutarco (*Sólon* 15.3).

Do relato de Filocoro sobre a constituição de Clístenes, possuímos nada menos que nove fragmentos, oito dos quais (F 24-9, 205-6) são do que parece ter sido uma lista dos *demoi* de Clístenes, com notas explicando os nomes e às vezes fazendo outros comentários. Acho que podemos dizer que é improvável que Androcião tenha fornecido tal lista,[30] pois Harpocrácio, que é responsável por F 24-9 de Filocoro, cita Diodoro, o Periegeta, pelo menos vinte e sete vezes quando fala sobre os *demoi*, Hipérides (duas vezes) e Ferécrates, mas nunca Androcião, a quem ele cita em outras partes de seu léxico,

28 Jac. i 566.

29 Cf. as palavras de Filocoro: ἐκλήθη δὲ τὸ νόμισμα τὸ τετράδραχμον ... τῶν προτέρων διδράχμων ὄντων κλτ. ["foi chamada cunhagem de *tetradrachmas*... as moedas anteriores (padrão) eram chamadas *didrachmas* etc."], com as de Aristóteles τὴν τοῦ νομίσματος αὔξησιν ... ἦν δ' ὁ ἀρχαῖος χαρακτὴρ δίδραχμον ["o aumento no (valor da) moeda ... o antigo tipo de moeda (padrão) era a *didrachma*'].

30 Jac. pensa que Filocoro "evidentemente deu a lista total" dos *demoi* áticos, e que "sua lista presumivelmente foi a primeira" (Jac. i 313), sendo a de Diodoro, o Periegeta, presumivelmente "posterior, mesmo que apenas alguns anos" (Jac. ii 227 n. 4 em F 24–9).

quatorze vezes ao todo. O último de nossos nove fragmentos de Filócoro, F 30 (sobre o ostracismo), provavelmente vem do relato dos trabalhos de Clístenes, uma vez que as palavras ἀρξάμενος νομοθετήσαντος Κλεισθένους ["que começou com a aprovação de uma lei por Clístenes"], embora não citado de Filócoro, dificilmente teria sido incluído se ele tivesse atribuído uma data diferente à introdução do ostracismo. Tendo em vista a incerteza sobre Androcião F 6,[31] não podemos ter certeza se Filocoro está seguindo Androcião aqui, assim como Aristóteles.

Resumindo, os fragmentos de Filocoro, "o primeiro autor entre os Atidógrafos",[32] e a forma como são usados por Harpocrácio em particular não contribuem em nada para confirmar a visão de que o trabalho de Androcião sobre a história *inicial* da constituição ateniense foi particularmente importante e está por trás de grande parte do conteúdo de Filocoro. Na verdade, as poucas evidências que temos estão contra essa visão. A "estreita ligação" entre Androcião e Filocoro, que é visível em fragmentos que tratam de épocas posteriores, não é de todo aparente para o período inicial em que estamos interessados. Na verdade, não há nenhum vestígio de qualquer conexão, a menos que assumamos a partir de Filocoro F 21 e 200 que porque Aristóteles, assim como Filocoro, disseram algo, Androcião "deve ter" dito primeiro. Algumas pessoas fazem essa suposição — Jacoby, por exemplo, que diz que Filocoro "não usou a *Constituição dos Atenienses* de Aristóteles, nem se poderia esperar que ele o fizesse: a *Constituição dos Atenienses*, pelo contrário, depende dos *Atthides* em sua seção histórica e de Androcião em particular, o qual o próprio Filocoro sempre teve diante dele".[33] No entanto, quando nos voltamos para a nota sobre esta passagem,[34] não encontramos nenhuma evidência de que Filocoro não tenha usado a *Constituição dos Atenienses*. Eu, ao menos, não conheço nenhuma evidência. É claro que Filocoro, como Aristóteles, deve ter lido An-

31 Ver pp. 252-259 e 382 acima.

32 Jac. i 227. Veja também a impressionante lista de suas obras, *ibid.* 242.

33 Jac. i 231.

34 Jac. ii 175 n. 89.

drocião e parece que ele se baseou em grande medida naquele, para sua parte sobre o final do século V e sobre o século IV; mas isso não garante que ele considerasse Androcião uma fonte confiável para a história constitucional da antiga Atenas.

2. Além das inferências de passagens paralelas no *Sólon* de Plutarco (a serem consideradas na seção 3 abaixo), qual seria a evidência de que Aristóteles confiou amplamente em Androcião como autoridade para a seção histórica da *Constituição dos Atenienses*?

(a) Acho que deveríamos deixar de lado como um caso especial o paralelo *Constituição dos Atenienses* (29.2)/Androcião F 43 (os trinta *Syngrapheis*) e qualquer outra suposta — mesmo altamente provável[35] — dependência da *Constituição dos Atenienses* (29-33) (que trata dos Quatrocentos e dos Cinco Mil) sobre Androcião, uma vez que sobre tal assunto se poderia esperar que Androcião tivesse fontes excepcionais de informação, através de seu pai Ândron, um importante membro "Teramenista" dos Quatrocentos,[36] e pode ser razoável considerar como algo próximo de uma fonte primária, digna de confiança incomum. Qualquer uso de Androcião por Aristóteles aqui não precisa, necessariamente, nos levar a esperar uma dependência em outro lugar.

(b) Sobre pelo menos uma questão factual importante, a natureza da *Seisachtheia* de Sólon, Aristóteles dá um relato completamente diferente de Androcião, cuja versão (F 34) foi claramente distorcida, como Jacoby mostrou,[37] para fins de propaganda política. É interessante descobrir que Filocoro também rejeitou Androcião nessa questão.[38]

(c) Até que ponto as declarações de Aristóteles sobre a reforma de medidas, pesos e cunhagem de Sólon, na *Constituição dos Atenienses* (10), são na verdade derivadas da passagem de Androcião que conhecemos como F 34, na versão, sem dúvida abreviada, de Plutarco (*Sólon* 15.3-4), é difícil dizer. Os dois relatos são bastante semelhan-

35 Ver pp. 273–6 acima.

36 Ver pp. 374-376 acima.

37 Ver p. 381 e n. 10 acima.

38 Filocoro 328 F 114: ver Jac. i 449.

tes, especialmente se adotarmos (como faz Jacoby) a emenda certamente correta dos MSS de Plutarco proposta por Th. Reinach em 1928,[39] que leu ἑβδομήκοντ' ἄγουσαν ["pesando setenta"] no lugar do absurdo ἑβδομήκοντα τριῶν οὖσαν ["tendo setenta e três"] dos MSS.

(d) Além de Androcião F 6/Aristóteles, *Constituição dos Atenienses* (22.3-4), muitos supostos empréstimos de Androcião por Aristóteles foram detectados, mas cada um deles é baseado em pura suposição. Por exemplo, Bruno Keil[40] desejava ver (i) Androcião F 10 por trás da *Constituição dos Atenienses* (38) (os "Dez");[41] (ii) F 35 por trás da *Constituição dos Atenienses* (15,3) (Palene); e (iii) F 37 por trás da *Constituição dos Atenienses* (28,2); mas Jacoby mostrou que nenhuma prova da dependência de Aristóteles em relação a Androcião pode legitimamente ser baseada em qualquer um desses textos.[42] Jacoby[43] também demoliu o elaborado argumento de Keil[44] de que um dos *Atthis* está por trás de Plutarco, *Sólon* (19), e Aristóteles, *Constituição dos Atenienses* (8.2,4). O próprio Jacoby destaca três pontos "nos quais a dependência de Aristóteles em relação a A[ndrocião] ... ou o acordo entre os dois autores é bastante garantido";[45] mas dois, dos três pontos da alegada correspondência, são de fato muito duvidosos,[46] embora o terceiro, a conhecida teoria de que Androcião

39 Em *Hermes* 63 (1928) 238–40.

40 *SVAVA* 190–1.

41 Keil deve ter pensado no cap. 38, embora o número que ele forneça seja 29.

42 Veja para (i) Jac. ii 129 n. 7 (em F 10–11), com i 138; (ii) Jac. i 146; (iii) Jac. 148. Cf. também Jac. i 152 em Androcião F 43.

43 Jac. i 113–17, esp. 114–15, com ii 110–11 nn. 40–1.

44 *SVAVA* 98 ss.

45 Jac. ii 91–2 n. 86.

46 É um mero palpite que (i) Aristóteles, *Constituição dos Atenienses* (29.3) (linhas 13-14 OCT), deriva de Androcião: poderia tranquilamente ser o comentário do próprio Aristóteles (e Jacoby admite essa possibilidade em *A* 384 n. 30), embora se a passagem como um todo remonta a Androcião, como *pode ser* o caso, o comentário, é claro, *pode* vir dele. Além disso, (2) Androcião *pode* ser responsável pela história na *Constituição dos Atenienses* (23.1), mas seria mesmo provável que Aristóteles a tenha tirado dele? (Cf. Day e Chambers, *AHAD* 121, onde se diz que *Constituição dos Atenienses* (23.1) fornece "evidência positiva" do uso de Androcião por Aristóte-

"forneceu os documentos para a reforma da constituição" em 411 (*Constituição dos Atenienses* 29-33)[47] é bastante provável. Novamente, o segundo conselho dos Dez em 403, mencionado apenas por Aristóteles, *Constituição dos Atenienses* 38.3-4, não é "confirmado por um fragmento da obra de Androcião", como afirmado por von Fritz e Kapp[48] — a menos, é claro, que καὶ τῶν ἑξῆς em Androcião F 10 seja traduzido, desnecessariamente, como "e os próximos *Dez*". Como disse Jacoby,[49] "F 10-11 não prova nada mais do que o fato de que A[ndrocião] fez um relato da eleição dos Dez 'e dos eventos seguintes', e que ele deu as listas completas de nomes". É impossível dizer se Aristóteles está seguindo Androcião ou não.

Ninguém desejaria negar que Aristóteles usou Androcião e sem dúvida em muitos pontos o seu julgamento terá coincidido com o do autor precedente. Para os acontecimentos de 412-410, Aristóteles pode muito bem tê-lo considerado — embora erroneamente — a melhor fonte disponível. Mas, dos fragmentos reais dos Atidógrafos, apenas Androcião F 6 e talvez F 10 fornecem qualquer fundamento para a teoria de que Aristóteles dependia em grande parte de Androcião, reproduzindo material no qual ele era a principal autoridade.

---

les!). Gostaria de salientar que Plutarco, *Temístocles* (10.6), cita apenas Aristóteles para a história em questão — embora seja certamente verdade que Plutarco cita Androcião apenas uma vez (em *Sólon* 15.3-4 = Androcião F 34), e provavelmente não diretamente. O terceiro ponto de Jacoby é tratado no texto acima. Na minha opinião, a declaração em *Constituição dos Atenienses* (25.2) de que Efialtes tirou do Areópago τὰ ἐπίθετα ["seus poderes adicionais e mais recentes"] é muito improvável que tenha aparecido em Androcião (cf. Jac. ii 106 n. 20; e para o significado de τὰ ἐπίθετα ver *Constituição dos Atenienses* 3.3). Devo acrescentar que Androcião F 44 não é uma boa base para a afirmação de Jacoby (ii 91 n. 86) de que "a dependência de Aristóteles em relação a A[ndrocião]... não parece restrita a *Constituição dos Atenienses*": é muito provável que um resgate de uma mina tenha sido fixado em outras ocasiões além daquela mencionada por Androcião, embora certamente duas minas seja um valor mais comum.

47 Jac. ii 91 n. 86 (dando uma referência errada a *Constituição dos Atenienses* 19–23).

48 *ACA* 184 n. 130

49 Jac. 138. Jacoby considera como uma certeza que "o segundo Conselho dos Dez é uma invenção da política partidária". Ele acredita ser improvável, embora não impossível, que Aristóteles tenha herdado isso de Androcião. Eu concordo com ele.

3. Aqueles que desejam derivar a *Constituição dos Atenienses* sobretudo de Androcião ainda possuem uma linha de argumentação restante. É claro que é bem possível, *a priori*, que os autores cujas obras possuímos tenham se inspirado extensivamente em Androcião e nos outros Atidógrafos, mesmo quando não os citaram pelo nome e, consequentemente, nenhum "fragmento" real pode ser reconstruído.

Há sobretudo uma obra a partir da qual os estudiosos modernos procuraram provar o uso de Androcião por Aristóteles: a saber, a *Vida de Sólon*, de Plutarco. A teoria que foi tida como certa por quase todos nos últimos 70 anos é a de que Androcião deve ser a fonte de um grupo particular de passagens comuns a esse trabalho e a *Constituição dos Atenienses*. Tal teoria se baseia numa série de pressupostos: acredito que todos eles são certamente injustificados e alguns deles provavelmente falsos. Mas antes de examinar a teoria, gostaria de esboçar o seu crescimento e disseminação. Vou me referir a ela como "teoria de Keil", porque a primeira exposição detalhada dela, menos de dois anos após a publicação do papiro de Londres, está contida em *Die solonische Verfassung in Aristoteles Verfassungsgeschichte Athens* (1892), de Bruno Keil,[50] um livro que me parece ter tido uma influência sobre escritores posteriores totalmente desproporcional aos seus méritos. Desde a publicação do livro de Keil, a grande maioria dos estudiosos se contentou em repetir as suas conclusões, sem qualquer reexame dos seus argumentos. A teoria de Keil apareceu pela segunda vez, um ano depois, na influente obra de Wilamowitz, *Aristoteles und Athen*.[51] Wilamowitz raramente é tão condescendente com as opiniões de outros estudiosos, por isso é difícil dizer se ele foi influenciado pelo que Keil havia escrito.[52] De

50 Ver esp. 190–4, também 45–6, 49–50, 164–8, 170–3 etc.

51 Ver I 260 ss. (esp. 276–7, 287–8), 305, cf. 123 n. 3.

52 No seu prefácio (I p. V) Wilamowitz parece afirmar que os capítulos relevantes do seu livro foram escritos antes da publicação do livro de Keil. Mas há várias coisas no livro de Wilamowitz que certamente sugerem que ele leu o de Keil, por ex. "*Androtion hat dem Aristoteles vermutlich sehr viel mehr geliefert als wir noch beweisen können*" (*AuA* I 305); cf. "*Ich glaube, dass Aristoteles noch viel mehr, als wir nachweisen können, der Atthis des Androtion verdankt*" (*SVAVA* 191).

qualquer forma, o que chamo de teoria de Keil reapareceu como parte de uma reconstrução muito mais abrangente das fontes da *Constituição dos Atenienses* por Wilamowitz, segundo quem (como é sabido) a *Constituição dos Atenienses* é em grande parte derivada "do *Atthis*" (especialmente na versão de Androcião),[53] que por sua vez deriva de uma antiga crônica mantida pelo *Exegetai* sacerdotais. A demolição, feita por Jacoby, do fundamento da teoria de Wilamowitz, da suposta crônica sacerdotal, tem consequências de vital importância para a exatidão histórica da *Constituição dos Atenienses*: se de fato a *Constituição dos Atenienses* é pouco mais do que a versão de Aristóteles do último *Atthis* — aquele escrito por um exilado — o seu valor como fonte histórica se torna questionável, para dizer o mínimo e pode ser realmente muito baixo.

A teoria de Keil logo se enraizou fortemente, embora Eduard Meyer, por exemplo, dissesse que não estava convencido.[54] Dois anos após a publicação da grande obra de Wilamowitz, a teoria foi endossada por Busolt, que a aceitou sem hesitação na segunda edição de seu *Griechische Geschichte*, Vol. II, que apareceu em 1895.[55] Em 1920, no seu *Griechische Staatskunde*,[56] Busolt pôde expor a teoria, com uma breve referência a Keil e Wilamowitz, como um fato aceito, que dificilmente necessitava de alguma prova. Entretanto, Adcock, em 1912, reafirmou a teoria de Keil, com alguns detalhes adi-

53 Observe o comentário interessante de Jacoby (ii 99 n. 127): Wilamowitz "não elaborou *ab integro* os restos da Atidografia, porque não estava muito interessado nos Atidógrafos conhecidos, em comparação com a alegada Crônica do *Exegetai*".
54 *GdA* III^2 600 n. 1 (p. 601) = II1 650 (final do § 405). E veja Jac. ii 132 n. 2: embora Keil estivesse correto ao assumir que Hermipo usou Androcião diretamente, "ele não conseguiu provar a afirmação de que não o usou como fonte a *Constituição dos Atenienses*". Mas esta afirmação era uma parte vital da teoria de Keil.
55 Ver *GG* II^2 32–45, esp. 41 n. 2 (pp. 41-3), uma longa nota que, tomando como certas as premissas de Keil, resume a mais importante das conclusões de Keil.
56 *GS* I 91–6, esp. 94: "*Für die Bestimmung der Quelle ist es von wesentlicher Bedeutung dass Aristoteles, zwar nicht ausschliesslich, aber doch vorwiegend, die Atthis Androtions, die damals neueste Bearbeitung der Chronik, benutzt hat*".

cionais,[57] e o único estudioso a atacá-la, Artur Ledl,[58] aceitou a maior parte das premissas de Keil e concordou com ele que Androcião era uma das fontes de Aristóteles; a única conclusão que ele contestou — assentada em bases muito frágeis[59] — foi que a fonte comum da *Constituição dos Atenienses* e do *Sólon* de Plutarco era Androcião.

A teoria de Keil, tal como afirmada por ele mesmo e mais tarde por Busolt, Adcock e outros, depende inteiramente da suposição de que nem Plutarco nem a sua "fonte" (comumente considerada, como por Keil, como sendo Hermipo, o calimaquiano,[60] que escreveu por volta de 200 a.C.) conhecia a *Constituição dos Atenienses*, mesmo que indiretamente, e portanto que o material que é comum à *Constituição dos Atenienses* e ao *Sólon* de Plutarco deve vir de uma fonte usada tanto por Aristóteles quanto por Hermipo e Plutarco; e na ausência de qualquer outro candidato óbvio, presume-se então que esta fonte "deve ter sido" Androcião.[61] Eu contestaria veementemente tudo isto. Não posso empreender aqui uma refutação detalhada da teoria de Keil e, na verdade, como muitas teorias infundadas, não vejo como se possa realmente *provar* que ela está errada, exceto em certos detalhes. Alguns dos materiais comuns a *Constituição dos Atenienses* e a *Vida de Sólon* podem ter chegado até Plutarco diretamente da fonte de Aristóteles, através de Hermipo (que certamente foi usado por Plutarco) ou de outro e, em alguns casos, a fonte de Aristóteles pode ter sido Androcião. Mas a teoria não foi *provada*, como muitos escritores recentes assumiram inocentemente, e con-

57 F.E.Adcock, "The Source of the Solonian Chapters of the *Athenaion Politeia*", em *Klio* 12 (1912) 1–16.

58 *SAAV* 14–17. Não consigo pensar em nenhuma outra obra a que Bloch pudesse se referir na observação citada na n. 63 na p. 377 acima.

59 Jacoby (ii 99 n. 127) comenta, "Os resultados da '*Quellenanalyse* der Ἀθπ.' de Ledl ... parecem-me bastante errados". Cf. seu comentário sobre Androcião F 3–4.

60 Jacoby, vale lembrar, achou suficientemente correto que passagens de caráter marcadamente erudito no *Sólon* de Plutarco (por exemplo, 19,3-4 e 25,2) não vêm de Hermipo, mas de Dídimo, que escreveu uma obra sobre o Censo de Sólon: *FGrH* III B, *Kommentar*, sobre 340 Dídimo, p. 92.

61 Ver esp. Keil, *SVAVA* 44, 49–50, 60, 97–100, 100–1, 155–7, 157–63, 172–3, 176–7, 185–9; Adcock, op. cit. (n. 57 acima) 14–16.

tinua a ser uma conjectura, que não deve ser usada para estabelecer quaisquer conclusões sobre as fontes da *Constituição dos Atenienses* ou sobre o método histórico de Aristóteles. Na raiz disso está o que acredito ser uma teoria falaciosa sobre o procedimento de Plutarco na composição de suas *Vidas*.

O problema da origem das *Vidas* de Plutarco é quase sempre difícil, sobretudo porque não há consistência nos métodos de Plutarco.[62] A situação seria menos complicada se fosse possível aceitar uma observação de Day e Chambers,[63] de que quando um texto nomeia suas fontes, "quase não há problemas". Isto está longe de ser verdade, especialmente em relação a Plutarco. É claro que ele não leu todos os autores dentre as dezenas que cita nominalmente.[64] Ele mesmo teria lido muitos, alguns é pouco provável que ele tenha lido; mas sobre muitos outros simplesmente não sabemos se ele os consultou em primeira mão, para o propósito da biografia em questão ou em geral, ou se está repetindo o que uma fonte intermediária disse sobre esses autores — embora, quando não está citando diretamente, ele reconhecerá frequentemente o fato, como ele faz três vezes na *Vida de Sólon*.[65] Ele, no entanto, leu muito desse material: é um grande erro subestimar o âmbito da sua investigação literária.[66] "Que a grande maioria dos suas citações são o resultado da sua

62 Ver as observações muito sensatas de H.D.Westlake, no final dos seus dois artigos sobre as fontes do *Timoleão* de Plutarco, em *CQ* 32 (1938) 65–74, e dos *Pelópidas*, em *CQ* 33 (1939) 11–22. Entre outras boas análises das *Vidas* de Plutarco, ver R.E.Smith, "The Sources of Plutarch's Life of T. Flamininus", em *CQ* 38 (1944) 89–95 [e ver n. j na p. 428].

63 *AHAD* 5.

64 Veja o Índice I de Ziegler no Plutarco da Teubner, *Vidas Paralelas* IV ii (1939).

65 ὡς λέγειν φησὶν Ἕρμιππος Εὐάνθη τὸν Σάμιον ["Como diz Euantes de Samos, de acordo com Hermipo"] (11.2); (b) Δίδιμος ὁ γραμματικὸς ἐν τῇ περὶ τῶν ἀξόντων τῶν Σόλωνος ἀντιγραφῇ πρὸς Ἀσκληπίαδην Φιλοκλέους τινὸς τέθεικε λέξιν κτλ. ["Dídimo, o gramático, em sua 'Refutação de Asclepíades sobre os *Axones* de Sólon' cita uma passagem de um certo Filocles etc."] (as palavras iniciais de 1.1); (c) ταῦτα μὲν οὖν Ἕρμιππος ἱστορεῖν φησι Πάταικον ["Hermipo diz que esta história é contada por Pateco"] (6.7).

66 Um exemplo extremo desta tendência é o artigo de J.E.Powell sobre as fontes do *Alexandre* de Plutarco, em *JHS* 59 (1939) 229-40, cuja conclusão é de que Plutarco usou apenas duas fontes: uma coleção de cartas de Alexandre e "uma grande com-

própria leitura, isso nunca deveria ter sido posto em dúvida", como diz Gomme no decurso de uma admirável discussão de 30 páginas dedicada a Plutarco no primeiro volume do seu comentário sobre Tucídides,[67] um corretivo bem-vindo a algumas das estimativas exageradas sobre até que ponto Plutarco estava disposto a confiar em apenas uma ou duas fontes para uma determinada *Vida*. Mas não devemos esperar que Plutarco se lembre com precisão de tudo o que leu e, quando ele "ignora" uma passagem que consideramos relevante, certamente não devemos concluir precipitadamente que ele não leu a obra em que ela ocorre. Ele pode ter lido e esquecido — ou omitido a fonte — da passagem em questão, ou pode tê-la lido apenas parcialmente ou para algum outro propósito e não conseguiu assimilar a parte relevante. Os manuscritos literários antigos não tinham as conveniências que hoje consideramos naturais, como páginas numeradas e índices; e encontrar material em uma obra grande — um rolo, ou uma série de rolos, aliás — deve ter sido muitas vezes um processo difícil, o que teria desencorajado muitos autores de consultar repetidas vezes suas fontes de autoridade. Muitas das fontes que Plutarco usou, ou poderia ter usado, teriam fornecido material para diversas *Vidas* diferentes, bem como alguns dos outros assuntos sobre os quais Plutarco escreveu. Ele dificilmente releria cada um deles para cada *Vida*: alguns ele poderia ler e tomar notas apenas uma vez — a *Constituição dos Atenienses*, por exemplo, a qual ele se refere em outro lugar;[68] mas ouso dizer que ele não a usou diretamente para a *Vida de Sólon*.

pilação *variorum* sobre a história de Alexandre, a mesma compilação da qual a *Anábasis* de Arriano é sobretudo um epítome criterioso". Este julgamento da *Anábasis* de Arriano revela o absurdo de toda a teoria, sobre a qual ver W.W.Tarn, *Alexander the Great* II (1950), 306–9. Sobre como Plutarco complementou os escassos recursos da biblioteca disponíveis para ele em sua cidade natal, Queroneia, da qual ele reclama em *Demóstenes* 2.1–2, ver as observações sensatas de Gomme, *HCT* I 77 ss.

67 *HCT* I 54–84, p. 75.

68 Como diz Gomme (*HCT* I 63 n. 2, com 76), Plutarco, *Aristides* 22.1, mesmo que lido com *Aristides* 1, "não prova que ele não tenha lido a *Constituição dos Atenienses* de Aristóteles, que ele cita em outras partes mais de uma vez, apenas que ele não a leu novamente antes de escrever esta *Vida*".

As considerações que acabo de apresentar vão contra vários dos argumentos de Keil, e Jacoby já refutou alguns outros.[69] Depois de citar "as afirmações mais sólidas sobre o uso de A[ndrocião] feito por Aristóteles" (de Keil, Busolt e Bloch), Jacoby conclui com uma observação que já tive oportunidade de citar: "A suposição geral da importância de A[ndrocião] para Aristóteles nunca foi realmente provada e um exame sistemático da conexão entre os dois autores nunca foi feito. Seria necessária uma análise completa da parte histórica da *Constituição dos Atenienses*".[70]

Concluirei esta breve revisão da teoria de Keil com apenas uma ilustração da forma como tal teoria desmorona assim que os seus pressupostos são desafiados. Uma série de passagens paralelas por trás das quais o próprio Keil[71] desejava ver um único *Atthis*, o de Androcião, é aquela que contém as histórias sobre os "amigos de Sólon", que lucraram (como fez o próprio Sólon, em uma história) com o cancelamento de dívidas: *Constituição dos Atenienses* (6.2–4) (os παλαιόπλουτος ["homens de riqueza ancestral"]) e Plutarco, *Sólon* (15.7–9) (os χρεωκοπίδαι ["cortadores de dívidas"]). Wilamowitz[72] percebeu que Androcião, de qualquer forma, não poderia ser a fonte comum destas histórias, porque Androcião negou totalmente que a *Seisachtheia* fosse um cancelamento de dívidas, tratando-a como uma mera mudança monetária. A isto Adcock[73] respondeu triunfantemente com o que considerou ser uma prova adicional da atribuição a Androcião: o que ele considerava a frase não-aristotélica[74] οἱ βουλόμενοι βλασφημεῖν ["aqueles que desejam caluniá-lo"], aplicada na *Constituição dos Atenienses* (6.2) aos

69 Ver Jac. i 114–17, com ii 109–11 nn. 35, 40, 41, 45.

70 Jac. ii 100 n. 127. Jacoby continua, "cuja obra, como posso mencionar de passagem, necessita urgentemente de um novo comentário". [Não mais: ver p. 426, n. *a* e *b*].

71 *SVAVA* 46–50.

72 *AuA* I 63 n. 34.

73 *Op. cit.* (n. 57 acima) 15–16.

74 "A própria palavra βλασφημεῖν neste sentido nunca é encontrada em Aristóteles, que sempre usa διαβάλλειν" (*ibid.* 16). Mas [A objeção de Ste.Croix está perdida. Mas ele poderia ter apontado que o autor usou βλασφημεῖν para evitar a

responsáveis pela versão hostil a Sólon, deve vir diretamente de Androcião, que considerou os ataques a Sólon calúnias infundadas — como é claro que seriam, se não tivesse havido o cancelamento de dívidas. O relato de Androcião sobre a *Seisachtheia*, diz Adcock, era parte integrante da "fonte comum", que (conforme reconstruída por Keil e ele mesmo, Adcock) não continha nada que não pudesse estar no *Atthis* de Andrcião. Além disso, "o próprio Aristóteles não era partidário nem democrático", enquanto o incidente é descrito na *Constituição dos Atenienses* (6.2) do "ponto de vista distintamente partidário e democrático" que Adcock, seguindo Wilamowitz, acredita ser característico "do *Atthis*".[75]

Esta defesa da teoria de Keil não servirá de todo. Primeiro, a noção confusa de *um* "*Atthis*", caracterizado por um ponto de vista único, um ponto de vista "democrático", foi agora destruída por Jacoby,[76] que nos ensinou a pensar em termos de "*Atthides*" (no plural) tendo diferentes pontos de vista, todos "democráticos", num sentido amplo, mas alguns deles decididamente "conservadores" e antipáticos à democracia *radical*. Como diz Jacoby,[77] "a maioria dos autores de *Atthides* pertencia ao partido conservador: Androcião, Fanodemo e Filocoro eram mais ou menos 'reacionários' ". Em segundo lugar, Adcock deixou de notar que nem em Aristóteles nem mesmo em Plutarco (que menciona a concepção de Androcião da *Seisachtheia*) existe algum vestígio de tal argumento que Androcião deve ter empregado: para a calúnia de que Sólon obteve lucro para

repetição de διαβάλλειν: sobre a variação na *Constituição dos Atenienses*, ver Rodes, *CAAP* 42–3.]

75 *Op. cit.* 15–16, cf. 4, 7, 8, 12, 13; e em *CAH* IV 39.

76 *A* 71–9, 123–4, 129 e seguintes, etc. Jac. ii 93 n. 86 (onde Androcião é descrito como "um conservador moderado", com uma perspectiva política muito semelhante à de Aristóteles); também em 196, onde Jacoby diz que "não pode haver dúvida quanto à sua atitude fundamentalmente conservadora [de Androcião]: a este respeito o *Atthis* fala numa linguagem clara". Na verdade, a nota de duas páginas e meia anexada a este documento (ii 91-3 n. 86), que começa com "devo admitir que os fragmentos não revelam muito neste ponto", mostra que a linguagem não é tão clara quanto se poderia desejar; mas creio que não pode haver dúvida de que Jacoby está certo em linhas gerais.

77 *A* 79.

si mesmo com o cancelamento de dívidas, a resposta em todo caso não é (como Androcião teria dito) que nunca houve qualquer cancelamento de dívidas, mas apenas que, embora os amigos de Sólon tivessem obtido tal lucro, o próprio Sólon não o obteve. Há pelo menos duas fontes por trás do relato de Aristóteles e pelo menos mais duas por trás do relato de Plutarco,[78] e nenhuma delas pode ser Androcião – embora, é claro, Androcião provavelmente tenha algo a dizer sobre este tópico e possa, quem sabe, ter usado alguma frases desse tipo, como οἱ βουλόμενοι βλασφημεῖν ["aqueles que desejam caluniá-lo"] ao explicar quão infundadas devem ser todas essas calúnias, porque as dívidas não foram canceladas.[79] Mas tudo isso é especulação.

4. Minha próxima tarefa é explicar o motivo pelo qual acredito que, no que diz respeito aos fatos da história constitucional ateniense, deveríamos dar maior peso às declarações de Aristóteles do que às de qualquer Atidógrafo antigo, especialmente onde há uma chance real de que documentos podem estar disponíveis. Digo "os fatos da história constitucional" deliberadamente, para excluir em particular três coisas: primeiro, o material meramente anedótico, do qual há bastante na *Constituição dos Atenienses* (como evidentemente havia nos Atidógrafos); em segundo lugar, a atribuição de motivos aos estadistas que aparecem no cenário político; e em terceiro lugar, os julgamentos políticos em geral, que, como em outras partes de Aristóteles, são um grupo muito variado, com algumas observações perspicazes e sensatas lado a lado com superficialidades convencionais. É claro que os julgamentos políticos não podem ser inteiramente separados da exposição dos fatos da história constitucional, sendo por vezes indistinguíveis; mas às vezes é possível e útil fazer a distinção. Posso dividir o que tenho a dizer em três partes.

78 Uma das outras fontes de Plutarco é, obviamente, Polizelo, e a outra é a fonte que deu o número de cinco talentos (*Sólon* 15.9).

79 Cf. Jac. ii 132 n. 3, que adverte contra considerar Androcião como um dos τινες ["certas pessoas"] ou οἱ βουλόμενοι βλασφημεῖν ["aqueles que desejam caluniá-lo"] da *Constituição dos Atenienses* (6.2).

A. Aristóteles foi sobretudo um filósofo, sim. Mas ele foi também — nunca devemos esquecer isto — o homem que se interessou pelas constituições de um grande número de Estados gregos, ao ponto de recolher informações sobre elas, analisá-las e escrever relatos daquelas constituições que evidentemente continham (em pelo menos alguns casos, senão em todos) material histórico, além de um tratamento sistemático das constituições tal como existiam em sua época. Ele também concebeu uma descrição de alguns costumes bárbaros e iniciou uma coleção de leis que Teofrasto acabou publicando. Ainda mais importante do que tudo isto, para os nossos objetivos atuais, é o fato de Aristóteles ter empreendido a laboriosa e pouco filosófica tarefa de investigar os registros de Delfos, de Olímpia e de Atenas, compilando listas de vencedores em competições atléticas e artísticas[80] — isto é particularmente significativo, para nós, precisamente porque envolveu uma investigação de registros oficiais, e mostra que Aristóteles tinha um gosto característico por este tipo de atividade que de fato ele parece ter iniciado.

Jacoby tende a estabelecer um contraste entre os "fatos" históricos de Aristóteles (incluindo datas), os quais ele pensa que provavelmente vinham de Androcião, e seus "julgamentos", que seriam sempre seus, mesmo que, como Jacoby acredita, muitas vezes coincidiam com os de Androcião.[81] Para citar apenas duas observações de Jacoby: "mesmo que ele [Aristóteles] tivesse assumido todos os fatos (o que ele certamente não o fez) ele pensou e julgou por si mesmo";[82] e ainda: "não acredito que Androcião tenha 'fornecido' a Aristóteles qualquer julgamento político: o filósofo seguiu o historiador quanto aos fatos, ou seja, ele tirou seu material atidográfico em grande parte de Androcião porque ele simpatizava com seu julgamento político, e porque esse julgamento concordava em grande parte com o seu".[83] Mas se um historiador não entende seus "fatos"

80 Ver p. 358 acima.

81 Ver o comentário de Jacoby sobre os fragmentos de Androcião, esp. i 103–4, 160; ii 99 n. 124; 99–102 n. 127.

82 Jac. ii 100 n. 127.

83 Jac. ii 101–2 n. 127.

corretamente, nada daquilo que se poderia chamar de "trabalho de gabinete", como "pensar e julgar", será de alguma utilidade para ele e poderá, na verdade, resultar em especulações enganosas. Jacoby,[84] enfatizando o fato de que Crátero e os Periegetas (ao contrário dos Atidógrafos) forneceram documentos textualmente, menciona a visão geralmente aceita de que "a pesquisa real entre documentos, por meio da qual a redação deles é trazida para a literatura, foi realizada no *Peripatos* pelos discípulos e ajudantes de Aristóteles, cujo interesse estava voltado principalmente para a πολιτεία, a legislação e a administração de um Estado. Posteriormente, e sem esta restrição, os *periegetai* do século III investigaram os documentos, Diodoro, Pólemon (que foi chamado de στηλοκόπας ["louco por estelas"]), Heliodoro; o mesmo aconteceu com as notas da literatura antiquária". Mas foram apenas "os discípulos e ajudantes de Aristóteles", e não o próprio mestre, que conduziram esta "pesquisa entre documentos"? E eles fizeram isso somente após sua morte? Certamente não.

Não há evidências de que qualquer grego antes de Aristóteles tenha feito qualquer pesquisa sistemática em arquivos. Aqui concordo inteiramente com Jacoby: embora possamos presumir que os Atidógrafos nativos "ampliaram o relato de Helânico através da pesquisa dos documentos", devemos ter cuidado para não superestimar este lado de sua atividade.[85] "Uma investigação sistemática de documentos não começou (grosso modo) até depois de 350 a.C. e isso seria tarde demais para que Clidemo e Androcião (talvez até Fanodemo), que podem ser considerados fontes de Aristóteles, tenham feito uso dos resultados, mesmo que quisessem fazê-lo".[86] Quanto ao passado, Jacoby diz corretamente:[87] os Atidógrafos "usaram seus predecessores, ou seja, o primeiro *Atthis* de Helânico e os grandes historiadores que, de Hecateu em diante, trataram sobre Atenas de forma mais ou menos completa; e os Atidógrafos poste-

84 A 209.
85 A 215, com 388 n. 65.
86 A 198.
87 A 202.

riores usaram o material do anterior: ... Helânico bebeu na fonte de Heródoto; os Atidógrafos do século IV tomaram inteiramente a sua forma e a sua matéria em grande parte de Helânico". E, mais uma vez,[88] os Atidógrafos "não tinham qualquer intenção de basearem a sua narrativa nos documentos". Ao ultrapassarem a sua própria experiência, "eles escrevem com base nas narrativas dos antecessores e, onde tal narrativa não existia, com base na concepção geral, aceita nos seus círculos, sobre o desenvolvimento do Estado Ático. Nunca sentiram a necessidade de corrigir esta concepção geral através da pesquisa nos documentos ... Eles evidentemente não acreditavam que a imagem, tal como tinha sido transmitida, seria alterada em aspectos essenciais se consultassem outros documentos além daqueles facilmente acessíveis a todos". Na verdade, eles "não pesquisaram sistematicamente os documentos; não lhes atribuíram qualquer importância, porque escreveram a história política de Atenas e a concepção da escrita documental da história não tinha ocorrido aos Atidógrafos".[89] Quanto a Androcião em particular, "nós ... não podemos afirmar com certeza se A[ndrocião] fez alguma pesquisa nos documentos. Se o fez, não devemos superestimar esse lado do seu trabalho ... ele tinha pouca necessidade de documentos para as suas atividades políticas e, quando começou a escrever, os documentos não estavam à sua disposição".[90]

B. Isto me leva ao meu segundo ponto, um ponto muito óbvio que, além da observação que acabei de citar de Jacoby, foi quase totalmente ignorado: *Androcião escreveu no exílio*.[91] A menos que estejamos preparados arbitrariamente para deixar isso de lado, como uma informação falsa ou dizer que Androcião "deve" ter começado a se preparar para sua tarefa antes de deixar Atenas, somos levados

88 *A* 204–5.

89 *A* 209. Hignett (*HAC* 17) está, portanto, errado quando diz que imaginar Aristóteles utilizando como fonte "uma cópia oficial das leis de Sólon, que escritores anteriores não se preocuparam em consultar" é "avaliar a empreitada dos primeiros Atidógrafos de forma subestimada".

90 Jac. ii 97 n. 110.

91 Plutarco, *Morália* 605C (*De Exilio* 14) = *Androcião* T 14.

a admitir que ele terá tido poucas oportunidades de fazer qualquer pesquisa independente, e nenhuma de consultar arquivos,[92] e terá tido de se basear quase inteiramente em fontes literárias anteriores, complementadas, sem dúvida, por informações orais, particularmente aquelas transmitidas à sua própria família — uma fonte de conhecimento que não deve de forma alguma ser desprezada, pelo menos nos acontecimentos recentes. O pai de Androcião, Ândron, e ele próprio, aparentemente desempenharam um papel ativo na vida política ateniense no final dos séculos V e IV e, durante esse período (e talvez um pouco antes ainda, se Ândron não foi o primeiro membro de sua família a entrar vida política), Androcião pode razoavelmente ser creditado de um conhecimento especial; mas, em tempos anteriores, o seu valor como fonte histórica não terá sido maior do que o dos seus antecessores — Heródoto, Tucídides, Helânico, Clidemo. É evidente que ele não era ainda um historiador experiente quando escreveu o seu *Atthis*: não há vestígios de que alguma vez tenha escrito qualquer outra obra de natureza histórica.[93]

Dos 68 fragmentos de Androcião aceitos por Jacoby, todos, exceto nove ou dez,[94] parecem se referir à segunda metade do século V ou ao IV e os fragmentos que tratam de épocas anteriores constituem, de fato, uma coleção muito inexpressiva. Eu me pergunto quantos daqueles que repetem levianamente que Androcião é "com certeza" a principal fonte de Aristóteles examinaram esses fragmentos. As três filhas de Cécrops; a fundação da Panateneias por Erectônio (repetida de Helânico); dois fragmentos sobre as funções judiciais do Areópago, pouco esclarecedores; a deturpação da *Seisachtheia* de Sólon; uma menção à batalha de Palene; F 5 sobre os *Apodektai*,

92 Jacoby (A 91–2) diz: "Androcião deve ter usado os documentos com frequência" [sc. "os documentos sobre as eleições e os relatórios sobre os pagamentos feitos aos estrategos", que ele acaba de mencionar]. Mas compare as afirmações citadas acima. Acho que Jacoby (A 91) está deduzindo demais de Androcião F 38. Os detalhes podem ser excepcionalmente completos neste caso porque, por exemplo, entre os generais estava um parente de Androcião.

93 Sobre Androcião F 70–1, ver Jac. i 171; e sobre F 75–82, ver Jac. i 108 (sobre T 17).

94 F 1–6, 34–6, talvez 33.

um erro grave, a menos que Harpocrácio esteja errado;[95] talvez algo sobre a fundação dos *Ennea Hodoi*, que poderia ter sido extraído de Tucídides — que soma oito dos dez fragmentos. Os únicos que têm algum interesse real são F 6, sobre ostracismo, e F 36, que contém a citação de uma lei antiga que menciona o fundo naucrário, que já discuti. A partir de meados do século V a situação muda completamente; mas não vejo nenhuma razão válida para supor que os dois primeiros livros "devem" ter fornecido algum bom material histórico, simplesmente porque os últimos seis aparentemente o fizeram.

C. A segunda parte, a sistemática, da *Constituição dos Atenienses* (cap. 42 e seguintes) baseia-se em considerável pesquisa, em primeira mão, dos documentos de Aristóteles, com a ajuda, pelo menos, de Teofrasto e provavelmente também de outros alunos: isso é evidente, mesmo sem levar em conta evidências externas,[96] e é agora, penso eu, universalmente admitida,[97] contra a antiga visão de Wilamowitz[98] de que esta parte da *Constituição dos Atenienses* depende de um *Atthis* anterior. Aceitando as conclusões de Bloch, Jacoby[99] concorda que a segunda parte da *Constituição dos Atenienses* "não poderia ter sido escrita sem uma investigação sistemática de arquivos e documentos. Depois de Aristóteles ter dado o impulso e provavelmente iniciado o trabalho, esta investigação foi levada a cabo por ele e pelos seus discípulos em comum. O material coletado desta forma ... forneceu a base das fontes de pesquisa de Aristóteles".

Não consigo entender por que deveríamos ser convidados a fazer uma separação completa entre as duas partes da *Constituição dos Atenienses*, que juntas formam uma única obra. Em muitos pontos da segunda parte — 45,1, 3; 49,3; 51,3; 53,1; 54,3, 7; 55,1, 2, 4; 56,3, 4;

95 Ver p. 382 acima.

96 Ver pp. 354-361 acima.

97 Será suficiente referir aqui à admirável Introdução à edição Budé da *Constituição dos Atenienses* (a segunda parte, por B.Haussoullier), pp. xiv–xxx, e ainda Bloch (SHLFC 355 ss., esp. 367–76) e Jacoby (esp. *A* 210–11).

98 *AuA* I 214–16, 242–3, 256–9.

99 Ver n. 97 acima.

60,2; 61,1; 62.1 — Aristóteles não se refere apenas à situação existente no momento em que escreve, mas a um estado de coisas anterior, sobre o qual ele certamente (em muitos casos) também obteve informações em primeira mão. Não vejo por que não deveríamos dar a Aristóteles o crédito por ter feito todos os esforços para obter em primeira mão o seu material para a história constitucional de Atenas a partir de documentos oficiais. (Até que ponto ele teria sido capaz de ter sido bem-sucedido é outra questão: tratarei desse problema na Seção (iv) deste ensaio). Até mesmo Jacoby, que diz ser "consenso que o material para a parte histórica [da *Constituição dos Atenienses*] foi retirado principalmente (se não inteiramente) de fontes históricas: Heródoto, Tucídides e os Atidógrafos", também admite, um pouco antes, que "claramente que é possível que mesmo a introdução tenha sido o resultado da pesquisa de Aristóteles e seus discípulos, e em várias πολιτεῖαι (que provavelmente foram todas concebidas no mesmo modelo) este pode ter sido o caso.

***

Espero ter agora deixado claro porque considero significativa a escolha entre Aristóteles e Androcião como a origem de grande parte da nossa informação sobre a história constitucional ateniense. Dizer que a fonte de A é B, muitas vezes, nada mais é do que substituir uma autoridade literária por outra, quando não substituir um escritor conhecido por alguma figura obscura, de quem pouco ou nada se sabe. Não é assim aqui. A menos que a afirmação de Plutarco sobre Androcião ter escrito no exílio seja falsa (e não há razão para desconfiar dela), Androcião não teve oportunidade alguma de realizar pesquisa documental; e, portanto, o valor como evidência histórica do material constitucional na *Constituição dos Atenienses* é pequeno, se foi meramente copiado de Androcião sem verificação — exceto com uma condição: que o próprio Androcião o copiou de um autor anterior que usou os documentos. É muito improvável, contudo, como vimos, que algum escritor anterior tenha feito pesquisa documental. Por outro lado, sabemos que Aristóteles e a sua escola fizeram precisamente isto, talvez pela primeira vez na história da humanidade, mesmo que não possamos provar que tal investigação está por detrás da parte histórica do *Constituição dos Atenienses*. Mesmo que Aristóteles, para a sua narrativa, tenha usado livremente os Atidógrafos, não é provável que a sua própria investigação, e não a dos seus predecessores, seja a fonte de muitas das suas declarações de fatos constitucionais? E que, mesmo quando tirou tais coisas dos Atidógrafos, ele verificou o material em primeira mão, na medida em que isso era possível? Afinal, se eles conseguiram descobrir materiais dos registros, Aristóteles e seus alunos também poderiam fazê-lo. No entanto, o ponto essencial é que sabemos que Aristóteles se dedicou a esse tipo de atividade, ao passo que não há a menor evidência de que alguém antes dele o tenha feito.

(IV) ARISTÓTELES E AS FONTES DOCUMENTAIS

Finalmente, tendo estabelecido a probabilidade de que Aristóteles era mais propenso do que qualquer um dos seus antecessores a querer fazer uso de fontes documentais, chego à questão fundamental: se ele tinha tais fontes disponíveis.

1. É necessário começar seguindo Jacoby,[1] ao traçar uma distinção firme entre o século VI e o século V, a linha divisória que surge com as reformas de Clístenes. "Há uma diferença óbvia nas duas seções da parte histórica da *Constituição dos Atenienses*: de Sólon à derrubada da tirania (caps. 5-20), e de Clístenes a ... 401/0 (caps. 21–40). Dificilmente há uma data documental na primeira que não possa ser lida na lista dos arcontes ou calculada com a ajuda da tradição oral;[2] na última há uma abundância de datas, referências e, ocasionalmente, declarações detalhadas do conteúdo de documentos". (A frase de Jacoby continua, "o que, portanto, os Atidógrafos usados por Aristóteles devem ter conhecido"; mas não acredito que tal in-

1 A 206–7.

2 Jacoby (*A* 169) acreditava, penso que corretamente, que o movimento de Aristíon (Aristóteles, *Constituição dos Atenienses* 14.1) "foi quase certamente preservado na tradição oral".

ferência generalizada seja justificada, uma vez que, como vimos,[3] não podemos ter certeza de que os Atidógrafos fizeram muita pesquisa documental). Parece muito provável que "quando a constituição de Clístenes fez do Conselho, em vez do arconte, o executivo supremo em Atenas", como diz Jacoby,[4] "'registros do Conselho'... começaram a aparecer, de uma forma ou outra".

2. Não preciso entrar aqui em detalhes do difícil problema dos arquivos estatais atenienses. A evidência foi extensamente revista por Kahrstedt em 1938,[5] e as suas conclusões foram desde então discutidas com aprovação por Jacoby[6] e Harrison,[7] com cujas posições em geral concordo. É quase certo que não foi até *c.* 403/2 que o que podemos chamar de Escritório Estatal de Registros passou a existir no Metrôn. Antes dessa data não podemos demonstrar, nem mesmo assumir, a existência de algo como um Escritório Estatal de Registros unificado, no Metrôn ou em qualquer outro lugar. Até aqui podemos concordar com Kahrstedt. Por outro lado, como sublinhou Jacoby, numa nota admirável no seu *Atthis*,[8] a administração de Atenas a partir de 508/7, e ainda mais a do império ateniense, quando este surgiu, "não poderia ter sido realizada sem registros (que podem ser distinguidos, como conceito mais geral, dos documentos propriamente ditos), e os registros tinham que ser mantidos em algum lugar. Na verdade, o lugar não tem importância. Mas, se não existia arquivo do Estado, cada funcionário (certamente já no século VI) tinha o seu próprio arquivo e existiam também arquivos pertencentes aos conselhos de administração ...; também as associações públi-

3 pp. 399 ss., 403 acima.

4 A 206.

5 NLA. Sra. KMT Atkinson, "Athenian Legislative Procedure and Revision of Laws", em *Bull. Jn. Rylands Libry.* 23 (1939) 107–50 (cf. Gomme em *CR* 54 (1940) 38 e Kahrstedt em *Gnomon* 16 (1940) 377–9), argumentam contra muitas das conclusões de Kahrstedt, mas não dizem nada que seja realmente relevante para a questão com a qual estamos agora preocupados.

6 A 383–4 n. 27.

7 LMAEFC 27–9 [e n. *k* na p. 428 abaixo].

8 A 383–4 n. 27.

cas e privadas, fratrias, *phylai*, *demoi*[9] ou clãs. Desde a época em que a escrita passa a existir, as pessoas depositavam assuntos relativos aos diversos funcionários; ... às partes individuais do negócio e aos casos com os quais estavam envolvidos. O conteúdo das Διδασκαλίαι [Catálogos de Dramas], por exemplo, vem do arquivo do arconte ... Desde o momento em que Clístenes fez do Conselho o poder executivo supremo, o arquivo do Conselho foi da maior importância, e o seu conteúdo provavelmente foi simplesmente transferido para o Metrôn em 403/2".

É claro que não temos meios de dizer quanto dessas informações contidas nesses vários registros eram de fato precisas, ou até que ponto teriam sobrevivido ao saque persa em 480, ou até que ponto estariam facilmente disponíveis no século IV. No entanto, certamente não podemos nos dar ao luxo de negligenciar este tipo de material documental como uma possível fonte para a história de Atenas, pelo menos a partir da época de Clístenes: a prova está na mesma diferença enfatizada por Jacoby entre a narrativa da *Constituição dos Atenienses* sobre os períodos anteriores e posteriores a Clístenes. Também vale a pena notar que Crátero provavelmente dedicou pelo menos dois livros inteiros de sua coleção de decretos atenienses àqueles que foram aprovados na primeira metade do século V (ou antes).[10] Crátero provavelmente não copiou todos os

9 Vale a pena lembrar aqui que, em meados da década de 340, o demarco de Alimonte aparentemente disse que ele havia perdido o registro do *demoi*, o vital ληξιαρχικὸν γραμματεῖον: Demóstenes LVII 60.

10 Pelo menos 7 dos 21 fragmentos que temos de Crátero (*FGrH* III B 342 F 1–3 e 5–8; cf. 19–20) provavelmente vêm de decretos de avaliação ou listas de *quota* do Império Ateniense (provavelmente o primeiro: ver Jacoby, *FGrH* III b i 96, com ii 64 n. 33). F 1, do Livro III, é o mais importante para os nossos propósitos: menciona o distrito tributário Cário, que desapareceu provavelmente em 438/7, devendo, portanto, provir de um documento anterior a esse. Os autores do *ATL* (I 203–4; III 9–12; e ver I 483) estão certos de que ele provém do decreto de avaliação de 454/3 (*A* 1 no *ATL* II 40); mas (a) o seu argumento de que F 4, do Livro IV, "pode com virtual certeza ser atribuído à lei de cidadania de Péricles" de 451/0 (*ATL* III 10) não tem valor (cf. Jacoby, *FGrH* III b. i 101 –2); (b) Doros não é com certeza a cidade fenícia (ver Jacoby, *ibid.* i 100); e (c) a sua opinião implica a suposição de que um distrito Cário foi nomeado em *A* 1, embora as listas de *quota* não especifiquem distritos

seus decretos a partir das pedras, mas em pelo menos alguns casos usou os arquivos.[11]

3. Para o período anterior a Clístenes existe apenas um conjunto muito especial de documentos cuja possível utilização por Aristóteles (e pelos seus antecessores) devemos certamente discutir: refiro-me, claro, às "leis de Sólon". Muitas vezes foram tiradas conclusões falsas da incapacidade de compreender exatamente o que estas "leis" continham e, em particular, até que ponto a constituição de Sólon, a sua πολιτεία, estava contida nos seus νόμοι, as suas leis. Por um lado, há aqueles que pensam que, dado que Aristóteles sem nenhuma dúvida (como eles assumem) leu "as leis de Sólon", ele deve estar certo sobre questões como a classificação de magistrados na constituição de Sólon (*Constituição dos Atenienses* 8.1). e as qualificações das classes do censo (*Constituição dos Atenienses* 7,3-4), sobre as quais ele teria retirado informações das leis. No extremo oposto estão aqueles que não podem aceitar, a qualquer custo, a seleção de arcontes no início do século VI, e que inferem a partir da forma como Aristóteles baseia as suas declarações sobre esse assunto, e ainda sobre a qualificação dos *Hippeis* na *Constituição dos Atenienses* (7.4), que ele não dispunha de informação documental sobre estes pontos; e que concluem que Aristóteles não poderia ter tido acesso às leis de Sólon. Nenhuma das posições é justificada, como veremos. Surgiu recentemente outro grupo de estudiosos que nega que Sólon tenha criado uma nova constituição: admitem que ele fez leis

geográficos até 443/2 (Lista 12, *ATL* II 18), e não há nenhuma razão particular para supor que os decretos de avaliação especificavam os distritos muito antes disso. Jacoby (*ibid.* ii 65 n. 42) sugere 446/5 como a data de criação do distrito Cário. Nesse caso, F 1 provirá do decreto de avaliação 446 ou 443. Ver também Gomme, *HCT* I 371 n. 2. É possível que os autores do *ATL* tenham razão e que Crátero se tenha concentrado no primeiro e no último decreto de avaliação, de modo que o Livro III, do qual provém F 1, incluía o ano 454/3.

11 Aqui concordo com Jacoby, *GH* 165 = *RE* XI (1922) 1618; *FGrH* III b i 96 (e ver ii 64 n. 26).

(νόμοι),[12] mas acreditam que a constituição de Sólon (πολιτεία) é uma invenção posterior. Visão esta que também pode ser refutada.

Temos dois problemas intimamente relacionados para resolver aqui: (1) até que ponto Sólon criou uma constituição, uma πολιτεία, distinta da aprovação de leis para entrarem em vigor dentro de uma constituição existente; e (2) se ele for de fato responsável por uma constituição, até que ponto ela teria sido definida por seus νόμοι? A melhor forma de abordar estas questões é fazer uma análise dos usos relevantes das palavras πολιτεία e νόμοι nos séculos V e IV.

Comecemos pelo final do processo, com o próprio Aristóteles. Na leitura de textos como a *Política* e a *Constituição dos Atenienses,* às vezes é necessário reconhecer uma distinção entre πολιτεία e νόμοι;[13] mas outras vezes encontramos a palavra πολιτεία usada no sentido mais amplo possível, para incluir o que deveríamos chamar de constituição e qualquer regra fundamental da constituição pode ser chamada de νόμος. Não há consistência no uso de Aristóteles. Isso pode ser ilustrado na *Constituição dos Atenienses*. Em 7.1 (cf. 6.1; 10.1) Aristóteles diz de Sólon, πολιτείαν δὲ κατέστησε καὶ νόμους ἔθηκεν ἄλλους[14] ... ἀναγράψαντες δὲ τοὺς νόμους εἰς τοὺς κύρβεις ἔστησαν ἐν τῇ στοᾷ τῇ βασιλείῳ καὶ ὤμοσαν χρήσεσθαι πάντες ["ele estabeleceu a πολιτεία e passou outros νόμοι ... e escrevendo os νόμοι nos *kyrbeis* eles os colocaram na Estoa do *Basileus* e todos juraram zelar por eles"]. Se tomarmos as palavras de Aristóteles literalmente e interpretarmos a πολιτεία no sentido estrito, são os νόμοι que foram escritos nos *Kyrbeis*, e não a πολιτεία. Na *Política* Aristóteles também faz uma distinção entre πολιτεία e νόμοι, especificamente no que diz respeito a Sólon, (em II 1273^{b}32-4), onde somos informados de que entre os legisladores οἱ μὲν νόμων

12 Alguns chegaram ao ponto de dizer que Sólon não fez novos νόμοι, mas apenas escreveu as leis existentes. Esta visão é certamente equivocada: veja abaixo.

13 Isto foi bem compreendido na década de 1890 (ver, por exemplo, Busolt, *GG* II^{2} 20 n. 1, 32 n. 1), mas por vezes foi esquecido em tempos mais recentes.

14 Day e Chambers, *AHAD* 79 n. 39, sugerem que a referência a "outras" leis significa "além daquelas relativas à constituição"; mas a palavra também poderia ter sido inserida por causa da sentença νόμους ἔθηκε ["ele aprovou leis"] em 6.1.

ἐγένοντο δημιουργοὶ μόνον, οἱ δὲ καὶ πολιτείας, οἷον καὶ Λυκοῦργος καὶ Σόλων· οὗτοι γὰρ καὶ νόμους καὶ πολιτείας κατέστησαν ["alguns eram autores apenas de νόμοι, enquanto outros eram autores também de uma πολιτεία, como Licurgo e Sólon: pois eles estabeleceram tanto νόμοι quanto πολιτεία"]. Na *Política* (II 1274ᵇ15-16,15)[15] Aristóteles credita a Draco apenas νόμοι, acrescentando πολιτείᾳ δ' ὑπαρχούσῃ τοὺς νόμους ἔθηκεν ["ele adicionou seus νόμοι a uma πολιτεία existente"]. E ver ainda outras passagens da *Política* (II 1265ᵃ1-2; III 1286ᵃ2-3; IV 1298ᵃ17-18); e em particular IV 1289ᵃ13-22, que será melhor resumir. Ela nos diz que as leis devem ser e são feitas para se adequarem às πολιτεῖαι e não o contrário, as πολιτεῖαι para se adequarem às leis. Uma πολιτεία é então definida como uma organização dos cargos nos Estados (τάξις ταῖς πόλεσιν ἡ περὶ τὰς ἀρχάς), prescrevendo como eles devem ser distribuídos, qual deve ser o elemento soberano da constituição, καὶ τί τὸ τέλος ἑκάστης τῆς κοινωνίας ἐστίν ["e qual é o fim de cada comunidade"].[16] A definição de leis segue: νόμοι δ' οἱ κεχωρισμένοι τῶν δηλούντων τὴν πολιτείαν, καθ' οὓς δεῖ τοὺς ἄρχοντας ἄρχειν καὶ φυλάττειν τοὺς παραβαίνοντας αὐτούς ["leis distintas daquelas que define a constituição, segundo a qual os magistrados devem exercer os seus poderes e controlar aqueles que os transgridam"].[17] As leis propria-

15 Cf. linhas 18-19 em Pítaco.

16 Cf. III 1278ᵇ8-10: ἔστι δὲ πολιτεία πόλεως τάξις τῶν τε ἄλλων ἀρχῶν καὶ μάλιστα τῆς κυρίας πάντων ["A πολιτεία é a organização dos vários cargos de um Estado e especialmente do mais importante de todos"]. Para Aristóteles, quando estava escrevendo a Política (cf. pp. 344 ss. acima), Sólon deixou o Areópago e τήν τῶν ἀρχῶν αἵρεσιν [a nomeação para cargos"] como estavam; mas (apesar da *Política* II 1273ᵇ41-74ᵃ2) a introdução das τέλη ["classes proprietárias"] por si só, mesmo sem a criação da *Heliaea*, certamente tornaria o κατάστασις ["estabelecimento"] de Sólon uma πολιτεία distinta aos olhos de Aristóteles, uma πολιτεία sendo para ele, acima de tudo, uma τάξις τῶν ἀρχῶν ["organização de cargos"].

17 Cf. Platão, *Leis* VI 751A, onde se diz que há δύο εἴδη ταῦτα περὶ πολιτείας κόσμον γιγνόμενα τυγχάνει, πρῶτον μὲν καταστάσεις ἀρχῶν τε καὶ ἀρξόντων, ὅσας τε αὐτὰς εἶναι δεῖ καὶ τρόπον ὅντινα καθισταμένας. ἔπειτα οὕτω δὴ τοὺς νόμους ταῖς ἀρχαῖς ἑκάσταις ἀποδοτέον κτλ. ["duas ramificações relativas à organização da constituição... primeiro a nomeação de magistraturas e magistrados, quantos deveriam ser e de que forma seriam eleitos; em seguida, as leis seriam atribuídas a cada magistratura dessa forma, etc."].

mente ditas, poderíamos dizer, ou as leis no sentido estrito, distinguem-se daquelas leis que definem a constituição: νόμοι e πολιτεία são diferentes.

Por outro lado, a expressão νόμοι (com νομοθεσία, νομοθέτης e palavras relacionadas) pode muitas vezes ser usada num sentido mais geral, para incluir todo o quadro da constituição. Isso pode ser ilustrado na *Constituição dos Atenienses*. Em 22.1 o ostracismo é criado por Clístenes por um νόμος. Em 7.1, como vimos há pouco, a πολιτεία de Sólon se distingue do seus νόμοι; e em 9.1 os τρία δημοτικώτατα ["três elementos mais favoráveis ao *demos*"] são características de sua πολιτεία; e, ainda, 10.1 chama essas três regras de δημοτικά ["as que favorecem o aspecto do *demos*"] entre seus νόμοι e refere-se à sua elaboração constitucional como sua νομοθεσία ["legislação"]; e 8.2 usa a palavra ἐνομοθέτησεν sobre a regra relativa à eleição de magistrados contida em 8.1. Sem dúvida, é este o uso mais antigo: até onde posso descobrir, não há vestígios de qualquer distinção explícita entre πολιτεία e νόμοι até meados do século IV, quando os autores de teoria política exigiram uma terminologia mais elaborada. Certamente, no século V, era prática comum se referir à constituição existente num Estado, ou elaborada por um legislador, como os seus νόμοι. É necessário deixar isto claro, pois a relutância de perceber tal fato levou recentemente mais de um historiador a algumas conclusões falsas sobre a confiabilidade de nossas fontes sobre a história primitiva de Atenas em geral e sobre a νομοθεσία ["legislação"] de Sólon em particular. Num estudo recente, valioso pela recolha de material dos oradores sobre Teseu, Draco, Sólon e Clístenes, Eberhard Ruschenbusch[18] declara que até 356 Sólon é mencionado apenas como um dos Sete Sábios, como poeta ou como legislador (*Gesetzgeber*), mas "nunca como criador de uma constituição" (*Schöpfer einer Verfassung*). Ele infere que isto não é acidental e que, contrariamente à opinião dos estudiosos modernos, a constituição de Atenas não foi considerada

18 PP, esp. 407–8, seguido por Sealey, em *Historia* 9 (1960), p. 159; e por Day and Chambers, *AHAD* 16-17, 72-3. Estes últimos, no entanto, parecem ter dúvidas: ver p. 16 n. 65.

no século V como obra de Sólon. Ele termina seu artigo perguntando se não deveríamos agora considerar todos os relatos da história constitucional arcaica de Atenas como "*reine Konstruktion*" ["uma completa construção"].[19] Ruschenbusch estabelece aqui uma distinção entre πολιτεία e νόμοι que é muito rígida até mesmo para o século IV e não tem sentido algum no século V. As evidências conclusivas contra ele podem ser facilmente apresentadas.

Clitofonte se referiu em 411 aos πάτριοι νόμοι ["leis ancestrais"][20] pelas quais Clístenes estabeleceu a democracia.[21] Esses νόμοι só podem ser a constituição de Clístenes, a quem nunca são creditadas quaisquer leis de caráter não constitucional. Em Tucídides (VIII 76.6), quando os democratas da frota naval dizem em 411 que os homens da cidade aboliram os πάτριοι νόμοι, eles se referem à sua constituição política, à sua democracia. À luz destas passagens, podemos ver que diversas referências às "leis de Sólon" entre os anos 403 e 399 não podem ser interpretadas, como faz Ruschenbusch, como excluindo disposições constitucionais: o decreto de Tisâmeno (Androcião I 83), e outras passagens em Androcião I (81, 82, cf. 95, 111) e Lísias XXX (2, 26, 28 — especialmente o último, onde Sólon é colocado como um νομοθέτης ["legislador"], no mesmo grupo de Temístocles e Péricles). O decreto de Tisâmeno (πολιτεύεσθαι τοὺς Ἀθηναίους κατὰ τὰ πάτρια, νόμοις δὲ χρῆσθαι τοῖς Σόλωνος ["os atenienses devem conduzir seus assuntos públicos da maneira ancestral e empregar as leis de Sólon"]) foi bastante mal interpretada neste ponto por Fuks[22] e Ruschenbusch.[23] Quando deixamos de considerar a cláusula inicial isoladamente e a lemos com o resto do decreto, podemos encontrar mais uma confirmação do fato de que a expressão "as leis de Sólon" significa simplesmen-

19 *Op. cit.* 424.

20 Sobre o significado habitual desta expressão concordo com Jacoby (*A* 244-5 n. 46): "πάτριος νόμος é uma expressão inteiramente vaga que significa apenas 'uma lei antiga', 'uma lei da época de nossos pais'".

21 Aristóteles, *Constituição dos Atenienses* 29.3.

22 *AC* 38–9.

23 PP 408.

te o *corpus iuris Atheniensium* ["corpo da lei ateniense"]:[24] a palavra νόμοι ocorre nada menos que seis vezes na parte restante do decreto, tratando de possíveis inovações e aqui seria absurdo fingir que não abrange alterações constitucionais, entre outras. A palavra πολιτεία não ocorre no decreto de Tisâmeno, e não há *oposição* entre πολιτεύεσθαι ["conduzir seus assuntos públicos"] e νόμοις χρῆσθαι ["empregar as leis"]. A única razão pela qual foi necessário inserir a cláusula πολιτεύεσθαι, sugiro, é que todos saberiam que os νόμοι de Sólon (isto é, as leis do próprio Sólon, junto com alterações e acréscimos posteriores) não mencionavam explicitamente algumas regras fundamentais do procedimento constitucional, que se baseavam total ou principalmente no costume.[25] De acordo com Antifonte (III a 1), ὁ νόμος ["a lei"], certamente no sentido de "direito consuetudinário" (observe o caso singular), e τὰ ψηφισμένα, "o que foi votado", possui κύριοι πάσης τῆς πολιτείας ["autoridade sobre toda a πολιτεία"].[26] Dracontides, em 404, propôs uma resolução para que os Trinta devessem τοὺς πατρίους νόμους συγγράψουσι, καθ' οὓς πολιτεύσουσι ["escrever as leis ancestrais, segundo as quais eles conduziriam seus assuntos públicos"].[27] Descrevendo a mesma reunião da Assembleia, Lísias (XII 73) poderia dizer no ano seguinte que Terâmenes ἐκέλευσεν ὑμᾶς ... τῇ πολιτείᾳ χρῆσθαι ἣν Δρακοντίδης ἀπέφαινεν ["recomendou que vocês ... empregassem a constituição proposta por Dracontides"]. E quando Xenofonte (*Helênicas* II iv 42) faz Trasíbulo dizer aos atenienses em 403 que eles devem τοῖς νόμοις τοῖς ἀρχαίοις χρῆσθαι ["empregar as leis antigas"], ele estava pensando sobretudo na constituição democrática. Uma πολιτεία, neste período, é algo feito de νόμοι ou conduzido de acordo com νόμοι: as duas palavras nunca são contrastadas. É um enorme erro presumir que Sólon ainda não tinha sido creditado com uma grande

24 Ver J.Schreiner, *De corpore iuris Atheniensium* (Diss. Bonn, 1913), esp. 48–50, p. 49, endossado por Harrison, LMAEFC 30 n. 34 e Fuks, *AC* 39.

25 Cf. pp. 414 ss.

26 Não consigo entender por que Day e Chambers, *AHAD* 72 n. 24 (cf. n. 65) querem ver aqui a sugestão de uma "distinção entre as leis e uma constituição".

27 Xenofonte, *Helênicas* II iii 2.

proporção, embora totalmente indefinida, das leis constitucionais de Atenas, mesmo que a concepção histórica de uma πολιτεία estritamente soloniana, distinta da de Clístenes, não tenha surgido até muito mais tarde[28] — os atenienses só começaram a pensar e a investigar sobre a história da sua constituição mais tarde. Uma distinção explícita entre πολιτεία e νόμοι, tanto quanto sei, só emerge nos escritos dos teóricos políticos do século IV.

Esta distinção, apesar de ter surgido bastante tarde, incorporava uma verdade que agora se torna importante para os nossos propósitos atuais. Não temos o direito de esperar encontrar toda a πολιτεία de Sólon nos seus νόμοι, e devemos levar em conta a probabilidade de que "as leis de Sólon", que eram conhecidas no século IV e posteriormente, possam não ter incluído algumas das disposições que realmente criaram a constituição em primeiro lugar. Nas esferas em que Sólon aceitou o νόμος existente (no sentido de lei consuetudinária) e não fez nenhuma mudança na situação, ele poderia muito bem não fazer nenhuma promulgação específica. Mais do que isso, muito do que ele estabeleceu de uma vez por todas, por exemplo a *Seisachtheia*,[29] ou as regras que prescrevem o método de eleição dos magistrados ou ainda as qualificações das classes censitárias, pode não ter sido incluído entre os seus νόμοι, que certamente se destinavam, acima de tudo, a governar a vida diária, e provavelmente foram muitas vezes expressos na forma de instruções aos magistrados: "os *Naukraroi* devem exigir" ou "gastar do fundo naucrárico",[30] ou ainda "os *Kolakretai* devem fornecer dinheiro para despesas de viagem, a partir do fundo naucrárico, para os *Theoroi* que vão até Delfos",[31] ou a regra (no Primeiro *Axon* de Sólon) de que o arconte deve punir qualquer um que exporte produtos naturais que não seja

28 Cf. Jac., i 29.

29 De acordo com Jac., i 121, a *Seisachtheia* "é conhecida por não ter aparecido nas leis de Sólon". Isto, claro, é apenas uma inferência, embora convincente, do fato de que Androcião poderia ter deturpado completamente a natureza da *Seisachtheia* (ver p. 381 com n. 10 acima).

30 *Constituição dos Atenienses* (8.3).

31 Androcião 324 F 36.

azeite, ou pagar uma multa[32] — embora, é claro, muitas leis teriam sido expressas de uma forma mais geral, como encontramos, por exemplo, em Plutarco, *Sólon* (20–4); Lísias (X 16–18).

Penso que Jacoby[33] está certo, portanto, ao dizer que Aristóteles percebeu que Sólon não tinha depositado a sua constituição num documento especial: "a constituição não foi inscrita no primeiro *Axon*, mas deve ser inferida das leis"; e esta não foi uma tarefa fácil. "Era necessário conhecer a forma do Estado, para o qual Sólon estabeleceu as leis; conhecer as alterações a que as instituições foram submetidas ao longo do tempo (principalmente por *psefismai*...); em particular, interpretar a redação das leis, sempre sucinta e muitas vezes vaga; e uma verdadeira compreensão só seria possível se conhecêssemos a "Lei" existente, que as leis de Sólon mudaram ou substituíram. Era inevitável tirar conclusões sobre isso tudo; podemos reconhecer o procedimento de Aristóteles mesmo no resumo mais sucinto dos pontos principais da *Constituição dos Atenienses* (7-9): é evidente em todas as partes que ele tinha as leis diante de si, inferindo as linhas principais da 'constituição' a partir delas".[34] Há

---

32 Plutarco, *Sólon* (24.1).

33 *A* 333-4 n. 21 (com 333 n. 20); cf. Meyer, *GdA* III² 600 n. 1.

34 A frase de Jacoby termina assim: "e, consequentemente, determinando sua natureza como ἀρχὴ δημοκρατίας". É claro que ele está se referindo a *Constituição dos Atenienses* 41.2 (cf. 9; 22.1), onde Aristóteles, mencionando a μεταβολή ou μετάστασις ["mudança (constitucional)"] que ocorreu ἐπὶ Σόλωνος ["no tempo de Sólon"], acrescenta ἀφ' ἧς ἀρχὴ δημοκρατίας ἐγένετο ["de onde surgiu o início da democracia"]. Mas certamente é um erro (cometido também por Day e Chambers, *AHAD* 67, etc.) fazer Aristóteles chamar a constituição de Sólon de ἀρχὴ δημοκρατίας ["início da democracia"], sugerindo que ela própria era uma democracia. O que Aristóteles realmente diz é que *a partir* da constituição de Sólon surgiram os primórdios da democracia — uma visão bastante diferente. Nas suas observações curiosamente discursivas sobre a constituição de Sólon na *Política* (II 1273ª35-74ª21), Aristóteles parece se recusar deliberadamente a "rotular" essa constituição, embora ele certamente esteja dando sua aprovação a ela em 1274ª11-21. Em 1273ᵇ35 e ss. temos apenas o que ἔνιοι μὲν οἴονται ["certas pessoas pensam"]; e a frase curta que começa com ἔοικε δὲ Σόλων ["parece que Sólon"] (1273ᵇ41 ss.) é continuada por διὸ καὶ μέμφονταί τινες αὐτῷ ["por essa razão algumas pessoas o culpam"], iniciando uma linha de pensamento que segue até 1274ª11. Em 1274ª11 ss., porém, ele isenta Sólon da responsabilidade pelos desen-

razões para pensar que as inferências de Aristóteles nem sempre foram as corretas.[35] Em particular, como mostro em outra parte deste livro,[36] eu mesmo acredito (sem pretender ser capaz de demonstrá-lo de forma completa, pois muitas dúvidas ainda existem nesse ponto) que ele estava errado sobre a introdução do sorteio para a escolha dos magistrados (*Constituição dos Atenienses* 8.1) e sobre as qualificações das classes censitárias (7.4), mas não sobre o fato de ter sido o pertencimento a essas classes que determinou o acesso a cargos (7.3) ou sobre a criação de um Conselho dos Quatrocentos (8.4).

Podemos agora responder, tanto quanto a natureza insatisfatória das nossas fontes o permite, às duas questões que tornaram necessário este exame dos termos πολιτεία e νόμοι. Não há a menor razão para pensar que Sólon não criou uma πολιτεία, mas ela terá sido definida apenas parcialmente em seus νόμοι.[37] Disto decorrem dois resultados importantes: mesmo quando encontramos razão para supor que Aristóteles não possuía o texto real de certas disposições constitucionais de Sólon, não precisamos concluir, como muitos fizeram,[38] que ele não tinha diante de si o texto das leis de Sólon no

volvimentos posteriores, dos quais sabemos que ele não gostou: estes, diz ele, não foram previstos e planejados por Sólon, mas foram desenvolvimentos fortuitos. Isto me parece combinar muito bem com a descrição da constituição de Sólon na *Constituição dos Atenienses* (41.2) como aquela ἀφ' ἧς ἀρχὴ δημοκρατίας ἐγένετο ["da qual surgiu o início da democracia"].

35 Ver Meyer, *GdA* III² 600–1 n. 1: depois de dizer que o "*authentisches Material*" estava disponível em duas formas (1. poemas de Sólon e 2. seu "*Gesetzbuch*"), Meyer continua: "*Dagegen 3. über die Solonische Verfassung besassen die Späteren keine authentischen Nachrichten. Sie waren, wie Aristoteles pol. Ath. 8 mit den Verweisen auf* σημεῖα *und auf die Solonischen Rechtssatzungen zur Evidenz zeigt, lediglich auf die bestehenden Institutionen und, wo diese geändert waren, auf Rückschlüsse angewiesen, die nicht immer richtig ausgefallen sind*".

36 pp. 142ss. e pp. 292ss. acima.

37 Bengtson (*GG*² 122) coloca isso muito bem: "*Eine geschriebene Verfassung, ein 'Verfassungsgrundgesetz', hat Solon nicht hinterlassen. Wohl aber griff seine Gesetzgebung bei dem Unvermögen der Hellenen, zwischen Recht und Verfassung eine Trennungslinie zu ziehen, auf viele Gebiete der Staatsverfassung über*".

38 E.g. mais recentemente Day e Chambers, *AHAD* 79; cf. Weil, *AH* 125 (n. 192); Hignett, *HAC* 12-27.

sentido mais estrito; e, inversamente, se encontrarmos razões para pensar que "as leis de Sólon" estavam disponíveis para Aristóteles, isso não significa que ele necessariamente teria o texto de todas, ou mesmo da maioria, das leis que definiam a estrutura constitucional.

4. Um escritor do século IV poderia, em teoria, derivar a sua informação sobre as leis de Sólon a partir dos objetos físicos originais, os muito discutidos *Axones* ou *Kyrbeis*, ou a partir de cópias. Somente neste último caso precisamos considerar se o material soloniano era distinguível de acréscimos e alterações posteriores.

Começo com o fato de que a anônima *Vita Menagiana*[39] credita a Aristóteles um tratado em cinco livros, Περὶ τῶν Σόλωνος ἀξόνων ["Sobre os *Axones* de Sólon"]. Será que esse trabalho, não atestado em nenhuma outra fonte, realmente existiu? E se sim, foi escrito por Aristóteles? Não vejo como podemos ter certeza quanto isso. Um argumento poderoso contra a existência de tal obra de Aristóteles foi apresentado há muito tempo por Busolt:[40] seria muito surpreendente que nenhum fragmento sobrevivesse de tal obra de Aristóteles, de tanto interesse para os antiquários. A autenticidade da obra, concluiu Busolt, é extremamente duvidosa. Jacoby, depois de se referir ao trabalho como "uma obra da qual nós não podemos simplesmente duvidar da existência",[41] posteriormente teve dúvidas quanto a isso, pois nas notas ao seu comentário sobre Androcião (F 3-4)[42] ele diz: "Eu não gostaria de afirmar que os cinco livros do Περὶ τῶν Σόλωνος ἀξόνων são genuínos. Todos os outros livros sobre os *Axones* (nº 339-41)[43] são do final da época helenística ou do período romano".[44]

É significativo que Jacoby estivesse, no entanto, "confiante de que o próprio Aristóteles leu as leis de Sólon":[45] parece, a partir de

39 V.Rose, *Arist. Fragm.* (1886) p. 16 linha 140 (Hesíquio).
40 *GG* II² 44 n. 1.
41 *A* 385 n. 51. Weil, *AH* 125–7, desde então concordou.
42 Jac., ii 110 n. 39.
43 Em *FGrH* III B.
44 Cf. p. 418s. abaixo.
45 Jac., i 47.

outra passagem,[46] que ele imagina Aristóteles fazendo isso "ou no original ou no manuscrito das Nόμοι de Teofrasto" — embora com isso mostre[47] que ele não tem certeza de que "não houve 'interpolações' (no sentido que a palavra tem na crítica textual do *Digest*) nos *Axones*". Ele também se sente obrigado a "admitir que Aristóteles não tinha acesso a tradição documental sobre as várias medidas de Sólon, além da própria legislação: não sabemos com que base ele afirma com tanta confiança que a *Seisachtheia* precedeu, ou que a reforma monetária se seguiu, à legislação".[48] E eu concordo com tais opiniões.

5. Não me proponho entrar na controvérsia sobre a natureza dos *Axones* e dos *Kyrbeis* — uma controvérsia que recebeu um novo sopro de vida em 1879, com a publicação do primeiro fragmento a ser descoberto nos tempos modernos do "Código" ateniense de 410-399, e que foi retomada novamente nos últimos trinta anos pela descoberta de vários outros fragmentos desse Código.[49] Como disse Sterling Dow,[50] "é impossível conciliar tudo o que os autores clássicos escreveram sobre o assunto, porque eles se contradizem". Ele mesmo argumenta que os *Axones* continham a lei secular, e que o nome *Kyrbeis* passou a ser aplicado à lei sagrada.[51] Para isso existe

46 Jac., ii 134 n. 8 (sobre Androcião F 36).

47 *Id.* n. 9.

48 Jac., i 145.

49 Uma bibliografia completa até 1959 é fornecida por S.Dow em *Historia* 9 (1960), nas pp. 292–3. Adicione agora Dow em *Hesp.* 30 (1961) 58–73 e fig. 9–12; e em *AJA* 65 (1961) 349–56; A.R.W.Harrison em *CQ* 55 = n.s. 11 (1961) 3–5.

50 "The Law Codes of Athens", em *Proc. Massachusetts Histl. Soc* 71 (1953–7, publicado em 1959) 3–36 e fig. 28. Há uma coleção recente da maior parte das evidências literárias antigas feita por L.B.Holland, "Axons", em *AJA* 45 (1941) 346–62; mas, na minha opinião, a discussão proposta por Holland não é uma leitura muito proveitosa.

51 *Op. cit.* (na n. 5º acima) 27 ss., esp. 28-31.

alguma autoridade antiga;[52] mas foram oferecidas outras explicações que me parecem pelo menos igualmente possíveis.[53]

Tratarei dos objetos físicos originais como os "*Axones*" e das disposições que eles continham como as "leis" de Sólon. Dos *Axones*, na época de Plutarco (sete séculos depois de Sólon), os atenienses ainda preservavam no Pritaneu λείψανα μικρά ["pequenos restos"],[54] uma frase que me lembra irresistivelmente aqueles fragmentos de vigas de madeira, semelhantes a favos de mel, às vezes colocado nas varandas das igrejas inglesas em apoio a um apelo por fundos por parte dos restauradores de madeira, como uma demonstração vívida da devastação do besouro vigilante da morte. O quanto essa dilapidação progrediu e por quanto tempo os *Axones* permaneceram legíveis, é impossível dizer. Temos leis citadas por diversas autoridades, com os números dos *Axones* (1, 5, 13, 16 e talvez 21) em que apareceram;[55] mas infelizmente não há nada que nos diga em que data as cópias dos *Axones* foram feitas. Ouvimos falar de vários relatos dos *Axones* feitos por estudiosos helenísticos: Apolodoro, Aristófanes de Bizâncio, Asclepíades de Niceia, Dídimo, Eratóstenes, Euforião de Cálcis, Polêmon e Seleuco de Alexandria.[56] Por meio destes autores sobreviveu uma certa quantidade de evidências, de qualidade muito variada, sobre a composição, tamanho, formato e aparência destes objetos. Mas apenas em uma fonte há qualquer

52 Aristófanes de Bizâncio (ver *FGrH* 241 F 37b); cf. Plutarco, *Sólon* 25.2. Mas Aristófanes, *Aves* 1354, não se enquadra nesta explicação.

53 e.g. Jacoby, *A* 309 n. 64 (κύρβεις é uma palavra arcaica e significa ἄξονες, como θεσμοί esta para νόμοι; assim também Keil, *SVAVA* 58 n. 1); ou J.H.Oliver, em *Hesp.* 4 (1935) 5 ss., nas pp. 9–10.

54 Plutarco, *Sólon* (25.1). Não posso acreditar que a frase ἔτι καθ' ἡμᾶς ["ainda na minha época"] de Plutarco seja simplesmente copiada de sua fonte, e.g. Polêmon, como Hignett (*HAC* 23 n. 3) parece considerar possível.

55 [Plutarco, *Sólon* 24,2; Escólios a Homero *Ilíada* XXI. 282; Plutarco, *Sólon* 19,4; *ibid.* 23,4; Harpocrácio s.v. ὅτι οἱ ποιητοί: ver Rhodes, *CAAP* 131].

56 Talvez a forma mais conveniente de citar os textos seja dar as referências a *FGrH*: 241 (Eratóstenes) F 37; 244 (Apolodoro) F 107; 339 (Asclepíades) F 1; 340 (Dídimo) F 1; 341 (Seleuco) F 1. Cf. 72 (Anaxímenes) F 13, mas aqui Jacoby omite a importante citação de Euforião por Dídimo (Harpocrácio, Fócio e Suidas, s.v. ὁ κάτωθεν νόμος = Euforião fr. 6 em J.U.Powell, *Collectanea Alexandrina* (1925) 30).

menção da existência de uma escrita legível sobre os *Axones*, que já tinham cerca de duzentos e cinquenta anos na época dos Atidógrafos do século IV: Euforião, na última parte do século III a.C., forneceu a informação totalmente crível (conhecida por nós apenas de uma citação de Dídimo, citada pelos lexicógrafos) de que a escrita sobre "os *Axones* e os *Kyrbeis*" era do tipo *boustrophedon* [alternadamente da esquerda para a direita e da direita para a esquerda][57] — uma característica que poderia ter sido aparente mesmo se muito pouco do que estava escrito permanecesse visível. Pelo menos três dos estudiosos mencionados acima (Asclepíades, Dídimo e Seleuco) escreveram obras específicas sobre os Axones,[58] e, presume-se, portanto, discutiram as leis que eles continham; mas isso não significa necessariamente que eles derivaram suas informações sobre essas leis dos *Axones* reais: mesmo que eles próprios tenham visto os *Axones* (e é muito duvidoso que os tenham visto),[59] eles podem muito bem ter confiado no conhecimento que alegavam possuir de seu conteúdo, em cópias ou supostas cópias.

Mesmo que não levemos a sério o fragmento de Cratino[60] que fala dos *Kyrbeis* de Sólon e Draco como sendo usados para tostar cevada, podemos muito bem sentir que por volta da segunda metade do século IV os próprios *Axones* poderiam ser ilegíveis, pelo menos parcialmente. Se for assim, entretanto, já deveriam ter sido feitas cópias das leis, ou pelo menos algumas delas, na forma real em que

57 Ver n. 56 acima.

58 Ver *FGrH* 339 F 1; 340 F 1; 341 F 1.

59 A declaração citada de Dídmo por Harpocrácio é formulada de forma a sugerir que o próprio Dídimo não tinha realmente visto os *Axones* por conta própria: "ὅτι γάρ φησι (sc. Δίδυμος) 'βουστροφηδὸν ἦσαν οἱ ἄξονες καὶ οἱ κύρβεις γεγραμμένοι, δεδήλωκεν Εὐφορίων ἐν τῷ Ἀπολλοδώρῳ'" ["(Dídimo) diz que Euforião no 'Apolodoro' explicou que 'os *Axones* e *Kyrbeis* foram escritos em forma de *boustrophedon*'"]. É impossível dizermos se Asclepíades ou Seleuco viram os *Axones*. Dos dois escritores que fornecem as descrições mais plausíveis de sua aparência física, a saber, Aristófanes e Polêmon (ver *FGrH* 241 F 37bc), apenas o último pode tê-los visto pessoalmente, a menos que Aristófanes esteja certo ao dizer que os *Axones* e os *Kyrbeis* eram semelhantes, e que os *Axones* continham νόμοι ["leis"], os *Kyrbeis* continham θυσίαι ["sacrifícios"].

60 Fr. 300 K/A (274K) em Plutarco, *Sólon* 25.2.

apareceram nos *Axones*. Para isso há duas evidências principais: primeiro, as leis são citadas por autores antigos (como já vimos) de acordo com os números dos *Axones* dos quais faziam parte;[61] e, em segundo lugar, são citadas frases de leis que certamente saíram de uso muito antes da recodificação no final do século V, como encontramos em Androcião (*FGrH* 324 F 36) e Aristóteles (*Constituição dos Atenienses* 8.3), este último dizendo que "nas leis de Sólon, que eles não mais usam, está escrito *em muitos lugares* (πολλαχοῦ) 'os *Naukraroi* são exatos' e 'gastos do fundo naucrárico'".[62]

6. O problema é que assim que começamos a pensar em termos de cópias das leis de Sólon, surge a questão de saber se as cópias eram precisas, ou se podem ter ocorrido "interpolações" (para usar a frase de Jacoby)[63] e mesmo falsificações definitivas. E não é muito provável que, por exemplo, quando uma lei soloniana tivesse sido modificada, a modificação tendesse a ser incorporada em cópias da lei "soloniana"?[64]

Foi provavelmente o próprio Aristóteles, como a maioria das pessoas admite agora, quem foi enganado pela "constituição de Draco" (*Constituição dos Atenienses* 4), uma falsificação do século IV.[65] Também argumentei em ensaios anteriores que Aristóteles estava enganado sobre as qualificações das classes do censo e sobre o procedimento soloniano de κλήρωσις ἐκ προκρίτων ["sorteio de candidatos pré-selecionados"]. Existem, em termos gerais, três formas de explicar estes erros: (1) Aristóteles pode ter sido enganado por cópias não autênticas das leis em questão, sejam elas imprecisas, "interpoladas" ou realmente forjadas; ou (2) na ausência de qualquer lei soloniana sobrevivente, genuína ou falsificada, ele pode ter tirado falsas inferências de outro material que lhe foi apresentado; ou (3)

61 Ver n. 55 acima.

62 A maior parte do raciocínio de Hignett, *HAC* 19-22, não vem ao caso se não admitirmos nenhuma recodificação total das leis atenienses entre Sólon e c. 410 — como eu certamente não admitiria.

63 Ver n. 47 acima.

64 Cf. Hignett, *HAC* 23, 313, em Plutarco, *Sólon* 19.4. (Cf., no entanto, p. 414 acima)

65 A alternativa, claro, é supor que a *Constituição dos Atenienses* 4 (e alterações subsequentes) foram adicionadas após a morte de Aristóteles.

ele pode estar confiando em "tradições estabelecidas", incorporadas no trabalho de um ou mais dos primeiros Atidógrafos, que foram eles próprios corrompidos de uma das duas maneiras que acabamos de mencionar. Sobretudo, como indiquei anteriormente,[66] Aristóteles talvez fosse particularmente propenso a ser enganado pelo que lhe parecia ser um material "documental".

A conclusão geral a tirar de todas estas considerações é que Aristóteles não deveria ter à sua disposição todas as leis de Sólon, mas também não devemos pensar que não tivesse acesso a nenhuma delas. Devemos pelo menos cogitar outra possibilidade (que acredito ser a verdade): que ele tinha um registro preciso de muitas das leis de Sólon, mas estava mal informado sobre outras, ou não as conhecia, e que para algumas das disposições que criam a estrutura da πολιτεία de Sólon, que não foram incluídas nas leis dos *Axones*, ele terá que confiar, pelo menos parcialmente, na tradição e na inferência, ambas muito sujeitas a erros. Na medida em que os *Axones* originais eram legíveis no século IV, é certamente tão provável que os primeiros Atidógrafos tenham feito uso deles, como Aristóteles; mas a pesquisa nos documentos seria uma questão muito diferente, por razões que espero ter deixado suficientemente claras.

7. É hora de resumir a questão das fontes documentais de Aristóteles. Em primeiro lugar, tal como Helânico e os outros Atidógrafos, ele certamente tinha a lista de arcontes,[67] remontando pelo menos a Sólon (594/3) e provavelmente a Creonte (683/2). Pode muito bem não ter sido mais do que uma mera lista de nomes: eu duvido da existência, em tal lista, mesmo daquelas breves anotações "referentes à própria lista" que Jacoby estava pronto para aceitar.[68] Foi provavelmente um extrato desta lista[69] que estava disponível em pedra na Ágora por volta de 425 a.C.[70]

66 pp. 366 ss. acima.

67 Ver Jacoby, *A* 171–6, 197 etc.; Jac., i 14 ss.; Cadoux, *AAKH*, esp. 77–8.

68 *A* 174–6, 177, 185–6, 188, 196, cf. 94, 96-7, 197. Pelo menos Jacoby mostrou que é impossível conceber a lista dos arcontes como contendo qualquer registro detalhado de eventos contemporâneos ou reformas constitucionais.

69 Ver esp. Jacoby, *A* 172–3.

70 M/L 6 = Fornara 23.

Além da lista de arcontes, é difícil pensar em qualquer documento pré-clistênico que Aristóteles pudesse ter tido acesso, exceto "as leis de Sólon". Não podemos ter a certeza de que ele fosse capaz de ler os próprios *Axones*: provavelmente teria de confiar, pelo menos parcialmente, em cópias das leis; mas evidentemente ele tinha algum tipo de cópia, embora não tenhamos meios de dizer se eram completas e precisas ou se continham lacunas, erros e "interpolações", ou mesmo falsificações deliberadas. Vimos que antes de Clístenes os "arquivos" seriam quase inexistentes e que durante cerca de cem anos depois de Clístenes os registros deveriam ser muito incompletos e não estavam centralizados. Mas há uma conclusão que se impõe a qualquer estudioso. Se tivermos motivos para suspeitar de um desacordo entre Aristóteles, por um lado, e Androcião ou qualquer outro Atidógrafo antigo, por outro, então, na ausência de evidências confirmatórias de ambos os lados, temos todos os motivos para preferir Aristóteles, porque é muito mais provável que ele, do que qualquer um de seus antecessores, tenha feito pesquisas em primeira mão com base nos documentos — tais como eles eram.

NOTAS FINAIS

i (da p. 346 n. 27). Ross (DAT 71) sobre a datação de certas passagens da *Política* de Aristóteles

Os três pontos de Newman foram apresentados de forma mais tímida do que as citações que Ross fez dele poderiam indicar. (1) Em *PA* IV 439 (sobre *Política* V 1312^{b}6–7) Newman apenas diz "é possível que ...". (2) Em *PA* II 333–4 (sobre *Política* II 1270^{b}11–13) ele começa: "é bastante desconhecido a que Aristóteles se refere aqui, mas atrevo-me a sugerir se não é possível que...". Ele continua: "se os eventos de 333 a.C. são realmente referidos...", e termina, "menciono a hipótese com ressalvas". (3) Em *PA* IV 255 (sobre *Política* IV 1299^{a}14–19), depois de dizer que Ésquines III 13-19 está "provavelmente presente na mente de Aristóteles neste caso", ele desenvolve isso um pouco mais adiante, com as palavras: "se cc. 13–19 de Ésquines, *Contra Ctesifonte*, estão presentes na mente de Aristóteles...".

ii (da p. 346 n. 28). Weil (*AH* 181–210) sobre a datação de certas passagens da *Política* de Aristóteles

Darei apenas três exemplos. (1) As referências de Aristóteles ao império persa (ver Weil, *AH* 198-9) são atemporais e não oferecem motivos para supor que ele deva estar escrevendo antes das conquistas de Alexandre, como Weil infere. (2) Não conheço nenhuma razão para datar a rota que ligava Clazômenas ao continente precisamente no final da década de 330 (como Weil, *AH* 199–201). De qualquer forma, Aristóteles está falando de uma época anterior à existência da rota, de modo que ele teria naturalmente escrito sobre οἱ ἐν νέσῳ ["aqueles na ilha"] mesmo que em sua própria época a ponte já tivesse sido construída. No entanto, agora parece que Quítrion ou Quíton provavelmente não deveriam estar localizadas na extremidade continental da ponte, mas vários quilômetros mais a sudoeste: ver J.M.Cook, "The Topography of Klazomenai", em *Αρχ. Ἐφ.* (1953–4), μέρος δεύτερον, 149–57. E se Quítrion estivesse assim bem no interior, teria sido ainda mais natural para Aristóteles contrastar οἱ ἐπὶ Χύτροι ["aqueles de Quítron'] com οἱ ἐν νέσῳ ["aqueles na ilha"], independentemente de a rota existir ou não. (3) Parece-me absurdo dizer, com Weil (*AH* 195–8, p. 196), seguindo Keil (*SVAVA* 123), que a *Política* VI 1321ª28-9 (καθάπερ Θηβαίοις ["como em Tebas"]) "*só* pode estar falando do presente: é *impossível* que o passado esteja implícito", e que após a destruição de Tebas (em 335) Aristóteles "*só* poderia ter escrito Θηβαίοις πότε ["uma vez em Tebas"] ou alguma expressão semelhante" (grifo meu em cada caso). É pura suposição que a situação retratada na *Política* III 1278ᵇ25-6, reconhecidamente passada, foi restaurada entre 338 e 335. E o uso de Aristóteles em outros lugares mostra que um verbo no passado ou no presente pode estar implícito em nosso καθάπερ Θηβαίοις. Aqui a *Política* VI 1318ᵇ21-7 é esclarecedora: de acordo com a regra imaginada por Keil e Weil, seria "impossível" entender um pretérito na linha 25, com ὥσπερ ἐν Μαντινείᾳ ["assim como em Mantineia"], mas o complemento que Aristóteles adiciona nas linhas 26-7, onde temos ὥσπερ ἐν Μαντινείᾳ ποτ' ἦν ["assim como foi o caso em Mantineia"], mostra que devemos. Novamente, o verbo principal na *Política* V 1302ᵇ18-19 (εἰώθασιν ["eles estão acostumados a"]) é naturalmente tomado como um presente, mas o ostracismo não era usado em Atenas há quase cem anos, e quase certamente também tinha acabado em Argos. Também na *Política* V 1316ª29-39, os dois verbos estão no presente, enquanto os exemplos vêm do passado.

iii (da p. 347 n. 31). Quadrirremes na frota ateniense

IG II² 1627 (330/29) *b*. 266 e seguintes, nas linhas 275–8, menciona 18 quadrirremes. Infelizmente, as "listas da marinha" da década de 330 que sobreviveram são muito fragmentárias e o fato de as quadrirremes não aparecerem nelas não é decisivo. Em *IG* II² 1624 (final da década de 330) *c* há um espaço vago após o "número total de trirremes" nas linhas 125-9, e isso pode sugerir que na época em questão não existiam quadrirremes. Mas é provável que quadrirremes estivessem em funcionamento pouco antes de 330/29, pois sabemos por *IG* II² 1631 (323/2) *c*. 430-41 que Estesílides de Sífnos foi comandante de uma quadrirreme, e *IG* II² 1627 (330/29) *a* 194–6 mostra que Estesílides estava morto por volta de 330/29. (Isso foi percebido por Boëckh, *SA*¹ III = *Die Urkunden uber das Seewesen des Attischen Staates* (1840), 75-6.) Duvido que os atenienses tivessem construído suas primeiras dezoito quadrirremes de uma só vez (quando eles se voltaram para as quinquerremes, começaram com sete: *IG* II² 1629 (325/4) d. 783 ss., na linha 811); mas não parece que tenham começado a construí-las muito antes de 330.

iv (da p. 351 n.46). Jaeger sobre a datação das Πολιτεῖαι de Aristóteles

As declarações que citei são ainda mais estranhas, pois anteriormente no mesmo livro (*Arist.*² 265-6) Jaeger toma a expressão ἐκ τῶν συνηγμένων πολιτειῶν em Aristóteles, *Ética a Nicômaco* 1181ᵇ17, como significando "à luz das constituições que recolhemos", e observa que "foi despendida muita criatividade inutilmente em negar" que se trata de uma referência à "coleção de 158 constituições". Ele continua enfatizando que Aristóteles está dizendo: "Agora tenho à minha disposição o copioso material das 158 constituições e vou utilizá-lo para dar ao Estado ideal uma base positiva"; e acrescenta: "Isso foi escrito no final da última versão da *Ética*, ou seja, na sua [de Aristóteles] última década. A coleção de constituições surgiu ao mesmo tempo". Mas como é que todas as 158 constituições "apareceram ao mesmo tempo"?

v (da p. 370 n. 13). Xenofonte como fonte da *Constituição dos Atenienses* de Aristóteles

De acordo com Day e Chambers (*AHAD* 11), Xenofonte é "descartado por acentuadas discrepâncias entre ele e Aristóteles"; mas a única autoridade que eles fornecem para esta afirmação é Hignett (*HAC* 386-9) e Hignett, embora exponha as discrepâncias, não diz que elas "descartam" o uso de Xenofonte na *Constituição dos Atenienses* — veja, por exemplo, p. 386, onde Hignett declara que a passagem na *Constituição dos Atenienses* sobre a data da ocupação de File no início do inverno é "simplesmente uma dedução da referência de Xenofonte à tempestade de neve" (nas *Helênicas* II iv 3). Poderíamos também concluir que Tucídides está "descartado" como fonte da *Constituição dos Atenienses* pelas discrepâncias entre o relato dele e o de Aristóteles em 29-33. Wilamowitz (*AuA* I 166), que negou o uso de Xenofonte por Aristóteles, foi levado a inventar uma obra perdida de Terâmenes como a fonte comum de Xenofonte e Aristóteles. Tendo em vista semelhanças entre Xenofonte, *Helênicas* II iii 19 e Aristóteles, *Constituição dos Atenienses* 36.2, acho difícil acreditar que Aristóteles não usou Xenofonte diretamente; mas isso dificilmente pode ser provado. Certamente Aristóteles também usou uma fonte diferente para os anos 410-403, mas não vejo como podemos decidir qual foi esta — um ou mais dos *Atthides*, ou a continuação de Tucídides por parte do historiador de Oxirrinco, ou Éforo (usando o autor de Oxirrinco), e talvez um discurso ou discursos proferidos pouco depois (cf. Lísias XII e XIII, que no entanto não podem ter sido a fonte em questão).

POSFÁCIO POR P.J.RHODES

Este ensaio foi escrito antes da publicação do meu comentário sobre a *Constituição dos Atenienses* em 1981[a] e o de M.Chambers em 1990;[b] inclusive, eu me beneficiei muito destes textos, enquanto eu trabalhava em meu comentário, pois Ste.Croix me emprestou cópias deste ensaio e de outros desta coleção, e estou envergonhado ao descobrir que, embora tenha me referido a esses ensaios em vários pontos, omiti a inclusão de um agradecimento geral em meu prefácio. O ensaio de Ste.Croix antecede o trabalho sobre Androcião e os outros Atidógrafos feito por P.Harding,[c] que reagiu fortemente contra a visão de Jacoby de que cada *Atthis* tinha uma inclinação política, geralmente oposta à de seu antecessor imediato: Harding compartilha minha opinião (cf. abaixo) de que Androcião foi uma fonte da *Constituição dos Atenienses* de Aristóteles, entre muitas outras; ele acredita, deferentemente de Ste.Croix, que Filocoro fez uso considerável de Androcião.[d] O ensaio de Ste.Croix também antecede o trabalho sobre os *kyrbeis/axones* de Sólon, em particular o feito por R.S.Stroud,[e] que argumentou que os *axones* e os *kyrbeis* eram conjuntos separados de objetos (sendo os *axones* os objetos originais nos quais as leis de Draco e Sólon foram inscritas), e ainda estavam disponíveis para consulta no século IV, e ainda o trabalho feito por A.Andrewes,[f] que apoiou a visão de E.Ruschenbuschg (que foi levada em consideração por Ste.Croix) que *axones* e *kyrbeis* eram palavras alternativas para o mesmo conjunto de objetos.[h]

---

[a] Rodes, *CAAP*; cf. *id.*, *Aristotle: The Athenian Constitution* (Penguin Classics, 1984), cujo título não indica uma mudança de opinião sobre a autoria da obra.

[b] Aristoteles, *Staat der Athener*, übersetzt und erläutert von M.Chambers (1990).

[c] Culminando em Harding, *ATA*: seus artigos anteriores estão listados na bibliografia desse livro.

[d] Sobre os *Atthides* cf. também Rhodes, em *Purposes of History* 24-6.v. 1988 (*Studia Hellenistica* 30, 1990), 73–81, adotando uma posição não muito distante da de Harding.

[e] R.S.Stroud, *The Axones and Kyrbeis of Drakon and Solon* (*U.Calif. Pub. Class. Stud.* 19, 1979).

[f] A.Andrewes, em *Φόρος*: *Tribute to B.D.Meritt* (8–21 ,(1974.

[g] E.Ruschenbusch, *Σόλωνος νόμοι* (*Hist.* Einz. 9, 1966), 14–25.

[h] Eu sigo Andrewes, Chambers segue Stroud.

A autoria da *Constituição dos Atenienses* continua a ser debatida. Ste.Croix, embora inicie a seção (i) com a afirmação de que Aristóteles dificilmente poderia ter escrito todas as 158 *Politeiai*, estava preparado para aceitar que havia escrito pelo menos esta: a autoria aristotélica é rejeitada por mim, mas aceita por Chambers. Os estudiosos aristotélicos não discordariam sobre visão de Ste.Croix de que a *Política* tal como a conhecemos data de 335-322, mas partes dela provavelmente são mais antigas.[i] Acredito que uma primeira versão da *Constituição dos Atenienses* foi escrita no final da década de 330 e o texto que possuímos incorpora revisões feitas no início da década de 320; Chambers é cético em relação às revisões e data todo o trabalho como tendo sido redigido entre 328–325.

Sobre fontes da parte histórica de *Constituição dos Atenienses*, a seção (ii) expressa dúvidas sobre o que se tornou a visão padrão, a de que o *Atthis* de Androcião era a fonte principal; já a seção (iii) duvida se Androcião foi uma fonte importante sobre a constituição ateniense mais antiga ou se serviu de base para Filocoro, e duvida também se Androcião foi a fonte do material encontrado na *Constituição dos Atenienses* de Aristóteles e no *Sólon* de Plutarco, e argumenta que a primeira parte da *Constituição dos Atenienses* de Aristóteles incorpora a pesquisa histórica original, como os primeiros *Atthides* não fizeram — assim como a segunda parte incorpora a pesquisa original sobre a constituição contemporânea de Atenas. Simpatizo com a crítica de Ste.Croix à atribuição excessiva desse material a Androcião e considero a primeira parte baseada numa variedade de textos escritos, incluindo o de Androcião e talvez outros *Atthides* (com problemas surgidos quando o autor não resolveu com sucesso divergências entre suas fontes), mas não acredito que o autor tenha se engajado em pesquisas de documentos originais em vez de fazer o melhor uso possível dos livros à sua disposição; Chambers acredita na autoria aristotélica e num controle autoral mais forte do material do que eu, mas sua posição sobre as fontes utilizadas pelo autor é próxima da minha. Quanto a questão es-

[i] Cf. I.Düring, *RE* Supp. xi (1968), 159–336 em 290–1, 334–5.

pecífica dos capítulos sobre Sólon, sugeri que o autor usou algum trabalho anterior sobre Sólon (derivando disso seu conhecimento dos poemas de Sólon e de suas leis) e que Plutarco usou tanto esse trabalho quanto a *Constituição dos Atenienses*. Os métodos de trabalho de Plutarco foram estudados, com particular referência às *Vidas Romanas*, por C.B.R.Pelling.[j]

A seção (iv) pergunta quais evidências documentais estariam disponíveis para um autor que pesquisasse a história ateniense em seu período mais antigo e conclui que, para o período pré-clistênico, existiria apenas a lista de arcontes (provavelmente uma lista simples de nomes, sem anotações) e uma versão das leis de Sólon, provavelmente uma cópia cuja relação com o original é incerta. Concordo com Ste.Croix sobre uma simples lista de arcontes, mas estou mais disposto a acreditar que um texto autêntico das leis de Sólon sobreviveu no século IV e que, apesar do hábito dos oradores de atribuir leis posteriores a Sólon, foi possível (para aqueles que desejassem fazê-lo) distinguir entre as leis de Sólon e as leis posteriores; apesar do saque persa de Atenas em 480, acho possível que o século VI tenha gerado alguns outros documentos que sobreviveram até o século IV.[k] Por outro lado, M.H.Hansen argumentou que os *axones* de Sólon não incluíam quaisquer leis constitucionais, e que o relato da *Constituição dos Atenienses* sobre a constituição de Sólon não reflete os fatos do século VI, mas o pensamento do século IV.[l]

---

[j] Ver especialmente C.B.R.Pelling, *JHS* 99 (1979), 74–96 com posfácio em B.Scardigli (ed.), *Essays on Plutarch's Lives* (1995), 312–18; *JHS* 100 (1980), 127–40 = *Plutarch and History* (2002), 1–44 cap. 1; 91–115 cap. 4.

[k] Cf. Rodes, em M.Piérart (ed.), *Aristote et Athènes/Aristoteles and Athens* 23–5.v. 1991 (1993), 53–64. Ver também J.P.Sickinger, *Public Records and Archives in Classical Athens* (1999), caps. 1–2.

[l] M.H.Hansen, *C&M* 40 (1989) [publ. 1993], 71–99; este e os artigos que o acompanham foram publicados também como um livro separado, W.R.Connor et al., *Aspects of Athenian Democracy* (1990), mesma paginação. Para outro tratamento cético dos relatos sobre Sólon feitos no século IV, ver C.Mossé, *Annales* (*ESC*) 34 (1979), 425-37.

8
Os *metra* em Aristóteles, *Ética a Nicômaco* V vii 5, 1134^{b}35–1135^{a}3

τὰ δὲ κατὰ συνθήκην καὶ τὸ συμφέρον τῶν δικαίων ὅμοιά ἐστι τοῖς μέτροις· οὐ γὰρ πανταχοῦ ἴσα τὰ οἰνηρὰ καὶ σιτηρὰ μέτρα, ἀλλ' οὗ μὲν ὠνοῦνται, μείζω, οὗ δὲ πωλοῦσιν, ἐλάττω.
["Regras de justiça baseadas em convenção e conveniência são semelhantes às medidas; pois as medidas de vinho e de cereal não são iguais em todos os lugares, mas são maiores onde se compram e menores onde se vendem"].

Esse trecho geralmente é compreendido nos termos de que as medidas de grão e vinho são "maiores no atacado e menores no varejo",[1] ou em qualquer caso em que "as medidas de atacado e varejo diferem";[2] e isso é frequentemente explicado em linhas similares a Stewart:[3] "Comerciantes comprando cereal ou vinho em grandes quantidades fazem seus cálculos por meio de grandes unidades de medida; mas quando vendem seus estoques no varejo, acham conveniente usar unidades menores — por exemplo, garrafas em vez de barris".

1 Como por Sir David Ross em sua tradução de Oxford, H.Rackham na Loeb, H.Jackson na sua edição do Livro V.

2 J.Burnet, *The Ethics of Aristotle* (1900), 235 n.; cf. J.A.K.Thomson, *The Ethics of Aristotle* (1953), 138. E veja a n. 3 abaixo. A interpretação adotada por A.Grant, *The Ethics of Aristotle*[4] (1885) II 128 n. é um pouco melhor se invertermos a sua concepção de que οὗ μὲν ὠνοῦνται se refere a "os produtores" e οὗ δὲ πωλοῦσιν a "os países consumidores".

3 J.A.Stewart, *Notes on the Nicomachean Ethics* (1892), I 496. A mesma interpretação é essencialmente dada por R.A.Gauthier e J.Y.Jolif em sua edição (*L'Ethique à Nicomaque*, II, *Commentaire*, 1e Partie, 395–6).

Eu sugiro que esse raciocínio não pode ser correto, pelas seguintes razões:

1. Ele não se enquadra no contexto, que certamente exige que as medidas em questão sejam *prescritas por lei*, não simplesmente escolhidas por acordo entre as partes, ou por uma das partes com o objetivo de defraudar a outra. No início do capítulo (1134^{b}18 ss.), Aristóteles diz que existem dois tipos de τὸ πολιτικὸν δίκαιον ["justiça política"], ou seja, τὸ φυσικόν ["por natureza"] e τὸ νομικόν ["por lei"], sendo o primeiro válido πανταχοῦ... καὶ οὐ τῷ δοκεῖν ἢ μή ["em todos os lugares... e não por opinião de um jeito ou de outro"]. A palavra πανταχοῦ ao longo deste capítulo significa literalmente "em todos os lugares" (note Πέρσαις ["na Pérsia"] em 1134^{b}27), mas especialmente, é claro, (como tão frequentemente em Aristóteles) "igualmente em cada *polis*".[4] Que o πανταχοῦ de 1135^{a}1 em particular tem esse sentido é indubitável pela ἐπει οὐδ' αἱ πολιτεῖαι ["já que nem as constituições"], explicação de οὐ ταὐτὰ πανταχοῦ ["não o mesmo em todos os lugares"] na próxima frase (1135^{a}4), que é explicitamente paralela àquela com a qual estamos preocupados. Introduzindo sua metáfora de medidas, Aristóteles começa (1134^{b}35-35^{a}1), τὰ δὲ κατὰ συνθήκην καὶ τὸ συμφέρον τῶν δικαίων ["regras de justiça baseadas em convenção e conveniência"], uma frase que é meramente um sinônimo para τὰ δὲ νόμιμα δίκαια ["justiça legal"] (cf. ἀλλὰ νομικὸν καὶ συνθήκῃ ["mas legal e convencional"], 1134^{b}32; também o sinônimo seguinte, ἀνθρώπινα δίκαια ["justiça humana"], 1135^{a}4). Retornando do seu símile com ὁμοίως ["da mesma forma"] (1135^{a}3), Aristóteles diz que τὰ μὴ φυσικὰ ἀλλ' ἀνθρώπινα δίκαια (ou seja, τὰ νόμιμα δίκαια) ["justiça que não é natural, mas humana" (ou seja, "justiça legal")] não são οὐ ταὐτὰ πανταχοῦ, ἐπεὶ οὐδ' αἱ πολιτεῖαι ["não o mesmo em todo lugar, já que nem as constituições (o são)"]: elas são diferentes Estados, já que as constituições diferem. A menos que Aristóteles esteja traçando um paralelo falso e enganoso, ele também deve ter

4 É claro que Aristóteles estará sempre pensando principalmente nas *poleis* gregas, mas pode falar de pelo menos um Estado não grego, Cartago, como uma quase-*polis*, tendo uma πολιτεία ["constituição"]: ver *Política* 1272^{b}24.

em mente medidas *prescritas por lei*, que diferem de Estados para Estado, com medidas maiores em Estados "onde compram" e menores "onde vendem". A interpretação padrão, no entanto, concebe as medidas como se elas diferissem apenas pela escolha das partes nas várias transações: o "atacadista" prefere comprar por medidas grandes, o "varejista" vender por menores, e é só isso.

2. A interpretação em questão também faz com que o paralelo feito por Aristóteles se desfaça sobre οὐ πανταχοῦ ["não em todo lugar"], que ocorre em ambas as partes do símile (1135ª1; 4): na oração ὁμοίως ["similarmente"], como vimos, significa "não em todos os *Estados*"; mas dentro do símile de medidas, o οὐ πανταχοῦ... ἀλλ' οὗ μὲν... οὗ δέ ["não em todo lugar... mas onde... e onde"] irá (nesta interpretação) se referir a diferentes *transações* — ou no máximo, se supomos (como eu não faria) que "mercados atacadistas" e "mercados varejistas" existiam separadamente, a diferentes *lugares*, independentemente de fronteiras entre os *Estados*.

3. Em todas as compras deve-se *ex hypothesi* haver um vendedor, e em todas as vendas um comprador. Exatamente tanto quanto é comprado em "mercados atacadistas" é também vendido lá, e em "mercados varejistas" há similarmente a mesma quantidade de vendas como de compras. Por que Aristóteles deveria escolher ignorar completamente no primeiro caso (οὗ μὲν ὠνοῦνται ["onde eles compram"]) os vendedores e no outro (οὗ δὲ πωλοῦσιν ["onde eles vendem"]) os compradores?

4. As palavras ὠνοῦνται e πωλοῦσιν são totalmente inadequadas na interpretação que estamos considerando. Elas significam "comprar" e "vender"; elas não significam "negociar em um mercado atacadista" e "em um mercado varejista" ou algo do tipo. Não é do interesse dos *compradores como tal* usar unidades de medida relativamente grandes e dos *vendedores como tal* usar unidades relativamente pequenas. Como veremos em breve, há um sentido, e apenas um sentido, no qual um comprador irá, pelo simples fato de ser um comprador, desejar usar medidas que são μείζω ["maiores"] e um vendedor, similarmente, aquelas que são ἐλάττω ["menores"]; mas

isso nos levará a uma interpretação completamente diferente do símile de Aristóteles.

Devemos, portanto, rejeitar a interpretação usual, concebendo-a como certamente falsa, e procurar outra, na qual as medidas são (A) prescritas por lei, (B) de forma distinta em diferentes Estados; e pela qual podemos explicar (C) a curiosa concentração de Aristóteles primeiro em um lado e depois no outro de transações que são essencialmente bidirecionais, e (D) como se pode pensar que os compradores como tal preferem que suas medidas sejam μείζω ["maiores"], vendedores como ἐλάττω ["menores"]. Penso que essa investigação pode ser realizada sem se aventurar demais nos pântanos da metrologia, um assunto cujo estudo inteiro, como Pritchett[5] observou recentemente, "está nesta altura em um estado muito fluido".

Vamos primeiro tirar do caminho uma ou duas interpretações de nossa passagem que poderiam ser sugeridas. As μέτρα de Aristóteles não podem ser diferentes *graus* de medidas dentro do *mesmo sistema* (toneladas e libras ou galões e pintas inglesas), como na interpretação que já rejeitamos. Toda a elaboração da frase, especialmente o οὐ πανταχοῦ ἴδα ["não igual em todos os lugares"], vai totalmente contra isso — é claro que todos os sistemas de medidas devem ter diferentes graus. E certamente não é do interesse dos compradores usar medidas relativamente grandes e dos vendedores usar medidas relativamente pequenas, mas ao contrário. Nem as μέτρα podem ser *sistemas* diferentes, como por exemplo o Ático e o Egineta, dentro de cada um dos quais os graus correspondentes têm os mesmos nomes, mas valores diferentes. As cidades gregas usavam sistemas de pesos e medidas *en bloc*: elas não usavam um sistema (o Ático, digamos) para cereal, outro (o Egineta, talvez) para vinho, e um terceiro (o de Fídon por exemplo) para outras coisas; nem poderiam ter prescrito um sistema para comprar e outro para vender, porque deve haver vendedores em cada compra e compradores em cada venda, e eles

5 Em *Hesperia* 25 (1956) 192. Pritchett faz muitas observações úteis sobre as medidas gregas de capacidade, *op. cit.* 192–6, 200–1, e por D.A.Amyx em *Hesperia* 27 (1958) 168–95, cf. 287–307. [Veja também o Posfácio dos Organizadores, pp. 453 ss. abaixo].

(as outras partes em cada caso, que Aristóteles aqui sente que pode ignorar) simplesmente exigiriam mais dinheiro pela mercadoria, ou dariam menos dinheiro, conforme o caso, se as partes que Aristóteles está pensando tentassem alguma prática desonesta envolvendo o padrão de medida. Os negócios se tornariam impossíveis nessas condições. Em Atenas, um *medimnos* ou uma *drachma* significavam um *medimnos* ou *drachma* áticos, em Egina significava um de Egina. Se, digamos, um comerciante ateniense, vendendo um *medimnos* de cereal em Egina, entregasse um *medimnos* ático, ele seria informado de que este era menor que um *medimnos* (de Egina); e se ele insistisse em usar sua própria medida ática, o preço seria reduzido proporcionalmente, de modo que ele não ganharia nada. E em qualquer caso, como vimos, Aristóteles deve estar pensando em compras em um grupo de Estados e vendas em outro.

Metra, em uma passagem como a nossa, poderia *a priori* ter um (ou ambos) de dois significados bastante diferentes, infelizmente não distinguidos por LSJ, s.v. μέτρον, I 2: poderia significar (a) medidas teóricas, padrões de medida (como, por exemplo, em Homero, *Ilíada* VII 471; *Odisseia* II 355; IX 209; Heródoto, VI 127.3), ou (b) os recipientes físicos usados na aplicação desses padrões a objetos reais (como, por exemplo, em *Papiros de Tebtunis* 105.40).[6] Essas μέτρα físicas, é claro, podem ou não ser do tamanho adequado em qualquer caso dado. O que vou sugerir é que o μείζω de Aristóteles e o ἐλάττω se referem a recipientes físicos, e significam maior ou menor *do que deveriam ser teoricamente*. Isso imediatamente satisfaz nossa condição D como nenhuma outra interpretação fará, pois é de fato do interesse dos compradores como tais usar medidas físicas maiores do que as medidas teóricas que se supõe representar e, dos vendedores como tais, usar medidas menores.

Aristóteles se refere especificamente a "medidas de vinho e cereal", não apenas "medidas" ou mesmo "medidas líquidas e secas". Claro que seria possível ter apenas um recipiente oficial para cada

6 Do mesmo modo, poder-se-ia distinguir as μέτρα físicas de *Ilíada* XII 422 das μέτρα teóricas das outras passagens citadas por LSJ, s.v. μέτρον, I 1.

grau importante das medidas da cidade, seco e líquido: poder-se-ia testar um de uma medida duvidosa despejando cereal ou água nele e depois transferindo o conteúdo para o recipiente oficial.[7] Mas temos amplas evidências confirmatórias de que algumas cidades gregas, de qualquer forma, tinham recipientes oficiais separados para vinho[8] e para cereal.[9]

Hoje existem leis em todos os países contra o uso de pesos e medidas que não sejam do tamanho prescrito, com inspetores oficiais para garantir que as leis sejam observadas. Assim era em Atenas, por exemplo, onde os *Metronomoi* eram os magistrados responsáveis,[10] e devem (mesmo antes da data da inscrição de cerca de 100 a.C., *IG* II² 1013, que será discutida abaixo) ter mantido um conjunto completo de pesos e medidas oficiais, para que pudessem resolver disputas sobre a validade dos itens privados usados por compradores e vendedores. Os *Metronomoi* (e os magistrados correspondentes em outros lugares) teriam a palavra final e, se surgisse uma disputa, ela seria resolvida pela apresentação das medidas oficiais manti-

---

7 *IG* II² 1013 (ver abaixo), linhas 10-11, diz que todos aqueles que vendem na Ágora devem medir todos os líquidos τῷι αὐτῶ[ι] μέτ]ρωι. Mas (a) a inscrição é em mais de dois séculos posterior a Aristóteles, e (b) as palavras τῷ αὐτῷ μέτρῳ, longe de significarem "com um único recipiente físico", dificilmente podem ser limitadas mesmo a uma série de recipientes do mesmo tamanho, pois teria de haver, naturalmente, medidas de diferentes graus (de κοτύλη, digamos, a μετρητής); e a expressão só pode significar "de acordo com a mesma medida", no sentido de "com uma medida de *mesmo padrão*".

8 E.g. (a) o *sēkōma* de vinho de Quios publicado por W.G.Forrest em *BSA* 51 (1956) 63-7; (b) o *sēkōma* inscrito οἰνη[ρὰ] ε]ἰκοσακότυλον στάμνο[ς] ["medida de vinho de vinte *kotyle*"], também de Quios, referido na p. 65 do artigo de Forrest; (c) o *sēkōma* de Tasos, com a palavra οἰνηρά, publicado por J.Pouilloux, *Recherches sur l''histoire et les cultes de Thasos* II (1958) 101–2, no. 194 & Pl. XV; cf. *id.* I (1954) 405- 6, no. 153 & Pl. XLIV 1, 2.

9 E. g. (a) *IG* II² 1013, linhas 21, 27; (b) uma inscrição mais ou menos da mesma data, de Delos, ID 1820 (= Choix 143), que fala de um σήκωμα σιτηροῦ μεδίμνου ["medida de um *medimnos* de cereal"].

10 Ver esp. Aristóteles, *Constituição dos Atenienses* 51.2: καὶ οὗτοι τῶν μέτρων καὶ τῶν σταθμῶν ἐπιμελοῦνται πάντων, ὅπως οἱ πωλοῦντες χρήσονται δικαίοις ["e são responsáveis por todos os pesos e medidas, assegurando que os vendedores utilizam pesos e medidas justos"].

das pelos *Metronomoi*. Todas as medidas possuídas privadamente e usadas em um Estado particular, portanto, tenderiam (na medida em que não fossem fraudulentas) a se aproximar em capacidade das medidas *físicas oficiais*, quer essas fossem ou não exatamente do tamanho teórico correto.

Sabemos, a partir de vários tipos de fontes que existiam na Antiguidade — como esperaríamos — medidas físicas usadas por indivíduos privados que não eram do tamanho que deveriam ser; de modo que, por exemplo, um homem entregando uma quantidade prescrita de cereal ou vinho em pagamento de arrendamento em espécie ou em pagamento de um empréstimo, poderia ser enganado ou forçado por seu senhorio ou credor a dar mais do que a quantidade correta. Assim, em 603 d.C. (para tomar um caso um tanto extremo) encontramos o Papa Gregório, o Grande,[11] escrevendo a um notário, Pantaleão, sobre sua indignação ao descobrir que certos *coloni Ecclesiae* foram obrigados a entregar seus *frumenta* de acordo com uma medida *modius* contendo nada menos que 25 *sextarii* em vez dos 16 legais: ele expressa seu prazer com a notícia de que Pantaleão quebrou a iníqua medida "*et iustum fecisse*" ["e fez uma adequada"]. Seria interessante saber quantos *sextarii* o novo "*modius iustus*" continha, à luz da ordem de Gregório, em outra carta (para Pedro, um subdiácono siciliano),[12] que os *rustici Ecclesiae* não deveriam ser obrigados a entregar seus *frumenta* de acordo com uma medida *modius* contendo mais do que 18 *sextarii*. Novamente, um contrato quase contemporâneo do Egito Bizantino,[13] firmado pelo administrador de parte das vastas propriedades da família Apião, estipula que o administrador deve repassar ao seu empregador os 15% de lucro que ele fará ao empregar a medida *artabus* em uso

11 *Cartas* XIII 37 (*MGH*, ed. L.M.Hartmann, II, p. 400) = XIII 34 (Migne, PL 77).

12 *Cartas* I 42 (*MGH* I, p. 62) = I 44 (Migne).

13 *Papiros de Oxirrinco* I 136, linhas 27–9: προσομολογῶ δὲ λημματίσαι τῇ ὑμῶν ὑπερφευείᾳ ὑπὲρ παραμυθείας τοῦ παραληπτικοῦ μέτρου τῶν ἀρταβῶν ἑκατὸν ἀρτάβας δέκα πέντε ["Aceito ainda ganhar para a tua magnificência, como compensação pela medida usada no recebimento dos pagamentos, quinze *artabae* extra por cada cem" (tr. Grenfell/Hunt)].

na propriedade, onde a maioria dos arrendamentos seria paga em espécie. Para evitar disputas futuras, as partes de um contrato de pagamento em espécie podiam concordar que a medição deveria ser de acordo com um recipiente específico, como em um contrato de arrendamento do Egito Ptolemaico, datado de 103 a.C.,[14] que prevê pagamento em cereal novo, "medido por 6 *dromos choinix* do Templo de Sucho na citada aldeia por justa medição".

Pode-se objetar que essas são fontes tardias para citar na tentativa de elucidar uma passagem em Aristóteles. Mas há poucos escritores gregos antigos nos quais poderíamos esperar encontrar evidências do uso fraudulento ou extorsivo de medidas falsas. Felizmente, acontece de haver uma referência clara nos *Trabalhos e Dias* de Hesíodo[15] para a possibilidade de se obter alguma vantagem usando uma medida maior ou menor: o poeta aconselha o uso da mesma *metron* para ambos os lados de uma transação (o empréstimo e seu pagamento), insinuando que alguns homens trapaceavam usando medidas diferentes.[16]

Não eram apenas indivíduos privados na Antiguidade que usavam pesos e medidas incorretos. A medida do *modius* do reinado de Domiciano, agora no Museu e Forte Romano de Chesters, encontrada em 1915 em Carvoran e publicada por Haverfield,[17] tem uma inscrição oficial afirmando que foi "testada para uma capacidade de 17 e meio *sextarii*" (*exactus ad S XVIIS*). Isso já é quase 10% acima da capacidade adequada do *modius* (17 e meio em vez de 16 *sextarii*) e,

14 *Papiros de Tebtunis* 105, linhas 40–1.

15 Linhas 349–51. Cf. *Mateus* 7.2; *Marcos* 4.24; *Lucas* 6.38. No Antigo Testamento, ver esp. *Deuteronômio* 25.13–15; *Provérbios* 20.10, 23; *Amós* 8.5; *Miqueias* 6.10–11; também *Levíticos* 19.35–6; *Provérbios* 11.1; *Ezequiel*. 45.9–12.

16 [Uma nota do manuscrito faz referência a Teofrasto, *Caracteres* 30.11, onde, embora os pormenores estejam obscurecidos pela corrupção textual, é claro que o avarento dá rações pequenas aos seus escravos através de truques relativos às medidas].

17 Em *Arch. Aeliana*, 3rt Series, 13 (1916) 85–102. Cf. a medida de 367-75 d.C. encontrada em Ponte Puñida, descrita por Haverfield, p. 93. [Mas vê R.Duncan-Jones, *ZPE* 21 (1976), 61, para a possibilidade de a medida publicada por Haverfield se basear num *modius* maior, conhecido de fontes metrológicas].

na verdade, a medida contém cerca de um sexto mais do que sua inscrição indica: quase 20 pintas inglesas, contra às 16,8 pintas que seriam o equivalente a 17 e meio *sextarii* romanos. Um erro dessa magnitude seria dificilmente crível, e devemos certamente aceitar a explicação de Haverfield de que "podemos ter aqui um dispositivo pelo qual os oficiais romanos ludibriavam os provinciais".[18] Uma legislação posterior proibia expressamente os cobradores de impostos de extorquir mais do que os montantes padrão de tributo usando medidas ou pesos que excedessem a norma.[19]

Novamente, pode-se objetar que na Britânia romana estamos muito distantes da Grécia de Aristóteles. Há, no entanto, um decreto ateniense bem conhecido, *IG* II^2 1013,[20] provavelmente datado dos últimos anos do século II a.C. ou dos primeiros anos do século se-

18 A sugestão alternativa de A.F.Berriman, em *Arch. Aeliana*, 4ª série, 34 (1956) 130, no que entendo, parece-me pouco plausível. Presumo que seria útil ter o peso do recipiente registrado, como nesta medida *modius* (38 libras romanas), para que pudesse ser utilizado, se desejado, para pesar substâncias que necessitassem de um recipiente. Os recipientes romanos eram frequentemente marcados desta forma. As medidas de peso e de volume foram oficialmente equiparadas em Roma, no que diz respeito ao vinho pelo menos, desde muito cedo, pela *Lex Silia* (Riccobono, *FIRA* I^2 p. 79). Neste caso em particular, é claro que qualquer intenção de ludibriar resultaria numa subavaliação do peso — e é de fato isso que pode ter acontecido: o recipiente (no seu estado atual, pelo menos) pesa 25 e três quartos de libras inglesas, em vez das 27 e meio que representariam 38 libras romanas (ver Haverfield, *op. cit.* 94-9).

19 *C. Th.* 12.6.21 = C. J. 10.72.9, of A.D. 386. É interessante encontrar a mesma disposição imperial que prescreve as taxas de comissão que devem ser pagas aos coletores para cada uma de várias mercadorias — é bem possível que o excedente de um *sextarii* e meio do *modius* de Carvoran represente a comissão (entre 9 e 10%) que tinha de ser paga ao coletor. Os coletores armênios recebiam uma comissão de 6 e dois terços para o vinho e a banha de porco, contra 5% nos outros casos: ao implementarem esta medida, os imperadores descrevem a si próprios como "*humanitatis necessitate commoti... longinquitatis causa*", uma consideração que também se poderia pensar aplicar à fronteira da Britânia.

20 Para uma nova restauração das linhas 49–62, com a ajuda de um fragmento de outra cópia da inscrição, ver B.D.Meritt in *Hesperia* 7 (1938) 129–30. Esta inscrição foi muitas vezes discutida, mas raramente de forma satisfatória. As referências são dadas por John Day, *An Economic History of Athens under Roman Domination* (1942), 111 n. 349; adicionar S.Young in *Hesp.* 8 (1939), pp. 279–80; M.Crosby em *Hesp.* 18 (1949) 108–13. [Tr. M.M.Austin, *The Hellenistic World* (1981), 191–3, no. 111].

guinte, que sugere fortemente que os magistrados atenienses vinham fabricando e usando pesos e medidas (oficiais, portanto) que não eram corretos. Um dos principais propósitos do decreto era impor o uso padronizado de pesos e medidas, dos quais amostras oficiais (σηκώματα) deveriam ser preservadas pelos magistrados envolvidos,[21] que não são nomeados na parte sobrevivente do decreto mas certamente devem ter sido (ou ter incluído) os *Metronomoi*. Estes magistrados deveriam obrigar todos aqueles que vendiam na Ágora a usar esses pesos e medidas. A inscrição continua dizendo,[22] καὶ μη̣[κ]έτι ἐξέστω μ̣η̣δεμιᾶι ἀρχῆι π[οι]ήσασθαι μήτε μέτρα μήτε στάθμια [μείζ|ω μ]ηδὲ ἐ̣λ[άτ]τω τούτων ["e não é mais permitido a qualquer magistrado fazer medidas ou pesos [maiores o]u menores que estes"]:[23] a palavra μηκέτι ["não mais"] (que parece certa) é significativa.

Um bom número de medidas[24] e pesos[25] atenienses vieram à luz no decorrer das escavações da *American School*, e alguns deles são carimbados de tal forma que prova que eram oficiais. Ainda não é possível dizer nada muito positivo sobre as discrepâncias entre as medidas,[26] mas parece não haver dúvida de que os pesos mos-

21 Linhas 7–11, cf. 54–5.

22 Linhas 11–12.

23 Suponho que é possível que o que esta frase proíba seja a fabricação de medidas ou pesos de um *grau* superior ou inferior na escala padrão (do que os efetivamente previstos na parte perdida do decreto); mas, se essa fosse a intenção, eu teria esperado uma proibição mais abrangente contra a fabricação de medidas ou pesos de *qualquer* grau para além dos especificamente autorizados.

24 Ver (1) V.Grace em *Hesp.* 3 (1934), p. 297; (2) T.L.Shear em *Hesp.* 4 (1935), pp. 346–7; cf. H.A.Thompson em *Hesp.* 6 (1937), p. 166; (3) O.Broneer em *Hesp.* 7 (1938) 222–4; (4) S.Young em *Hesp.* Suppl. 8 (1939) 274 ss., esp. 279–80. As três primeiras são medidas autorizadas pelo Estado, a quarta é uma clepsidra que deve ter pertencido à tribo dos Antióquidas. A medida de frutas secas publicada por M.Crosby em *Hesp.* 18 (1949) 108-13 é aparentemente uma medida privada, de "três meios *coinix*", carimbada em selo de aprovação em nome do Estado: ver *IG* II^2 1013, linhas 17-18, 22, 63-7

25 Ver T.L.Shear em *Hesp.* 4 (1935), pp. 347–8; *Hesp.* 7 (1938), p. 362; *Hesp.* 9 (1940), p. 307.

26 Por vezes, é difícil ter a certeza da medida que um determinado recipiente representa; e mesmo quando isso está razoavelmente claro, muitas vezes não po-

tram irregularidades marcantes. "A falta de uma adesão próxima a um padrão fixo por parte dos oficiais atenienses" tem sido posta sob suspeita, como resultado do exame de alguns pesos de bronze antigos do final do sexto ou início do quinto século.[27] "Os muitos pesos na Ágora oferecem um campo fértil para investigação, mas as divergências de um único padrão são tão frequentes e tão grandes que é duvidoso se conclusões satisfatórias podem ser alcançadas."[28] Há boas razões, então, para suspeitar que até mesmo as medidas e pesos oficiais das cidades gregas poderiam desviar amplamente da norma.

É minha convicção que a passagem em Aristóteles que estamos agora considerando mostra (e este é o seu real interesse) que os Estados gregos às vezes poderiam fazer suas medidas físicas oficiais, formando o padrão pelo qual suas medidas teóricas eram aplicadas ou interpretadas na prática, maiores ou menores do que deveriam ter sido. E o fato de Aristóteles atribuir medidas "maiores" a cidades "onde compram" e "menores" a cidades "onde vendem" prova que as variações não eram (ou não sempre) meramente aleatórias, causadas por ineficiência, ou dificuldade — que muitas vezes deve ter sido séria — de decidir precisamente quais eram os padrões desejados. (Voltarei a esta questão mais tarde). Agora, qualquer disputa sobre o tamanho das medidas oficiais e qualquer queixa de que os magistrados responsáveis, ou os trabalhadores que eles empregavam para fazer as medidas, agiram com negligência ou inadequação, teria de ser resolvida por uma decisão do supremo corpo político ou judicial da cidade em questão. Portanto, em cada caso em que as variações da norma não fossem aleatórias, o fator decisivo só poderia ser os interesses da maioria dos cidadãos, ou melhor, daqueles cidadãos que tinham poder político efetivo — no

demos saber exatamente até onde se pretendia enchê-lo — cf. *IG* II^2 1013, linhas 18-23, com 23-5

27 Por T.L.Shear em *Hesp.* 7 (1938) 362.

28 Shear em *Hesp.* 9 (1940) 307

caso de uma oligarquia, o πολίτευμα [grupo dominante],[29] ou os membros dominantes do mesmo; no caso de uma democracia, todo o corpo de cidadãos, ou aqueles que, na prática, fossem capazes de fazer prevalecer sua vontade na assembleia ou nos tribunais. O que Aristóteles insinua, então, é que em Estados onde a maioria dos cidadãos que detinham poder político era predominantemente composta de compradores de vinho ou cereal, as medidas usadas no comércio desses produtos (as medidas oficiais, e portanto, como vimos, as medidas privadas também) seriam maiores do que deveriam teoricamente ter sido, mas menores em Estados onde esses mesmos cidadãos eram sobretudo vendedores.[30]

Cidadãos, pelo menos aqueles de alguma importância política, terão sido principalmente vendedores e não compradores de cereal e vinho em muitas cidades gregas: pensa-se primeiro, talvez, nas cidades Tessálias para o cereal, em Quios para o vinho. Excetuando-se aqueles poucos a quem o privilégio de γῆς ἔκτησις ["direito de posse de terra"] tinha sido concedido, somente os cidadãos podiam possuir terra em propriedade plena,[31] e apenas eles produziriam cereal ou vinho. Mas as circunstâncias diferiam muito de cidade para cidade e mesmo que seja difícil acreditar que mais do que algumas importavam a maior parte do seu cereal, como Atenas fez, muitas podem ter importado grande parte do seu vinho. Atenas, como tantas vezes, é um caso especial: aqui eu esperaria que os proprietários de terras (a maioria dos cidadãos) sempre tentassem cultivar cereal suficiente para as suas próprias casas mas raramente vendessem cereal no mercado enquanto a considerável população urbana, tanto cidadãos como metecos, compraria regularmente

29 Ver Aristóteles, *Política* 1305ᵇ22–35; 1293ᵃ12–17, 21–4;1321ᵃ26–31, etc.; também *SEG* IX I, linhas 5, 6 etc.

30 Em todos os casos, haveria, naturalmente, uma minoria cujos interesses seriam exatamente o contrário. Mas os Estados gregos, mesmo as democracias, prestavam muito menos atenção aos direitos das minorias do que as democracias modernas.

31 De Lísias VII 10 (Ἀλκίᾳ Ἀντισθένους ἀπελευθέρῳ ἐμίσθωσα [τὸ χωρίον] ["arrendei (o terreno) a Alcias, o liberto de Antístenes"]). Penso que devemos deduzir que os metecos poderiam ser arrendatários em Atenas e, até mesmo, noutros locais. Este fato é frequentemente ignorado.

grandes quantidades de cereal importado. As medidas de cereal atenienses tenderiam, portanto, a ser do tipo maior.

Eu enfatizaria o elemento político, que sozinho pode explicar por que Aristóteles se sentiu apto a ignorar vendedores em um grupo de transações e compradores em outro (nossa condição C). Ele os ignorou porque não eram eles, mas sim as outras partes envolvidas nas transações, que eram capazes, indiretamente, de decidir exatamente o quanto maior ou menor que a norma as medidas físicas deveriam ser.

Não é necessário supor que houve uma forte intenção de deliberadamente trapacear as medidas. Quando é difícil produzir uma medida de exatamente o tamanho certo — quando, de fato, pode haver alguma dúvida sobre qual *seria* o tamanho "certo" — a tendência natural seria errar pelo lado seguro. Pode-se facilmente imaginar um *Metronomos* ateniense dizendo ao trabalhador que ele empregava para fazer seu μέδιμνος σιτηρός ["*medimnos* de grãos"]: "você sabe como os atenienses ficarão furiosos se acharem que nós lhes entregamos um *medimnos* insuficiente, porque é claro que eles quase sempre estarão comprando e não vendendo com ele, então de modo algum o faça muito pequeno".

O principal fato por trás da afirmação de Aristóteles, então, pode simplesmente ser que, em um mundo onde padrões precisos de medição eram difíceis de conseguir, os cidadãos pensavam em seus próprios interesses e tomavam cuidado para errar em direção ao lado seguro. Pode ser que, às vezes, houvesse uma tentativa mais deliberada de trapacear, manipulando as medidas. Claramente, quanto mais se desviavam da norma, mais óbvio seria e maior a probabilidade de se fazer uma compensação pelas discrepâncias. No comércio de cereal ateniense, em particular, qualquer exagero notável no tamanho das medidas certamente seria compensado por um ajuste de preços em toda a linha: se a medida do *medimnos* fosse encontrada como sendo, digamos, sete em vez de seis ἑκτεῖς ["sextos"] Áticos, os *emporoi* que importavam o cereal simplesmente aumentariam seus preços a um óbolo na *drachma*; e como os preços dos cereais e seus derivados eram nesta altura estritamente controlados (no final do quarto século, pelo menos),[32] até o momento em que a ἄλφιτα ["farinha"] ou os ἄρτοι ["pães"] chegassem aos consumidores finais, ninguém realmente se beneficiaria com a medida maior. Se as medidas de cereal, contudo, fossem apenas uma pequena fração maior, poderia se esperar que fossem consideradas corretas — e como Atenas no meio do quarto século provavelmente estava importando cada ano um milhão de *medimnoi* de cereal ou mais,[33] o lucro total poderia ser bastante substancial.

As "leis da economia", como as conhecemos, eram apenas imperfeitamente compreendidas na Antiguidade. Economia, na medida em que é algo mais do que o οἶκος (ou gerenciamento doméstico), ao qual apenas as palavras gregas οἰκονομία, οἰκονομεῖν, οἰκονομικός e similares se aplicam em primeiro lugar, foi um dos poucos ramos do pensamento ao qual os gregos contribuíram pouco: o que chamamos de economia estava para eles inteiramente subsumido sob os títulos ética e política. Eu não acredito que os cidadãos de um Estado grego que poderiam ser chamados para decidir o volume de uma medida padrão pensariam muito além do problema imediato e prático: "Nós estaremos principalmente comprando com esta medida, então é melhor que ela seja maior do que menor", ou o contrário.

Uma consideração importante, que não pode ser discutida aqui, é que a grande maioria das vendas no mundo grego eram vendas à vista, nas quais a entrega das mercadorias era feita no local, em troca de dinheiro: vendas a crédito, ou com entrega diferida, eram muito mais raras do que no mundo moderno[34] e, como regra geral[35],

32 Ver Aristóteles, *Constituição dos Atenienses* 51.3

33 Ver Demóstenes XX 31–2, com os comentários de A.W.Gomme, *The Population of Athens* (1933), 32–3.

34 Ver sobre todo este assunto F.Pringsheim, *The Greek Law of Sale* (1950), esp. pp. 90–2, e, para um breve sumário, J.W.Jones, *The Law and Legal Theory of the Greeks* (1956), 227–31. Cf. L.Gernet, *Droit et société dans la Grèce ancienne* (1955), 201–36.

35 A não ser que, e.g., uma venda a crédito fosse disfarçada de empréstimo por meio do reconhecimento formal pelo comprador do recebimento, como empréstimo, de uma soma igual ao dinheiro não pago da compra. É possível que em alguns Estados gregos, no século IV a.C., a maior parte, senão todas, as evasões deste tipo

não eram legalmente endossadas nos tribunais das cidades gregas. Um comprador, portanto, a menos que estivesse preparado para confiar completamente no vendedor, normalmente não se ofereceria a pegar, por exemplo, muitas ânforas de vinho de Tasos, de acordo ou não com alguma amostra, mas sim ânforas específicas que poderiam ser designadas no local. Isso tornava a precisão da medida infinitamente menos importante do que é para nós. E, de fato, encontramos um grau surpreendente de variação em termos de capacidade de líquido, mesmo entre aqueles recipientes antigos que pareciam iguais.[36]

Finalmente, há um problema metrológico bastante técnico que deve ser tratado: as cidades gregas estipulavam a especificação oficial de suas medidas padrões por capacidade em diâmetro e altura, em termos de medida linear, ou ao menos construíam suas medidas padrões, na prática, de acordo com tais fórmulas? Escritores recentes tentaram detectar um exemplo do primeiro procedimento no final do século V em Tasos,[37] e do último na Quios helenística;[38] mas essas tentativas são baseadas em equívocos. Discutirei toda a questão em um Apêndice. Aqui, basta observar que a suposição de uma relação necessária entre as medidas de capacidade e as medidas lineares é totalmente infundada. Nunca houve em nenhum momento qualquer relação natural, ou qualquer relação legalmente reconhecida, entre (por exemplo) qualquer medida britânica de capacidade

---

fossem impossíveis: ver Aristóteles, Ética a *Nicômaco* 1162^{b}29–31; 1164^{b}12–15; com 1131^{a}1 ss.; também Platão, *República* VIII 556ab (com *Leis* VIII 849de; IX 915de).

36 Virginia Grace, num admirável artigo sobre "Standard Pottery Containers of the Ancient Greek World", em *Hesp.*, Suppl. 8 (1949) 175-89, na p. 176, salientou que "mesmo entre jarras com a mesma forma e estilo, e altura idêntica, uma diferença de dimensões e contornos dificilmente perceptível à vista pode produzir uma diferença de capacidade de cerca de um oitavo do total". Ela faz referência a duas ânforas de Cnidos do século II (placa 19, n.ºs 7 e 9: ver p. 186), ambas com 95cm de altura e diferindo apenas em 3mm de diâmetro (33,7 e 34cm), que têm capacidades de pouco menos de 30 litros e cerca de 33 litros e meio, respetivamente.

37 Mabel Lang, em *BCH* 76 (1952) 18–31.

38 W.G.Forrest, *op. cit.* em n. 8 acima.

e qualquer unidade volumétrica derivada de medida linear:[39] todas as medidas britânicas de capacidade, secas e líquidas, são derivadas do "galão imperial", que contém um certo peso de água destilada a uma certa temperatura sob uma certa pressão barométrica.[40]

As medidas gregas de capacidade, como as romanas, não foram originalmente derivadas ou relacionadas a unidades de medida linear,[41] e parece que os gregos foram muito lentos para começar a pensar em volumes em termos de unidades cúbicas baseadas em medidas lineares.[42] Agora, até que o grego educado médio se acostumasse a fazer isso, as especificações de recipientes por diâmetro e altura estariam obviamente fora de questão, mesmo quando as relações geométricas existentes entre medidas lineares e volume fossem conhecidas em teoria para corpos como esfera, cilindro, esferoide e cone — esse simples fato é frequentemente esquecido. Pelo que eu posso ver, as medidas de capacidade nunca foram regularmente expressas em termos de unidades cúbicas derivadas de medidas lineares, e eu não conheço nenhuma evidência de que elas foram expressas dessa maneira antes da era cristã, exceto talvez por matemáticos. Certamente não podemos presumir que qualquer cidade grega já tivesse definido suas medidas dessa maneira até que provas incontestáveis disso sejam elaboradas.

Eu parafrasearia nosso trecho da seguinte forma: "Regras de justiça baseadas em convenção e conveniência se assemelham a medidas, pois os recipientes oficiais usados para medir vinho e cereal não são os mesmos em todos os Estados mas naqueles onde vinho e cereal são principalmente objetos de compra por aqueles cidadãos que têm poder político, os recipientes serão maiores do que deveriam ser, e em Estados onde essas mercadorias são principalmente objetos de venda por tais cidadãos, os recipientes serão menores".

---

39 De acordo com A.E.Berriman, *Historical Metrology* (1953), 175, o Departamento de Normas da Junta Comercial aceita atualmente 277,418 c.in. como o equivalente a um galão; mas não existe qualquer autoridade estatutária para tal.

40 Lei dos Pesos e Medidas, 1878, sec. 15: 10 lb. de peso a 62º F. e 30" de pressão.

41 Ver F.Hultsch, *Griechisch u. römische Metrologie*[2] (1882).

42 Ver o apêndice a este capítulo.

Como tantas observações sucintas de Aristóteles, a passagem é obscura para nós à primeira vista, mas teria sido de conhecimento comum para o grego educado e viajado, para quem a variação em pesos e medidas pode ter sido tão familiar quanto a qualidade boa ou ruim do vinho ou do café neste ou naquele país para o turista experiente de hoje.

APÊNDICE
MEDIDAS DE CAPACIDADE

1. Lidando com uma nova inscrição, provavelmente do final do século V a.C., encontrada em Tasos em 1947, Srta. Lang (*op. cit.* em n. 37 acima) busca demonstrar o uso do que ela chama de "fórmula de Heron de Alexandria" para determinar a capacidade do "*pithoi*", tirado das pp. 202 ss. da edição de F.Hultsch dos restos dos antigos autores metrologistas. Nos misteriosos numerais da inscrição de Tasos, a Srta. Lang vê números máximos e mínimos para a altura interna (60-55 δάκτυλοι jônicos ["dedos"]) e diâmetro (44-22 δάκτυλοι jônicos) de um *pithos* padrão.[43] Tomando uma medida média de 33 dedos jônicos para o que ela supõe ser o diâmetro, Miss Lang faz dois cálculos, a partir do que ela considera serem as alturas máxima e mínima, e então atinge uma média entre os dois, dando uma capacidade de 311 litros, ou (em seu cálculo) 8 *metretai.* Ela então passa a fazer várias formas de "*pithos*" imaginárias, de acordo com a fórmula: altura 55-60, diâmetro 22-44, que têm exatamente a capacidade correta.

Essa reconstrução está aberta a sérias críticas de três maneiras diferentes. Primeiro, não temos direito de procurar aqui uma aplicação da "fórmula de Heron". Não é tanto o problema que o próprio Heron de Alexandria viveu cerca de quinhentos anos depois desta inscrição,[44] mas que a passagem em questão não pode ser atribuí-

43 Talvez valha a pena notar que a ordem dos números não é 60,55 | 44,22, mas 55,60 | 44,22.

44 Provavelmente na segunda metade do século I d.C.: ver O.Neugebauer, *The Exact Sciences in Antiquity*² (1957), 178, com as referências lá indicadas.

da com segurança sequer a ele: vem de uma compilação bizantina, pouco ou nada da qual pode remeter a Heron. A edição incompleta de Hultsch de 1864 está desatualizada há mais de quarenta e cinco anos, e devemos consultar a edição de Heiberg de Heron, Vol. V (1914), onde podemos compará-la a muitas outras fórmulas do mesmo tipo. Não está muito claro para mim qual fórmula a Srta. Lang tinha em mente, mas imagino que seja aquela usada nos §§ 19, 21 de Hultsch, que agora podemos referir como *Stereometrica* II 22, 24, e a identificar como vindo de uma parte do *corpus* "Heroniano" que tem pouco ou nenhum direito de representar o trabalho do próprio Heron de Alexandria, como Heiberg e outros demonstraram. Não pode haver justificativa para escolher de tal obra uma fórmula em particular para calcular as capacidades dos vasos — uma de várias dessas fórmulas — e tentar vê-la por trás de um documento com mais de mil anos de antecedência.[45]

Em segundo lugar, é errado, em princípio (veja p. 444s. acima), esperar encontrar uma cidade grega que forneça fórmulas matemáticas para determinar a capacidade em termos de unidades derivadas de medidas lineares, especialmente tão cedo quanto no século V a.C. Gostaria de chamar a atenção para uma passagem interessante na "carta de Eratóstenes", citada no comentário de Eutócio sobre Arquimedes, *Sobre a Esfera e o Cilindro*: δυνησόμεθα δὲ καὶ τῶν ὑγρῶν μέτρα καὶ ξηρῶν, λόγῳ δὲ οἷον μετρητὴν ἢ μέδιμνον, εἰς κύβον καθίστασθαι καὶ διὰ τῆς τούτου πλευρᾶς ἀναμετρεῖν τὰ τούτων δεκτικὰ ἀγγεῖα, πόσον χωρεῖ ["Também poderemos [usando o novo método de Eratóstenes] converter medidas úmidas e secas, como o *metrētēs* e o *medimnos*, em um cubo e medir a capacidade dos recipientes em referência ao seu lado"].[46] Independentemente de quando a carta de Eratóstenes tenha sido elaborada, vemos seu autor, um matemático, falando em termos futuros (δυνησόμεθα ["seremos capazes"])—ou seja, futuro para Eratóstenes — da pra-

45 Tal o é assim mesmo se admitirmos, como devemos, que grande parte do *corpus* "Heroniano" de escritos geométricos elementares é "meramente uma forma helenística de uma tradição oriental geral" (Neugebauer, *op. cit.* 146).

46 Arquimedes Vol. III (ed. Heiberg, 1915), p. 90.

ticidade de expressar tais quantidades como o *metrētēs* e *medimnos* em unidades cúbicas derivadas de medidas lineares (εἰς κύβον... καὶ διὰ τῆς τούτου πλευρᾶς ἀναμετρεῖν), e assim calcular o conteúdo de recipientes contendo essas medidas.

Em terceiro lugar, a Sra. Lang não parece ter percebido o quão fraca é a fórmula heroniana, ou que a extensão feita por ela, com a altura variável além do diâmetro, a torna ainda mais elástica. O que a fórmula "heroniana" faz é pegar a *média* aritmética entre os diâmetros extremos; mas a menos que isso também aconteça de ser o diâmetro *médio* (e pode ser muito diferente disso), a soma não funcionará corretamente na prática — tudo depende dos contornos do recipiente. Introduzir uma altura variável naturalmente piora ainda mais as coisas. Embora *possamos* construir, de acordo com essa fórmula, formatos de *pithos* que tenham a capacidade "correta", podemos *também* conceber, com a mesma facilidade, qualquer número de formas igualmente características que tenham uma capacidade muito maior ou menor. Em outras palavras, tal fórmula seria inútil. Agora, quem quer que tenha inventado a fórmula em questão, e fórmulas comparáveis encontradas nos *Stereometrica*, certamente não estava preocupado em *fazer* jarras com capacidade precisa (se estivesse, logo teria abandonado ou modificado suas fórmulas), mas em dar uma regra prática para calcular a capacidade aproximada de recipientes existentes. Algumas das fórmulas de cerâmicas nos *Stereometrica* são bastante ridículas.[47] Qualquer oleiro competente, para quem a fórmula heroniana estivesse disponível, logo teria descoberto por experiência que a fórmula não daria uma capacidade precisa, mas apenas uma aproximação grosseira. É impossível acreditar que os tásios ou qualquer outro Estado grego já tinham publicado tal fórmula como essa a respeito da especificação de suas medidas padrões.

47 e.g. II 23 (Hultsch, § 20), onde o volume sairia em pés *quadrados*; I 53 (Hultsch, § 18), onde πόδες e πηχεῖς estão misturados; e II 21 (não em Hultsch), onde o ποῦς (i.e. ὁ στερεὸς ποῦς) é equiparado ao κύαθος, em vez do ἀμφορεύς ou ἀμφορίσκος ou 3 *modii* romanos, como na maioria das outras passagens da mesma obra (por exemplo, II 22-4).

É muito melhor admitir que, no momento, não temos meios de interpretar a inscrição de Tasos.

2. Em um artigo útil intitulado "Numerical Notation on Greek Vases", em *Hesperia* 25 (1956) 1–24, a Srta. Lang lista 61 inscrições em vasos encontrados nas escavações da Ágora ateniense que são, ou pode-se suspeitar razoavelmente serem, indicações de capacidade. Sua cuidadosa análise só pode evocar gratidão, mas em alguns pontos está aberta à crítica. Por exemplo, sua referência (p. 4) a jarros de Quios "fabricados de acordo com as especificações *mínimas* de dimensões" (meus itálicos) não é garantida pela referência que ela dá, ao seu artigo anterior em *BCH*, discutido no parágrafo anterior. Mesmo em sua própria exposição, não haveria justificativa alguma para chamar as especificações de "mínimas". Novamente, na p. 6 ela diz, "Jarras de Quios completas, como foi visto acima, seriam equivalentes a um pouco mais do que 7 *choes* Atenienses". Embora isso seja certamente verdade para algumas jarras de Quios, ela não mostrou e não mostra que seria verdade para a maioria: dos que ela mesma lista, com marcas de quantidade, três de seis (nos. 10, 30, 58, contra 8, 15, 17) ela diz conterem apenas 7 *choes* Áticos,[48] e um sétimo (no. 2), do qual apenas o gargalo sobrevive, carrega uma marca que ela aceita que indicaria um conteúdo de 7 *choes*. O fato essencial é que, "como se poderia esperar, há uma considerável variação de capacidade entre ânforas com a mesma garantia carimbada" (Srta. Lang, p. 4).[49]

48 Ou 8 *choes* de Quios, se a Srta. Lang tiver razão quanto ao padrão de Quios, como é possível que tenha — embora o fato de as *moedas* de Quios estarem em relação às atenienses na proporção de 7:8 não seja, a meu ver, relevante para considerar os padrões de *capacidade*.

49 Ver também Virginia Grace, em *Hesp.* 3 (1934), pp. 296, 303-4; e em *Hesp.* Suppl. 8 (1949) 182, descreve seis jarras de Quios reconstruídas do terceiro quartel do século V a.C., em que todas têm uma capacidade de cerca de 22 litros. De acordo com os números de Hultsch, aceitos pela Srta. Lang (pp. 2-3), isto corresponderia a quase 6 e três quartos de *choes* áticos; mas o número se baseava na medição com trigo, e se, como parece, duas ânforas da Srta. Grace são os números 8 e 15 da Srta. Lang, elas aparentemente contêm 7 *choes* 3 *kotylai* ou uma pequena fração a mais. Ver também D.A.Amyx in *Hesp.* 27 (1958), p. 194.

3. Em *BSA* 51 (1956) 63–7, W.G.Forrest, em parte sob a influência dos trabalhos da Srta. Lang, tentou explicar a construção de duas cavidades na *sēkōma* de vinho de Quios que ele republicou. Forrest sugere que a metade superior de cada cavidade deve ser considerada como um cilindro e a metade inferior como metade de um esferoide; e então supõe que, trabalhando retroativamente a partir das capacidades desejadas, o fabricante calculou matematicamente as dimensões que ele precisava. Esta explicação está sujeita a uma série de objeções, mesmo que façamos a suposição muito duvidosa de que a fórmula de Arquimedes para o volume de um semi-esferoide fosse conhecida e usada em Quios na data desta inscrição (o final do terceiro ou início do segundo século a.C.). As cavidades tem formas muito diferentes e em nenhum dos casos há algo que sugira que sua forma foi concebida como um cilindro mais um esferoide: os contornos, de maneiras muito diferentes, são homogêneos em toda a sua extensão, de sorte que qualquer tentativa de dividir os recipientes em duas metades completamente diferentes é meramente arbitrária. As metades superiores, como Forrest admite, não são de fato cilindros, e as metades inferiores estão muito longe de serem semi-esferoides — é a *totalidade* da cavidade menor, e aproximadamente *os dois terços inferiores* da maior, que poderiam ser concebidos como semi-esferoides! O "diâmetro" que a aplicação da fórmula supostamente dá em cada caso é, claro, o diâmetro do "cilindro" (ou melhor, o diâmetro *médio* do quase-cilindro), que também é a *base* do semi-esferoide; mas no caso da menor cavidade, essa base é 15,2 cm = 8,2 dedos em vez dos 9,2 fr. = 17 cm dados pelo cálculo. Se o oleiro estava tentando usar esta fórmula, ele certamente a aplicou mal; e (a menos que seus erros tenham acontecido para compensar um ao outro) ele só poderia ter acertado o recipiente no final exatamente por aquele método de tentativa e erro que Forrest considera "caro em tempo e material". Finalmente, o cálculo não daria ao oleiro a única medida importante que ele realmente precisava desde o início: o diâmetro da cavidade no topo 19,7 cm =

10,6 fr.[50] no caso da menor cavidade (onde o cálculo dá 9,2 fr. = 17 cm.), e no outro caso 28,4 cm = 15,4 fr. (em vez de 16 fr. = 29,6 cm., pelo cálculo). É muito mais provável que o oleiro tenha começado com uma ideia aproximada das dimensões desejadas,[51] e então procedeu a aumentar os diâmetros em pequenos níveis, até obter as capacidades certas, testando com água. Não há motivo para chamar tal método de "caro em tempo e material", muito menos falar em termos exagerados de "uma situação improvável na qual o oleiro produziria jarras com método de tentativa e erro na esperança de que algumas poderiam sair com as medidas precisas" (Srta. Lang, *op. cit.* em n. 37 acima, p. 23).

4. Em seu artigo sobre a inscrição metrológica de Tasos (*op. cit.* 23–4), a Srta. Lang diz, "devemos supor, mesmo sem evidências, que as leis que introduzem ou reforçam as medidas de capacidade devem ter incluído especificações de dimensões internas". Já vimos (pp. 444 ss. acima) que tal suposição não pode ser justificada de maneira alguma. Mas a Srta. Lang continua a produzir o que ela considera ser "evidência confirmando essa suposição", a partir de *IG* II² 1013, linhas 18–25, onde ela encontra uma indicação de que haveria um diâmetro especificado para esses vasos, "constante para pelo menos uma certa gama de medidas". As linhas em questão orientam vendedores de certas frutas ou frutos secos específicos (nozes persas etc.) a usar "uma medida que contenha três meias-*choinikes* de grão nivelado, vendendo-as empilhadas de acordo com esta medida, que deve ter uma profundidade de cinco dedos e um borda de um dedo de largura"; e da mesma forma, os vendedores de outras mercadorias (amêndoas verdes etc.) devem vender "empilhadas numa

50 Na verdade, quem quiser ver aqui alguma aplicação da fórmula para o volume de um semi-esferoide tem uma alternativa muito melhor do que a que Forrest sugere: pode assumir que todo o receptáculo menor (o único que sobreviveu completo) foi tratado como meio esferoide, de modo que a fórmula completa se torna $2/3 \times 11/14 \times 14\, d^2 = 770$ c.fr. Obtém-se assim d = 10:25 fr: = 19 cm, o que se aproxima do diâmetro real da cavidade no topo (19,7 cm. = 10,6 fr.), que é a medida vital. Mas esta hipótese parece-me excluída pela forma do outro receptáculo.

51 Possivelmente, com a ajuda de uma fórmula de regra geral, se apenas $\pi = 3$, em vez de $1/4\pi = 11/14$.

medida de *choinix* duas vezes o tamanho da mencionada acima, com uma borda de três meio-dedos de largura". Agora isso é estranho. As frutas secas devem ser vendidas *empilhadas*, mas em um vaso cuja capacidade é determinada pela quantidade de grão que ele contém *nivelado*. A quantidade que o vaso conterá até o nível da borda, ou seja, 1 e meia *choinikes* (medida em grãos), é fixa, mas acima disso há uma "porção sobressalente" que é até certo ponto variável: quanto maior o diâmetro do rebordo incluindo a borda, maior essa "porção". A única dimensão que devemos saber, portanto, é o diâmetro no rebordo, mas isso não é declarado: o que nos é dado é a profundidade e a largura do gargalo, sem sequer o corolário (essencial na ausência de um diâmetro) de que o recipiente deve ser cilíndrico — uma característica que, conhecendo a profundidade e a capacidade, fixaria também o diâmetro do rebordo. (Ao fazer o vaso não cilíndrico, porém mais largo no topo e mais estreito em direção à base, pode-se alargar e assim aumentar a "porção sobressalente", mesmo que a altura do vaso seja fixa).

A Srta. Lang argumenta que sua teoria de um diâmetro prescrito, "constante ao menos para uma certa gama de medidas", é "confirmada pela linha 24, onde uma medida dupla é especificada, já que dobrar a altura enquanto se mantém o diâmetro faz com que se dobre a capacidade". Mas não temos o direito de esperar precisão verbal de inscrições atenienses como esta. A palavra διπλασίονι na linha 24 seria naturalmente entendida como "de 3 *choinikes* e 10 dedos de profundidade". E, com um diâmetro constante, todas as medidas teriam de ser cilíndricas; ainda assim, uma medida ateniense contemporânea[52] que, embora aparentemente um recipiente particular, é validada por um carimbo oficial (sem dúvida sob as disposições das linhas 63–7 de nossa inscrição), não é cilíndrica, mas se inclina perceptivelmente de cima para baixo. Tudo indica que não havia uma definição oficial das medidas atenienses de capacidade em termos de medidas lineares.[53]

52 Publicado por Margaret Crosby em *Hesp*. 18 (1949) 108–13, com Pl. 5, nos. 1–2.

53 Os recipientes oficiais atenienses do século V, publicados por O.Broneer, eram evidentemente testados com grãos, ou algo do gênero, antes de os vasos serem

5. Como os Estados gregos decidiram qual deveria ser a capacidade padrão das suas medidas? A resposta é que não sabemos com certeza. O passo vital, eu concedo, foi a criação de *sēkōmata* oficiais, cuja capacidade provavelmente na maioria dos casos seria copiada do padrão das medidas de alguma outra cidade (com ou sem variação), mas em qualquer caso seria decidida pelos magistrados envolvidos, sujeito à aprovação final do órgão governante supremo da cidade, sem referência a qualquer medida linear. Muitos gregos, é claro, devem ter sabido que seus *sēkōmata*, portanto as medidas de uso cotidiano, não eram exatamente as mesmas que as medidas correspondentes em outras cidades que usavam o mesmo padrão; mas isso, sugeri, não os incomodaria enquanto as discrepâncias auxiliassem, no geral, para "sua própria" vantagem — isto é, para a vantagem da maioria dos cidadãos com poder político.

Com o tempo — talvez apenas na era cristã, sob influência romana? — alguns gregos chegaram a aceitar equivalentes para suas medidas de capacidade em termos de unidades cúbicas de medida linear. Apenas quando isso aconteceu, a aplicação de fórmulas matemáticas na construção de potes etc., destinadas a garantir capacidades precisas, tornou-se possível. Não conheço nada que sugira que a prática tenha se tornado generalizada ou tenha tido alguma importância. Pode ser significativo que no *corpus* heroniano, por exemplo, é apenas nas compilações que têm a menor reivindicação de representar o trabalho real de Heron, ou seja, aquelas impressas nos volumes IV e V da edição Teubner, que encontramos — até onde consigo ver — tais expressões como ὁ στερεὸς ποῦς ["pé cúbico"], ou mesmo πόδες no sentido de pés *cúbicos*.[54]

---

postos sob fogo: ver *Hesp*. 7 (1938) 222–3; *Hesp*. 18 (1949) 111 n. 15.

54 Ver novamente a n. 45 acima. No estado atual dos nosso conhecimento, é impossível dizer quando é que esta tradição oriental genérica (i.e., babilônica e egípcia), associada a escritas numéricas ininteligíveis para quase todos os gregos, penetrou o pensamento dos gregos a ponto de levar a um interesse generalizado pelas fórmulas "heronianas".

POSFÁCIO DOS ORGANIZADORES

Não sabemos de nenhuma nova interpretação desse texto aristotélico. Este Posfácio refere-se mais aos dados arqueológicos discutidos por Ste.Croix. Um *corpus* da evidência da Ágora ateniense é fornecido por Lang e Crosby. Eles discutem (42–8) as dificuldades práticas de fazer recipientes de medição precisos em argila: ajustes eram feitos antes da queima com a adição de tiras de argila dentro do recipiente, mas a extensão do encolhimento causado pela queima deve ter sido apenas conjecturada. Eles notam que uma preferência por determinados diâmetros é observável em recipientes de medição e eles explicam isso pelo uso de uma precursora da "fórmula heroniana"; mas obviamente haveria uma tendência para que os recipientes de medição tivessem formas padrão em qualquer que fosse sistema pelo qual fossem feitas.

Uma ânfora de figura negra ática (c. 510–500 a.C.) foi recentemente publicada e carrega o δεμόσιος (*SEG* xlvii 108). Parece provável que seja a primeira instância de um recipiente de medição público para líquidos, embora sua capacidade não seja de fato uma medida atestada.

Grayson toca em muitos tópicos relacionados (por exemplo, os *Metronomoi*, 463–74; *IG* II^2 1013, 295–7), embora sua preocupação seja com pesos, não medidas. Ele observa que reclamações sobre a possibilidade de fraude por meio de medidas falsas eram comuns: Aristófanes, *Cavaleiros* 1009; *Nuvens* 640; *Tesmoforiantes* 347-8; *Pluto* 435-6. O principal ponto de sua tese é minimizar a importância da pesagem cientificamente precisa na Grécia antiga. Ele analisa os pesos áticos sobreviventes em detalhes (66–163) e conclui (162) "A variação permitida era extremamente alta... Pesos marcados com '*Demosion*' eram feitos com um pouco mais de cuidado, enquanto aqueles nos padrões pesados (comerciais) variavam mais frequentemente, mesmo quando marcados '*Metronomoi*' ou '*Agor[anomoi]*'". Esta conclusão precisa ser lida com a advertência feita por Lang e Crosby (17), de que os pesos sobreviventes podem ser mais leves ou, no caso de metais, mais pesados do que eram originalmente.

Figueira, 302–15, discute a adoção de medidas atenienses por Estados aliados no século V; na página 305, ele parece aceitar a aplicação de Lang do conceito de medida cúbica ao mundo grego.

Em correspondência com Ste.Croix em 1976, Dr. R.P.Duncan-Jones escreveu "embora certamente tenha havido muita trapaça no uso de medidas de capacidade, sou cético quanto à nossa capacidade de deduzir exemplos específicos a partir das evidências sobreviventes (exceto onde é categórico e explícito, como na carta de Gregório e Pantaleão [p. 435 acima]). *Papiros de Oxirrinco* 136 me parece uma indicação direta sobre o uso de dois padrões *artaba* diferentes, um para exigir arrendamento de inquilinos e outro menor para fins de contabilidade interna na propriedade em questão. Embora possa ter sido duro, não era exatamente trapaça dizer que os arrendatários tinham que pagar sua renda por uma medida *artaba* designada grande. O Estado parece ter habitualmente usado uma medida *artaba* para fins fiscais que era maior do que a mais comum em uso doméstico [*Chiron* 6, 1976, 257–60]". Ele passa a apontar que havia tantos padrões para medida de capacidade ("com as 20 e poucas *artabas* egípcias como uma *reductio ad absurdum*" — ver seu artigo de 1979) que é difícil aduzir "diversidade entre medidas não marcadas sobreviventes como evidência de trapaça".

O livro de Kula é um esplêndido estudo comparativo de um renomado historiador econômico polonês.

Duncan-Jones, R. P., "Variation in Egyptian Grain-measure", *Chiron* 9 (1979) 347–75.

Figueira, T., *The Power of Money* (1998).

Grayson, C. H., *Greek Weights*, diss. Oxford 1974.

Kula, W., tr. R.Szreter, *Measures and Men* (1986).

Lang, M., and Crosby, M., *The Athenian Agora X: Weights, Measures and Tokens* (1964).

9
Em que medida o comércio foi uma causa da colonização grega no período arcaico?

Eu quero começar fazendo duas coisas. Primeiro, discutirei muito brevemente as *outras* possíveis causas do movimento de colonização. E, em segundo lugar, tentarei analisar o conceito de *comércio* e destacar o fato de que, quando falamos de comércio, podemos estar nos referindo a uma ou mais de três coisas diferentes.

Primeiro, então, as outras possíveis respostas para a pergunta: o que causou o movimento de colonização? Na minha opinião, todos os fatores que têm algum peso consistente de verdade se resumem a apenas um: a necessidade de terra devido à pressão populacional. Os outros fatores não passam de agravantes disso. Felizmente, não precisamos perder tempo com isso, porque todos os estudiosos, eu acredito, admitiram que o grande movimento de colonização grega no período arcaico foi acima de tudo agrário, direcionado para a apropriação de boas terras agrícolas. Mesmo aqueles que dão muito mais ênfase do que eu ao comércio como uma causa da colonização admitem que a necessidade de terra foi a principal causa na maioria dos cenários. A maior parte das evidências sobre a colonização no período arcaico não é literária e nos diz pouco ou nada sobre os motivos da colonização. Temos apenas uma história de fundação razoavelmente detalhada em que podemos confiar: esta é Heródoto sobre a fundação de Cirene.[1] A maior parte das evidências sobre as primeiras colônias, sendo puramente arqueológica, não nos diz muito sobre causas ou motivos; mas existem, como veremos, alguns fragmentos do que eu poderia chamar de "evidência circunstancial" que ajudam. Por "evidência circunstancial", quero dizer

1 Heródoto, IV 150–8; 159–65.

características do local, ou o fato de os colonos terem ido para lá particularmente cedo, em preferência a lugares que para nós pareceriam mais óbvios, ou que não foram para lá até mais tarde do que esperaríamos. Todas essas evidências em conjunto não valem muito, mas felizmente, tal como são, todas apontam na mesma direção: para a necessidade de terra, agravada por vários fatores econômicos, sociais, políticos e legais, como a principal força motriz do movimento. Posso apenas destacar três dos fragmentos de evidência mais significativos.

1. Cirene, colonizada a partir da ilha de Tera por volta de 630. Não há necessidade de entrar em detalhes aqui, porque a história toda está em Heródoto. Preciso apenas enfatizar que o pano de fundo é um longo período de seca em Tera e que a colônia claramente não se devia à aventura ou ao amor pela exploração ou qualquer coisa do tipo. Pelo contrário, para enviar apenas duas naus pentecônteres cheias, teve de se recorrer à conscrição e os homens foram escolhidos por sorteio e proibidos de retornar. Eles tentaram voltar quase imediatamente no que o resto da população desce à praia e os expulsa (foi a história clássica de: "*farinha pouca, meu pirão primeiro*").* E quando os emigrantes finalmente se estabeleceram, foi em Cirene, um excelente local agrícola, bem no interior e acima do mar.

2. Minha segunda peça de evidência é surpreendentemente semelhante a esse último incidente. Em suas *Questões Gregas* nº 11,[2] Plutarco está determinado a nos dizer quem eram os ἀποσφενδόνητοι. Ele explica que quando os primeiros colonos de Córcira, que eram eretrianos, foram expulsos pelos coríntios (isso foi por volta de 733) e navegaram para casa, seus concidadãos desceram à praia com estilingues e os impediram de desembarcar. Novamente, era um caso de "*farinha pouca meu pirão primeiro*".* Os infelizes colonos receberam então o nome de ἀποσφενδόνητοι, "os homens que foram *estilingados*". Evidentemente, eles haviam sido enviados para Córcira, como os colonos que foram de Tera para Cirene, porque seu território natal não podia sustentar toda a sua população.

2 Plutarco, *Moralia* 293a-b.

* N.T. Tradução adaptada para o português da expressão inglesa "*I'm alright, Jack*".

3. A terceira peça de evidência é particularmente impressionante, porque se refere a um dos principais locais de comércio em toda a área da civilização greco-romana: Bizâncio. Certamente, alguém poderia pensar, qualquer pessoa que fosse fundar uma colônia na região da Propôntida ou na costa do Mar Negro iria primeiro, se tivesse interesse em desenvolver o comércio, para a região de Bizâncio, pois essa é a localização ideal para um grande porto marítimo. De fato, como os marinheiros gregos sabiam muito bem, a corrente através do Bósforo naturalmente os leva para a costa noroeste e o estuário do Chifre de Ouro: é difícil, como diz Políbio,[3] entrar na Calcedônia, no lado oposto do estreito; e até os cardumes de atum que passavam por ali, segundo Estrabão, Plínio e Tácito,[4] eram levados pela corrente de tal maneira que evitavam passar perto da Calcedônia, porém forneciam uma fonte lucrativa de renda para os bizantinos. No entanto, de acordo com uma tradição que não há a menor razão para duvidar, os megarenses, que fundaram Bizâncio por volta de 668, se estabeleceram dezessete anos antes na Calcedônia. Quando o persa Megabazo soube que Calcedônia havia sido fundada antes de Bizâncio, ele comentou (Heródoto nos conta)[5] que os colonizadores deveriam ser cegos. A explicação, no entanto, é simples: o que os emigrantes estavam procurando era uma boa região agrícola e, deste ponto de vista (e somente este), a Calcedônia é superior a Bizâncio. (Não parece provável, a propósito, que os pequenos depósitos de cobre na ilha vizinha de Cálcis tenham sido explorados antes de sua colonização).[6]

Temos, assim, alguns fragmentos característicos de evidência para o caráter essencialmente agrário de algumas das primeiras colônias. Eu passarei muito rapidamente sobre as outras possíveis causas do movimento colonizador, porque, como eu disse anteriormente, acho que elas não fizeram muito mais do que agravar a necessidade de terra que todos admitem ter sido o fator básico. Há,

3 Políbio, *Histórias*. IV 39 & 43–4; cf. Estrabão, *Geografia* VII 6.2, p. 320.

4 Estrabão, *Geografia, loc. cit.*; Plínio, *História Natural* IX 50–1; Tácito, *Anais* XII 63.

5 Heródoto, IV 144.2.

6 Ver Roebuck, *ITC* 103–4 & n. 102.

por exemplo, primeiro, o sistema de herança, sobre o qual alguns historiadores colocaram muita ênfase.[7] Após a morte de um grego, toda a sua propriedade era dividida igualmente entre seus filhos, e ele não tinha o direito de redigir um testamento impedindo isso. Então, poderíamos esperar uma constante fragmentação da propriedade da terra, com as propriedades ficando cada vez menores por divisão. Mas eu não acho que precisamos atribuir muito peso a isso: tal sistema de herança é quase universal em todo o mundo, exceto em países onde algo como um sistema feudal prevaleceu e houve a necessidade de manter pedaços de terra bastante substanciais sem divisão, para que pudessem sustentar um guerreiro. A lei de herança grega não era nada incomum. E se a população estava aumentando rápido o bastante a partir do início do século VIII, como parece ter sido, e o processo de fragmentação estava acontecendo em ritmo acelerado, então simplesmente nos encontramos com uma causa contributiva para a falta de terras que eu já aceitei como a causa primária da colonização.

Ou, em segundo lugar, podemos direcionar nossa atenção para os regimes políticos aristocráticos que, por volta do século VIII, concentraram todo o poder político e uma grande proporção da riqueza disponível nas mãos de um pequeno grupo de nobres hereditários, os δωροφάγοι βασιλῆες "reis devoradores de presentes" de Hesíodo. Certamente, uma causa independente da colonização pode ter sido o desejo de escapar para outra região onde não se estaria totalmente à mercê de uma estreita oligarquia de nascimento. Mas camponeses ao redor do mundo ao longo dos séculos, preferindo sobremaneira se ater à sua terra ancestral, suportaram a opressão e exploração dos poucos governantes, que comumente os castigavam com açoites, ou mesmo com escorpiões; e, na minha opinião, a maneira como as aristocracias opressivas dos séculos VIII e VII contribuíram mais para o movimento de colonização foi ao monopolizar grande parte das melhores terras, por força ou julgamento injusto, e assim aumentar o número dos necessitados de terras.

7 E.g. J.B.Bury, *Hist: of Greece*[3] (ed. R.Meiggs), 86–7.

Em terceiro lugar, existem os casos em que se diz que algum aristocrata liderou uma colônia porque estava insatisfeito e frustrado em casa (como Dorieu de Esparta, o irmão mais novo do Rei Cleômenes)[8] ou estava sob suspeição por parte da sua população (como o coríntio Arquias, fundador de Siracusa).[9] Isso pode explicar alguns dos líderes das expedições, e até mesmo membros ímpares entre seus seguidores, mas ainda precisaríamos de uma força motriz mais universal por trás da maioria dos emigrantes.

Poderíamos, acredito, conceder status independente a um quarto tipo de colonizador: emigrantes expulsos de suas casas por um motivo ou outro, por invasão estrangeira ou por conflito interno. Mas colonos desta categoria terão sido poucos: os exemplos mais óbvios são os fundadores messênios (embora não os calcídios) de Regium,[10] e os partênias de Esparta que foram para Tarento,[11] respectivamente no início e no final da primeira guerra messênia no final do século VIII.

***

Volto-me agora para o conceito de *comércio*. Quero sugerir que, escondidos nesta palavra, existem três tipos muito diferentes de atividade e que, ao se falar de uma "colônia de comércio", deve-se ter certeza de qual delas se tem em mente.

Na realização desta análise do conceito de comércio, levarei em conta acima de tudo os objetivos do comércio. É aqui sobretudo que os fatores políticos entram: questões econômicas foram ainda mais inextricavelmente emaranhadas com a política no mundo grego do que são hoje, e se queremos formar ideias claras sobre a política estatal em relação ao comércio (que é o nosso objetivo especial no momento) devemos ter certeza de que entendemos sob que luz os temas comerciais eram vistos pelos gregos, mais particularmente (gostaria de enfatizar isso) por aqueles gregos que detinham *poder*

8 Heródoto, V 42.2.

9 Ver T.J.Dunbabin, *The Western Greeks* 15 & n. 3.

10 Estrabão, *Geografia* VI 1.6, p. 257; Diodoro Sículo, *Biblioteca Histórica* VIII 25.2.

11 Aristóteles, *Política* 1306^{b}22–31; Estrabão, *Geografia* VI 3.2–3, pp. 278–80.

político nas cidades. O que chamamos amplamente de "comércio", sugiro, poderia se apresentar aos gregos em um ou mais de três aspectos, que de certa forma estão todos conectados, mas também são separáveis — e devem ser distinguidos para nossos propósitos. Nos primeiro e segundo aspectos, o comércio pode significar importações ou exportações: pode, claro, significar ambos ao mesmo tempo e, naturalmente a longo prazo as importações devem equilibrar amplamente as exportações e vice-versa. Mas às vezes encontraremos a política de uma cidade grega preocupada apenas com o primeiro item deste processo, ignorando o segundo (com importações, ignorando as exportações). Em terceiro lugar, o comércio pode ser visto apenas do ângulo do lucro: comprar barato e vender caro, com o objetivo de obter lucro na troca. Por conveniência, chamarei esses três aspectos do comércio de "importações", "exportações" e "troca comercial". Comerciantes *individuais* e lojistas, claro, estavam interessados principalmente no terceiro aspecto, ao qual o primeiro ou o segundo, ou ambos poderiam contribuir. Mas uma *cidade* grega coletivamente, eu diria, não estava minimamente interessada em saber se os "seus próprios" comerciantes e mercadores obtinham lucros através da troca comercial. Isso soa quase paradoxal para nós, mas havia razões muito boas para isso, como eu explicarei. Nem — e isso é tão difícil de entender a princípio — nenhuma cidade grega conhecida por mim jamais mostrou qualquer preocupação com as exportações: sempre que podemos ver o comércio exterior se tornando um fator na política da cidade grega, é sempre o elemento da importação que é predominante. Um grego teria rido de nossa noção de que um saldo comercial deve ser considerado "favorável" quando as exportações excedem as importações em valor: o que o cidadão grego estava interessado era em obter o que ele queria para tornar a vida mais agradável, e isso, claro, significava ser capaz de obter um suprimento completo de necessidades, e tantos luxos quanto ele pudesse obter além disso; e se, como Atenas nos séculos V e IV, você pudesse pagar por todas essas coisas em parte com prata que teve a sorte de poder escavar em seu próprio território, ou mesmo às vezes com tributo imperial — bem, você era realmente afortunado. Alguns gregos perceberam que se você quer ter importações, deve ter exportações suficientes para equilibrá-las; mas as únicas passagens que consegui descobrir sobre este tópico (em Platão, Aristóteles e Plutarco)[12] mostram claramente que são as importações que estão em primeiro plano: as exportações entram simplesmente como consequência econômica da necessidade de importações essenciais. Αὐτάρκεια, autossuficiência completa, era o ideal; mas, como Platão diz na *República*,[13] é praticamente impossível encontrar um lugar onde não sejam necessárias importações, então devemos ter importações; mas se o comerciante sai de mãos vazias, ele voltará de mãos vazias também, então nossa cidade deve produzir um excedente suficiente para pagar por suas importações. Aristóteles[14], um tanto relutantemente, diz que uma cidade deve ter acesso ao mar para que haja um bom suprimento de produtos; e então ele continua mostrando que, uma vez que todo Estado deve ser capaz de importar mercadorias que não produz por si mesmo, deve então exportar o excedente de seus próprios produtos. Mas ele não gosta nem um pouco da ideia de produção deliberada para exportação: uma cidade, ele diz, não deve agir como um comerciante para os outros, mas apenas para si mesma.[15] O escritor da *Constituição dos Atenienses* do Pseudo-Xenofonte, o chamado "Velho Oligarca",[16] enfatiza muito o fato de que uma cidade que tem comando do mar pode impedir outras cidades ricas em madeira para a construção de navios ou em ferro ou cobre ou linho de exportar esses produtos, exceto para si mesma. Mas o ponto aqui é a capacidade do poder dominante de obter tudo o que quer e privar seus inimigos do que eles querem. O Velho Oligarca está olhando para o comércio do ponto de vista do comprador, do receptor de mercadorias: se ele percebe que os governantes do mar podem impedir um determinado Estado

12 [E.g. Platão, *Leis* 847d; Aristóteles, *Política* 1327ª11–31; Plutarco, *Sólon* 22. 1].

13 II 370e–71a. E ver *Leis* IV 705ab para uma objeção moral ao comércio de exportação.

14 *Política* 1327ª19, 25–8; cf. 1257ª32–3

15 *Política* 1327ª27–8.

16 II 11–12.

de exportar algo, é porque ele está pensando no outro extremo da transação, no desejo do poder dominante de obter esses bens para si mesmo ou negá-los a seus inimigos. Gostaria de enfatizar particularmente que, embora o Velho Oligarca esteja muito consciente das vantagens da talassocracia, ele nunca considera usá-la como meio de obter um monopólio (ou mesmo condições preferenciais) para a venda dos próprios produtos. E há muitas outras passagens que se poderia citar. Quando os comerciantes são mencionados como algo positivo, como em Xenofonte,[17] é a atividade deles como importadores que é apontada. Na Oração Fúnebre, Tucídides[18] mostra Péricles elogiando os atenienses porque, devido à grandeza da cidade, "o produto de todo o mundo vem até nós e, para o ateniense, as coisas boas de outros países são um luxo tão familiar quanto as de seu próprio". E assim por diante.[19] Claro, não devemos cometer o velho erro familiar de tratar a visão de Platão e Aristóteles e seus semelhantes como sendo necessariamente a visão dos "gregos"; mas não conheço nenhuma evidência que sugira que os políticos práticos pensaram mais claramente ou mais efetivamente sobre problemas econômicos deste tipo do que os intelectuais. Os atenienses até cobravam direitos aduaneiros sobre suas próprias exportações na mesma taxa que as importações — 2% no século IV.

É o acúmulo de evidências negativas que, em minha opinião, é definitivo. A legislação da cidade e os tratados (duas fontes óbvias de evidência) frequentemente se preocupam com as importações, especialmente de necessidades básicas, mas nunca — exceto para restringi-las — com as exportações. Em contraste muito forte está o grande interesse demonstrado por uma verdadeira "cidade comercial", Cartago, em proteger os interesses de seus próprios comerciantes, excluindo o comerciante estrangeiro de suas dependências ou limitando severamente suas atividades: isso aparece claramente

17 *Hiparco* IV 7. Cf. também Plutarco, *Lisandro* 3 (Éfeso, 407).

18 II 38.2; cf. Hermipo fr. 63 K/A = Ateneu, *Banquete dos Sofistas* I 27e–28a.

19 Ver n. 12 acima.

nos dois primeiros tratados entre Cartago e Roma,[20] quando Cartago era a potência mais forte. Não existem disposições semelhantes, que eu saiba, em qualquer tratado sobrevivente entre cidades gregas.[21] Também não há um único vestígio de evidência, que eu tenha conseguido descobrir, de que alguma cidade grega tenha tomado alguma ação para aumentar suas exportações. Finalmente, e talvez o mais importante de tudo, há uma fonte de evidência que parece ter sido inteiramente negligenciada, mesmo por Hasebroek:[22] as origens das guerras entre os Estados gregos. As guerras poderiam ser travadas por objetivos que podem ser chamados de "comerciais" em algum sentido? Tenho tentado há algum tempo coletar as evidências: existem algumas declarações gerais interessantes sobre os principais motivos do início das guerras e existem relatos sobre as origens de guerras específicas. Em quase todos os casos (isso parece surpreender muitas pessoas) as evidências se referem a apenas um tipo de guerra: guerras sobre a posse de terras, seja em grande escala, como as guerras messênias de Esparta no século oitavo e sétimo, ou disputas mesquinhas sobre fronteiras (περὶ γῆς ὅρων).[23] De guerras com objetivos comerciais, não há qualquer menção em lugar algum, que eu saiba, até já bem dentro do período helenístico — e, mesmo assim, o exemplo em que estou pensando é único.[24] Nos poucos casos em que somos informados sobre as origens das guerras entre supostos pares de "concorrentes comerciais" (Atenas e Mégara, Corinto e Mégara, Samos e Mileto, Cálcis e Erétria) descobrimos que a causa da disputa, quando mencionada, é a posse de terras. Um Estado em guerra com outro pode atacar uma terceira parte para forçá-la a negar a um inimigo algum produto essencial, como

20 Políbio, *Histórias* III 22.5 & 23.1 ss. (508 a.C.); 24.2 ss. (348 a.C.). Contraste I 62. 8–9; 63.3 (241 a.C.) e XV 18 (201 a.C.). Ver T.Frank, *Econ. Survey of Ancient Rome* I 6–8, 35–6, 68, 96.

21 Ou, tanto quanto sei, em qualquer tratado ditado por Roma. O Tratado de Apameia entre Roma e Antíoco III, em 189/8 a.C., continha uma cláusula comercial a favor das importações de Rodes (Políbio, *Histórias* XXII 23. 17 = XXI 42.17).

22 Hasebroek, *TPAG*.

23 Ver [*OPW* 218–20] e n. 12 acima.

24 Políbio, *Histórias* IV 47.1 (220 a.C.).

Atenas que enviou uma expedição à Sicília em 427 para interromper a exportação de grãos sicilianos para os peloponesos.[25] Mas nunca ouvimos falar de uma guerra travada para capturar mercados para exportações ou de uma guerra surgida de rivalidade comercial. A suposição comum de que guerras entre cidades gregas poderiam surgir de causas como essas é em grande parte devida, acredito eu, à hipótese proposta há cerca de quarenta anos por Cornford e Grundy, e ainda de maneira alguma morta, de que a verdadeira causa da guerra do Peloponeso teria sido a rivalidade comercial entre Corinto e Atenas pelo comércio ocidental — uma teoria que se baseia inteiramente em suposições *a priori* e não é apoiada por uma única peça sólida de evidência [cf. *OPW* 214–20].

As cidades gregas, então, (e por "cidades" gregas, é claro, eu realmente me refiro àqueles que detinham o poder político nas cidades, a classe governante) muitas vezes poderiam estar profundamente interessadas em importações, especialmente importações de mercadorias essenciais como cereais, madeira e metais; mas elas não estavam nem um pouco interessadas em aumentar suas exportações ou em promover o que chamei de "troca comercial", exceto talvez na medida em que poderiam lucrar com os direitos aduaneiros que cobravam em seus portos. A principal razão é muito simples: a classe governante em todas as cidades gregas, com uma ou duas possíveis exceções (não incluindo Atenas, Corinto ou Egina), era sempre predominantemente agrária em caráter. Os comerciantes *per se* eram politicamente insignificantes. Eles não eram organizados e exerciam praticamente nenhuma influência na política, individual ou coletivamente. Nenhum estadista é conhecido por ter sido um comerciante ativo e nenhum comerciante é conhecido por ter desempenhado um papel proeminente na política, mesmo em Atenas. Os comerciantes não eram todos, como Hasebroek afirmou, de maneira absurda, não-cidadãos ou homens de pouca ou nenhuma propriedade; mas as evidências que temos (principalmente derivadas dos oradores) sugerem fortemente que no quarto século, de

25 Tucídides, III 86.4.

qualquer modo, a maioria dos comerciantes não era composta por homens de muita riqueza e poder. Sua influência na política, como comerciantes, era certamente ínfima. Além disso, eles tenderiam a ficar longe de suas cidades durante a temporada de navegação, que também era mais ou menos a temporada de campanhas militares, quando a maioria das decisões vitais teria de ser tomada. Os governos das cidades gregas não se identificavam com "seus próprios" comerciantes — ou, nesse caso, com "seus próprios" artesãos. Não devemos pensar que nenhuma *cidade* grega desfrutava de um "monopólio comercial" só porque os bens produzidos dentro de suas muralhas dominavam um mercado específico, como a cerâmica coríntia dominava o mercado ocidental do final do oitavo século até meados do sexto e a cerâmica ateniense depois disso. Da mesma forma, falar de "marinha mercante" de um Estado específico ou Estados (e todos nós fizemos isso) é ser culpado de um equívoco: o comércio estava desvinculado da bandeira de um Estado específico. Os comerciantes individuais e grupos de comerciantes, é claro, seriam rivais, mas não devemos projetar essa rivalidade nas cidades em que viviam. Ao contrário do que sabemos tão bem de muitos Estados modernos (e até mesmo de algumas cidades comerciais medievais e renascentistas), as rivalidades entre os comerciantes que viviam nas cidades gregas (das quais muitas vezes não eram nem cidadãos) não se refletiam no nível político, até onde vai meu conhecimento das fontes.

É verdade que tenho utilizado evidências extraídas principalmente dos séculos V e IV. Seria justo ler tudo isso retroativamente para o período arcaico? Penso que para os propósitos de agora é; porque, primeiro, o comércio estava certamente muito mais desenvolvido nos séculos V e IV do que nos séculos VIII, VII e VI, para os quais temos praticamente nenhuma evidência exceto a arqueológica; e, em segundo lugar, se os comerciantes tinham pouca influência nas cidades democráticas dos séculos V e IV, teriam sido ainda menos influentes sob os regimes aristocráticos do período arcaico. Quando as pessoas ignoram as evidências do século V/IV, não é porque têm melhores evidências para o período arcaico (como eu disse, quase não há), mas porque se acostumaram a pensar em termos completamente anacrônicos, fazendo uso de analogias medievais e modernas, e falando sobre "classes mercantis" e "políticas comerciais" e assim por diante.

Em um artigo recente, que traz uma contribuição excepcional para a arqueologia e história dos séculos VIII e VII,[26] o Sr. John Boardman observa que a guerra Lelantina, entre Cálcis e Erétria, no final do século VIII não pode ter sido principalmente, como Estrabão e Plutarco dizem ou subentendem,[27] uma luta *pela* planície de Lelantina entre as duas cidades, que ele descreve como "um punhado de vinhedos no que equivaleria ao quintal de Lelantina": ele acredita que isso pode ter sido um pretexto, mas não uma razão, e ele deseja ver "invejas comerciais" como a verdadeira razão por trás da guerra. Eu sugeriria que a planície Lelantina (que, se não estou enganado, é a maior e mais fértil planície na Eubeia) não era apenas a fonte mais provável de atrito entre os dois Estados (que normalmente mantinham boas relações um com o outro),[28] mas era em verdade de longe a coisa mais importante que eles poderiam escolher para lutar e que nenhuma referência a "invejas comerciais" entre duas cidades gregas faz qualquer sentido, especialmente no período arcaico, quando todo o poder político estava concentrado nas mãos de uma aristocracia proprietária de terras.

Gostaria de chamar a atenção para um evento interessante que ocorreu por volta de 545/4: de acordo com Heródoto,[29] os emigrantes focenses queriam comprar as ilhas Enusas de Quios, mas os habitantes de Quios se recusaram a vender, "temendo que as ilhas se tornassem um *emporion* e que sua própria ilha fosse, consequentemente, bloqueada". A única explicação possível é que os habitantes de Quios estavam pensando inteiramente em termos de importações para sua cidade: eles não queriam que o fluxo de mercadorias

26 Em *BSA* 52 (1957) 1–48, p. 27

27 Estrabão, *Geografia* X 1.12, p. 448; Plutarco, *Moralia* 153. Sobre a guerra Lelantina, ver igualmente W.G.Forrest, "Colonisation and the Rise of Delphi," em *Historia* 6 (1957) 160–75.

28 Estrabão, *Geografia*, *loc. cit.*

29 I 165.1

para sua própria cidade fosse desviado para uma nova estação comercial focense nas ilhas Enusas. Nós mesmos poderíamos considerar uma vantagem para Quios ter um *emporion* florescente adicional nas proximidades; e de fato teria sido uma vantagem se os cidadãos de Quios estivessem preocupados com suas exportações — nesse caso, quanto mais *emporia* estivessem ao alcance, melhor. Mas, se eles estavam pensando em termos de importações (e somente nessa suposição), sua recusa é compreensível, porque um *emporion* focense nas ilhas Enusas serviria, do ponto de vista deles, para interceptar mercadorias que de outra forma poderiam ter ido diretamente para eles, o que aumentaria preço dos produtos em Quios — se chegassem lá — pela adição do lucro do intermediário focense.

Estamos agora em posição de começar a procurar por "colônias de comércio". Como eu disse, é geralmente admitido que a necessidade de terra era de longe a causa mais importante da colonização. E eu mesmo não conheço nenhuma evidência direta, positiva, de fontes boas ou ruins, de que qualquer uma das primeiras colônias foi fundada com o objetivo de comércio em qualquer dos meus três sentidos, embora em certos casos haja forte evidência circunstancial, e, claro, até mesmo colonos agrícolas devem normalmente ter sido guiados em sua escolha de local por mercadores que já haviam negociado previamente na área em questão. Certamente não há nada em nenhuma das lendas de fundação que sugira que uma colônia fora fundada por mercadores, ou principalmente para o comércio. Tucídides[30] descreve (certo ou errado) os fenícios como ocupando promontórios e ilhotas nas costas da Sicília "com o propósito de negociar com os sículos", mas ele nunca diz tal coisa das colônias gregas das quais ele descreve na sequência. Acho isso significativo. Além disso, se a política estatal grega era como eu a descrevi, então podemos imaginar alguma razão pela qual qualquer cidade grega deveria *querer* enviar uma "colônia de comércio"? Se lembrarmos nossa classificação tripla de "comércio", então podemos concluir, assumindo que nossos princípios são sólidos, que uma cidade gre-

30 VI 2.6.

ga poderia enviar uma colônia para garantir suprimentos de alguma mercadoria importante como cereal, mas que nunca fundaria colônias para fornecer, a si mesmas, mercados para exportações ou para promover o que eu chamei de "troca comercial". Quando as pessoas falam vagamente de "colônias de comércio", como elas muito frequentemente fazem, eu creio que elas quase sempre têm em mente a segunda e terceira destas atividades, as duas que me parecem excluídas por razões históricas. Na verdade, eu não conheço nenhum caso para o qual existe evidência explícita provando além de qualquer dúvida que o objetivo de uma fundação seria o comércio em benefício da cidade-mãe, exceto por algumas das colônias e clerúquias atenienses do século IV; e aqui a evidência é apenas para o comércio no primeiro dos meus três sentidos: comércio como importações, o fornecimento de mercadorias importantes para a cidade-mãe — neste caso, cereal. A melhor evidência é uma inscrição ateniense datada de 325 /4:[31] os atenienses resolvem enviar uma colônia para o Adriático a fim de prover suas próprias *emporia* e fornecimento de grãos (ἐμπορία οἰκεία καὶ [σιτ]οπομπία), com uma base naval para garantir proteção contra a pirataria etrusca e uma frota em benefício de todos os navegadores, gregos e não gregos.

Havia "colônias comerciais" neste ou em qualquer um dos meus outros dois sentidos no grande período de colonização: os séculos oitavo, sétimo e início do sexto?

Vamos tomar Siracusa como estudo de caso, fundada por Corinto por volta de 733. (Siracusa é um bom estudo de caso, pois se ela não fosse uma colônia comercial, é improvável que precisemos considerar as reivindicações de qualquer uma das outras fundações, na Sicília pelo menos, a menos que haja alguma razão particular para procurar um motivo comercial). Blakeway e Dunbabin,[32] para mencionar apenas dois dos arqueólogos mais proeminentes que enfatizaram a importância dos motivos comerciais na colonização, não

31 Tod II 200 = Harding 121, linhas 165 ss.

32 A.Blakeway, "Prolegomena to the Study of Greek Commerce with Italy, Sicily and France in the 8th and 7th centuries B.C.", em *BSA* 33 (1933) 170–208; Dunbabin, *op. cit.* (em n. 9 acima), ch. i.

tinham dúvidas de que o principal objetivo dos fundadores Baquíadas de Siracusa teria sido promover o comércio. Insistindo, corretamente, que "a colônia era uma iniciativa oficial do Estado coríntio", Dunbabin declarou que "o principal objetivo dos governantes de Corinto dificilmente poderia ter sido outro senão formar uma colônia comercial".[33] (Por acaso, Dunbabin acrescenta, "O interesse dos Baquíadas no comércio é atestado por autoridades antigas, bem como pela ampla distribuição de vasos protocoríntios"; mas ele não dá referências a essas autoridades antigas, e por que a ampla distribuição de vasos feitos em Corinto deveria atestar o interesse de seus governantes no comércio, ou mesmo o que "interesse no comércio" significa neste contexto, eu não sei). Sugiro que, provavelmente, não há verdade alguma nesta teoria sobre a origem de Siracusa. Em vez de partir de suposições, vamos olhar para os poucos pequenos fragmentos de evidência que temos sobre a fundação de Siracusa.

Primeiro, há Etíope de Corinto e seu bolo de mel. Ateneu[34] refere-se a um poema de Arquíloco (embora ele não o reproduza) descrevendo como Etíope, um dos colonos, trocou seu lote de terra por um bolo de mel na viagem de partida e, assim, se tornou um sinônimo de prodigalidade. Isso mostra que os colonos teriam terra alocada para eles antes de partirem; e foi o ato de dar essa terra que transformou Etíope no esbanjador proverbial. Essa história está longe de provar que a colônia era essencialmente agrária, mas certamente o sugere.

Em segundo lugar, há o fato registrado por Estrabão[35] de que a maioria dos colonos vinha do vilarejo de Teneia. Novamente, isso não prova que Siracusa não foi fundada como uma colônia comercial, porém, novamente, o sugere.

Em terceiro lugar, sabemos por Heródoto[36] que o poder político em Siracusa no início do século V era mantido pelos *Gamoroi*, evidentemente um corpo de aristocratas proprietários de terras, e pa-

33 *Op. cit.* 15.

34 *Banquete dos Sofistas* IV 167d.

35 Estrabão, *Geografia* VII 6.22, p. 380.

36 VII 155.

rece provável que os *Gamoroi* fossem a classe dominante original. Novamente, parece uma colônia agrária.

A minha quarta peça de evidência me parece robusta, embora eu não a tenha encontrado usada nesta conexão antes e, pelo que eu sei, foi totalmente ignorada por aqueles que veem Siracusa como uma colônia comercial. É simplesmente isto: de acordo com Tucídides,[37] Arquias e os colonos começaram expulsando à força os sículos da ilha em que a cidade interior (ἡ πόλις ἡ ἐντός) se situava na época de Tucídides (ou seja, Ortígia) — uma ação que também é registrada dos colonos em Leontini e Locri, e que, provavelmente, como diz Dunbabin,[38] ocorreu em quase todos os locais sicilianos e do sul italiano colonizados pelos gregos. Pelo menos metade das colônias gregas na Sicília e no sul da Itália foram construídas em locais anteriormente ocupados por vilarejos nativos e Dunbabin pensou que era provável que a maioria fosse, a única exceção aparente sendo Selinunte, onde não há vestígios pré-colonização. Eu não posso acreditar que colonos que vieram para negociar no sentido típico da palavra começariam guerreando contra seus potenciais clientes. Isso não confirmaria a visão que poderíamos ter alcançado de qualquer maneira, com base no que eu disse anteriormente sobre a atitude dos Estados gregos em relação ao comércio, que se Siracusa foi de alguma forma fundada como uma colônia comercial, então "comércio" deve ser entendido no primeiro dos meus três sentidos apenas, e que devemos pensar em uma fundação parcialmente projetada para fornecer à cidade-mãe alguma mercadoria essencial? — que neste caso dificilmente poderia ser algo além de grãos, a Sicília não tendo muito mais que eu saiba a oferecer nesta data, exceto talvez escravos; e não é necessário fundar uma colônia para negociar escravos. Eu pessoalmente duvido muito se este era o objetivo dos fundadores Baquíadas de Siracusa: eu não acredito que no meio do século VIII um governo de nobres proprietários de terras teria querido planejar importações regulares de grãos para competir com os produtos de suas próprias propriedades. Sua situação

37 VI 3.2.

38 *The Western Greeks*, 43.

era bastante diferente, eu sugiro, relativamente à Atenas do século V/IV, onde (como eu acredito) muito poucos cidadãos cultivavam grãos *para venda no mercado*, interno ou externo, e uma grande parte da população urbana era alimentada com grãos importados. Eu não tenho dificuldade em ver Siracusa como uma colônia essencialmente agrária, enviada para aliviar a pressão populacional em Corinto, e plantada em Siracusa ao invés das grandes planícies produtoras de grãos ao norte (onde Leontini e Catânia foram fundadas pelos calcídicos alguns anos depois), por duas razões muito boas. Primeiro, e sobretudo, Siracusa fornece, na forma da ilha (como então era) de Ortígia, o melhor local estratégico de toda a costa leste da Sicília, ideal para defesa contra os sículos, que eram muito propensos a ressentir uma intrusão grega envolvendo não apenas um assentamento de alguns comerciantes, mas a absorção de muitas boas terras. Como Dunbabin mostra,[39] Siracusa desde o início se estendia até o continente também: havia boa terra lá, estendendo-se para o sul;[40] mas era Ortígia que comandava toda a área costeira — uma situação, como as pessoas muitas vezes comentaram, destinada pela natureza a dar controle sobre toda a área do sudeste da Sicília.[41] E em segundo lugar, havia em Ortígia fontes excepcionalmente copiosas de água fresca: a famosa fonte de Aretusa (muito admirada por Cícero) e algumas outras também.[42] O fato de que Siracusa também possuía um magnífico porto natural (dois portos, na verdade) não teria, eu acho, parecido quase tão importante no meio do século VIII como se poderia supor; pois nesta data parece que os navios mercantes, assim como os navios de guerra, seriam normalmente puxados para uma praia.

Agora pode parecer que estou muito perto de afirmar que, no período arcaico, as cidades gregas nunca fundaram colônias para fins comerciais, ou pelo menos que, se o fizeram, "comércio" deve ser entendido apenas no sentido de importações, o fornecimento de

39 *The Western Greeks*, 17, 48–50.

40 *Ibid.* 95, 211.

41 E.g. *Ibid.* 48, 95.

42 Ver E.A.Freeman, *Hist. of Sicily*, I 353–6.

alguma mercadoria essencial para a cidade-mãe. Eu faço essa afirmação, mas ela contém uma qualificação essencial oculta, que vou esclarecer em breve — porque eu aceito o fato de que haveria algumas "colônias comerciais", mesmo em meu terceiro sentido da palavra "comércio", a saber, troca comercial. Isso me parece bastante certo. Vou apenas mencionar brevemente os exemplos mais óbvios.

1. Náucratis, fundada no Delta do Nilo cerca de 615-610 (a evidência de cerâmica agora nos permite datar a fundação de forma muito precisa).[43] Náucratis parece não ter tido a faixa de terra agrícola circundante de propriedade dos cidadãos, que era um recurso essencial de toda cidade grega adequada. Ela era sobretudo o que os gregos chamavam de "*emporion*", um lugar de comércio, de troca comercial; e eu suspeito que mais de duzentos anos podem ter se passado antes de Náucratis se tornar uma verdadeira *polis.*[44] (A palavra "*emporion*" às vezes é aplicada de forma solta a uma cidade adequada que era um centro de comércio; mas muitas vezes é usada em relação ao porto de uma cidade, como o Pireu, que era apenas uma parte da cidade de Atenas, ou para meros entrepostos comerciais, gregos ou não gregos, que não chegavam a ser propriamente cidades).

2. Al-Mina, na foz do Rio Orontes, no norte da Síria. Muito já foi escrito sobre Al-Mina desde a primeira publicação das escavações de Woolley há mais de vinte anos, notavelmente por Woolley, o assiriólogo Sidney Smith, Dunbabin e Boardman.[45] A visão de todos esses estudiosos é que Al-Mina é a cidade de Posideu, mencionada por Heródoto;[46] mas isso permanece incerto.

3. Cumae, na Campânia. (É conveniente chamar esta colônia na Itália pelo seu nome latino, para distingui-la da cidade grega, Cime,

---

43 Ver R.M.Cook, "Amasis and the Greeks in Egypt," em *JHS* 57 (1937) 227 ss.

44 Sobre os "*prostatai* do *emporion*" (Heródoto, II 179), e outras questões, ver pp. 513 ss. abaixo, esp. pp. 516-519.

45 C.L.Woolley, em *JHS* 58 (1938) 1–30, esp. 1–16, 28–30; S.Smith, em *Antiquaries Jnl* 22 (1942) 87–112; Dunbabin, *The Greeks and their Eastern Neighbours* (Hellenic Soc., Suppl. Paper no. 8, 1957), pp. 25–9, 56–7; J.Boardman, *op. cit.* (em n. 26 acima), pp. 5–9, 24–5.

46 III 91.

que forneceu alguns de seus colonos e deu-lhe o nome.) Agora, Cumae é ao mesmo tempo a colônia grega mais distante na costa oeste da Itália e a mais antiga (a data tradicional é aproximadamente 757). Os colonos primeiramente se estabeleceram em Pitecussa,[47] a moderna Ísquia, e depois se transferiram para o continente. A cidade de Cumae foi estabelecida em terras não muito boas para a agricultura, enquanto havia muitas terras muito boas disponíveis ao longo das costas da Itália muito mais próximas à Grécia — terras nas quais os gregos se estabeleceram em grande número depois de cerca de 720, a data tradicional da fundação de Síbaris. As evidências são puramente circunstanciais, mas muitos estudiosos acreditam que devemos pensar em Cumae como uma colônia comercial, em vez de uma colônia agrícola, e acho que isso pode muito bem ser verdade, mesmo que Cumae nunca tenha tido um porto real. No entanto, em vista das objeções levantadas por R.M.Cook,[48] a questão deve ser deixada em aberto.

Poder-se-ia acrescentar mais de uma cidade grega chamada Empórion, o nome sendo com certeza prova suficiente do caráter original da fundação. A mais conhecida é a cidade na costa leste da Espanha, uma fundação secundária da Massália foceia, que ainda preserva seu nome antigo na forma Ampúrias.

As colônias atenienses situadas na rota do cereal do Mar Negro também são exemplos possíveis de colônias comerciais, no primeiro dos meus três sentidos da palavra "comércio", ou seja, importações. Pode ser que isso seja o que elas eram, mas a questão não pode ser decidida no estado atual das fontes.[49]

Agora, há uma característica que eu gostaria de enfatizar pelo menos nas três primeiras das prováveis colônias comerciais que acabei de mencionar: todas estão situadas próximas a alguma civilização avançada, rica o suficiente para poder pagar bem pelo que os gregos trouxeram e para dar algo em troca. A posição de Náucratis fala por

47 Ver Estrabão, *Geografia* V 4.9, p. 247 (Pitecussa); 4.4, p. 243 (Cumae).

48 Em *Historia* 11 (1962) 113–14. Cf. G.Vallet, *Rhégion et Zancle* (1958) 56–7.

49 Para a opinião de que o comércio com o Mar Negro não tem nada a ver, ao menos, com Sigeu, vê Denys Page, *Sappho and Alcaeus* (1955), 158 n. 2; cf. *ATL* I 547–8.

si. Al-Mina está no lugar mais adequado para a transmissão de mercadorias gregas pelo norte da Síria até a grande curva do Eufrates e daí para a área densamente povoada da Babilônia, e a recepção de mercadorias mesopotâmicas viajando na direção oposta. E Cumae foi possivelmente colocada onde estava porque era o mais próximo que os gregos poderiam chegar dos centros de poder etrusco na Itália, além de suas potencialidades como centro de comércio de ferro e cobre. Se não soubéssemos da existência de colônias gregas nesses três lugares, seriam exatamente os lugares em que esperaríamos encontrá-las. Mas a grande maioria das colônias gregas, incluindo todas as da Sicília e do sul da Itália, não estavam próximas de nenhum centro de alta civilização. Os sículos e as tribos do sul da Itália, como nos dizem os arqueólogos, não tinham grande riqueza e não tinham artefatos muito valiosos, e os gregos não deveriam ter encontrado muito para trazer para casa da Sicília ou do sul da Itália, exceto cereais e escravos — e me parece improvável que houvesse muito cereal para exportação até que os próprios gregos começassem a cultivá-lo.

Deparamo-nos, portanto, com uma aparente contradição. Havia algumas colônias comerciais, não limitadas (aparentemente) ao primeiro dos meus três sentidos da palavra "comércio". No entanto, em minhas premissas, esperaríamos não encontrar nenhum Estado grego organizando colônias comerciais, exceto talvez no meu primeiro sentido de "comércio". A maneira como eu resolveria essa aparente contradição é bastante simples: eu sugeriria que, embora houvesse colônias comerciais no sentido geral, elas não foram fundadas *em primeiro lugar* por um ato deliberado de Estado (da maneira como Cirene e Siracusa e tantas outras foram), mas que surgiram originalmente *de baixo*. Os comerciantes gregos que negociavam com uma determinada área primeiro estabeleceriam um entreposto comercial, um "*emporion*" e, com o tempo, passariam a passar parte do ano lá; e eles logo trariam consigo alguns dos artesãos que fabricavam o tipo de mercadorias que os nativos gostavam (oleiros e pintores de vasos, por exemplo). Depois de certo tempo, quando o *emporion* já estivesse bem estabelecido, alguns dos comerciantes e artesãos poderiam ter gostado de fazer de lá sua casa permanente — e nesse ponto, ou muito em breve depois, eles quereriam transformar o assentamento em uma *polis*. A coisa natural a fazer então seria voltar à cidade ou cidades de onde a maioria deles veio, a fim de pedir um distinto *oikistēs* que pudesse dar um bom começo à sua cidade e poderia ser enterrado na ágora e adorado como um herói após sua morte; eles também pediriam a transmissão formal de cultos religiosos e os outros penduricalhos dignos de uma cidade fundada com toda a cerimônia adequada. Nenhuma cidade grega provavelmente recusaria um pedido desse tipo, pelo menos se as perspectivas da nova cidade parecessem razoavelmente boas. E, como toda cidade grega estava cercada por um território agrícola do qual normalmente alimentava a si própria, provavelmente haveria uma chance de enviar alguns cidadãos sem terra ou agricultores empobrecidos para se juntar à nova empreitada. Claro, se muitos novos colonos agrícolas chegassem e quisessem estender o território da colônia, poderia haver uma forte resistência dos nativos que haviam recebido bem um mero entreposto comercial que não envolvesse a tomada de muita terra: podemos comparar o que aconteceu em Cirene.[50]

Não posso oferecer nenhuma evidência positiva para essa minha teoria, na forma de histórias de fundação de cidades ou qualquer outra coisa. Mas tal me parece muito provável. Já foi afirmado[51] acerca da colônia de Empórion na Espanha que, de acordo com as evidências arqueológicas, "parece ter existido como um pequeno porto de escala por duas gerações antes de ser convertido em uma colônia regular e crescer para uma certa prosperidade". Isso é exatamente o que tenho em mente.

Gostaria apenas de mencionar uma controvérsia não irrelevante para o nosso assunto que surgiu entre os arqueólogos preocupados com as colônias gregas Ocidentais. Blakeway e Dunbabin, seguindo os passos de Orsi e outros, afirmaram como um fato definitivo que

50 Heródoto, IV 158–9.

51 Não me lembro agora onde li isto. Cf. P.Bosch-Gimpera, em *CQ* 38 (1944) 53 ss., p. 54.

as colônias gregas no Oeste foram precedidas por uma geração ou mais de comércio grego com alguns dos povos locais, que mais tarde foram colonizados; eles pensavam que Siracusa e algumas das outras colônias, bem como Cumae, foram fundadas principalmente para fins de comércio — e quando falavam de "comércio" muitas vezes parecem ter significado exportações, principalmente (é claro) de cerâmica, porque todas as evidências consistem em achados de cerâmica. Esta teoria foi contestada por R.M.Cook em 1946:[52] ele pensava que os vasos gregos que se alegavam ser pré-colonização não eram de fato anteriores à fundação grega. E agora, nos últimos anos, dois arqueólogos franceses de destaque, Vallet e Villard, que conhecem bem as evidências arqueológicas de primeira mão, lançaram um ataque detalhado à tese de Blakeway-Dunbabin,[53] ao longo das mesmas linhas que Cook. Eu não sou um arqueólogo e não posso reivindicar nenhum valor para minha própria opinião. Mas, por minha parte, acho que Vallet e Villard conseguiram minar as bases da hipótese de comércio pré-colonização com o Oeste, sem, por outro lado, serem capazes de provar (como parecem pensar que fizeram) a hipótese oposta, de que não houve comércio pré-colonização. O ponto é que os vasos geométricos e protocoríntios muitas vezes ainda não podem ser datados com confiança dentro de uma década ou duas; e se tivermos que abandonar (como acho que devemos) a noção de um longo período de comércio antes da colonização, ainda podemos insistir em deixar aberta a possibilidade de alguns anos de tal comércio, que ainda não poderia ser provado ou refutado a partir do registro arqueológico com as informações agora disponíveis. (Na verdade, fui informado de que os achados mais recentes na Ísquia e na costa vizinha da Itália sugerem que houve um período distinto de comércio pré-colonização). Os fatos sobre Cumae que mencionei anteriormente mostram que esta, pelo menos, pode muito bem ter sido uma colônia de comércio. Por outro lado, pelos

52 Em *JHS* 66 (1946) 67 ss., pp. 70–80.

53 F.Villard e G.Vallet, "Géométrique grec, géométrique sicéliote, géométrique sicule. Étude sur les premiers contacts entre Grecs et indigènes sur la côte orientale de Sicile", em *Méls. D'arch. et d'hist.* 68 (1956) 7–27; G.Vallet, *Rhégion et Zancle* (1958), *passim.*

motivos que elenquei (a ausência de uma civilização avançada com a qual comercializar) pode muito bem ser o caso não ter havido colônias comerciais na Sicília e no sul da Itália — exceto talvez por Zancle-Messana e Regium, que formam um caso bastante especial por causa de sua situação estratégica única de controle do Golfo de Messina. Ainda acho muito provável, contudo, que os primeiros colonizadores da Sicília e do sul da Itália foram guiados para seu destino por comerciantes gregos que já haviam negociado naquela área, talvez por um curto período apenas.

Na grande maioria dos casos em que encontramos uma cidade grega fazendo uma aventura colonial oficial, no entanto, parece-me haver uma alta probabilidade de que as circunstâncias se provarão muito semelhantes às imaginadas por Platão:[54] "Quando homens que não têm nada e estão carentes de comida se mostram dispostos a seguir seus líderes contra as posses da classe proprietária, eles são tratados como uma doença de Estado e são enviados para fora, embora no espírito mais amável possível, com o título eufemístico de uma colônia".

POSFÁCIO DE C.M.REED

Este artigo, o mais antigo deste volume, foi apresentado como uma palestra à Oxford University Classical Society em 1959. Para analisar em sequência as três principais proposições que Ste.Croix avança (com o vigor e a finalidade característicos de suas palestras):

Primeiro, *a causa primária da colonização foi a demanda por terra devido à superpopulação*. Graham, em seu capítulo *CAH*[2] sobre colonização arcaica, afirma o consenso contínuo sobre o ponto de Ste.Croix. (Graham dedicou sua carreira ao estudo da colonização; seus trabalhos reunidos foram recentemente publicados e seu livro de 1964 sobre o assunto reapareceu em 1999, infelizmente sem sua atualização de 1983). Cawkwell endossa a necessidade de comida como a principal causa, todavia acredita que seja em razão da seca, e não da superpopulação.

54 *Leis* V 735e–6a.

Atualmente, uma conexão causal entre o comércio arcaico e a colonização é tão desconsiderada que os trabalhos recentes sobre colonização negligenciam a menção ao comércio, assim como os tratamentos recentes ou em vias de publicação do comércio arcaico ou dos comerciantes ignoram a colonização: sobre colonização, veja, por exemplo, a recente coletânea editada por Descoeudres; sobre comércio e comerciantes arcaicos, a visão geral de 1983 de Cartledge, *TPR*, e o livro recente de Reed.

Ste.Croix, nesta palestra como em outras oportunidades, presta pouca atenção às evidências arqueológicas — uma sugestão da tensão que persistiria muito depois de 1959 entre os historiadores britânicos antigos de mentalidade sociológica e seus pares da arqueologia. O "Epílogo" de Boardman para *Greeks Overseas*[4] e os ensaios editados por Tsetskhladze e De Angelis atualizam o registro arqueológico relevante. Brill anunciou uma história abrangente futura da colonização grega, editada por Malkin.

Segundo, *exceções à primeira tese de Ste.Croix acima devem ser feitas para "portos de comércio" como Náucratis, Pitecussa e Al-Mina.* Trabalhos recentes confirmam as afirmações de Ste.Croix sobre a experiência grega em Náucratis e Pitecussa; a conexão grega com Al-Mina permanece mais controversa. A monografia de Austin sobre Náucratis precedeu o novo estudo de Möller, que vai muito além de Náucratis, bem como os volumes da antiga *Naukratis* editados por Coulson e Leonard. Para mais bibliografia sobre Náucratis, veja o posfácio do cap. 10. Kearsley e Boardman revisam as evidências de Al-Mina em um volume recente editado por Tsetskhladze.

Terceiro, *com relação à forma como o comércio inter-regional foi organizado, as condições no período arcaico se assemelham tanto às do período clássico que podemos aprender muito sobre o primeiro a partir do último.* Muitos dos pontos secundários de Ste.Croix nesta palestra — por exemplo, sua ênfase na preocupação coletiva e oficial de uma cidade com as importações em detrimento das exportações — dependem da premissa acima. É verdade que a *polis* arcaica estava preocupada com as importações, não com as exportações, mas não necessariamente pelos mesmos mecanismos. Um grande corpo de trabalho pós-Finley lida com os mecanismos políticos e legais para lidar com o comércio desenvolvido em Atenas no período clássico. Basta mencionar aqui os livros recentes de Hansen e Millett, coletâneas editadas por Cartledge e por Parkins & Smith, e o capítulo de Davies no volume V do *CAH*² juntamente com os de Austin e Rhodes no volume VI. Estes demonstram quanto sabemos muitos mais agora sobre o comércio e os comerciantes clássicos por causa de sua aparição em processos legais organizados pela *polis*, honras concedidas pela *polis* ou iniciativas militares e diplomáticas patrocinadas pela *polis*. Os arqueólogos podem acumular indefinidamente novas evidências para trocas arcaicas e, ainda assim, não necessariamente compreenderemos sua importância, sobretudo porque o contexto institucional necessário para fazer isso não existia naquela época. (Veja, entretanto, o artigo de Wilson).

Finalmente, o que Ste.Croix teria pensado do crescimento recente de abordagens historicizantes da colonização? Ste.Croix era um historiador no molde do Iluminismo, tão pouco inclinado quanto Sidney e Beatrice Webb ou seu mentor A.H.M.Jones a reconstruir contextos culturais de forma imaginativa. Pode-se imaginar suas elaboradíssimas objeções à subjetividade de obras recentes de Dougherty e (em menor grau) de Malkin. Ele também não teria sido tranquilizado pelo seguinte — uma das poucas ocasiões (p. 89) em *Returns of Odysseus* de Malkin onde se encontra uma combinação de comércio arcaico e viagem: "... que Eurialo, o Fenício [*Odisseia* 8.161–5], insulta Odisseu por parecer não um homem 'habilidoso em contendas', mas um 'capitão de marinheiros que são comerciantes' não indica, como se pensava, qualquer depreciação geral do comércio".

Austin, M. M., *Greece and Egypt in the Archaic Age* (1970)

______, "Society and Economy" *CAH*² VI (1994)

Boardman, J., "Epilogue" to *The Greeks Overseas: Their Early Colonies and Trade4* (1999)

______, "The Excavated History of Al-Mina", in Tsetskhladze, G., ed., *Ancient Greeks West and East* (1999)

Cartledge, P. et al., eds., *Nomos: Essays in Athenian Law, Politics, and Society* (1990)
Cawkwell, G. L., "Early Colonisation", *CQ* 42 (1992) 289–303
Coulson, W. D. E., *Ancient Naukratis: The Survey at Naukratis and Environs*, II 1 (1996)
Davies, J. K., "Society and Economy", *CAH*² V (1992)
Descoeudres, J.-P., ed., *Greek Colonists and Native Populations* (1990)
Dougherty, C., "It's Murder to Found a Colony", in Dougherty, C., and Kurke, L., eds., *Cultural Poetics in Archaic Greece: Cult, Performance, Politics* (1993)
______, *The Poetics of Colonization: From City to Text in Archaic Greece* (1993)
Graham, A. J., *Collected Papers on Greek Colonization* (2001)
______, "The Colonial Expansion of Greece", *CAH*² III 3 (1982)
______, *Colony and Mother City in Ancient Greece* (1964, repr. 1999)
Hansen, M. H., Polis *and City-State: An Ancient Concept and Its Modern Equivalent* (1998)
Kearsley, R. A., "Greeks Overseas in the 8th Century B.C.: Euboeans, Al-Mina and Assyrian Imperialism", in Tsetskhladze, G., ed., *Ancient Greeks West and East* (1999)
Leonard, A., Jr., *et al., Ancient Naukratis: Excavations at a Greek Emporium in Egypt*, I 1 (1997) and 2 (2001)
Malkin, I., *Religion and Colonization in Ancient Greece* (1987)
______, *The Returns of Odysseus: Colonization and Ethnicity* (1998)
Millett, P., *Lending and Borrowing in Ancient Athens* (1991)
Möller, A., *Naukratis: Trade in Archaic Greece* (2000)
Parkins, H., and Smith, C., eds., *Trade, Traders and the Ancient City* (1998)
Reed, C. M., *Maritime Traders in the Ancient Greek World* (2003)
Rhodes, P. J., "The Polis and the Alternatives", *CAH*² VI (1994)
Ridgway, D., *The First Western Greeks* (1992)
Tsetskhladze, G., and De Angelis, F., eds., *The Archaeology of Greek Colonisation* (1994)
Wilson, J.-P., "The 'illiterate trader'?", *BICS* 42 (1997–8) 29-56

10
Mas e quanto a Egina?

Este ensaio, escrito (aparentemente) em 1965 ou 1966, cumpre a promessa feita por Ste. Croix em *OPW* 267 n. 61: "Pretendo demonstrar, em outra oportunidade, em detalhes, que até a classe governante de Egina não era a 'aristocracia mercantil' que se presume ter sido, porém uma classe pequena e rica de proprietários de terras de tipo arcaico," e novamente ("como espero mostrar em breve", referindo-se ao status de Náucratis) em uma resenha em *JHS* 87 (1967) 179.

Uma promessa adicional aparece em *OPW* 265: "Espero tratar em breve, em outro lugar, do *status* cívico, social e econômico dos mercadores gregos no período clássico". Aparentemente, Ste. Croix pretendia incluir um texto sobre este assunto em seus *Ensaios sobre História Grega*, que sem dúvida teria feito uso de material de seu curso de palestras sobre o contexto econômico da política grega (veja *Proc. Brit. Acad.* 111 (2001) 460). De fato, lê-se numa nota anexada ao manuscrito do presente capítulo: "Este é um primeiro rascunho revisado, fornecendo material a ser usado — provavelmente em uma forma bastante diferente — no final do meu capítulo 'Comércio e Política'". Isso explica por que o primeiro parágrafo deste ensaio contém frases que implicam uma discussão anterior ("o que eu chamei", "minha reconstituição"), e por que o leitor foi instruído a "ver acima" em vários tópicos*— empréstimos marítimos (n. 11), o decreto de cunhagem ateniense (n. 74) e Andócides (n. 98)—e, talvez, por que o ensaio termina tão abruptamente (n. 110).

"Sua imagem" coloca Ste. Croix firmemente do lado "primitivista" do longo debate "primitivista/modernista" sobre a natureza da economia antiga (sobre o qual veja Finley, *AE* e *BMC*, Cartledge, TPR, e Scheidel & von Reden).

* Essas "não referências" foram ajustadas na presente versão.

Finley, M. I., *AE* = *The Ancient Economy* (1975; 2nd edn. 1985, reimpresso pela Penguin Books 1991; edn. atualizada ed. I.Morris 1999)
——, *BMC* = (ed.), *The Buecher-Meyer Controversy* (1979)
Scheidel, W., and von Reden, S., *The Ancient Economy* (2002)

Um dos principais maniqueístas do tempo de Santo Agostinho sentiu que estava fazendo um ponto útil contra os católicos quando perguntou, em resumo, como eles poderiam acomodar o escorpião em seu esquema de coisas.[1] Muitas vezes me lembrei disso quando aqueles que pertencem ao que eu chamei de escola "modernizadora" me dizem: "Ah, mas e quanto a Egina?". Agostinho não teve dificuldade com o escorpião, e Egina se encaixa muito bem em minha reconstituição.

A tendência quase universal de assumir que Egina, uma ilha de apenas cerca de 85 quilômetros quadrados, "deve ter sido" uma "cidade industrial e comercial",[2] governada por algum tipo de classe dominante mercantil, uma *Handelsaristokratie* ["aristocracia do comércio"], até mesmo uma *Kaufmannsaristokratie* ["aristocracia mercantil"],[3] não se baseia em nenhuma evidência: não há, em ne-

1 Veja Santo Agostinho, *De Moribus manichaeorum* (VIII) 11 (*PL* XXXII 1349–50). O maniqueísta sustentava que o mal era uma *substantia*, e a essência de sua prova, conforme representada (ou mal representada) por Agostinho, era que o escorpião era tanto o mal quanto uma substância.

2 Entre as muitas declarações de estudiosos modernos que poderiam ser citadas, destacarei alguns exemplos característicos (com meus itálicos): (a) Meyer, *GdA* III² 503 (Egina a mais importante "*Handelsstadt*" de toda a área do Golfo Sarônico no final do período Arcaico); *Kleine Schriften* I² (1924), 113-14 (Egina no século VI "*vielleicht* das bedeutendste Handelsemporium der griechischen Welt... Seine *Schiffe befahren alle Meere*, seine *Kaufleute gewinnen fabelhafte Reichtum, neben der Handelsflotte steht eine starke Kriegsflotte*; eine rege Industrie, die grossen Sklavenmassen *beschäftigt, entwickelt sich auf der Insel*"); (b) Busolt, *GS* I 164, 168 (Egina descrita como "*die bedeutende Industrie- und Handelsstadt*"); (c) Beloch, *GG* I² i 279; II² i 25, 77; *BGRW* 96; (d) Holm *HG* I 428. [O autor pretendia adicionar mais exemplos.]

3 Um dos defensores mais confiantes dessa visão foi Eduard Meyer: veja *GdA* IV³ i 399 (Egina mencionada entre as muitas "*Handels-und Industrie-staaten*" nas quais "*eine neue kaufmännische Aristokratie*" emergiu, que "*auf dem Capital und dem Besitz von* Schiffen, Fabriken, Sklaven *beruht und* den alten Adel in sich aufnimmt"); III² 583 ("*Nur auf Ägina fand die Tyrannis keinen Boden; hier bestand von Anfang an* die rein

nhuma fonte, até onde eu saiba, qualquer base para acreditar que a classe governante de Egina, no tempo de sua grandeza, no século VI e na primeira metade do século V, era diferente das outras oligarquias proprietárias de terras daquela época. É uma pura suposição *a priori* encontrar alguma forma "mercantil" em composição. No entanto, Glotz e Cohen, por exemplo, podem dizer com confiança, "sua aristocracia nunca foi uma classe de proprietários de terras; sempre foi composta por fabricantes, comerciantes e armadores"; Egina tinha "uma política obstinadamente mercantil".[4] Outros estudiosos argumentaram de maneira muito semelhante.

Hasebroek, claro, protestou contra essa reconstituição, mas seu tratamento de Egina (*TPAG* 51–3) foi rudimentar e impreciso e os "modernizadores" puderam se dar ao luxo de dar pouca atenção a ele. E então, em 1938, apareceram duas monografias dedicadas inteiramente a Egina: Gabriel Welter, *Aigina*, uma publicação do Instituto Arqueológico Alemão, e Hans Winterscheidt, *Aigina. Eine Untersuchung über seine Gesellschaft und Wirtschaft*, uma dissertação de Colônia de um aluno de Hasebroek. Essas duas publicações receberam uma longa resenha por E.Kirsten em *Gnomon* 18 (1942) 289–311 [daqui em diante Kirsten, "Resenha"], com várias páginas[5] dedicadas a um exame dos problemas sociais e econômicos. Winterscheidt, trabalhando na própria universidade de Hasebroek, evidentemente sentiu que podia dar como certo tanto a concepção de Hasebroek

merkantile Politik, *zu der Korinth nach dem Sturz der Kypseliden gelangte*"), 707 ("*In Korinth führen* die Kaufleute ein weises und stabiles Regiment... *Nicht viel anders werden die Zustände in Ägina gewesen sein*"); *Kl. Schr.* I² (1924) 194 ("*Im manchen griechischen Staaten hat die* Kaufmannsaristokratie *die Herrschaft gewonnen, so in Ionien, in Ägina, in Rhodos, ebenso in Karthago*") (realces meus). Veja também (novamente com meus realces) Adcock, em *CAH* IV 26 (Egina "*a ciosa ilha de comerciantes*"); Walker, *ibid.* 263–4 ("Em Egina havia ... uma aristocracia de príncipes mercadores"); Busolt, *GS* I 191 n. 1 ("Vorwiegend oder ausschließlich Grosshändler und Fabrikanten *waren die Kapitalisten in Aigina, Korinthos, Milet und andern Städten*"); Kahrstedt, in *Göttingische Gelehrte Anzeigen* 1926, p. 104 ("*Ferner etwa wäre Aigina nachzutragen als Beleg dafür, dass* der Adel anfängt Handel zu treiben, *man denke an* die hochfeudalen Stammbäume der aiginetischen Handelsherren *bei Pindar*").

4 *HG* I 315; cf. 480 ("*Les oligarchies commerçants de Mégare, de Chalcis et d'Égine*").

5 Esp. 297–301, cf. 294–5, 302, 303, 304.

da sociedade grega antiga em geral quanto a sua "*neues Bild*" [nova reconstituição] de Egina em particular, sem um refutação detalhada de pontos de vista rivais. Ele estava sobremodo satisfeito, portanto, em apontar que a teoria corrente de uma "aristocracia comercial" de Egina não tem fundamento, substituindo-a por uma coleção de evidências para uma classe governante de padrão grego arcaico bastante típico. Negando totalmente, com Hasebroek, a existência de comércio grego em larga escala (*Grosshandel*), ele acreditava que os únicos cidadãos de Egina a participar da atividade mercantil eram das classes baixas. Sem dúvida, ele também acreditava que uma grande parte do comércio da ilha estava nas mãos de homens que não eram cidadãos de Egina, mas — talvez por um descuido — ele não parece afirmar isso explicitamente.

Kirsten, rejeitando a visão geral de Hasebroek, foi muito crítico da "*neues Bild*" de Winterscheidt para Egina; mas (como aparecerá em breve) o curso de raciocínio que o levou a rejeitá-lo foi essencialmente apriorístico, e veremos que mesmo os seus argumentos que não são completamente mal concebidos contêm pressupostos falaciosos de um tipo que é familiar nas obras da escola "modernizadora". Perguntando a si mesmo quem conduziu o comércio de Egina, nobres ou o *demos* sujeitado ou metecos, Kirsten ("Resenha", 297 ss.) observa que, segundo Winterscheidt, eram membros do *demos* (concebidos como humildes dóricos, não como *Hörige* ["sujeitados"]), e ele continua a dizer que Welter segue a visão predominante, de que o comércio estava nas mãos de nobres e metecos. Ele próprio prefere o que concebe como uma solução intermediária entre as duas. No entanto, essa caracterização da visão de Welter[6] me parece não dar uma impressão justa do que Welter realmente diz. Não consigo encontrar uma palavra no pequeno livro de Welter, ou em sua série de "Aeginetica" no *Archaölogischer Anzeiger*,[7] sobre participação direta

6 Ver especialmente a sua *Resenha*, 297 ("*W[elter] folgt der herrschenden Meinung*") e 300 n. 1, na qual Kirsten representa Welter vendo "neben dem Grosshandel der aiginetischen Herren *noch ein Seedarlehensgeschäft*" com metecos. Não encontro nada em Welter correspondente às palavras que destaquei. Mas ver n. 9 abaixo.

7 *AA* (1938) 1–33 ("Aeginetica" I–XII), 480–540 (*Id.* XIII–XXIV), e (1954) 28–48 (*Id.* XXV–XXXVI): ver esp. (1954) 29–30 (§ XXV).

no comércio por parte da classe dominante de Egina. Na verdade, Welter[8] vê "*die herrschende dorische Oberschicht*" ["a classe alta governante dórica"] como "*konservativ, landgebunden*" ["proprietários conservadores, fortemente ligados às suas propriedades"] — corretamente, na minha opinião. Com eles ele contrasta os cidadãos de classe baixa, entre os quais não só os escultores, mas também "*die Schiffsbesitzer, die als Kapitäne auf eigenem Schiff Handel trieben*" ["os proprietários de navios, que praticavam comércio como capitães de seu próprio navio"]. Ele então passa a dizer explicitamente, "*Der Handel lag zum grössten Teils im Händen der Metöken*" ["o comércio estava principalmente nas mãos dos metecos"]; e mais tarde ele fala de "*die vordorische und Metöken-Bevölkerung, die bewegliche Trägerin des Handels*" ["a população pré-dórica e meteca, representantes ativos do comércio"]. Welter vê a classe dominante na condição de preocupada com o comércio de apenas uma maneira: "*das Prinzip der äginetischen Handelspolitik*" [o princípio da política comercial de Egina] pode ser definido, segundo ele, como "*Sicherung des Metöken zur Hebung der Darlehensgeschäfte*" ["garantir a segurança do meteco para incentivar os negócios de empréstimo"]. Foram os "*umfangreichen Schiffsdarlehngeschäfte des reichen äginetischen Adels*" ["negócios de empréstimos marítimos extensos da rica aristocracia de Egina"] que trouxeram um grande número de comerciantes estrangeiros para se estabelecerem em Egina como metecos. O Estado se beneficiou do imposto sobre os metecos e os impostos sobre importações: essas eram suas principais fontes de receita.

Por outro lado, Welter (*Aig.* 30) fala de uma grande e crescente "frota mercante" (*Handelsflotte*) como uma posse do "*die oligarchische Adelsregierung*" ["regime oligárquico dos aristocratas"]: não está claro para mim se ele concebe os navios como de propriedade pública ou privada, ou como ele acha que eles foram tripulados; mas, de qualquer forma, ele claramente não supõe que os grandes homens tiveram qualquer participação direta no comércio.[9] Além

8 *Aig.* 96, 99, com 31; cf. *AA* (1954) 29–30 (§ XXV).

9 Cf. *Aig.* 96–9. Talvez tenha sido sua afirmação na p. 30 (veja acima) que enganou Kirsten?

do *Kleinhandel* [comércio a varejo] revelado pela evidência arqueológica, ele insiste — sem é claro ser capaz de oferecer quaisquer razões — na existência de um *Grosshandel* ["comércio por atacado"] (que, ele admite, não deixou qualquer rastro no registro arqueológico) em matérias-primas (cereais, minério e vinho), escravos e *Schiffsfracht* ["carregamento"],[10] especialmente com a Ásia Menor, Egito e o Mar Negro. Aqui, ele atribui um papel importante a um fator que já mencionei: "extensos empréstimos mercantis pela rica aristocracia de Egina". Kirsten diz em objeção a isto que *Seedarlehensgeschäft* ["empréstimos mercantis, empréstimos com penhor do navio"] são um fenômeno que não aparece até mais tarde ("Resenha", 300 n. 1); e aqui eu acho que ele está muito provavelmente certo, embora isso não possa ser provado de verdade. Como já disse noutro lugar, tudo o que sabemos é que os empréstimos com penhor do navio eram uma instituição bem estabelecida no final do século V.[11] Eu ficaria surpreso se eles aparecessem muito antes do meio do século V, mas é claro que é bastante possível que eles tenham sido inventados no século VI, e suponho que até uma origem no século VII é apenas concebível.

A reconstituição de Welter, então, não pode ser provada correta, nem convincentemente refutada. A meu ver, o *Grosshandel* de Egina ["comércio por atacado"] e a concessão de empréstimos com penhor do navio pela nobreza da época arcaica devem ser rejeitados;

10 *Aig.* 30–1. Sua afirmação é repetida com aprovação por W.Kraiker, *Aigina. Die Vasen des 10. bis 7. Jahrh. v. Chr.* (Deutsches Archäol. Inst., Berlin, 1951) 12.

11 [Ver Ste.Croix's "Ancient Greek and Roman Maritime Loans" em *Debits, Credits, Finance and Profits* (Esssays in honour of W.T.Baxter), ed. H.Edey and B.S.Yamey (1974), 41–59. As reivindicações de exemplos anteriores permanecem duvidosas (Cartledge, TPR 182 n.19): a prática não pode ser rastreada com confiança antes de 421 a.C. (ver Harvey em *ZPE* 23 (1976) 233). As duas discussões recentes de P.Millett, "Maritime loans and the Structure of credit in Forth-Century Athens", em P.Garnsey *et al.* (eds.), *Trade in the Ancient Economy* (1983), 36-52, e nas pp.188-96 de seu *Lending and Borrowing in Ancient Athens* (1991) (com notas em 305-8), uma "reformulação seletiva" (305 n.17) de partes de seu artigo anterior, são, como ele diz (305 n.17), "dependentes do estudo fundamental de Ste.Croix". Para um tratamento adicional do assunto, ver agora Charles Reed, *Maritime Traders in the Ancient Greek World* (2003).]

mas eu certamente aceitaria os elementos restantes na explicação de Welter: a participação pessoal no comércio estrangeiro de cidadãos pobres e uma atividade mercantil ainda maior por parte dos metecos — e, é claro, eu acrescentaria (pelos motivos que expliquei [em *OPW* 264-7]) outros .

Welter, Winterscheidt e Kirsten citam quase todas as evidências relevantes e apresentam a maioria dos possíveis argumentos, mas com eficácia muito variada e, em várias questões, eles estão muito longe de ter dito a última palavra. Acho que meu melhor método de abordagem é pedaço por pedaço: sem tentar nesta fase* desenvolver qualquer argumento contínuo, vou atacar nosso problema de várias direções diferentes, uma após a outra, analisando pedaços significativos de evidência, na medida em que existem, mas às vezes apenas expondo "pressupostos modernistas" ou criticando argumentos que me parecem inválidos.

(I)

Eu começo com o único vislumbre que temos da política interna em Egina: a revolução fracassada liderada por Nicodromo (Heródoto, VI 88–91), pouco antes ou depois da batalha de Maratona,[12] quando Heródoto nos diz (VI 91.1) que Αἰγινητέων οἱ παχέες ἐπαναστάντος σφι τοῦ δήμου ἅμα Νικοδρόμῳ ἐπεκράτησαν ["os ricos eginetas prevaleceram sobre o povo, quando se revoltaram contra eles com Nicodromo"], massacrando setecentos, depois que outros escaparam de navio com seu líder. Além do fato de que Nicodromo havia conspirado com os atenienses para trazer Egina para o lado deles, o propósito da revolução não é explicitamente declarado por Heródoto, mas os revolucionários certamente pretendiam, com a ajuda ateniense, ampliar a classe daqueles com direito a exercer direitos políticos ou até mesmo estabelecer uma democracia completa parecida ao modelo ateniense. Nicodromo em si era um homem de

* [Esta frase sugere fortemente que Ste.Croix originalmente pretendia fornecer uma discussão mais completa].

12 Contraste a cronologia de A.Andrewes, em *BSA* 37 (1936–37) 1–7, com a de N.G.L.Hammond, em *Historia* 4 (1955) 406–11, aprovada por L.H.Jeffery em *AJP* 83 (1962) 44–54. [Bibliografia adicional no Posfácio].

alguma distinção [VI 88]. Nenhuma pista nos é dada acerca da composição social de seus seguidores: provavelmente incluíam cidadãos abastados fora da oligarquia governante, bem como muitos homens humildes. Penso ser interessante que o termo que Heródoto usa para a oligarquia egineta, οἱ παχέες, é uma palavra que ele aplica em outro lugar apenas aos *Hippobotai* de Cálcis (V 77.2) e à classe rica de Naxos (V 30.1) e Mégara Siciliana (VII 156.2), a quem ninguém, eu acho, desejará atribuir uma aparência mercantil. Setecentos é um número muito grande de vítimas em uma população cidadã de apenas alguns milhares (veja a Seção (v) abaixo) e pode muito bem ser um exagero; mas é fácil acreditar que todo líder democrático em potencial que não escapou com Nicodromo foi morto. O que provavelmente permanece nas mentes da maioria dos leitores de Heródoto é a imagem vívida do homem desconhecido cujas mãos decepadas foram deixadas agarradas às maçanetas do santuário de Deméter *Thesmophoros*, no qual ele tentou em vão se refugiar (VI 91.2) — dando uma impressão da ferocidade dos governantes de Egina[13] que foi certamente calculada por Heródoto, quer ele tenha sido a vítima da propaganda ateniense ou não.

Quando a ilha se rendeu a Atenas por volta de 457 (Tucídides, , I 108.4; Diodoro Sículo, *Biblioteca Histórica* XI 78.4) a força da aristocracia egineta foi quebrada, provavelmente para sempre, e pode muito bem ter havido alguma democratização da constituição. Em 431 os atenienses expulsaram os eginetas de uma vez por todas e instalaram seus próprios colonos; e nos é dito por Tucídides (II 27.1–2) que, enquanto alguns dos eginetas foram dispersados por toda a Grécia, alguns foram estabelecidos pelos espartanos em Tirrea. Estes últimos foram massacrados pelos atenienses quando capturaram Tirrea em 424 (Tucídides, IV 56.2– 57) e, embora alguns dos outros tenham sido trazidos de volta à ilha por Lisandro em 404 (Xenofonte, *Helênicas* II ii 9), quando a oligarquia certamente teria sido restaurada, a velha aristocracia nunca poderia ter recuperado completamente sua antiga posição e Egina nunca mais foi um poder de qualquer importância real.

---

13 Cf. também IX 78–9, com n. 29 abaixo.

(II)

Agora apresento algumas evidências sobre a classe dominante de Egina que são inequívocas. Píndaro, o grande poeta da primeira metade do século V a.C., que temos boas razões para associar à "aristocracia internacional da Grécia" (como Wade-Gery apropriadamente a chamou, *EGH* 246), escreveu mais do que o dobro de suas odes epinícias para vencedores de Egina do que para homens de qualquer outro Estado nos quatro grandes festivais pan-helênicos: sem mencionar um fragmento composto para um vencedor desconhecido, há nada menos que onze no total, escritos para dez diferentes eginetas,[14] três deles treinados pelo grande Melesias de Atenas,[15] a maioria deles pertencendo a clãs[16] cujos nomes são elaborados de tal maneira a mostrar que eles são de sangue azul. Os grandes nomes ressoam: os *Bassidai*, πολαίφατος γενεά [clã de antiga fama],[17] com nada menos que vinte e cinco triunfos nos Jogos pan-helênicos e mais coroas ganhas no ringue de boxe do que qualquer outra família na Grécia; os *Blepsiadai*, *Chariadai*, *Euxenidai*, *Midylidai*, *Psalychidai*,

14 *Olímpicas* VIII (Alcimedão); *Pítica* VIII (Aristômenes); *Nemeia* III (Aristóclides); IV (Timasarco); V (Píteas); VI (Alcidamas); VII (Sógenes); VIII (Deinis ou Deinias); *Ístmica* V e VI (Filácidas); VIII (Cleandro); IX Snell (vencedor desconhecido) = fr. 1 Bowra. [Veja n. 28 para trabalhos recentes sobre Píndaro e *xenia*.]

15 Ver *Olímpica* VIII 54 ss.; *Nemeia* IV 93 ss.; VI 66 ss. (Para o Melésias de Píndaro na qualidade de pai do político ateniense Tucídides, ver Wade-Gery, *EGH* 244–6; [T.J.Figueira dedicou mais recentemente um extenso capítulo (8) em seu *Excursions in Epichoric History* (1993) a essa figura obscura, mas importante]). Outro vencedor egineta, Píteas, foi treinado por Menandro de Atenas: Píndaro, *Nemeia* V 48–9; Baquílides XIII 191–8.

16 Elas são πάτραι, e πάτρα é a palavra dórica correspondente a γένος: veja Busolt, *GS* I 133 n. 6.

17 *Nemeia* VI 31; cf. 32–46, 8–27. H.Knorringa, *Emporos* (1926) 16–17, trata de maneira absurda a metáfora que se segue, na linha 32 (ἴδια ναυστολέοντες ἐπικώμια [na nau carregando os próprios encômios]), como "uma alusão às práticas comerciais desta casa egineta". (Contraste com a interpretação de Knorringa da metáfora em *Nemeia* III 19–23). E Hasebroek (*TPAG* 21), cuja versão original em alemão do livro foi publicada dois anos após a de Knorringa, também interpreta a metáfora literalmente: ele diz, "As viagens marítimas que as famílias nobres de Egina empreendiam e das quais, segundo Píndaro, adquiriam grande renome, eram expedições de pilhagem e nada tinham a ver com comércio".

Theandridai.[18] Duas das odes epinícias de Baquílides também foram escritas para eginetas,[19] uma delas para Píteas, filho de Lâmpon, cuja vitória, como lutador de pancrácio, nas Nemeias, Píndaro também celebrou.[20] Vários outros famosos atletas eginetas são conhecidos por nós de outras fontes:[21] entre eles está Crio, sem dúvida aquele Crio[22] filho de Polícrito que trocou palavras com Cleômenes de Esparta e cujo filho Polícrito mais tarde se destacou como um trierarca em Salamina.[23] Todos esses homens pertenceriam, como a família de Crio, à oligarquia governante.[24]

Píndaro, "a voz mais articulada daquela ordem aristocrática da qual Tucídides [o filho de Melesias] pertencia" (Wade-Gery, *EGH* 251), é muito mais enfático e mais sincero do que precisaria em seu louvor a Egina. Assim como Baquílides declarou que Egina era guiada por *Areta*, *Eukleia* e *Eunomia* (XIII 175–89), para Píndaro ela era uma εὔνομος πόλις [cidade amante da lei].[25] (É um comentário

18 *Olímpica* VIII 74–84, cf. 15–18 (*Blepsiadai*); *Nemeia* VIII 44–8, cf. 16 (*Chariadai*); *Nemeia* VII 70, cf. 90–4 (*Euxenidai*); *Pítica* VIII 35–42, cf. 19, 71–2, 78–80 (*Midylidai*); *Ístmica* VI 57–73, cf. 3–7, 16, com V 17–22, 53–6, e *Nemeia* V 4–5, 41–6 (*Psalychidai*); *Nemeia* IV 73–96, cf. 13–22 (*Theandridai*). Ver Welter, *Aig.* 130–1.

19 XII e XIII, ed. B.Snell.

20 *Nemeia* V. Duas das *Ístmicas* de Píndaro, V e VI, foram escritas para o irmão mais novo de Píteas, Filácidas. Um egineta chamado Píteas foi um *Naopoios* em Delfos em 346 (*SIG*³ 241 B. 79), mas é claro que ele não necessita pertencer à mesma família.

21 e.g. Ferias, Praxidamas e Teogneto, dos quais havia estátuas em Olímpia (Pausânias, *Descrição da Grécia* VI xiv 1; xviii 7; ix 1), também Tauróstenes (Pausânias, *Descrição da Grécia* VI ix 3; Eliano, *Varia Historia* IX 2). Uma lista é fornecida por Winterscheidt *Aig.* 48 n. 111. Parte de uma placa de bronze da base da dedicatória de Ferias foi descoberta: *SEG* XI 1231; e veja Jeffery *LSAG* 112–13 (no. 21).

22 Simônides, fr. 507 (Page).

23 Heródoto VI 50.2–3 e 73.2; VIII 92.1 e 93.1 [sobre este incidente, ver também pp. 548 s., 557 abaixo].

24 Se, como é bem possível, Píndaro, *Nemeia* III 67-70 (com escólios), fala de um θεωροί que era o local oficial de encontro ou residência dos magistrados de Estado chamados θεαροί (θεωροί), que são conhecidos em outros lugares (veja Busolt, *GS* I 508), então Aristóclides era talvez um membro desse conselho; mas eu dificilmente penso que isso seja certo (cf. Winterscheidt, *Aig.* 26 n. 37). [Veja Figueira *ASP* 314-21.] Infelizmente, "*wir wissen über die Verfassung von Aigina erst recht nichts*" (Wilamowitz, *Pindaros* (1922), 277).

25 *Ístmica* V 22. Outra cidade que Píndaro elogia como o lar da *Eunomia* é a oligárquica Corinto, onde *Dika* e *Eirena* também habitam: *Olímpica* XIII 6–7.

irônico sobre o significado de εὐνομία na boca de um aristocrata grego que o poema de Píndaro,[26] e provavelmente o de Baquílides,[27] deva ter sido escrito dentro de alguns anos do massacre que terminou a revolução liderada por Nicodromo. Aquelas mãos decepadas, quer tenham ou não perturbado os poetas, podem despertar um certo sentimento de inquietação na mente do leitor moderno que é convidado a contemplar a feliz condição interna da Egina aristocrática). Egina em Píndaro é uma πόλις θεοφιλής ["cidade amada pelos deuses"] (*Ístmica* VI 65–6), perto das Graças, uma ἁ δικαιόπολις ["cidade da justiça"] (*Pítica* VIII 22), com glória imaculada desde o início (*ibid.* 24–5), famosa por seus homens (*ibid.* 25–32), os filhos de Éaco com seus carros dourados (*Ístmica* VI 19), renomados por suas naus, Αἴγινα (*Ístmica* IX 1–2 Snell = fr.1 Bowra; Píndaro, *Nemeia* V 9) — e estes, é claro, não são meros navios mercantes: Egina é δολιχήρετμος (*Olímpica* VIII 20), de longos remos, e Píndaro está pensando nas façanhas de suas naus de guerra, sobretudo em Salamina, que ele lembra com gratidão na *Quinta Ístmica* (linhas 48–50).

Acima de tudo, talvez, se perceba nos dois poetas alusões à hospitalidade (ξενία) egineta, a amizade e justiça mostradas pelos eginetas aos ξένοι, um assunto caro aos corações de Píndaro e Baquílides. É um erro absurdo tratar isso como meramente amizade para com comerciantes.[28] Lâmpon, pai de uma εὐάεθλος γενεά ["linhagem de

26 *Ístmica* V tem sido datada entre o final de 480 e 476. Deve ter sido escrita (ou pelo menos finalizada) após a batalha de Salamina, por causa das linhas 48-50.

27 Várias datas, entre 489 e 481, foram propostas para Baquílides XIII, que é contemporâneo de Píndaro *Nemeia* V. A referência elogiosa de Píndaro a Atenas (linha 49) sugere que não existia um estado de guerra naquele momento entre Atenas e Egina (cf. n. 12 acima).

28 A verdade foi percebida por Winterscheidt, *Aig.* 29-31, e sua conclusão foi aceita até por Kirsten, "Resenha", 298 (mas veja n. 30 abaixo). Entre as passagens em Baquílides e Píndaro referentes a ξενία e ξένοι que não são mencionadas abaixo, veja Baquílides I 145-50; V 6-14, 49; Píndaro, *Olímpica* I 103-5; II 5-6; XIII 1-3; *Pítica* III 68-71; X 64-6; *Nemeia* I 19-24, com IX 1-3; VII 61; *Ístmica* II 23-4, 47-8; e esp. *Olímpica* IV 4-5 (ξείνων δ' εὖ πρασσόντα ἔσαναν αὐτίκ' ἀγγελίαν ποτὶ γλυκεῖαν ἐσλοί ["quando os amigos se saem bem, os homens bons imediatamente se alegram com a doce notícia"]). Em *Nemeia* VII 64-5, Píndaro registra com orgulho sua própria προξενία, a dos "Aqueus", ou seja, aparentemente os Molossos. [Sobre Píndaro e

exímios atletas"], para cujos filhos Filácidas e Píteas Píndaro escreveu três epinícios,[29] é querido, diz Píndaro (*Ístmica* VI 70), por suas ξένων εὐεργεσίαι ["generosidades para os estrangeiros"]; e Baquílides, que elogia o mesmo Lâmpon por sua ξενία φιλάγλαος ["hospitalidade esplêndida", XIII 224-5], refere-se em apóstrofos à ninfa Egina com δέσποινα παγξε[ίνου χθονός ["senhora de uma terra toda hospitaleira", XIII 95], e em um fragmento de outro epinício, dirigido a outro campeão de luta de Egina, diz que a πότνια Νίκα ["Senhora Vitória"] o enviou aos ξένοι na ilha feliz (XII 4-7). Para Píndaro, Egina não é simplesmente τὰν πολυξέναν... νᾶσον Αἴγιναν ["a ilha acolhedora de Egina", *Nemeia* III 2-3], um pilar divino erguido por alguma ordenança dos Imortais para παντοδαποῖσιν... ξένοις ["estrangeiros de todos os tipos"] (que seja sempre assim, Píndaro, *Olímpica* VIII 25-9): ela é φίλαν ξένων ἄρουραν ["uma terra que é gentil com estrangeiros, *ou* uma terra que estrangeiros amam", *Nemeia* V 8], e mais, ela é a ilha onde Têmis, filha de Zeus Xenios, é honrada acima de tudo (*Olímpica* VIII 21-3), um farol universal δίκᾳ ξεναρκέι ["em sua justiça ao proteger estrangeiros", *Nemeia* IV 12-13]; que recebeu não apenas uma ναυπρύτανιν δαίμονα ["fortuna governante de navios"] mas τὰν θεμίξενον ἀρετάν ["a virtude de honrar estrangeiros", *Peãs* VI 130-1], seus homens οὐ θέμιν οὐδὲ δίκαν ξείνων ὑπερβαίνοντες ["não transgredindo nem o direito divino nem a justiça devida aos estrangeiros", *Ístmica* IX 6]. Sabemos muito bem o que Píndaro e Baquílides querem dizer quando se expressam assim: Egina é uma cidade onde a hospitalidade aristocrática, "amizade de hóspede", floresce em abundância e os ξένοι que ela recebe tão nobremente são acima de tudo os amigos-hóspedes

---

ξενία veja agora S.Instone (ed.), *Pindar: Selected Odes* (1996), 3-5, I.L.Pfeijffer, *Three Aiginetan odes of Pindar* (1999), 62-3, 101-3, 111-13 e S.Hornblower, "Pindar, Herodotus and Aigina", um artigo apresentado no Institute of Classical Studies, Londres, em 7 de nov. de 2002. Note, no entanto, as imagens das tradicionais atividades aristocráticas da agricultura (linhas 9-11) e da caça (14) em *Nemeia* VI.]

29 *Nemeia* V; *Ístmica* V e VI. Esse Lâmpon é muito provavelmente o Λάμπων ὁ Πυθέω, Αἰγινητέων {ἐὼν} τὰ πρῶτα [Lâmpon, filho de Píteas, um dos homens principais dos eginetas], mencionado em Heródoto, IX 78-9, mesmo que a história ali contada sobre ele seja uma calúnia maliciosa ateniense. (Cf. How e Wells, *CH* II 321).

de sua própria aristocracia, vindo a ela como Cástor e Pólux vieram uma vez às Pamfaes, ἐπὶ ξενίαν ["para hospitalidade", *Nemeia* X 49], ou como Timasarco do clã Teandrida, um dos alunos de Melesias, veio à cidade de Píndaro, φίλοισι γὰρ φίλος ἐλθὼν ξένιον ἄστυ κατέδρακεν ["vindo como um amigo para amigos, ele contemplou a cidade acolhedora", *Nemeia* IV 22–3]. Sem dúvida, uma comunidade assim é hospitaleira, pelos padrões gregos, para *todos* os estrangeiros: parte da ξενία que um Lâmpon se deleita em mostrar a homens como Baquílides provavelmente é estendida, de uma forma um pouco diferente, até mesmo para comerciantes visitantes.[30] O aristocrata da terra, ἔχων κρέσσονα πλούτου μέριμναν ["que tem uma preocupação que vai além da riqueza"] (como Píndaro diz de forma aprovadora — ou é um aviso? — sobre Aristômenes, o Midílidas, *Pítica* VIII 91–2), tanto quanto ele pode desprezar o comerciante estrangeiro que lhe traz o que ele quer, é provável que ele cultive e proteja. Uma classe comercial dominante, por outro lado, quase sempre tenta excluir, ou pelo menos restringir e dificultar, seus concorrentes estrangeiros. Píndaro nos dá apenas um vislumbre, eu penso, da atividade mercantil que certamente aconteceu em Egina: é quando ele deseja que sua doce canção se espalhe pela ilha ἐπὶ πάσας ὁλκάδος ἔν τ' ἀκάτῳ ["em cada navio e em cada barco", *Nemeia* V 2]. Não há nada aqui de uma "frota mercante *egineta*": Píndaro está pensando em todos os comerciantes que negociam de e com Egina.

É muito interessante e significativo que no *Aegineticus* de Isócrates (XIX) — o único discurso forense que possuímos do período grego clássico entregue a uma audiência não ateniense — existam constantes ecos da ênfase em ξενία e φιλία que encontramos em Píndaro. Estamos no mesmo mundo dos ricos nobres (veja esp. §§ 7, 13, 36), que mesmo que sejam exilados de suas casas (§§ 11, 12, 20-7, 31, 38-9) têm seus ξένοι (§§ 10, 18, 22, cf. 5) e φίλοι[31] que os

30 Veja Winterscheidt, *Aig.* 58. Não entendo por que Kirsten, em sua "Resenha", deveria considerar isso uma admissão "*seiner These gegenüber inkonsequent*".

31 Há referências constantes a φιλία e φίλοι no discurso: veja §§ 10, 13, 17, 29, 32, 34, 38, 48, 50.

ajudarão. Assim é, tenho certeza, que a relutante concubina grega de Farandates, cujo pai era Hegetóridas de Cós, um homem distinto o suficiente para ser o amigo convidado de Pausânias, o regente de Esparta, queria ir para Egina quando ela foi libertada (Heródoto, IX 76), sem dúvida porque ela sabia que em Egina, dentre todos os lugares, ela poderia contar com a ajuda dos ξένοι da família de seu pai. É de uma orgulhosa ostentação do orador do *Aegineticus*, um homem da mais alta sociedade em Sifnos, que ele não seja inferior a ninguém quanto aos seus amigos (περὶ τοὺς φίλους) e que ele afirme que ele tinha com o falecido (cuja propriedade ele está reivindicando, como um filho adotado) uma φιλίαν... παλαιὰν καὶ πατρικήν ["amizade antiga e ancestral"] (Isócrates XIX 50, cf. 10, 13 etc.). A atmosfera toda é tão diferente quanto poderia ser da oração forense ateniense típica: o orador é um nobre que sabe que está falando com nobres e se delicia em enfatizar virtudes da nobreza. O discurso é via de regra aceito como datado do final dos anos 390,[32] quando a ilha ainda estava dentro da esfera de influência espartana. Desde a restauração por Lisandro de alguns dos exilados que sobreviveram, Egina certamente estaria sob um governo oligárquico, provavelmente moldado em alguma medida na antiga aristocracia, mesmo que a maioria das antigas famílias nobres tenha desaparecido virtualmente no meio século de dominação ateniense ou no massacre após a captura de Tirrea.[33]

(III)

Quase não há vestígios da indústria ou manufatura egineta,[34] e certamente não há sugestão em lugar algum de que Egina alguma

32 Veja G.Mathieu e É.Brémond, na edição Budé de Isócrates [1928], I 91-2 ("provavelmente 391 ou 390").

33 Ver p. 488 acima.

34 As únicas referências à indústria em Egina que valem a pena mencionar são as declarações em Plínio (*História Natural* XXXIV 8, 10-11, 75) sobre o trabalho em bronze egineta. Não conheço nenhuma autoridade que afirme a existência de uma indústria de perfumes em Egina: Teofrasto, *Dos odores* (VI) 27 (p. 368, ed. F.Wimmer) simplesmente diz que o melhor κρόκινον crescia "em Egina e na Cilícia"; cf. Ateneu XV 689D.

vez teve uma grande indústria de exportação, mesmo dos bronzes que certamente foram feitos na ilha. Durante o apogeu de Egina, nos séculos VI e início do V, parece que nenhuma cerâmica pintada foi fabricada lá. Um ou dois arqueólogos, [por exemplo] Weinberg em 1941,[35] fizeram sugestões hesitantes de que Egina pode ter sido o local de fabricação de certas cerâmicas decoradas antigas que geralmente eram consideradas de origem coríntia; mas nenhum argumento convincente jamais foi produzido a favor disso e desde a rejeição afirmativa e convincente de Kraiker a tais especulações,[36] acredito que podem ser seguramente desconsideradas. Anteriormente, nos séculos VIII e VII, é possível que alguns dos vasos que conhecemos como proto-ático tenham sido feitos, ou pelo menos pintados, em Egina,[37] o único lugar além da Ática onde o proto-áti-

---

35 S.S.Weinberg, em *AJA* 45 (1941) 30-44, na p. 43. M.Robertson, em *BSA* 43 (1948) 1 ss., na p. 53, disse que não estava convencido.

36 Kraiker, *op. cit.* (na n. 10 acima) 11-13, que aponta que os dois grupos de Geométrico Protocoríntio de Weinberg não são tão distintos, quando levamos em conta a diferença entre ambos e outras cerâmicas, a ponto de justificar a atribuição de diferentes locais de fabricação para eles. Ele enfatiza a importância do contraste entre Egina, que importava vasos de um grande número de Estados diferentes, e os verdadeiros centros de fabricação como Corinto e Atenas, que produziam suas próprias cerâmicas e importavam pouco.

37 [Ste.Croix faz alusão à cerâmica no chamado estilo de figuras Negras e Brancas. As reivindicações a favor de Egina foram apresentadas mais detalhadamente por S.Morris, *The Black and White Style: Athens and Aegina in the Orientalising Period* (1984); Boardman, que aparentemente não está convencido, fornece um breve relato em seu *Early Greek Vase Painting* (1998) nas páginas 89-90, com bibliografia na página 278]. As evidências consistem em duas inscrições pintadas em fragmentos encontrados em Egina: uma (Jeffery, *LSAG* 110, e 112 nº 1) da última década do século VIII, em uma escrita que pode ser egineta ou ática, e a outra (*ibid.* nº 2) de meados do século VII, em uma escrita reconhecidamente egineta. A Srta. Jeffery faz o interessante comentário: "Que um egineta tenha sido empregado em cerâmica ática em meio à ἔχθρη παλαιή [antiga inimizade] não é impossível, pois a série ininterrupta de cerâmica ática desde o século VIII em diante, encontrada em vários locais da ilha, mostra que, quaisquer que fossem seus sentimentos de hostilidade um para com o outro, Egina não deixou de ter algum tipo de intercâmbio comercial com Atenas"; e ela acrescenta uma referência ao artigo de T.J.Dunbabin, "ἔχθρη παλαιή", em *BSA* 37 (1936-7) 83 ss. esp. 84.

co foi descoberto em alguma quantidade; mas claro que qualquer indústria de pequena escala dificilmente teria continuado após cerca de 625. Não que eu daria ênfase particular à Egina não ter desenvolvido a fabricação de cerâmica pintada — aqui devemos nos lembrar novamente do alerta salutar de R.M.Cook (*BBKGH*, esp. 114, 122-3) para não exagerar a importância desta indústria na economia dos Estados gregos ou julgar a extensão de suas manufaturas por ela. Neste caso, é a ausência de evidências de uma grande indústria de exportação de qualquer tipo que é significativa: não há razão para supor que mesmo os bronzes eginetas foram fabricados em grandes quantidades, embora sua qualidade artística possa ter sido muito alta. Eu, claro, estimaria o volume de produção industrial pelos Estados gregos em geral muito mais baixo do que alguns historiadores: aqui novamente eu referiria às conclusões de Cook sobre as finas cerâmicas Atenienses (*ibid.*, também 115-16, 118-21). Para Egina, podemos pelo menos concluir que, quaisquer que sejam as fontes de riqueza da classe dominante, apenas uma proporção insignificante pode ter vindo da indústria.

(IV)

As fontes literárias preservam os nomes de apenas dois "comerciantes de Egina", cada um deles famoso à sua maneira:

(a) O primeiro, Sóstrato, filho de Laodamante, era evidentemente um cidadão de Egina. A única referência antiga a ele, Heródoto, IV 152.3, é frequentemente tratada de forma muito insatisfatória. Kirsten, por exemplo, diz, "*Der Reichtum des Sostratos ..., auf Spanienfahrten erworben, ist gewiss nicht eines Kleinhändlers, sondern des Vermittlers von Erz*" ["A riqueza de Sóstrato... adquirida em viagens à Espanha, certamente não é a de um pequeno comerciante, mas de um negociante de minério"].[38] É perfeitamente possível que Sóstrato tenha negociado em prata espanhola; mas a declaração lacônica de Heródoto não faculta tais detalhes, nem oferece qualquer apoio

38 Kirsten, "Resenha", 299. As mesmas ideias podem ser encontradas em Welter, *Aig.* 29, 102 (com uma data na segunda metade do século VII, o que está longe de ser seguro [ver o Posfácio]).

para conceber Sóstrato como um comerciante em grande escala, um membro da imaginária *Kaufmannsaristokratie* ["aristocracia mercantil"] de Egina. Descrevendo como Coleu de Samos e sua tripulação obtiveram um enorme lucro, de cerca de 600 talentos, em uma única viagem a Tartesso (cerca de 630 a.C.), Heródoto diz que foi o maior lucro ἐκ φορτίων ["de mercadoria"] feito por qualquer grego "depois de Sóstrato, o filho de Laodamantes, pois com ele ninguém pode ser comparado". (Ele não dá nenhuma indicação da data de Sóstrato). A suposição mais natural é certamente que Sóstrato, como Coleu, obteve seu vasto lucro de uma única viagem muito bem sucedida. Se Sóstrato já pertencia à classe dominante ou se sua grande riqueza permitiu a ele ou seus descendentes entrar nela e se ele continuou negociando depois ou (como eu certamente esperaria) se estabeleceu para viver a vida de um nobre, simplesmente não sabemos. Tais vislumbres que temos da classe dominante de Egina da primeira metade do século V nos mostram uma aristocracia de padrão arcaico grego típico, sem nenhum vestígio de uma tez mercantil em qualquer lugar (veja a Seção (ii) acima). Eduard Meyer (*GdA* III^2 496) estava totalmente injustificado, é claro, em afirmar, apenas com base na menção de Heródoto a Sóstrato, que desde o final do século VII "os eginetas" estavam entre os mais ricos "*Kaufleute*" [povos mercantis] de toda a Hélade.

(b) O único outro "comerciante de Egina" que podemos nomear é Lâmpis, famoso no meio do século IV como o mais rico de todos os *nauklēroi* — e um meteco, a quem, embora tivesse gastado muito dinheiro em sua cidade e seu porto, os eginetas, segundo Demóstenes,[39] não deram maior privilégio do que a imunidade de seu imposto de meteco. Na era de Plutarco ainda eram contadas duas anedotas sobre Lâmpis: em uma ele mesmo comenta sobre a

39 Demóstenes XXIII 211. A data exata do discurso é disputada, mas eu aceitaria 353/2.

maneira como sua riqueza veio a ele, primeiro lentamente e depois rapidamente;[40] e na outra ele é o alvo de uma zombaria espartana.[41]

(V)

Frequentemente se sustentou que a classe dominante de Egina não poderia ter sido principalmente territorial, devido ao pequeno tamanho e infertilidade da ilha. Contra isso, podem ser desenvolvidas duas linhas de argumentação:

(a) Primeiro, a infertilidade de Egina tem sido muito exagerada, como prova a evidência coletada por Winterscheidt.[42] A descrição de Estrabão da ilha vale a pena ser citada: ἡ δὲ χώρα αὐτῆς κατὰ βάθους μὲν γεώδης ἐστί, πετρώδης δ' ἐπιπολῆς, καὶ μάλιστα ἡ πεδιάς· διόπερ ψιλὴ πᾶσά ἐστι, κριθοφόρος δὲ ἱκανῶς ["sua terra é fértil a alguma profundidade, mas é rochosa na superfície, especialmente na planície; por isso, está completamente vazia, embora produza uma quantidade razoável de cevada", VIII 6.16, p. 375]. (Discutirei em breve o significado da declaração que Estrabão faz um pouco depois, com base na autoridade de Éforo, sobre a λυπρότης τῆς χώρας [pobreza do solo] que levaria os habitantes ao comércio marítimo).

(b) É claro que nenhuma *Grossgrundbesitz* [propriedade fundiária em grande escala] em qualquer sentido absoluto pode ser atribuída aos eginetas. Mas há um fato essencial que devemos levar em conta: Egina durante seu apogeu era uma oligarquia de classe e, se os aristocratas eram poucos (como claramente eram) e monopolizavam

40 Plutarco, *Morália* 787A (= *Se um idoso deve participar de assuntos públicos* 6); *Comentário a Hesíodo* fr. 39; Stob. XXXIX 87.

41 Plutarco, *Morália* 234F (*Dizeres Lacedemônios* 48); Cícero, *Disputas Tusculanas* V 40. Este Lâmpis não deve ser confundido, como o é por Obst em RE XII I (1925) 580 e Welter, *Aeg.* 43, 107 (s.a. 322 a.C.), com o Lâmpis que encontramos cerca de trinta anos depois em Pseudo-Demóstenes XXXIV, *nauklēros* e usurário, mas uma figura muito mais insignificante, que é descrita como um escravo de Dião e aparentemente vivia em Atenas (Pseudo-Demóstenes XXXIV 5–49, esp. 5, 6, 10, 11, 36–7).

42 Aig. 7–8. Ver esp. E.C.Semple, *The Geography of the Mediterranean Region and its Relation to Ancient History* (1932), 415, para a maneira como os eginetas usavam os fertilizantes minerais subjacentes para aumentar a produtividade agrícola de seu solo pedregoso superficial.

não só os poderes do governo, mas também a boa terra que havia, eles podiam ser proprietários de terras consideravelmente ricos, de acordo com os padrões muito modestos da Grécia antiga. Mesmo em uma comunidade cuja riqueza total não estava acima da média,[43] tais homens poderiam ser notoriamente ricos, simplesmente porque eram poucos e todo-poderosos. Alguns dos eginetas, diz-se, tinham "grandes fortunas" no século V (Heródoto, IX 80.3; cf. V 81.2; e ver abaixo); mas, a sociedade egineta, sendo o que era, sua situação abastada provavelmente foi equilibrada por muita pobreza entre os não privilegiados, a grande maioria da população. Além disso, os ricos eginetas podiam se dar ao luxo de exibir orgulhosamente sua riqueza, de ser ostensivamente ricos, de uma maneira que teria sido perigosa em uma democracia como Atenas, onde um homem rico que fosse levado a tribunal gostaria de poder alegar que não tinha usado suas riquezas apenas de maneira egoísta, mas para o benefício da cidade e de seus concidadãos menos afortunados. Mesmo na próspera Atenas, com uma exceção notória e enganosa,[44] as maiores propriedades de que ouvimos falar não têm mais do que cerca de 70 acres ([*c.* 28 hectares], o tamanho suposto da propriedade ancestral de Alcibíades; Platão, *Primeiro Alcibíades* 213E), talvez valendo algo da ordem de quatro ou cinco talentos (ver Lísias XIX 29, 42). Um nobre de Egina, que poderia não ter mais terra do que isso e que não tinha o temor de um processo diante de um tribunal popular antipático, poderia fazer uma exibição conspícua de toda a riqueza que tinha e chamar atenção de tal maneira que até mesmo os abastados atenienses mais ricos poderiam não achar prudente emular. Sangue azul e terra mais do que suficiente para viver σωφρόνως καὶ ἐλευθερίως ["com temperança e liberdade"],

43 Os eginetas como um *todo* não precisavam ser mais do que medianamente ricos. O tributo anual muito grande, de 30 talentos, pago a Atenas pelos eginetas por cerca de 26 anos, até sua expulsão em 431, certamente sugere uma comunidade próspera; mas a alta taxa pode ter sido uma tentativa deliberada de Atenas de penalizar sua antiga e irreconciliável inimiga.

44 Ver o meu "The Estate of Phaenippus (Ps.-Dem. XLII)", em *ASI* (Ehrenberg) 109–14.

de acordo com a definição de Aristóteles (*Política* II 1265ª28–38, esp. 32–3), com uma excepcional dedicação em atividades atléticas, bastaria para contentar um aristocrata grego que era membro de uma comunidade muito pequena e muito cercada por vizinhos maiores e mais fortes para aspirar a ter um império, mas que tinha um controle firme do governo e não tinha que sofrer a aflição de viver sob uma democracia.

Existe uma peça importante e negligenciada de evidência que dá forte apoio à visão elaborada por mim, de uma população de cidadãos dividida entre poucos "ricos" e um número muito maior de "pobres": o fato de que Egina colocou apenas o número insignificante de 500 hoplitas em campo na campanha de Plateia em 479[45] — comparado com 8.000 de Atenas, 5.000 de Corinto e 3.000 cada de Mégara e Sicião. Parece que um punhado de oligarcas possuía a maior parte da terra e da riqueza na ilha até a conquista ateniense em meados do século V e uma grande proporção dos cidadãos (no sentido mais amplo) não era do censo hoplita. Esses cidadãos pobres seriam usados como soldados na infantaria leve e, ao lado de escravos,[46] como remadores na armada, para a qual o número mais alto registrado de navios é 70,[47] por volta do tempo de Maratona.[48]

45 Heródoto IX 28.6. Com a frota persa destruída, a pátria não estava em perigo e não poderia ter precisado de uma guarnição. Provavelmente havia alguns hoplitas eginetas, bem como navios eginetas, com a frota grega que lutou em Mícale (de 110 navios no total, de acordo com Heródoto VIII 131.1, com 132.3; 133; IX 90.1 ss.); mas não ouvimos nada sobre eles (cf. Heródoto IX 105).

46 Escravos eram, evidentemente, usados como remadores por muitos Estados gregos nos séculos V e IV, por exemplo, pela Córcira em 433, quando quase quatro quintos do número total a bordo parecem ter sido escravos (Tucídides I 55.1: 800 de 1.050 prisioneiros); por Quios em 412 (Tucídides VIII 15.2); e pela frota peloponésia baseada em Egina nos estágios finais da guerra de Corinto (Xenofonte *Helênicas* V I 11). Sobre o número inflacionado de 470.000 escravos eginetas fornecido por Ateneu, ver § 13 abaixo.

47 Heródoto VI 92.1. Eles foram derrotados pelos 70 (*ibid.* 89) navios de Atenas. Winterscheidt, *Aeg.* 34, pensa que eles eram "obviamente" não trirremes, mas pentecônteres; mas eu não posso aceitar isso.

48 Cf. n. 12 acima. Em Artemísio, os eginetas tinham apenas 18 navios (Heródoto VIII 1.2), certamente todos trirremes, e em Salamina apenas 30 (Heródoto VIII 46.1), mas somos expressamente informados por Heródoto que, além desses,

Se todos os 70 navios eginetas em c. 490 eram trirremes (cf. n. 47), a população masculina adulta da ilha, incluindo escravos, deve ter sido bem mais de 14.000, o total das tripulações; mas isso não nos diz nada sobre o número total de hoplitas. Toda a população masculina cidadã adulta, eu diria, certamente terá sido bem menor que 10.000. Beloch estimou este número em 2.000-2.500,[49] tendo seus números sido aceitos por Busolt e outros.[50] Winterscheidt[51] parece ter interpretado de maneira equivocada os números de Beloch, pois os entendeu como se referisse apenas a hoplitas (o que Beloch de fato acreditava não exceder "algumas centenas"),[52] e com base nisso ele colocou os cidadãos masculinos adultos em 6.000-7.000; mas eu mesmo prefiro um número mais próximo daquele de Beloch. O tamanho da oligarquia governante não pode ser legitimamente adivinhado: pode ter sido ainda menor do que a classe hoplita.

Heródoto (IX 80.3) atribui ingenuamente a origem das "grandes fortunas dos eginetas" ao fato de que eles compraram muito barato ("como ouro por bronze") grande parte dos espólios obtidos dos persas em Plateia, que foram escondidos pelos hilotas e vendidos a eles. Sem dúvida, esse tipo de coisa aconteceu, seja em larga ou pequena escala; mas a noção de que Αἰγινήτησι οἱ μεγάλοι πλοῦτοι ἀρχὴν ἐνθεῦτεν ἐγένοντο ["as grandes fortunas dos eginetas têm sua origem nisso"], embora seja relatado por Heródoto como um fato, sem sequer um λέγουσιν ["eles dizem que ..."], deve ser um grande exagero do que realmente aconteceu, uma calúnia boba recolhida dos atenienses. Já havia uma riqueza considerável na ilha no início do século V, segundo o próprio Heródoto: ele fala dos eginetas como

---

seus melhores veleiros, eles tinham mais navios em serviço que mantinham para guardar sua ilha.

49 Beloch, *BGRW* 122–3, e em *Klio* 5 (1905), na p. 364 n. 1; cf. 359, e *Klio* 6 (1906), nas pp. 56–7.

50 Veja, por exemplo, Busolt, *GG* I² 450 n. 4; *GS* I 168 [e Posfácio, pp. 528 ss. abaixo].

51 *Aig.* 39 ss.: ver esp. 39 n. 78: "*Die Zahl der* waffenfähigen *männlichen Vollbürger schätzt Beloch auf 2000–2500*" (meu realce).

52 Veja as passagens citadas na n. 49 acima, esp. *Klio* 6 (1906) 56 ("certamente, devido ao pequeno tamanho da ilha, só pode se tratar de algumas centenas"), e a tabela na p. 57, onde o número de 500 é dado para os hoplitas.

já εὐδαιμονίῃ μεγάλῃ ἐπαρθέντες ["jubilantes por sua grande prosperidade"] quando começaram sua πόλεμος ἀκήρυκτος ["guerra inesperada"] contra Atenas (V 81.2). Certamente era por πλοῦτος καὶ γένος ["riqueza e nascimento"] que as principais famílias de Egina se destacaram antes mesmo de as guerras persas começarem: Heródoto (VI 73.2) usa essa frase ao descrever os reféns capturados por Cleômenes em 491, que incluíam Crio, o atleta (Seção (ii) acima) e outro, οἵ περ εἶχον μέγιστον κράτος ["que possuía o maior poder (político)"].

(VI)

Uma grande ênfase foi dada por escritores da corrente "modernista" a uma citação de Éforo na descrição de Egina por Estrabão.[53] Estrabão afirma, com base na autoridade de Éforo, que Fídon foi o primeiro a cunhar moedas de prata e que o fez em Egina:[54] Ἔφορος δ' ἐν Αἰγίνῃ ἄργυρον πρῶτον κοπῆναί φησιν ὑπὸ Φείδωνος ["Éforo diz que a prata foi primeiro cunhada em moedas em Egina por Fídon"]. Estrabão então continua imediatamente (sem dúvida ainda citando Éforo), ἐμπόριον γὰρ γενέσθαι [sc. Αἴγιναν] διὰ τὴν λυπρότητα τῆς χώρας τῶν ἀνθρώπων θαλαττουργοῦντων ἐμπορικῶς, ἀφ' οὗ τὸν ῥῶπον Αἰγιναίαν ἐμπολὴν λέγεσθαι ["pois Egina tornou-se um centro comercial, uma vez que, devido à pobreza da terra, seu povo se lançou ao mar como comerciantes; daí as pequenas cargas serem chamadas de mercadoria egineta"]. (Podemos comparar o fragmento de Hesíodo, citado pelos escoliastas sobre Píndaro,[55] que atribui aos Mirmidões de Egina a primazia na construção de navios e na utilização de velas náuticas).

Lidarei, em breve, com a questão da cunhagem precoce de moedas em Egina (seção (vii)). Não preciso dizer nada sobre a suposta

53 Éforo, *FGrH* 70 F 176 (cf. 115), *ap*. Estrabão, *Geografia* VIII 6.16, p. 376.

54 O fluxo da frase mostra que isto é o que Estrabão entendeu que Éforo queria dizer e não meramente que as primeiras moedas de Egina foram cunhadas por Fidão.

55 Hesíodo fr. 205 (Merkelbach/West), *ap*. Escólios a Píndaro, *Nemeia* III 21 (III p. 45. 1–8) e *Olímpica* VIII 26d (I p. 242.19–22). [Os "Mirmidões" são explicados por Estrabão, *Geografia* VIII 6.16 (p.375)].

cunhagem "fidônica" de Egina, uma vez que este mito — que aparece pela primeira vez (entre as fontes sobreviventes) neste fragmento de Éforo e não está em Heródoto (ver VI 127.3) — foi efetivamente demolido por W.L.Brown.[56] É a última parte da declaração de Estrabão (Éforo) que nos interessa aqui. Longe de fornecer provas a favor do *Grosshandel* egineta [comércio atacadista], conduzido pela classe dominante, o que nos mostra é que Éforo estava pensando somente no tipo mais insignificante de comércio — conduzido, portanto, por homens de não muita importância. A evidência de Éforo se alinha muito bem com o que encontramos em outras fontes. A reputação dos comerciantes eginetas era proverbial — mas como *pequenos* comerciantes, παντόπωλαι, ῥωπόπωλαι, negociantes de todo tipo de miudezas. Segundo Estrabão, como acabamos de ver, Éforo disse τὸν ῥῶπον Αἰγιναίαν ἐμπολὴν λέγεσθαι ["as pequenas cargas serem chamadas de mercadoria egineta"], e nos lexicógrafos os eginetas aparecem precisamente como vendedores que lidam com todos os tipos de pequenos produtos.[57] Deve ter sido algum poeta cômico desconhecido que se referiu a Egina como χυτρόπωλις ["vendedora de panelas", Com. adesp., fr. 350 K/A, *ap*. Pólux. VII 197]. Agora, embora a palavra χύτραι às vezes seja usada de uma maneira geral para "panelas", como χυτρεύς para "oleiro", χύτραι eram acima de tudo "panelas comuns de cozinha",[58] caracteristicamente não pintadas,[59] e, portanto, baratas. Vimos (e n. 36 acima) que não há evidências de qualquer cerâmica fina ter sido feita em Egina; e na medida em que as panelas vendidas por comerciantes eginetas eram feitas em casa, sem dúvida teriam sido mercadorias baratas e não pintadas;

56 "Pheidon's Alleged Aeginetan Coinage", em *NC* Ser. VI 10 (1950) 177–204 & Pl. XI [e ver o Posfácio, abaixo].

57 Hesíquio s.v. Αἰγιναῖα (ed. K.Latte, A 1690); *E.M.*, s.v. Αἰγιναία; Estêvão de Bizâncio., s.v. Αἴγινα; Escólios a Píndaro, *Olímpica* VIII 29a (I p. 243. 22–4)

58 D.A.Amyx, in *Hesp*. 27 (1958), pp. 211–12, com Pl. 48h. Ver igualmente G.R.Edwards, in *Hesp*. 18 (1949), p. 152, com Pl. 16, 15–16 (direita).

59 Amyx, *op. cit.* 212, cita apropriadamente os Escólios a Aristófanes, *Vespas* 279, onde a expressão χύτραν ποικίλλεις ["Você está decorando uma panela"] (como o λίθον ἕψεις ["Você está fervendo uma pedra"] de Aristófanes) é sinônimo de esforço inútil.

mas, é claro, as finas cerâmicas de Corinto e Atenas podem muito bem ter sido comercializadas por eginetas.

Novamente, há a declaração de Aristóteles em *Política* IV 1291b17–25. Distinguindo entre o *demos* das cidades gregas (no sentido das classes mais baixas) e "aqueles que são chamados de notáveis" (τῶν λεγομένων γνωρίμων), ele menciona várias categorias entre os primeiros, uma das quais é a marítima, [τὸ τοῦ δήμου εἴδος] τὸ περὶ τὴν θάλατταν, da qual ele distingue quatro variedades: tripulações navais (τὸ πολεμικόν), marinheiros mercantes (τὸ χρηματιστικόν), barqueiros (τὸ πορθμευτικόν) e pescadores (τὸ ἁλιευτικόν). Em muitos lugares, ele diz, uma ou outra dessas variedades é muito numerosa (πολύοχλον); e os exemplos que ele dá são pescadores em Taras e Bizâncio, tripulações navais (τριηρικόν) em Atenas, marinheiros mercantes (ἐμπορικόν) em Egina e Quios, e barqueiros em Tênedos. O importante a notar aqui é que os ἔμποροι ["mercadores"] de Egina são membros das classes mais baixas, o *demos* em oposição aos οἱ λεγόμενοι γνώριμοι ["aqueles que são chamados os notáveis"]. Não consigo imaginar por que Winterscheidt (*Aig.* 42) deveria pensar que a declaração de Aristóteles fosse "obviamente" derivada de Éforo e, portanto, se refere ao tempo de Fidão. Esta suposição dificilmente pode ser provada errada, mas certamente é muito mais provável que Aristóteles estivesse pensando em seu próprio tempo e no passado recente. A evidência positiva de Aristóteles, então, se aplicará diretamente ao quarto século em vez de ao período de grandeza de Egina. Mas, a não ser que a classe governante, antes de ser fraturada pela intervenção ateniense, fosse teoricamente muito mais rica do que no tempo de Aristóteles e pudesse ter mantido uma marinha, qual seria a razão para supor que a situação era diferente nos séculos sétimo, sexto e início do quinto?

(VII)

De acordo com uma tradição arcadiana relatada por Pausânias (VIII v 8), os eginetas, já no século IX, negociavam, via Cilene na costa noroeste do Peloponeso, com os arcadianos, — o que não era uma atividade da qual se poderiam obter grandes lucros.

Na época arcaica, parece muito provável que grande parte da riqueza de Egina tenha sido derivada da pirataria, dirigida sem dúvida pela nobreza: não há evidências, mas a situação geográfica da ilha, comandando o Golfo Sarônico — e assim fazendo de Egina, do ponto de vista ateniense, "a ferida nos olhos do Pireu" (Aristóteles, *Retórica* III 10.7, 1411ª15–16; Plutarco, *Péricles* 8.7) — certamente teria feito do recurso à pirataria algo quase inevitável e os nobres não deixariam de aproveitar o ganho daí decorrente. Da transição que devemos então assumir da pirataria para o comércio pacífico também não há evidências. Segundo alguns estudiosos, um passo decisivo para o desenvolvimento de Egina como uma "cidade comercial" foi dado quando as moedas foram cunhadas. Na opinião de Kirsten, por exemplo, foi nessa altura que Egina assumiu a liderança de todas as cidades da Grécia antiga, e nisso poderíamos ver a fundação do *Handelsmacht* ["poder comercial"] de Egina e sua *Handelsaristokratie* ["aristocracia mercantil"][60] — em seus olhos, "*mit einem Schlage ist damals aus der Bauern- die Handelsaristokratie geworden*" [num só golpe a aristocracia fundiária tornou-se a aristocracia comercial] ("Review", 300 n. 1). Kirsten afirma (como se o fato fosse autoevidente) que a cunhagem em Egina seria uma prova de que os responsáveis por seu comércio eram cidadãos: mesmo que não tivéssemos outras evidências, diz ele, a criação de sua casa da moeda seria suficiente para estabelecer o caráter de Egina como um *Handelsstaat* [Estado comercial] e não apenas uma cidade com comerciantes metecos.[61]

É verdade que Egina pode muito bem ter sido o primeiro Estado na Grécia europeia a cunhar moedas. Mas mesmo isso não é absolutamente certo e, mesmo que seja verdade, não há razão para supor

60 Ver a sua "Resenha", 298–9 ("*Der entscheidende Zeitpunkt... ist der Beginn der Münzprägung. Aigina geht damit allen anderen Staaten des Griechischen Mutterlandes vorauf. Das ist die Grundlage der Vorstellung von der aiginetischen Handelsmacht...* "), 300 ("*Das durch die staatliche Münzprägung bezeugte Interesse der Herren am Seehandel*").

61 "Resenha", 299: "*Vor allem aber: das der Staat der Aigineten Münzen prägt, lässt sich nur verstehen, wenn Träger des Handels nicht die als Demos ausserhalb von ihm stehenden Händler waren ...Wenn wir keine anderen Zeugnisse hätten— die Gründung der aiginetischen Münzstätte allein erwiese schon Aiginas Charakter als Handelsstaat.*"

que Egina começou a cunhar moedas muito anos antes de Corinto e Atenas,[62] cujas cunhagens agora se acredita terem começado, no cenário mais recuado, apenas em *c.* 575, a de Atenas, em particular, talvez um pouco mais tarde.[63]

E se Egina precedeu as outras cidades da Grécia antiga na emissão de moedas, não devemos nos apressar em direção a conclusões injustificáveis. Os motivos que levaram um Estado grego a cunhar moedas são obscuros para nós e todo o assunto precisa ser tratado com muita cautela. Há uma geração, Keynes deu um aviso salutar: "Não acredito que a ação de cunhar moedas tenha provocado uma mudança tão significativa como comumente se atribui a ela... A cunhagem não é uma das três inovações vitais na evolução do dinheiro... Não é de todo essencial para...a designação do padrão pelo Estado que o Estado cunhe o padrão".[64] E nos últimos anos

62 Essa é a opinião de C.M.Kraay, em cujo julgamento em tais assuntos descobri que posso confiar. [Ver também o Posfácio, abaixo].

63 Para Corinto, ver W.L.Brown, *op. cit.* (na n. 56 acima) 187–8. Para Atenas, ver C.M.Kraay, "The Archaic Owls of Athens: Classification and Chronology", em *NC* Ser. VI 16 (1956) 43–68 & Pl. XIII; e "The Early Coinage of Athens: a Reply", em *NC* Ser. VII 2 (1962) 417–23. W.P.Wallace, *ibid.* 23–42, dataria as moedas atenienses mais antigas ainda bem mais tarde, por volta de 545.

64 J.M.Keynes, *A Treatise on Money* (1930), I 11–12. Keynes sugeriu que "quando os Reis da Lídia cunharam moedas pela primeira vez, pode ter sido como um certificado conveniente de pureza e peso ou um mero ato de ostentação apropriado aos descendentes de Creso e aos vizinhos de Midas. A estampagem de pedaços de metal com uma marca comercial era apenas uma peça de vaidade local, patriotismo ou publicidade sem importância de longo alcance. É uma prática que nunca se consolidou em algumas áreas comerciais importantes". Pode haver algo na ênfase de Keynes sobre o elemento psicológico. É verdade que as moedas gregas eram inicialmente totalmente anepigráficas e que alguns dos primeiros tipos (como Kraay apontou: HSCOC 89) são "tão pouco explícitos que desafiam atribuição": pensa-se em algumas das moedas mais antigas da Jônia, por exemplo, ou nas *Wappenmünzen* atenienses. Mas, como Kraay insiste, "sempre que pode ser identificado, o desenho colocado em uma moeda é o emblema da autoridade política que a emitiu".

R.M.Cook,[65] M.I.Finley[66] e, sobretudo, C.M.Kraay,[67] forneceram uma correção útil para as simples visões "modernistas" sobre a suposta conexão necessária entre a cunhagem grega antiga e o comércio.

Eu proponho resumir algumas das conclusões de um artigo importante de Kraay, que ele teve a gentileza de me mostrar antes da publicação, e no qual ele desenvolveu mais completamente algumas ideias que esboçou em 1960.[68] O lado negativo da tese de Kraay, baseado na evidência de circulação de moedas gregas (principalmente fornecidas por tesouros) e da incidência de emissões fracionárias, é que a cunhagem não foi "originalmente projetada para atender às necessidades do comércio local ou estrangeiro". Como Kraay corretamente aponta, "é improvável que no século VII e VI a.C. os comerciantes fossem em lugar algum tão influentes ou tão organizados a ponto de serem capazes de garantir a adoção pública e oficial de um dispositivo projetado principalmente para atender aos seus interesses". Contra a tese familiar de que a cunhagem foi inventada para promover o comércio estrangeiro, Kraay conseguiu provar, principalmente a partir de evidências de tesouros, que "a maioria das cunhagens gregas tendiam a permanecer nas áreas em que foram cunhadas; para esta afirmação geral havia duas exceções, as cunhagens trácio-macedônias e atenienses, ambos produtores de prata, que tinham metal excedente para dispor. Nenhuma dessas exceções se deu no início da cunhagem... Parece, portanto, que, uma vez que a maioria das cunhagens não eram exportadas e aquelas que eram exportadas não estavam entre as primeiras cunhagens, a intenção original em cunhar moedas não foi facilitar o comércio estrangeiro ou fornecer aos comerciantes um meio de comprar bens ou materiais não disponíveis localmente". O uso da cunhagem para atender às necessidades do comércio estrangeiro foi "um desenvolvimento

65 "Speculations on the Origin of Coinage", in *Historia* 7 (1958) 257–62, esp. 259–60.

66 "Classical Greece", in *id.* ed., *Second International Conference of Economic History, I: Trade and Politics in the Ancient World* (1965), 11–35.

67 Em um artigo de considerável interesse geral, modestamente intitulado "Caulonia and South Italian Problems", em *NC* Ser. VI 20 (1960) 53–82 e Pl. IV, nas pp. 78–81 (esp. 79); e agora em HSCOC. [Mas ver o Posfácio, pp. 528 ss.]

68 *HSCOC*, especialmente a seção final, pp. 88-91. Para o artigo de 1960, veja a nota anterior.

secundário". Os argumentos apresentados por Kraay contra a suposição de que a cunhagem foi destinada a auxiliar o comércio interno ou local são igualmente convincentes. Primeiro, nos primeiros dias "poucos Estados gregos mesmo dentre os mais importantes possuíam oferta regular de moedas com pequenas denominações" adequadas para transações locais. "Em segundo lugar, muitos locais, especialmente no século VI, não tinham cunhagem de nenhum tipo. E terceiro, a cunhagem se originou, não entre os Estados utilizadores de prata do continente grego e do Ocidente, mas com as emissões de eletro da Ásia Menor; estes, mesmo em suas menores frações, certamente devem ter representado valores muito mais altos do que aqueles necessários para o comércio a varejo. O uso da cunhagem no comércio a varejo, que, mesmo no final do século V, estava restrito a alguns dos Estados mais economicamente avançados, não pode ser considerado seu objetivo original". No lado positivo, Kraay desenvolveu a teoria que ele havia proposto em 1960. Ele sugere que os "governos" da cidade acharam conveniente emitir — provavelmente com algum lucro para si mesmos — moedas cujo uso poderia ter se tornado obrigatório em transações oficiais, como o pagamento de impostos e multas, e (na direção oposta) a partilha de valores excedentes entre os cidadãos, o pagamento de mercenários[69] e soldados, e também de salários dados a especialistas como médicos, além de despesas em obras públicas. Um Estado que emitia moedas "poderia insistir no pagamento em unidades que ele mesmo havia criado, cuja qualidade era, portanto, reconhecida".

Quanto à Egina em si, Kraay aponta (HSCOC 78–9) que, embora suas moedas, especialmente as "tartarugas" do século VI, sejam encontradas em uma ampla área, "ainda na maior parte desta área as tartarugas fornecem apenas uma pequena porção de qualquer achado em que apareçam": isso é verdade até mesmo no Egito, onde se poderia esperar que o interesse dos comerciantes de Egina em Náucratis (ver a seção (ix) abaixo) se refletisse em proporções mais altas de moedas de Egina em tesouros do Delta. Somente na vizinhança mais imediata de Egina — aproximadamente no triângulo

69 Isso foi enfatizado por R.M.Cook: veja n. 65 acima

formado por Corinto, Rodes e Creta — encontramos tesouros em que metade ou mais do conteúdo são de Egina. Eu poderia acrescentar que, se o porto de Egina fosse realmente movimentado no início do século VI e portanto tivesse uma boa receita de direitos aduaneiros, ela provavelmente começaria a cunhar moeda mais cedo, mesmo levando em consideração a explicação da origem da cunhagem que adotei, pois facilitaria o pagamento dos encargos.

Partindo do fato de que Egina provavelmente começou a cunhar moedas alguns anos antes de Corinto e Atenas, não podemos justificadamente tirar inferências nem sobre o caráter e perspectiva da classe dominante de Egina, nem sobre o status cívico dos comerciantes que negociavam desde Egina. Os fenícios certamente negociavam em grande escala, mas as cidades fenícias quase certamente não emitiam moedas antes do terceiro quarto do quinto século. Em Cartago, parece que havia comerciantes mesmo entre a classe governante [Aristóteles, *Política* V 1316^{b}5–6, cf. II 1273^{a}33–5], no entanto, certamente não havia cunhagem substancial de moedas de Cartago antes de cerca de 350, quando grandes emissões de ouro aparecem, embora assentamentos cartagineses na Sicília, como Mócia e Panormus, cunhavam moedas no século V, e as emissões "sículo-púnicas" de Cartago provavelmente remontam às campanhas cartaginesas na Sicília nos anos 390 e uma emissão isolada de ouro de Cartago por volta dos anos 380.[70] Novamente, entre as cidades gregas no Ocidente, Siracusa provavelmente sempre teve maior importância "comercial" (no sentido de ter um maior volume de comércio externo) do que Himera, Selinunte e Naxos, mas parece que ela começou a cunhar moedas apenas por volta de 510, enquanto estas (junto a Zancle) o começaram entre duas e três décadas antes e pelo menos três das cidades gregas no sul da Itália, a saber Síbaris, Crotone e Metaponto, cuja importância "comercial" deve ter sido muito pequena, cunharam moedas ainda mais cedo, por volta de 550.[71]

70 Ver G.K.Jenkins e R.B.Lewis, *Carthaginian Gold and Electrum Coins* (1963), esp. 18.

71 Várias afirmações neste parágrafo são feitas principalmente com base em informações gentilmente fornecidas por Kraay, e com sua aprovação [veja agora

Quando Kirsten ("Review", 299) diz que "*die Gründung der aiginetischen Münzstätte allein erwiiese schon Aiginas Charakter als Handelsstaat, nicht nur als Polis mit Händlern aus dem Metoikenstande*" ["a fundação da casa da moeda de Egina é em si mesma uma indicação suficiente do caráter de Egina como um Estado comercial, não apenas uma *polis* com comerciantes entre a categoria dos metecos"], sua afirmação não tem a menor justificativa. Da mesma forma, a tentativa de Sutherland[72] de mostrar "que a posse de uma moeda respeitável estava entre as primeiras necessidades para um Estado grego vigoroso e progressivo e que um Estado uma vez que estivesse felizmente na posse de uma boa moeda, envolvia-se imediatamente no que era, na verdade, se não abertamente, uma política comercial nacional destinada a fornecer-lhe os elementos essenciais da vida", erra completamente (à parte do fato de que sua cronologia para as moedas de Egina, Atenas e Corinto é muito recuada), como Finley (*op. cit.* in n. 66), e por implicação Kraay (*HSCOC*: ver acima) demonstraram. Declarações no artigo de Sutherland, como a afirmação de que no século VI "parece que a cerâmica ateniense pode ter sido comercializada no exterior por *Corinto*"(*op. cit.* 142; meus itálicos), mostram uma falha em entender os fatos básicos sobre o mecanismo do comércio grego, no qual os Estados em si não participavam.[73]

(VIII)

A existência de *padrões* que hoje em dia estão especialmente associados a Egina, para pesos e moedas e, ainda, de maneira não relacionada como em outros lugares (ver Cap. 8), para medidas de capacidade, é um fato que não tem qualquer relevância para esta controvérsia.

Kraay *ACGC*, 233–5 (Cartago e emissões sículo-púnicas de moeda); 204–9 (cidades sicilianas); 163–8 (sul da Itália); Fenícia: D.B.Harden, *The Phoenicians* (1962), 166–8)].

72 "Corn and Coin", in *AJP* 64 (1943) 129–47, p. 131.

73 Como eu já disse, não há sinal de "frotas mercantes" e a "nacionalidade" do comerciante era normalmente de pouca ou nenhuma consequência, exceto talvez em tempos de guerra.

Em primeiro lugar, o que tendemos a conceber como um "padrão de *moedas*", e raramente podemos identificar em relação a um dado Estado como qualquer outra coisa, normalmente teria sido empregado antes da época da cunhagem, como um padrão de *peso*. O "padrão egineta", embora apareça amplamente em todo o Peloponeso e na Grécia central, chegando ao norte até a Tessália e também nas ilhas do Egeu, bem como em algumas das cidades da Ásia Menor (ver Head, *HN*[2] xlv), não se espalhou adiante e nem sequer foi adotado por Corinto, Atenas ou as cidades da Eubeia. Mas o significado a ser atribuído a esses fatos não é evidente, pois a dispersão dos padrões em questão como *padrões de peso* teria sido estabelecida bem antes do surgimento das moedas; e o que temos que considerar, portanto, não é tanto a disseminação de um "padrão de moedas egineta" no século sexto, mas de um padrão de peso comum a Egina e muitos outros Estados em um período anterior — embora seja bem possível, claro, que alguns Estados não tivessem um padrão de peso *oficial* antes de começarem a emitir moedas.

Nem mesmo tenho certeza de que exista alguma boa evidência antiga de que existia na Antiguidade alguma concepção correspondente à nossa de um "*padrão* egineta". Em Atenas, a *drachma* egineta, diz-se, era chamada de παχεῖα δραχμή [a *drachma* pesada]. Pólux, que preserva essa informação (IX 76; cf. Hesíquio s.v. παχείᾳ δραχμῇ), atribui o fato ao "ódio ateniense a Egina", mas eu duvidaria disso. Pólux está falando especificamente da *drachma* egineta (ἡ Αἰγιναία δραχμή), não das *drachmas* cunhadas em um "padrão egineta"; mas a egineta, embora indubitavelmente a mais comum de tais *drachmas* em Atenas, não terá sido a única "pesada" a aparecer lá e os atenienses talvez tenham usado a expressão παχεῖα δραχμή para cobrir todas as *drachmas* do que atribuiríamos de "padrão egineta". O tratado entre Atenas, Argos, Mantineia e Élis de 420 a.C., que fala de "óbolos eginetas" e uma "*drachma* egineta" (Tucídides, V 47.6; *IG* I[3] 83 = Tod *I*[2] 72, linhas 23-4 [não incluídas em M/L]), pode ser entendido como se referindo a moedas reais de Egina: sabemos pelos lexicógrafos que na Antiguidade as "tartarugas" eginetas eram "a moeda do Peloponeso" (ver Pólux IX 74; Hesíquio s.v.

χελώνη). Em 420, contudo, a cunhagem egineta já havia cessado completamente de funcionar por alguns anos — pelo menos onze, e provavelmente mais perto de trinta do que de vinte, de acordo com a data que damos ao decreto de cunhagem ateniense.[74] Mas alguém aceitaria, como uma *drachma* egineta, uma moeda egineta antiga e abaixo do peso do, digamos, século VI? — moedas que evidentemente permaneceram em uso efetivo até bem dentro do século IV (ver Kraay, HSCOC 78 n. 12). Eu concordo com a sugestão feita a mim por Kraay de que pela expressão "uma *drachma* egineta" devemos entender algo como "uma quantidade de prata (de qualquer tipo) que corresponda em peso à *drachma* emitida por Egina". Isso, sugiro, é o mais próximo que o mundo antigo chegou de formular a concepção de um "padrão egineta" e tal expressão só seria usada em áreas onde as moedas reais de Egina circulavam em quantidade — em outros lugares, as pessoas falariam de "uma *drachma* ateniense", "um *stater* de Cízico" e assim por diante. Em 412, Tissafernes prometeu pagar à frota espartana o valor de uma *drachma* ateniense por homem a cada dia (ἐς δραχμὴν Ἀττικήν, Tucídides VIII 29.1; contraste 28.4). O que isso significava na prática pode ser visto no singular *tetradrachma* de peso ático, com uma esplêndida cabeça persa no anverso ("um dos primeiros, e incidentalmente um dos melhores, retratos em qualquer moeda", como disse E.S.G.Robinson),[75] quase com certeza a do próprio sátrapa, e no reverso a típica coruja e ramo de oliveira, com as três primeiras letras do título do rei, ΒΑΣ, substituindo o familiar ΑΘΕ.

Eu não vejo a menor razão para supor que o que chamamos de "padrão egineta", para pesos e moedas, tenha se originado em Egina ou deva sua ampla difusão (principalmente no continente grego e no Egeu) ao "comércio egineta". Em vez de adotar essas hipóte-

74 [Agora *IG* I³ 1453 = M/L 45; e veja SEG XLVIII (1998). A data permanece controversa: D.M.Lewis, em I.Carradice (ed.) *Coinage and administration in the Athenian and Persian Empires* (1987) 53–63, reimpr. em seu *Selected papers in Greek and Near Eastern history* (1997), 116–30, fornece um relato lúcido dos problemas].

75 "Some Problems in the Later Fifth Century Coinage of Athens", in *Amer. Numism. Soc. Mus. Notes* 9 (1960) 1–15 & Pl. I–II, p. 4 (com imagem I 7).

ses, que são tão frequentemente consideradas como certas hoje em dia, G.F.Hill observou há mais de meio século que o egineta "era o padrão de peso em uso em todo o continente grego até o norte da Tessália desde tempos muito antigos. Quando a casa da moeda egineta foi aberta, ela naturalmente não criaria um novo padrão, mas sim adotaria um que fosse provável favorecer a maior circulação possível de suas moedas" (*Historical Coins of the Greeks* (1906), 5). Eu concluiria que o padrãode moedas de Egina era o padrão de peso que ela mesma já usava em comum com os Estados do Peloponeso e muitos daqueles na Grécia central e norte e que eles o adotaram, quando começaram a cunhar moedas, pela mesma razão que ela: porque já era o padrão de peso nativo. Em alguns casos, podemos ter certeza de que o "padrão de moedas egineta" não foi escolhido por causa de qualquer "influência egineta direta": os tessálios, por exemplo, começaram a cunhar moedas [nesse padrão] apenas depois de 480, quando Atenas ultrapassou Egina em relevância naval e comercial, os lócrios apenas no quarto século, muito tempo após o colapso de Egina.[76] Algumas das cidades periféricas que adotaram o mesmo padrão de moedas que Egina podem possivelmente ter feito diretamente dela; mas isso é o máximo que podemos dizer.

(IX)

A relação de Egina com Náucratis tem sido um argumento privilegiado por aqueles que concebem Egina como uma "cidade comercial" por excelência. Praticamente a única peça de evidência, além daquela fornecida pela arqueologia,[77] é a passagem em que Heródoto (II 178–9) descreve a fundação de Náucratis. Vou me concentrar nas partes de Heródoto que são de interesse imedia-

76 [Para a Tessália (que anteriormente cunhava no padrão persa) ver Kraay *ACGC* 115; para a Lócrida, *ibid.* 122–3].

77 Uma bibliografia conveniente até 1937 pode ser encontrada em R.M.Cook, "Amasis and the Greeks in Egypt", em *JHS* 57 (1937) 227–37, esp. 227 n. 6. O trabalho mais recente que conheço de alguma importância é o de J.Boardman, "Chian and Naucratite", em *BSA* 51 (1956) 55–62, que se refere a todas as publicações mais recentes. [Ver o Posfácio, pp. 535 ss., para trabalhos mais recentes sobre Náucratis].

to para nós. O maior, mais famoso e mais frequentado santuário (τέμενος) em Náucratis, ele afirma, o *Hellenion* em particular, foi fundado em conjunto por Quios, Teos, Fócia, Clazômenes, Rodes, Cnidos, Halicarnasso, Faselis e Mitilene (178.2). Essas nove cidades e apenas essas forneceram προστάται τοῦ ἐμπορίου [oficiais do *emporion*] e qualquer outra cidade que reivindicasse uma participação não tinha direito de fazê-lo. Santuários separados também foram fundados: Αἰγινῆται... Διός, καὶ ἄλλο Σάμιοι Ἥρης καὶ Μιλήσιοι Ἀπόλλωνος ["o eginetas... um santuário de Zeus, os sâmios, um de Hera, e os milésios, um de Apolo"] (178.3). Várias teorias diferentes foram desenvolvidas para explicar esta breve declaração, a maioria delas dando uma interpretação forçada ou mesmo a contradizendo diretamente.

Penso que o trabalho que mais levou os estudiosos a se dispersarem é o de H.Prinz, *Funde aus Naukratis* (*Klio*, Beiheft 7), publicado em 1908, uma monografia — admirável em alguns aspectos, considerando a data em que foi escrita — que assumiu a visão "modernista" da economia grega anteriormente desenvolvida por Meyer e Beloch (ver esp. pp. 146–7). Prinz acreditava que, além de um *emporion* administrado pela própria cidade de Náucratis, "deve ter havido" um *emporion* separado correspondente a cada um dos quatro santuários (*op. cit.* pp. 5–6, cf. 115–16), de modo que havia no total nada menos que cinco *emporia*! Em apoio a essa curiosa teoria, Prinz não apresentou nada em termos de evidência ou mesmo de argumentos. Outros, como Glotz, reduziram os cinco *emporia* a quatro, descartando o *emporion* (e santuário) peculiar ao Estado de Náucratis; mas a imagem de Glotz,[78] na qual "templos especiais *e cais* eram reservados para os milésios ... ,[79] os sâmios e os eginetas" e haveria "quatro armazéns dominados por templos" (pois "em Náucratis cada *emporium* tinha seu deus guardião"), é no resto parecida a de Prinz. No primeiro volume do [seu] *Histoire grecque*, Glotz e Cohen chegaram a dizer, "*Sous la protection de leurs divinités, les 'nations' de*

78 G.Glotz, *TGA* 130, 145, 138 = *AGW* 106–7, 119, 113 (meu itálico).

79 Glotz acrescenta, "que desfrutavam de uma preeminência indiscutível". Não está claro para mim que autoridade ele acreditava ter para fazer essa afirmação.

Náucratis eurent chacune leurs magistrats et leurs tribunaux, avec un droit d'appel à la justice de la métropole. Náucratis, ville internationale, fut comme le prototype d'Alexandrie, une sorte de Shang-Haï antique" ["Sob a proteção de seus deuses, as 'nações' de Náucratis teriam cada uma seus próprios magistrados e tribunais, com direito de apelo à justiça da cidade-mãe. Náucratis, a cidade internacional, poderia ser vista como o protótipo de Alexandria, uma espécie de antiga Xangai"].[80] A ideia infundada de que a instauração de um santuário em Náucratis por cidadãos de um Estado em particular implicaria de alguma forma a posse de uma "fábrica" em Náucratis pertencente àquele Estado aparece constantemente, como na observação de Seltman,[81] "apenas um Estado da Grécia propriamente dita garantiu o privilégio de uma fábrica em Náucratis — Egina". Uma declaração mais geral, que porém se afasta ainda mais de Heródoto, é a de Andrewes, que "a *gestão* [de Náucratis] estava nas mãos de nove cidades do leste grego que compartilhavam um santuário comum *e três Estados principais* que construíram templos separados" (*GT* 118; meu itálico). Hasebroek (*TPAG* 64–5) produziu uma imagem muito mais de acordo com Heródoto, ao confinar o controle do *emporion* de Náucratis aos cidadãos dos nove Estados participantes na fundação do *Hellenion*; mas até ele seguiu Prinz ao tratar os membros desses nove Estados, e dos outros três, como formando comunidades "muito distintas dos plenos cidadãos de Náucratis", pois é claro que ele o considerava uma confirmação de sua teoria geral sobre a relação entre comércio e política no mundo grego que (como ele viu) "mesmo em Náucratis o comércio estava nas mãos de não cidadãos e estrangeiros".

Contra tudo isso, Roebuck (ON 215; cf. *ITC* 134–5) corretamente apontou que "Heródoto não afirma ou sugere que haveria *emporia* anexadas aos *têmenoi* separados para fins de comércio", e que a partir das escavações "os santuários parecem ter sido apenas esta-

80 *HG* I 205. As únicas autoridades citadas para a afirmação feita na primeira frase acima são Heródoto II 178 e Hermeias (*FHG* II 80–1) *ap.* Ateneu IV 149D–F.

81 Seltman, GC^2 82, referindo-se também a uma "manufatura milésia em Náucratis".

belecimentos religiosos com pequenos templos, altares e recintos abertos... Provavelmente havia uma única doca e área de armazém ao longo da margem do rio", com "uma autoridade reguladora comum". Até agora, tudo bem. Roebuck acredita, no entanto, que os προστάται τοῦ ἐμπορίου [oficiais do *emporion*] de Heródoto eram "os principais magistrados ou líderes de toda a comunidade de Náucratis", que "tinha se desenvolvido como um Estado grego unificado em uma data recuada" e "agiu e foi reconhecida por outras cidades gregas como uma cidade-estado normal" (ON 216). O passo decisivo, ele pensa, foi "a criação de Náucratis como uma comunidade política unificada por meio e em torno do *Hellenion*. Quando Heródoto fala de seus Estados fundadores fornecendo os magistrados de Náucratis, ele está falando de maneira imprecisa; são mais os cidadãos originais daqueles Estados e seus descendentes, que ainda estavam cientes de sua origem por meio da continuação de seus cultos, que forneceram os magistrados". Os nove Estados participantes no *Hellenion* eram "os fundadores políticos de Náucratis e seus descendentes formaram o principal elemento de sua população" (ON 218).

Parece-me que essa reconstrução não apenas vai muito além de nossas escassas evidências, mas força demasiadamente o significado dos προστάτας τοῦ ἐμπορίου αὗται αἱ *πόλιές* εἰσι αἱ παρέχουσαι ["estas são as *cidades* que forneceram os oficiais do *emporion*"] de Heródoto e, além disso, depende de uma suposição que não pode ser provada e que em minha opinião é quase certamente falsa: que Náucratis tivesse se tornado uma *polis* propriamente dita na época de Heródoto.[82] A escassa evidência sugere fortemente que Náucratis ainda não era uma *polis*, mas um mero *emporion* no final do século V e não se tornou uma *polis* até algum momento na primeira metade

82 E ver Cook, *op. cit.* (na n. 77 acima), 233 n. 29: "Náucratis não era uma colônia grega propriamente fundada, de modo que pode ter havido poucos dados sobre suas origens. Dois séculos depois, Apolônio de Rodes escreveu uma Ναυκράτεως κτίσις (Ateneu vii. 283): mas não sei até que ponto ele provavelmente usou evidências históricas. A data de Estrabão para a fundação do Μιλησίων τεῖχος (xvii. 801) poderia se adequar às conclusões arqueológicas sobre Náucratis" [veja também o Posfácio, p. 536 abaixo].

do século IV. Pelo que eu sei, as primeiras referências a Ναυκρατῖται ["cidadãos de Náucratis"] são de cerca do meio do século IV.[83] O fato que Heródoto se refere a Náucratis como uma *polis* em II 178.1 não é significativo, pois ele pode usar a palavra de maneira bastante não técnica, como quando ele chama Babilônia de *polis* (Heródoto I 178.1). As principais peças de evidência afirmativa de que Náucratis não era considerada uma *polis* propriamente dita pelos gregos antes do século IV são as seguintes:

(a) Em um decreto do novo Estado de Rodes, provavelmente datado de 411-408, pouco antes da conclusão do sinecismo, um homem que é nomeado *proxenos* de Rodes é descrito como Αἰγ[...τ]ὸν ἐκ Ναυκράτ|[ιος].[84] O étnico é geralmente restaurado Αἰγ[ινάτον], mas Αἰγ[ύπτιον] também foi sugerido. Em qualquer caso, o fato permanece que o homem que evidentemente deve assumir a *proxenia* de Rodes *em Náucratis* é descrito não como um cidadão de Náucratis, mas como um egineta (ou egípcio) de Náucratis. Acho difícil acreditar que os habitantes de Rodes teriam deixado de escolher um cidadão de Náucratis como seu *proxenos* se Náucratis fosse de fato uma *polis* naquele momento. (A propósito, os habitantes de Rodes estão entre os Estados mencionados por Heródoto II 178.2 como participantes na nomeação de προστάται τοῦ ἐμπορίου. É interessante encontrá-los sentindo a necessidade de nomear além disso um membro de algum outro Estado residente em Náucratis como seu *proxenos*).

(b) A evidência mais decisiva é um decreto de Lindos, contido em uma inscrição descoberta em Náucratis[85] e passada provavelmente um pouco antes do decreto de Rodes mencionado acima. Ao nomear um *proxenos* de Lindos em Náucratis, ele descreve o ho-

83 Veja *SIG*³ 239 B 37 (363 a.C.). E em *IG* II² 206 (de 349/8) um homem chamado Teógenes, nomeado *proxenos* ateniense, é descrito como Θεογένης ὁ Ναυκρατίτης (linhas 7-8, 19-20). Demóstenes. XXIV 11 não é informativo.

84 *SIG*³ 110, a edição mais recente da qual é de Chr. Blinkenberg, *Lindos* II. *Inscriptions* (1941), i cols. 210–14, nº 16, linhas 3–6.

85 Veja *SIG*³ 110 n. 4, e, para um texto melhor, Blinkenberg, *op. cit.* col. 212–14, Apêndice ao nº 16, linhas 4–5, 16–18 [e veja Posfácio, p. 537 abaixo].

mem em questão como Δαμόξενον Ἕρμωνος ἐν Αἰγύπτωι οἰκέοντα [Damoxenos, filho de Hermon, vivendo no Egito] e prevê uma cópia do decreto a ser erguida ἐν Αἰγύπτ[ωι ἐν τῶι Ε]λλανίωι [no Egito no *Hellenion*]. Aqui, a existência de uma *polis* Náucratis dificilmente poderia ser mais especificamente negada: o *proxenos* é um "egípcio" e o *Hellenion* é "no Egito".

(c) Heródoto, II 180.2, fala dos οἱ ἐν Αἰγύπτῳ οἰκέοντες Ἕλληνες [os gregos vivendo no Egito] que não são chamados de Ναυκρατῖται [cidadãos de Náucratis], embora devam ter sido principalmente os habitantes daquele lugar.[86]

(d) Náucratis parece não ter emitido moedas até o século IV.[87] (Eu não afirmaria, é claro, que esse fato por si só tem grande significado).

Não vejo como podemos dar uma explicação persuasiva sobre a declaração bastante críptica de Heródoto sobre os προστάται τοῦ ἐμπορίου [oficiais do *emporion*], mas aquela que me parece mais provável e certamente dá a interpretação mais natural das palavras de Heródoto é que cada uma das nove cidades envolvidas escolheu entre seus próprios cidadãos um *prostatēs* do *emporion* naucratita, um homem que representaria os interesses de seus cidadãos naquele lugar, como esperaríamos de alguém que tem o título de *prostatēs* [lit. "aquele que fica à frente"].[88] As eleições podem ter sido fei-

86 [Ste.Croix acrescentou: "Abusir Milésio c. 500", uma referência à estela funerária greco-egípcia ilustrada em Boardman *GO* 136 fig. 159, presumivelmente como um exemplo de um grego vivendo no Egito, mas não em Náucratis; porém, acredita-se agora que o "Milésio" seja um Cário (Boardman, *op. cit.* 137)].

87 Veja Head, *HN*^{2} 845; e E.T.Newell, *Miscellanea Numismatica* (*NNM* 82, 1938), 60 ss. (Moeda de Náucratis do século IV a.C. em prata: NAU, óbolo, 0,64 g, imitação do tipo ateniense).

88 A escolha de *epidemiourgoi* [magistrados] para Potideia por Corinto até 432 (Tucídides I 56.2) fornece uma analogia parcial. Se cada Estado simplesmente fornecesse seu próprio *prostatēs*, não há razão para objetar, como Roebuck faz (ON 216), que o arranjo "necessitaria de um grau muito incomum de cooperação entre Estados que estavam, em diferentes ocasiões, em desacordo em outras partes do Egeu". Nem posso concordar com a outra objeção de Roebuck (*loc. cit.*), de que "alguns deles, a saber Foceia, Teos e Mileto, deixaram de existir como comunidades importantes e independentes no período arcaico": todos os nossos nove Estados

tas em intervalos regulares, ou (mais provavelmente) cada Estado pode ter escolhido seu *prostatēs* por um período indefinido, talvez enquanto ele continuasse a residir em Náucratis — especular sobre tais pontos é inútil. Pelo simples fato de Heródoto mencionar esses oficiais em sua breve descrição de Náucratis é evidente que eles eram importantes. Nós não temos meios de dizer se o "*emporion*" em que eles trabalhavam estava uma área *dentro* de Náucratis (o porto com seus cais e armazéns) ou se Náucratis *era* o *emporion*[89] e se existiam no séculos VI e V, ao lado ou acima dos *prostatai*, funcionários mais importantes, por exemplo, os *timoxenoi* que são atestados muito mais tarde.[90]

A afirmação de Heródoto sobre a fundação de santuários pelos eginetas, sâmios e milesianos é feita depois que ele já nos contou não só sobre o *Hellenion*, mas também que nenhum Estado além dos nove que o fundaram tinha qualquer direito de participar na provisão de *prostatai*; e não há sugestão em Heródoto de que eginetas, sâmios ou milesianos tenham recebido qualquer privilégio especial em Náucratis, exceto o direito de fundar santuários. Claramente cidadãos de todos os três Estados estavam negociando em Náucratis. Cerâmicas áticas e coríntias eram usadas extensivamente em Egina e é muito provável que tenham sido os comerciantes eginetas que transportaram os vasos feitos em Atenas e Corinto que foram encontrados em boas quantidades em Náucratis.[91] Também foram encontrados em Egina escaravelhos e figuras de faiança que se acredita serem de origem greco-egípcia (provavelmente de Náucratis) e cerâmica pintada do estilo comumente conhecido como "*naucratita*", que alguns arqueólogos acreditam que foram fabricados em

continuaram a existir como *poleis* além do século V, ainda que com diferentes graus de independência e importância.

89 Em Heródoto II 179, Náucratis é de fato descrita como um *emporion*. E veja Roebuck, ON 215 e 219 n. 22.

90 Hermeias, como citado na n. 80 acima. Cf. Roebuck, ON 218 n. 4.

91 Ver esp. J.D.Beazley and H.G.G.Payne, "Attic Black-figured Fragments from Naucratis", in *JHS* 49 (1929) 253–72; R.M.Cook, in *BSA* 44 (1949) 154–61.

Quios, mas outros[92] acreditam que seja parcialmente o produto de ceramistas de Quios trabalhando em Náucratis. O santuário egineta para Zeus em Náucratis infelizmente não foi identificado, como o *Hellenion*, os santuários de Apolo e Hera (indubitavelmente os dos milesianos e sâmios), e outros dois, um evidentemente dedicado a Afrodite (e provavelmente fundado pelos moradores de Quios),[93] e o outro aos Dióscuros. Embora a estratificação esteja longe de ser certa,[94] parece que os santuários de Apolo e Afrodite provavelmente pertencem aos níveis de ocupação mais antigos, enquanto o *Hellenion* é mais tardio, quiçá da época de Amásis (c. 569–525).[95] Milesianos, como a evidência literária antiga sugere,[96] podem bem ter sido os fundadores originais do assentamento, embora a evidência fornecida por Heródoto e as escavações sugerem que mesmo se eles estivessem lá primeiro, sua influência não permaneceu predominante.[97]

Embora os eginetas fossem certamente as únicas pessoas da antiga Grécia a terem um santuário próprio em Náucratis, fica claro à

92 Incluindo Boardman: será suficiente referir-se ao seu artigo citado na n. 77 acima, onde referências completas são dadas para trabalhos anteriores. Considero os argumentos de Boardman muito plausíveis. [Sua teoria, brevemente reafirmada em *The Greeks Overseas*[4] (1999), 123-4 (com notas na 274) e *Early Greek Vase Painting* (1998), 144-5 (bibliografia na 279), despertou considerável controvérsia; os argumentos foram recentemente resumidos por A.Möller em seu *Naukratis* (2000), 136-40, que conclui (140) que é “bastante concebível”].

93 Ver Roebuck, GTGE 241–2; ON 217; Boardman, *op. cit.* in n. 77, 61–2.

94 Ver esp. R.M.Cook, in *JHS* 57 (1937), at pp. 227–8; e in *BSA* 34 (1933–4), p. 86 n. 2.

95 Essa opinião me foi expressa por Boardman. Cf. C.C.Edgar, in *JHS* 25 (1905), p. 136.

96 Ver Estrabão XVII i 18, p. 801, e as outras fontes citadas por Ure, *OT* 103-5. [O valor dessa evidência é contestado: veja o Posfácio, p. 536 abaixo].

97 R.M.Cook (ver n. 94 acima) argumenta por uma data de fundação de c. 615-10. Outros preferem uma data um pouco mais antiga: ver Roebuck, GTGE 244 n. 7. Boardman me diz que entre os fragmentos encontrados em Náucratis estão uma peça arcaica de ático de figura negra agora em Toronto, de *c.* 615, um fragmento coríntio de *c.* 625 ou um pouco mais antigo, e cerâmica grega oriental da segunda metade do século VII que ainda não podemos datar com precisão: ele não veria objeção em datar a fundação de Náucratis em algum momento do terceiro quarto do século VII (ainda dentro do reinado de Psamético I).

luz do exposto que não há motivo para pensar que a *polis* de Egina tivesse qualquer influência na administração de Náucratis ou de seu porto. E com toda a devida deferência, inclino-me a ir mais longe e sugerir que Heródoto *pode* estar elaborando um ponto técnico quando se refere especificamente à provisão de *prostatai* do *emporion* pelas nove πόλιες que ele nomeia, mas fala dos três santuários separados como sendo fundados por Αἰγινῆται, Σάμιοι e Μιλήσιοι sem usar o artigo. É verdade que Heródoto muitas vezes omite o artigo ao falar de *poleis* individuais, mesmo quando elas são narradas agindo em sua capacidade oficial; mas sugiro que, neste caso particular, ele pode muito bem querer dizer exatamente o que diz: que os três santuários separados foram fundados por "eginetas, sâmios e milesianos" — membros individuais das três cidades envolvidas que estavam negociando em Náucratis e, desejando estabelecer uma estadia prolongada ali, introduziram os cultos dos deuses que adoravam sobremaneira em casa, com ou sem a sanção oficial de seus próprios Estados.

De qualquer forma, as dedicações inscritas que foram recuperadas dos vários recintos mostram, como Roebuck demonstrou bem (GTGE 241–2; cf. ON 212, 217), que nem o *Hellenion* nem os santuários individuais que foram escavados em Náucratis estavam restritos aos cidadãos dos Estados que os fundaram. Ainda que fosse provável que houvesse "uma tendência entre os comerciantes visitantes e residentes das primeiras e segundas gerações de frequentar os santuários de seus próprios deuses, ... não parece ter havido qualquer tendência de manter os santuários como a propriedade separada de um Estado distante ao longo de um grande período de tempo" (GTGE 242).

(X)

Venho agora à passagem bem conhecida em que Heródoto (VII 147.2) conta como Xerxes em 480 viu os navios cargueiros com cereal no Helesponto indo para "Egina e o Peloponeso". Esta história, verdadeira ou falsa, provavelmente vem do início do século V (ou Atenas certamente teria substituído Egina como destino dos navios), e eu pessoalmente aceito como evidência de que naquela época Egina era um entreposto principal do comércio de cereal pôntico com a Grécia. É completamente errado inferir, no entanto, como Kirsten faz ("Review", 299), que aqueles que conduziam este comércio "só podem ter sido" comerciantes de larga escala (*grosse Unternehmer*) e, portanto, devem ter sido precisamente a aristocracia de Egina, pois há uma analogia muito óbvia que destrói totalmente o argumento. Ninguém vai querer contestar que no final do século V e no IV Atenas desempenhou pelo menos um papel tão relevante no comércio de cereal entre a área pôntica e a Grécia como Egina poderia ter feito anteriormente, e provavelmente de fato muito maior. No entanto, como vimos, não há um único vestígio de evidência para conectar este comércio, ou qualquer outro ramo da atividade mercantil "ateniense" (no sentido de o comércio fluindo para dentro e fora de Ática) com aqueles atenienses que eram os mais ricos e os mais politicamente importantes e influentes: uma grande parte do comércio "ateniense" estava nas mãos de metecos e outros estrangeiros e nenhum dos comerciantes cidadãos que conhecemos era um homem famoso por ter participado em qualquer aspecto da política.[98]

Tudo o que temos o direito de concluir da história de Heródoto, portanto, é que *a ilha de Egina* — não "os eginetas" — desempenhou um papel significativo no comércio de cereal do século V entre o Ponto e o Peloponeso,[99] assim como a posição geográfica da ilha nos

98 Andócides é a exceção que confirma a regra. [Veja *OPW* 265-7, e a nota introdutória deste capítulo].

99 Por volta de 427 (ver Tucídides III 86.4) parece ter havido uma importação significativa de trigo siciliano para o Peloponeso; mas esse comércio pode ter se desenvolvido, em certa medida, como substituição de um fornecimento anterior do Ponto que havia sido reduzido ou até mesmo completamente interrompido por Atenas durante a "Primeira Guerra do Peloponeso" de *c.* 460 em diante e durante a guerra de 431 em diante. Minha própria impressão é que a maioria das cidades do Peloponeso, exceto talvez Corinto e Mégara, se alimentavam principalmente de trigo cultivado localmente, mas precisariam importar sempre que a colheita local não produzisse um bom rendimento — ou seja, talvez com bastante frequência.

levaria a esperar. Quando Percy Gardner[100] tomou a declaração de Heródoto como evidência de que "após a queda de Mileto, houve um tempo em que o comércio do Mar Negro caiu parcialmente nas mãos dos *eginetas*" (meus itálicos), ele estava fazendo uma inferência injustificável. Se o cereal foi levado para Egina, ou extraído dela, por comerciantes que eram cidadãos eginetas, nós não sabemos. O Estado egineta certamente deve ter obtido lucros dos direitos aduaneiros sobre o cereal, provavelmente duas vezes, na entrada e saída; mas não temos informações sobre quem eram os comerciantes que conduziram o tráfego. Alguns deles provavelmente eram eginetas, mas a maioria, imagino, como de costume, eram metecos e estrangeiros de todos os tipos.[101]

(XI)

O "medismo" de Egina em 491 (Heródoto VI 49; 73) é toda vez explicado hoje em dia pela ilha ser "dependente de seu comércio oriental". Isto novamente é uma pura suposição, e (acredito eu) falsa. Quem eram os outros principais simpáticos aos Medos em 491-79? Os mais proeminentes eram os Alévidas, proprietários de terras da Tessália (Heródoto VII 6.2; 130.3; 172.1; IX 1), e a aristocracia tebana (Tucídides III 62.3-4; Heródoto VII 205.3; IX 15.4; 38.2; 40; 67; 86-8; cf. Plutarco *Aristides* 18.7; Pausânias IX vi 2). Acerca dos últimos, que eram tudo menos uma "aristocracia mercantil", Tucídides faz seus concidadãos dizerem em 427 que esperavam com a ajuda persa manter-se no poder de modo mais firme (III 62.4). Não seria precisamente um motivo semelhante, de natureza política,[102] que tenha inspirado o medismo dos oligarcas eginetas? Por que deveríamos procurar outro? Eu iria mais longe, de fato, e sugeriria não apenas que a concepção da "dependência de Egina de

100 *History of Ancient Coinage*, 171. Cf. Lionel Casson, *The Ancient Mariners* (1959), 112.

101 [Uma nota de Ste.Croix indica que ele pretendia revisar este parágrafo].

102 O único autor que encontrei que oferece uma explicação política é Welter, em *AA* (1954) 30-1 (§ XXVI). Dezesseis anos antes, em seu *Aig.* 34, ele parece ter aceitado a explicação usual.

seu comércio oriental" é uma suposição injustificável *a priori*, mas que é equivocada. Mais uma vez, os historiadores se permitiram esquecer que o comércio de um Estado grego não era normalmente conduzido pelos cidadãos desse Estado e que o comércio entre Egina e o Oriente não seria visto pelos gregos — ou, nesse sentido, pelos persas — como o comércio dos οἱ Αἰγινῆται. Além disso, o comércio evidentemente continuou sem impedimentos durante todo o século V entre a Grécia continental e o assentamento grego em Al-Mina perto da foz do Orontes e, de fato, a cerâmica pintada que foi para Al-Mina era inteiramente ateniense,[103] os persas evidentemente não fizeram nenhuma tentativa de interferir neste comércio, embora, se desejassem fazê-lo, a situação de Al-Mina era tal que a deixaria completamente à mercê da marinha fenícia. Em qualquer caso, a única evidência que temos sobre a natureza do "comércio oriental de Egina" no início do século V, ou seja, a declaração de Heródoto discutida na seção (x) acima, refere-se ao comércio de grãos com o Ponto, conduzido através de águas nas quais os persas não mostraram o menor interesse e nas quais (tanto quanto eu sei) não há razão para pensar que eles enviaram alguma vez uma marinha, exceto em apoio a grandes operações militares na Europa.

(XII)

Alguns daqueles que acreditam em uma classe dominante comercial e manufatureira de Egina aproveitam qualquer vestígio de evidência que possa ser distorcido para se adequar à sua concepção. Segundo Heródoto (V 88.2; cf. Ateneu XI 502C), após a derrota da tentativa ateniense de se apossar das estátuas de madeira de Dâmia e Auxesia, os argivos e eginetas estabeleceram uma regra para não trazer nada ateniense, cerâmica ou qualquer outra coisa, para o templo (de Dâmia e Auxesia), mas para, no futuro, beber lá ἐκ χυτρίδων ἐπιχωριέων ["de potes feitos localmente"]. Sobre isso,

103 Ver C.L.Woolley, in *JHS* 58 (1938), pp. 21–3; S.Smith, *Antiq. Jnl* 22 (1942), pp. 109–11.

Macan[104] comentou, "a exclusão de mercadorias áticas do culto... pode possivelmente ser um eufemismo e pseudo-explicação de uma medida comercial ou costume para a proteção de mercadorias nativas da competição ateniense... Os fatos ritualísticos provavelmente estão corretos: as razões dadas portanto são altamente suspeitas". Pegando a sugestão de Macan com avidez, Ure (*OT* 167–8, 314–20 (especialmente 319–20)) discutiu o suposto embargo comercial em grande detalhe. Tudo isso é pura fantasia.

(XIII)

Eu não acredito que alguém hoje em dia queira defender a estatística fantástica de 470.000 escravos[105] que se diz que Egina possuía, de acordo com Ateneu (*Banquete dos Sábios* VI 272D) e um escoliasta a Píndaro (Escólios a *Olímpica* VIII 30d (I p. 244.21–3), cf. 30l (*ibid.* 345.24– 5)), ambos alegando citar a perdida *Constituição de Egina* de Aristóteles (fr. 472 Rose).[106] A população total de Egina no censo de [1951] era [8.859].[107] Welter produziu a teoria de que havia um grande mercado de escravos em Egina, alimentado em particular por devedores escravizados das classes superiores atenienses e megarenses (no século VII).[108] Isso pode ser verdade, mas eu não conheço

104 Macan, *Heródoto IV-VI* I 232n. Cf. How and Wells, *CH* II 49; Glotz-Cohen, *HG* I 315 n. 104 (onde o embargo parece ser concebido como um embargo geral "em tempo de guerra"); Böckh, *SA* I³ 73–4 ("*In Aegina* und Argos *scheinen sogar frühzeitig Attische Fabrikate verboten worden zu sein, wiewohl aus einem* angeblich *religiösen Grunde, und* zunächst *für den heiligen Gebrauch*"— realces meus); Ehrenberg, *PA*² 325.

105 Beloch, *BGRW* 84-5, 95-6, desejava reduzi-lo para 47.000, mas mesmo isso pode ser um número muito grande. Não vejo como podemos tirar proveito adivinhando o que Aristóteles disse, ou qual era realmente o número máximo.

106 Este é o único fragmento sobrevivente de Αἰγινητῶν πολιτεία de Aristóteles.

107 Em 1928 era 8.832: veja Welter, *Aig.* 133. [Agora 12.430, de acordo com a edição de 1995 do *Blue Guide*].

108 Welter, *Aig.* 30, aceito por Kirsten, "Review", 299. Em *AA* (1954) 29-30 Welter acrescentou a especulação infundada de que ainda mais cedo Fídon vendia seus prisioneiros de guerra para Egina em troca da prata que ele cunhava; e ele também procurou explicar "*der unauslöschliche Hass der gesamten griechischen Welt gegen die Aigineten*" como "*gewöhnlicher Handelsneid*", semelhante àquela ocorrida mais tarde por Veneza, os Turcos, os Cavaleiros de Malta e os corsários franceses do século

nenhuma evidência. Eu não vejo como podemos fazer uma estimativa com confiança da população de Egina em qualquer momento [na Antiguidade] (cf. seção (v) acima).

(XIV)

As evidências e os argumentos que apresentei acima sugerem fortemente que Egina em seus grandes dias tinha uma pequena, rica e dominante classe rural, que manteve até a conquista ateniense em meados do século V uma perspectiva característica das aristocracias da era arcaica e um número muito maior de cidadãos politicamente desfavorecidos, muitos dos quais se dedicavam ao comércio — e, talvez, à manufatura em pequena escala. Sem dúvida, metecos e outros estrangeiros também desempenharam um papel no comércio de Egina, como em outras cidades gregas; mas talvez neste caso sua participação tenha sido menor, devido ao número de cidadãos que foram levados a se dedicar ao comércio. No meio do século IV, quando Lâmpis, o meteco *nauklēros* era proeminente (veja a seção (iv) (b) acima), a terra de Egina pode não ter sido tão extensivamente monopolizada por uma pequena classe e uma proporção maior de cidadãos pode ter se tornado proprietária de terras; mas a evidência de Aristóteles (seção (vi) acima) mostra que na segunda metade do século IV uma proporção significativa deles ainda eram comerciantes.

Já discuti [na seção inicial deste capítulo] a teoria de Welter de que a velha classe dominante financiava a atividade mercantil em larga escala por meio de empréstimos a juros marítimos. Ela não pode ser refutada, mas para mim parece muito improvável. Uma teoria alternativa inaceitável foi produzida por Kirsten ("Review", 299-301; cf. n. 5 acima), que é desprovida de evidências em seu apoio e tão inteiramente dependente de "deve-ter-sido" que mal merece discussão. Apelando tanto para a analogia muito inadequada dos "*die Hörigen der Dorier, Heloten und Klaroten*", em Esparta e Creta (que

XVII! Ele não cita nenhuma evidência para esse ódio geral aos eginetas, e não vejo razão para aceitar sua existência.

eram, é claro, de caráter agrícola),[109] e para a dos libertos em tempos posteriores, ele vê a maior parte do *demos* de Egina na posição de dependente, realizando comércio sob as instruções e para o benefício da aristocracia, que (ele é obrigado a admitir) raramente participava pessoalmente de viagens comerciais. Um estudo mais aprofundado das consideráveis fontes para o mecanismo do comércio grego poderia ter convencido Kirsten de que uma situação tão inteiramente diferente daquela que encontramos em outros lugares no mundo grego não pode ser seriamente considerada sem alguma evidência positiva para isso; e disso não há nenhuma. No entanto, Kirsten parece aceitar em muitos aspectos a imagem de Winterscheidt da classe dominante de Egina, além da adição fantasiosa que acabei de descrever (com base na qual ele chama a nobreza de uma *Handelsaristokratie*: ver especialmente as primeiras linhas da p. 301 de sua resenha), e uma ênfase no caráter "dórico" da aristocracia que alguns podem achar exagerado. Vendo Egina sobretudo como "*recht als dorischen Staat..., als Vorposten des Doriertums*" ["verdadeiramente como um Estado dórico..., como um posto avançado dos dóricos"], ele fala do "*der unverändert dorische Charakter (vgl. den* Δωριεὺς κῶμος *bei Pindar P. 8,20) der Lebensformen der adligen Herren*" ["o caráter dórico inalterado (cf. o Δωριεὺς κῶμος em Píndaro *Pítica* 8,20) do estilo de vida de sua aristocracia"], e aceita a demonstração de Winterscheidt "*der dorischen Lebensformen, der agrarischen Grundstruktur auch des aiginetischen Staates*" ["do modo de vida dórico, e da estrutura agrária básica do Estado de Egina"], afirmando ao mesmo tempo um "*Einfluss der Mischbevölkerung des Demos auf den Geist des Staates*" ["influência da população mista do *demos* sobre a natureza do Estado que diferenciava Egina de Esparta e Atenas ("Review", 300–1). Estou muito menos seguro do que Kirsten sobre quais condições políticas e econômicas "*Doriertum*" ["caráter dórico"] pode implicar — há uma variação muito considerável nesses aspectos

109 Haveria uma grande diferença entre manter gregos dependentes que eram trabalhadores agrícolas em uma posição semelhante à de servos e inseri-los na troca comercial.

entre os Estados dóricos: Esparta, Argos, Corinto, Mégara, Sicião, Creta, Rodes e o resto.[110]

POSFÁCIO DOS ORGANIZADORES

A visão contra a qual Ste.Croix traz neste ensaio seu aríete ainda está firmemente entrincheirada. *The Princeton Encyclopaedia of Classical Sites* nos diz que "Egina tinha uma aristocracia mercantil estável e desenvolvida que espalhou a fama de seus produtos por toda a bacia do Mediterrâneo", acrescentando "A disseminação do dinheiro egineta mostra claramente sua supremacia absoluta" (19-20).[111] Mais recentemente, e de maneira menos categórica, Astrid Möller escreveu em seu livro sobre Náucratis (76): "A elite egineta... difere das elites de outras *poleis* gregas, na medida em que, incapazes de ganhar uma renda substancial como grandes proprietários de terras da agricultura... eles tinham de confiar na receita da navegação". Há uma breve e lúcida narrativa da história de Egina, em linhas convencionais, por L.H.Jeffery em seu *AG* 150–1, e novamente na segunda edição do *CAH*.

Os três livros de T.J.Figueira, *ASP*, *AA* e *EEH*, constituem de longe a contribuição mais substancial recente para os estudos acerca de Egina. *ASP*, originalmente parte de sua tese de doutorado, "não é uma história de Egina, mas sim um trabalho histórico que tem Egina como seu assunto". Figueira não assume simplesmente que Egina era governada por uma aristocracia comercial (essa visão se esconde por trás do capítulo de Morris sobre "História e o papel de Egina" em sua *BWS* 92–103): ele argumenta que era assim (*ASP*, chs. 4 & 5, especialmente pp. 280–350). Ele teve algumas conversas com Ste.Croix em Oxford em 1976, mas não viu o presente ensaio até depois que *ASP* foi publicado; as antecipações da posição de Ste.Croix

110 [O texto é interrompido, em vez de concluído, talvez porque Ste.Croix o considerava como um "material a ser utilizado" mais do que um ensaio independente e autônomo; ver p. 481 acima].

111 Somos ainda informados de que "Sólon aprovou leis especiais para limitar a expansão do comércio egineta, fazendo com que a ilha se aliasse primeiro a Esparta, depois a Tebas e, finalmente, à Pérsia, para se opor ao crescente poder ateniense".

em seu livro foram baseadas nessas conversas. Além de argumentos gerais de probabilidade, Figueira ressalta (322–30) a ênfase em navios e *xenia* nas odes de Píndaro para os vencedores eginetas. Esses argumentos, achamos, não teriam convencido Ste.Croix. Não devemos perder de vista o simples fato de que se um homem que vive em uma ilha quer conhecer um homem de outro Estado, ainda mais se ele estiver para estabelecer laços de *xenia* com ele (para o que isso envolveu ver Herman, cap. 5, especialmente 128–30), um ou outro deles tem que viajar a bordo de um navio.

O *AA* de Figueira está preocupado com o período que começa em 457/6, ou seja, após o período arcaico no qual o ensaio de Ste.Croix está focado. Seu *EEH* reúne convenientemente versões revisadas de não menos que onze artigos anteriormente publicados em várias revistas e acrescenta três novos estudos. A resenha de Loomis fornece breves resumos de todos eles: os mais relevantes para o contexto atual são AASC, CCAA, e TMA.

Conticello, B., article "Aigina", in R.Stillwell (ed.) *The Princeton Encyclopaedia of Classical Sites* (1976), 19–21

Figueira, T. J., *ASP* = *Aegina: Society and Politics* (1981) = *Aegina: Society and Economy* (1981, p.iii)

_____, *AA* = *Athens and Aegina in the Age of Imperial Colonization* (1991)

_____, AASC = "Athenians, Aiginetans, and the Solonian Crisis", cap. 3 (pp. 31–84) em seu *EEH* (abaixo) (não publicado previamente)

_____, CCAA = "The Chronology of the Conflict between Athens and Aegina", in *QUCC* 28 (1988) 49–90; revised as ch. 5 (pp. 113–49) do seu *EEH*.

_____, *EEH* = *Excursions in Epichoric History: Aeginetan Essays* (1993)

_____, FNAE = "Four Notes on the Aeginetans in Exile", in *Athenaeum* 66 (1988) 523–51, at 543–9, reproduzido como capítulo 11 do seu *EEH* 293–323, nas pp. 316–22

_____, TMA = "Thoukydides, Melesias, and the Aeginetans", cap. 8 (pp. 197–230) em seu *EEH* (não publicado previamente)

Herman, G., *Ritualised Friendship and the Greek City* (1987)

Jeffery, L. H. *AG* = *Archaic Greece* (1976)

____, *CAH* = "Aegina", in *The Cambridge Ancient History*² IV (1998), 364–7 Loomis, W. T., review of Figueira, *EEH*, in *Bryn Mawr Class. Review* 5.7 (1994) 575–8
Möller, A., *Naukratis. Trade in Archaic Greece* (2000)
Morris, S. P., *BWS* = *The Black and White Style: Athens and Aegina in the Orientalising Period* (1984)

Mas neste ensaio, Ste.Croix se pronuncia sobre uma série de questões além da natureza da classe dominante de Egina, e esperamos que seja útil revisar os estudos recentes sobre estes também.

Seção (i). As guerras de Egina do início do século V com Atenas

Os problemas cronológicos das guerras entre Egina e Atenas permanecem sem solução. Hammond reiterou suas visões na segunda edição do *CAH* IV. Podlecki joga a segunda fase da guerra (Heródoto. 6. 87–93) de volta para cerca de 506, mas convenceu poucos estudiosos — nem ele mesmo (veja suas páginas 402-3). Figueira, CCAA, após um exame minucioso das evidências, conclui de forma muito razoável que Heródoto não conseguiu reconciliar em sua narrativa as cronologias conflitantes sugeridas pelas histórias que ele recolheu de suas várias fontes locais (Esparta, Egina, Atenas) — se de fato estava ciente delas; ele (Figueira) prefere colocar a segunda fase de hostilidades após Maratona.

Figueira, CCAA: como acima.
Hammond, N. G. L., in *The Cambridge Ancient History*² IV (1988), 501–2, 784.
Podlecki, A. J., "Athens and Aegina, 510–480 B.C.", in *Historia* 25 (1975) 396–413.

Seção (iv). Sóstrato

Desde que Ste.Croix escreveu, uma âncora de pedra com inscrição dedicada a Apolo egineta foi descoberta em Gravisca, o porto da cidade etrusca Tarquínia, com o nome de Sóstrato e datada (com base nas formas de suas letras) do final do sexto ou início do quinto século. Esse pode ser o Sóstrato mencionado por Heródoto (caso em que a data do século VII de Welter (n. 38) deve ser claramente rejeitada), ou um membro posterior da mesma família.

Boardman, J., *The Greeks Overseas*[4] (1999), 206, 295.
Figueira, *ASP* (como acima), 241–50 (notas nas pp. 290–1).
Gianfrotta, P. A., "Le ancore votive di Sostrato di Egina e di Faillo di Crotone", in *La Parola del Passato* 30 (1975) 311–18 (ignorado por Harvey).
Harvey, F. D., "Sostratos of Aegina", *ibid.* 31 (1976) 206–14.
Johnston, A. W., "The Rehabilitation of Sostratos", *ibid.* 27 (1972) 416–23.
____, "Aeginetans Abroad", in *Horos* 7 (1989) 131–5, nas pp. 133–5.
Roebuck, C., in *The Cambridge Ancient History*[2] IV (1988), 456–8 (identificação excessivamente confiante?).
Torelli, M., "Il santuario de Hera a Gravisca", in *La Parola del Passato* 26 (1971) 44–67, nas pp. 55–66.

Seção (v). Estatísticas populacionais

As opiniões permanecem fortemente divididas sobre o tamanho da população de Egina. O leitor inocente é informado pelo *Dicionário Clássico de Oxford*[3] (Hornblower) que esta seria de cerca de 40.000 e por *Der Kleine Pauly* (Kaletsch) que seria no máximo de 13.000 a 20.000; nenhum indica que outras opiniões são sustentadas. Figueira, *ASP* 37-8, no decorrer de uma longa e cuidadosa discussão (29-52, com notas em 56-64) coloca entre 35.000 e 45.000 ou cerca de 42.000,[112] e sua estatística mais baixa (35.000) é aceita por Horden & Purcell: "De acordo com cálculos convencionais, seus [de Egina] próprios recursos poderíam sustentar a níveis nutricionais mínimos apenas cerca de 5.000 pessoas. Evidências secundárias de cerca de 500 a.C. tornam *certo* que a população era então pelo menos sete vezes maior e de maneira alguma tinha existência precária. A conclusão de que Egina era fortemente dependente de um comércio

112 70 navios = 14.000 remadores; x 3 para mulheres, crianças e homens acima da idade militar = 42.000.

complexo, confiável e em larga escala de produtos básicos parece *inescapável*" (119; nossos itálicos).

Mas é difícil aceitar que a população da ilha no final do período arcaico fosse cinco vezes maior do que era nos anos de 1960. Beloch tinha uma habilidade incrível de estar certo em tais questões; se os navios da marinha egineta eram trirremes ou pentecônteres (Ste.Croix nota 47; Figueira, *ASP* 30), não há necessidade de presumir que um navio egineta do início do século V exigia tantos remadores quanto o trirreme ateniense clássico; e os argumentos de Figueira contra o uso de remadores contratados (33–5) e escravos (35–7), embora fortes, não são conclusivos. Parece mais sábio permanecer agnóstico, como Ste.Croix faz no final da seção (xiii).

Figueira, *ASP*: como acima.
Horden, P., and Purcell, N., *The Corrupting Sea: a study in Mediterranean history* (2000).

Seção (vi). Cunhagem: cronologia e propósito

A visão de Ste.Croix sobre as datas das primeiras moedas gregas ("Corinto e Atenas, cujas cunhagens agora se acredita terem começado apenas em *c.* 575 na hipótese mais recuada, a de Atenas em particular talvez distintamente mais tarde") é agora geralmente aceita. Uma maior precisão, pelo menos para as moedas eginetas, é inatingível (Price, em *CAH*[2] IV figuras 238; cf. o generoso agnosticismo de Howgego, 4–6). Kroll & Waggoner apresentam argumentos claros e completos para colocar as primeiras emissões das moedas atenienses mais antigas, as *didrachmas* com desenhos heráldicos conhecidos como *Wappenmünzen*, no século VI (c. 550); isso agora tem o assentimento geral. O que é incerto é o quão mais recuado no tempo se deu o início da cunhagem de Egina. Kroll & Waggoner, como Holloway, DF*GC* e AHCAC, colocam-na tão cedo quanto *c.* 580/570. Price & Waggoner, *AGC*, no entanto, argumentam por uma data uma geração mais tarde, *c.* 550, que também é adotada nos manuais por Carradice & Price e por Jenkins, *AGC*[2] (revisada para baixo a partir da primeira edição). Kraay adotou repetidas vezes um ponto de vista intermediário (AHSCC, *ACGC* 41–3, *CAH* IV^2 437–8), colocando-a em *c.* 560 (ou 570–50). Claramente, um ajuste fino neste mundo de moedas proto-tartarugas é dificilmente possível: veja a discussão cuidadosa em Figueira, *ASP* 88–107, 155–8.

A tentativa de Kagan em PAC de defender a antiga tradição de que Fídon de Corinto (cuja própria cronologia é instável) introduziu a cunhagem na Grécia numa data muito anterior encontrou pouco apoio. Da mesma forma, a segunda tentativa de Kagan (em DEC) é descartada por Figueira, *EEH* 63 n. 5 como "não muito útil". Para tentativas de fazer sentido desta tradição, veja (preferencialmente) Kraay, *ACGC* 313–14 e em *CAH* IV^2 432–3; Figueira, *ASP* 65–80.[113]

O argumento de Kraay de que a cunhagem foi inicialmente emitida apenas em grandes denominações, e que não poderia ter sido usada para compras diárias (primeiro argumentado em HSCOC, citado em alguma extensão aqui por Ste.Croix, e reiterado por Kraay em *ACGC* 317–28 e *CAH* IV^2 441–5) tem sido doutrina padrão por mais de uma geração agora: veja Rutter, Price, FEGBC, TBC e em *CAH* IV^2. Trabalhos recentes, no entanto, especialmente de H.Kim (*GFSC*, CMSC, ACEUM) deixaram claro que muito mais moedas fracionárias foram emitidas no século VI do que se havia concebido anteriormente (Bérend; Carradice & Price, 27, Howgego, WASSC esp. 3, 22 e *AHC* 6–7; cf. hesitantemente Jenkins, AGC1 28 =2 14), o que sugere que esta "doutrina padrão" deve ser modificada, se não abandonada; se Kim estiver certo, as moedas antigas poderiam ter sido, afinal, destinadas a serem utilizadas em transações de varejo do dia-a-dia.

Este não é o lugar para discutir as amplas especulações de Seaford (220–32 e em outros lugares) e von Reden, *EAG* (esp. 177–8, 184–7) e MLE (esp. 156–7).

Bérend, D., "Réflexions sur les fractions grecques", in A.Houghton et al. (ed.) *Festschrift Leo Mildenberg* (1984) 7–30, comfiguras 1–2.

113 Bibliografia adicional: Kroll & Waggoner, 325; Price, nas figuras. para *CAH*[2] IV 238; Figueira *EEH* 63 n.5.

Carradice, I., Price, M. J., *Coinage in the Greek World* (1988), 27, 35–8, com imagens 2–3; bibliografia em 137–8..

Holloway, R. R., AHCAC = "An Archaic Hoard from Crete and the Early Aeginetan Coinage", in *Amer. Numism. Soc. Museum Notes* 17 (1971) 1–21, com imagens I–VIII.

____ , DFGC = "The Date of the First Greek Coins", in *Revue Belge de Numismatique* 130 (1984) 5–18.

Howgego, C. J., WASSC = "Why Did Ancient States Strike Coins?", in *Numism. Chron.* 150 (1990)1–25.

____, *AHC* = *Ancient History from Coins* (1995) 4–9, com figuras 16–20.

Jenkins, G. K., *AGC*1 = *Ancient Greek Coins*1 (1972) 27–51; Jenkins, *AGC*² = revised edn. (1990) 13–26.

Kagan, D., PAC = "Pheidon's Aeginetan Coinage", in *TAPA* 91 (1960) 121–36.

____, DEC = "The Dates of the Earliest Coins" in *AJA* 86 (1982) 343–60.

Kim, H., *GFSC* = *Greek Fractional Silver Coinage*, dissertação de mestrado não publicada (Oxford, 1994) (*non vidi*).

____ , CMSC = "Coinage, Money and Small Change in Archaic Greece", palestra proferida na conferência sobre dinheiro no mundo antigo (Univ. de Exeter, julho de 1999; não publicada, mas o resumo completo circulou).

____ , ACEUM = "Archaic Coinage as Evidence for the Use of Money" in *Money & its Uses in the Ancient Greek World* ed. A.Meadows & K.Shipton (2001), 7–21 com imagem I.1.

Kraay, C. M., AHSCC = "The Asyut Hoard: Some Comments on Chronology" in *Numism. Chron.* 137 (n.s.17) (1977) 189–99.

____ in *CAH* IV² = "Coinage", cap. 7d in *The Cambridge Ancient History*² vol. IV (1988), 431–45 (bibliography at 861–3).

Kroll, J. H., and Waggoner, N. M., "Dating the Earliest Coins of Athens, Corinth and Aegina", in *AJA* 88 (1984) 325–40.

Price, M. J., FEGBC = "The Function of Early Greek Bronze [*sic*] Coinage", In Suplemento aos *Annali dell' Istituto Italiano di Numismatica* 25 (1979) 351–65.

____, TBC = "Thoughts on the Beginning of Coinage" in C.N.L.Brooke *et al.* (eds.) *Studies in numismatic method presented to Philip Grierson* (1983), 1–10.
____ imagens de *CAH*² = "Coinage," cap. 15 in *The Cambridge Ancient History*² (1988), figuras ao vol. IV 237–43.
____ and Waggoner, N. M., *Archaic Greek Coinage: the Asyut Hoard* (1975) 61–76, 122–3, 131–2 com imagens XIX–XXI.
Rutter, N. K., "Early Greek Coinage and the Influence of the Athenian State", in B.Cunliffe (ed.), *Coinage and Society in Britain and Gaul* [*sic*]: *some current problems* (1981), 1–9.
Seaford, R. A. S., *Reciprocity and Ritual* (1994).
von Reden, S., *EAG* = *Exchange in Ancient Greece* (1995).
____, MLE = "Money, Law and Exchange: Coinage in the Greek Polis", in *JHS* 117 (1997) .154–76.

Seção (ix). Náucratis

O comprimento desproporcional desta seção se deve principalmente ao número e à complexidade dos problemas envolvidos, mas o fato de Ste.Croix ter feito seu serviço de guerra no Egito, que lhe deu um novo interesse no mundo antigo (Parker, 452–3), talvez não seja totalmente irrelevante.

A melhor narrativa geral da arqueologia e história de Náucratis ainda é a de Boardman em *GO*, originalmente publicado como um livro da Pelican em 1964. Sua imagem da natureza da comunidade está próxima a de Ste.Croix, que estava escrevendo na mesma época; Ste.Croix poderia ter se oposto ao julgamento de Boardman de que "Náucratis atraiu comerciantes do Leste da Grécia, ávidos em ficar ricos, e seus colegas eginetas que administravam o negócio com a Grécia Central", mas teria ficado satisfeito que ele não identifica esses eginetas com membros da aristocracia governante. Boardman (*GO* 130) enfatiza, como de fato a maioria dos estudiosos que escreveram sobre Náucratis nos últimos anos (Austin, 22, 27–9, 44–5; Braun, 40–1; Figueira, *ASP* 253, 262; Bresson, RHSN 293 [16–17], 297 [22–3]; Bowden, 29; Möller, 204, 207–8 etc), que Náucratis dependia do apoio do Faraó, um ponto que Ste.Croix não menciona mas que não teria negado. De fato, fortalece seu argumento, já que dificilmente poderia ter constituído uma *polis* autônoma se estivesse sob controle faraônico (Bowden, 29; *contra*, Hansen, 93).

Boardman difere de Ste.Croix, no entanto, ao afirmar que os *prostatai tou emporiou* eram eleitos localmente em Náucratis, não por suas cidades natais (130–1). Austin, também, em sua excelente monografia, rejeita o testemunho de Heródoto sobre esta questão: "Como uma série inteira de Estados gregos... , muitas vezes brigando entre si e... incapazes de qualquer plano de ação coerente, realmente concordariam ano após ano na nomeação de oficiais... para tomar conta dos assuntos em um porto distante no Egito?", ele pergunta (31–2), e muitos outros (por exemplo, Figueira, *ASP* 261–3; Möller, 195) adotam uma linha similar. Alguns, no entanto, encontraram paralelos para tal arranjo, especialmente entre as *anfictionias* (Bowden, 32–3; Bresson, RHSN 311–12 [42–4], *id.* RN 74). Mas Heródoto não diz nada sobre reuniões, ação conjunta ou magistraturas anuais: essas dificuldades são totalmente ilusórias, e não há necessidade de rejeitar a evidência nem de buscar paralelos justificativos se nós entendermos a passagem como Ste.Croix faz. (Braun, 42, também aceita Heródoto sem mais delongas).

Austin concorda com Ste.Croix de que o assentamento grego em Náucratis pode muito bem ter sido estabelecido — uma palavra menos enganosa do que "fundada" — informalmente por comerciantes, em vez de formalmente por Estados (Austin, 23, 59; assim também Bresson, 315–16 [= 51–2]; Möller, 183; mas negado com referência ao *Hellenion* por Bowden, 32). Mas, ao contrário de Ste.Croix, ele rejeita a possibilidade de que possa haver qualquer verdade no relato de Estrabão, segundo a qual o assentamento foi estabelecido pela primeira vez apenas por Mileto, pelo fato de ser incompatível com Heródoto (Austin, 23, 59; também Bresson, RHSN 315–16 [= 51–2]; Drijvers; Figueira parece ter duas opiniões ["obviamente errôneo", *ASP* 253; "não deve ser descartado de imediato", 254, cf. 257]; aceito por Braun 37–8).[114] A cronologia da cerâmica de

114 Que (ao contrário do tradutor da Loeb) não imagina que Ínaros fosse uma cidade, *pace* Möller 186 n. 34.

Boardman (agora *GO* 121), seguida aqui por Ste.Croix (n. 97), ainda é geralmente aceita (Austin 23; Figueira *ASP* 255–6; Möller 91; mas note a dissidência em Bowden 26–8).

Austin também enfatiza (30, *pace* Möller, 197 n.110) a distinção de Heródoto entre os residentes de Náucratis e os comerciantes visitantes (um ponto que parece ter escapado a Ste.Croix: veja Bresson, RHSN *passim*, esp. 291–9 = 13–26; Bowden, 28–9; *contra*, Möller, 188–9, 197–8, 214, que argumenta por um aspecto duplo, não uma divisão física). Os primeiros eventualmente estabeleceram uma *polis*. Quando isso aconteceu, permanece controverso. Austin não dá uma data para seu estabelecimento (31), mas parece sugerir uma data consideravelmente mais recuada do que Ste.Croix teria aceitado. Hansen, 92–3, argumenta que Náucratis já era uma *polis* (no sentido de uma cidade-estado) no século V, com base no fato de que Heródoto o diz, e que seu uso é consistente; isso é corretamente contestado por Bresson, RN 74–9. O próprio Bresson (RHSN, 316–17 [52–5], etc.; seguido por Bowden, 29–30) inicialmente datou a mudança de *status* para algum momento após a chegada de Alexandre: ele ainda está inclinado a essa opinião, mas agora prefere deixar a questão em aberto (RN 78–9; discussão adicional a ser realizada). Möller, 184–91, está de acordo com a data do século IV de Ste.Croix.

Os dois decretos de *proxenia* de Rodes referidos por Ste.Croix (p. 517 s.) formam o foco principal da longa e complexa RHSN de Bresson (conclusões principais resumidas em RN 74); em *SIG*³ 110 ele restaura Αἰγ[υπτίον em vez de Αἰγ[ινάταν : o argumento mais forte contra isso é que Pítias, o pai do *proxenos*, tem um nome frequentemente encontrado em Egina (Figueira, FNAE 321; cf. o artigo de Hornblower citado em n. 28). Bresson, RN 66–73, também apresenta e discute evidências novas e interessantes do lado egípcio.

Bowden, depois de relatar as escavações do século XIX, sugere que a identificação do *Hellenion* por Hogarth, geralmente aceita (por razões delineadas por Lloyd, 224), estava incorreta (21–4) e que vários problemas cronológicos poderiam ser resolvidos se a cronologia da cerâmica arcaica fosse revisada, trazendo-a para cerca de quarenta anos mais tarde (24–8). Não houve ainda grande aceitação desta proposta. Ele sustenta que Náucratis não foi estabelecida informalmente por comerciantes, mas por *poleis* gregas e um faraó ou faraós egípcios, que visavam controlá-la e lucrar com seu comércio.

Braun fornece um relato vívido e ilustrativo da sociedade de Náucratis e dos bens trocados lá, mas diz pouco sobre os tópicos que interessavam a Ste.Croix.

A narrativa geral mais recente acerca de Náucratis é o livro de Astrid Möller. O lugar de destaque (e muito espaço) é dado para refletir se Náucratis se qualifica como um "porto de comércio" como definido por Polanyi; há também um catálogo (necessariamente) seletivo de achados arqueológicos. Mas não há sinal de Heródoto II.178–9, o texto a partir do qual qualquer discussão histórica deve começar, antes da p. 183, e mesmo assim ele aparece em tradução, não em grego. Como Osborne diz em sua resenha um tanto adversa, o livro é mais valioso em arqueologia (incluindo achados individuais) do que em história econômica.

Não é segredo que as escavações originais de Náucratis, juntamente com o registro dos achados, deixaram muito a desejar, mesmo pelos padrões da época (Boardman, *GO* 118–21, com fotos; Bowden, 19–22; Möller, 92–4, 111–13, 116–19 etc.). Hogarth em 1899 não foi sequer capaz de encontrar o *Hellenion* que Petrie afirmou ter descoberto em 1884 (Coulson & Leonard, INE 364–6; Möller, 111–12). Um lago, causado pela elevação do lençol freático, agora cobre o assentamento arcaico, e a área inteira foi perturbada por agricultores locais cavando para obter fertilizante (*sebakh*). Não é surpreendente que investigações mais recentes tenham lançado mais luz sobre Náucratis ptolemaica e romana do que sobre o período arcaico (o não especialista conceberá Coulson & Leonard, INE, ou Coulson, NS, bastante adequados; relatos mais completos em seu *CDN*, *AN II* e em Leonard & Berlin, 28–30). Mas, como Charles Reed aponta em outro lugar neste volume, mesmo que os arqueólogos escavassem em condições ideais, eles não chegariam a respostas para os tipos de perguntas que interessavam a Ste.Croix.

Austin, M. M., *Greece and Egypt in the Archaic Age* (*Proc. Camb. Philol. Soc.* suppl. 2 [1970]), esp. 22–33, 37–45 (com notas nas pp. 58–75),

Boardman *EGVP* : como acima,

____ , *GO* = *The Greeks Overseas*[4] (1999), 117–33 (notas em 290–1).

Bowden, H., "The Greek Settlement and Sanctuaries at Naukratis: Herodotus and Archaeology" in M.H.Hansen and K.Raaflaub (eds.), *More Studies in the Greek Polis* (*Historia Einzelschrift* 108 [1996]), 17–37.

Braun, T. F. R. G., "Naucratis", in *The Cambridge Ancient History*[2] III 3 (1982), 37–43.

Bresson, A., RHSN = "Rhodes, l'Hellénion et les statut de Naukratis (VIe–IVe siècle a.C.)" in *Dialogues d'HistAnc* 6 (1980) 291–349, reproduzido com pequenas revisões como cap. 1 (pp. 13–63) do seu *La cité marchande* (2000).

____ , RN = "Retour à Naucratis", cap. 2 (pp. 65–84) do seu *La cité marchande.*

Coulson, W. D. E., NS = "The Naukratis Survey" in E. C. M. van den Brink (ed.), *The Archaeology of the Nile Delta: problems and priorities* (1988), 259–63.

____ , *AN II* = Coulson, *et al., Ancient Naukratis ii: The Survey at Naukratis and Environs pt. I: The Survey at Naukratis* 1997.

Coulson, W. D. E., and Leonard, A., jr., *CDN* = *Cities of the Delta i: Naukratis* (1981).

____ , INE = "Investigations at Naukratis and Environs" in *AJA* 86 (1982) 361–80 nas pp. 361–75 (o resto do artigo relata sobre o sítio próximo de Kom Firin).

Drijvers, J. W., "Strabo 17.1.18 (801c), Inaros, the Milesians and Naucratis", in *Mnem.* 52 (1999) 16–22.

Figueira *ASP*: como acima.

Figueira FNAE: como acima.

Hansen, M. H., "*Emporion*: A Study of the Use and Meaning of the Term in the Archaic and Classical Periods" in T.H.Nielsen (ed.), *Yet More Studies in the Ancient Greek Polis* (*Historia Einzelschrift* 117 [1997]), 83–105 nas pp. 91–4.

Leonard, A., and Berlin, A., *Ancient Naukratis: excavations at a Greek emporion in Egypt II = AASOR* 54 (1997)—o volume inteiro.
Lloyd, A. B., *Herodotus Book II: Commentary 99-182* (1988) 221–31 (bibliografia na p. 231)
Möller: como acima.
Osborne, R., review of Möller, in *CR* 52 (2002) 96–7.

11
Heródoto e o Rei Cleômenes I de Esparta

Ste. Croix escreveu em 1972 que não conhecia nenhuma discussão satisfatória sobre a política externa espartana durante o reinado de Cleômenes (OPW 167 n. 1). Nesta palestra, ele se propõe a preencher essa lacuna. Foi apresentada pela primeira vez em uma Conferência no Radley College, Oxfordshire, em 5 de outubro de 1976, e posteriormente na Universidade de Sheffield (19 de outubro de 1977) e em uma Conferência em Bristol (8 de março de 1979). Não modificamos o estilo informal, mas vigoroso: isto não é um artigo, mas um roteiro preparado para apresentação oral. Referências, originalmente listadas em um folheto e uma série de adendos substanciais manuscritos foram incorporados ao texto ou transferidos para notas de rodapé.

Como acredito que o retrato de Cleômenes feito por Heródoto, no geral, é gravemente inadequado e em parte enganoso, acho que é melhor começar deixando claro que admiro muito Heródoto e concordo com a observação de Collingwood sobre ele, de que foi "um dos grandes gênios inovadores do século V". Ele certamente foi "o Pai da História" — embora quando vejo meus colegas sendo acriticamente reverentes em relação a Heródoto (como acho que muitos deles são), gosto de dizer: "Sim, Heródoto *foi* o pai da história — no sentido de que a história começou na geração seguinte, com Tucídides". Mas não digo isso a sério. Minha própria observação favorita sobre Heródoto é a de Gibbon, de que ele "às vezes escreve para crianças e às vezes para filósofos".

Heródoto é bastante franco sobre seu método historiográfico. Em VII 152.3 (cf. II 123.1; IV 195.2), ele diz que considera ser seu dever λέγειν τὰ λεγόμενα, repetir o que seus informantes lhe contaram; e continua: “Mas isso não significa que eu necessariamente acredite nisso”; e acrescenta: “E que isso valha para toda a minha História”. Bem, é claro que é muito bom saber, via Heródoto, sobre todos os tipos de coisas que eram críveis em sua época, mas que não *eram* verdadeiras; mas devo admitir que às vezes gostaria que Heródoto tivesse se esforçado mais para descobrir quanto da informação que ele recebia era verdadeira. Heródoto frequentemente fazia isso, mas de forma alguma sempre. Isso explica, como acredito, seu relato desnecessariamente desfavorável de Cleômenes: ele se baseou na tradição espartana, que era evidentemente *muito* hostil. Heródoto tem duas passagens, e apenas duas, que são realmente favoráveis a Cleômenes. Em III 148.2, ele elogia Cleômenes por se recusar a ser subornado por Meândrio, o sâmio (isso em 517 ou 516 a.C.); e em VI 61.1, ele diz que Cleômenes em Egina em 491 estava “trabalhando pelo bem comum da Hélade” em sua tentativa de obter reféns como garantia contra o medismo egineta — um assunto sobre o qual voltarei mais adiante. Em outros lugares, Heródoto é frequentemente muito hostil. Ele chega a dizer que Cleômenes “reinou não por muito tempo” (V 48), enquanto sabemos, com certeza, que o reinado durou cerca de trinta anos.

Proponho dar primeiro um esboço narrativo dos principais eventos do reinado de Cleômenes e deixar as explicações mais para uma etapa posterior.

***

Por razões que não preciso explicar, podemos ter uma segurança considerável de que Cleômenes nasceu por volta de 540 — entre, digamos, 545 e 540 ou talvez 535. Sua mãe, sugere-se, era membro da família de Quílon, o grande éforo (talvez de 556/5): as passagens relevantes em Heródoto são V 41.3 com VI 65.2. Cleômenes provavelmente ascendeu ao trono por volta de 520 e a primeira ação sua que conhecemos é em 519/18: essa data se baseia na autoridade dos manuscritos de Tucídides, que às vezes cometem erros com números; mas não vejo boas razões para rejeitar a data que mencionei (Heródoto VI 108 com Tucídides, III 68). Tebas, naquela época, estava tentando coagir a pequena Plateia, onze a treze quilômetros ao sul dela, a entrar em uma liga através da qual Tebas esperava ganhar uma posição dominante na Beócia. Segundo Heródoto, Cleômenes e os espartanos estavam presentes em Plateia, presume-se que em alguma expedição não documentada. Os plateenses "tentaram se entregar a Cleômenes e aos espartanos"; mas Cleômenes disse "não, vão para Atenas". (Na verdade, Heródoto fala de "os espartanos" dando esse conselho, mas eu não hesitaria em atribuir a resposta ao próprio Cleômenes). Os plateenses de fato foram para Atenas e com a ajuda ateniense permaneceram independentes de Tebas. Atenas então derrotou Tebas em uma batalha e obteve um acordo de fronteira (com Corinto como árbitro) muito favorável a Plateia. O comentário de Heródoto é interessante: quase todos simplesmente o repetem, mas obviamente não é adequado: ele diz que o propósito do conselho teria sido criar problemas para Atenas ao torná-la inimiga de Tebas (VI 108.3). Mas Atenas não tinha de aceitar a aliança com Plateia: agora lhe era dada a escolha de ajudar Plateia ou fazer um favor a Tebas permanecendo neutra. As pessoas que certamente sofreriam se Atenas ajudasse Plateia eram os tebanos; e era para Tebas, e não para Atenas, que Cleômenes estava criando problemas. Este incidente foi de fato o início de uma inimizade duradoura entre Atenas e Tebas, como existia com muita frequência entre Estados gregos que eram vizinhos. E não devemos deixar de notar que benefício claro isso foi para Esparta: ao encorajar Plateia a se aliar com Atenas, Esparta colocou os dois maiores Estados ao norte do Istmo de Corinto um contra o outro. Foi uma jogada magistral de política.

Passarei agora para 510, deixando de lado alguns incidentes menores na carreira de Cleômenes que mencionarei mais tarde. Em 510, Cleômenes e um exército espartano marcharam para Atenas e expulsaram o tirano Hípias, filho de Pisístrato (Heródoto V 64-5; Aristóteles, *Constituição dos Atenienses* 19 etc.) — um fato que os atenienses naturalmente preferiam esquecer: eles gostavam de fingir que foram seus próprios heróis, Harmódio e Aristogíton, que derrubaram o tirano, embora, na verdade, tudo o que fizeram foi assassinar o irmão do tirano, Hiparco, o que lhes rendeu serem executados. Alguns de vocês conhecerão as encantadoras canções de bebedeira atenienses em louvor a Harmódio e Aristogíton (*PMG* 893, 895): essas *skolia* dizem que eles mataram o tirano (o que, é claro, não fizeram) e que tornaram Atenas *isonomos* (igual perante a lei), o que, novamente, é claro que não puderam fazer: a *isonomia* em Atenas foi criação de Clístenes e seus associados em 508/7, alguns anos *após* a expulsão de Hípias.

Em 508/7, Cleômenes tentou impedir que a nova constituição democrática de Clístenes fosse aprovada: a convite do líder aristocrático ateniense Iságoras, ele veio a Atenas, quiçá com apenas uma pequena guarda pessoal, esperando que seu grande prestígio pessoal como rei de Esparta e libertador de Atenas do tirano intimidasse qualquer oposição. Não funcionou: houve uma grande revolta dos atenienses contra ele; e ele foi expulso e a constituição de Clístenes foi aprovada.[1]

Por volta de 506, Cleômenes organizou uma grande expedição contra Atenas, composta pelos espartanos sob o comando de seus dois reis (o próprio Cleômenes e Demarato), seus aliados peloponésios, além dos beócios (Tebas e seus aliados) e os calcídios da Eubeia. Isso acabou se tornando um fiasco terrível, o único desastre espartano na segunda metade do século VI, e deve ter causado um sério golpe na reputação de Esparta em geral e de Cleômenes em particular. A expedição começou a se desintegrar quando os coríntios desertaram; então Demarato brigou com Cleômenes e voltou para casa, os outros peloponésios seguiram o exemplo e isso deixou os calcídios e beócios isolados contra Atenas, que infligiu derrotas esmagadoras a ambos (Heródoto V 74-7).

Em algum momento nos últimos quatro anos, mais ou menos, do século VI (não acho que possamos datá-lo com mais precisão), os espartanos decidiram restaurar o tirano Hípias em Atenas; mas perceberam que não poderiam fazer isso sem seus aliados, e quando os aliados se recusaram absolutamente a considerar esse projeto,

1 Para a história completa, ver Heródoto, V 70, 72; Aristóteles, *Constituição dos Atenienses* 20.2–3, etc.

os espartanos abandonaram a ideia (Heródoto V 90-3). Por alguma razão que nunca fui capaz de entender, muitos historiadores modernos afirmam como fato que essa ideia foi de Cleômenes. Bem, é claro que não posso provar que não foi dele; mas eu enfatizaria que Heródoto, que durante todo o reinado de Cleômenes quase sempre fala da política externa espartana como se fosse decidida por Cleômenes, nesta única ocasião não menciona Cleômenes de forma alguma; e eu sugeriria que as probabilidades são fortemente contra ele ter tido participação na proposta de trazer Hípias de volta. Reinstalar um tirano odiado em outra cidade era algo que a maioria dos gregos teria desaprovado fortemente e não vejo como Cleômenes poderia ter sido deixado de fora da história de Heródoto se a política realmente fosse dele, já que a tradição espartana que Heródoto recebeu era em geral tão hostil a Cleômenes e teria sido muito conveniente culpá-lo. Sugiro que após o grande fiasco de *c.* 506, os outros espartanos muito naturalmente disseram a si mesmos: "A política de Cleômenes de expulsar nosso velho amigo Hípias foi um desastre para nós, então vamos voltar para onde Cleômenes iniciou, e reinstalar Hípias".

O próximo evento de que ouvimos falar em Esparta ocorre em 499, quando chegou a Esparta Aristágoras, o tirano de Mileto, que estava se preparando para organizar uma grande revolta dos gregos jônicos da Ásia Menor e das ilhas contra os persas, que os haviam conquistado na geração anterior. Ele é apresentado por Heródoto indo primeiramente a Cleômenes; e acho que podemos deduzir disso que Cleômenes já havia recuperado seu prestígio como a figura mais poderosa em Esparta — Aristágoras obviamente foi até ele porque se você tivesse Cleômenes do seu lado, poderia esperar ser capaz de influenciar a Assembleia espartana. (A propósito, a Assembleia espartana certamente não era chamada de "*a Apella*", como praticamente todos os livros dizem; era quase certamente chamada de "*ekklesia*", como na maioria das outras cidades gregas [*OPW* 346-7]). Tenho tempo para mencionar apenas dois aspectos da história de Heródoto sobre a visita de Aristágoras a Esparta (Heródoto V 49-51). Primeiro, a filha de Cleômenes, Gorgo, que nesta ocasião desempenhava um papel muito admirável. Heródoto relata dois incidentes, em cada um dos quais a querida pequena Gorgo (que, segundo ele, tinha apenas oito ou nove anos na época da visita de Aristágoras) desempenha um papel importante: em cada caso, ela é sábia muito além de sua idade (V 51, VII 239). E nesta ocasião, ela pode ter sido a única outra pessoa presente com o papai e Aristágoras, e, portanto, a provável fonte da história. Gorgo mais tarde se casou com o rei Leônidas de Esparta, o herói das Termópilas, e seu filho Plistarco governou como rei em Esparta por mais de vinte anos. Gosto de pensar que quando o jovem Plistarco disse a Gorgo: "Oh, mamãe, conte-me sobre algumas das coisas que *você* fez quando era menina", Gorgo contou essas duas histórias.

O outro aspecto que quero mencionar é o motivo que Heródoto atribui a Cleômenes a recusa em ajudar Aristágoras. Cleômenes não era hostil desde o início à ideia de ajudá-lo na Revolta Jônica. Ele originalmente ouviu Aristágoras e disse que queria dois dias para pensar sobre o assunto. Foi apenas quando Aristágoras pareceu esperar que os espartanos marchassem com ele direto para o interior da Ásia, até Susa, e revelou que Susa ficava a uma jornada de três meses do mar, que Cleômenes o rejeitou e de fato mandou que ele saísse de Esparta antes do pôr do sol.

Bem, a Revolta Jônica aconteceu, mas, após cinco anos, em 494, terminou desastrosamente, com uma derrota naval em Lade e a captura e saque de Mileto.

A próxima vez que ouvimos sobre Cleômenes está relacionada com o desastre em Mileto: é a famosa batalha de Sepeia, uma vitória espartana sobre Argos, que foi notável por envolver o maior massacre de hoplitas que conheço em qualquer guerra entre dois Estados gregos: segundo Heródoto, seis mil argivos foram mortos, parte na própria batalha e parte depois.[2] A maioria dos estudiosos hoje em dia data essa batalha em 494, por causa do chamado "oráculo duplo" (Heródoto VI 18–19, esp. 19.2, com 77.2) dado por Delfos aos argivos "e aos milésios embora eles não estivessem presentes" — um

2 Ver Heródoto VI 75.3–82 com VII 148.2 para a narrativa completa.

documento único. Como acontece com tantos oráculos délficos registrados, sua autenticidade é contestada. Como ele evidentemente profetiza algo ruim para Argos e, em uma crítica indireta a Mileto, em sua segunda metade parece dizer que Mileto será derrotada pelos persas, é fácil concluir que o oráculo foi fabricado após 494 para mostrar a presciência de Delfos ao associar o desastre de Mileto, que certamente ocorreu em 494, com o desastre de Argos em Sepeia, que deve ter sido mais ou menos contemporâneo. Daí a data comumente atribuída a Sepeia, de 494. Mas... e se o oráculo for genuíno? — como eu acho que é. A menos que estejamos preparados para atribuir inspiração divina a Delfos, como o oráculo saberia antecipadamente que a queda de Mileto e a batalha de Sepeia ocorreriam aproximadamente ao mesmo tempo? Bem, eu aceito a visão (originalmente sugerida há muito tempo por Bury)[3] de que o oráculo foi enunciado em 499. Aristágoras, que depois de Esparta foi a Atenas, e portanto deve ter passado perto de Argos, pediu ajuda também a Argos; e Argos, não querendo se envolver, consultou o Oráculo de Delfos (que nesta época estava completamente a favor dos persas), porque sabia que o Oráculo diria "Fique fora", como de fato disse. A resposta a Argos foi apenas genericamente desagradável (Delfos raramente se preocupava em ser muito específico em suas profecias), e houve uma alfinetada em Mileto, dizendo quase literalmente: "Os milésios não têm esperança contra a Pérsia". Tudo o que isso nos dá para Sepeia é uma data após 499; mas, por outras razões, eu ficaria bastante satisfeito em dizer "por volta de 494".

Não quero dar detalhes sobre a campanha de Sepeia ainda, mas quero dizer que ela demonstra uma habilidade notável por parte de Cleômenes, que as pessoas frequentemente não percebem, além de uma extrema crueldade. A inteligência com a qual a campanha foi conduzida não emerge completamente do relato de Heródoto sobre os eventos reais; mas com a ajuda de outras evidências, principalmente fornecidas pelo próprio Heródoto, podemos começar (como

3 [J.B.Bury, "The epicene oracle concerning Argos and Miletus", *Klio* 2 (1902), 14–25].

veremos em breve) a apreciar a conquista de Cleômenes. Talvez eu deva acrescentar que não estou dizendo nada sobre a história de Telesila, fornecida por Pausânias (*Descrição da Grécia* II 20.8–9), porque acredito que seja uma ficção.

Gostaria agora de fazer um breve relato dos últimos anos da vida de Cleômenes, uma história que Heródoto apresenta parcialmente bem, pois (como acredito) ele perde o controle sobre a sua história em razão da sua dependência do que os espartanos lhe contaram. Bem antes do final do século VI, o rei persa Dario já havia demonstrado suas intenções agressivas na Europa, conquistando toda a costa do norte do Egeu até a Macedônia. E não muito depois do colapso da Revolta Jônica, em 492 ou 491, ele enviou embaixadores à Grécia para exigir das cidades terra e água, os símbolos de submissão à Pérsia por terra e mar. Era óbvio que ele puniria Atenas e Erétria, as duas cidades que haviam enviado ajuda aos jônios em sua revolta contra a Pérsia alguns anos antes. Algumas cidades gregas, incluindo Atenas e Esparta, rejeitaram a exigência de terra e água, mas muitas se submeteram, incluindo a importante ilha de Egina, imediatamente em frente ao porto de Atenas, o Pireu, e neste momento uma amarga inimiga de Atenas.[4] (Mais tarde, Péricles, nos é dito, chamou Egina de "a mancha no olho do Pireu"!). Se uma frota persa chegasse e pudesse usar Egina como base, as chances de sobrevivência de Atenas seriam extremamente reduzidas. Então Atenas apelou a Esparta para coagir Egina, que era membro da Liga do Peloponeso da qual Esparta era *hēgemōn* e, como tal, era obrigada (como acredito) a seguir Esparta em sua política externa (*OPW* 333-5, seção B). Os eventos que se seguiram foram realmente muito interessantes. Heródoto nos dá uma narrativa caracteristicamente prazerosa.[5]

Cleômenes foi sozinho para Egina e exigiu reféns (que, é claro, poderiam ser mortos se Egina persistisse em sua simpatia aos persas); mas os eginetas se recusaram a obedecer, sob a liderança de um dos

4 [Ver cap. 10 deste volume].

5 VI 48–51.1; 61.1; 64–67.1; 73.

principais simpatizantes dos persas, Crio, filho de Polícrito (ambos, aliás, atletas famosos, como muitos da classe governante de Egina). Crio admitiu que se ambos os reis espartanos tivessem vindo, Egina teria sido obrigada a entregar os reféns, porque a presença de ambos os reis teria sido prova de que estavam agindo de acordo com uma decisão oficial dos espartanos; mas Cleômenes estava (Crio afirma) agindo por conta própria, porque havia sido subornado pelos atenienses. Heródoto acrescenta que Crio agiu dessa maneira por conselho de Demarato, o outro rei espartano, que era inimigo de Cleômenes: ele o era desde o grande fiasco de *c.* 506, quando a expedição contra Atenas havia se desfeito (você há de lembrar) em parte por causa de uma querela entre os dois reis. Demarato agora dizia aos eginetas para não cederem a Cleômenes. Se o pretexto deles para a recusa era baseado em um ponto constitucional genuíno ou se era apenas um blefe é uma questão muito complicada para entrar agora (veja *OPW* 149-51).

De qualquer forma, Cleômenes voltou para Esparta de mãos vazias. E então ele fez algo muito extraordinário: manipulando o Oráculo de Delfos, por meio de um homem importante lá, Cobão, que influenciou a Pítia, Cleômenes conseguiu depor Demarato de sua realeza, alegando que ele era na verdade um bastardo. (Demarato mais tarde fugiu para a esfera persa, onde foi tratado com realeza e recebeu uma vasta propriedade na Trôade).[6] Demarato foi substituído como rei por Leotíquidas, que evidentemente estava sob grande influência de Cleômenes. Cleômenes voltou para Egina, desta vez com seu novo co-rei, e os eginetas agora não ousaram se recusar a entregar os reféns — que eram dez dos homens principais, incluindo o audacioso Crio.

Agora, até mesmo Heródoto, falando da primeira visita de Cleômenes a Egina, diz que ele estava "trabalhando pelo bem comum da Hélade" (pp. 541-542 acima). Acredito que a ação de Cleômenes em impedir Egina de apoiar os persas pode ter sido muito importante para salvar Atenas no ano seguinte, 490, quando uma frota persa

6 Heródoto VI 70:2; cf. Xenofonte, *Helênica* III i 6; *Anábase* III i 3; VII viii 17.

veio para a Grécia, saqueou Erétria e desembarcou na Ática, mas partiu novamente após a batalha de Maratona. Como eu disse, duvido que Atenas pudesse ter sobrevivido se os persas tivessem sido capazes de usar Egina como base.

Aqui também gostaria de enfatizar quão notavelmente altruísta foi a ação de Cleômenes em relação a Egina. Ele estava coagindo uma aristocracia dórica que nunca tinha feito algo prejudicial a Esparta em geral ou a Cleômenes em particular, em benefício (em primeiro lugar) de um Estado (Atenas) que havia sido recalcitrante com Esparta e havia duas vezes levado o próprio Cleômenes ao desastre, em 508/7 (o caso de Clístenes) e em *c.* 506 (a grande expedição que fracassou).

Chegamos agora ao episódio final da carreira de Cleômenes (Heródoto VI 74-5). Suas manipulações em Delfos foram descobertas e ele teve de fugir de Esparta. Ele foi primeiro para a Tessália (mais sobre isso depois) e de lá para a Arcádia, onde, segundo Heródoto, ele tentou pôr em prática alguns planos revolucionários (νεώτερα ἔπρησσε πρήγματα), unindo "os arcádios" contra Esparta (συνιστὰς τοὺς Ἀρκάδας ἐπὶ τῇ Σπάρτῃ). Ele queria que os arcádios fizessem grandes juramentos a ele pelo Rio Estige de que eles "o seguiriam para onde quer que ele os conduzisse". (Não está muito claro para mim pelas palavras de Heródoto se os juramentos foram realmente feitos ou não). Os espartanos ficaram tão alarmados com isso que convidaram Cleômenes a retornar como rei novamente. Cleômenes, segundo Heródoto, sempre havia sido "um pouco desequilibrado" (ὑπομαργότερον), e agora enlouquecera completamente e muito convenientemente cometeu suicídio cortando-se gradualmente em pequenas tiras, das pernas até o abdômen. Heródoto não ficou surpreso com isso e, caracteristicamente, ele dá as várias explicações oferecidas pelos gregos em geral, pelos atenienses, pelos argivos e (um pouco mais tarde) pelos espartanos (VI 75.3; 84.1-3). A teoria espartana é deliciosa demais para omitir: segundo Heródoto, eles disseram que uma embaixada dos citas veio certa vez a Esparta (isso, se genuíno, seria em 514 ou 513), para propor uma ação conjunta contra a Pérsia e que os enviados citas introduziram Cleômenes no hábito desagradável de beber vinho puro. Segundo os espartanos, foi diretamente devido a isso que Cleômenes eventualmente enlouqueceu. Mas Heródoto mostra aqui que não estava nada satisfeito com essa explicação; e certamente a bebida não mostrou sinal de influenciar o comportamento de Cleômenes por um bom tempo, se é que influenciou. Heródoto acrescenta sua própria opinião sobre por que Cleômenes morreu da forma que morreu: que ele estava "pagando a pena a Demarato", "fazendo retribuição pelo que fez a Demarato". Heródoto usa a palavra τίσιν, que ele emprega em outros lugares várias vezes para uma punição que atinge alguém pela vontade dos deuses ou do destino. Por exemplo, as serpentes voadoras da Arábia, segundo Heródoto (III 109, esp. seção 2), matam o macho no próprio ato de acasalamento; mas sua prole então devora sua mãe de dentro para fora — e desta maneira a fêmea "faz retribuição ao macho": as mesmas palavras, τίσιν ἀποτίνει.

***

Bem, esses são os principais eventos do reinado de Cleômenes (eu omiti um ou outro menos significativo). Penso que eles não são bem explicados por Heródoto. Agora quero sugerir que, em parte com a ajuda de informações incorporadas em outras partes da narrativa de Heródoto e em parte levando em conta outras evidências, podemos construir um quadro muito provável de um homem realmente grande (embora muito implacável), que se destacava entre os espartanos de sua época talvez tanto quanto Temístocles entre os atenienses — outro personagem, aliás, que recebe um tratamento muito inadequado de Heródoto, mas de quem (ao contrário de Cleômenes) há um tremendo e merecido panegírico em Tucídides. Vou sugerir que Cleômenes, como poucos outros espartanos de sua época, tinha uma compreensão muito real da grave ameaça à Grécia vinda da Pérsia e que a maioria de suas ações, até mesmo incluindo sua alegada traição com os arcádios, é melhor compreendida à luz desta consciência primordial.

Primeiramente, deixe-me apenas mencionar a existência de certas passagens em Heródoto que, quando consideradas conjuntamente, mostram que já na década de 540, quando a Pérsia ameaçava conquistar o reino de Creso na Lídia e conquistar os gregos asiáticos, havia espartanos que estavam preparados para ver Esparta como a líder natural de todos os gregos e (em resposta a uma embaixada jônico-eólica) realmente advertiram Ciro contra a conquista de gregos em qualquer lugar.[7] É claro que Esparta não era uma potência naval e realmente não havia nada que ela pudesse fazer para impedir a expansão persa na Ásia. Em 525-4, todavia, quando Polícrates, o poderoso tirano de Samos, passou para o lado persa e abertamente se submeteu à Pérsia (III 44), Esparta lançou uma expedição contra ele, que terminou em total fracasso (III 45.2-47, 54-6). Um pouco mais tarde, por volta de 516 (quando Polícrates estava morto), Esparta se recusou a responder a um apelo por ajuda contra a Pérsia do ex-tirano de Samos, Meândrio (III 148); a Pérsia agora, contudo, tinha um controle muito firme sobre Samos e muitas das outras ilhas do Egeu Oriental e, portanto, não havia possibilidade concebível de ajuda efetiva vindo de Esparta.

Por volta de 515, no entanto, Esparta pode ter derrubado o tirano Lígdamis de Naxos, que *podia* estar passando para o lado dos persas; e Esparta *pode* ter esperado que Naxos tomasse o lugar antes ocupado por Samos como a principal potência naval no Egeu. Não posso apresentar os argumentos agora, pois são muito complicados, devendo admitir que muitas pessoas não aceitariam a visão que acabei de mencionar ou, alternativamente, colocariam a intervenção de Esparta em Naxos numa data tão cedo quanto 525-4.[8]

7 Heródoto I 152.3; cf. l41.4, 152.1–2.

8 G.L.Huxley, *Early Sparta* (1962), 74-5, com 139 nn. 524-7, é apenas um tratamento breve e recente deste assunto. A suposta deposição de Lígdamis pelos espartanos pode ter algo a ver com o fato de que a chamada "Lista de Talassocracias" extraída por Eusébio de Diodoro *parece* permitir uma supremacia espartana de dois anos, talvez 517-15, seguida por uma supremacia náxia de dez anos. Mas, de minha parte, eu preferiria não levar em conta seriamente a *Lista*. O artigo de W.G.Forrest, "Two chronographic notes" em *CQ* n.s.19 (1969) 95-106, é o tratamento mais recente que eu logrei ver: eu aceitaria muito pouco dele e menciono o artigo meramente por seu valor bibliográfico. Para a *Lista*, veja Eusébio, *Crônicas* (ed. A. Schoene), I 225.

Acredito que a expulsão espartana de Hípias de Atenas em 510 é melhor explicada pelo fato de que Hípias havia acabado de anunciar publicamente seu medismo. A evidência para o medismo de Hípias, assim como para datá-lo com segurança em 514-13 ou nos um ou dois anos imediatamente seguintes, é fornecida por uma passagem em Tucídides, que foi parcialmente elucidada por Wade-Gery,[9] a cujo relato tenho algo essencial a acrescentar. Wade-Gery mostra como Hípias, assustado com o assassinato de seu irmão Hiparco em 514, decidiu se assegurar casando sua filha Arquedice com Eântides, o filho do tirano de Lâmpsaco, Hipoclo, um proeminente pró-persa. Tucídides oferece o encantador epitáfio de Arquedice que contém dois dísticos elegíacos: nele, ela se vangloria de ser "filha, esposa, irmã e mãe de tiranos" — a palavra τυράννων é de fato usada. Certamente o assassinato de Hiparco, em 514, deve ter sido um dos motivos que levou Hípias a simpatizar com os persas, para sua própria proteção, como de fato a narrativa de Tucídides implica; mas sugiro que havia algo mais, talvez ainda mais decisivo. Após sua expedição trans-danubiana de (provavelmente) 514 ou 513, Dario deixou um grande exército na Europa sob Megabazo (Heródoto sem dúvida exagera quando o coloca em 80.000 homens), que conquistou praticamente toda a costa do Egeu até a Macedônia[10] e assim ameaçou uma das posses mais vitais de Hípias: as valiosas minas de ouro na área do Monte Pangeu na costa trácia, a leste do Rio Estrimão, das quais Hípias sem dúvida tirava uma grande renda, como seu pai Pisístrato havia feito. Hípias provavelmente perderia agora o controle das minas a menos que se submetesse à Pérsia. Quando ele casou sua filha com um queridinho particular de Dario, qualquer grego inteligente podia ver que Hípias havia se juntado às fileiras dos tiranos simpáticos aos persas. É nessas linhas, como eu vejo, que devemos explicar a expedição espartana liderada por Cleômenes em 510 para expulsar Hípias — precedida, aliás, por uma expedição naval malsucedida sob Anquimólio, provavelmente em 511. A

9 Tucídides VI 59, esp. seção 3: ver Wade-Gery, *EGH* 159–61.

10 Heródoto IV 143.1, 3; 144.3; V 1–2, 14–17; cf. 11, 23–24.1.

cronologia aproximada é bastante clara: assassinato de Hiparco e ameaça persa às minas de Pangeu em 514-13; em (provavelmente) 513 ou 512 o casamento de Arquedice; e em 511 e 510 a ação de Esparta contra Hípias. Você pode dizer: "Oh, mas ao intervir em Atenas, Cleômenes não precisava ter outro motivo além de aumentar a esfera de hegemonia de Esparta". Concordo que não se pode realmente provar motivos anti-persas aqui. Mas por que Esparta expulsaria os Pisistrátidas precisamente neste momento, quando eles sempre haviam sido muito bons amigos no passado? Uma vez que a amizade entre Esparta e os Pisistrátidas foi recentemente negada pelo professor Forrest, deixe-me enfatizar que Heródoto fala dela em não menos que três ocasiões separadas e não vejo a menor razão para duvidar disso.[11]

O próximo episódio que precisamos notar é a intervenção pessoal de Cleômenes em Atenas em 508-7 a fim de impedir as reformas de Clístenes. Isso pode muito bem não ter sido devido simplesmente a um medo da democracia como tal (embora eu suponha que isso estivesse presente), mas também a um medo da instabilidade que

11 [Forrest, *HS* 81-2, cf. 86, 89]. O único argumento contra aceitar as declarações enfáticas e repetidas de Heródoto (V 63.2; 90.1; 91.2), que é seguido por Aristóteles (*Constituição dos Atenienses* 19.4), é que os Pisistrátidas eram simpáticos a Argos. Isso não é, porém, como se houvesse uma aliança militar entre a Atenas dos Pisistrátidas e Argos, o que poderia ter alarmado os espartanos. Os Pisistrátidas tiveram o cuidado de desenvolver relações amigáveis com muitos outros Estados e não vejo razão para supor que seu bom relacionamento com Argos precisasse ter despertado a menor ansiedade em Esparta. Portanto, a súbita mudança de política de Esparta em relação aos Pisistrátidas, precisamente em 511-10, requer uma explicação. Claro que eu não descartaria completamente a explicação padrão da expulsão de Hípias pelos espartanos: que foi devido aos Alcmeônidas atenienses terem manipulado o Oráculo de Delfos (Heródoto V 62-63.1, etc.). A propósito, o texto de Heródoto V 63.1, como o temos, atribui essa história aos "atenienses", οἱ Ἀθηναῖοι (Schweighäuser e alguns outros quiseram substituir aqui por οἱ Λακεδαιμόνιοι, mas não vejo razão para isso). De qualquer forma, em apoio ao meu argumento de que o medismo de Hípias desempenhou um papel essencial em persuadir os espartanos a decidirem se livrar dele, eu relacionaria esses eventos com a expedição contra Polícrates em 525-6: você se lembrará que foi precisamente quando Polícrates abertamente passou ao lado persa (p. 552 acima) que Esparta lançou uma expedição contra ele. Os dois casos são paralelos.

reformas drásticas dessa natureza poderiam gerar em uma cidade que era agora aliada de Esparta — embora, é claro, foi o exato oposto que aconteceu e Atenas se tornou unida e estável. Como uma reação à intervenção de Cleômenes, os atenienses de fato se submeteram à Pérsia (Heródoto V 73, esp. seção 3). Heródoto faz um comentário muito ambíguo, que quando os embaixadores atenienses que concederam terra e água em Sardes retornaram para casa, "foram muito criticados"; mas ele não diz que a submissão foi realmente repudiada; e se você olhar uma passagem posterior, V 96.2, referindo-se a outra embaixada ateniense enviada a Sardes nos últimos anos do século VI, você verá que até então a submissão não poderia ter sido repudiada, já que os atenienses evidentemente sentiam que tinham o direito de protestar contra os persas por eles estarem abrigando Hípias. (Muitos historiadores têm prestado atenção insuficiente a isso). Foi só quando o sátrapa persa Artafernes ordenou aos atenienses que aceitassem Hípias de volta que os atenienses repudiaram a submissão.

Isso, na minha opinião, ajuda a explicar a grande expedição contra Atenas organizada por Cleômenes por volta de 506, que foi um desastre. Deixe-me ser claro: não estou apresentando Cleômenes como uma figura pan-helênica em nenhum sentido. Nenhum espartano que eu já encontrei era assim: todo espartano naturalmente pensaria apenas em termos do interesse de Esparta — a doutrinação da juventude espartana era terrível. Mas se a Pérsia tomasse Atenas, então Esparta estaria em uma posição muito perigosa, porque seus hilotas poderiam muito bem se revoltar (como fizeram em várias ocasiões), e Argos, sua grande rival pela hegemonia do Peloponeso, provavelmente seria tentada por uma oferta persa para torná-*la* a cidade dominante no Peloponeso, no lugar de Esparta, e assim passar para o lado persa. Argos nunca de fato levantou um dedo para ajudar os outros gregos contra a Pérsia e havia rumores consideráveis de que ela realmente havia prometido ajuda à Pérsia, embora nunca tenha de fato dado nenhuma.[12] (É interessante, a propósito,

12 Heródoto VII 148–52 (esp. 149.3); IX 12.

encontrar Heródoto dizendo, em VII 149.3, que os próprios argivos declararam que prefeririam ter se submetido à Pérsia do que ceder aos espartanos em qualquer aspecto).

E isso me leva à campanha de Sepeia, conduzida por Cleômenes e seu exército espartano contra os argivos — uma série de eventos muito mais notável do que a maioria das pessoas (eu acho) percebe. O terrível massacre de cerca de seis mil argivos registrado por Heródoto (VII 148.2) deve ter aniquilado praticamente todo o exército hoplita argivo. Como eu disse anteriormente, eu mesmo não conheço nenhuma perda maior em guerra por qualquer Estado grego em qualquer época; até onde eu sei, é preciso avançar quase quatro séculos, até a batalha de Selásia em 222, antes de se encontrar um desastre comparável — desta vez para Esparta. O assassinato em massa de argivos, no entanto, não é a única característica de destaque das atividades de Cleômenes. Se você ler atentamente o relato de Heródoto, verá que Cleômenes, depois de fazer o que se poderia chamar de abordagem ortodoxa em direção a Argos, vindo do sudoeste em direção ao Rio Erasino, de repente deu meia-volta, cruzou o Golfo Argólico de oeste a leste e fez sua aproximação pelo sudeste (VI 76). Por quê? E por que depois ele é encontrado no *Heraion* argivo, seu grande Templo de Hera, a cerca de oito quilômetros ao norte de Argos? — e, por sinal, cometendo um ato caracteristicamente brutal, mandando açoitar o sacerdote por se opor a que ele, Cleômenes, conduzisse os sacrifícios (VI 81). A explicação desses episódios vem de passagens posteriores em Heródoto e da grande inscrição conhecida como a "Coluna das Serpentes", que registra as vitórias dos gregos sobre os persas em 480-79.[13] Dois vizinhos de Argos que outrora foram muito importantes, a saber, Micenas e Tirinto, tinham sido conquistados e tomados por Argos; mas Cleômenes deve tê-los reconstituído como cidades independentes, pois eles enviaram contingentes para o exército grego que lutou contra os persas em Plateia em 479, enquanto Argos, é claro, ficou parada

13 Heródoto IX 28.4; 31.3; cf. VI 83; *Coluna da Serpentes*: M/L 27 = Fornara 59, dobra 6–7; e ver Pausânias. V 23.2.

sem fazer nada e era suspeita de querer ajudar os persas (p. 555 com n. 12 acima). Daí, certamente, a travessia do Golfo Argólico, que traria Cleômenes e seu exército para as imediações de Tirinto; Sepeia fica perto de Tirinto; e o *Heraion* argivo fica perto de Micenas. Assim, Cleômenes não só destruiu praticamente todo o exército hoplita argivo, como também estabeleceu dois Estados independentes em suas fronteiras — um, Tirinto, entre ela e o melhor porto do Golfo Argólico, em Náuplia (um porto importante hoje em dia), o que tornaria muito mais difícil para ela receber uma força persa desembarcando no Golfo. Tudo isso eliminaria efetivamente Argos como potência militar por um longo tempo; e sugiro que foi uma política muito melhor, do ponto de vista de Esparta, do que simplesmente forçar os argivos a se submeterem a Esparta (o que eles nunca fariam de bom grado), ou transformá-los em hilotas, o que me parece fora de questão — Esparta já tinha problemas suficientes mantendo sob controle os hilotas da Lacônia e especialmente da Messênia.

Agora, quero enfatizar duas características das ações de Cleômenes ao tomar os reféns de Egina, que já mencionei anteriormente (pp. 548-549 com n. 5 acima). Primeiro, ele estava em inimizade com seu co-rei Demarato há cerca de quinze anos, desde o grande fiasco de *c.* 506; mas foi só agora que ele tomou medidas extraordinárias para removê-lo — medidas que, se descobertas (como foram), certamente levariam à sua própria ruína e possivelmente à sua execução, pois os espartanos acreditavam profundamente no Oráculo de Delfos, sendo obrigados a considerar a sua adulteração como um crime capital. E que benefício Cleômenes obteve pessoalmente de todo o episódio? Ele conseguiu os reféns de Egina. Mas aqui chego ao meu segundo ponto. O que prova conclusivamente, na minha opinião, que ele não estava apenas cuidando dos próprios interesses aqui, mas agindo de maneira puramente abnegada e patriótica, para o benefício de Esparta, é o fato de que quando ele conseguiu os reféns, não os levou de volta para Esparta, antes os entregou a Atenas, colocando-os assim inteiramente fora de seu próprio controle — certamente porque percebeu que se a verdade sobre sua manipulação do Oráculo viesse à tona, os reféns provavelmente seriam devolvidos; e ele estava determinado a impedir isso. (Na verdade, houve grandes problemas mais tarde, porque os atenienses se recusaram a devolver os reféns mesmo depois que os persas retornaram para casa em 490: ver VI 85-6).

E quanto ao episódio final da vida de Cleômenes?, você perguntará. O que ele estava fazendo, unindo os arcádios contra Esparta (pp. 550-551 acima)? Bem, isso foi o que os espartanos disseram a Heródoto. Mas o que a maioria das pessoas ignora é o fato significativo de que as pessoas com quem Cleômenes está lidando aqui são οἱ Ἀρκάδες, os arcádios. Esse fato é significativo porque Esparta sempre se recusou a ter qualquer relação com uma Arcádia unida. Seguindo o princípio de *divide et impera*, ela só lidava com as cidades arcádias individualmente: Tegea, Mantineia e as demais. Foi apenas quando Esparta estava em seu momento mais crítico, após sua desastrosa derrota para Tebas em Leuctra em 371, que uma Liga Arcádia (chamando-se οἱ Ἀρκάδες) foi formalmente organizada — e mesmo assim isso dificilmente teria acontecido sem a ajuda dos tebanos, que invadiram o Peloponeso com força em 370-69 sob Epaminondas. O próprio fato de que Cleômenes, em 490, está lidando com οἱ Ἀρκάδες é altamente significativo — especialmente porque sabemos, principalmente por algumas evidências numismáticas,[14] que nessa mesma época havia um movimento real na Arcádia em direção à união em uma Liga — um movimento que, é claro, como eu disse, não se concretizou até 369, após o colapso do poder espartano. Agora, coloque-se na posição de um espartano altamente inteligente no final da década de 490. Sabe-se que o rei persa Dario está organizando uma expedição contra Atenas e Erétria, as duas cidades da Grécia Antiga que haviam dado assistência aos jônios em sua revolta contra a Pérsia em 499 e nos anos seguintes. E é pouco provável (já que anteriormente ele havia reduzido praticamente toda a costa do Mar Egeu setentrional) que Dario se contentará apenas em punir Erétria e Atenas. Agora, os arcádios querem

14 W.P.Wallace, 'Kleomenes, Marathon, the Helots, and Arkadia', *JHS* 74 (1954) 32–5; ver esp. Heródoto VI 74.1. [Mas ver o Posfácio, p. 563 abaixo].

unidade política: eles querem ser οἱ Ἀρκάδες. E eles são seus principais aliados. Se a Pérsia subjugar Atenas e depois se mover contra o Peloponeso, a lealdade dos arcádios será vital. Por que não dar a eles o que querem, mesmo que isso envolva um grau muito maior de independência do que têm atualmente? Nesta altura Cleômenes era um homem no exílio: ele não podia exigir nada dos arcádios. Se eles estavam sendo solicitados, como οἱ Ἀρκάδες, a realizar um grande juramento de segui-lo para onde quer que ele os conduzisse, então ele deve ter prometido lhes dar o que queriam: que Esparta, quando ele fosse rei novamente, reconheceria οἱ Ἀρκάδες como um povo unido. E ele pode muito bem ter dito a eles: "Claro, vocês podem ter que me ajudar, na verdade, a me tornar tirano para conseguir isso"!

Cleômenes *pode* até ter feito promessas aos hilotas. Há uma tradição (uma tradição bastante tardia, encontrada pela primeira vez em Platão) de que foi uma revolta dos hilotas em 490 que fez os espartanos chegarem atrasados a Maratona após o fim da batalha (veja o artigo de Wallace, citado na n. 14). Há também algumas possíveis evidências epigráficas e algumas fontes numismáticas de Zancle--Messana (veja Wallace novamente). Nunca fui capaz de me decidir sobre isso: sobre a existência da revolta, estou 50 a 50. Mas, novamente, um espartano inteligente poderia muito bem perceber que se a Pérsia se movesse contra o Peloponeso, os hilotas provavelmente se sublevariam; e para evitar isso, ele poderia estar disposto a lhes dar esperanças de alguma melhoria em sua situação. Um pouco mais tarde, Pausânias, o vencedor de Plateia, diz Tucídides (I 132.4), prometeu aos hilotas liberdade e cidadania se eles o ajudassem a alcançar seus objetivos — que, é claro, de acordo com as informações disponíveis para Tucídides (verdadeiras ou falsas), eram revolucionários e sem dúvida incluíam ajudar a tornar Pausânias um tirano. Se Cleômenes agiu de maneira semelhante, então, quando ele morreu em circunstâncias misteriosas em Esparta, os hilotas poderiam facilmente ter se revoltado. Eu deixaria isso em aberto. Mas minha própria crença, é claro, é que os espartanos atraíram Cleômenes de volta a Esparta e então simplesmente o assassinaram.

Percebo que deixei várias pontas soltas, em particular por que Cleômenes, quando fugiu de Esparta em 490, foi primeiro para a Tessália. Não conheço absolutamente nenhuma evidência relevante e não quero meramente especular; mas certamente é muito provável que tenha tido algo a ver com a questão da Pérsia. Os tessálios estavam profundamente divididos aqui: os Alévidas de Larissa passaram completamente para o lado persa, mas outras famílias aristocráticas queriam resistir em 480.[15] Talvez eu deva mencionar que alguns inferiram uma aliança entre Esparta e os tessálios ou alguns tessálios, a partir da *Décima Pítica* de Píndaro, de 498, que começa com as palavras, ὀλβία Λακεδαίμων, μάκαιρα Θεσσαλία ["Lacedemônia é rica, Tessália abençoada"].[16] Mas não vejo nenhuma certeza de qualquer tipo aqui.

O único outro assunto que me sinto obrigado a mencionar é a famosa resposta de Cleômenes à sacerdotisa ateniense que o proibiu de entrar no santuário de Atena com base no fato de que ele era dório. Heródoto diz que ele respondeu: ὦ γύναι, ἀλλ' οὐ Δωριεύς εἰμι ἀλλ' Ἀχαιός ("Senhora, não sou dório, mas aqueu") [V 72.3] — e aqui podemos lembrar que o irmão mais novo de Cleômenes tinha sido de fato chamado de Dorieu! Tudo o que eu diria aqui é que, para mim, Cleômenes está na linha de sucessão que remonta a meados do século VI (talvez a Quílon), que reivindicava para Esparta uma hegemonia que remontava não apenas ao retorno dos Heráclidas após a Guerra de Troia, mas ao próprio Agamêmnon, o aqueu. Essa atitude, nova em meados do século VI, estava associada à captura dos ossos de Orestes por Esparta (e mais tarde de seu filho Tisâmeno), fazendo do próprio Agamêmnon rei de Esparta e localizando seu túmulo na Amiclas espartana. Essa política recebeu apoio de Delfos e dos poetas Estesícoro e Píndaro, tendo sido um grande sucesso.[17]

15 [A evidência é discutida por H.D.Westlake, "The Medism of Thessaly", *JHS* 56 (1936) 12–24 e (brevemente) em A.R.Burn, *Persia and the Greeks* (London 1962), 269, 341].

16 [Por exemplo, C.M.Bowra, *Pindar* (Oxford, 1964), 104–5].

17 Eu [discuti isso e forneci referências à literatura moderna] em *OPW* 96-7. [A principal fonte é Heródoto I 65-8; cf. Pausânisas VII 1.8. Para os poetas, veja Este-

Penso que já disse o suficiente sobre Cleômenes. Suas grandes realizações foram menosprezadas por seus muitos inimigos; sua inegável implacabilidade foi muito enfatizada; e seus motivos patrióticos foram completamente obscurecidos. Ele está longe de ser uma figura atraente. Ele me parece, contudo, ser o único espartano do período histórico, antes de Lisandro (ou talvez Arquidamo), que tem uma apelo substancial à grandeza.

POSFÁCIO DOS ORGANIZADORES

Os leitores interessados em Heródoto podem agora consultar os comentários sobre livros individuais publicados pela Fondazione Lorenzo Valla. A maior parte do que ele nos conta sobre Cleômenes encontra-se nos livros V e VI, editados nesta série por Giuseppe Nenci, com generosas bibliografias. Existe uma tradução para o inglês destes volumes.

A visão mais influente sobre Cleômenes nos anos 1970 provavelmente era a do colega mais jovem e amigo de Ste.Croix, George Forrest. Forrest (*HS* 80-94) via Cleômenes como um intrometido e um fracassado que debilitou o poder de Esparta, uma visão fortemente contestada por Ste.Croix.

Os três tratamentos subsequentes mais importantes sobre Cleômenes são os de Carlier, Cartledge e Cawkwell. Pierre Carlier concentra-se na questão de quem era responsável pela iniciação e condução da política externa durante este período — um tema restrito, poder-se-ia pensar, mas que leva a uma discussão abrangente. Paul Cartledge fornece o melhor relato de seu reinado, sucinto, porém nuançado e contendo muitos detalhes. George Cawkwell defende um Cleômenes que acreditava que Esparta deveria ser a líder (*hēgemōn*) dos gregos continentais contra a ameaça persa. Seus oponentes, cujo relato distorcido levou Heródoto ao erro, temiam que sua política eventualmente corrompesse os valores espartanos.

---

sícoro, fr. 39 *PMG* (= escoliasta sobre Eurípides, *Orestes* 46) e Píndaro, *Pítica* XI 16, 31-2, *Nemeia* XI 33-4].

Frustrado em Esparta, no final de sua vida ele estava buscando apoio na Arcádia e na Tessália. Discussão adicional em Thommen, 85-98; nós não conseguimos ver a dissertação de Klein.

O provocador artigo de Alan Griffiths difere da corrente principal ao partir "não de considerações históricas, mas literárias". Ele caracteriza muito do que Heródoto nos conta sobre Cleômenes como folclore, "histórias flutuantes do tipo malicioso anti-tirano"; em particular, ele encontra elementos surpreendentemente semelhantes em seus contos sobre Cambises.

O "estudo etnopsicanalítico" de Georges Devereux sobre o rei, já sinalizado em Forrest, foi montado postumamente a partir de suas notas. Fortemente freudiano e em grande parte acrítico, diagnostica esquizofrenia (mas veja Cawkwell, "Cleomenes", 508-9). Gostaríamos de ter ouvido os comentários de Ste.Croix sobre isso.

Houve numerosos estudos sobre problemas específicos.

A maioria dos estudiosos, como Ste.Croix (n. 8), é cética quanto ao valor da lista de Talassocracia: veja, por exemplo, Jeffery, *AG* 252-4.

Atenas: A palestra inaugural de Robert Parker, *Cleomenes on the Acropolis* (Oxford, 1998), é uma série de variações sobre o tema do confronto de Cleômenes com a sacerdotisa de Atena (Heródoto V. 72).

Estudos recentes sobre ***Egina*** (para bibliografia, veja a Nota Final do cap. 10) e de ***Argos*** (bibliografia em Cartledge *SL* 159 = 2ª ed. 137) não lançaram nenhuma nova luz sobre as atividades de Cleômenes. Hendriks 42-57 (notas em 189-97), no entanto, argumentou a favor de datar a batalha de Sepeia em 494.

As últimas etapas da carreira do intrigante rei permanecem controversas. ***Tessália***: muitos aceitariam a emenda de Daphne Heward de *Tessália* no relato de Heródoto para *Selásia*, o que fornece um itinerário mais racional e alivia a compressão cronológica. Ste.Croix, ao que parece, não estava convencido.

Arcádia: T.H.Nielsen apresentou argumentos poderosos contra a influente hipótese numismática de Wallace (n. 14 na p. 558 acima). Ele aceita a visão de Kraay (*ACGC* 95-8) de que a cunhagem ARKADIKON à qual Ste.Croix se refere na p. 435 pode ter começado, não em 490, mas dez ou quinze anos depois, e acredita que pode ter sido emitida para um festival, não uma confederação. Como diz Ste.Croix, se houve "um movimento na Arcádia em direção à união em uma liga" em c. 490 "não chegou a frutificar até 369".

Não há acordo sobre se houve ou não uma ***revolta dos hilotas*** em 490. A inscrição relevante, agora M/L 22 (= Fornara 38), não menciona os messênios, e Lionel Pearson (PMA n. 56 nas pp. 421-2; cf. 401) sugere que os informantes de Pausânias estavam enganados ao conectá-la a eles: veja Ducat, 142-4. Uma data do século VII para esta inscrição foi recentemente defendida por Dillon; objeções a ela estão registradas em *SEG* 45 (1995) no. 406. Cawkwell ("Cleômenes", 511-12) acredita que houve uma revolta, mas a dissocia de Cleômenes.

A morte de Cleômenes foi discutida por Harvey, mas "a especulação é aqui infrutífera" (Cawkwell, 'Cleomenes', 508 n. 6). As especulações de Devereux (suicídio) devem agora ser adicionadas aos diversos estudos listados por Harvey 253 n. 1.

Carlier, P., "La vie politique à Sparte sous le règne de Cléomène Ier: essai d'interprétation", in *Ktema* 2 (1977) 65–84.

Cartledge, P. A., SL = *Sparta and Lakonia: A Regional History 1300–362BC* (1979), 143–54 (bibliography 159; and see index, p. 396); 2nd edn. (2002), 123–33 (bibliography 135–7; index 345; addenda 315–17).

Cawkwell, G. L., "Cleomenes", in *Mnemosyne* 46 (1993) 506–27.

Devereux, G. (ed. J.Chemouni), *Cléomène le roi fou* (1995).

Dillon, M. P. J., "The Lacedaimonian Dedication to Olympian Zeus: the Date of Meiggs & Lewis 22 (*SEG* 11, 1203A)", in *ZPE* 107 (1995) 60–8.

Ducat, J., *Les Hilotes* (= *BCH* supplement 20) (1990).

Forrest, W. G., HS = *A History of Sparta 950–192 BC* (1968; 2nd edn. 1980).

Griffiths, A., "Was Cleomenes Mad?" in A.Powell (ed.) *Classical Sparta: Techniques behind her Success* (1989), 51–78.

Harvey, F. D., "Leonidas the Regicide?", in *Arktouros: Hellenic Studies presented to Bernard M.W.Knox*, ed. G.W.Bowersock, W.Burkert & M.C.J.Putnam (1979), 253–60.

Hendriks, J. H. M., *De interpolitieke en internationale Betrekkingen van Argos in de Vijfde Eeuw v. Chr.* (Groningen, 1982).

Hereward, D., "Herodotus vi.74", in *CQ* n.s.1 (1951) 146.

Jeffery, L. H., *Archaic Greece: The City-States c.700–500 BC* (1976), 252–4

.Klein, S. C., *Cleomenes: A Study in Early Spartan Imperialism* (diss. Kansas, 1973).

Kraay, C. M., *ACGC = Archaic and Classical Greek Coins* (1976), 95–8.

Nenci, G. (ed.), *Erodoto: Le Storie libro V* (Milan, 1994); *libro VI* (1998).

Nielsen, T. H., "Was There an Arkadian Confederacy in the Fifth Century BC?" in *More Studies in the Ancient Greek Polis* (= *Historia Einzelschrift* 108), ed. M.H.Hansen & K.Raaflaub (1996), 39–61.

Parker, R., *Cleômenes on the Acropolis* (inaugural lecture, Oxford 1998).

Pearson, L., PMA = "The Pseudo-History of Messenia and its Authors", in *Historia* 11 (1962) 397–426.

Thommen, L., *Lakedaimonion Politeia: die Entstehung der spartanischen Verfassung* (= *Historia Einzelschrift* 103) (1995).

Abreviações e Bibliografia

Abreviações não listadas aqui podem ser encontradas em *Oxford Classical Dictionary*[3] (1996), pp. xxix–liv.

ASI (Ehrenberg) = *Ancient Society and Institutions. Studies Presented to Victor Ehrenberg on his 75th Birthday*, ed. E. Badian (1966)

ATL = B. D. Meritt, H. T. Wade-Gery and M. F. McGregor, *The Athenian Tribute Lists*, 4 vols.: I (1939), II (1949), III (1950), IV (1953)

CAH = *Cambridge Ancient History*. References are to the first edition (1923–39) unless otherwise stated.

Crux = *Crux. Essays presented to G. E. M. de Ste. Croix on his 75th Birthday*, ed. P. Cartledge and F. D. Harvey (1985)

DAA = *Dedications from the Athenian Acropolis*, ed. A. E. Raubitschek, colab. L. H. Jeffery (1949)

FD = *Fouilles de Delphes*

FGrH = F. Jacoby, *Die Fragmente der griechischen Historiker*, I and II (1923–30 and repr., containing the fragments of historians numbered 1–261), III (1940–58 and repr., containing the fragments of historians numbered 262–856).

FGrH III b (Suppl.) i [Text] and ii [Notes, etc.] (1954) contains the Commentary (in English) on the fragments of the Atthidographers, nos. 323a–334 in vol. III B (1950). These two volumes are abbreviated as Jac., i and ii. Distinguish FGrH III b (2 vols., Text and Noten, 1955), which contains the Commentary (in German) on the fragments of the remaining historians in vol. III B: nos. 297–322 and 335–607.

FHG = *Fragmenta Historicorum Graecorum*, 5 vols. (1841–72)

FIRA[2] = *Fontes Iuris Romani Antejustiniani*, 3 vols., 2nd edn., ed.
S. Riccobono etc. (1940–3)

Fornara = C. W. Fornara, *Archaic Times to the End of the Peloponnesian*

War. Translated Documents of Greece and Rome, vol. I (1983)
IC = *Inscriptiones Creticae*, ed. M. Guarducci, 4 vols. (1935–50)
Jac. i, ii = ver FGrH
K/A = R. Kassel and C. Austin, *Poetae Comici Graeci* (1983–)
L/P = E. Lobel and D. Page, *Poetarum Lesbiorum Fragmenta* (1955)
M/L = R. Meiggs and D. M. Lewis, *A Selection of Greek Historical Inscriptions to the End of the Fifth Century B.C.* (1969)
PMG = Poetae Melici Graeci, ed. D. Page (1962)
SGDI = *Sammlung der griechischen Dialekt-Inschriften*, ed. H. Collitz etc. (1884–1915)
Tod I & II² = M. N. Tod, *A Selection of Greek Historical Inscriptions*, 2 vols. (1933–47)

Andrewes, A., *GT* = *The Greek Tyrants* (1956)
____, PP = 'Philochoros on Phratries', in *JHS* 81 (1961) 1–15
Beloch, K. J., BGRW = *Die Bevölkerung der griechisch-römischen Welt* (*Historische Beiträge zur Bevölkerungslehre* I, 1886)
___, *GG* = *Griechische Geschichte* (2nd edn.), I2 i (1924) and ii (1926), II2 i
(1927) and ii (1931), III2 i (1922) and ii (1923)
Bengtson, H., *GG²* = *Griechische Geschichte, von den Anfängen bis in die römische Kaiserzeit* (2nd edn., 1960: 4th edn., 1969)
Bloch, H., SHLFC = 'Studies in Historical Literature of the Fourth Century B.C.', in Athenian Studies presented to W. S. Ferguson, HSCP Suppl. vol. 1 (1940) 303–76
Böckh, A., *SA I³* = *Die Staatshaushaltung der Athener* I (3rd edn., 1886, ed. M. Fränkel)
Bonner, R. J., and Smith, G., *AJHA* = *The Administration of Justice from Homer to Aristotle*, 2 vols., I (1930) and II (1938)
Bradeen, D. W., TCR = 'The Trittyes in Cleisthenes' Reforms', in TAPA 86 (1955) 22–30
Busolt, G., *GG* = *Griechische Geschichte*, I2 (2nd edn., 1893), II2 (2nd edn., 1895)
___(or Busolt-Swoboda), *GS* = *Griechische Staatskunde*, 2 vols, I (1920), and II (1926, ed. H. Swoboda, whose contribution begins at p. 881)

Cadoux, T. J., AAKH = 'The Athenian Archons from Kreon to Hypsichides', in JHS 68 (1948) 70–123
Calderini, A., *O* = l'Ostracismo (1945)
Carcopino, J., *OA*[2] = *L'Ostracisme athénien* (2nd edn., 1935)
Cartledge, P., TPR = ' "Trade and Politics" Revisited: Archaic Greece,' in Garnsey, P. et al., eds., *Trade in the Ancient Economy* (1983)
Cook, R. M., BBKGH = 'Die Bedeutung der bemalten Keramik für den griechischen Handel', in Jahrbuch des deutschen archäologischen Instituts 74 (1959) 114–23
Day, J. H., and Chambers, M. H., *AHAD* = *Aristotle's History of Athenian Democracy* (U. Calif. Pub. Hist. lxxiii, 1962)
Dover, K. J., AO = 'Androtion on Ostracism', in CR 77 . n.s. 13 (1963) 256–7
Ehrenberg, V., *GS* = *The Greek State* (1959)
___, *PA*[2] = *The People of Aristophanes* (2nd edn., 1951)
Eliot, C. W. J., *CDA* = *Coastal Demes of Attica* (1962)
Finley, M. I., AD = 'Athenian Demagogues', in *Past and Present* 21 (1962) 3–24
Forrest, W. G., *EGD* = *The Emergence of Greek Democracy* (1966)
___, *HS* = *A History of Sparta*, 950–192 B.C. (1968)
Freeman, K., *WLS* = *The Work and Life of Solon* (1926)
Fritz, K. von, and Kapp, E., *ACA* = *Aristotle's Constitution of Athens and Related Texts* (1950)
Fuks, A., *AC* = *The Ancestral Constitution* (1953)
Gilbert, G., *CASA* = *The Constitutional Antiquities of Sparta and Athens* (1895: Eng. trans., by E. J. Brooks and T. Nicklin, of *HGS* = *Handbuch der griechischen Staatsalterthümer* I2, 1893)
Glotz, G., *AGW* = *Ancient Greece at Work. An Economic History of Greece from the Homeric Period to the Roman Conquest* (1926: Eng. trans., by M. R. Dobie, of *TGA* = *Le travail dans la Grèce ancienne*, 1920)
___, *GC* = *The Greek City and its Institutions* (1929: Eng. trans., by N. Mallinson, of *La Cité grecque. Le developpement des institutions*, 1920)
Glotz, G., and Cohen, R., *HG* = *Histoire générale: histoire grecque, I. Des origins aux guerres médiques* (4th edn., 1948), II. *La Grèce au Ve siècle* (4th edn., 1948), III. *La Grèce au IVe siècle* (1936, repr. 1941)

Gomme, A. W., *EGHL* = *Essays in Greek History and Literature* (1937)
___, *HCT* = *A Historical Commentary on Thucydides* (1945–56), I (1945, on Book I), II (on Books II–III) and III (on Books IV and V 1–24, 1956)
___, *MEGHL* = *More Essays in Greek History and Literature* (1962)
Grote, G., *HG* = *History of Greece* (new edn. in 10 vols., 1888)
Hammond, N. G. L., *HG* = *A History of Greece to 322 B.C.* (1959)
Hansen, M. H., *AD* = *The Athenian Democracy in the Age of Demosthenes* (1991)
Harding, P., *ATA* = *Androtion and the Atthis* (1994)
Harrison, A. R. W., LMAEFC = 'Law-making at Athens at the End of the Fifth Century B.C.', in *JHS* 75 (1955) 26–35
Hasebroek, J., *TPAG* = *Trade and Politics in Ancient Greece* (1933: Eng. trans., by L. M. Fraser and D. C. Macgregor, of *Staat und Handel im alten Griechenland*, 1928)
Head, B. V., *HN*[2] = *Historia Numorum: A Manual of Greek Numismatics* (2nd edn., 1911)
Headlam, J. W., ELA[2] = *Election by Lot at Athens* (Cambridge Historical Essays, iv, 2nd edn., 1933)
Heichelheim, F. M., *AEH* = *An Ancient Economic History: from the Palaeolithic Age to the Migrations of the Germanic, Slavic and Arabic Nations*, 3 vols. (1958–70: Eng. trans., by J. Stevens, of WA . *Wirtschaftsgeschichte des Altertums: vom paläolithikum bis zur Völkerwanderung der Germanen, Slaven, und Araber*, 1938)
Hignett, C., *HAC* = *A History of the Athenian Constitution to the End of the Fifth Century B.C.* (1952)
Holm, A., *HG* = *History of Greece*, 4 vols. (1894–8)
Hopper, R. J., *BAD* = *The Basis of the Athenian Democracy* (Inaugural Lecture, Sheffield U., 1957)
How, W. W., and Wells, J., *CH* = *A Commentary on Herodotus*, 2 vols. (1912; corrected reprint, with additions, 1936)
Jacoby, F., *A* = *Atthis: The Local Chronicles of Ancient Athens* (1949)
___, *GH* = *Griechische Historiker* (1956), reprinting Jacoby's articles in *RE* on various Greek historians

Jardé, A., *CAG* = *Les céréales dans l'antiquité grecque, I. La production* (*Bibliothèque des écoles françaises d'Athènes et de Rome*, fasc. 130, 1925)

Jeffery, L. H., *LSAG* = *The Local Scripts of Archaic Greece* (1961)

Jones, A. H. M., *AD* = *Athenian Democracy* (1957)

Kahrstedt, U., BGRF = 'Untersuchungen zu athenischen Behörden, IV. Bemerkungen zur Geschichte des Rats der Fünfhundert', in *Klio* 33 (1940) 1–12

___, NLA = 'Untersuchungen zu athenischen Behörden, II. Die Nomotheten und die Legislative in Athen', in *Klio* 31 (1938), 1–32

___, *SSA* = *Studien zum öffentlichen Recht Athens, Teil I. Staatsgebiet und Staatsangehörige in Athen* (1934)

___, *UMA* = *Studien zum öffentlichen Recht Athens, Teil II. Untersuchungen zur Magistratur in Athen* (1936)

Keil, B., SVAVA = *Die solonische Verfassung in Aristoteles Verfassungsgeschichte Athens* (1892)

Kirchner, J., *PA* = *Prosopographia Attica*, 2 vols. (1901, 1903)

Kirsten, 'Review' = E. Kirsten, review of S. Welter, Aigina (1938), and H. Winterscheidt, *Aigina. Eine Untersuchung über seine Gesellschaft and Wirtschaft* (1938), in *Gnomon* 18 (1942) 289–311

Kraay, C. M., *ACGC* = *Archaic and Classical Greek Coins* (1976)

___, HSCOC = 'Hoards, Small Change and the Origins of Coinage', in *JHS* 84 (1964) 76–91

Larsen, J. A. O., *RGGRH* = *Representative Government in Greek and Roman History* (Sather Classical Lectures 28, 1955)

Ledl, A., *SAAV* = *Studien zur älteren athenischen Verfassungsgeschichte* (1914)

Lévêque, P., and Vidal-Naquet, P., *CA* = *Clisthène l'Athénien: essai sur la representation de l'espace et du temps dans la pensée politique grecque de la fin du VIe siècle à la mort de Platon* (1964)

Lewis, D. M., CA = 'Cleisthenes and Attica', in *Historia* 12 (1963) 22–40

Lipsius, J. H., *ARR* = *Das Attische Recht und Rechtsverfahren* (1905–15)

Macan, R. W., *Hdts IV–VI* = *Herodotus: The Fourth, Fifth, and Sixth Books*, 2 vols. (1895)

___, *Hdts VII–IX* = *Herodotus: The Seventh, Eighth, and Ninth Books*, 3 vols. (1908)

Meritt, B. D., *AFD* = *Athenian Financial Documents* (1932)
___, *AY* = *The Athenian Year* (1961)
Meyer, E., *FAG* II = *Forschungen zur alten Geschichte, II. Zur Geschichte des fünften Jahrhunderts v. Chr.* (1899)
___, *GdA* = *Geschichte des Altertums*
Mitchell/Rhodes, *DPAG* = Mitchell, L. G., and Rhodes, P. J., eds., *The Development of the Polis in Archaic Greece* (1997)
Murray, O., *EG* = *Early Greece*² (1993)
Newman, W. L., *PA* = *The Politics of Aristotle*, 4 vols., I & II (1887), III & IV (1902)
Osborne, R., *GM* = *Greece in the Making* (1996)
Osborne/Hornblower, *RFP* = Osborne, R., and Hornblower, S., eds., *Ritual, Finance, Politics* (1994)
Parker, R. C. T., *AR* = *Athenian Religion: A History* (1995)
Raubitschek, A. E., OO = 'The Origin of Ostracism', in *AJArch* 55 (1951) 221–9
___, TO = 'Theophrastus on Ostracism', in *Classica et Mediaevalia* 19 (1958) 73–109
Rhodes, P. J., *AB* = *The Athenian Boule* (1972)
___, *CAAP* = *A Commentary on the Aristotelian Athenaion Politeia* (1981, reissued with addenda 1993)
Roebuck, C., GTGE = 'The Grain Trade Between Greece and Egypt', in *Classical Philology* 45 (1950) 236–47, repr. in his *Economy and Society in the Early Greek World* (1979), 30–41
___, *ITC* = *Ionian Trade and Colonisation* (1959)
___, ON = 'The Organization of Naukratis', in *Classical Philology* 46 (1951) 212–220, repr. in his *Economy and Society in the Early Greek World* (1979), 44–52
Ross, W. D., DAT = 'The Development of Aristotle's Thought', in *PBA* 43 (1957) 63–78
Ruschenbusch, E., PP . 'ΠΑΤΡΙΟΣ ΠΟΛΙΤΕΙΑ', in *Historia* 7 (1958) 398–424
Ste. Croix, G. E. M. de, CAE = 'The Character of the Athenian Empire', in *Historia* 3 (1954/5) 1–41

___, CFT = 'The Constitution of the Five Thousand', in Historia 5 (1956) 1–23

___, *CSAGW* = *The Class Struggle in the Ancient Greek World* (1981)

___, DTAEFC = 'Demosthenes' timema and the Athenian eisphora in the Fourth Century B.C.', in *Classica et Mediaevalia* 14 (1953) 30–70

___, NJAE = 'Notes on Jurisdiction in the Athenian Empire', in *CQ* 55. n.s. 11 (1961) 94–112 (I), 268–80 (II)

___, *OPW* = *The Origins of the Peloponnesian War* (1972)

Sanctis, G. de, A^2 = *Ἀτθίς: Storia della reppublica Ateniese dalle origini alla età di Pericle* (2nd edn., 1912)

Sandys, J. E., ACA^2 = *Aristotle's Constitution of Athens* (2nd edn., 1912)

Seltman, C. T., GC^2 = *Greek Coins: A History of Metallic Currency and Coinage down to the Fall of the Hellenistic Kingdoms* (2nd edn., 1955)

Stier, H., *WAW* I = *Westermanns Atlas zur Weltgeschichte, I. Vorzeit und Altertum* (1956)

Sumner, G. V., AF6 = 'Androtion F6 and Ath. Pol. 22', in *BICS* 11 (1964) 79–86

Thompson, W. E., TTAH = 'Three Thousand Acharnian Hoplites', in *Historia* 13 (1964) 400–13

Ure, P. N., *OT* = *The Origin of Tyranny* (1922)

Usener, H., OWA = 'Organisation der wissenschaftlichen Arbeit', in *Vorträge und Aufsätze* (1907), 67–102

Wade-Gery, H. T., *EGH* = *Essays in Greek History* (1958)

Weil, R., *AH* = *Aristote et l'histoire: essai sur la Politique* (1960)

Welwei, K.-W., *Athen* = *Athen. Vom neolithischen Siedlungsplatz zur archaischen Grosspolis* (1992)

Whitehead, D., *DA* = *The Demes of Attica* (1986)

Wilamowitz-Moellendorff, U. von, *AuA* = *Aristoteles und Athen*, 2 vols. (1893)

Wyse, W., *SI* = *The Speeches of Isaeus* (1904)

Índice

A

Adcock, F. E. 313, 391-2, 395-6
Agostinho 482
agroikoi 129
Alcibíades 192, 276-7, 279
Alcmeônidas (família) 191-2, 194, 212, 214, 222, 260, 262
Alévidas 523, 560
Al-Mina 472, 474, 478-80, 524
Ampúrias 473, 475
Andrewes, A. 185, 245, 247, 426, 515
Androcião 164, 176
  cita as leis de Sólon 420
  como fonte da *Constiuição dos Atenienses* 400-4
  e Aristóteles 256-7, 381-2, 387
  exílio de 375, 400-1
  Filocoro, conexão com 384-7
  pesquisa de 400-1, 403-4
  Politeiai 367-8, 374-97
  sobre *Kolakretai* 382-3
  sobre ostracismo 252-9, 269, 308
Ândron 374, 387, 401
anfictionias 536
Anquimólio 553
Antemião, dedicação de 114-6
Antifonte 45, 364-5, 412
Antigo Testamento 174, 180
Antípatro 103-4, 347
Apodektai 382
Apolodoro 41
aqueu 560
Arábia, serpentes voadoras da 551
Arcádia 504, 550
  Liga Arcadiana? 558-9
arcontes e arcontado 37, 39, 96, 191, 214, 308-10
  basileu 95
  elegibilidade 293
  em Aristóteles 295, 306
  epônimo 95-6, 130, 151, 157, 191-2, 297-8, 301, 305, 309
  Iságoras 191, 282-3
  lista de 421, 428
  monopólio Eupátrida 105-6
  nomeação 139-57, 232, 291-300, 304-7
  qualificação para 37, 61-2
  rebaixamento de 298, 309
  substituição como magistrados supremos por estrategos 291-300, 302-8, 310
Areópago 130-1, 135-7, 201
Argos 277, 288, 318-9, 546-7
  Sepeia, batalha de 546-8, 556-7
Aristágoras 545-7
Aristides, ostracismo 271-4, 278-81
aristocratas, aristocracia 458-9, 470

Aristófanes 45, 52, 59, 108, 314-5, 319-20
Aristofonte 51, 320, 322, 334
Aristogíton 543-4
Aristóteles 36, 122, 124-5, 302, 318, 343, 423-4.
  colaboração com pupilos 341-44, 358-9
  como fonte literária para a constituição 197-8, 202
  definição de nobreza 200, 201
  deixa Atenas 347, 348
  e arquivos/documentos 399-422
  e Atidógrafos 379-404
  e *Axones* 421
  e Heródoto 358
  erros em 420, 421
  Ética a Nicômaco 352-4
  Hektemoroi em 164, 169-171, 177-80, 182
  obras, conflitos entre 155-7
  pesquisa de 353-5, 358-61, 368-9, 397-9, 402, 404-21
  Politeiai 341, 352-6, 360-1, 398, 424-5
  Retórica 293, 352-4, 358
  sobre as leis de Sólon 125-6, 408, 409-10, 414-15, 420-1
  sobre axones 416-7
  sobre cidadania 233, 235-6, 328
  sobre Clístenes 187-8, 191, 250
  sobre comércio externo 461
  sobre *demoi* 227
  sobre dívidas 164, 175-7
  sobre *Hippeis* 60
  sobre leis e constituições 352-4, 359-61
  sobre metrologia 429-34, 439-41, 445
  sobre o Aerópago 130-1
  sobre o Conselho dos Quatrocentos 131, 136-8
  sobre o *demos* 504
  sobre o sistema de trítias 211, 214, 219
  sobre os *Naukraroi* 209-10
  sobre ostracismo 250-1, 253-4, 256, 264-9, 277-80, 289
  sobre política e estabelecimento de leis 352-4
  sobre reformas tribais 241-5
  sobre *Seisachtheia* 164, 170, 173-6
Arquedice 330, 553, 554
arqueológica, evidência 475, 477-9
Arquias 459, 470
Arquíloco 469
arquivos 372, 399-406
arrendamento de terra 163, 168, 170-1, 176-84
  em Roma 172-3
  e renda/dívida 165-7
  termos 172-3
artaba, artabus 435-6, 454
Artafernes 555
artesãos 465
Asclepíades 418, 419
Aspásia 321
Assembleia 134-5, 201-2, 225, 238
assembleia do *demos* 207
associações de culto, e poder político 201, 221-2, 224
Aston, T. H. 174
atacado/varejo 429, 431-2
Atenas 411, 530
  ágora 453
  arquivos estatais 405-6
  cerâmica 524-5

comerciantes 522-3
cunhagem 510
demos 504
e Pérsia, submissão à 554-5
e Plateias 542-3
famílias políticas 221, 224-6, 282
guerras contra Egina 530
histórias de 371-3, 379-82
política, natureza da 282
"pureza" racial 328, 336
tirania 191, 193-4, 200-3, 217, 229, 235, 238

Ateneu 525
Atidógrafos 36-7, 65-6, 85, 132, 219, 260, 340-1, 371, 373, 376, 378-9, 386, 389-90, 396-7, 399-400, 403-5, 419, 421, 425-7
Austin, M. N. 536, 537
autarkeia (autossuficiência) 461
autoctonia 336
Axones 65, 75, 413, 415-21, 426-8

B

Babilônia 166-7, 474
Badian, E. 308
Baquíadas 469-70
Baquílides 490-2
Barker, E. 345
basileu 143
bastardos 314-6, 321-2, 325-6, 331-3, 335, 337
Beloch, K. J. 88-9, 94, 132, 141-2, 292, 501
e o sistema de trítias 214, 216
sobre ostracismo 259-60

Bengston, H. 141-2
Bengtson, H. 264
Beócia 543-4
Bizâncio 457, 504
Blakeway, A. 468-9, 475
Bloch, H. 255, 354-5
Boardman, J. 466, 536-7
Böckh, A. 65, 98-9
Boegehold, A. L. 336
Bósforo 457
Bourriot, F. 247
Bowden, H. 537
Bradeen, D. W. 200, 212, 216, 228-9
Braun, T. F. R. G. 536-7
Brea, decreto 42
Bresson, A. 537
Britânia romana 436-7
Brown, W. L. 73
Brucker, G. A. 158
Bugh, G. H. 117
Burn, A. R. 263
Bury, J. B. 547
Busolt, G. 40, 94, 141-2, 239, 264, 292, 391, 416

C

Cadoux, T. J. 125
Calcedônia 457
Cálcis (Eubéia) 463, 466, 471, 488, 544
Cálcis (ilha) 457
Calderini, A. 264
Calímaco 216
Calístenes 358
Calixeno 273
camponeses 458
capacidade, como é expressa/estimada 444-52
Carcopino, J. 264
cargos oficiais, qualificações para 37, 39-41, 61-2
cargos políticos, qualificações para 39-43
Carlier, P. 561

Carondas 44
Cartago 462-3, 509
Cartledge, P. A. 561
Carvoran, forte romano (muralha de Adriano) 436
casamento 315-8, 320, 323, 326, 329-33
castigo divino 551
Catânia 471
Cavaignac, E. 152, 318
cavalaria 42, 46-9, 116-7, 303-4, 310
  Hippeis, equivalência com 38, 52-60, 88
cavalo, como símbolo de status 47-48
Cawkwell, G. L. 477, 561
cerâmica 445, 475, 477, 494, 496, 503, 519-20, 524-25
cereais 72, 78, 429, 432-6, 440-4, 468, 471, 473-4, 521-3. Ver também cevada, trigo
cevada 68-77, 79-80, 82, 85, 94, 109-12, 319, 419, 498
Chambers, M. H. 342, 376, 393, 426
choinix 450-1
chous 448
Chrimes, K. M. T. 71-2
cidadãos e cidadania 200-1, 234-5. Ver também leis de cidadania
  antes de 451/0 315
  e a constituição de Clístenes 190, 198-200, 316-7
  fratrias 203, 205-8, 224, 226, 228
  número de 325, 329-30
  qualificações para 189-90, 198, 316-7, 325-30
  reformas constitucionais e 205-8
Cílon 317
Címon 314, 318
  ostracismo de 270-1, 274, 279-81
Cinco Mil 363, 387
Cirene 225, 240, 455-6, 474-5
Ciro 552
citas 550
Cleômenes 136, 236
  detalhes biográficos 542-51
  Dorieu 459
  e Arcádia 550, 558, 559
  e a revolta da Jônia 545-6
  e Argos 546-7
  e Atenas 543-4, 554-5, 562
  e Clístenes, constituição de 544, 554-5
  e Delfos 546-7
  e Demarato, relação com 544, 549, 557
  e Egina 490, 502, 542, 548-50, 557-8
  e Plateias 543
  filha 545, 546
  morte de 550-1, 559, 563
Clidemo 257, 373-4, 376, 380,-1
Clístenes de Atenas 256-60, 379-86, 404-5, 411-3, 544, 554-5
  arconte epônimo 191
  Conselho dos Quinhentos 132, 136-7, 229-33
  constituição 385-6, 410, 544, 554-5
  cronologia 245
  em Aristóteles 187, 191, 250
  em Heródoto 187-95, 239
  e ostracismo 250-3, 265-6, 279-84
  Iságoras, rivalidade com 188, 191
  leis 368, 411-3

sistema de trítias 210-6, 218, 228
tribos 188-9, 213-4
Clístenes de Sícion 189, 247, 317
Clitofonte 197-8, 411
Cloché, P. 264
código de leis ateniense 417
Cohen, R. 69-70, 483, 514
Coleu 497
Collingwood, R. G. 541
colônias, colonização 42-3, 62, 105
comércio, como causa de 459-60, 467-77
devido a demanda por terras 455-8, 477-8
colônias de comércio 467-76
comando militar 142-50
reformas 202
comércio, comerciantes 460-4
atacado, larga escala 484, 486
como causa da colonização 459-60, 467-76
e cunhagem 505-6, 510
exportações 460-4, 466-7, 476
importações 460-4, 466, 470-1
no período clássico 478-9
troca comercial 460, 464, 468, 472
compra e venda 429, 431-2, 439-40
concubinas 333-4
Connor, W. R. 116
conscrição 50-1
Conselho do Povo (Quios) 138
Conselho dos Quatrocentos (Sólon) 131-9, 201, 203
Conselho dos Quinhentos (Clístenes) 132, 136-7, 203, 205, 216, 218, 225, 229-33, 246
Constituição dos Atenienses 36
autoria 339, 341-4, 426-8
data da 347-61
Draco, constituição espúria de 37-8, 42-4, 420
duas partes 402-5
e a *Política* 155-7, 342-3
e Plutarco 379, 390-7
estrategos, eleição de 301-2
estudos sobre 339-41, 367-8, 425
Fié, história de 374
fontes documentais de 368-9, 427
fontes literárias de 367-78, 382-3, 387-97, 425-8
magistrados, seleção de 139-41
pertencimento à classe censitária 39-41
pesquisa para 353-5, 358-61, 397, 399, 402, 404-21
polemarco, instituição do cargo de 143
Quatrocentos, revolução dos 362-6
revisão da 347-61, 427
sobre arcontes 151-3, 291
sobre cavalaria 48
sobre cidadania 234-5, 318, 324-5, 328
sobre clãs, fratrias e sacerdócio 226
sobre Clístenes 187-8, 197-8, 202, 250
sobre dívida 177
sobre eupátridas 129-30
sobre o sistema de trítias 211, 214, 219
sobre ostracismo 250-9, 265-6, 269
sobre Pisistrátidas 318
sobre reformas constitucionais 193, 291-2
sobre *Seisachtheia* 170, 176
sobre sorteio 232, 291-4, 306

telē, qualificações para 63, 67-8, 85, 92-3
Cook, R. M. 473, 476, 496, 507
Córcira 456
Corinto 247, 456, 459, 463-4, 468-9, 471, 509-10, 519
    cunhagem 506
Cornford, F. M. 464
Cosimo de' Medici 158
Crátero 316, 406
Cratino 419
Crawley, R. 241
Creso 552
Creta 303
Crio, filho de Polícrito 549
Crosby, M. 453
Crotone 509
Cumae 472-4, 476
cunhagem 73-5, 94-5, 518, 532-3
    Arcádia 558, 562-3
    Atenas 73-5, 506, 510
    Cartago 509
    Corinto 506, 509, 510
    Egina 502, 505-8, 510, 532-3
    eletro 508
    emissões fracionárias 507-8, 533
    fenícios 509
    "fidônica" 503
    Itália, sul da 509
    origem 532, 533
    origens 506-8
    prata 507
    Sicília 509
    sículo-púnicas 509

D

daktylos 450-1
Damásias 129-30, 152
Dâmia e Auxesia 524
Dámon 279
Dario 548, 553, 558
Day, J. H. (e Chambers, M. H.) 342, 376, 393
decretos atenienses 406
Delfos e oráculo de Delfos 382, 398, 546-7, 549-50, 557, 560
Dêmades 334
demagogos 370
Demarato 544, 549, 551, 557
demarcos 208-10
Demétrio de Falero 83, 126, 334, 362
demiurgos 129
democracia 187
    voto majoritário, introdução 119-22
Demófilo 323, 324
demoi 190, 196, 198-9, 202-3, 205-8, 226-8, 230, 235, 245-7, 337, 383, 385
    registros dos 324, 326, 333
Demônax 240
demos 504
    e poder 134-5
    e votação 119-1
Demóstenes 43-4, 51, 65, 85, 108-9, 154, 320-4, 497, 334-5, 375, 498
De Sanctis, G. 94, 131, 141-2
Develin, R. 161
Devereux, G. 562
diapsēphismos, *-psēphisis* 206, 323
Dídimo 418-9
Diodoro 44, 104, 251, 266, 288
Diógenes Laércio 138
Dionísio de Halicarnasso 199
direitos aduaneiros 462, 464, 523
direitos políticos

e propriedade de terra 237
dívida 164-85
divino, castigo 551
Dorieu 560
dórios 527, 550, 560
dote 44, 58, 65, 95
Dover, K. J. 255, 269
Dow, S. 417
drachma 44, 61, 65, 75-85, 98, 103-4, 111-2, 124, 433, 441, 511-2
Draco 37-8, 42-3, 61, 106, 125, 141, 178, 302, 362-4, 409-10, 419-20, 426
Dracontides 412
Dunbabin, T. J. 468-71, 475
Duncan-Jones, R. P. 454

E

economia 442
Efialtes 270, 291
Éforo 251, 370-1
Egina 464, 557
"aristocracia mercantil" 481-7, 497, 505, 523-4, 526-8, 535
aristocracia/oligarquia 481-4, 488, 523-4, 526-7
atletas 489-90, 549
classe dominante, na poesia 489-91, 493
classe dominante, riqueza da 499-502
classes desprivilegiadas 499-501
colonos atenienses 526
colonos Atenienses 488
cunhagem 73-5, 502, 505-10, 532-4
drachma 511-2
escravos 525-6
eunomia 490
exportação 496
"fábrica" em Náucratis 515
"frota mercante" 485, 493, 529
guerras contra Atenas 530
hoplitas 500-1
"indústria" 494, 496
infertilidade 498, 502
justiça 491-2
medismo 523, 548, 554-7
mercadores 496-8, 503-4
metecos 484-5, 505, 526
padrões de moedas 510, 512-3
padrões de peso 510, 512-3
pirataria 505
proprietários de terra 485, 498
Egito 435, 436
Ehrenberg, V. 142
eisphora 82, 98, 99, 100-2
eleição para o Conselho 139-57, 230-2
de magistrados 205, 293-5, 298
Eliano 250, 318, 319
Eliot, C. W. J. 195-6, 198, 214, 218, 220, 226, 239
emporia 466-8, 472, 473-5
Náucratis 513-6, 518-9, 521
Empórion (Espanha) 473, 475
empréstimos 165-7, 170
com penhor do navio 486
mercantis 486, 526
enguē (promessa de casamento) 314, 323, 332-3
Enusas, ilhas 466, 467
Epaminondas 558
epikleros 44, 58, 65, 95
epimortos 181, 183
Eratóstenes 446
Erétria 456, 463, 466, 548, 550, 558
Eritre 231-2
escorpião 482

escravos e escravidão 49-50, 101, 319, 323, 325, 327
 e dívida 167, 169-70, 173-5, 181
 em Egina 500, 525, 526
 filhos de 331-7
Espanha 473, 475, 496
Esparta 47, 459
 e Samos 552
 Sepeia, batalha de 546-8, 556-7
Ésquines 51, 211, 321-3, 422
Estesícoro 560
Estesímbroto 318
Estêvão de Bizâncio 381
Estrabão 457, 466, 469
 sobre Egina 498, 502-3, 536
estrangeiros 234-5, 314-6, 323, 325, 328-9, 335-6, 485, 487, 492-3, 515, 516, 523
estrategos 42, 190, 213, 300, 303, 305, 308, 310
 com funções especializadas 347-8
 função original de 302
 reeleição 296, 301, 303-7
 substituem arcontes como magistrados supremos 291-310
Etíope de Corinto 469
Euforião 418, 419
eunomia 490
Eusébio 126
Eutócio 446
exílio 280
exportações/importações 460-7, 470

F

Fantoclo 42-3
Fédon 73
fenícios 467, 509
festivais 350, 489, 563
Fidão e cunhagem 502-3
Fié 374
Figueira, T. J. 454, 528, 530
filarcos 42, 190, 213, 303-4, 310
Filocoro 250, 266, 319, 323, 336, 373, 383-7, 396, 426-7
 Clístenes 250
 sobre ostracismo 250, 266
Filodemo 353
Finley, M. I. 507
Foceia 467, 473
Forrest, G. 561
Forrest, W. G. 449
Foxhall, L. 117
fratrias 198-202
 como subdivisão de tribos 230
 e cidadania, admissão para 203, 205-6, 208, 223-4, 228, 235, 315-6, 326, 328
 expulsão de 206
 funções políticas 223-4
 pertencimento a 223, 321
fronteiras 463
frutos 450
Fuks, A. 411-2
Fustel de Coulanges, N. D. 145-6, 185

G

Gaio 173
Gallant, T. W. 185
Gamoroi 469-70
Gardner, P. 523
genē (clãs) 36, 208, 222-4, 227, 246
Gibbon, E. 541
Gilbert, G. 264
Glotz, G. 69-70, 264, 483, 514
gnōrimoi 504
Gomme, A. W. 313, 319, 323-4, 330, 336, 393-4
Gorgo 545-6

Graham, A. J. 477
Gravisca 530
Grayson, C. H. 453
Gregório, o Grande, Papa 435
Griffiths, A. 562
Grote, G. 188, 249, 297
Grundy, G. B. 464
guerras, origens de 463
sobre fronteiras e propriedade de terra 463

H

Hammond, N. G. L. 122, 161, 251, 260, 314
Hands, A. R. 261
Hansen, M. H. 161, 428, 537
Harding, P. 426
Harmódio e Aristogíton 187, 216, 543, 544
Harpocrácio 44-5, 382, 385-6, 402
sobre ostracismo 253-9
Harris, E. M. 185
Harrison, A. R. W. 168, 262
Hasebroek, J. 463-4, 483-4, 515
Haverfield, F. 436-7
Headlam, J. W. 144, 148
Heichelheim, F. M. 78
Heisterbergk, B. 142
Helânico 257, 372-3, 379-80
Helesponto 521, 523
Heliaia 202
Hellenion (Náucratis) 514-6, 518-21, 536-8
Heraion argivo 556-7
herança 315, 320, 332, 458
Hermipo 392
Heródoto 247, 302, 317-8, 496, 503, 521-4, 541, 556
e Aristóteles 358, 369
e castigo divino 551
fonte 546
método 541-2
sobre cidadania 189-90, 234
sobre Cirene 455
sobre Clístenes 187-95, 239
sobre colonização 455-6, 466, 469, 472
sobre eginetas, riqueza dos 501-2
sobre Náucratis 513-5, 517-21, 536-7
sobre Nicodromo 487
sobre o comando ateniense na campanha de Maratona 304
sobre o Conselho dos Quatrocentos 136-8
sobre Sóstrato 496-7
Heron, fórmula de 445-7, 452
Hesíodo 169, 436, 458, 502
Hesíquio 181-2, 511
hetairai 334
Hignett, C. 93-4, 126, 141-2, 153, 314, 339, 380
sobre a *Nomothesia* de Sólon 124-6
sobre Aristóteles 302, 342-3, 351, 376, 383
sobre as reformas constitucionais de Clístenes 197, 203
sobre o Conselho dos Quatrocentos 132
sobre ostracismo 259-61, 284
sobre sorteio 142, 291, 295-6
sobre tirania 287
Hill, G. F. 513
hilotas 501, 537, 555, 557, 559, 563. Ver revolta dos hilotas
Himera 509
Hiparco 59, 251-3, 271-3, 276
hiparcos 42, 47, 61
Hipérbolo, ostracismo de 263, 266, 268, 271, 274, 276-7, 284, 289-90

Hípias da Élida (polímata) 372
Hípias (tirano ateniense) 543-5, 553-4
Hipócrates 273
hipoteca 170, 178
Hippeis 37, 46, 95, 106-7
  Aristóteles sobre 59-60, 63
  cavalaria, equivalência com 38, 52-60, 88
  como quailifações para o cargo 40-1, 293
  e serviço militar 45, 55-8
  Pólux sobre 64-5, 97
  qualificações originais para 84-90, 94
  taxação 98-9, 454, 508
Hippobotai da Cálquida 48
historia (pesquisa) 356, 358
Holm, A. 264
Homero 147-8
hoplitas 38, 45-50, 105, 107-8
  em Egina 500, 501
  reformas 184
  Zeugitai, equivalência com 52-62, 89-90
Hopper, R. J. 238
Horden, P. 531-2
Horoi 170-1, 176-9, 182
Humphreys, S. C. 335

I

importações/exportações 460-7, 473
infantaria montada arcaica 107
inscrição de Henchir Mettich 172
inscrição de Souk el-Khmis 172
introdução do voto majoritário 119-22
Iságoras 188-9, 191, 208, 225, 282-3, 308, 544
isegoria 237
Iseu 39, 102
Isócrates 51, 101-2, 295, 321, 334, 375, 493, 494
  sobre política e estabelecimento de leis 352, 359
  sobre sorteio 153-5
isonomia 237, 544
Itália, sul da 470, 472, 474, 477, 509

J

Jacoby, F. 36, 141-2, 323-4, 396, 398-400
  sobre Androcião 258, 375-8, 382-4, 388-9
  sobre a *Nomothesia* de Sólon 125
  sobre Aristóteles 356, 368, 414, 416-7
  sobre Atenas, história de 371-2
  sobre cidadania 234, 313-4, 319, 328
  sobre Clidemo 373-4, 381
  sobre *Constituição dos Atenienses* 340, 386, 391, 395, 402-5
  sobre Filocoro 383-4, 386
  sobre Heródoto 239
  sobre monopólio eupátrida dos arcontados 105-6
  sobre o Conselho dos Quatrocentos 132
  sobre os arquivos de Estado ateniense 404-5
  sobre ostracismo 251, 255, 258, 263
  sobre sorteio 292-3
Jaeger, W. 344-5, 351, 357, 424-5
Jardé, A. 69, 71, 110
Jeffery, L. H. 114-7, 240
Jogos Ístmicos 124-5

Jogos Olímpicos 125
Jones, A. H. M. 102-4, 108-9, 169
Jônia, revolta da 545-6
justiça 430-1, 444, 491-2

K

Kagan, A. 265
Kagan, D. 257, 533
Kahrstedt, U. 53, 55-7, 141-2, 231, 233, 405
  sobre *telē* 92-3, 112-3
katalogos (registro), hoplita e cavalaria 49-60, 108
Keil, B. 91, 388, 390-7
Keynes, J. M. 506
Kim, H. 533
Kirsten, E. 496
  sobre Egina 483-4, 486-7, 505, 510, 527-8
klērōsis ek prokritōn 139-57, 159-60, 232, 291, 306-7, 366, 420
Knight, D. W. 308
Kolakretai 39, 95, 131, 382-3, 413
Kraay, C. M. 73-4, 507, 508, 512, 533
Kraiker, W. 495
Kroll, J. H. 532-3
Kyrbeis 408, 416-7, 419, 426

L

Lade 546
Lâmpis 497, 526
Lâmpon 490-3
Lâmpsaco 553
Landtman, G. 167
Lang, M. 445-51, 453-54
Larissa 560
Latte, K. 319
Lécrivain, C. 142
Ledl, A. 141-2, 392
leis de cidadania
  Aristofonte 322
  Demófilo, decreto de 323-4
  do século IV 323
  e Nicomenes, lei de 320, 322
  final do século V 320-1
  Péricles 313-4, 317, 319-22, 325, 328-34
  propósito de 325-35
Lelantina, guerra 466
Lemnos 43
Leônidas 546
Leontini 470-1
Leotíquidas 549
Lesbos 105
Leuctra 558
Lévêque, P. 187
Lewis, D. M. 195-6, 221, 239
  e o sistema de trítias 211, 215, 220-1, 227
Libânio 323, 324
Lídia 552
Liga de Delos 274, 278
Liga do Peloponeso 548
Lígdamis de Naxos 552
Lindos 517
Lisandro 488, 494
Lísias 44, 412
Locri 470
Lolling, H. 239
lucro 80, 460-7
Luria, S. 43
luxos/necessidades 460-2

M

Macan, R. W. 525
Macedônia 548, 553
magistrados 202, 213
  eleição de 139-47, 231, 282, 362, 366
  pertencimento a classe e 40

maniqueístas 482
Mantineia 558
Maratona, campanha de 304, 309, 487, 500, 550, 559
Marcelino 318
Massália 473
Mathieu, G. 343, 351
Meândrio 542, 552
medidas imprecisas/fraudulentas 435-6, 441-2, 453
medimnos 68-70, 72-73, 76-79, 81, 83-4, 86, 94, 109, 111-2, 180, 319, 433, 441-2, 446-7
Megabazo 457, 553
Mégacles 271
Mégara (Grécia central) 277, 288, 457, 463
Mégara (Sicília) 488
Melesias 489
Mendelsohn, I 166
Mênon 273, 279
mercadores 460-5, 481, 496-8, 503-4
mercenários 508
Meritt, B. D. 347, 348
Messana 477, 559
Messênia 459, 557, 563
Messina 477
metais 457, 461, 464, 474, 496, 553
métayage 172, 179
metecos 90, 101-2, 324, 329-30, 522
  em Egina 484,-5, 487, 505, 526
metrētēs 68-73, 79, 94, 109, 445-7
metrologia 387, 388
  Aristóteles sobre 429-34, 439-40, 445
  capacidade, medidas de 445-52
  cereal ateniense 440-1
  em Aristóteles 441
  oficial 430-2, 434-6, 439-40, 442-3, 452
  para cereais e vinho 429-35
  pesos 453
  variações em 433-7, 439-42, 454
Metrôn 405-6
metronomoi 434-5, 438, 453
mētroxenoi 315-6, 319, 322
Meyer, E. 35, 78, 91, 141-2, 391, 497
Micenas 556-7
Mileto 277, 288, 463, 514, 520, 523, 536, 545-7
Miltíades 305, 318
Mirmidões 502
Mnesitides 291
modernista/primitivista 481-2, 514
modius 435, 436
moedas. Ver cunhagem
Möller, A. 528, 538
mortē 181, 183
Müller-Strübing, H. 297
multas 508

N

naucrarias/*Naukraroi* 209-10, 225, 230, 383, 402, 413, 420
Náucratis 472, 478, 508, 535-8
  administração 514-20
  arqueologia 535-8
  assentamento de 513-6, 536-7
  cerâmica 519-20
  cidadãos 515-6
  como colônia de comércio 472-3
  como polis 516-8, 535-7
  como porto de comércio 538
  data de assentamento 519-20, 537
  e Egina 513-521, 535-8

e faraós 536, 538
e Mileto 536
emporion 514-6, 518
e o Leste da Grécia 535
e Rodes 537
"fábrica" 515
Hellenion 514-6, 518-21, 536-8
magistrados 516
moedas 518
prostatai tou emporiou 514-20, 536
proxenoi 517-8, 537
residentes/comerciantes 537
santuários em 514-6, 519-21
nauklēros 497, 526
navios 491, 502, 529
de guerra 491, 532
Naxos (ilha) 488, 552
Naxos (Sicília) 509
necessidades/luxos 460-2
Neemias 174, 180
Nícias 276-7
Nicodromo 487-9
Nicomenes 320, 322, 328
Nissen, H. 348
nomoi e *politeiai* 360,-2
de Sólon 368, 408-16
numerais 448

O

Ogden, D. 336
oikistēs 475
Ordem Eupátrida 36
Orestes 560
Osborne, R. 336
ostracismo 307-8, 386
abuso de 281-2, 286-90
Alcibíades e 192, 276-7, 279
Androcião sobre 251-59, 269, 402
Aristides 271, 273, 278, 280-1
Clístenes e 250-3, 255-9
estatísticas 307-
Filocoro 250, 266
Harpocrácio sobre 253-
Hiparco e 252-8
introdução, data de 250-9
salvaguardas 281-2, 284, 286
virtudes de 283
vítimas de 252-3, 263-4, 269-81, 283-4, 288-9
votação preliminar 284, 286
ostracophoria 259-60, 263, 271, 276, 277, 279, 281-2, 284-6
ouro 553

P

Pangeu 553-4
pan-helênicos, festivais 489
Pantaleão 435, 454
parentesco 199
Partheniai 459
partidos políticos, não existência de 282
Pasião 101-2
patrioi nomoi 411
Patterson, C. 335
Pausânias (periegeta) 563
Pausânias (regente) 494, 559
Paz do Rei 43
Peloponeso 513, 522
Pentakosiomedimnoi 37-9, 58, 94-6, 293
Aristóteles sobre 63, 67
e serviço militar 45, 55-6, 58
Pólux sobre 64-5, 97
qualificações originais para 67-84, 94-5
taxação 98-9

Péricles 279, 321, 334, 462
e leis de cidadania 313-4, 317, 319-22, 325, 328-34, 411
filho de 321
Pérsia, Guerras Pérsicas, medismo 275-6, 286-8, 290, 293, 299, 317, 375, 500, 512, 523-4, 546-50, 552-3
petalismo 277, 288-9
phylobasileis 209
Píndaro 116-7, 489-93, 502, 525, 527, 529, 560
pirataria 505
Pireu 472, 505, 548
Pisistrátidas (família) 99, 138, 191, 193, 200, 206, 216, 220, 251, 262, 283, 286, 328, 336, 554
Pisístrato 138, 200, 216, 318, 319, 553
Pitecussa 473, 478
pithos (jarra) 445-51
Pítias 537
Platão
Leis 42, 61, 82, 146-7, 356, 477
República 61, 293, 461
sobre colonização 477
sobre comércio 461-2
Plateias 500-1, 543
Plínio 172, 457
Plistarco 546
Plutarco 63, 176-7, 220, 264, 289, 296, 321
e Androcião 392-7
Hektemoroi em 176, 179
Lelantina, guerra 466
métodos 393-4, 428
sobre Androcião 375
sobre Clístenes 187
sobre Córcira 456
sobre *demoi*, nomes de 227
sobre dívida 165, 170, 176-7
sobre Lâmpis 497
sobre *medimnos* 75-7
sobre o Conselho dos Quatrocentos 131, 133
sobre *Seisachtheia* 165, 170, 176
polemarco 95-6, 142-6, 297-9, 304-5, 308, 310
designação por sorteio 150-2, 306
Heródoto sobre 304
status de 310
Poletai 39
Políbio 457
Polícrates 552
politeiai. Ver *nomoi* e *politeiai*
Política (Aristóteles) 104, 143, 225, 233, 235, 293, 295, 319, 325-6
data da 344-7, 354-5, 422
leis de Sólon 408-9
Quatrocentos, revolução dos 363-5
seções da 344-7
sobre mudança de constituição 112-3
sobre ostracismo 266-9, 280
sobre *timēmata* 112-3
Pólux 220, 511-2
sobre proprietários camponeses 181-2
sobre taxação 97-101
sobre *telē*, qualificações para 64-5, 97
porto de comércio 538
Posideu 472
Posidipo 44
prata 74, 460, 507
preços 109-10
pressão populacional 471, 477
estatística 501, 525-6, 531-2

primitivista/modernista 481-2
Prinz, H. 514-5
prítanes, pritania 217, 233
procedimentos de votação 119-22, 160-1
Pronapes 40-1, 103
proprietários camponeses 168-71, 178-9, 181-3
prostatai tou emporiou 514-20, 536
prostitutas 333-34
proxenia 201, 517, 518
Psamético 319
Pseudo-Xenofonte (Velho Oligarca) 461
Purcell, N. 531

Q

quadrirremes 348-50, 424
Quatrocentos, revolução dos 362-66, 370, 387
Quílon 542, 560
Quios 138, 448-50, 466-7, 504

R

Raubitschek, A. E. 122, 251, 257, 261
registros dos *demoi* 323-6, 333
Regium 459, 477
renda 77-83, 165-7
representação proporcional 230
revolta dos Helotas *c.* 490 (?) 559, 563
Rhodes, P. J. 117, 426-8
Rihll, T. E. 185
rivalidade comercial 464
Robinson, E. S. G. 74, 512
Rodes (ilha) 517, 537
Roebuck, C. 515
Rosivach, V. 116
Ross, W. D. 345, 346, 357
rota do cereal 473, 522, 523
Roussel, D. 247
Ruschenbusch, E. 335, 380, 410, 411

S

sacerdócios 221-2, 226
Salamina 490
salários 81, 508
saldo comercial 460
Samos 463, 514, 520, 542, 552
Sandys, J. E. 241, 340, 343
Sardes 555
Schevill, F. 158
Schömann, G. F. 144, 297
Schwahn, W. 314
Seisachtheia 163-4, 170, 381, 387
em Aristóteles 164, 170, 173-4, 176-7
no *Sólon* de Plutarco 165, 170-2, 176
sēkōma 434, 449-52
Selásia 556, 562
Seleuco 418-9
Selinunte 470, 509
Seltman, C. T. 515
Sepeia, batalha de 546-8, 556-7
serpentes voadoras 551
serviço militar 39, 44-6, 52-7, 87
serviço naval 39, 45, 49, 50-1, 54
sextarius 435-7
Síbaris 473, 509
Sicília 464, 467, 469-70, 474, 477, 509
sículos 467, 470-1, 474
Siewert, P. 246
Sifnos 494
simórias 99, 347, 373-4
Simplício 343
Siracusa 277, 288-9, 459, 468-71, 474, 476, 509

Síria 166, 472, 474
skolia 544
sobre cidadania 206
Sólon 187, 379, 380,-2, 384, 408-16
Androcião sobre 381-2
arcontado 122-8
classes proprietárias como qualificação para cargo, introdução de 128-9
Conselho dos Quatrocentos 131-9, 201, 203
constituição 36-7, 39, 231, 362, 366, 408-16
cronologia 122-8
e *klērōsis ek prokritōn* 142-55, 366
e votação 119-2
Horoi, remoção dos 176, 178
lei de anistia 126-7
leis 75, 126-7, 315, 322, 368, 411, 419-20
leis forjadas, interpoladas etc 420
leis não mais usadas 419-20
leis, sobrevivência do texto das 416, 428
magistrados, eleição de 139-57, 231, 362, 366
monopólio eupátrida, destruição do 128-31
nomoi e *politeiai* 408-16
Nomothesia, data da 122-8
reformas 183-4, 379-81
sorteio 139-57, 232, 295-9
um dos Sete Sábios 410
Sólon (Plutarco) 83-4, 104, 126, 165, 169-79, 379, 387, 390, 39-4, 397
sorteio 139-61, 415
arcontes, em designação de 291, 415
em Florença 157-60
Isócrates sobre 153-5
manipulação do 151
reformas 291-7, 305-6
trítias, alocação de 214, 219
Sosícrates 126
Sóstrato 496-7, 530
Spence, I. G. 117
Spivey, N. 161
Stanley, P. V. 185
Stanton, G. R. 308
stasis 267, 273, 275-7, 280-3, 289, 307, 308
Stewart, J. A. 429
Strategoi. Ver estrategos
Stroud, R. S. 426
Sumner, G. V. 255, 269
Susa 546
Sutherland, C. H. V. 510

T

Tácito 26, 457
talassocracia 462, 562
Taras 504
Tarento 459
Tartesso 497
Tasos 443, 445, 448, 450
taxação 38, 82, 97-101, 437
de renda 82
direta / *eisphora* 98-100, 102
sistema de *symmoria* 99
taxiarco 213, 303-304
Tebas 423, 523, 542-4, 558
Tegea 558
telē (classes censitárias) 237, 415
categorias militares, equivalência com 52-8, 87-8
pertencimento a 37-42, 102-3, 112-3
qualificação para 62-7, 84-5, 91-6

Temístocles 286, 305-6, 318, 374, 411
e ostracismo, introdução do 261-3
ostracismo de 271, 274, 279, 281
Tênedos 504
Teneia 469
Teofrasto 105, 251, 353-5, 368, 398, 402, 417
Téognis 129
Teopompo 370
Terâmenes 374, 412, 425
Termópilas 546
terra agrícola 455-9
demanda por 455, 458, 477
propriedade de 79, 95, 237, 463
redistribuição 183
valor 67-77, 111
Tesmotetas 152, 298
tesoureiros de Atena 61, 79, 95-6
pertencimento à classe censitária e 39-40
seleção 140-1
Tessália 511, 513, 523, 550, 560, 562
testamentos 458
Thetes 37-38, 44-45, 63, 95, 114-6, 184, 232-3
Conselho dos Quinhentos, admissão para 232-3
equivalência com "aqueles abaixo da classe hoplita" 50-7
Pólux sobre 64, 97
Thompson, W. F. 219, 239
Thomson, G. 72, 73
timēma 41-2, 59-62, 88, 90-104, 112-3
timocracia 36
Timóteo 320
tirania 200, 286-8
Tirinto 556-7
Tirrea 488-9
Tisâmeno 411-2
Tissafernes 512
Tod, M. N. 138
tradição oral 371-2
Trasíbulo 412
tratados 462
tribos 203, 205
estabelecimento de 190
reformas 188, 198-200, 202-3, 205, 209, 211 213-6, 218-20, 223, 226, 230, 240-7
subdivisões de 230
trítias 190
tributação. Ver taxação
trigo 68-71, 73, 78, 109-10
Trinta 412
Tucídides (filho de Melésias) 271, 274, 279, 281, 318, 490
Tucídides (historiador) 192, 241, 268, 317, 370, 411, 467, 470, 512, 542, 553, 559
Quatrocentos, revolução dos 363-6
sobre a organização militar ateniense 45, 50, 52, 54-6
sobre comércio 462, 467
sobre Egina 488, 523

U

Ure, P. N. 525

V

Vallet, G. 476
Van Groningen, B. A. 84, 111-2
venda 442
atacado/varejo 429, 431-2
Vidal-Naquet, P. 187
Villard, F. 476

vinho 68-9, 71-2, 109-10, 429, 432-5, 440, 443-5, 449, 486, 551
Vinogradoff, P. 168
Vita Menagiana 416

W

Wade-Gery, H. T. 36, 132, 142, 152, 187, 298, 306, 318, 368, 489
  sobre a seleção de polemarco 142-5
  sobre sorteios 146-9
Waggoner, N. M. 532-3
Walker, E. M. 212, 264, 313
Wallace, R. W. 161
Walters, K. R. 336
Wayte, W. 109
Weil, R. 340, 342, 345-6, 354-9
Weinberg, S. S. 495
Welter, G. 483-7, 525
Whitehead, D. 116
Wilamowitz-Moellendorff, U. von 264, 367, 382, 390-2
Wilcken, U. 78, 83-4
Winterscheidt, H. 483-4, 487, 501

X

Xantipo 265-6, 271, 273, 280-1
xenia (hospitalidade) 201, 49-3, 529
Xenofonte 46, 59, 370, 412, 425, 462

Z

Zancle 477, 509, 559
Zeugitai 37-8, 63, 95, 184
  e arcontado 62, 293
  hoplitas, equivalência com 52-62, 89-90
  Pólux sobre 64-5, 97
  qualificações originais para 84-90, 94
  taxação 98-99

Sobre os tradutores

Felipe Campos é formado em Letras (habilitações grego antigo e português) na Universidade de São Paulo. É mestre e doutor em Letras Clássicas também na Universidade de São Paulo. Participou da tradução coletiva da obra de Martin West, *Poesia e mito indo-europeus* (Mnēma, 2022) e do grupo de revisão da segunda edição do *Dicionário Grego-Português* (Ateliê/Mnēma, 2022). Integra os grupos de pesquisa GELIEA-USP (Grupo de Estudos sobre Línguas Indo-Europeias Antigas), GTA-USP (Grupo de Estudos sobre Teatro Antigo) e NUPEL-USP (Núcleo de Pesquisa do Livro). É editor e produtor editorial na Editora Mnēma.

Félix Jácome Neto é professor adjunto de Línguas Clássicas (grego antigo e latim) da Universidade Federal da Paraíba. Tem Pós-Doutorado em Letras Clássicas pela Universidade de São Paulo, incluindo estágios de pós-doutorado na Universidade de Barcelona e na Universidade Aristóteles de Tessalônica. É Doutor em Estudos Clássicos, ramo Mundo Antigo, na Universidade de Coimbra. Mestre em Estudos Clássicos, ramo Mundo Antigo, na Universidade de Coimbra. Graduado em História na Universidade Federal da Paraíba.

MNĒMA

www.editoramnema.com.br

Papéis: Chambril Avena 80g/m² (miolo)
Cartão 250g/m² (capa)

Tipos: Bell MT, Gentium Plus e Goudy Old Style